谨以此书献给黑龙江大学建校80周年

学为人师　行为世范
华劭先生纪念文集

XUEWEIRENSHI XINGWEISHIFAN

HUA SHAO XIANSHENG JINIAN WENJI

孙淑芳◎编

黑龙江大学出版社

HEILONGJIANG UNIVERSITY PRESS

图书在版编目（CIP）数据

学为人师　行为世范：华劭先生纪念文集 / 孙淑芳
编 . -- 哈尔滨：黑龙江大学出版社，2021.9
ISBN 978-7-5686-0687-5

Ⅰ．①学… Ⅱ．①孙… Ⅲ．①华劭（1930-2020）—
纪念文集 Ⅳ．① K825.5-53

中国版本图书馆 CIP 数据核字（2021）第 167233 号

学为人师　行为世范　华劭先生纪念文集
XUEWEIRENSHI XINGWEISHIFAN HUA SHAO XIANSHENG JINIAN WENJI
孙淑芳　编

责任编辑　张微微　徐晓华　邢会芳　蔡莹雪
出版发行　黑龙江大学出版社
地　　址　哈尔滨市南岗区学府三道街 36 号
印　　刷　哈尔滨市石桥印务有限公司
开　　本　720 毫米 ×1000 毫米　1/16
印　　张　36.75　彩插 28
字　　数　600 千
版　　次　2021 年 9 月第 1 版
印　　次　2021 年 9 月第 1 次印刷
书　　号　ISBN 978-7-5686-0687-5
定　　价　128.00 元

本书如有印装错误请与本社联系更换。

纪念我国杰出的语言学家、教育家华劭先生！

青年时期的
华劭先生

■ 1958 年秋于莫斯科大学

■ 闲暇之余游览松花江

■ 华东师范大学原副校长赵云中（左）（华老师在莫斯科留学时的同学）
（1987年）

■ 与黑龙江大学日语系刘耀武先生在一起

■ 华劭先生 1990 年参加学术会议时合影
■ 左起依次为：张家骅、北京外国语大学原校长王福祥（华老师在莫斯科留学时的同学）

■ 黑龙江大学赵仁俊（左一）、俄语系吕和新（左三）、哲学系郭寿岩（左四）、华劭（左五）、经济系熊映梧（左六）

黑龙江大学俄语系
博士生导师团队

■ 国家重点学科带头人
李锡胤、华劭

■ 左起依次为：阎家业、
张会森、华劭、李锡胤、
俞约法

■ 左起依次为：郑述谱、
李锡胤、华劭、张家骅

■ 左起依次为：俞约法、张家骅、张会森、华劭、李锡胤、郑述谱、吴国华

■ 左起依次为：孙超、白文昌、荣洁、金亚娜、李传勋、郑述谱、李锡胤、华劭、张家骅、邓军、薛恩奎、孙淑芳、黄忠廉

华劭先生
参加学术会议

■华劭先生在会议上致辞

■ 李锡胤、华劭作为特邀嘉宾
参加国际学术会议

■ 一排左六：华劭

■ 二排右三：华劭

■ 左起依次为：张家骅、李锡胤、北京外国语大学刘光准、国立普希金俄语学院 Н. И. Формановская、国立普希金俄语学院原校长 В. Г. Костомаров、华劭、邓军

■ 一排左五：华劭

■ 与俄罗斯专家交流　　　左三：华劭　　　左四：孙梦彪

华劭先生
主持博士生答辩会

■ 前排左起依次为：北京外国语大学白春仁、华劭、黑龙江大学谷启珍

华劭　学为人师　行为世范
先生纪念文集
HUA SHAO XIANSHENG
JINIAN WENJI

■ 左起依次为：邓军、俞约法、华劭、博士生、李锡胤、上海外国语大学李勤、张家骅、解放军外国语学院王铭玉（2000年1月）

■ 左起依次为：俞约法、郑述谱、张会森、华劭、吉林大学谭林、陈国亭、王铭玉（2001年6月）

俄语系研究生导师团队

与84级研究生合影（1985年）

- 前排右一：高文凤
- 后排左起依次为：赵先捷、张家骅、王育伦、袁长在、张会森、华劭、龙翔

- 华老师与自己的第一位博士研究生蒋国辉毕业合影（1990年）
- 左起依次为：华劭、李锡胤、尚鹤祥、徐兰许、蒋国辉、阎家业、张子惠

华劭 学为人师 行为世范
先生纪念文集
HUA SHAO XIANSHENG
JINIAN WENJI

黑龙江大学九二届研究生毕业合影 1992.7.3

- 与 1992 届研究生毕业合影
- 一排右四：华劭

- 与 2003 届本科毕业生合影
- 一排左四：华劭

华劼先生

做客语言·文学·文化讲坛（2013 年）

■ 左起依次为：李可宝、黄东晶、华劭、孙超、叶其松

58². Е.В. Падучева. говорящий субъект речи. субъект сознания физиол. тело.
наклоненная рус. син.

（这有在完全参考以前性能以前性下……即这说人与发达人在了意上……都有作生信译妈……
……劳劳判以……引超……将程度达到以……各事动语。……这是介绍〔使用信息文〕的言语行为〕（reculm режим）
……是与5 Нарративн. режим 说话方式相目以， 右者 讲译解说可足易为3 言语表象!

△ Естеовенн. яз. устроен т.обр., что поэт в любом тексте можно обнаружить
языковые следы присутствия автора. чтобы семантика большого числа слов
требует, чтобы при интерпретации текста существовал некоторой
（主十5 思出的 3话） выделенный субъект, читатель или адресат воспринимает текст "его глазами",
через его сознание, с учетом его присутствия в определенной точке им
же порожденной системы пространственно-временных координат.
（在 这话方式 中 讲讲 субъект 主译是 говорящ・ 在 这说方式 引话是 это 经事实！

I. Говор. как субъект речи. （这 субъект всех его присутствием （58 性质, 这 这全它
在 话, 这译可它 这义 ）субъект. чаще установлен（在 以以说上 月书在这 图义, 什么 好ण?）
субъект. коммуник. чаще номерен. кроме того, говорящ. — это субъект
всех слов и выражений с интатекстовым значением. Ео кстати говоря,
иначе говоря, т.е. иными словами, прежде всего. признается
якобы, тем более. (Как правило в семантике их входит сема говорить)

II. Говорят как субъект сознания. Товар. — подразумеваемый субъект
сознания оценок, желаний, установок. моральностей. [Если их субъект
не выражен в упряжении. эксплицитно. Ео было бы совсем лето
（自作主张的）。自它 评价 кироки, не без основания.
△ подразумеваемый субъект вводных слов с эмоцион., ментальн.
и презентивн. знач. к счастью / а сказанный, м.б. бесспорно. пожалуй
бесусловно. для дня. по-видимому. кажется; удивительное дело странно2

Говорящ — субъект всех презумпций, включающихся в семантике
сочве Ео Он несионер, но любит музыку. （这你如 是爱音乐 它 意иг не
совсем говорящ. (这是 讲讲主见 繁音音 认。
2. частично3 з перенос: то вдруг. неожиданно. удивительно.

黑龙江大学俄语学院

Говорящ. — подразумеваемый субъект для слов, значение которых предполагает семантич. вал. валентность на наблюдателя

(показался, исчез в времени, наблюдатель.

* категория состояния — больно, забавно, уютно, забавно, жарко

胡某某讲话с成立（неуверен）

субъект речи
как наблюдатель III. Гов. как субъект референции (身份是主体refere физич. тело)
тело
关系界定: Гов. служит отправной точкой при вычислении референц. дейк-
С.Л. Сахно
(谓词到语言 тич. слов. я, ты, здесь, там, сейчас, тогда, этот, тот,
2个候选
референция!) При этом в случае пространственного дейксиса важно, что говорящ.
— это его физич. тело в пространстве.

在不同的语体条件下, 即叙述的言语方式, 一化经进表达式十进型功能, 利益系在
повествователь, герои 之间各自角色) 这是 роли говорящ. как субъекта речи и.т.б. передаются только повествователю. Между тем в роли

выделенного субъекта сознания и в роли физич. тела в определенном
пространственно-временном координатами часто оказывается герой
71. Н. К. Рябцева. Вопрос к препятствию.

* Вопрос это осознанное незнание плюс запрос на его снятие
"Отриц. смысл в вопросе индуцируется компонентом "незнания" в значении
этого слова... Таким недоценочным отрицательный компонент не равен
оценке со знаком минус... Множество концептов, в содержание которых
входит "внутрипонятийн. отрицание" можно описать с помощью ограниченного
количества противопоставлений вида "знание - незнание"

72-73-74 С.Л. Сахно (语调转至с的是83候选 определение. 关于的语调
1) голос другого говорящего или говорящих. Вот начаще себе наши!
Но нельзя считать без начала от всех начал.
15×20 = 400 то цитация носит явный характер, причём голос другого предшествует
голосу говорящего 作者认为 альтернативно 已经表 заключ в существовании
наличных ленский (华: 这不是假文假假吗?)   20

75². Иван знает / верит, что у нас впереди м.б. какой-то выход.

знает¹ — А в информация усвоенная абсолютно достоверная.

верит¹ — на фоне сомнения усвоенная информация.

т. усвоение какой-то новой информации о мире м.б. либо простым

и безболезненным (он узнал), либо протекать через преодоление сомнений

(он поверит)

81. Ю. С. Степанов.

А "факт (его значение) есть способ анализа событий действительности,
※ анализа
имеющего своей целью выделение в них таких сторон, которые релевантны
读–5届 ? 接受程态 ほ?的 (1979) 对接? ? 写-5 ...
с точки зрения семантики текста. "Ключ к пониманию факта"

факт   "не следует искать не в независимой от языка действительности,

не в положении дел или событий, а в суждении в действительности
对接3 Вригутова 1980. (不 但 считать, верить, утверждать — 其间的意义 不是 того)

что является причиной трагедии Эдипа? ② Эдип со 交配 ④ 母

и 另3生 Эдип женился на Иокасте: 他们 со 交 也 女(因 女 母後 也 不是 另 3 4)

Эдип женился на своей матери 是 无 法 义 的): Эдип со ② 另 9 许 别 化 有了

他 实 世 由 も 亡 いの 世 形, 打 3 の 另一个 世 形. Утверждение "факт", а следовательно,

и "причин" в его отношению к кому-либо определенному языку долж. б. отвергнуто.

82². Ельмслев 的 语言学 partitivное отношение в² A + A + не А. (A 与
приписания
(партизация 是月所指) ло Мужчина / человека это отношение имеет разно-
            Т. 1314   对接 лит. отношению 对应展
образностей. Ю. С. Степанов 称之为 субэлогическое отношен, та субстрат
                                            对应   лит. 中.
(底层). 还是如字定的 отношения контрарности (对立性), контрадикторности

(逻辑矛盾) со长其特, 也是如字 субэлог. отн — самое распространенное отн-ен
                         13×20=300   между сущностями в лексике и грамматике.   第 页
                                    语言实体. 和 субстанция (底层) 是 词汇语法.   21

黑龙江大学俄语学院

Л.В. Жданова, О.Т. Редзвина

Культурное слово "Милосердие"

Типовыми являются поисковые вопросы (探索性问题) Что такое милосердие

тяготение к характеризации (милосердие — это...

предпочтение (М. — это не в торговых льготах, М. это не М. — а милостыня

М. мыслится как субстанция (社会个体间的物质联系) (он умирает, живёт, возрождается уходит и возобновляется)

как подразумевается в вместилище — человек и его социум

М-ка мыслится

Милосердие как понятие и как концепт общественного сознания

Ситуация милосердия

Агенс

15 × 20 = 300

第25页

25

排列解释结构 用关联词也。(见下頁1.) 上批结构句(主谓固涨结构句)即实编5句型

代词疑问联系 了主之关系.问 程度疑问据反的 关联词 及 не знаю/знаю, кто меня оклеветал. (谓-谓)

强化疑问句又有4生 四特性的句疑问 ① 主观色新强意 努力 (старался понять) —表好的意力
②主意。固 pама在句, 主谓化疑问句义句询问, (说疑问句义, 是主观) 强化疑问联系 ① 有现象句 T① ②表之问是陈述句作成的句名词 ④ 从句与 形容词成问等另列
⑤ 过去限定句的是更主要义的句 组成好句

实际切分 主句後 疑问代词所强的句 作述位, 句序在後. 即 从句在後.

从句在有 是附释差序, 述位在有 且保留很强的疑问句义, 相应地主句有名起句 不记得 过去停停, 以 与 其相呼应. 如733头上句例问. 732头上 从句作主谓在句 去取于句停停, 其疑问句义不明显, 在后句主句中 无疑问 疑问句义句停停, 句用功效: 从主句简化, 其真主语 固在上下文中出现而省略, 有疑问句关联问, 不论其位 置如何, 即主述位, 有时, 根有量的主谓句 出现在后面, 加以对比, 该用疑问词 不先句 仅是 疑问代词作主, 而后面句主谓词是主述的句. 7733头二例.

再进一步 纵 简化为 не знаю/не помню/не известно ＋ 疑问化问, 為主语 為代语. Он не помнит что. Неизвестно кто оставил эту записку 好一个好好 强化廣句句. Посмотрите, какой хороший базар! Знаете, сколько там народу 主疑问. 成义一句 无过

為主语省成语 не знаю / чуго / ужас + как, какой

句子结构模式

1. Запрещается курить. Каждому случается ошибаться. Председателю не годится опаздывать

3. Воды прибывает. Жалоб не поступает. Газет всяких пришло знатей на колхоз
   он голоден

4. Его мать — врач. 5. Девочка послушная. 6. Трава зелёная. 7. машина уже продана. Дело уже решено. Туалет занят ужо → Сад был не кому запросии.

8. Отец невысокого роста, на работе, в бабушку, рядом с нами

9. Наша задача — учиться. у него обязанность — следить за выполнением правил главное (основное, трудное) — контролировать их работу
   (主谓判结 要译句的好句义, 名词词字要求 介定式作主语)

10. Клевать страшно; Настоящая любовь — это навсегда, 名词主谓位主 抽象名问(情态 факт). 具体名句应译汉语 Школа интересна; Галстук — это морко. 后名代生 спорт — это полезно. (заниматься спортом) 了句 化名词句字要好好多.

11. летать — его мечта. Слушать его — наслаждение 动词主谓作主义 не以好好 радость, счастье. удовольствие 及 дело обман. дать + 动 (动词句主谓相同) (mera — merroi 汉语名要求好句义) (动句好 主体 差别, 好好好句好 好)

12. учить учить ум точить. ломать не строить (形好好好 主 copula 动义好, если)

13. Кататься весело. Отказать невозможно/негноможно/бесно/трудно.

14-17. 14) можно считать. 15 сильно, видно, жаль бледный/голос, мальчик
   等于指设句 (动好)

16) Наготовлено запасов; Мяса наварено Хлеба не куплено

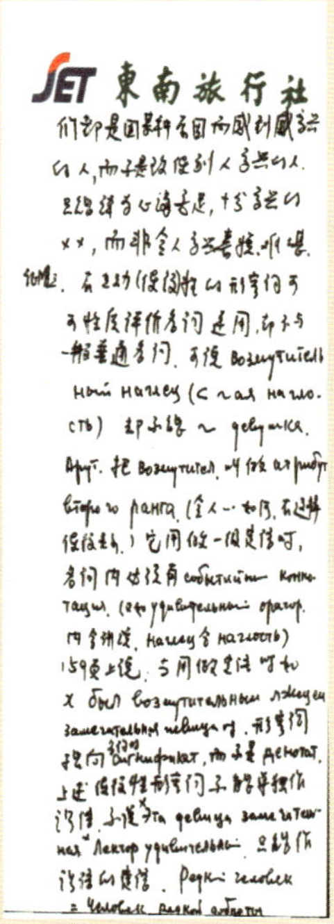

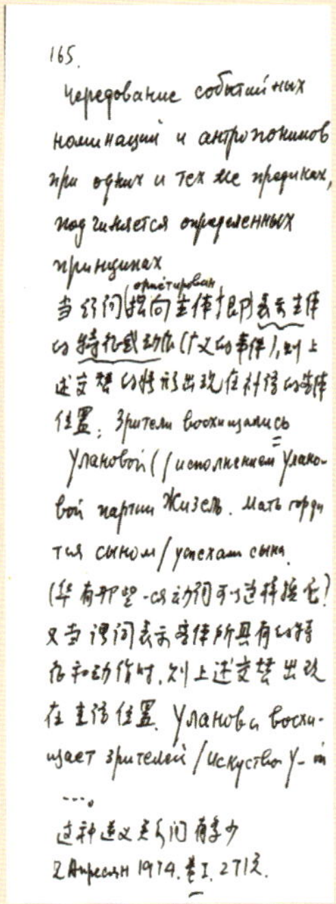

165.

Чередование событийных номинаций и акропоников при одних и тех же предметах, подчиняется определённых принципах,

(handwritten mixed Russian/Chinese notes, largely illegible)

Улановой (/ исполнением улановой партии Жизнь. Мать грустит сыном / утешает сын

(handwritten notes)

Уланова восхищает зрителей / Искусство-у-ти

2 Апреля 1974.

(handwritten mixed Russian/Chinese notes)

3623

(handwritten notes)

---

365 ст.

Сильными сердцами, кого добавь зятей развивается управить предметно-именной группой на како-либо со значением признаки или виновники цвети.

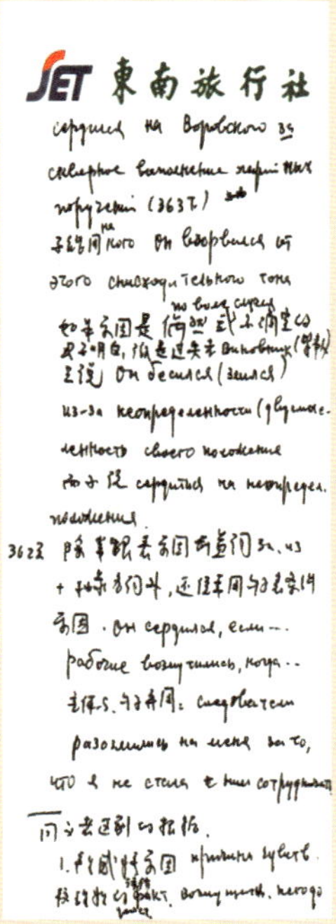

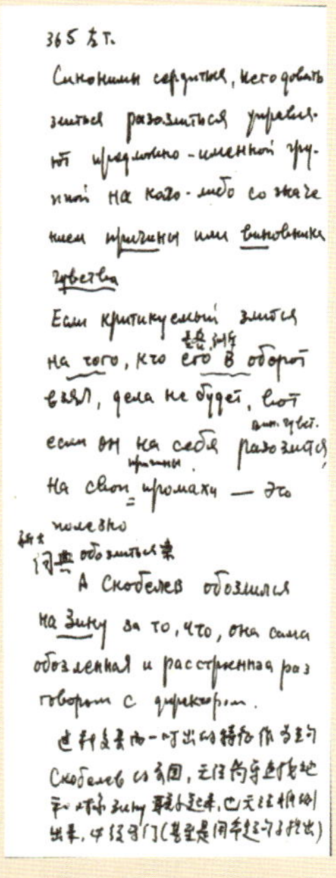

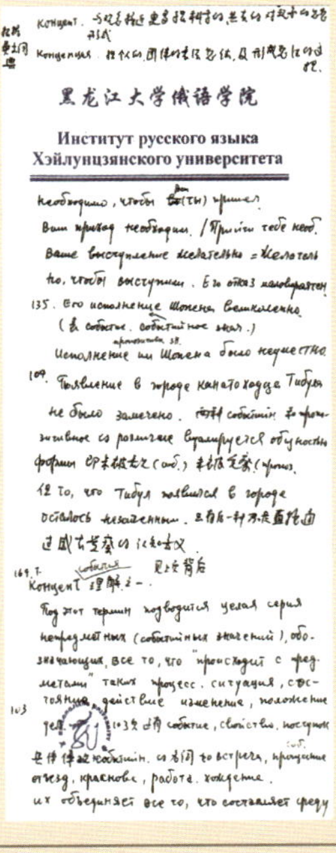

Если критикуемый зять на того, кто его в оборот взял, дела не будет, вот если он на себя разозлится. На свои промахи — это полезно

А Скобелев обозлился на Зину за то, что, она сама обозлилась и расстроенная раз говорит с дирекцией.

(handwritten mixed Russian/Chinese notes)

необходимо, чтобы (дети) пришли Ваш приход необходим. /Пришли тебе нет/. Ваше вынужденное исчезание = желательно, чтобы выступили. Его отказ нанравителей.

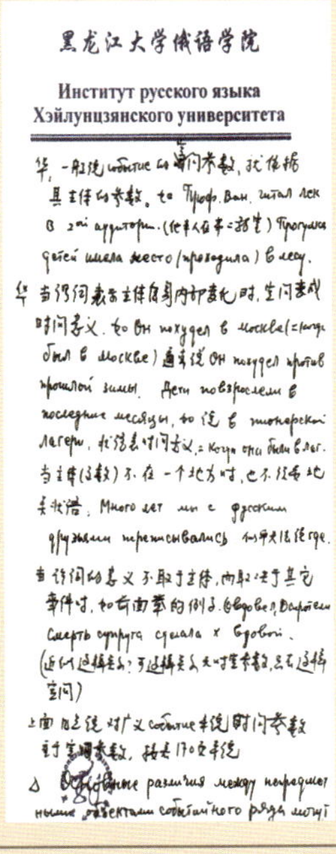

135. Его исполнение Шопена Вишневского (в событие событийных имен.

Исполнение им Шопена было неудачным.

109. Появление в городе канатоходца Тибуля не было замечено.

(handwritten notes)

Концепт

(handwritten mixed notes)

(handwritten mixed Russian/Chinese notes, largely illegible)

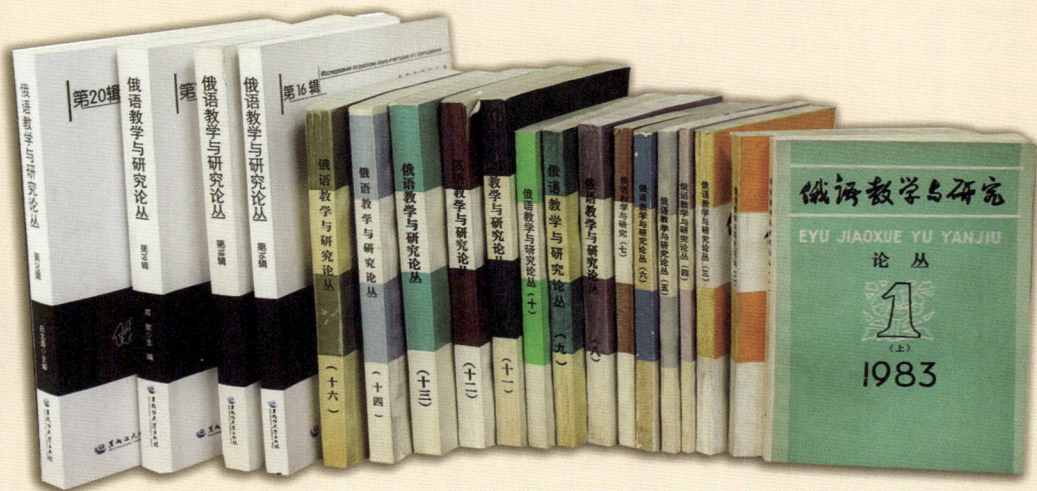

学界丰碑　育人楷模

（代序）

华劭先生是黑龙江大学国家级重点学科俄语语言文学学科第一代带头人，普希金奖章获得者、中国俄语教育终身成就奖获得者，历任黑龙江省政协常委、中国俄语教学研究会副会长、黑龙江大学俄语系主任、教育部人文社会科学重点研究基地俄语语言文学研究中心学术委员会主任、俄语研究所所长等。

他于1949年考入华北大学，1949年4月奉调进入东北民主联军附设哈尔滨外国语专门学校学习，1951年毕业后留校任教，直至2020年11月5日逝世，在黑龙江大学工作时间整整69年。先生毕生致力于俄语教学和科学研究工作，为学校的学科发展、科研治学、高端人才培养、梯队建设等方面做出了突出贡献。他的教育思想，科研经验，高尚品德一直都是我们学习的楷模。我们学校为有这样一位学识渊博、德高望重的教育家而感到自豪。

2021年，恰逢黑龙江大学建校八十周年，俄语学科决定组织专项纪念华劭先生的活动，在校庆期间推出先生的纪念文集。组织这项活动的目的是缅怀华劭先生对我校、对中国俄语教育所做的杰出贡献，传承老一辈俄语学者严谨治学、潜心育人的优良传统。

我与华劭先生渊源久远，家父与华先生是多年至交，我又与华先生长女华放是中学同班同学，所以两家过从密切，在长期的接触中对先生的人品、学问都深怀景仰。现在，这册文集正式出版，我感到由衷的高兴。文集的作者汇集了俄语学界知名学者和中坚力量，有我校俄语学科的同事，更多则是先生的学生——他灌之以心血所培育出来的学生，他们以饱含深情的文笔，为我们展现了一位把一生都奉献给俄语研究和俄语教学，贡献给黑龙江大学俄语学科发展事业的老先生的一片赤诚。

回顾先生近 70 年的俄语教学与研究工作，其突出贡献主要体现在以下三个方面。

第一，奠定了黑龙江大学俄语学科在我国俄语界的学术领先地位。作为新中国培养的第一代俄语人，自留校任教起，先生先后参与过多种工作，如语法教员、《俄语教学与研究》杂志编辑，这些工作实践为其以后的科学研究工作打下了坚实的基础。在难得的莫斯科大学访学期间，先生勤奋刻苦，博闻强记，深得俄罗斯顶尖学者的学术精髓。回国后，先生一边教学，一边思考将学术前沿反哺到实践教学一线，陆续推出了自己的学术成果。尽管先生的著作不多，但个个都是精品。《现代俄语语法新编》（句法）成为我国俄语句法学研究的重要标志；《俄语语法》目前仍是全国俄语人必备的案头书；《语言经纬》一经问世，就被教育部推荐为研究生教学用书。在华劭先生、李锡胤先生以及一大批资深学者的共同努力下，黑龙江大学俄语语言文学学科跻身于国内同类学科的前列，研究实力、团队水平、学术贡献令国内外学界交口称赞。

第二，开启了黑龙江大学俄语语言文学学科的持续领先之路。先生精深的研究成果和宽广的学术视野打下了严谨求实、扎实勤奋的优良治学作风，滋养了黑龙江大学一代又一代俄语学者的成长和发展。在华劭先生和李锡胤先生的带动下，我校俄语语言文学学科陆续涌现出了一大批顶尖学者。在这些人中，既有精读课教授，还有俄语语言理论家、外语教学法专家、俄苏文学专家、翻译家。正是在他们的不懈耕耘和努力之下，黑龙江大学俄语语言文学学科创造了一个又一个的辉煌成就，如黑龙江大学是国内获普希金奖章人数最多的高校，教育部人文社会科学百所重点研究基地唯一一个以俄语语言文学研究为主的研究中心落户黑龙江大学，国内俄语界三位全国教学名师中有两位来自黑龙江大学，曾获得国家级教学成果一等奖、教育部高等学校科学研究优秀成果奖一等奖，入选国家哲学社会科学成果文库，黑大俄语被誉为"中国俄语教学根据地""全国俄语人才培养的摇篮"。

第三，先生淡泊名利、虚怀若谷、甘为人梯、奖掖后学的精神堪称"立德树人"的典范。作为全国第一批俄语语言文学博士生导师，最早的俄语语言文学硕士和博士培养方案由先生制定，第一个俄语语言文学博士论文由先生来主要负责指导，最初的一批俄语语言文学学位论文答辩由先生来负责审核。先生一生德高望重，为新中国建设和龙江经济社会发展培养了一批精英人才，为我校俄语语言文学学科不断发展壮大输送了一大批中坚力量。即使已经年逾80，华劭先生依然认认真真阅读其他老师指导的学生学位论文，启发、点拨他们开展学术研究。甚至临终前躺在病榻上，克服常人难以忍受的病痛，还把自己对普通语言学、俄语语言学等学科的珍贵思想毫无保留地传授给年青一代学者。

无论是民族崛起，还是学术繁荣，都需要坚挺的脊梁与优秀的传承者。华劭先生一生学为人师，行为世范，既是中国语言学和俄语教育的开拓者、建设者，也是中俄文化交流的传承者、先行者。华劭先生虽离我们而去，但他终生勤奋治学、用心育人、勇于创新的精神和以身垂范、嘉惠学林的高贵品格将光照后世，永远铭刻于我们的心中。华劭先生，请放心，您的学术思想，我们将继承；您开辟的学术道路，我们将沿着它阔步前行；您学习、工作的母校，一定会蒸蒸日上，蓬勃发展！

谨以此篇小序向以华劭先生为代表的老一代黑大俄语人表示由衷的敬意和谢忱！

黑龙江大学校长　付宏刚

2021 年 9 月 1 日于黑龙江大学

征文通知

"春风化雨沐桃李，学思浇洒万花香。"为纪念已故中国俄语教育事业和语言学研究先驱华劭先生，弘扬先生广博深厚的学术思想，追念先生与我们结下的珍贵情缘，更好地继承先生的未竟事业，面向未来、开拓创新，黑龙江大学俄语学科拟出版《学为人师 行为世范　华劭先生纪念文集》。

文集现面向语言学界广大学者、同人和师生征稿，欢迎拨冗撰文，踊跃投稿。您或是先生生前故交，或曾与先生共事，或师从先生，您曾感受至深的，或是推心置腹的交谈，或是学术思想的交锋，或是循循善诱的教诲，先生嘉言懿行，方方面面、点点滴滴，都可以成为您诉诸笔端的思想采撷点和取材构思的角度。来稿文体、字数不限，写出真情实感、特别之处即可，可另附照片。请在尊作文末括号内注明您的姓名、单位、职务、学历、电话、电子邮箱等信息。

征文分学术性论文和纪念性文章，作者可自主选择，或可两者兼有。主要设有（但不限于）以下栏目：

（一）一位永不停息的科学攀登者——华劭先生学术思想研究

1. 普通语言学研究

2. 语义学、语用学研究

3. 语言界面研究

4. 俄语句法学研究

（二）一位境界高远的精神追求者——与华劭先生的一生情缘

1. 名师回忆

2. 学生回忆

3. 校友回忆

4. 其他回忆

论文写作语言可为中文或俄文，体例要求请参见附件。截稿日期为 2021 年 5 月 30 日。论文全文发送至：huashaojinianwenji@163.com。录用稿件将获赠样书 1 本。

《学为人师 行为世范　华劭先生纪念文集》

编辑委员会敬告

2020 年 11 月 20 日

编者序

2020 年 11 月 5 日 7 时 40 分，黑龙江大学博士生导师华劭教授因病医治无效，在哈尔滨与世长辞，享年 91 岁。

华劭先生是我国杰出的语言学家、教育家，俄语语言学理论先驱。他崇尚科学、追求真理、砥志研思、勤耕不辍，毕生精力都奉献给了我国的语言学研究和教育事业。其广博、深邃的学术思想、高山仰止的敬业精神滋养和陪伴着我国一代又一代俄语学人的进步和成长。春风化雨育华年，德智淬励一品香。为了探索先生学术精义、传承先生学术精神、弘扬先生学术理念，纪念和追忆先生与我们结下的珍贵情缘，我们特别筹划和组织出版《学为人师 行为世范 华劭先生纪念文集》（下称"文集"）。经过半载之余的精心筹备和组织，在各位同人的鼎力支持和积极参与之下，文集即将付梓面世。文集的出版将是我们作为后学者砥砺前行，追念先生学品、承传先生思想的一种最好表达。希望文集的面世能够激励学人放眼世界、努力探索、积极开拓创新，更好地完成先生未竟的事业。

文集包括代序、征文通知、编者序、华劭先生生平简介，分为六个部分。第一部分"华劭先生学术思想追溯"主要为先生教学科研经验之谈，以及他为同事、所指导博士生和博士后著作撰写的序言。第二部分"华劭先生学术著作评述"主要为国内俄语学者对《现代俄语语法新编》（句法）和《语言经纬》的评述。第三部分"华劭先生学术思想传承"主要为学术性论文，围绕先生在普通语言学、语义学、语用学、句法学等领域的思想、观点展开研究，涉及语言符号、结构、语义、语用、功能、文化、认知、翻译以及语言教学等方面的理论问题。第四部分"与华劭先生的一生情缘"主要为纪念性文章，追忆和怀想与先生相识、相处、相知、相交的点点滴滴。字里行间所释出的感人事件、感人话语历历在目、言犹在耳，一切仿佛就在昨天，真情挚语每每让我泪眼模糊。第五部分"华劭先生家人的追忆：往事并不如烟"寄托的则是家人的深情缅怀和绵绵追思。第六部分为"唁函、唁电"。最后是华劭先生科研成果目录。

文集收录50余位校内外专家学者、青年才俊的稿件，这里有先生多年的至交、共事多年的同人，有先生的弟子、再传弟子，也有仅听过他一次课或一次讲座、有过一次学术接触或一席之谈的同人、学生。或是学术火花的碰撞，或是循循善诱的教诲，或是推心置腹的交谈，方方面面、点点滴滴都成为作者取材构思并诉诸笔端的采撷点。无论是学术性论文，抑或是纪念性文章，都以同样的方式和心情表达了对这位已故学者、语言大师的深深敬意和仰慕之情。黑龙江大学校友吴国华教授的一番话也饱含着这样一份深情和敬意，他对我说："华劭先生是我国俄语语言学研究泰斗级人物，也是我心中十分敬仰的大师。你做了一件非常有意义的事情，这对传承先生的学术精神、激励后学极具价值。"黑龙江大学校长付宏刚教授也非常关心文集编辑和出版工作，并亲自拨冗作序。

特别想说的是，文集能够顺利出版离不开校内外前辈、领导、专家、同人的大力支持，也离不开黑龙江大学出版社的大力支持，再多的语言都无法表达我们由衷的感激之情。在此要特别感谢教育部高等学校外国语言文学类专业教学指导委员会俄语分委员会、中国俄语教学研究会的大力支持！感谢全国20余所高校和出版社同人的鼎力相助！感谢俄语学院院长孙超教授、副院长关秀娟教授的辛勤付出！感谢先生家人提供的大量素材、照片、手稿等，先生长女华放协助我完成稿件审校工作。同时，更要感谢那些在背后默默付出的校内外专家学者、老师和同学们，因篇幅所限，我无法一一列出你们的名字，但你们的无私奉献化作我的真诚谢意珍藏于心。你们克服种种困难，或者已是耄耋之年，或者体弱多病，或者工作劳碌，或者事务缠身，你们都不计得失、始终如一地全力支持文集出版工作。你们在文集编排、栏目设计、成果整理、文字审校、体例规范等方面积极地给予我指导、建议和帮助，这些我都感怀至深，一一铭记。值此文集面世之际，也谨向诸位一并致以最为诚挚的谢意和崇高的敬意！

文集是先生毕生学习、生活、教学和学术成就的记录和缩影。对于各类稿件我一方面认真领会和虚心学习，一方面在文字表述及格式上做了适当调整和处理。为了保持体例一致性，我不揣冒昧地对作者简介内容进行了适当增减。而对于作者排序，虽几经斟酌、考虑数个方案，但终因难两全，最后权且按校外专家依姓氏笔画排序、校内师生大体依入校时间先后排序。此方案也未及一一征询作者意见。如有不周之处，敬请包涵和批评指正。

再次深深感谢所有的作者！

孙淑芳

2021 年 8 月 16 日于黑龙江大学

华劭先生

华劭（1930 年 6 月 13 日—2020 年 11 月 5 日），湖北浠水人，我国著名俄语教育家、杰出的语言学家。历任黑龙江省政协常委、中国俄语教学研究会副会长、国家级重点学科带头人、黑龙江大学俄语系主任、教育部人文社会科学重点研究基地黑龙江大学俄语语言文学研究中心学术委员会主任、俄语研究所所长、吉林大学兼职教授等。1942 年至 1948 年在成都树德中学学习。1949 年考入华北大学参加革命，1949 年 4 月奉调进入哈尔滨外国语专门学校学习，1951 年毕业后留校任教。1957 年至 1959 年留学莫斯科大学语文系。1982 年晋升为教授，成为我国俄语学界最早的博士生导师。1990 年荣获俄罗斯政府颁发的普希金奖章。1991 年受世界俄语教师联合会邀请，赴莫斯科国立大学访问。1992 年享受国务院特殊津贴。2016 年荣获"中国俄语教育终身成就奖"。华劭先生毕生精力和心血都奉献给了我国俄语教育事业，尤其在语言学研究方面成就卓著，为后人留下众多经典之作，如《现代俄语语法新编》（句法）、《语言经纬》、《俄语语法》等。先生俄语教学与研究工作主要体现在以下几个重要阶段。

1. 早年的教学工作（1951—1957）

1949 年，华劭先生考入华北大学参加革命，同年 4 月奉调进入哈尔滨外国语专门学校学习。1951 年初，提前从哈尔滨外国语专门学校毕业，留校任教。1951—1957 年夏，任助教、语法教员、教研组长、《俄语教学与研究》杂志编辑。

1955—1956 年，在戈尔什科夫（А. И. Горшков）副教授指导下，系统学习了维诺格拉多夫（В. В. Виноградов）、沙赫马托夫（А. А. Шахматов）、佩什科夫斯基（А. М. Пешковский）等俄罗斯一批著名语言学家的专著，为后续从事科研工作奠定了扎实的理论基础。

2. 赴莫斯科大学访问学习（1957—1959）

1957—1959 年，华劭教授在莫斯科大学语言文学系学习，师从加尔金娜·费德鲁克（Е. М. Галкина-Федорук）教授，专攻普通语言学和现代俄语理论。听过维诺格拉多夫的"俄语句法史"、布达科夫（Р. И. Будагов）的"语言学概论"、洛姆捷夫（Т. П. Ломтев）的"现代俄语句法基础"等专题课。在此期间，西方语言学思想浪潮涌入莫斯科，引发热烈的讨论，如就结构语言学及当时问世不久的乔姆斯基（Н. Chomcky）的学说展开辩论。华劭先生见证了新派语言学的思想碰撞，并深为震撼，开始研读索绪尔（F. de. Saussure）的《普通语言学教程》俄译本。除听课和参加学术活动外，更多时间是在国立列宁图书馆自主学习。访学期间，先生萌生兴趣并尝试研究的问题有：（1）在词汇学 – 词典学领域，关注斯米尔尼茨基 – 阿赫玛诺娃（О. С. Смирницкий-Ахманова）提出的"词的同一性与分离性"；（2）在词法学领域，重视不同类别语法范畴的性质差异；（3）在句法学领域，探究由逻辑 – 语义构成的句子类型及其教学、与言语教学密切相关的句子实际切分等；（4）在普通语言学领域，更多关注索绪尔学说，获取结构主义和功能主义信息。

3. 早期的科研成就（1959—1966）

1959 年，华劭教授从莫斯科回国。后来由于特殊的历史时期，断断续续地做过一些教学和研究工作。主要担任《俄语教学与研究》杂志编辑，给本科生讲授语言学概论和实践语法课程，给研究生班及进修教师讲授词汇学、句法学课程，指导一名研究生撰写论文《论词义发展中的通感现象》。根据进修时期形成的句法学思想，华劭教授在高年级尝试开放式句法教学，取得了良好的教学效果。当时授课的讲义成为后来《现代俄语语法新编》的核心内容，发表了《试论俄语名词数的范畴》（1962）、《俄语中的数量句型》（1963）、《试谈句子的实际切分》（1965）等学术论文。此外，先生参编的《现代俄语通论》问世于 20 世纪 50 年代末，是我国第一部现代俄语理论教材，开启了我国俄语人才培养和学术研究的新时代。先生还参加了《大俄汉词典》撰写和审校工作，负责编写虚词词条部分。

4. 主编《现代俄语语法新编》（句法）（1966—1976）

1966—1976 年，先生自力更生、艰苦奋斗、潜心研究，耗时 10 年，终于完成《现代俄语语法新编》（句法），并在 1979 年由商务印书馆出版，成为我国俄语句法学研究的重要标志性成果，是我国俄语学者有史以来首次赶超世界前沿的壮举。该著作系统探讨了不同语法联系与句型的关系，从意义出发研究展词联系、单句的繁化与复句的简化等问题，反映了先生当时的语言学认识和丰富的教学经验，他所倡导的开放式学习语法迄今对俄语教学与科研具有重要的指导意义。

5. 教学与科研的鼎盛期（1976—2003）

在长达半个多世纪的时间里，先生不断开拓进取，在语言学理论方面辛勤耕耘、潜精研思，其丰硕的研究成果和广博的学术思想滋养和陪伴着我国一代又一代俄语学者的成长和发展，引领他们一步步迈向自己事业的巅峰。

在这一时期，先生主要参与招收硕士生、博士生筹划工作，包括制定培养方案，提出招生要求，讨论课程设置、论文撰写形式和答辩程序等。先后为研究生开设了普通语言学、句法学、历史语法等课程，指导三名硕士生以及一名博士生完成了学位论文。此外，还积极与兄弟院校开展学术交流，应邀讲学，参加答辩。

1985 年，在高教部中国俄语教师研究会组织的学习活动中，先生为中青年教师系统地诠释了《俄语语法》（1980）的特点，讲解了书中的句法部分，着重阐释了原书作者的新观点，如语言与言语相互关系、语言单位及其变体、句子的类型及其聚合体等，以及一些有争议的问题。发表了《有关俄语句子实际切分问题》（1983）、《关于语言单位及其聚合关系和组合关系问题》（1986）、《用于句子转换的词汇手段》（1991）、《从语用学的角度看回答》（1996）等论文，在学术界引起了巨大轰动。1990年，先生领衔翻译了苏联科学院俄语研究所主编的《俄语语法》（1980），该书成为国内俄语学者的案头书和全国俄语院系研究生必备参考书，是我国俄语语言学科学引进国外先进学术思想和研究方法的巅峰之作，至今无人超越。2003年，其经典传世之作《语言经纬》问世，这是我国首部以俄语为语料的普通语言学著作，被教育部推荐为研究生教学用书，成为我国普通语言学研究赶超世界语言学前沿，获取相应话语权道路上的重要里程碑。

6. 国际俄罗斯语言文学教师联合会授予"普希金奖章"（1990）

先生曾多次前往俄罗斯开展学术交流和文化交流活动。1985年，作为高教部组织的"中国苏联教学考察团"成员之一，参观访问了苏联高教部、莫斯科和地方的一些大学，了解他们的俄语及外语教学情况。1990年，应邀赴莫斯科参加国际俄罗斯语言文学教师联合会大会。会议期间，先生在克里姆林宫被授予"普希金奖章"，并获得机会以校友身份翌年重返莫斯科大学访学一年。1991年访学期间，先生把主要精力放在普通语言学、语义学、篇章语言学研究等方面。阅读了大量文献资料，包括1985年在维也纳出版的梅里丘克（И. А. Мельчук）、若尔科夫斯基（А. К. Жолковский）合著的《详解组合词典》（«Толково-комбинарный словарь»）。其间，还拜访了俄罗斯一些著名学者，如时任俄罗斯科学院俄语研究所所长的卡拉乌洛夫（Ю. Н. Караулов）、句法学家佐洛托娃（Г. А. Золотова）、心理语言学家列昂季耶夫（А. А. Леонтьев）；参加了一些国际学术会议，1991年5月，参加了俄罗斯科学院俄语研究所主办的"俄语现状及俄罗斯学发展与前景问题"国际会议、阿鲁秋诺娃（Н. Д. Арутюнова）领衔的"语言的逻辑分析"课题组组织的例会等。

7. 晚年的教学与科研（1992—2011）

在这一时期，先生主要从事博士生教学及培养工作。在专题讲座和答疑课中与硕士生、博士生一起研讨一些学术前沿问题，如以梅里丘克和阿普列相（Ю. Н. Апресян）为代表的莫斯科语义学派"意思－文本"模式理论，以阿鲁秋诺娃为代表的"语言的逻辑分析"课题组出版的系列著作、帕杜切娃（E. B. Падучева）关于指称和语用学思想、佐洛托娃的句法观等，成为我国俄语理论语言学研究的先驱，成就了黑龙江大学俄语语言学研究在全国的领先地位。

华劭先生一生德高望重，泽被后学，为新中国建设和发展培养了大批优秀人才，为俄语学科不断发展壮大输送了中坚力量，用自己的心血和汗水培养了蒋国辉、邓军、孙淑芳、张中华、彭玉海、郝斌、李洪儒等七位博士和王永、蔡晖两位博士后。

91 道年轮，逾 60 载的教学与科研之路，先生毕生心血都奉献给了我国俄语教育事业，为我国俄语学科建设、人才培养、科学研究、文化传承等做出了卓越贡献。

目录

与华劭先生的一生情缘

华劭先生家人的追忆：往事并不如烟

唁函、唁电

华劭先生

学术思想追溯

谈谈语言学发展的几个阶段①

黑龙江大学　华　劭

摘　要： 从科学语言学的前阶段到历史语言学的出现，再到现代语言学的各分支流派，华劭先生在梳理语言学发展史的基础上，从语言内在发展规律出发，对未来语言学的发展做出了预判，他指出语调、语气词和习惯用语的研究具有较高的学术价值，应该引起学界重视。

关键词： 历史语言学；现代语言学；语调；语气词；习惯用语

1. 科学语言学的前阶段与历史语言学

科学语言学的前阶段对语言学有误解，认为语言是不变化的，并把语言和文字等同起来，认为："Что написано пером, того не вырубишь топором."（笔写下的东西，用斧子都无法砍掉。）一旦把语言和文字等同起来，文字不变化，则语言也不变化。既然语言是不变化的，那么不变化的东西就没有规律可言，所以语言学在这个时候就不成为一门独立的科学。这个时候语言学往往被逻辑学，甚至哲学所替代。语言学中的很多术语，如语法学术语和逻辑学术语是相近的，好比 subject（主体）、object（客体）等词都是一样的，因此语言学不是独立的科学。历史语言学出现后，语言学才真正变成一门独立的科学。

历史语言学的先驱者主要是英国人，还有德国的学者，当时他们带着商业

---

① 此文是在 2020 年 7 月 16 日华劭先生口述基础上，由黑龙江大学靳铭吉研究员录音并整理而成。

目的前往印度，然后种鸦片卖到中国。抵达印度之后，他们发现，印度语言和欧洲语言有很多相似的对应结构，所以现在有印欧语系。有了这个发现以后，他们觉得奇怪，后来就找各个国家的语言与古印度语言的对应关系，后来我们就简单把它称作历史语法，实际上就是历史语言学。历史语言学就是找到各国语言的谱系关系，比如拉丁语系、斯拉夫语系、日耳曼语系都是这样来的。这个谱系语言学找到了很多语言之间互相对应、互相影响的关系。实际上中国的语言学在解放以前，甚至到 20 世纪 70 年代末，就是谱系语言学。中国在这方面比较有成就的就是王力先生，再早就是陈寅恪先生。陈寅恪先生梳理了中国古代历史上同周边国家的往来。真正从学术角度研究的是王力，王力等学者确立了汉藏语系。汉藏语系，包括缅甸语，是有声调的，这些语言都是互相影响的，而且这对中国的考古、中国的历史都有重大作用。这是中国语言学发展特别重要的一个阶段。解放前乃至改革开放以前，中国社会科学院的语言研究所都是以这个研究为主的。

2. 现代语言学阶段

现代语言学阶段是索绪尔开创的。索绪尔的现代语言学研究语言的 локуция（言内之意），就是说出来的东西，研究它的结构到底是怎么样的，所以叫结构语言学。结构语言学认为语言的各个要素都是处在一定的结构中的，这些语言单位不是孤立存在的。结构永远比单位重要，单位少了一个不至于影响结构，而结构一变就牵涉到许多单位，所以我们把它笼统地叫作结构语言学。结构语言学也分很多学派，包括美国的分布学派、功能学派，还包括生成语法。其实从某种意义上讲生成语法就是从有限的语句推演出无限的句子，这个推导的过程也是按照结构关系，也就是说只要功能结构相同，它就演变，比如说：原来它是一个定语，就可能演变成定语复句；原来是个动名词，它就可能变成一个状语复句。生成语法不承认自己是结构语言学，但实际还是在这个范围之内。在《语言经纬》一书中我把结构语言学的重点、要点差不多都讲了。中国结构语言学的发展比国外晚很多，朱德熙、高明凯等人有些贡献。朱德熙研究欧洲结构语言学，关注索绪尔等人的研究；高明凯研究的是法国的学派。世界上研究结构语言学派比较厉害的国家和地区包括东欧、西欧和美国。美国主要是分布学派，它靠一个语言单位的分布来确定单位。至于功能学派，功能还是占主要的地位，主要依据相同的功能把语言单位概括到一起。这大概就是语言学发展的第二阶段。当前我们国家在相关领域的发展就到这个程度，我们跟学生上课也只讲到这个程度。

3. 语言学的新阶段

现在我觉得语言学好像出现了一个新的苗头，处在一个新的阶段。阿鲁秋诺娃（Н. Д. Арутюнова）提出了一个新的观点——语言 – 文化 – 现实 – 思维，这是一整套的东西，她认为这是互相联系的。以前你还可以认为语言到句子是一个孤立的结构，过去不论是历史语法，还是结构语言学，都尽量排除人的主观因素，而阿鲁秋诺娃认为，到了句子以上，有 локуция（言内之意）说出来的东西，还有 иллокуция（言外之意），还有言之效。言外之意说得通俗一点就是说话要达到什么目的。说话人总是要达到一定的目的，所以阿鲁秋诺娃跟以前相反，不排除主观的因素，而是把主观的因素考虑进去，于是她提出了 пропозиционная установка（命题态度），就是说出这个命题之后我的意图是什么，我想干什么。我觉得我们现在的语言学开始朝着这个方向过渡，当然不是所有人都同意这一点。朝这方向过渡，我自己体会是：我们过去在结构语言学第二阶段有些问题还没有完全弄清楚，因为结构是个很复杂的东西，还可以继续研究。但是与此同时，假定要搞语言的 иллокуция（言外之意），只研究这方面就有些不够。主要原因是什么呢？一个是语调，语调是个很重要的东西。这方面正好是中国学者研究得不充分的，因为这需要懂音乐，应该有音乐常识，比如说命令式就是一个很简单的 резкое упадение（急降）。命令式表达的意义有很多，有我哀求你的，有我对你发脾气的，有我命令你的……都有可能。那么这些语调的问题，按照传统语法的升降调是不能解决的。我在这个问题上受到我校袁长在老师的启发，他是在苏联中学学习的，他认为国内对语调的研究没有考虑到所谓的语气，即你是命令语气，是哀求语气，还是发脾气的语气，其实我们一听就听出说话人的态度来了，但是我们传统语法的解释就是命令式，就是调型 2 或者调型 5，语调向下急降。既然都是急降，如何了解和区分人的心理？所以我觉得以后研究语调应该是第一个重点。

第二，应该研究语气词，这是我们研究得非常不充分的。语气词有什么作用呢？语气词按照俄国语言学家的说法就是用最少的篇幅表达最复杂、最广泛的联系，比如语气词 а что ж（那……怎么样呢），还有我们《80 年语法》中的 а то（可是）这样的语气词。比如"这个事要是夜晚走下坡路还好说，可是大白天怎么还会出事呢？"这句话中的"可是"就是"а то"，表示对某种情态的比较，表示"如果说前面出现的那种情况还可以容许的话，你后面说到的这种情况就不能容许了"。再比如你在森林里，或者在大山里，迷路还情有可原，可是"а то ты в трех соснах（在三棵松树之间）"就迷路了，说明你糊涂。我觉得这是第二个应该研究的对象，这是我国相关研究比较薄弱的地方。语气词研究起来不太容易，语气词把一个事情和另外一个类似的、相关的、程度不同的事情联系起来，通过对比分析才能加深对语言的理解。

第三，应该研究习惯用语。我说的习惯用语不是临时组成的，而是现成的，一般用于某种情况下，一听到这个习惯用语大家就明白它的意思。比如咱们中国人说"子曰、诗云、太史公曰"，再比如孔子的"子在川上曰，逝者如斯夫"，这句话指的就是"看着水不断流去，想起已经不在的人、已经过去的事，过去的就让它过去吧，也没有什么懊丧的，过去就一去不复返了"。再比如我们说"破釜沉舟""背水一战"，就是要"下定决心，斗争到底了"。还有"风声鹤唳""草木皆兵"，就是"吓破胆了"，俄语说"Обжегся на молоке, дует и на воду."，听者一听就明白是"胆小"的意思。除了这一类以外，还有一种情况是为了服务于 локуция（言内之意）和 иллокуция（言外之意）的，所以也不排除说话人临时想出一些所谓的"妙语"。必须把所有的注意力都集中在这个"妙语"身上，才能了解说话人的意图。很多人表示，现在同声传译的主要任务之一就是要抓说话人的意图，这个是翻译难点，要是抓住这个的话，就抓住了翻译的要素、基本要点，其他错一点没关系，或者错一点不伤大雅。再加上你给一个人做翻译的时候，如果你知道了他对其他问题的态度，比如说对苏联的武器或者对中国的武器有什么态度，翻译起来就顺畅一些。所以说要做同声传译，得先研究这个人的发言习惯，了解他平常对这些事情的态度，其他的就按他平常的态度来翻译就行，所以有人说同声传译就围绕这个问题展开。再举个例子，比如说"你外交官别啰里啰唆，老讲个没完"，就是"Когда заговорили орудия, пора молчать дипломатическому оратору."（等大炮响起来的时候，外交官演说家就该闭嘴了。）实际上指的就是"武力解决问题，你说的这话都没用"。这样的表达就通过比较生动的对比传达了他说话的意图，当我们翻译的时候就特别要注意这些东西。

这仅仅是学术上的探讨，期待有志之士朝着这个方向去努力，取得一定的成果。

俄语教学改革之我见

黑龙江大学　华　劭

　　1949 年初，我开始学俄语。40 年来，一直从事俄语教学工作，亲身经历了建国以来俄语教育事业的兴衰起落、发展变化。回想当年学习时，只有一本仅 18 课的薄薄教科书、一本会话教材。一个班才有一部八杉贞利编的《俄日词典》，乌索夫编的语法书成为罕见的工具书。无固定学制，一般只学一至两年。再看今天，仅国家教委主持下出版的各类俄语教材就不少于 20 种，各类工具书更是数不胜数，专发或兼发俄语语言、文学研究和教学的杂志多达 10 余种。现在不但有几十所院校培养四年制俄语本科生，更有授予硕士乃至博士学位的单位，真可谓鸟枪换炮，今非昔比。当然，俄语教学的发展并非一帆风顺，和我年龄相仿的教师都是亲身经历者，不用对此多说。《中国俄语教学与研究论文集》曾就此发表过一些很有价值的观点。现存问题之中，有不少涉及培养目标、分配去向、学习年限、新生外语起点等等。这些都不是一个普通教师所能解决的，不宜在此说三道四。我只想就教学内容改革，谈一点不成熟的看法。

　　先从现象谈起，俄语专业的学生目前有这样一些问题：（1）知识面狭窄，关于自然、社会、文化、史地、苏联国情甚至生活知识都比较贫乏，因此在说话，特别是独白（монолог）和写作时，不仅有表达上的困难，更多的是由于缺少知识或常识而无话可说、无话可写。（2）到高年级以后，学生觉得开设的各门课程，如语言理论、文学史、翻译、写作、阅读等没有内在的有机联系，同时又感到实践课教材的目的性、计划性、实用性比较差。为什么所学的一定是这些而不是另外一些内容？从每一课书中究竟要学些什么东西？它们真是非学不可的吗？学生很难把从教学中学到的一些零碎、分散、无系统的知识用于交际，因此学习的主动性和积极性都不够高。（3）学生在三年级之后，学习成绩好坏都相对固定下来了，变化很小。学习好的同学感觉上课"吃不饱"，有时缺一个多月的课之后照样能跟上，但实践能力却没有得到明显的提高。后进的同学却由于基础不好，很难在漫无边际的材料中有效地获取必要而有用的知识，很难摆脱学习吃力、被动的局面。

这些现象的存在是许多师生都承认的，然而当探讨问题的症结所在时，却很难取得共识。有人认为教师自身知识水平与语言修养不高。的确，一些教师（包括我在内）很难在无准备的情况下，就诸如环境保护、生态平衡、文化交流、经济改革、外贸关系一类热门话题，即兴发言或写文章，更不用说发表有见地的思想了。于是有人主张高年级的课应由苏联专家或外籍教师上，但他们的教学效果仍难令人满意。有人在课程设置上做文章，几十年来开设过各种语言理论课、文选课、文学史、翻译课，我校还开过苏联历史、经济、政治体制等课程，但时开时停。有时，一个学校打算新开的课，却是另一个学校要取消的课，做法上的参差不齐，也反映了认识上的不统一。过去曾有过分科、合科教学的争论。近年来为了扩大知识面，反对"豆腐干式"的文章教学，把实践课分为精读、泛读，单开写作课与视听说课，以专门提高读、写、听、说能力。这些措施都收到一些效果，但未能根本改变上述局面。此外，开设的大量课程，每门都有自己的体系、计划、要求，使学生穷于应付。各种抽象理论概括和文学历史述评，却因学生缺少必要准备——实际接触（更不用说掌握）语言材料有限和读过的作品不多——而显得有些空玄。更多的同志认为出路在于改进教学方法，先后采取过直接教学法，听说领先法、自觉实践法、强化教学法、情景交际法，都取得一些效果，然而因受种种条件限制，很多教学方法只能在低年级（特别是初学阶段）贯彻。据我所知，强化教学、情景交际教学等一些行之有效的方法，一到高年级就难以为继。认为"关键问题是教材"的呼声，也越来越高。各校都经常编高年级实践课教材，但依然年复一年地出现教材荒。前天选契诃夫，昨天选舒克申，今天又选拉斯普京，上一课讲的是工业建设，下一课却是外贸关系，而且都是浮光掠影地讲一点皮毛知识。面对实践课教材这种散而浅的状况，教师只能被动地应付其庞杂而多变的内容，难于进行深入的钻研。看来，以上争论也许还要继续下去。我认为应做通盘考虑，吸取各种合理意见，针对现存问题，从教学内容着手，逐步进行改革。

我们面临的任务是在四五年的时间内使学生掌握一种发达、复杂的语言（其中 1/4—1/3 的时间要花在打基础上），还要适当地开拓他们的知识面。因此，必须加强教学的目的性、计划性和针对性。开每一门课，选每篇教材都应该考虑其效益。我认为最合适的办法是进行专题教学。把学习的全过程，按题材分为若干单元，其中 2/3 左右的单元是必修课，1/3 左右的单元为选修课。每个单元进行十天、两周或三周。专题教学应贯彻以下原则：

首先，学生既要学习该专题材料内所包含的知识内容，也要掌握各种语言材料，把所学到的词语、句型、语音语调和修辞知识主要用于，但又不仅仅用于理解、表达有关专题的内容，而是能就这一题材较深入地进行交际。这样，选择题材就和挑选语言材料具有同等重要的意义。针对我国目前的外语教学情况，可选以下三个方面的题材：（1）有关日常生活（包括一些国情知识）的题材，开设这类题材的专题课更多的是解决"想说又说不出来"的问题。围绕像 спорт, библиотека, почта, телефон, бытовое обслуживание, путешествие 一类题目，国内外都已经编写过一些材料，并在实践中证明它们是行之有效的，特别是对提高学生口语能力方面。（2）第二类题材涉及一个有基本文化教养的人具备的常识，这类专题课不仅要解决表达问题，而且要通过外语向学生传授一定的知识或常识，像 экологическое равновесие, охрана окружающей среды, преобразование системы хозяйственного управления, сокращение вооружений, культурное наследие, русская (или китайская) музыка, живопись, прикладное искусство, архитектура, система здравоохранения и социального обеспечения, внешняя торговля 等题材可帮助学生开拓眼界，增加知识，提高文化素养，同时使其能扩大用俄语交际的范围，而不仅仅局限在日常生活圈子之内，进行有一定水平的思想观点交流。部分苏联史地课、国情课的内容，可纳入或改为这类专题教材。（3）关于俄语自身知识的教材。绝大部分语法、语音、语调、构词、修辞，特别是词汇知识都可有计划、有步骤地安排在相关的专题内，但每个学科都有些一般理论知识或某些应专门训练的内容，需要列为专题进行教学，可把过去分散在第一、二学期讲的课，集中为几个专题进行教学。对像体、时用法，从功能角度研究时空、原因、情态表示法，有形式–语义对应关系的句型转换，实际切分，功能语体等难度大、耗时多的内容，也可以单列专题。

使学生在相对集中的时间内，能接触有关课题的大量感性材料，掌握必要的术语，读一定数量的俄语语言学文献，这将有助于学生对所学语言有一个比较系统的理解，提高阅读原文的能力，为进一步深造打下基础。文艺作品的语言是经过加工的、比较完善的语言，因此，在前两类题材中，应精选与专题有关的文学作品当作阅读教材。关于文艺作品的文学知识或文学史知识也应该开设专题课。

其次，在每一个单元的教学过程中，各方面的语言知识，如语音语调、词汇、语法、修辞以及相关的语言国情知识都应该服从统一的专题教学需要。特别重要的是体现某一知识领域中语义的词汇（词汇不仅仅是词语，而且还包含词组和成语）。众所周知，和语音、语法相比，词汇的体系性比较弱，学习外语的人不得不逐一地去掌握它们，而专题教学却提供了一个按题材组织词汇的场所。不宜过分强调划分消极词汇与积极词汇、通用词汇与专门词汇。不掌握最基本的专门词汇，就无法进行专题性的交际。在这方面，苏联的对外俄语教学已有一些经验可供参考。例如列宁格勒大学编的有关体育的专题教材中，开头就给了 40 多种运动的名称，包括像 бадмитон（羽毛球）, буерный спорт（冰上帆樯运动）, водное поло（水球）, джиу-джитсу（柔道）, крикет（板球）, регби（橄榄球）一类比赛项目的名称；给了各种比赛形式的名称，如 спартакиада（运动会）, чемпионат（冠军赛）, показательный турнир（表演赛）, командный турнир（团体赛）, первый (второй) заезд（第一或第二轮赛跑或赛马）, (четверть-, полу-)финал（四分之一决赛、半决赛和决赛）, товарищеская игра（友谊赛）等等。此外，还有运动场所，比赛中计算胜负的单位，体育器材，各种姿势游泳的名称，各种位置足球队员的称谓以及各种运动中常见情景、典型动作的表示方法。这些分门别类的词汇按字母顺序排列，便于检索。对第二、三类题材来说，则应该提供相关领域中的行话或术语，甚至包括一些基本观点、规律的精练、形象表述，最好是名言警句。语法（主要是句法）材料一方面要有计划、有步骤地安排，可结合题材内容，在每一单元内重点突出三到五个单句或复句结构的类型，使学生利用专题词汇和句型知识去练习造句、会话或写作；另一方面，可通过某一专题内的若干基本情景、共同认识、主要规则的不同表述，掌握由语义到形式的各种词汇－语法转换手段，如体育竞赛中可以用下述不同方式表示胜负：А победил Б↔А выиграл (что) у Б; А (добился победы у, одержал победу над) Б↔А нанес поражение Б-у（第三格）↔Б потерпел поражение; А вышел из игры победителем↔Б признал себя побежденным; А в выигрыше↔Б в проигрыше; Игра кончилась победой А; Игра кончилась со счетом х : у в пользу А；等等。语音语调、构词、修辞、国情知识也应在每个单元内做适当的安排，使之服从掌握一定专门知识及其表达手段的需要。自然的言语从本体上看是一个复杂的、统一的现象，只是从认识论上，人们把它分成语言的各种单位（词素、词、句型等）、各个层次（语义、语法、语音、修辞等）。孤立地分离出某一单位或某一层次是为了更好地剖析言语现象，深入了解某一个局部或侧面。然而在自然的、真正的言语交际过程中，它们只能结合在一起才能发挥作用，而专题教学则是调动各种知识，使之结合起来进行交际训练的一种尝试。

再次，在专题教学中，可采用不同课型围绕同一（至少是相近的）题材进行综合讲解与听、说、写、读、译的全面训练，使学生从不同程度互相补充地、扎实地掌握同一范围的知识，并全面培养其接受与表达该知识的技能和熟巧。过去，在高年级的教学中常出现下述情况：综合实践课上讲的是舒克申的某一作品，视听说课用作教材的是 20 世纪 50 年代某部电影的片段，阅读课讲的是报刊时事文章。语法、修辞、翻译各门课程都按照自身体系讲授互不相关的内容。每门课的知识都需要通过作业转化为实际能力。这种各自为政的局面往往导致学生负担过重，精力分散，他们经常顾此失彼，事倍功半。如果在同一段时间内，各种实践课型都使用内容相近的教材，也许会收到较好的效果。仍以体育教材为例，设想精读课上选用一两篇讲述奥林匹克运动会的由来、历史或项目的文章，引进必要的词语和反映典型情景的句子，并通过问答、对话、转述，掌握这方面的知识及表达方式；视听说课放映带解说词的各种比赛片段；阅读材料则包括 3 至 5 篇不同体裁有关体育的报道、评论、运动员的小传、球员和观众的心态、风度与行为规范等等；写作课要求以体育为题写一叙事文或论述文；翻译课选择一两篇苏联体育报刊的文章，做翻译练习，若有条件可安排为外国教师或留学生做一次口头赛事翻译。这样的教学体制可能收到事半功倍的效果。学生在短时间内以不同方式有目的地掌握同一范围的知识，学习起来也会感到轻松。

最后，教学组织的各个环节都采取相应的措施，以保证顺利有效地实施专题教学。一是教学大纲可以规定各个学期必修和选修专题的数目与比例，学习每个专题应掌握的基础知识以及用外语表达知识、进行交际的各种技能和熟巧；明确指出根据社会需要、科学发展、分配去向，允许增设、变动、调整一部分专题。20 世纪 50 年代有过一些大纲，但对培养目标和高年级教学的要求不甚明确，认识也不统一。像"具有较强的听说写读能力"，"能胜任一般的口笔语翻译"之类的提法过于抽象，很难定量化。二是在教学计划上要做妥善安排，根据专题难易的程度，相关科学成熟与实用的程度，与日常生活联系紧密的程度，与未来工作需求切合的程度，对各专题教学的先后顺序、时数多少、要求高低做出不同的规定，几门选修专题课应在同一时间开设，譬如说在每学期末或最后一学期，以使学生有选择的可能；每一专题由一两位教师承担，包揽各种课型（根据条件，也可把视听说课、翻译课分出来由专人讲）。这样，教师宜学有专长，并能胜任若干不同类型专题的教学。可在不同班级内重复地进行这些固定专题的教学，便于积累经验，统筹安排。三是对学生也提出明确要求，最好实行学分制，必须积累到一定的学分才能升级或毕业；每个专题学完之后，都应按照既定要求对学生的专题知识和各项能力进行考查，不及格者应补考或第二年重修有关的专题课。根据学生成绩的好坏，决定其能否学选修课，能选修几门专题课。对学习特别吃力的人，应在开设选修课期间，进行补课。以上措施，能使专题教学逐渐走上轨道。

专题教学有以下好处：

首先，在培养目标、分配去向、学习年限、新生外语水平起点一类大问题解决之前，专题教学不失为减少盲目性、增加计划性的办法。它使教学双方对长远和近期的目标都有所了解，通过逐一完成每个专题教学的任务，而有计划、有步骤地去培养符合预定规格的人才，从而逐渐改变目前这种状态：漫无头绪地领导，漫无边际地讲授，漫不经心地学习。如果领导、教师、学生对教学心中有数，就会提高各个方面的主动性、自觉性和积极性。

其次，通过必修的专题课，保证学生有最低限度的知识，而通过选修的专题课可有计划地扩大学生知识面、调整学生的知识结构。根据变化的需要，可陆续设置新的选修课，而少部分效果好的选修课可转为必修课，并淘汰一部分内容过时的、效果不理想的专题课。这样，在保证教学计划相对稳定的同时，又留有一定机动灵活的余地，使教学计划能随语言发展、科学进步、需求变化而做必要的调整。

再次，专题教学为因材施教提供了条件。专题课包括数量不等的阅读材料，每个单元教学对学生可提出基本的与较高的两类要求，这些都为能力强的同学提供了学习条件，使他们能充分发挥积极性。培养尖子学生是外语教学的一项重要任务。很多用人单位都需要高水平的，而不是一般水平的外语人才。研究生、高校教师都必须要从他们之中挑选。另一方面，上述各种条件也能减轻学习吃力同学的负担，他们可少学阅读材料，少选专题课，重修某一专题课或补课，把自己的精力集中到最必要的学业上。这种教学法能在一定程度上解决一部分学生"吃不饱"，另一部分"吃不了"的矛盾。

复次，专题教学从教学体制上保证了学用结合。在前两类专题课上，学生可把学到的知识立即运用到各种交际场合，为贯彻交际教学原则、实行强化训练提供了条件。由于时间集中、目标专一，学生学的知识会比过去更深、更广，运用知识的技能也会更为熟练，这有助于纠正实践课教学散而浅的弊端；而在上语言知识的专题课时，在同一单元内，可有意识安排学生接触经过挑选的感性材料，做相当数量的实践练习，获得针对性强的较系统的知识，逐渐改变理论课脱离言语实践的"空"及脱离学生知识实际的"玄"。

最后，专题教学为青年教师指出了努力方向，每人都可以先选三到五个专题深入钻研下去，对专题知识、语言表达、教学方法都下一番功夫，搜集资料、累积材料、总结经验，成为这个领域内的行家里手，并有自己所谓拿手的"折子戏"。随着教龄增长，知识的积累，尽量争取多开选修课，使自己的"戏路子"更宽一些。一般说，每位教师都应均衡发展，能从事不同类型的专题教学，至少要能开出一门语言或文学的专题知识课。改变由于历史原因造成的下述状况：一些老师长期辛勤地从事实践课教学，虽然实际掌握言语水平较高，却因缺少专门的知识，在发表科研成果、带研究生，乃至晋级、学术交流上都遇到一些麻烦；另一些老师长期从事理论研究，虽学有专长，但实际掌握言语能力跟不上，不能完全胜任高年级实践课的教学任务。如果明确规定，以开设专题课的数量和质量作为考核教师的根据，同等重视理论研究成果和编写专题教材，将有助于教师全面健康地发展。

专题教学会不会产生问题，出现困难呢？五年前，当这种设想刚刚提出来时就有过不少疑虑和诘难，诸如：这类教材究竟包括哪些内容？由谁来搜集、编写材料？一个教师能教几种不同类型的专题课吗？教师负担不会加重吗？如何实现各专题课之间的联系？十天半月一个专题学生会不会感到单调枯燥？等等。在一些人看来，专题教学既无科学根据，又不从实际出发，只是乌托邦式的空想。随着时间的推移，对外联系不断增加，逐渐了解到国内、外都有过相似的观点，并且已付诸实践。去年，苏联词典学学者莫尔科夫金（B. B. Морковкин）到北京讲学，路过哈尔滨曾到我校做报告。我就专题教学的设想和他交换过意见。他很赞同我的想法，并指出我们信息不灵，在 20 世纪 60 年代末和 70 年代初，苏联一些学校在对外俄语教学中就这样做过，并收到很好的效果。可见吃螃蟹的人是早已有之。最近，听说北京有些院校的俄语教师也排除困难，进行这类性质的教学改革。除了对先行者表示敬意，渴望了解他们的经验外，我也感到有必要把自己的想法提出来供大家参考。上面提出的种种问题，很多是要在实践中才能解决的。核心的问题是教材和教师，经过努力，这些是可以逐渐得到解决的。

　　首先谈教材。每个专题究竟要包括哪些方面的内容，目前还没有固定的格式，似乎也不能强求一律。下面我介绍列宁格勒 1972 年出版教材中的一个专题。专题为" Почта. Телефон. Телеграф. "，它包括五个方面的内容：第一部分是词和词组（слова и словосочетания），分列在 почта, письмо, другие почтовые отправления, служба связи, телеграф, телефон 六个小标题下，每个小标题内有数量不同的核心词（总共约有 40 个），围绕着它们，给出数量可观的词组。对 письмо, телефон 这样的词，都给出近 30 种搭配。举例来说，номер 的搭配有：дополнительный (добавочный), шестизначный; номер телефона, абонента, телефонной кабины; набрать, перепутать, запомнить, переменить номер телефона; ошибиться номером。最后还附有这些领域内的最常用的句子（наиболее употребительные фразы）。第二部分是引用词汇的问题与作业（вопросы и задания для введения лексики）。通过回答问题或完成作业把第一部分列出的词汇引入交际，包括：分别与邮政、打电话有关的问题 20 个和 14 个；用于转述的短文两则，其题目为 «На почте» 与 «Телефонная служба»；练习性的对话（учебные диалоги）四段，分别以写信寄信、寄送与领取邮件、打长途电话为内容；最后有一篇从杂志 «Неделя» 摘下的短文 «Умеем ли мы говорить по телефону»，讲述打电话时应注意的事项。

第三部分为练习与作业（упражнения и задания），包括 20 种不同形式的词汇－语法练习，含有体、时的转换，动词词组与动名词词组的转换，各种句型的转换，以及填充、造句、发问、编写对话。练习中所有词汇材料都与本专题有关。小题目总计有 100 个以上。其次，有 10 种发展口语熟巧的练习：如何表示肯定、否定、不同意、惊讶、婉转向对方提问或再次发问。有些练习要用指定的词语，如 А не лучше ли, Так возьми и, Ну что вы! Не такой уж и..., Все еще не 等等。练习句子的内容也完全与邮政、电话、电报有关。再其次是情景练习共 10 个。我抄下比较简单的 3 个：（1）Объясните человеку, который не знает, как звонить по телефону-автомату, как это делать.（2）Инсценируйте диалоги: «В почтовом ящике что-то есть», «Пиши до востребования», «На почте», «Адресат выбыл», «Это письмо не нам», «Вы ошиблись номером».（3）Сообщите телеграммой, что вы едете на каникулы домой (укажите число), и простите, чтобы вас встретили. 这部分练习的最后一项是给三幅图画，要求学生以不同参与情景人的身份描述画中的情景。第四部分是文章（тексты），包括四篇中等长度的文章，题目分别为 «Как пишут письма», «Иван Калита», «Чудо из чудес», «Телефон», 一篇诗歌 «Почта», 三则小故事 «Эксперимент», «Капризы телефона», «Знаете ли вы»。第一篇文章详细介绍了写信格式，其后的三篇文章与诗歌、故事都选自文学作品或报章杂志，难度不一，但都与主题密切相关，均可作为精读或泛读材料。第五部分是会话与作文题目（темы бесед и сочинений），一共给了六个题目：«Интересное письмо», «Первое письмо на родину», «У нас зазвонил телефон», «Я разговаривал с Будапештом», «Я отправил бандероль», «Коллекционирование почтовых марок»。以上五大部分就是该专题所包含的主要内容。通过上述比较详细的介绍，读者可对一般专题课的内涵有一个大致的了解。遗憾的是这里没有视听教材。对二、三两类偏重知识的题材，也许应做一些变动，减少或去掉情景练习，增加文章，特别是泛读文章的比重。总之，只要能贯彻专题教学的思想，在教材内涵或编写方式上应允许编者有一定自主的权利。

至于教材，可通过以下途径编写：一是利用国内外已有的、性质相似的教材，加以改编充实。二是某些知识性的专题教材，由理论课、概况课、国情课教师来编写。三是作为科研项目分到各个教研室去。鼓励教师编写，并从时间上、资料上、经济上给予保证，在实行专题教学的初始阶段，编写、使用、总结、修改教材的教师最好是同一个（或两个）人，四是把编写这类教材作为出国进修教师或留苏学生的任务。根据在外学习时间长短，规定必须编写若干专题教材。带着任务在国外学习，可自觉地发掘题材、搜集资料、编写教材。回国后，必须开一两门专题选修课。目前的出国学习方式漫无目的，效率不高，应设法改进，五是充分发挥离、退休教师力量。他们语言素养好，经验丰富，又有空余时间，只要能采取得当的措施，调动起他们的积极性，是可以编出好教材的，六是充分利用国内外苏联专家（包括在我国学习的苏联学生）的力量，与他们合编材料。

编写教材最大的困难是缺少必要的资料，建议可采取下述措施：一是由资料室同志系统浏览报刊，按专题积累、整理、保存材料，并与教材编写人员保持密切联系，二是近年来，我校教师、校友、学生与苏联方面交往渐多，活动范围逐渐扩大，从事商务、劳务、医务以及学术、艺术翻译的人都有。领导应在派遣他们出国、分配工作的同时，明确规定必须带回资料，主要是关于该领域的业务、国情、词语知识的资料，否则翻译中积累的经验与资料很快就会被遗忘或丢失，不能为后来者所利用，三是每年我校都有少数学生到伊尔库茨克大学学习，也可以把搜集、整理专题资料作为学习任务交给他们，四是把搜集、整理、研究某一专题的词语，如外贸、改革、海关、商检、办理出入境手续等方面的用语作为大学生的毕业论文题目。目前写论文的目标不明确，浪费师生不少精力。有些硕士生也可把撰写学术论文与编写知识性、专业性强的专题教材结合起来，整理一部分资料，五是在我国学习的苏联学生和国外的俄国师友都是资料的来源。一位在苏留学教师曾请苏联友人写过一份莫斯科各类商店名称，并说明其经营项目，这也是有价值的国情资料，虽然不一定要把它纳入教材。

除教材之外，最关键的就是教师。关于教师，有过以下几点疑虑：一是认为专题教学需要比较专深的知识，应掌握较专门的词语表达手段。教师过去没有这方面的准备，恐怕难以胜任。我认为，从我校师生水平来看，只要有教材，经过一段时间的准备、钻研，完全可以胜任。这样的材料并不比传统的难多少，随着教学经验的积累，教师会逐渐适应并自如地驾驭专题教学。如果教材是教师自己编写的，那教起来更会得心应手。二是怕增加教师负担。这是一种误解，如果一个教师每年总是教同样的五六个专题（由于在不同班级内重复），那么他容易熟练地掌握所教内容，教起来就会驾轻就熟，不会感到有沉重的负担。也有人担心长期搞专题教学，教师的知识经验只限于狭窄的范围，水平会有所下降，这种情况出现的可能性不大。一个教师要教几个不同类型的专题课，已保持较宽的知识面，讲授某些知识性的专题，会促使教师深入钻研。虽然一个教师只讲授几个专题课，却应该熟悉其他的专题，并且争取开设新课，成为一个"戏路宽的演员"，如果再有些鼓励性的行政措施，教师不会满足只讲授几个专题，踏步不前。还有一种观点认为，专题教学向生活常识和专门知识方面倾斜，减少了学生接触文学和文学语言的机会，从而降低师生的文学修养。我想，这可以从几个方面弥补这一缺陷：一是适当加大各专题课阅读材料中的文学比重；二是选择部分适当的文艺作品作为精读或翻译教材；三是通过开设或增设某些文学专题课和课外讲座，使有专长教师的才干得以发挥，有这方面志趣的学生的要求得以满足。但要造就高水平的文学人才，目前我国大学阶段的教学似难以胜任。要靠办研究班，培养硕士、博士才能做到。

总之，专题教学在我国是新生事物，会有种种缺陷，不能要求它立竿见影，马上见效。但它符合我国目前外语教学的实际情况，因此很有前途。在教改中，和教学方法、课程设置方式、测试办法相比，教学内容的改革不能不占有优先的地位。我再次希望，这一问题能引起领导和广大同行的注意。

《现代俄语体学》及其《修订本》序言
（张家骅）

黑龙江大学　华　劭

在我国的俄语教学与研究中，动词体的意义与用法一直是大家关注的焦点，从 20 世纪 50 年代起至今已发表了数量可观的论文、专著和教学指导资料，然而这一问题依然困扰教俄语、学俄语的人。近一二十年来国内外学术界对体的研究有了很大的进展，急需从新的理论高度加以概括总结，张家骅同志的专著《现代俄语体学》满足了这种需求。此书有以下特点：首先，它反映了近年来俄语体学研究中的新观点、新成就以及作者本人的探索收获。和国内以往的同类著作相比，其观点更新颖、内容更全面、体系更清晰。第一，大量征引的文献，创新阐发问题的角度，周密安排的材料，都表明其不落窠臼，独创一格。第二，长年来体学学者都指出，体的意义与用法受诸如词汇意义、其他相关语法意义、句法结构、实际切分、语境等因素的影响和制约，然而都缺乏具体系统的分析。此书通过翔实的材料、丰富的例证实实在在地展示上述因素与体交互作用的情景，有不少洞幽索隐、剖析入微的精彩见解，这对体学的研究是个重要的贡献。第三，作者从体的概括意义、具体意义、表达用法等不同层次对体进行描述，条分缕析、层层深入，使读者在对基本概括意义理解的前提下，把握丰富多样的具体材料，从而感觉所述内容既不流于空泛，又未陷入琐碎，有助于把握理论主旨、学会实际运用。这种纵深层次分析和横向各种相关意义的对照比较以及上述制约因素的揭示构成全书的经纬脉络，这种研究与表述方式值得肯定、推广。

当然，书中的文字表达、例证选择、术语运用，也有可商榷之处，但瑕不掩瑜，此书是我国俄语体学研究领域内的上乘佳作，出版之后，当有益于俄语学术界与教学界。

华　劭

1994 年 2 月

附录 1：华劭教授与《现代俄语体学》及其《修订本》

笔者于 1978 年恢复研究生招生时考入黑龙江大学俄语系。论文选题遇到疑难时我的导师吕和新把我引到辞书所华劭先生跟前请求指点，此后在华劭先生的持续悉心参与下，顺利完成学位论文写作。论文的核心内容反映在《俄语目的关系动词不定式词组》一文中（《外语学刊》1983 年第三期首篇）。研究生学习期间，吕和新、林宝煊、余养才三位老师担任俄语实践课的教学工作，用第一学年每周 8 学时，第二学年每周 6 学时，第三学年每周 4 学时的课程，大幅度地提高了我们几个研究生的俄语实践水平和言语修养；理论课由高静、金晔、黄树南、刘耀武三位老师担任。当时俄语系与辞书研究所是各自独立的机构，李锡胤、华劭、张会森等多人全职在辞书研究所从事编撰词典工作，不参与俄语系的本科、研究生的工作。所以在某种程度上可以说，我得天独厚在研究生期间获得两位举国名师在语言实践、语言理论两个方面的栽培。

1984 年黑大俄语系获得留苏访学名额。时任系主任华劭和校长鲁刚力主派遣我赴京参加出国人员外语测试。没有辜负学校领导、师长的期望，我以百余人中第 5 名的成绩通过测试，于 1984 年 9 月赴莫斯科，同批人员共 60 余人，其中近一半人员是曾留苏的老特技工作者重返母校回访，如我省的戴谟安，另一半是重点高校俄语专业、外事部门、外贸部门等人员。我和北外王军、中央广播电台俄语编辑和播音员、外交部以及外贸部共 6 人被分派到普希金俄语学院，访学两年。如果不是黑龙江大学，如果没有华老师和鲁刚校长的鼎力推举批准，恐怕终生未必写得出什么《现代俄语体学》来！我十分珍惜这次机会，围绕俄语动词体做了以下几件事情：

1）几乎一年多时间早出晚归，整天在苏联列宁国家图书馆度过，其间几乎阅读了所有关于俄语动词体的历来经典书籍的关键章节以及全部重要期刊的体学论文。利用在列宁图书馆复印、制作缩微胶卷、跑旧书店购买、和普院外国学友交换等方式把几乎所有俄苏关于俄语体学的专著、文章、会议论文收集到手，打包成几个箱子，通过使馆信使途径分批邮寄回国。

2）第一年在普院跟随个人选择、校方委派的 К. А. Соколовская（体学副博士学位）每周两次各一小时，逐句分析 В. Панова 的中篇小说 «Сережа» 的动词体用法：由导师提问，学生回答，后改为由我提问，导师回答，整理了两本笔记。

3）问卷调查。将文献已有和个人归纳的用体典型上下文类型，在普院内外的俄罗斯朋友中间测试语句用体正误或两可。问卷调查的重要原则是不暴露测试意图，以获得真实语感鉴定。

4）随时留心周边俄罗斯人、媒体的言语，收集鲜活的用体例证。尤其方便的是，第四学期我和一个俄罗斯进修教师同住一个房间，测试的工作随时都可以进行。

5）其间撰写了 4 篇论文《俄语动词未完成体表达的概括事实意义》《俄语动词体的几个问题》«Об одной трудности употребления видов русских глаголов»《〈俄语情景对话〉的若干疏漏》，其中的俄语文章刊登在 «Русский язык за рубежом»1986 年第五期，是该期刊自创刊以来的第二篇中国作者的学术论文，第一篇是 1985 年北京大学吴贻翼教授关于句型的论文。

6）提交第六届俄语语言文学教师国际大会（布达佩斯）论文提纲 «О малоизученном варианте перфектного значения русского глагола прошедшего времени»，1986 年刊登于 «Современная лингвистическая теория и ее применение в практике обучения русскому языку（Сборник тезисов）»。

7）建立黑大俄语系与普希金俄语学院的校际交流协议，争取到每年一名免费赴普院访学名额。赵秋野（我系博士研究生）就是享受这个协议被我系派往普院的访学人员。

以上工作为《现代俄语体学》及其《修订本》的撰写打下坚实基础。我不应该也永远不会忘记，是华劭先生让我有机会留苏学习。

附录2：《现代俄语体学》（修订本前言）（供读者了解《现代俄语体学》及其《修订本》全貌）

体范畴是中国学生俄语学习的瓶颈，困难的原因有客观的和主观的两个方面。客观的原因是：所有俄语动词无一例外地分属完成体或未完成体，在大多数有对偶体动词出现的句子里，哪怕是在体范畴意义无关紧要的情况下，都无法避免体的抉择；而汉语中不存在与斯拉夫语类似的贯穿全部动词和动词形式的体的语法范畴，很难从母语中寻求系统的借鉴。主观的原因是：我们缺少一个行之有效的描写俄语体范畴语法意义的教学方案，这个方案，一方面建立在语言学和教学法理论基础之上，另一方面应以大量纷繁复杂的言语材料为概括对象。

俄语体学由于学科对象的特殊性和对语言教学的重要性而受到国内外几代语言学家的关注，是一个成就斐然的语言学领域。关于体的常体意义，从完结性、界限性、整体性、情景更替等特征着眼，至今已提出了十余种定义方案，全面地揭示了完成体、未完成体的表缺对立（привативная оппозиция）关系；建立起受各种上下文、情景因素制约的适用于对外俄语教学的变体意义和典型上下文体系；系统地分析了动词在形式上通过后缀法、前缀法和异干法构成体的对偶关系的问题；在完成体、未完成体内部，根据行为在时间、数量、程度、结果等方面的具体运动特征和分布特征，划分出 50 余种有形态标志的行为方式动词；从界限性、非界限性的传统语义范畴角度，借助 Z. Vendler 的状态(state)、活动(activity)、持续结果(accomplishment)、单纯结果(achievement)等分类范畴，深刻地论证了动词词汇意义与体的语法意义的复杂制约关系；对以体的语法范畴为中心，包括词汇、构词、句法等各种语言层次手段在内的体的功能语义场（аспектуальность）进行了详尽的描述。

笔者以服务于教学为主要目的，多年从事现代俄语体学研究，在系统总结体学成果、结合中国学生特点、将我国体学研究推向深入的工作中尽了绵薄之力。《现代俄语体学》集中反映了笔者的研究成果，主要的新意是：

1）丰富了俄语动词体常体意义和变体意义的理论体系。例如，我们指出，未完成体动词有限次数用法事实上包括具体重复和概括事实两种意义类型，像苏联科学院编 1980 年版《俄语语法》那样，不加区分地将其作为一个次类纳入概括事实意义欠妥当。（张家骅 1987: 27–33）有些完成体动词过去时，可以表达由过去行为造成的行为空间姿态在后来依然存在。完成体过去时在静态语境表达主体姿态意义时，常常可以用对应未完成体替换。在与表达形态很少变化的非生命体主语搭配时，完成体过去时的主体姿态意义实际上是比喻义。有些完成体动词正是通过这种比喻途径形成了固定表达非生命体空间姿态义项的。（Чжан Цзяхуа 1986: 69–73；Е. Падучева，1993: 111–120）将类似的体的对应词偶称作体的结果存在对应词偶（перфектные видовые пары）。

2）以动词形式和体的变体意义为经纬脉络，归纳了数十种典型情景类型，为我国俄语动词体教学将重点移向具体功能层次提供了一个参考体系。其中的许多类型是笔者研究了大量一手语言材料的劳动结晶。例如，我们指出，在说明感谢、惋惜、气恼、责备、惊讶、不满等情感过程产生的原因时，要用结果存在意义完成体过去时（张家骅 1990: 22–30）；依附于施为动词的不定式，在表达立即实施的已知行为时，要用概括事实意义的未完成体不定式，从属不定式在这种情况下可看作仿直接引语，未完成体是引用原话时保留下来的语法形式，旨在传达原话"立即开始"的意义色彩；未完成体第三人称命令式与第二人称命令式一样，在表示祈使立即开始实施已知的行为和说话人认为不必、不该实施的行为时，要用未完成体概括事实意义，动词在这种情况下，失去了现在时的时间范畴意义。

3）依据 Ю. Маслов, М. Гловинская, Н. Авилова 和 Z. Vendler 的有关论述，将俄语体的对应词偶区分为一般持续结果动词、努力尝试动词、单纯结果动词和状态结果动词四种基本语义类型。在描述体的变体意义和典型情景体系时，注意揭示它们在体范畴意义上的区别。例如，在否定结构中，完成体与未完成体的对立关系因动词语义类属而有所区别：单纯结果动词和状态结果动词是否定预料行为与否定非预料行为的关系；努力尝试动词大都是否定行为结果与否定行为本身的关系；而一般持续结果动词则既可以在通常的情况下表达第一种关系，又可以在特殊的上下文里表达第二种关系。

4）尝试转换视角，从当代语义学、语用学、语言逻辑分析等领域找寻借鉴，使用有关预设、蕴涵、指示以及元语言释义、义素分析、实际切分的理论与方法，揭示俄语动词体范畴的隐蔽特征。例如，我们指出，在叙述话语的链式结构句组或对话统一体中，后续句或反应话语的回指动词，由于充当主位，只是陈述的对象，不是表意的重心，行为达到结果的意义在起始句或刺激话语里，已经通过先行完成体述位动词表达，在后续句或反应话语里转化为语用预设，因而，依据 H. Grice "要简洁"的会话合作原则，常常可以用体现概括事实意义的未完成体动词。（张家骅 1988: 35）

5）通过汉、俄语各种语义类别动词完成体语法意义的对比研究，得出汉语动词完成体常体意义的一个表述方案：受界限限制的整体行为。这个方案与俄语完成体动词常体意义的定义貌似重合，实际有很大区别。持续结果动词完成体在汉语中主要表示行为整体，而在俄语里却经常将表意重心从行为整体移向行为终端。汉语由表示行为局限于点状界限的单纯结果动词或短语加"了"构成的完成体，在数量和使用频率上远远超过俄语单纯结果动词的完成体。在需要把表意重心从行为的整体性移向终端极限点时，汉语大都要用专门的述补式的单纯结果动词或短语的完成体形式来取代持续结果动词的完成体形式，而俄语仍然保留持续结果动词的完成体。把"了"的常体意义概括为"实现"较之"完成"更加符合汉语的实际。"实现"的行为就是受界限限制的整体行为。

描写体的意义不仅是语法学的任务，而且是词典学的任务。由于具体词汇意义的影响，有些动词体的语法意义比较特殊：如 продолжить 表示"将中断的行为恢复"，продолжать 表示"不使行为过程中断"；许多未完成体动词与对偶完成体的意义关系不是或不限于"过程或结果的关系"，如 снимать (что) 表示 жить в наемном доме, квартире 的静止状态意义；与同一完成体平行对偶的两个或多个未完成体动词意义关系往往因词而异；有些未完成体动词变体意义体系缺略，如 находить 没有具体过程意义。

这些疑难问题求助传统的详解词典或双语词典无法得到解决，其中对于派生的未完成体和完成体对偶动词的释义，只限于参见未完成体或完成体的千篇一律的标记。因而，亟须编写逐个诠释完成体和未完成体动词体的语法意义的专门词典。（张家骅 1998: 46）

关于如何对我国学生进行俄语体范畴教学的问题，笔者认为，至少有以下两个方面应该强调：

1）回避抽象的界限说和整体说。

假如我们面前摆着编写俄语教科书任务的话，那么，在动词体方面的第一个棘手问题将是如何向学生概括地介绍动词体语法意义的问题。以完成体为例，科学的说法应该是："完成体动词表达受界限限制的整体行为。"如果我们原封不动地把这个定义搬到教科书中去的话，那么结果将会是不仅学生不知所云，而且教师也感到无从着手来加以解释。因为这个抽象的定义与动词的词义、动词体在使用中的丰富多彩的具体意义距离太远了。正如著名体学专家 A. Ломов 所说的那样："对于学习俄语的外国人来说，有关体的对立双方常体意义的知识，不能够给在具体上下文中究竟使用什么体的问题提供哪怕是最少的信息。"如果排除体的约定俗成的惯用部分，那么，对于以俄语为母语的人来说，情况也是如此。体的常体意义无助于解决用体的实际问题，其原因是不难理解的，因为它是在概括了语义特征千差万别的全部动词之后得出来的，虽然在理论上无懈可击，没有一个动词可以逃出这个概括之外，但是毕竟极端抽象，所有生动、丰富、有助于指导实际用体的那些具体特征，都在逐级升高的概括过程中被抛弃了。

我们认为，在俄语教材初次接触体的语法范畴时，不妨将其定义为："一般来说，完成体表示行为达到结果，未完成体表示行为达到结果的过程。"这样来下定义的理由是：首先，表示达到结果或达到结果过程的动词虽然不是俄语动词的全部，虽然它们的完成体的结果意义仅仅是受界限限制意义的一种具体表现形式，但是体的对立意义在这类动词中表现得最鲜明。正如著名体学专家 A. Бондарко 所说，尽管把完成体的意义说成达到结果，把未完成体的意义说成达到结果的过程不够准确、以偏概全，但是仅仅看到这里的错误也是不正确的，因为体的对立特征在这里得到了最鲜明的体现。其次，体的结果意义和动词的词汇意义息息相关，前者在后者中得到生动、具体的体现。那么，这样是不是会把体的语法意义和动词的词汇意义混为一谈呢？对这个问题，我们的回答是：体的语法意义和动词的词汇意义本来就不是截然分开的。正如 B. Виноградов 所说，动词体的范畴不同于其他范畴的一个主要特点就在于：它是与词汇意义紧密联系在一起的。在某种意义上可以说，体的意义，就是行为在时间中的运动特点在这个动词词汇意义方面的高度概括。比如：уговорить 之类动词表示积极行为结果，растаять 等表示消极行为结果，споткнуться 等表示偶然的结果。抛弃它们的"积极的""消极的""偶然的"这些个别特征，共同的一个词义特征是"达到结果"。这个共同词义特征的形态标志是完成体。如果俄语中再无其他动词，那么，固定在完成体形式身上的共同词义特征"达到结果"就是完成体形式的全部概括意义。但实际情况当然并不这么简单，俄语中有些完成体动词并不表示达到结果，如 заговорить, посидеть；有些未完成体动词也并不表示达到结果的过程，如 запевать, зачитываться, просиживать, находить, приходить 等。但是不管怎样，概括的动词词义和概括的体的语法意义之间确实是关系密切的。最后，这样做符合从具体到抽象、从低级到高级的循序渐进的认识规律。至于这样下定义的不完善部分，被定义遗漏掉的部分，可以在教学的提高阶段逐渐地加以补充和完善。动词体常体意义的科学定义对于学生最终当然还是需要的，但这只在具备了足够数量的感性知识后，才有可能真正把握。

2）把变体意义借以体现的典型上下文作为动词体教学的重点。

动词体的变体意义就"具体"的程度而言，有多层次的性质。以未完成体的概括事实意义为例：首先，根据所表达的客观行为是否曾经达到结果，可以把未完成体的概括事实意义区别为结果概括事实意义和非结果概括事实意义两类。其次，根据言语意图、实际切分类型和表述的语词标志等特征，进而可以把体现结果概括事实意义和非结果概括事实意义的上下文和语境区分为若干个典型上下文类型。例如：体现未完成体结果概括事实意义的典型语境和典型上下文是：a.提问或指出非预料的行为是否曾经发生过，语调重音落在谓语动词上；b.在说话人对行为发生过不存在疑问的情况下，强调行为的主体、地点、目的、时间、行为方式等，语调重音落在强调词而不是动词上；c.用过去发生过的事来证明什么；d.在叙述过程中回过头来提及较早时间发生的事情。再次，典型上下文类型又可以进一步区分为若干个准类型。例如：典型上下文类型 b 包含下列准类型：（a）问行为的主体是谁，好了解和行为有关的事情，提出有关的请求；（b）问谈话对方进行过某行为没有，好了解和行为有关的事情，提出有关的请求；（c）指出行为主体是谁，好让谈话对方向他了解和行为有关的事情；（d）在对行为结果进行评价的时候，问行为的主体是谁。

从理论上说，常体意义的层次划分还可以继续进行下去，一直延伸到每一个具体的表述中。但是层次愈多，指导用体的标志愈明显，愈容易把握，概括的程度也就愈低，条目的数量因而愈庞大，以至不可穷尽。

我们认为，对于从抽象到具体的形如金字塔的动词体语法意义的多层次结构，教学的重点应该放在中间层次，即典型上下文类型以及准类型的层次上。因为，这样既可以克服体的常体意义、变体意义过于抽象，缺少生动、丰富、有助于指导实际用体的具体上下文特征缺点，又可以避免条目过分繁多、琐碎，以致远远超过记忆负荷的弊病。至于典型上下文类型和准类型的数量本身已经很庞大的问题，我们认为，这是不可避免的。为了解决这个问题，可以将典型上下文类型相同的例句汇集在一起，通过做语法练习，使学生潜移默化地逐渐掌握这些规律。类似的练习可以每课一组地分布在从低年级到高年级的各册实践课教科书中。这将是解决动词体教学这个老大难问题的一个行之有效的办法。

《现代俄语体学》出版于 1996 年，至今已 7 年有余。其间，俄语的体学研究日新月异，有了飞跃的发展。作者本人在这个领域也取得了若干新的研究收获。《现代俄语体学》修订本比之初版，较大地扩充了理论部分的篇幅和份量，增添了"体范畴的词典描写""体学研究的新视角""体范畴的对比研究""名词的体范畴语义因素"等章节，对原有理论部分的章节也进行了必要的改写和增删。书中的许多章节都曾在各种期刊上作为独立的学术论文发表，因而难免有个别重复的地方。在汇集成书时，这些重复的内容大多已经删除。少数重复内容，因为它们服务于不同的论题，为了避免损害章节自身的完整性，在书中保留了下来。为了帮助读者在教学实践中使用本书的理论体系与方法体系，书末附"动词体用法练习"，这是笔者在黑龙江大学俄语系课堂上使用多年的练习集的缩编，限于篇幅，只能是个样板。这里选择的变体意义和典型上下文类型，都是俄语教学基础阶段必需的知识和技能，只对理解笔语有指导价值的变体意义和典型上下文类型不是这些练习的重点。

张家骅

2003 年 10 月 26 日

《语言和语言相对论》序言（蒋国辉）

黑龙江大学 华 劭

  蒋国辉的著述《语言和语言相对论》，直面语言学最基本的问题之一——语言与思维的关系。国内语言学者或托言其内涵复杂、玄奥，有意回避，或追随国外变动的学术潮流，其研究往往限于转介，也可能列举一些理由、增加若干例证，以表明自己的取向，即使有些探索也不过浅尝辄止。

  自从生成语法学说取得巨大成就以来，语言普遍论的思想大行其道，他们主张所谓的"人类普遍的内在语言机制"，通过对各种语言大致相近的规则，去运作为数有限的、作为未来句子原型的深层结构，并通过一些转换规则对其演绎，生成无限表层结构的句子。这种思想和某些逻辑语言学派一样，相信任何语言都能表达外在于它的共同思想，这种探索语言共性的趋势，不仅削弱了对具体语言特点的研究，而且把语言对思维的影响这一重大问题排除在外。

  然而，无论在历史上或现实中，这一问题从未在学术界销声匿迹。

  从历史上看，卡西尔（E. Cassirer）认为，"语言的区别与其说是来自声音和符号的区别，还不如说是来自世界观的区别"；当然，最引人瞩目的是萨丕尔－沃尔夫假说（Sapir-Whorf Hypothesis），这也是蒋国辉此书着力解析的对象。

  在现实中，特别是近年来的语言学界，广泛流行所谓"语言世界图景"的看法，认为各民族人民所面临的是经过其语言观念化后的世界，而不是原生态的真实世界。这种主张彰显了语言在认知外界过程中的作用。此书采取"语言相对论"的名称表明作者对沃尔夫思想的传承和发展，但不是简单地介绍与解释；作者使用这个名称时，并未囿于沃尔夫对它所阐述的思想，而是通过深入的观察、举证、议论、解释建立自己的语言相对论思想体系。沃尔夫的语言相对论令人联想到爱因斯坦的相对论，后者包含这样一个思想：概念判断和做出这个判断的观察者地位密切相关。因此在观察、认知世界时，不能离开观察者、认知者——人的因素。沃尔夫认为，观察者在对真实世界进行描述时，以语言为纽带构成一个集体，操共同母语者通过语言棱镜从同一侧面、角度去审视、关注、凸显外在的真实，并有别于操用其他语言的人。对此，本书作者予以肯定，但并不完全认同沃尔夫把研究集中在词汇和语法层次上，而是认为语言相对论的原则"应由语言系统各个部分单独地或在相互作用中整体地体现出来"，沃尔夫上述研究远未概括语言与思维相关性的全部。

至于把语言相对论归结为语言、文化对比研究，作者认为如果不是错误的，至少也是片面的。作者主张语言相对论涉及的应是真实世界、人的思维方式及其语言的相关性。作者笔下的真实世界相当于英文 reality，指人置身其中的物理世界，加上在物质、人文环境中作为实体的所有人的心智行为和社会行为。某一语言的母语者能够认识的世界，并不是他们面对的物理世界或真实世界，而是对应于语言为他们描述的、与语言相关的世界。由前者提供种种信息材料，按照语言协定去划分组织，通过切分、证同、分类得出的结果，作者称之为"真实世界片段"。它是混沌、笼统真实世界通过语言棱镜呈现出来的离散、有序的结构成分。人们所能观察和思考的范围，被局限在由语言构成的真实世界片段（而不是原生态真实世界本身）所形成的系统中。由此不难看出语言在世界观形成中的作用。

针对思维这一极其复杂、众说纷纭的概念，作者强调：

一、思维是人类认识的最高级形式，而不能把任何与人类相关的智能行为都划入其范围，如婴幼儿的吮奶、够物，以及成年人对外在刺激的本能反应，均不在此列，这些含有一定智能因素的行为，是某些高级动物也能具备的。

二、思维必须在内隐或外现的语言和动作中表现出来。内隐语言指"只要有思维活动，就有语言参与"，接近行为心理主义主张的"内隐的语言（习惯）就是思维"；而外现语言指"如果需要，思维的过程和结果必须以操同一语言者都可理解的方式传递出来"。凡是说不出来（不包括出自生理、病理原因说不出来）的思想，就不是思想，当然"说不出来"不是"未说出来"。作者拒斥前语言思维和无语言思维的主张，反对先有一种独立自在的思维，然后把它注入不同语言容器的、被沃尔夫称为自然逻辑论的世俗观点。只有认识到思维与语言密不可分的这一前提，才能正确看待语言相对论内所包含的合理因素。此外，在涉及塑造世界观、影响思维的语言时，作者强调后者应该特指为母语，母语不能简单地等同于一个人所属的民族或最初学习的语言，它应是"自我表达、思维和交际的天然工具"，随着人在一生中相对短暂过程中习得母语，也形成了、塑造了其世界观。如果一个人掌握了几种外语，作者主张有区别地对待母语与非母语对思维的形成力。这样，语言决定以其为母语者的思维方式，并形成他们特有的世界观，这应是语言相对论的主要内容，并以此与语言普遍论及其各类变种，诸如普遍语法、生成语法、沃尔夫所批判的自发形成的自然逻辑论等相对立。作者认为后者虽阵营庞大，信众很多，但由于任何关于语言-思维机制的学科，目前都处于对"黑箱"内部的推测和假说水平，没有"直观的实验数据"（作者将其定义为"可期待的实验事实和观察事实"）作为支撑，普遍论主张的拥趸和著作数量并未转化为其立论优势，从而为语言相对论留下了研究空间。

　　鉴于上述科学现状在语言与思维相关性的研究中，目前主要采取内省法，语言对以其为母语者的思维方式、世界观的制约，也必然制约依靠内省的研究者。由此本书作者认为，这些研究者设计的各种实验，无非是把自己的内省过程转移到受试者身上，以观察受试者是否产生同样的内省过程。这种实验次数再多，也不过是一种实证性的归纳方式，通过它很难形成规律性、普遍性的认识。如果实验只在同一母语人群中进行，当将具有抽样性质的实验推及每个人时，形成普遍性（认识）的基础就是语言。本质上研究者在设计实验时已经预设了一个前提，操相同语言的人有相同的思维方式。

　　为了跳出所谓母语的藩篱，大多数研究者通过与外语比较，比较不同母语者在观察、认识真实世界上的区别。本书作者认为，这种方法的缺陷在于研究者对非自己的母语"没有语感层次上的语言知识"，很难有把握用内省方式掌握以另一种语言为母语的人在语言-思维互动过程中的心理状态；加上作者认为语言相对论的要害不在于词语、文化上的差异，因此他在本书中舍弃以语言-文化对比作为方法论的基本取向，尝试运用在语言学研究中众所周知的语言事实，对其进行观察、论证、解释以阐发语言相对论的思想。当涉及语言对比时，也只有为了验证在另一种语言范围内所做出的观察和分析的结论。这样，本书就不囿于对个别词语与文化现象的解释（这样的解释经常会因解释者的观点而异），而直接从根本上切入语言相对论的核心问题：语言对思维的形成力，或者说对我们的思维而言，语言的作用是什么。

作者认为语言相对论本质上是关于语言的哲学理论，而不仅仅是指导语言－文化对比研究的理论，因此本书的上卷集中讨论语言相对论的历史和现在，并涉及该理论的若干基本问题。作者比较详细地考察了语言学内这种理论的形成、演变与发展，从洪堡、索绪尔、魏斯格贝尔（Weisgerber），到现在广泛流行于东欧国家的世界图景学说，并横向地引用了其他学科中涉及这一问题的思想，如人类学中的萨丕尔、沃尔夫，心理学中的维果茨基（Vyigotski）、皮亚杰（Piaget），以及范畴知觉论诸方面的主张，令人信服地证明了语言相对论这一重大课题引起不同时代、不同领域学者的关注，它远非无足轻重。在前人研究的基础上，作者提出对语言相对论的看法，诸如：它的解释范围；语言研究与其他学科研究的界限；它不等同于语言－文化对比研究，它与语言决定论的关系在萨丕尔－沃尔夫学说中，并非简单的对立关系，更不像有些人主张的那样，前者有可取之处，后者一无是处；它与语言普遍论的相互关系。此外，还讨论了在语言相对论的框架内所涉及的语言与言语、词与句、独立变量与从属变量的关系，以及它的验证与证伪的原则诸问题。作者在这一部分阐明了自己对语言相对论的主张，有不少独到新颖的思想，并对一些流行的公认的观点提出尖锐的挑战，说明按其主张继续研究语言相对论的意义和方向。

下卷包括八个重大的、很多人所熟知的问题，作者通过对它们细致的观察、深入的剖析，解释语言与思维的相关性。这一部分内容丰富、思想深邃，涉及问题多，阅读有一定难度。作者通过下卷进一步阐明以下立场：

一、语言与思维的关系是"语言学"问题，而不是"学语言"问题，这一部分并不以提供各语言具体差异、掌握各语言特点为目的。

二、根据语言相对论的原则"应由语言系统各个部分单独地或在相互作用中整体地体现出来"，这部分对研究对象定位于语言中的某些系统：如柏林（Berlin）与凯（Kay）提出颜色系统、时空定位与指示词系统、评价评估系统、表示命题意向的词汇－语法系统等等。作者并没有把孤立、个别的词汇－语法现象所提供的信息作为立论依据，而是将语言对思维的形成力作用作为一个系统来表述。

三、作者从不同角度，以不同材料反复论证真实（即真实世界）、思维与语言的关系。如原生态的真实中无所谓"杂草""浪花""益鸟""害虫"，它们只是通过语言看到的"真实世界的片段"，是含有主观因素的实体；至于只是在语言中才能出现的否定事物、否定事件，甚至否定的思想，在真实中根本不可能存在；也没有先天性的隐喻。所有事实都指向一点：没有脱离开语言，先天形成的以相同方式反映真实的所谓思想，当然也就不能将它注入不同容器。在许多场合，语言让其使用者看见了、相信了它所许诺的东西。

四、作者提出许多语言学的重大问题，从语言与思维相关性角度做了哲学式的探讨，如：人对无形的时间概念是如何形成的？时间的"源头"在哪里？一个人的"语言世界图景"能否因学习"用外语思维"或翻译交流而改变？如何理解可译不可译？从"世界是由静止事物构成"到"世界是由动态事件构成"的观念转变对普通人意味着什么？这和研究的重点"从词到句"有什么关系？语言中的范畴是什么？是如何形成的？它和基于共性形成的逻辑类范畴、拉波夫（Labov）等人倡导的原型理论、维根斯坦的"家族相似论"是什么关系？等等。对诸如此类的问题，作者都进行了深入思考，并提出了有创见的解释，还在某些方面对现有的一些权威观点提出挑战，如：认为柏林和凯的颜色结构理论并不能推翻语言相对论，形象思维并不能摆脱语言影响；隐喻用"域的投射"解释并不可取，主动和被动并非同一事件两种不同表达方式，相应地，两类句子不是表示同一事件的转换句；等等。

综上所述，我认为《语言和语言相对论》是一部学术价值很高的专著作品，相信其影响将超出语言学界。

附笔： 在撰写《语言和语言相对论》一书时，我曾多次向华老师请教。华老师不太会操作电脑，我就用 e-mail 把问题发给华老师的儿子华汉，华汉打印出来后交给华老师。华老师将自己的意见写好，再交给华汉，华汉扫描后发给我。所以，这部著述在某种意义上可以说也灌注了华老师的心血。出版前，我试着问华老师有没有时间和精力为这本书写一个序。华老师马上就欣然应允。以 80 多岁的高龄，华老师硬是认真读了这本 80 多万字的长篇论述，写下了总结全书整体思想的精辟论述，再一次向我们展示了他渊博的学识和深厚的学术造诣。给人的印象是，在语言学研究中，没有华老师未曾涉足过的研究领域，华老师的这篇序言是他留给我的永远的纪念。

《篇章的逻辑语义分析》序言（邓军）

黑龙江大学　华　劭

在我国俄语教学传统中，文章讲解一直占有重要地位，一般来说，学习文章是以掌握语言知识为主，包括汲取词汇、分析语法、解剖结构、欣赏修辞手段等等；与此同时，也了解一些社会、科技、文化与文学知识。但是篇章教学缺乏理论指导，往往因教师的兴趣专长、知识结构不同导致教学重点也随之变化。我国俄语界对篇章进行研究只是近一二十年的事，出版了一些专著，发表了一些论文，有了一个较好的开端。但目前的研究也有其不足之处：一是偏重于定义单位（如什么是超句）；确定连接方式（如寻找句间、超句间甚至更大单位之间的联系手段）；建立结构模式（如研究文章的起、承、转、合、开篇结尾的方式，确定文章结构类型）。从某种意义上讲，这是把研究句法的路数延伸到篇章，形成所谓的章法学。这种发展趋势是顺理成章、无可厚非的。然而沿着这一方向的篇章研究碰到的难题比较多，如果说在定义词和句时，已是众说纷纭、莫衷一是，那定义超句、段落、篇章就更难找到公认的，特别是形式化的根据了。而篇章内句以上单位间的联系远非严谨语法性的，学者甚至把这种联系看成内聚性、意合性的挂连或粘连（когезия），因而作为这种非纯语法联系的手段，自然也是难以把握的。至于篇章结构的多样性，与其功能、体裁乃至作者风格都密切相关，脱离开这些因素，寻求篇章的结构模式、类型也没有取得令人信服的效果。总的来说，章法学的路子怎么走，还要继续探索。另一个不足之处是，已有的研究比较侧重思辨性的原则议论和探讨；而我国的俄语教学迫切地希望篇章语言学能提供一些有指导意义的思想和可操作的方法，以帮助师生比较深入、完整和准确地获取文章中的信息。应该说目前的研究状况和读者的要求还有不小的距离，说到底，还是理论研究和实践需要的距离，这似乎也是值得关注的问题。

邓军同志对俄语的理解比较细致深入，运用也相当流畅自如，又长期从事实际教学，积累了一些经验和问题，当她进入研究篇章的领域时，很容易觉察到上面谈到的那些不足之处。因此，她采用了和别人有些不同的角度和方式来研究篇章，这篇论文就是她研究的结果。我认为论文有以下几个特点，值得大家注意。

第一，作者紧紧把握研究篇章在于掌握它的内容、汲取它的信息这一主导思想，因而对篇章进行多功能、多层次、全方位的分析，指出执行不同功能的话语提供不同类型的消息，它们各司其职，既彼此补充，又互相区别。又提出篇章中有的信息体现在词语之中，可做条分缕析的梳理；有的信息游离于词语之外，则须探幽索隐地推断，强调应逐级考察词、句、超句在篇章表达、传递、整合信息过程中所起的各种作用，从而为有区别、有主次、有层级、有分合地理解篇章信息摸索出一条途径。

第二，邓军同志有比较宽阔的语言学视野，不拘于一家之言，广泛汲取、消化、运用各种有价值、有新意的观点，以对篇章做全面的逻辑语义分析。文中引用了诸如 Р. О. Якобсон 的语言六功能学说，И. Р. Гальперин 的不同层次信息的观点，Н. Д. Арутюнова 对句子所做的四种逻辑句法分析，Г. А. Золотова 的优控述位理论，О. И. Москальская（源自 Изенберг）对句子在陈述过程中区分右向、左向的主张，О. С. Ахматова 和 И. В. Гюббенет 纵向语境、第四维度的新颖提法，以及作者曾当面讨教过的 И. Я. Чернухина 的主题词群和理解前提的意见，等等。作者对上述某些观点做了开拓性的引进，对另一些主张进行了尝试性的阐发，所有的理论都被创造性地运用于篇章分析，力图做到博采众长，融为一家，邓军同志这种不落俗套、不走老路的探新、引新、创新的精神是值得肯定的。

第三，论文重视理论联系实际，这和邓军同志长期从事实践课教学不无关系。她不热衷于浮乏的空洞议论，却力争建立一套可操作的篇章分析方法，用作者的话来说，就是建立解码系统。事实上，功能类别、主题词群、句子的逻辑句法类型、优控述位、交际动势与走向，从外显层到蕴含层的四维分析都把篇章研究置于词语提供的、有客观依据的信息之上，这在一定程度上能减少主观揣测文章内容的弊端。此外，论文中广泛使用图像表格，注意分析的层次、思路，强调解码过程中的步骤、要点，通过这一切，不难看出作者的用意：为广大俄语专业的师生提供一些易于操作又可收成效的分析方法。目前我国俄语教学的情况是师生都没有充分的时间和条件去深入篇章理论，在这种情况下作者所选定的研究方向对路，所提供的分析方法也会受到欢迎。

当然，论文也有一些不足之处，理论的阐发还有待于深化，文章的结构可更加严谨，表述的言辞也宜进一步锤炼，但瑕不掩瑜，我认为这是一篇颇有新意、值得一读的论文。

华 劭

1997 年春

《俄语祈使言语行为研究》序言（孙淑芳）

黑龙江大学　华　劭

　　近一二十年，言语行为理论在我国俄语学界引起了广泛的注意，发表了不少论文，推动了语用学的研究。但论文以介绍性质的居多，往往是通过一些实例解释该理论的要义，议论其长短得失。相比而言，孙淑芳同志这本书《俄语祈使言语行为研究》（黑龙江人民出版社，2001 年）有以下特点。

　　一、作者系统地考察了言语行为理论产生的哲学背景，回溯了其发展的源流。依次考察了语言哲学的三个阶段：逻辑实证学派、日常语言学派和行为语言学派对语言学的影响。语言哲学的发展从一个特殊的角度推动语言学从研究抽象的形式结构转向具体的言语行为，并把注意力放在那些涉及人、背景知识和行为环境没有用词语表示出来的语用因素上。这有助于科学地、历史地认识和把握言语行为理论。作者还赞同地引证了 Н. Д. Арутюнова 的一段话："言语行为理论看来已近乎完备。它为语言学提供了许多东西，诸如体现言与行关系的施为概念以及与之有关的言说行为、语势、取效行为等概念。虽然理论业已成形，其元语言已经凝固，但语言材料远没有穷尽。事实上，理论应该拓展，其拓展的可能途径之一就是在分析人类的言语活动时，更始终一贯地运用动作模式和心智行为模式。"孙淑芳同志的这本书正是本着这种精神把行为理论模式用于丰富的、表达祈使意义的语言材料。

　　二、20 世纪 60 年代以来，语言学研究中心有着明显的下述转移趋势：词（слово）→ 句子（предложение）→ 语句（высказывание），而且在后一转移过程中，把重点从研究作为语义核心的命题结构转向作为语用核心的命题意向。孙淑芳同志顺应这一发展潮流，以俄语祈使言语行为作为对象，扎实、具体地分析了表示该种语势的各种手段。诸如第二人称祈使式用作特定语境下同步祈使的信号与发生不受语境制约非同步祈使信息的区别；用于施为句中的祈使动词在语义上、时间上、搭配上、评价关系上所受的种种限制；详尽地列举了表示祈使意向的感叹词和语气词；剖析了隐含祈使的间接行为句，即当陈述式、疑问式和愿望式执行该功能时的条件与特点。作者对上述各种祈使表达手段的同异做了比较，并将其纳入聚合体系，为表达祈使意义提供了各种可供选择的手段，因而，有助于实际掌握语言。

三、孙淑芳同志的专著一方面描述了可能用于祈使意义的手段，另一方面又论述了哪些因素左右人们对上述手段的抉择，以适应各种实在的交际要求。作者明确主张把取效行为与取效结果分开，前者是说话人可以控制的，而取效结果能否实现则取决于一系列主、客观因素，不是说话人所完全能控制的。因此，应将两者分开，并把后者划在言语行为之外。但从另一角度来说，取效结果事实上就是言语行为的目的，它在很大程度上左右着达到此目的的语言手段——取效行为。要对祈使言语行为做出选择，首先要考虑所希望出现的祈使结果。除此而外，交际双方社会地位不同，彼此态度有亲昵随便或疏远有礼的区别，言语行为进行的场合有正式与非正式的差异，这些因素都是说话人实施祈使言语行为时所必须估计到的，它们影响到说话人选择词汇、语法形式、语调乃至使用直接或间接言语行为。这方面的知识自然会有助于提高俄语学习者的言语能力。

从言语行为理论的一般性介绍转入到语言材料的具体分析，孙淑芳同志沿着这个方向迈出了坚实的一步，希望有更多的人能沿着这条道路走下去，以推动语用学研究健康发展。

华　劭

2001 年 2 月 7 日

《俄语动词（句）语义的整合研究》序言
（彭玉海）

黑龙江大学　华　劭

　　彭玉海同志的这本书是在他的博士论文基础上撰写而成的。该论文曾得到国内同行的好评。大家比较一致地肯定了以下几方面的优点：一是有分析、有批判地系统综述了相关的语言文献。近几十年来对动词的语义功能研究日益深入，已经发表了不少有意思的观点，汇集了不少有价值的资料，作者力图学习借鉴前人著作，使自己的研究置于牢固可靠的基础之上，以继续向前发展。书中对各种动词配价学说、动词一体化描写、词汇参数理论等都做了恰当的评价。二是作者对俄语两大类动词做了比较细致的整合分析和研究，提出了自己的观点，建立了独特的理论体系。一方面，本书对题元进行了语义分类，确定了各种分类的层次关系，确立了一些题元的语义次范畴，分析了题元具有的必用、可选或任选的配价性质，不同性质题元兼容共现的可能，等等。这些分析使本书具有特色：在描述动词分布时，不是局限于指出题元的数量和表达形式，也不是简单无序地给题元贴上或抽象或具体的标签。另一方面，本书对动词句式的转换做出了自己的界定、分类，对所谓同义转换和可逆转换做了进一步的深入比较和分析，明确了各类转换形式的性质和功能。在转换操作中，不仅从侧面揭示了动词语义的特点，还澄清了参与同义或可逆转换的各种句式的异同，这有助于理解建立在同一动词或同根动词基础上的各类可转换的句法构造。尽管是动词语义决定了分布和转换的特点，但通过组合关系和聚合关系对动词进行全面整合研究，却能具体凸现动词的语义，使它变成可琢磨、可操作的对象。应该说，作者在这方面做了有益的尝试，值得肯定。三是本书搜集了大量语料，并按照前面的观点，对其做了剖析、划类、整理，通过表格、公式、例证体现了作者所主张的动词整合研究，在这方面彭玉海同志下了一番苦功夫，也取得了实实在在的成果。书中的材料表明作者不是徒托空言，而是把理论有效地付诸实践，从而证明自己观点、理论的实用价值和方法论的可操作性质，展示出一种整合研究动词语义的途径。书中的材料无疑会对俄语动词的分析与教学有一定的启迪意义。

正是同行们的上述共识，鼓励彭玉海同志有意将自己的论文整理出书，在相关方面的关注下，此书终于出版，能和广大俄语工作者见面，这不能不说是一件幸事。俄语动词语义是个极其复杂的问题，要想通过一本书完全解决是不可能的，何况作者受知识、精力的限制，只分析了两大类主要动词，但希望有志趣的读者对书中解决问题的观点、方法提出意见，指出不妥当、不完善之处，使彭玉海同志的理论研究能进一步深入展开。

华 劭

2000 年 11 月

《俄语语气词隐含义研究》序言（王永）

黑龙江大学　华　劭

在传统教学中，语气词未受到应有的重视，在教学大纲和教学计划中都没有它的位置。各类词典、俄语教科书，甚至语法专著，对语气词的说明，往往限于功能分类和举例释义，学完以后，不得要领。实践课老师也不大关注语气词，俄语称之为"小词"（частица），对它们的解释，往往凭据自己的语感，有时言不及义，有时概括过度，把特定情景中的用法当作普遍意义。有的老师认为，如果说词义模糊，那语气词的意义就是模糊之最了，因此只能心领神会，难做理性说明。这种认识虽不无道理，不过多少有些玄不可知的意味。

掌握语气词难在何处？有人指出，它没有形态标志，与其他词类界限不清，常有副词－语气词、连词－语气词、代词－语气词，甚至数词－语气词的提法。这样，连研究对象的性质和范围都难以确定。也有人指出语气词位置飘忽不定，可在词、词组的前后，甚至位于整个语句的首尾。从功能上看，它小到构词、词形，如"какой-нибудь, приходи-ка, Чтоб была тишина! Чаю бы!"，《80年语法》把后两例中的语气词 чтоб 和 бы 看作构成单句语法形式的手段。前者构成命令式"要安静！"后者构成愿望式"有些茶就好了！"它的功能大到连接语句甚至更大的言语单位。这还没有涉及其语义、修辞和交际功能。这样，从语法研究的角度，很难找到适当的切入点。当然，最令人头疼的还是语义。一般认为，实词的所指（денотат）是现实或可能世界中的事物、特征、动作，并因此有所谓词汇性的物质意义（вещественное значение），而前置词、连接词的对应所指为事物间、情景间的各种时间、空间及逻辑关系，这样表示的是语法性的形式意义（формальное значение）；有人指出连系词也有所指，它对应于人头脑中将事物及其特征联系起来的思维活动（акт мышления）。而语气词的所指是什么呢？以往的语言学避而不谈这个问题，似乎也无意回答。语气词研究和教学所处的尴尬困难状况和上述种种原因都有关联。

面对语气词，传统语言学、结构语言学、生成语法理论都没有很大的建树，这种局面近几十年来逐渐有了改变。在这方面有代表性的、有建树的语言学家是波兰人 A. Wierzbicka。这里引用她的两段话："它们（指语气词）表示说话人对受话人的态度，对所讨论情景的意向和态度，他内心的预设，他的意图，他的情绪。如果一个学习某种语言的人不能掌握语气词的意义，此人的交际能力将可悲地不完整。""语气词具备一种以最小代价表示一整套语义的能力。"[1]这些话简明扼要地指出了语气词研究的内容、价值和重要性。

据我所知，王永博士是我国第一位较系统地介绍、阐发语气词新观念的学者，并在对"有个性的"具体语气词研究中，采用了新的方法。这里说的新观念指本书把对语气词的研究内容确定为其隐含义。这和我国对语气词的传统描述不同。首先，本书研究不止步于仅指出一个语气词执行区分、强化、限定或其他语义功能，而是把每个词作为个案，分析其如何通过自身"有个性的"特点去执行相应上述功能。以往，语法书仅用几页纸讲述全部语气词，本书详细地逐一分析所挑选的一些语气词，展示出执行同一功能的各语气词甚至同一词的变体所表达的内容均有差异，有时竟有相反的含义。这种分析使所谓最模糊的语义逐渐变得明晰。其次，本书不止步于"研究语气词要联系语境"这种泛泛的提法。新的观念把它的意义作为语句、复句甚至篇章意义的组成部分。分析前者如何依附于后者，对后者的内容有所增添、改变并做出评价。一方面，这证实了语用性很强的语气词意义脱开语句及其以上的言语单位，很难呈现出来；另一方面，在这些言语单位中，展示出语气词如何"以最小的代价表示一整套语用意义的能力"。这种能力的展示，使它获得一种诱导学习者的魅力，使其改变对所谓小词的漠视，转而对它关注并产生兴趣，把它看成理解语句和篇章不可或缺的要素。第三，本书强调语气词的所谓隐含义。我以为隐含义包括两种内容：一是这些意义不是直接见诸词语，而是隐藏在词语的下面或深处。这意味着研究不止步于分析该情景与其他相关情景的联系，而是对语气词所在的语句意义作立体的、有层次的分析，这本身就是观念的革新。二是这些意义所反映的是隐藏于说话人头脑中的看法，诸如对话语及话语中人物、事件、特征的态度；对受话人的态度以及向其所施加的影响，他个人的主观预设、会话含义、感情与评价；等等。通过这些内容进而反映说话人对各类规范、社会共识、文化习惯、评价尺度所持的态度等等。这样，语气词就成了说话人含蓄地表示上述种种看法的最经济的手段。反过来，受话人则通过语气词去领悟或揭示说话人（特别是书面语作者）的思想，从而把语气词用作探求所谓说话人意义、了解作者意图的有效手段。顺便谈一点对隐含义（скрытая семантика）的认识。最初，研究语气词意义的人把它和预设紧密联系起来：一方面，往往通过剖析语气词来界定、改动和发展预设的内涵；另一方面，预设被看作剖析语气词最有效的操作手段，有人竟说，预设简直就是为研究语气词而设置的。随着研究的不断深入，人们发现初始意义上的预设概念有其局限性，于是把预设分成语义性的和语用性的，逐渐把推涵和会话含义都包括进来。这一演化过程，本书作了说明。后来者在研究语义时，又提出与陈述事实相区别的情态框架（модальная рамка），这一观念指"研究某些语言单位必须包括的说话人对所描述情景的评价，以及说话人所设定的受话人对情景的态度"[2]。这样，对研究语气词来说，预设（包括其修正版或扩充版）的概念一方面内容庞杂、外延不清，有人甚至把它看作纠缠不清的概念混合体（запутывающий конгломерат понятий）；另一方面，它又显得外延过窄，难以包括情态框架以及另外一些有研究价值的观点，如视点、个人范围（личная сфера）等等。因此，本书作者继 Т. М. Николаева 采用隐含义代替预设。显然，上述种种隐含义的内容远非每个语气词都具备。特定语气词具有哪些隐含义，各种含义彼此间有什么关系，只能通过对具体词作具体分析后才能得出答案，这也是本书用心着力之处。

王永博士这本书采用了哪些不同于我国传统研究的新方法呢？可以指出以下几点。首先是从语气词配价（валентность）着手来分析它的意义。自 С. Д. Кацнельсон 和 L. Tesniere 提出"价"的学说，它已不胫而走，被广泛采用，借助它研究一个词特别是动词的句法搭配能力。但把它应用于处在传统句法范围边缘的语气词，则很有创意。语义决定句法关系，又通过后者来揭示语义，已是不争的共识。既然语气词有句法价，把后者作为切入其语义研究的手段自然就顺理成章了。其次是分析辖区（сфера действия）。辖区和"价"密切相关，却不吻合。本书中的辖区分直接的与间接的，有时还有对比的；又从层次上分成句法性的和语义性的，两者的范围或吻合或相异；有时语义辖区只涉及一个词的部分内容，从而不受句法管辖。所有这些辖区可能见诸词语，也可能潜存于话外；进入辖区的可能是由词或词组表示的句子成分，也可能是由复杂词组形成的谓语部分、整个语句，甚至篇章。所有这些进入不同辖区的词语对分析语气词及其所在语句的意义都很重要。第三是语气词和语句中其他要素的相互作用：诸如辖区内词语的词汇意义、语法形式、语调升降、重音变化都会对该语气词的意义施加影响；此外，各语气词的相互作用，也被本书用作分析语气词的手段。最后，很重要的方法是联系句义来研究语气词的意义。从解释语言的角度，对语气词所在的语句的句义组成部分进行分析，并以句子形式记下分析结果。举个简单的例子："这样的题目连小王都能算出来"。其句义中用词语描述事实的陈述部分是"小王能算出这样的题"，由于用了语气词"连"，就有了客观实存的或主观设定的狭义预设："除小王外，还有其他的人也参加或可能参加算题"；说话人的评价："小王是最不可能算出这类题的人"；可以得出的推涵："这样的题目对小王等人太容易"。至于所谓的说话人用意、会话含义，则可能因语境而异，且易被取消，它可能是向作为受话人的教师提出建议："你出题太浅，应该改进"；也可能是对没算出题目的受话人的一种责备："你能力不比小王差，竟没算出题目"；等等。最后一部分一般不能纳入稳定的语义。此外，某一特定的语气词还可能赋予语句其他的含义。这样，在剖析这一类近似语句意义的同时，也概括出身在其中的语气词的意义。一般用外文字母作为符号，设法将上述种种内容形式化、关系化，以帮助读者理解隐含义。

以上谈了一些不成熟的看法，不能反映本书全貌，读者且把它们当作学习语气词的参考吧！

王永博士在撰写此书前，对语气词已做过长时间的研究，并就其类型、功能、修辞发表过多篇论文。在这一领域，她有深厚的知识积淀。在俄罗斯访学期间，又阅读了一些新文献，搜集了一些新材料，这就为其引进新观点、采用新方法以审视剖析隐含义创造了条件。在我和她的交往中，发现她有很强的领悟、概括和表述能力。能在教学和科研等工作的重负下完成这本著作，实属难能可贵。希望王永博士沿着这条道路走下去，逐渐扩大范围，剖析更多不同类别的语气词，若能编写一些有针对性的练习，那就更为理想了。我深信本书将引起我国俄语界的关注和兴趣，它将有助于提高对语气词的理论研究水平和实际掌握能力。

华　劭

2008 年 7 月 28 日

注释

1. Wierzbicka A. Particles and linguistic relativity.Intern.Rev.of slavic Linguistics, 1976(1): P. 327. 转引自 Т. М. Николаева. Функции частиц в высказывании. М: Наука, 1985: с. 7 & с. 80.

2. Апресян Ю. Д. Интегральное описание языка. Том II. Школа «Языки русской культуры», 1985: с. 48.

《词汇语义的动态模式》序言（蔡晖）

黑龙江大学　华　劭

众所周知，一词多义是语言的本质特征之一，然而多义词的研究远远滞后于同义词。后者是多词一义，确切说，是接近同一意义。重视同义词研究可能与结构主义关注差异有关。F. de Saussure 有句名言："语言中只有差别。"结构主义学者力图找出同义词之间最细微的差别，并把它们当作语义上的区分性特征。这种研究对掌握语言的价值是不言而喻的。但多义词内部的差异更细微、更隐蔽。当一个词每次新使用时，都有语义变化，但这些变化却是在同一语音外壳下发生的，不涉及更换能指问题。交际者对某些似有若无的语义变迁，或视而不见，或觉而不察，因而未给予应有的重视。当语义差异明显，不得不在词典中作为独立义项标出时,辞书编纂者往往把它们看作同一语义常体的变体，即各种转喻用法（换喻、隐喻、提喻，以及夸大、缩小、逆喻等），导致一个常体语义演化形成的结果。但实践中很难把所有的语义变迁归结为一个常体的衍生物。严格讲，在穷尽所有用法（即找出全部可能变异形式）之前，常体 - 变体理论是无法验证的。有的学者持另一种极端意见，认为一义一词，没有多义词。А. А. Потебня 就说过："词义中最细微的变化都使它变成另一个词。"（《Лингвистический энциклопедический словарь》1990: 386）近代对多义词有影响的学说还有 L. Wittgenstein 的"家族相似说"。但各种用法在哪些方面以及因何相似，均语焉不详。认知语言学的观点也只能说是差强人意。Е. В. Падучева 对其的评论是"在 Langacker 1987 年的书及其后一系列认知语言学的著作中建议把各种意义联结在一起的办法是，赋予整个词一个认知结构，从某种意义上说，它一下就规定了所有意义，但却不描写任何一个实际意义"
（Е. В. Падучева 2004: 16）。此后，上述学说的大多数信奉者凭借精心编造
或信手拈来的例子宣示家族相似论或认知结构说，却很少有人按照这些观点系
统地、切实地描述具体的多义词。

　　在这种情况下，蔡晖博士的专著《词汇语义的动态模式》令人耳目一新，
展示出对多义词的另类研究途径。该书反映了俄语词库《辞书人》（原文为
«Лексикограф»，译名是我暂拟的）中一些学者的某些观点。在我看来，他们
博采众家之长，使"家族相似"的构想化为现实，而且吸取并发扬了认知语
言学一些有价值的思想，在继承创新的同时，又脚踏实地、系统地搜集整理、
描述、阐释语料。蔡晖博士在深入研读 Е. В. Падучева，Г. И. Кустова，Д. О.
Добровольский 等人的著作后，结合自己的教学与研究心得，写出这部有创意
的书。关于这种新研究方向的理论意义，作者在绪论中概括为六条，对每条都
做了言简意赅、剖析深入的阐发。本书又专辟三章，描述了三类词汇语义模式，
证实了新理论的可行性与解释力。这样，留给序言作者发挥的空间已经不多了。
我只想做三点补充，以期帮助读者更全面地理解此书，并与作者共勉，使这一
新的研究方向得以发扬光大。

　　首先，本书中采用的动态研究不是传统意义上的历时研究。后者是通过历
史比较方法，探索、描写语言要素在系统内在不同历史时期的变化，其目的在
于发现这些要素的发展规律，恢复建构语言的历史。它面向过去，且与共时描
写相对立：同一语素变化前后的形式和意义是不能同时共存的。而本书涉及的
是一种衍生关系的研究。如果说构词法描写的是词汇衍生，生成语法探讨的是
句法形式的衍生，那么，此书研究的是一词之内的语义衍生。所有这些研究都
致力于探讨如何从初始单位派生出新生的单位，通过规则、模式、形式化、程
序化等方法把衍生的理据、条件、环节、派生手段加以概括，形成动态发展模
型，塞尔维亚学者 Е. Р. Курирович 称之为衍生活动的共时重建。当然，这里
的共时不意味同一时间点，而是 F. de. Saussure 所说的"稍稍长的特异共时"，
可以说衍生现象是发生在人们身边的变化。重建的目的就初始单位而言，在于
分析其意义、结构、功能以及在什么条件下可能发生什么性质的变化，从而预
见其衍生的方向，甚至后果；就衍生单位而言，当人们初次遇到它，特别当它
是新的句子形式、新词、新义时，可以重建衍生过程，联想初始单位，在由旧

到新的先后顺序中，蕴含着因果关系，可从中得出有理据的解释。由于衍生关系是在广义的共时内发生的，因此不难找到初始单位，从而容易验证解释的正确性。这样，词汇动态研究，重建语义衍生历史，面对的是共时现状，甚至涉及可预见的未来。可见它在研究的方法、目的及与共时的关系方面都有别于传统意义上的历时研究。

词汇研究时所持的系统观是本书的另一特点。作者在本书第10页引用了 Е. В. Падучева 的话："我们的目的与其说是充分描写单个词语，不如说是揭示作为整体词汇的内在结构。原先提出的任务就是要理解，就什么意义而言，词汇可以视为系统。"在本书中多义词自身的诸意义总和形成了一个有先后顺序，有等级层次的系统，而不再是罗列义项的清单。每个词的微型系统被当作词内的语义聚合体，从一个意义可衍生出另一个意义，就像词形变化聚合体那样，能从一个语法形式引申出另一个形式。有人提出，所有意义演变的总和可构成"词汇语法"，"词汇语法"这一富有创意的想法就是建立在词汇系统性基础之上的。

显然，词汇系统性不仅仅体现于单个、分散、孤立的多义词的结构中。为此《辞书人》研究者确立了一些词义参数。Е. В. Падучева 解释说，所谓"词义参数是一种特征，根据它把词集合为大的类别，每个类别中的诸词在语言运作上有着不寻常的相似性。一个词烛照另一个词，从而使人觉察其前此未被注意的性能"（Е. В. Падучева 2004: 523）。举例来说，《80年语法》（句法部分）第139页上有一句 Твардовский 的诗："Молоко звенит в посуду, Бьет рогами в стену."并认为许多像 звенит в посуду 一类的词汇－语义结合，无法从词的词汇－语法性能方面解释，只能说是词在句中的意思增生。但按照本书的观点，在 "Загремел старик с лестницы." "Колеса отвратительно скрежетали по щебню."等同一类发声动词用法的烛照下，完全可从 звенить 语义衍生角度，解释它由表示主体发出声响转变为发声主体的运动，并可与表方向的 в посуду 搭配，即"牛奶哗哗地流入食具"（详见本书第六章第三节）。对动词来说，这样的参数有四：动词的"分类范畴"，"主题类别"，"角色配位"，"参项分类"。Е. В. Падучева 说："它们（指描述作为整体动词词汇的参数——引者注）保证了对词义的系统性研究，可以作为构建词内语义聚合体的基础。"（Е. В. Падучева 2004: 19）本书对这些参数的内容做了详尽描述，不宜赘述。

我只想说明一下，它们为什么叫作词汇语义参数，以及一些应注意的相关问题。一个动词的范畴属性是其语义无法分割的组成部分，根据它，把动词划入表示动作、活动、过程、状态、事件、事变等不同的分类范畴。严格讲，称分类范畴为参数是一种换喻性用法，即以分类的结果代替分类所依据的参数——范畴属性，而后者才是动词词汇语义的特征。读者应花些精力熟悉 Z. Vendler, E. B. Падучева, Т. В. Булыгина, Н. Д. Арутюнова 在范畴分类上的观点，才容易理解相关的语义变化。主题类别参数也是换喻性说法，实际的参数是语义中体现某类主体的要素。一个词义往往有许多要素，故可划入不同类别，只能根据初始意义的主导要素划入相应的主题类别。各主题类别是进行多义词研究的平台，以其为对象，构筑相关的动态语义模式[①]。我想着重谈一下把"角色配位"与"参项分类"叫作动词词汇语义的依据。这两个参数都与题元有关。在通过动词将现实观念化时，前者指各题元被配置于在重要程度上有差异的句法位置，后者指作为观念结构参项的题元因属于不同类别而显示出的性质差异。这两类差异都与动词的语义密切相关。Н. Д. Арутюнова 说："近年来大量研究证明，动词的语义与题元的性能密切相关，它经常把题元（含疏状词）的意义包括在自身之内，因此动词意义不是单一的。"（Н. Д. Арутюнова 1998: 39）举例来说，"Вода течет вниз."（水往下流。）中动词 течь 的"流动"意义中还应包括主体是液态或气态物质，甚至疏状词所表示的方向意义。这样，就不难理解为什么把"角色配位"和"参项分类"看作词汇－语义参数了。Н. Д. Арутюнова 说："在谓词（动词）的意义中已能预感到句法联系的类型。"（Н. Д. Арутюнова 1998: 47）резать 初始意义"切割"的句法联系大致体现在" Мать резала хлеб ножом на части."中。其施事题元应为人，受事题元应属于被当作整体，且可被分割的固态事物，两者分别处于主、客体的中心位置，其核心语义还应包括对处于边缘句法地位工具题元的要求：一般应是坚硬有锋利边刃的器械。最后，还可有表示动作结果的题元：把受事切割为几部分。若从范畴属性来看，резать 是作为施事有意识进行可控动作，它以达到预期结果为目的。从主题意义来看，резать 属于物理性的导致客体变形的动作（физическое действие деформации）。以上是从四个词汇－语义参数角度对初始动词进行描述。不仅如此，它们在某些类别词汇中有序的、相似的变化，

---

① 关于主题类别划分的依据及其与建构要素的关系见蔡晖的论文，载《中国俄语教学》2010 年第 2 期。

导致在相应范围的多义词内出现有规律的语义衍生。

最后，谈一点有关观念化的意见。它与语义衍生密切相关。Ю. Д. Апресян 指出："每个自然语言都反映感知和组织世界的一定方式。"他称此为世界的观念化。（Ю. Д. Апресян 1995: 350）语句中呈现出的是通过观念化创造的有关世界片段的情景，而不是所谓原生态的现实。G. Frege 像区分词的意义和指称那样，把与语句物质部分相对应的内容叫作意思（смысл），当后者与情景相对应时，则称为观念（концепт）。Е. В. Падучева 等人认为无法研究观念与未经形式化的现实的关系，转而主张描写与同一情景对应的诸观念之间的关系。在一个多义词内，当把对应同一情景的重点，从动词的一个题元转到另一个题元，或者从动词的一个语义要素转向另一要素，就意味着对同一现实片段观念化上有差异，因为"感知、组织世界的方式"变了。《辞书人》的研究者们成功地采用认知语言学前景与背景的学说，摆脱了传统实际切分理论的限制，不再认为语句只能聚焦于述位（рема），主张在投入使用之前的句子中，各题元已有显隐之分，主次之别，形成在语义上、句法上的等级差别。以最常体现 резать 初始意义的句子为例："Мать резала мясо."符合前述要求的主客体 мать 与 мясо 均处于中心位置，不言而喻的工具题元则隐退于话语之外。当强调 резать 是活动时（деятельность，指可控动作的进程），则表示结果的部分也可能被隐去。试比较强调结果表事件（событие）的完成体动作："Мать порезала мясо на мелкие части."在下述例句中，结果题元的出现，表示对活动的评估："Мама, ты режешь на слишком мелкие части！"而"Мать резала мясо тупым ножом."中题元"钝刀"出现，通过它描述切肉的活动。当说 "Нож резал плохо, у матери вся рука в мозолях."（刀不好切，母亲满手掌都磨出茧子了。)时，工具 нож 已提到中心地位，成为关注重点所在的主体，真正的施事 мать，仅在后续句子中出现，暗示它是前句中的组成要素，受事因所指的客体显得无关紧要而从句中彻底消失。此时 резал 也由初始的活动意义，转变为无意识的过程（процесс）了。至于句子 "Нож плохо режет."中的 режет 则进一步转表"性能"，工具成为唯一题元，其他题元也因与"性能"关系不大，而被忽略不计了。当说 "Нож только режет бумагу."时，бумага 也不一定是实际发生情景中的客体，只是通过最容易裁割的纸，说明工具的切割性能很差。除最后一例之外，其余各句的题元均相同，但在上述按前后顺序出现的例句中，工具题元由隐至显，其地位由边缘到中心，而其余题元也相应地发生了变化。聚焦题元的更动，意味着感知、组织世界的方式不同，也被看作语义衍生的标志或推力。

另一类导致语义衍生的现象与题元角色配位无关，一个语义往往有着几个要素，具体句子有选择地凸显其中一个，从而实现聚焦重点的转移，以下是本书中的两组例子：（1）"Через минуту кофе будет здесь." 与 "Кофе будет через минуту."（2）"Где тарахтит мотоцикл？" 与 "Мотоцикл тарахтел по пыльной дороге."（分别引自本书第 78 页及第 163 页）两组例句中都只有一个主体题元，语义衍生与其无关。第一组前句中的 быть 表示位置，在这里表移至，"过一分钟咖啡就送到这里"；后句 быть 表示存在或开始出现，指咖啡从原料到饮料成品，"过一分钟咖啡就煮好"。在第二组中前后句的动词分别表示摩托车发出的声音与摩托车的运转跑动。有时，原来语义的蕴涵（импликация 或称推涵 инференция）部分变成主要的陈述部分，由可能联想到的要素成为被凸显的要素。在带前缀 про- 的运动动词中，如 "Мы сейчас проехали город N." 其语义除表示经过某地外，都可能有蕴涵"与该地接触"，一般情况下，该蕴涵由于不是语义必要组成要素，往往被忽略。但在 "Мы проехали город N，— теперь придется назад пешком." 这一复句中，后一分句表示曾预期与 N 城接触，甚至停留。该蕴涵与"路过不停"相抵牾，于是衍生出表预期落空的语义——"错过"。作为词汇语义组成部分，在范畴属性方面也可能产生类似的重点转移，且与聚焦题元无关。如 "Дверь вчера починили." 与 "Дверь сейчас починили."，前句中动词强调"门昨天修完了"的事件（событие），后者则强调"门现在修好了"的状态（состояние），书中有一生动的例子："Камни заваливают вход в ущелье."（第 142 页）动词可表动态过程："许多落下的石头正阻断峡谷的入口"；也可表示静止状态："许多（静卧的）石头堵住入口"。而主语若换为单数，动词则只能表状态。这类现象与题元等级变化无关，由于没有语义衍生题元方面的标志，凸显意义不同组成部分（含分类范畴）的变化，就更难于觉察把握，也是语义衍生动态研究应着力之处。

当然，参项分类的变迁与语义衍生的相关度更大。再回到 резать 这一例词来，当其初始意义表示可控的、物理性致使客体变形的动作时，其相关的题元参项都应属于特定的类别。对此，前面已有扼要描述。以下该词的各衍生语义都与参项分类性质改变相关："Мастер режет крест из металла.";"Каменщик режет орнамент на камне." 客体不再是作为切割对象的整体事物，而属于所谓形象（образ）类，резать 则相应地由使客体变形的动作转为产生结果的创造动作："雕出"、"刻出"十字架和花纹，但却保留动作的物理性质。"Мать порезала себе ломоть хлеба."的客体 ломоть 是从整体 хлеба 切削下来的结果，通过这一过渡环节，出现由非物质实体（сущность）衍生的意义同客体相搭配：резать смету, плату "削减预算、开支"，此时 резать 已具有隐喻性质，从物理动作转而表示社会行为：从客体中削减一部分。"Серая дорога резала поле."，"Шляпа режет лоб." 句中主体不再是人，动词相应地由表动作转为表状态，但却隐喻性地保留使整体分割为部分："灰色的道路将田野一分为二"，"礼帽遮住半个额头"。"Веревка режет руку."，"Воротник режет ему шею." 中"切割"的初始意义以活物为切割对象时，常有蕴涵"引发疼痛"。这两个句子中的主体已非人，而是物，而客体则属于"人体部分"（часть тела），上述蕴涵已成为上述两句新语义的主要部分，动词表示不受意志控制引起疼痛的过程："绳子勒手"，"衣领磨脖子"。由此进一步衍生出无人称用法："Под мышкой режет."，"В животе режет." 表示腋下或肚中疼如刀割。当 резать 的客体为人或其他活物时，经常有另一联想到的蕴涵"宰割，切割致死"，在下述句子中它变为新衍生的语义，如" Подготовка идет полным ходом. Погода только режет нас «Голин»."，"Волки режут овец." 两句中的动词已分别夸张地或如实地表示"致死"：前句的意思是"气候要我们的命"；后句则是"狼咬死羊"。类似的语义衍生还可能以其他形式发展下去。

本段前半部分所说的聚焦一个动词的不同题元或意义要素，涉及的是对应于同一情景的有差异的观念，这种动词衍生意义所产生的变化很细微。后半部分涉及参项类别改变，已不符合动词初始意义对相应题元的要求，像"政府削减预算""礼帽遮住半个前额""绳子勒手"语义变化明显，已难与"母亲切肉"算作一个情景了。但在将上述种种现实片段观念化的过程中却都使用 резать 一词，通过其初始语义中各个要素，包括可能联想到的蕴涵，创造了上述这些情景。在交际者对 резать 的认知结构中以上各要素都有联系。正是体现俄罗斯语言民族特点的观念化方式，把相同和不同情景联结在一起，并可通过动词动态模式加以说明，与此同时，还保证了词内诸语义的统一，使其成一个微型系统。

　　我国俄语界中，蔡晖博士是第一位以新角度、新方法研究多义词的人，筚路蓝缕，备尝探索的辛苦与喜悦。本书及书中所引用的文献中包含许多新思路，新材料。希望有志于这一问题的同行能深入其中，定会有所收获。我在序言中对几个问题的不成熟看法，仅供读者研读原著时参考，有不当之处，请大家批评指正。

华　劭

2010 年 8 月 18 日于黑龙江大学

华劭先生

学术著作评述

对《现代俄语语法新编》（句法）谈几点浅见

北京外国语大学　王福祥

　　华劭同志主编的《现代俄语语法新编》（句法）[1]不仅是一本实用性很强的教学参考书，还是一本水平很高的学术著作。这本书内容丰富、结构严谨、有独创性，敢于突破传统俄语句法的旧框框，提出新的观点。《新编》句法出版以后，华劭同志还专门写了《〈现代俄语语法新编〉句法浅释》[2]一文，把该书的观点、体系与传统句法学的异同做了对比，对书中涉及的一些理论问题做了说明。

　　《新编》句法共有六章。第一、三、四章着重分析了句子成分之间的四种语法联系：主谓联系、补充联系、扩展联系和同位联系；两种扩展成分：定语和状语；七种繁化成分：同等成分、独立语、确切语、比较语、接续语、呼语和插入语。第二章描述俄语单句21种主要句型。第五章提出一个复句新分类体系，将复句分为11种类型：填位复句、限定复句、疏状复句、揭示复句、概括对应复句、并列复句、成语性复句、确切复句、评价复句、接续复句、插入复句。此外，还有一类无连词复句。第六章探讨复句的简化问题。下面仅就书中提及的新观点和新体系谈几点粗浅的看法。

一、关于《新编》句法的性质

传统俄语句法理论体系属于描写规范性质，具有条理清楚、易懂易记的特点，因而在教学中得以长期应用。从 20 世纪 50 年代末起，这套理论体系受到越来越多的抨击，其原因主要是它崇尚书面语，排斥口语，热衷于烦琐的分类，轻视实际运用，迷恋旧的体系，忽视语言的发展与变化，严重脱离语言实际。但至今还没有人能拿出一套新的、完整的体系来取代它。

传统俄语句法学有三个主要组成部分：词组分类体系，句子成分分类体系及单、复句分类体系。传统句法学是在逻辑学的影响下建立和发展起来的。句子成分学说就是源于逻辑学对人的思维形式——判断的分析，而主从复合句的分类体系又是以句子成分体系为基础。因此，是否坚持句子成分学说就成了区分传统句法理论体系与各种新句法理论体系的主要标志。

《新编》句法问世以后，曾引起一些人的误解，以为这是结构主义的东西，认为在教学上没有什么实用性。其实在《新编》句法里，编者并没有提出新的理论。《新编》句法既不是转换句法，也不是功能句法，它只是对传统句法做了某些有益的改变，仍属于传统句法理论体系。改变的内容表现在以下几个方面：

1. 词组：词组在传统句法学中占有相当重要的地位。苏联科学院 1954 年出版的《俄语语法》用了 237 页的篇幅写词组的分类体系。其实，词组在教学中并没有多大的实用价值，而且在内容上与句子成分分类相重复。

《新编》句法没有分出专门的章节写词组问题，这正说明编者不是立足于句法体系的完整性，而是着眼于句法知识的实用性。基本掌握一致、支配、依附概念也就可以了，没有必要去背诵词组的那些烦琐分类。

2. 句子成分：句子成分学说是传统句法理论体系的一个重要组成部分。对句子进行成分分析尽管不能揭示句子的内部结构，却有助于理解句子的意义和学习组词造句。近年来虽有试图用结构意义分析法取代成分分析法的动向，但这不过是少数学者的设想，还没有形成一套完整的体系。实际切分法着眼于词语在句中的交际功能，把句子切分成主题和述题两个部分，这种方法在探索言语内部规律方面无疑是一个重要的科学方法，但它却无助于分析单个句子的结构，不能取代成分分析法。

《新编》句法对传统句子成分学说的态度是比较慎重的，基本袭用原五种成分（主语、谓语、定语、补语、状语）体系，但做了一些小的变动，如不再分直接补语和间接补语，把不表示对象或客体意义的原来所谓的间接补语称作补足语，如：

1）Сказки Андерсена читаются не только *детьми*, но и *взрослыми*.（《新编》句法第 40 页，以下该书引文只标页码）

2）*Ему* холодно.（第 41 页）

3. 复句：编者根据分句与分句之间的语法联系性质对复句重新进行了分类。与传统复句分类体系相比较，《新编》句法的复句分类体系确有极大的不同，既没有严格区分并列复句与主从复句，也没有严格区分带连词复句与无连词复句。（这种分类法值得商榷。）但要仔细推敲，就不难发现新的复句分类体系也没有完全脱离传统的复句分类体系：（1）所谓填位复句，也就是把带有主语从句和补语从句的主从复合句并为一类。编者认为这种复句的特点是主句"缺少结构上较重要的成分（通常是主语或补语）"，副句则用来"填补所缺成分位置"。（第 313 页）这种看法与传统句法学把副句看成是句子成分的延伸或等价物的观点并没有根本上的不同。（2）限定复句即原来的带定语从句的主从复合句。（3）疏状复句也就是原来的带时间、原因、条件、结果、让步等从句的主从复合句。

《新编》句法的复句分类体系之所以不同于传统的复句分类体系，是因为分类原则不同，如：

3）*День, когда* я вступил в партию, навсегда останется в моей памяти.（第 328 页）

4）*Утром, когда* я проснулся, в комнате уже никого не было.（第 328 页）

传统句法把从句与句子成分的作用等同起来，因之把句 3）看作是定语从句，把句 4）看作是时间状语从句。而《新编》句法则从副句的功能出发，认为句 3）、4）均属于限定复句，尽管一个副句说明名词，一个副句说明副词状语，但这两个副句都起限定的作用。又如：

5）Мы сестре поставим *условие, чтобы* она не мешала нам заниматься.（第 320 页）

6）*Зал, откуда* мы вышли, был до отказа полон людей.（第 328 页）

按传统复句分类法，这两个句子都应算作是带定语从句的主从复合句。但《新编》句法却从连接手段出发，把句 5） 划为填位复句，把句 6） 看作是限定复句。再如：

7） Я очень *доволен*, что на все мои вопросы он дал утвердительные ответы. （第 320 页）

8） Я не *виноват*, что все это случилось.（第 406 页）

在传统主从复合句分类体系中，这两个句子都属于带补语从句的主从复合句。但《新编》句法却从主句中谓语是否支配补语，是否表情态意义出发，把句 7） 分析为填位复句，把句 8） 看成是评价复句，其实两句中的主句都含有评价的意义。再如：

9） *С того часа*, как я приехал в деревню и окунулся в кипучую жизнь трудящихся, я решил, как говорится, обваляться в земле, преобразовать свою идеологию.（第 333 页）

10） Они продолжали свою подпольную работу *до того дня и часа*, пока наша армия не освободила этот город.（第 362 页）

依照传统分类法，这两个句子都是带时间从句的主从复合句。但《新编》句法却从指示词是否带有逻辑重音出发，把句 9） 分到疏状复句，因为指示词不带逻辑重音，把句 10） 划为揭示复句，因为指示词上有逻辑重音。

《新编》句法的特点是十分重视研究句子的结构类型。但有时编者过分强调意义，反而打乱了按句子结构类型进行分类的原则。如：

11） Напрасно себя оправдываешь, *только и* факт, что соврал.（第 405 页）

12） *Только и* вся утеха, что песни и разговор.（第 396 页）

尽管这两个句子属于同一种结构类型（Только и + 名词，что...），但《新编》句法从意义出发，把句 11） 称作评价复句，而把句 12）看成是成语性复句。同样的现象还有：

13） *Тот, кто* совершает несправедливость, лишает себя поддержки.（第 363 页）

14） *Кто* не занимается обследованием и изучением, *тот* не имеет права высказываться.（第 371 页）

按照苏联科学院俄语研究所 1970 年出版的语法，这两个句子都是代词对应主从复句，属于一种结构类型[3]。《新编》句法却从副句的表意作用出发，把句13）分析为揭示复句，把句14）看作是概括对应复句。其实这两个句子在结构上并没有区别，只是从句的位置有所不同罢了。

二、关于接续语与接续复句

什么叫接续语？接续语是一种新的句子成分还是句子成分的一种修辞用法？有没有接续语？这些问题都有待进一步探讨。

从《新编》句法给接续语下的定义来看，接续语并非是一种新的句子成分，而是句子成分的一种修辞功能："句中成分（通常是定语、状语、同等成分或独立短语）若有补充附带说明或追加强调功能，则具有新的，接续联系的性质，因而相应地成为接续语。"（第288页）"主语、谓语、补语、补足语对句子结构说本来就是重要的，不可能是附带说明的，也不必要是追加强调的，因此不能成为接续语，但同等成分除外。"（同上）

1. 如果接续语指的是在句尾的同等成分，如 "Письмо от мамы она с увлечением читала, читала — да и *заулыбалась*."（第290页），这种同等谓语其实并没有 "附带说明或追加强调功能"，主要是用来表现出乎意料的行为，如：

15）Павел говорил все чаще, больше, все горячее спорил — и *худел*.

16）Лаврецкий и Лиза прошлись по комнате, остановились перед раскрытой дверью сада, взглянули в темную даль, потом друг на друга — *и улыбнулись*...

非同等谓语也可以用来表示出乎意料、突然发生的行为，如：

17）Мама отворила дверь, взглянула на меня — *и в слезы*...

18）Он бессонницей болеет. Проснется средь ночи — *и за балалайку*.

其实，俄语中任何句子成分（并不一定是同等成分）都可以用来表示意想不到出现的人或事物，出乎意料发生的行为或现象，如：

19）Через несколько минут загремели цепи, двери отворились, и вошел — *Швабрин*.

20）Жена плакала тихо и немного, Павел — *не плакал*.

21）Я убивался, убивался, а потом забрал знамя — *и к вам.*

上述这种现象纯属句子成分的一种修辞功能，似不应算作是"接续语"。

2. 如果接续语指的是独立语，如 "Сегодня банный день, *женский.*"（第291 页）， "У ворот его стояла кибитка, *запряженная тройкою татарских лошадей.*"（第 291 页），那么就说这是独立语，具有补充说明、强调意义，岂不更好吗？何必要单分出一类"接续语"呢？

3. 如果接续语指的是下列现象："Ленин не терпел болтунов. *Всю жизнь.*"（第292 页）"Долгим было это раздумье. *И важным.*"（第289 页）"День назначите вы. *И место тоже.*" （第 291 页）我们觉得把这种用句号隔开，起独立语句作用的部分叫作接续语不完全合适。现在，一般都把上述语言现象称作分解结构，或分割加强结构，或附加结构。俄语中，各种句子成分都可以分解为用句号隔开的独立语句，如：

22）От Лены до Амура — тайга. *Горы. Болота. Вечная мерзлота.*（主语分解）

23）На фронте я был сапером. *Старшим лейтенантом.*（谓语分解）

24）Надо писать. *Детство, юность, зрелость.*（补语分解）

25）Город раскинулся на узкой равнине, между горами и морем. *Небольшой. Зеленый. В цветах.*（定语分解）

26）Он повернулся на бок н застонал. *Совсем тихо.*（状语分解）

4. 如果接续语指的是这样的现象："Он сразу *побледнел* от неожиданной новости. А уж как *бледнел!*" （第292 页），我们觉得把后一个句子叫接续语也似乎欠妥。其实，这是一种重叠结构。主语、谓语、补语、定语、状语都可用来构成重叠结构，表示意思上的强调和补充。这也是一种常用的修辞手段。如：

27）*Глаза* у нее словно два холодных рассвета. Большие и неприступные *глаза.*（主语重叠）

28）Знаешь, Самохин, *помог* нам патруль-то этот. Ох как *помог.*（谓语重叠）

29）А после войны я непременно напишу *книгу* о Зое. Большую, хорошую *книгу.*（补语重叠）

30）Но ведь тот, кого они ищут уже третий месяц, человек *неглупый.* Ох какой *неглупый*.（定语重叠）

31）*Плохо* ты, Блицын, изучил карту. Очень *плохо*.（状语重叠）

《新编》句法对接续复句提出了新的看法，扩大了接续复句的范围。编者把下列现象都划归为接续复句：

1. 传统主从复合句分类体系中的接续主从复合句，这是由联系用语 что, отчего, зачем, почему 等构成的主从复合句[4]，如："Работы вели в глубоких горах, *что* осложняло доставку материалов и приборов."（第 413 页）"Во время беседы с Антоном Павловичем этот учитель перестал стараться быть умником, *отчего* он становился и умнее и интереснее."（第 414 页）。

2. 传统并列复合句分类体系中的表接续关系的并列复合句[5]，这主要是由连接词 и, да, да и 等构成的并列复合句，如："А вот я не умею писать стихи, *да и* желания нет!"（第 411 页）"Сейчас же объяснять это нет времени, *да и* словами такое и не растолкуешь."（第 411 页）。

3. 以连接词 и, а, но 连接起来的并列结构，其各构成部分为独立的句子，如："За время работы у нас вы неплохо зарекомендовали себя. *Но* вам еще мешает излишняя горячность."（第 411 页）"История человечества — это процесс непрерывного развития из царства необходимости в царство свободы. *И* этот процесс никогда не кончится."（第 411 页）。

4. 主从复合句分解结构，即主从复合句的主句与从句分解为用句号隔开的两个独立语句，如："Наша многодетная мать всегда ложилась в постель последней, за полночь. *Чтобы* тут же заснуть и спать без снов до утра."（第 412 页）"Прежде он служил комиссаром полка. *Так что* опыт с людьми у него большой."（第 412 页）。此种主从复合句分解现象并不限于疏状副句；传统的主从复合句分类体系中的主语从句、定语从句、补语从句也都可以用来构成分解结构，如：

32）Так и нужно. *Чтобы* в другой раз быть серьезней, не откладывать подготовку на последние дни.

33）Он позволяет нам остановиться в раздумье, мыслью и чувством вернуться к своим истокам. *Без которых* человеку неуютно на свете.

34）Он хотел, *чтобы* Игорь пошел в университет. Выбрал себе

профессию, связанную с умными книгами и добрыми людьми. *Чтобы* мысли у него были светлы и прекрасны.

能不能把上述四种语言现象统称为"接续复句",还需要再认真仔细考虑。这不单纯是对一个句子应怎样进行分类的问题,还关系到如何正确认识这些语言现象的本质及其功能的问题。

三、关于复句的简化

这是近年来才引起语法学家们重视的一个新问题。语言在不断地发展与变化。俄语复句是由简单句发展来的,而随着语言的发展又出现了一些复句在结构上简化为简单句的现象。

《新编》句法辟出专门一章来阐述复句简化为单句的现象。这一章内容十分丰富,对于研究和掌握简化句极有价值。编者指出了三种简化方式:1. 复句组成部分简化为成分;2. 复句组成部分转化为虚词或用作插入语;3. 疏状副句用作句子成分或独立的句子。综合前两种简化方式,复句简化现象可有三种:1. 有些主句由于成语化或固定化简化为成分,如:бог (черт, шут, леший, аллах) знает, одному богу (черту, аллаху) известно, бог весть 等;2. 有些从句由于核心词固定化转化为成分,如:(куда) угодно; (куда) надо; (где) придется; (чем) попало; (сколько)нужно; (как) хочешь; (куда) знаете; (сколько) вздумается; (чем) может 等;3. 从句成语化转化为句子成分,如:куда глаза глядят, на чем свет стоит, как ни в чем не бывало 等。此外,还有许多过渡现象,即还没有形成固定简化结构的现象,如:

35)Ты читай что дают.

36)Заходите когда что, не стесняйтесь.

37)Кто ясно мыслит, ясно излагает.

至于第三种疏状副句用作句子成分或独立句子的现象,如:"Репутация — это *когда тебе доверяют.*"(第 458 页)"Щетка — это *чтобы машину чистить.*"(第 458 页)一般认为这不是复句的简化[6],而是口语中的一种特殊用法。在现代俄语中,从句形式可以用作:

1. 主语,如:*Где он живет* — тайна.

2. 谓语，如：Работники у меня — *хоть всем премии давай.*

3. 前指成分，如：1）Что книги читаешь — это хорошо, а во всем надо знать меру… 2）*Как я буду жить* — этого я не знал.

至于特殊的简化句（第 460 页），似乎也不属于复句的简化，而是口语中的特殊句型。

《新编》句法是编者积累多年教学与科研的成果写成的。本文就书中某些语言现象的解释和说明提出的几点看法，很不成熟，仅供编者和读者参考。

注释

1. 黑龙江大学俄语系. 现代俄语语法新编 下册 句法 ［M］. 北京：商务印书馆，1979.

2. 华劭. 《现代俄语语法新编》句法浅释 ［J］. 外语学刊，1980(01).

3. Шведова Н Ю. Грамматика современного русского литературного языка ［M］. М.: Наука, 1970.

4. Ин-т языкознания. Грамматика русского языка ［M］. М.: Акад. наука СССР, 1954.

5. Галкина-Федорук Е М, Горшкова К В, Шанский Н М. Современный русский язык. Синтаксис ［M］. М.: Учпедгиз, 1958.

《语言经纬》评介

国防科技大学　徐翁宇

　　华劭教授的新著《语言经纬》已于 2003 年由商务印书馆出版。这是新世纪我国学者撰写的第一部语言学专著，值得庆贺。

　　华劭教授长期从事语言学的教学和研究，自 1984 年起为研究生开设语言学课程，至今已有 20 年历史了。《语言经纬》是华教授在讲稿的基础上，几经修改、充实，撰写而成的。该书以语言和言语为经纬，把语言学中的重要问题编织在一起，以从语言研究到言语研究为主线，围绕语言学中的重要课题展开研讨。全书共 12 章，包括语言学研究的对象——语言与言语、语言的符号性质——能指与所指、语言符号系统是层级装置——单位与层次、确定语言单位——线性单位与集合单位、语言单位间的关系——组合关系与聚合关系、语言的系统性质——单位与结构、语言的发展——共时与历时、超符号层次单位的研究——语义与句法、从语用角度研究话语——说话人与受话人、篇章（话语）语言学——篇章的关联性与整体性、语句中名词的指称——逻辑性指称与语用性指称、语言的社会属性——作为社会现象与文化现象的语言。

　　华劭教授对众多的语言学说、方法进行了梳理，抓住了当代语言学中的主要课题，并根据从语言到言语，从结构、语义到语用的顺序将这些课题做了合理的排列，构建出现在的《语言经纬》的理论框架。

　　华教授主张从不同角度、不同层次，以不同方法去剖析语言各个层面、各类单位，从而接近或者说逼近所研究语言的本质。（徐翁宇 2000：30）《语言经纬》正是在这一思想的指导下构建而成的，书的各个章节也是本着这一思想撰写而成的。全书比较全面、客观地反映了近半个世纪，特别是近 20 年来国外语言学界所取得的主要成果，同时也集中地反映了作者本人近 20 年来的研究成果，著作具有前沿性。

作者不拘泥于一家一派的学说，对待各派理论采取"取其精华，去其糟粕"的态度。在吃透各家学说的基础上，他善于把各家的理论综合起来，加上自己的看法编写成书。他认为，只有有选择、有批判、有针对性地吸取各种新鲜学术思想，才能使外语研究和外语教学向前拓进。（徐翁宇 2000：30）无论对索绪尔学说的述评，还是引进、借鉴当代语言学理论，华教授都采取了这种态度。他这种严肃对待国外语言学理论的态度以及所为增添了著作的学术分量。可以毫不夸张地说，《语言经纬》是一部有个性的书、一部有思想的书。之所以这样说，不仅是因为作者构建了具有自己特色的理论框架（它不同于一般的语言学教程），还在全书的论述上有个性、有思想。华教授根据自己的体会阐明了当代语言学中许多重要的概念（如语言与言语、能指与所指、单位与层次、组合与聚合、单位与结构、共时与历时等等），在阐述过程中不乏自己的观点、见解及其研究成果。如在论述组合关系和聚合关系时，作者认为两者为阐释语句的隐含要素以及为研究转喻等修辞课题提供了新的视角，所举的例子具有说服力（华劭 2003：114–118）；又如，在句子的语义与转换一节中，作者列出了不少转换类型，反映了作者本人的成果（华劭 2003：206–212）；再如，在从语用角度研究话语这一章中，作者从说话人和受话人的角度阐明了不少传统修辞学未能阐明的问题，并提出了"语用研究应把注意力集中在语句增生的意思上"等见解（华劭 2003：216–261）。

什么叫创新？就语言科学而言，一部有个性、有思想的作品就是一种创新。语言学科上的创新并非易事。搞外语研究的人深有体会，要在所研究的领域内提出自己的观点、见解是何等的困难！一些在旁人看来并不起眼的观点和见解，其中不知蕴含着作者的多少心血！华劭教授在语言学领域辛勤耕耘半个世纪，《语言经纬》是作者长期教学和科学实践的总结，全书在概念的剖析与厘定、观点的阐发与动用材料的筛选和安排上均有一定的新意。这部专著不仅对教学和科研有重要的参考价值，而且将对我国的语言学科起到积极的推动作用。

华教授治学严谨，他从来不把没有把握的东西写进自己的著作，《语言经纬》就是佐证。据作者自序，书中删掉了两章：《话语的实际切分——主位与述位》及《言语的心理活动过程——话语的产生与理解》。其原因是，关于前一问题，作者已发表数篇论文，对其新的发展来不及概括、反映；对后一问题，则坦言认识不够深入，有待继续研究。作者的自述充分说明了作者对待科学的严谨态度。

最后，想谈一谈语言工作者的学习问题。戚雨村教授指出：中国的传统语言学是个宝库，许多有价值的东西有待发掘。古代学者没有写下系统的语言学理论作品，但在他们的著作中有关语言的片段论述常常包含着真知灼见。（徐翁宇 2000：21）这里戚教授强调的是外语工作者应该继承发扬我国传统语言学的遗产问题，这点确实很重要。如果我国外语工作者既通晓国外语言学理论，又熟知汉语语言学理论，那我国的语言学科一定会有新的突破。我还想强调一下各语种的专家相互学习的问题。具体地说，搞俄语的人不妨读一些西方语言学家的书；搞西语的人也不妨读一些俄罗斯语言学家的书。这对开阔我们的视野、活跃我们的思想大有裨益。据我所知，我国俄语界熟悉西方言语行为理论、会话合作原则、关联理论以及当前盛行的认知语言学的并不多，而西语界了解俄罗斯语言学的恐怕更是寥寥无几。《语言经纬》一书中所提及的卡拉乌拉夫关于语言存在形式的看法、斯捷潘诺夫的符号层次与不均衡发展的观点、阿鲁秋诺娃的语言逻辑分析、阿普列相与梅里丘克等人的语义理论均有可参考、可借鉴之处。俄罗斯语言学有自己的特色。当前，俄罗斯语言学界也在展开西方语言学理论的研究，但他们的研究总是创造性地、以自己特有的方式进行。以语用学研究为例，俄罗斯语言学家十分重视语料的分析研究，从中得出这样或那样的语用规律。泽姆斯卡娅的《男女言语的特点》、格洛文斯卡娅的《从言语行为理论看言语动词的语义》、维诺库尔的《说话人和听话人——言语行为变体》等都是这样一批语用学的研究成果。如果我国研究西语的学者能借鉴一下俄罗斯语言学家的研究方法，而研究俄语的学者能从西方语言学说中吸取一些有益的思想，那我国的外语研究将能走出一条新的路子来。华教授就是这样做的，他不仅通晓俄罗斯语言学，而且不断从西方语言学中吸取营养。他的专著之所以成功，这也是主要原因之一。

作者简介：徐翁宇，国防科技大学国际关系学院教授、博士生导师，教育部人文社会科学重点研究基地黑龙江大学俄语语言文学研究中心专职研究员、首届学术委员会委员、中国俄语教学研究会常务理事、全国高校外语学刊研究会副会长，曾任《外语研究》主编。主要研究方向：俄语语言学。

关于《语言经纬》

解放军外国语学院　　王铭玉

1. 引言

　　语言学自古希腊罗马时期发端，历经了若干世纪的演变与发展。最初阶段的语言学研究并不是很成熟，但经过几代语言学家诸如洪堡、保罗的努力，语言学的研究对象日益明确，理论系统也日臻完善。直到索绪尔，语言学才在科学体系中获得了自己应有的地位，从此进入了蓬勃发展的时代。时至今日，语言学已经发展成为一个结构体系严密、理论流派林立、发展前景乐观的学科。但是，在当代语言学新理论、新流派层出不穷的态势下，我们一方面要与时代同步，不断吸纳新思想、新观点，另一方面，决不能摒弃对语言学的一些基本的问题的研究。黑龙江大学华劭老师集 50 余载教学和科研成果之大成所著的《语言经纬》正是从宏观着眼，高屋建瓴，系统而深入地阐述了语言学研究中的一些基本的问题，对大量重要的语言学概念进行了梳理和廓清，并对一些研究薄弱的问题提出了自己独到的见解，是一本极具科学价值的好书。

2. 主要内容

　　《语言经纬》一书共分 12 章，作者紧紧围绕语言研究和言语研究这两条基本轴线，把当代语言学研究中的一些基本问题编织在一起，纵横交错，向我们展示了一幅完整的语言学研究蓝图。其中，第一章到第七章是宏观上的语言研究，而第八章到第十二章则是动态上的言语研究，具体如下：

第一章（《语言学研究的对象》）阐述了语言与言语的二分野问题。作者通过叙述语言学对象和对象物及各种不同的语言观等问题引出了关于语言和言语的问题，如言语和语言的相互关系、划分语言和言语的意义等。

第二章、第三章（《语言的符号性质》《语言符号系统是层级装置》）主要讨论了语言的符号性问题。作者论述了语言符号的结构要素、语言符号的特殊性、语言符号的单位与层次。作者认为，语言是具有特殊性质的符号，其能指和所指具有层次性、非均衡性、非对称性等特点；语言符号系统是层级装置，不同层次的单位执行着不同的功能；语言单位的层次根据不同的标准可以分出本体层次与分析层次、表达层面与内容层面等。

第四章、第五章（《确定语言单位》《语言单位间的关系》）论述了语言的单位及其相互关系的问题。作者指出，确定语言单位有必要，但也很困难，必须兼顾形式结构和语义功能。随后，作者描述了在可见言语层次上分离出的线性单位（音素、形素、词形、语句），并指出了区别和同一、线性单位与集合单位的关系以及集合单位的组成。此外，作者还系统深入地论述了语言单位间的基本关系——组合关系与聚合关系，并分析了两者的联系与应用范围。

第六章、第七章（《语言的系统性质》《语言的发展》）主要阐述了语言的系统性、系统的单位与结构、语言发展的共时和历时、变化动因及规律性。作者指出，语言是天然的、多值的、动态的、或然的复杂系统；系统中的单位都是在构拟层次上形成的，可分出集合类与整体类两种语言单位；语言单位具有区分特征和积成特征；系统中主要有对立结构、分布结构、符号结构。语言系统有共时与历时的变化，两者并非水火不容，系统的变化有其内外动因并遵循一定的规律。

第八章（《超符号层次单位的研究》）论述了语义与句法的问题。作者认为，语言学的研究重点已经转向高层次的语言单位，如句子；对句子的研究主要有从形式到意义和从意义到形式两种方法，它们各有千秋，但又都存在一定的缺陷；研究句子要从句法与语义结合入手。

第九章（《从语用角度研究话语》）主要从语用角度研究了交际话语。作者认为，言语交际行为中的核心构件是说话人与受话人，这体现了一种人本的回归；不同的言语行为都有自身的意向功能、成功条件和表达手段；预设、推涵与隐涵在话语意思增生过程中扮演着极其重要的角色。

第十章（《篇章（话语）语言学》）探讨了篇章的关联性和整体性这两个极其重要的问题。作者指出，连贯话语有三类单位：构筑单位、基本单位及超句以上的复杂单位。单位间的关联性是篇章的本质属性，但整体性也是重要特征之一，把握整体性要考虑篇章信息类别、作者主观情态等因素。

第十一章（《语句中名词的指称》）着重阐述了词汇的逻辑性指称和语用性指称。作者深入透彻地分析了名词的指称、词义和句法功能，以及指称与逻辑和语用的关系。作者认为，指称与情态是使句子变成语句的重要范畴；从逻辑角度分析指称可以澄清一些问题，但还应考虑语用因素；指称的语用因素包括说话人的态度、意图等，这在研究有定／无定时尤其突出；表达有定／无定的手段也是多种多样的。

第十二章（《语言的社会属性》）概述了语言与社会、语言与文化研究中的基本问题。

3. 简评

本书从不同角度和不同层次用不同方法深入系统地剖析了语言的各个层面、各类单位和各种功能，全书恢宏大度、思想深邃、严谨求实，充分显示了老一辈语言学家深刻的语言功底和毕生的追求。

3.1 梳理并廓清了语言学研究中的大量重要概念

华劭老师从事语言教学多年，经验丰富，在语言学研究领域成就斐然。在本书中，作者运用极其丰富的语言学知识积累，旁征博引，对语言学研究中的薄弱环节尤其是一些重要概念重新进行梳理和区分。所谓名不正则言不顺，正是在对这些概念重新"正名"的基础上，作者对许多问题做出了令人信服的阐释。笔者在此仅举几例。

3.1.1 言语行为－言语活动。

作者认为，从心理语言学角度说，作为过程的"言语活动"和劳动、学习、认知、游戏等活动一样，有其自身的结构、步骤和层次；而表示言语过程的另一术语"言语行为"侧重于联系交际者和语境来考察语句。两个术语有着不完全一样的内涵。

3.1.2 意义 – 概念。

作者认为，两者有 4 点区别。概念反映事物本质特征，意义反映使用者在交际中认为重要的特征；意义和概念对客观现象观察角度、划分界限不一样；概念的内涵是精确的，而意义带有一种模糊性；意义总和语音相联系，概念则可用专门的符号表示。

3.1.3 系统 – 体系、系统 – 结构。

华劭老师指出，系统是客观的现实，体系是对系统的主观反映；系统内要素间关系的总和构成它的结构，结构和要素的总和构成系统。作者接着指出，当人们说，从系统的角度去考察语言现象时，是兼顾要素和它们之间的相互关系；当说从结构出发时，则主要着眼于后者。

3.1.4 预设 – 推涵 – 隐涵。

在讨论话语意义增生问题时，作者明确地指出了预设、推涵、隐涵三者之间的不同，对三者的区分提出了自己的标准，即：向后推导，得出语句成立的根据，就是预设；由现有语句向前推导，得出它潜含的、其词语原先没有表示的新信息，推导过程依靠支撑规则，则得出推涵；若主要或仅仅依靠会话原则，则得出会话含意或隐涵。这个标准抓住了实质，简单明了，可操作性极强。

概念的区分看似简单，实则至关重要，因为如果对所要研究的对象的概念都不清楚的话，那后续研究就无从谈起了。书中诸如此类的例子还有不少，如变体、自由变体、语法形式、变体性形式之间的区分、有定无定之分、语言结构和语言学结构之分等，笔者就不再赘述了。

3.2 在许多问题上提出了自己独到的见解

本书不仅澄清了许多重要的概念，在许多问题上作者还提出了自己独到的见解，发人深思。

在谈及音义之间的联系时，作者指出，语音理据有一定的合理性。因为，根据通感原理，不同的声音和相应的视觉、触觉、冷热感甚至和感情是相通的，因此在文学创作特别是写诗歌时，常常要考虑声调和语音，以配合所表达的内容和感情，但认为不同部位发出的声音和词内特定语义相联系，却不仅缺乏系统语音事实根据，在理论上也违背了符号学的原理。

在论及语言层次单位时，作者指出，通常不加区别使用"更大的"和"更高的"语言单位，但实际上两者有一定的区别。前者主要指数量上、结构上与组成部分的差异，如音组、词组与词等；它们结构上有繁简之分，但功能没有区别。说"更大的单位"表示量和结构方面的观念，说"更高的单位"则从功能角度出发。这样的区分有助于我们对语言层次单位有更清晰的理解。

在论述篇章内语句接应问题上，作者认为必须要考虑三方面因素：（1）从体现超句主题或整个篇章的思想着眼，某些语句起着重要的作用，但和邻近语句未必有密切的语义联系；（2）要注意区分语句的逻辑句法功能类型；（3）在描述句内部，可因其使用目的再分为描写、叙述和议论。笔者认为，这三点意见在分析语句接应问题时具有很强的指导作用，丰富了语句接应研究的理论构架。

又如，在论述篇章的完整性问题时，作者指出这一领域的研究还相当薄弱。作者认为，篇章的整体性体现出与各组成部分相关的完整共同思想，它许多时候并没有明显的形式特征，因此需要经过整合分析才能把握；接应是把有形的、线性出现的语句从横向组合关系上连接起来，整合是一个心理过程，是把无形的、隐藏在篇章内外的相关意义纵向地聚合为某种"共同意思"；把握完整性需要考虑篇章中不同的信息类别、作者个人的主观情态及篇章与标题的关系。

全书像这样妙笔生花、思想闪光之处还有不少，很值得我们去细细挖掘、细细体会。

3.3 语言精准流畅，资料广博丰富，论证有力翔实

作为一本普通语言学类的专著，本书在谋篇布局、语言运用上都有自己的特点。全书 12 章可以用两个关键词概括，即语言研究和言语研究。从语言到言语、从系统内到系统外、从微观到宏观，作者的理论体系、思想脉络都相当清晰，有利于读者从全局进行把握。在进行论述时，作者旁征博引，采用了大量实例作为佐证，立论清晰、资料丰富，其结果自然是让人信服，显示出了深厚的语言功底。此外，作者从事教学多年，深谙学生之需、授课之道。面临学派众多、理论观点与研究方法各异、内部学科发展日趋专业化且成熟程度不一的语言学现状，华劭老师在论述时也是抓住核心问题，重点介绍、综合阐述。例如，在谈语言的结构时，重点介绍对立结构、分布结构、符号结构，综合阐述对结构的不同认识与理解。又如，在谈语言单位问题时，重点介绍线性单位与集合单位，综合阐述确定单位的必要性及困难性。这样，既有理论探讨，又能全面反映问题实质，从而使读者既能理解本专题的理论要点和发展水平，也

能看到需要改进的地方。

3.4 参考文献规范实用，章节引言切中要害

本书的另外一个主要特点，就是在参考文献的安排上。作者并没有把全部的参考文献都集中在书末，而是根据不同的研究专题把参考文献安排在每章的末尾，各章书目彼此独立。这样，读者在了解相关专题的主要理论问题时，还可以根据该专题后所列书目选择自己感兴趣的问题进行深入探讨，从而能够把握最新的理论动向。

此外，在每章正文之前还有引言，这些引言都是一些名家名言。由于作者所选引言相当准确而且切中要害，所以读者往往阅读每章的引言，就可以大致了解本章的内容基干。

4. 结束语

总而言之，《语言经纬》是华劭老师多年教学科研成果的结晶，对国内语言学研究起到了很大的推进作用，丰富了语言学研究的理论框架，开阔了大家的理论视野。书中所体现的老一辈语言学家潜心研究、认真细致、一丝不苟的治学态度也是我们学习的典范。

作者简介：王铭玉，黑龙江大学俄语学院俄语语言文学博士（1990—1993），导师张会森教授。曾任黑龙江大学校长助理、俄语学院院长（2005—2010），天津外国语大学副校长（2010—2018）。现任天津外国语大学翻译与跨文化传播研究院院长，二级教授、博士生导师、博士后合作导师，中国逻辑学会符号学专业委员会主任委员、中国语言与符号学研究会会长、中央编译局国家高端智库重点研究领域核心团队成员、天津市特聘教授、天津市杰出津门学者、天津市教学名师、俄罗斯普希金奖章获得者、俄罗斯"友谊与合作"奖章获得者，享受国务院特殊津贴。兼任全国外语教学指导委员会俄语分会副主任委员、中国翻译协会对外话语体系研究委员会副主任、天津市外文学会会长、京津冀 MTI 教育联盟联盟长等。主要研究方向：普通语言学、语言符号学、外语教育。

十年一剑　文如其人

——关于《语言经纬》的思考

首都师范大学　杜桂枝

　　《语言经纬》是黑龙江大学教授华劭先生的一部最新力作。全书分为12章，全面阐述了现代语言学理论和当代语言学的许多前沿性理论问题，为我国高等院校语言学理论教学提供了难得的教材。这是作者对自己十余年来"普通语言学"教学的直接经验提炼和升华的结晶，也是他将自己博览群书，潜心探索，对语言学理论进行经纬梳理的心得和感悟所做的一次抒怀，可谓十年磨一剑，一书诵真经。

　　略述该书的以下几个特点：

　　1. 结构方面。该书取名《语言经纬》，可谓点睛之笔，十分清晰地勾勒出了该书的结构特点：全书以索绪尔的普通语言学理论为主线，详尽地阐述了索氏的语言学思想，对某些重要观点，如语言与言语、聚合关系与组合关系、共时与历时等语言学理论精髓，佐以翔实的俄语实例进行了论证，并做了重点评析和解读。与此同时，在这一主线的每一个横断面上，作者都尽量引证和介绍索氏理论以外的各种理论和观点，并给予适度比照。这样一来，在每一个章节中展示给读者的不是某个论题的一个孤立的点，而是一个网状的面；读者就某一问题听到的不只是一家之说，而是多家之言。从而在整体上形成了纵横交错的结构布局，使对语言理论的经纬梳理落到了实处，编织出了现代语言学理论的整体和全貌。难能可贵的是，作者在引述其他各国语言学者的理论和观点时，只做客观的对比分析，不做对错的评判；对一些有争议的观点，只做适度的存疑发问，绝不褒此贬彼，既避武断之嫌，也给读者留下了独立思考和判断的空间。众所周知，任何一种理论在被客观证实之前，都是一种假设学说。因此，语言学理论的本质也都是一种假设。每一个语言学家都可以按照自己对世界的认识，为自己的研究对象设计出相应的模式，并用自己占有的语言材料对自己的假设加以论证。显而易见，对于像语言这样一个复杂的研究对象，语言学者由于世界观的不同会有不同的观点，有不同的研究视角和研究方法，因此就会产生不同的语言学理论。这些理论不应有对错之分，只有相对于时间而言的新旧和优劣之别。学术探讨中的正常争鸣和多言堂是促进学术研究与发展的重要途径，这是《语言经纬》给我们的宝贵启示之一。

2. 内容方面。真正有价值的学术论著，不会停留在对他人思想观点的评介上，作者是否有自己独到的见解和观点，这些见解是否理据充足，能否自圆其说，学问的真假与高下，由此可见一斑。《语言经纬》中作者对语言学中的许多观点和概念都直言不讳地说出自己的见解，这些见解十分明确地解答了许多读者常常感到模糊不清、难以判定或时常忽略的一些问题。

聚合关系、组合关系是索绪尔语言学思想中影响最深远的内容之一。在索绪尔之后，聚合体这一概念首先用于语言学中的形态学研究，随后开始在句法、词汇、构词、音位等语言层次上使用。在现代语言学研究中我们也时常会遇到语言单位的聚合与组合的问题。华劭先生在全面描述了聚合关系和组合关系的特点及其相互关系等问题之外，重点论述了这两种关系在语言学内外的各种其他应用。譬如，语言学内部：（1）用于确立义子；（2）用于多义词诸义项的划分；（3）用于修辞学中隐喻性和换喻性的分辨；（4）用于篇章学的研究。这里需要着重强调的是，一般认为，篇章是言语活动的产品，不属于语言系统。与众不同的是，作者把聚合与组合的关系概念与俄罗斯学者 И. Р. Гальперин 关于篇章的内部联系手段——接应与整合概念联系起来，提出了独到的见解。他认为：接应通过种种手段，从横向组合角度把逻辑上相关的、以线性方式呈现的各个语句、超句、段落甚至章节，衔接串联起来，从而体现篇章有内在联系这一特点；而整合则是一个过程，从纵向聚合角度，把有接应、联想、预设诸种关系的部分，从心理上、观念上、形象上结合为一个整体，从而达到形成篇章主题完整这一目的。（华劭 2003: 118）作者妙用大家都熟知的概念，把复杂的篇章内部联系准确恰当地描述出来，敏思巧用与真知灼见尽在这寥寥数语之中。

作者关于篇章与话语的独到论述，是该书的又一处亮点。众所周知，20世纪60—70年代，国内外语言学界对这一学科的界定一直比较模糊，甚至术语也未能统一，究竟应称作篇章语言学，还是话语语言学，众说纷纭，莫衷一是。特别是随后 дискурс 一词在话语语言学研究中的大量使用，更混淆了话语与篇章的概念界限。作者在例证了许多语言学家对话语和篇章的定义之后，认真分析了篇章的两大特点——关联性和完整性，区分了它们在篇章中和在话语中的不同表现形式和功能，认为：（1）篇章的完整性与说话的意图有关，当说话人认为其意图已经实现时，连贯话语才获得这一特性；（2）只有在实现了说话意图的连贯话语作为一个统一体时才具有完整性，连贯话语的组成部分不具有这一特点；（3）完整性并不完全等于完结性，所谓的完结性通常指对一个事实、人物、情景描写充分，叙述完结。由此可见，连贯的话语并不能等同于篇章。"篇章（текст）——是言语创造过程的产品。它具有完整性，体现为文字材料，并根据材料类型进行相应的加工。言语产品具有明确的意向和语用目的，包括名称（标题）及一系列独立单位（超句统一体），并通过各种词汇、语法、逻辑、修辞等联系手段，把它们结合为一个整体。"（华劭 2003：167）至此，关于"лингвистика текста"这一术语及该学科的名称应该有了定论。

毫无疑问，作者独到观点的形成及精辟阐述是建立在对所述问题的深刻理解和准确把握基础之上的。然而，敢于对学术界某些有争议的或界定欠妥的重要概念提出质疑，甚至对某些似乎已有定论的观点和概念直言不讳地表明自己独立的观点和看法，是需要一定勇气的，确切地说，是需要相当的"骨气"的。不想讳言，认真品读《语言经纬》，华劭先生教给我们的不仅仅是语言学知识和理论，还启示我们做一个堂堂正正的身为人师的学者，这一点在当今尤其重要。

3.写作风格方面.通读全书，不难看出，作者始终是在用自己的语言著书立说，这一点非大家而难为之。这要求作者必须具备以下两点：（1）必须吃透所述理论的精髓，做到融会贯通，才能驾轻就熟，把深奥的理论问题用简洁易懂的语言准确无误地直述出来。（2）具有深厚的语言文字功底和驾驭语言的不凡能力。几十万字的论著，洋洋洒洒，不仅在宏观理论上能够整体把握，梳理出各种思想、观点的脉络走势，并用大量的俄语和汉语的语言材料来分析论证这些理论，且能做到深入浅出，表述准确。全书充分体现了作者严谨的治学态度和求实、求真的学术作风，为年轻一代的语言学者做出了榜样。读《语言经纬》，能学到作者严谨踏实的治学态度和求实、求真的学术作风，也应算作一大收获。这是《语言经纬》给我们的又一启示。

毋庸讳言，瑕不掩瑜，《语言经纬》还略有不尽人意的地方。譬如，全书中对语言各层次上语言单位的意义层面的阐述显得不足。虽然在不同的章节中都有涉及，但所着笔墨不多。特别是有关语义学的问题，该学科已在整个语言学中占有十分重要的地位，但书中没有设专门的章节给予论述，显然是一个缺憾。

作者简介：杜桂枝，首都师范大学外国语学院教授、博士生导师、博士后合作导师。曾任中国俄语教学研究会秘书长，现任《中国俄语教学》副主编。主要研究方向：俄语句法学、语言语义学、认知语言学。

华劭先生
学术思想传承

试论《叶甫盖尼·奥涅金》洛特曼注释本
对汉译的重要参考作用 ①

南京大学　王加兴

摘　要： 本文对俄苏文艺学家、符号学家和文化学家尤·米·洛特曼所著《亚·谢·普希金的长篇小说〈叶甫盖尼·奥涅金〉（注释）》的内容及其特色做了简要概述，并以该书为依据具体考察了这部诗体小说的五个汉译本的部分译文质量，通过实例分析，指出：注释本有助于译者准确理解原文的内涵，降低译文的差错率。华劭先生对符号学和文学修辞学都有深入的研究，曾发表过《从符号学角度看转喻》等论文。谨以此文纪念华劭先生。

关键词： 洛特曼；《叶甫盖尼·奥涅金》；注释本

1. 引言

俄罗斯一向有出版本国文学名著注释本的传统，20世纪80年代笔者在莫斯科大学留学时，就曾购得格里鲍耶陀夫的《智慧的痛苦》、莱蒙托夫的《当代英雄》、屠格涅夫的《父与子》、奥斯特洛夫斯基的《大雷雨》、陀思妥耶夫斯基的《罪与罚》等十几本19世纪经典作品的注释本，近年来又淘得布尔

---

① 本文系江苏省社科基金重点项目"尤里·洛特曼文学语言理论研究"（项目批号：20WWA001）、"中央高校基本科研业务费专项资金资助"（Supported by the Fundamental Research Funds for the Central Universities）（项目编号：14370404）的阶段性成果。

加科夫的《大师与玛格丽特》、马雅可夫斯基的《好！》等20世纪文学名著的注释本。这些注本的内容非常广泛，既有作品所涉及的社会背景、历史事件和人物、民俗风情、生活习惯，又有文学典故、词语释义，借此读者可以进一步深入理解作品的思想内涵和艺术特色。不过，这些注本在形式上不同于我们所熟知的注释读物。书中通常不收录原作，而只有对作品部分文字所做的注解。有的注解旁征博引，甚为详明，因此不少注本的篇幅比原作还长。注本的作者都是俄国文学领域的行家里手，其中不乏赫赫有名的顶尖学者。有些经典名著的注释本还不止一种，如莱蒙托夫的长篇小说《当代英雄》有两个注释本，分别由谢·尼·杜雷林（С. Н. Дурылин）和维·安·马努依洛夫（В. А. Мануйлов）撰写，两人皆系著名的俄国文学研究专家。

普希金的诗体长篇小说《叶甫盖尼·奥涅金》先后已有四个注释本面世：第一本是尼·列·布罗茨基（Н. Л. Бродский）的《〈叶甫盖尼·奥涅金〉。亚·谢·普希金的长篇小说》（莫斯科，1932年）。该书曾于1937年、1950年、1957年和1964年再版过四次，而且其中有三次为修订版，修订版中加入了不少在当时苏联甚为流行的庸俗社会学方法的诠释与解读，因而它成了一部深深打上苏联意识形态烙印的注释本。第二本是弗·弗·纳博科夫（В. В. Набоков）的《亚·谢·普希金的长篇小说〈叶甫盖尼·奥涅金〉注释》。纳博科夫是《叶甫盖尼·奥涅金》的英译者，注本的最初版本是英文版，1964年在纽约面世，直到1998年才被译成俄文在圣彼得堡出版。第三本是尤·米·洛特曼（Ю. М. Лотман）的《亚·谢·普希金的长篇小说〈叶甫盖尼·奥涅金〉（注释）》（列宁格勒，1980年）。该书曾再版过三次，后来还被收入洛特曼的文集《普希金》（圣彼得堡，1995年，2003年再版）。第四本是语言学家尼·马·尚斯基（Н. М. Шанский）院士撰写的《沿着〈叶甫盖尼·奥涅金〉的足迹。简明语言注释》（莫斯科，1999年）。该书主要对作品中的词语、语法和语音等语言现象进行注释说明。上述注本各有特色，对读者阅读和欣赏这部"俄罗斯生活的百科全书"均有很大裨益，但其中最具学术价值的则是洛特曼的注本。

2. 洛特曼《注释》的内容及其特色

尤·米·洛特曼（1922—1993）是享誉世界的文学理论家和文化学家，被公认为杰出的普希金研究专家。在 20 世纪 60—70 年代他就已经发表了大量有关普希金文学创作，尤其是关于《叶甫盖尼·奥涅金》的论著。[1] 从某种意义上说，80 年代出版的《亚·谢·普希金的长篇小说〈叶甫盖尼·奥涅金〉（注释）》（以下简称《注释》）是他对普希金代表作的研究总结。这部《注释》被誉为是"一本创新之作"（Коровин 1999: 728），其创新之处主要体现在注释内容——文化、文学和语言这三方面。

文化注释是该书的一大亮点。身为文化学家的洛特曼对 19 世纪上半叶的俄国社会，尤其是贵族生活的方方面面相当熟悉，注释的内容既有日常生活、风俗习惯，也有人物和事件，以及社会思想，涉猎面非常之广，显示出这位学者百科全书式的渊博知识。这类注释的范围涵盖了我们通常所说的文化的三个层面，即物质层面（包括建筑物、服饰品、各种日用品、劳动工具、通讯交通方式等在内的物质实体）、精神层面（文学、艺术、科学、哲学等精神产品）和社会层面（包括风俗习惯、道德禁忌、宗教、法律等内容的社会规范）。例如，普希金在小说第四章第 27—31 这五个诗节中对京城贵族小姐中十分流行的纪念册做了浓墨重彩的描述，而且其中第 28—30 节是脱离故事情节的作者插笔。普通读者不禁会顿生疑惑：诗人为何如此偏爱这一话题？读了洛特曼的诠释，我们的疑惑便会迎刃而解。洛特曼对纪念册的起源和内容，及其在贵族日常生活中的地位与作用做了较为详细的解释：纪念册原先是底层"家庭"文化的一种现象，后来才成为上流社会的一种时尚，它"是 18 世纪下半叶至 19 世纪上半叶'大众文化'的一个重要实例"；"纪念册的第一页多半为空白页"，"前几页供父母和长者题写诗句，之后留给友人题写。较为柔情的话语则写在纪念册的末尾，最后一页的题诗尤为重要"。父母的题句大多为劝喻和训导，友人的题诗则为赞美之词，甚或爱情表白。"19 世纪初期的纪念册不仅有诗句，还有图画"；"学习绘画在贵族家庭教育中极为普遍"，纪念册中的图画既有即兴画的，也有从书刊剪贴下来的。（Лотман 1983: 241–243）既然纪念册在贵族生活中占有如此重要的地位，那么我们也就不难理解，普希金为何用五个诗节的篇幅来描述"上流社会的这一时尚"了。洛特曼不仅对作品中出现的各种文化现象做出注释，而且还设专章对奥涅金时代的贵族生活做了详明而通俗的介绍，其具体内容有："奥涅金时代贵族日常生活概述：经济和财产地位，贵族的教育和供职，女贵族的兴趣和事务，贵族在城里和郊区的住宅及其周围设施，上流人物的一天，消遣，舞会，决斗，交通工具，道路。"（Лотман 1983: 416）此章占有 75 页的篇幅。总之，将文学研究与历史文化的考察相结合，这是作为文学理论家的洛特曼在治学方法上的一大特点。

在文学注释中，作者一方面给出了丰富的知识性注解，考证了文本所引用的一些诗句，比较了作品的不同版本；另一方面，对某些重要的文学形象和关键的文学意象做出了自己的解读，甚至提出了自己的学术观点。例如，就"理想（идеал）"这一文学意象的内涵，洛特曼先做了常识性的解释："'理想（идеал）'和'理想的（идеальный）'二词在浪漫主义时代具有特别的色彩，因为浪漫主义将尘世的鄙俗事物与崇高而美好的、梦寐以求的事物相对立……'理想'一词很快就成了流行的爱情词语。在 19 世纪 10 年代的诗歌中，该词还没有被广泛使用。"（Лотман 1983: 301）然后，洛特曼便对这一意象在小说中的使用情形做了细致的分析，指出：该意象既用作普通的爱情词语（如在第四章第 13 节中："假如我想寻求从前的理想，/ 我一定会选中您这一位，/ 来当我这愁苦日子的伴侣。"），又作为一种反讽手段对浪漫主义文学进行辩驳，如从《奥涅金的旅行（断章）》的诗行"喧闹的大海，嵯峨的巉岩，/ 和一位高傲的理想的姑娘"中可以看出，诗人故意把这一意象与现实世界，而不是理想世界联系在一起，而在"如今我的理想是做一名主妇"这一诗句中，其反讽意味则更为明显。（Лотман 1983: 301–302）除了逐章注释外，洛特曼在该书的引论部分详细交代了小说各章节的创作时间和作品情节的发展时间，而且还就小说中的人物原型等问题做了论述。

在语言注释中，洛特曼对一些较难理解或容易引起误解的词语和修辞现象进行了解释，尤其是对语义古词做了重点说明。所谓语义古词，是指普希金笔下的某些词语，虽然现在人们还在使用，但其语义已发生了变化。如 педант 一词现在意为"墨守成规的人"，但在普希金时代该词意为"好炫耀知识的人"，如在小说第一章第 5 节中，该词就用于此意。（Лотман 1983: 129）

其次，《注释》的创新之处还体现在写作风格上。该书虽然是语文教师参考用书，但由于写得通俗易懂，生动有趣，引起了普通读者浓厚的阅读兴趣，其单行本的印数竟达 55 万册之多。关于这本书的趣味性，洛特曼在致友人的书信中这样写道："我刚刚彻底完成了《〈叶甫盖尼·奥涅金〉注释》一书的手稿，今天就送交列宁格勒的一家出版社……这似乎十分有趣：我决定把符号学先放一放，想休整一下，我确信，除此之外我还能做点别的事情，因此在做这项工作时，我感到身心愉快。结果写出了许多饶有趣味的纯属日常生活的注释。"（Лотман 1997: 684）有评论指出："《叶甫盖尼·奥涅金》的（这本）注释将宏大的思想和学术视野与出色的表述方式，与面向广大读者的通俗性相结合。"（Коровин 1999: 728）

总之，学术性和趣味性相结合是该书的一大特色。

3. 《注释》对汉译的重要参考作用

洛特曼的《注释》不但有助于提高俄国读者对这部小说的欣赏水平，而且对我国译者进一步准确理解原作的内容也十分有益。这部俄国古典名著在我国最近 30 年至少出版过 5 个汉译本，即：冯春译，上海译文出版社，1991 年；查良铮译，四川人民出版社，1983 年；智量译，人民文学出版社，2006 年；王士燮译，浙江人民出版社，1991 年；丁鲁译，译林出版社，1996 年。（以下分别简称为：冯译、查译、智译、王译和丁译。）我们不妨以《注释》的内容来检验一下译者们对原文的理解是否准确（有时我们还会借助于其他注释本和工具书）。由于篇幅所限，我们仅选取书中的六条注释为例，其中三条属于文化注释，另三条属语言注释。

例①：Театр уж полон; ложи блещут;

Партер и кресла — всё кипит;

这是小说第一章第 20 节的两个诗行，第一章主要写奥涅金在 1819 年末混迹京城社交界的情景，其中的第 20 节描写的是彼得堡的一家剧院。剧院的包厢为什么会"闪闪发光"（ложи блещут）呢？洛特曼提供了这样的注释："彼得堡剧院的演出晚上六时开始。包厢供家庭观众使用（夫人们只能出现在包厢里）……制服上的勋章与星章，女士的钻石在包厢里闪闪发光……"（Лотман 1983: 149–150）尚斯基院士也给出了几乎完全相同的解释："男士制服上的勋章与星章，女士的钻石在包厢里闪闪发光。"（Шанский 1999: 213）而上述五个译本均未做这样的理解，不是译作"包厢里灯火辉煌"（智译）、"包厢通明"（丁译和王译），就是译为"包厢好辉煌"（查译）、"包厢多辉煌"（冯译）。我们看一下丁译和冯译的完整译文：

剧院人满。包厢通明；

池座、雅座，喧腾不已；　　　（丁译）

剧院已满座，包厢多辉煌，

前座和后座，到处人声沸扬，　　（冯译）

比较这两个译文，我们又会发现另一个问题，即原文中的 партер и кресла 分别被译为"池座、雅座""前座和后座"。也许我们会觉得，这是一个无关紧要的问题，不必纠缠于细枝末节。不过，洛特曼却严格区分了这两个不同的概念，他指出，剧院中的 партер 是指位于 кресла 后面的地方，此处的观众是站着看戏的，票价也比较便宜。而 кресла，就是摆放在观众厅前部的几排圈椅，"位于舞台的前面。池座通常被高官显贵们预订一空"（Лотман 1983: 149）。如此看来，кресла 与汉语中的"池座"是大致对应的，因为池座在汉语中就是指"剧场正厅前部的座位"（《现代汉语词典》2016: 174），而 партер 则相当于"正厅的后部"，因为"正厅"在汉语中是指"剧场中楼下正对舞台的部分"（《现代汉语词典》2016: 1673）。关于这两者的区别，尚斯基的注释则更为明了："供有身份地位的观众使用的池座（кресла）位于观众厅的前部，池座的后面是正厅后部（партер），即为一块空地，观众在此处站着看戏。"（Шанский 1999:213）因此将 партер 译为"池座""前座"都是欠准确的。查译和王译也都译为"池座"，只有智译把 партер и кресла 译作"正厅和池座"，显然这一译法与注释是比较接近的。

例②：Ещё усталые лакеи

На шубах у подъезда спят;

第一章第22节中的这两个诗行写的是正当主人们在剧院里看戏的时候，他们的仆人在剧院门口等待散场的情形。这句话看起来似乎不难理解，不过五位译者对 на шубах спят 的理解却不尽一致，我们先看一下智译：

门廊里，疲惫不堪的仆人

裹在皮大衣里睡得正香；

显然，把 на шубах спят 译为"裹在皮大衣里睡得正香"是不准确的，因为在俄语中表示"裹在皮大衣里"只能用前置词 в，而不能用 на。另三位译者都注意到了这一点，分别将该词组译为"在大衣上睡倒"（冯译）、"垫着皮衣睡觉"（丁译）、"躺在皮大衣上睡得正香"（王译）。在 19 世纪，只有富人们才穿得起 шуба（毛皮大衣），仆人们垫着睡觉的毛皮大衣肯定不是他们自己的，而是在剧院里看戏的那些主人们的。那么主人为什么不把自己的外衣放在存衣处呢？对此洛特曼解释道："19 世纪初期的剧院没有存衣处，外衣由仆人看管。"（Лотман 1983: 152）尚斯基也做了类似的解释："在普希金时代，剧院里不设存衣处，来看戏的人将外衣留给仆人保管。"（Шанский 1999: 213）与注释完全一致的只有查译："正靠着主人的皮衣睡倒。"其实，也可以将"主人的皮衣"这一信息作为译注来处理。

例③：Зато читал Адама Смита

И был глубокий эконом,

То есть умел судить о том,

Как государство богатеет,

И чем живет, и почему

Не нужно золота ему,

Когда *простой продукт* имеет.

值得注意的是，普希金用斜体标出其中的"простой продукт"，是有其用意的，洛特曼指出："普希金用斜体来强调这一表述的引用特征和术语特征。"也就是说，这是一个术语，"从 produit net（纯产品）翻译而来，系重农主义者经济理论的基本概念之一，在他们看来，构成国家财富之基础的是农业产品"（Лотман 1983: 135）。重农主义是 18 世纪法国资产阶级古典政治经济学派，这一学派的追随者"认为只有农业才能创造'纯产品'，即总产量超过生产费用的剩余，实质上是剩余价值"（《辞海》2009: 3004），重农主义理论的核心是纯产品学说。因此"простой продукт"作为通用的经济学术语，只能译为"纯产品"，其他的译法都是不合适的。五位汉译者均未把这一词组当作经济学术语来看待，分别译为："天然的产物"（查译）、"天然物产"（智译）、"简单产品"（王译）、"从土地上取得纯收益"（冯译）、"农业的纯利"（丁译）。我们看一下丁译的完整译文：

亚当·斯密却百读不厌，

经济学俨然造诣高深，

也就是挺会谈古论今，

说说国家怎么能富足，

讲讲它赖以生存的门路，

为什么它有了农业的纯利，

简直连黄金也无须一顾。

以上三例均属于文化注释，下面我们选取三条语言注释。

例④：«Ужели, —думает Евгений,

—Ужель она? Но точно... Нет...

Как! Из глуши степных селений...»

这是第八章第 17 节中的三个诗行。第二行中的"她"指的是小说女主人公塔吉雅娜。此处的 степной 一词是语义古词，并不用于现在义"草原的"。洛特曼解释道，该词"在普希金笔下有时用于'乡村的'之义——作为'文明的'这一概念的反义词"。如果把该词理解为"草原的"，那与作品中的事实也是不相符的，因为"塔吉雅娜并不是来自俄罗斯的草原地带，而是来自西北地带……"（Лотман 1983: 355）冯译似乎注意到了这一点，虽然在译文中省略了此词（将 из глуши степных селений 译为"从偏僻的乡下到了京城"），但由于添补了"到了京城"，因此我们认为，其译文与洛特曼的注释是相符的。而其他四个译本都将此词误译为"草原的"，如王译：

"难道是她？"奥涅金心想，

"难道真是她？果然……不会……

奇怪！从偏僻草原的乡村……"

由于例中的 степной 是 селение（村庄）的修饰语，因此洛特曼进而认为，应将 степные селения 理解为"简陋的、贫穷的村庄"。另外，洛特曼还指出，степной 一词在第八章第 6 节中也用于该义——"乡村的"。（Лотман 1983: 355）

例⑤：Он верил, что друзья готовы

За честь его приять оковы,

И что не дрогнет их рука

Разбить сосуд клеветника;

小说第二章第 8 节写的是连斯基的所思所想。此处的 сосуд 为语义古词，并非用于现在义"血管，脉管"或"容器，器皿"。洛特曼解释道，该词"在此处指武器，亦即连斯基相信，朋友们准备去砸碎诽谤的武器"。（Лотман 1983: 183）尚斯基也做了相同的注释。（Шанский 1999: 229）四个译本都在此词现在义"血管，脉管"的基础上做了引申，译作"脑袋""头颅"，分别把最后一行译为："击碎诽谤者的脑袋"（冯译），"击碎诽谤者们的头颅"（丁译），"那人的头颅会被碾成齑粉"（王译），"敲碎诽谤者的脑袋"（智译）。查译虽未译出该词的具体含义，但也做了同样的理解：

> 他相信朋友都肯为了他
>
> 而甘心坐牢、戴上枷锁，
>
> 他们连手也不会颤一下
>
> 就去诛戮诽谤他的家伙。

例⑥：Он пел те дальние страны,

Где долго в лоно тишины

Лились его живые слезы;

第二章第 10 节中的这三行诗描写的是曾在德国留学的连斯基。智译、丁译和冯译都把第一行中的 дальние страны 译为"那些遥远的国度（或国家）"，智译的完整译文是：

> 他还歌唱那些遥远的国度，
>
> 在那儿，他曾长久地居住，
>
> 在寂静的怀抱中流过热泪；

根据小说的内容，我们知道，连斯基除了德国之外，并未在其他国家"长久地居住"。在洛特曼的注释中，дальние страны 仅指德国（Лотман 1983: 190）。尚斯基也指出："дальние страны 指德国。"（Шанский 1999: 230）既然这里仅指德国，那么普希金为什么不使用该词组的单数形式，而用了复数形式呢？原来此处的 страны 系语义古词，不是"国家"之义，而是"地方，地区"之义。（«Словарь языка Пушкина Том 4» 1961: 391）也就是说，诗人用"遥远的地方"代换了"德国"。也许另两位译者意识到，如果将 дальние страны 理解成复数意义上的国家，那与小说内容是不相符的，因此就做了模糊其辞的处理，分别译为"他飘零过的遥远国度"（查译）、"遥远的异国风景"（王译）。

4. 结束语

从以上的实例分析中可以看出，注本中的许多内容往往是一般的文学评论以及介绍、赏析性质的文章或书籍中所没有的。注本中所解释的各种独特的文化现象和词汇的特殊用法也往往是我们的译者容易忽视的。毋庸置疑，注释本可以帮助译者降低译文的差错率，提高译文的准确性。不仅如此，这些内容丰富的诠释还有助于译者加深对某些具体问题、人物形象、抽象概念，甚至各种场景的认识和把握，因而对译者在移译过程中如何遣词造句，如何把握译文表达的分寸感，也都具有积极的作用。

最后需要说明的是，上述五位译者的翻译态度是极为认真负责的，他们的译本基本上也都是值得信赖的，并且各有特色。本文的宗旨并不在于比较这五个译本的优劣，而只是想通过实例分析，指出注释本对汉译具有重要的参考价值，以期引起我国的俄国文学名著翻译工作者的重视。

注释

1. 其主要研究成果有：К эволюции построения характеров в романе «Евгений Онегин»［М］// Пушкин: Исследования и материалы, М.: Л., 1960; Из истории полемики вокруг седьмой главы «Евгений Онегин»: （Письмо Е. М. Хитрово к неизвестному издателю）［М］// Временник Пушкинской комиссии. 1962. М., Л., 1963; Художественная структура «Евгений Онегин»［С］// Ученые записки Тартуского государственного университета. Тарту: Тартуский университет, 1966; Роман в стихах Пушкина «Евгений Онегин»［С］// Спецкурс. Вводные лекции в изучение текста. Тарту, 1975.

参考文献

［1］Бродский Н Л. Евгений Онегин. Роман А.С. Пушкина［М］. Москва: УЧПЕДГИЗ, 1950.

［2］Коровин В И. А. С. Пушкин. Школьный энциклопедический словарь［М］. Москва: Просвещение, 1999.

［3］Ломан Ю М. Пушкин［М］. Санкт-Петербург: Искусство-СПБ, 2003.

［4］Ломан Ю М. Роман А. С. Пушкина «Евгений Онегин». Комментарий ［М］. Ленинград: Просвещение, 1983.

［5］Лотман Ю М. Письма 1940–1993［М］. Москва: Школа «Языки русской культуры», 1997.

［6］Словарь языка Пушкина в 4-х томах［М］. Москва: Государственное издательство иностранных и национальных словарей, 1956.

［7］Шанский Н М. По следам «Евгения Онегина»: Краткий лингвистический комментарий［М］. Москва: Русское слово, 1999.

［8］普希金.欧根·奥涅金［М］.查良铮，译.成都：四川人民出版社，1983.

［9］普希金.叶甫盖尼·奥涅金［М］.丁鲁，译.南京：译林出版社，1996.

［10］普希金.叶甫盖尼·奥涅金［М］.冯春，译.上海：上海译文出版社，1999.

［11］普希金.叶甫盖尼·奥涅金［М］.王士燮，译.杭州：浙江文艺出版社，1991.

［12］普希金.叶甫盖尼·奥涅金［М］.智量，译.北京：人民文学出版社，2004.

［13］夏征农，陈至立.辞海［М］.6版.上海：上海辞书出版社，2009.

［14］中国社会科学院语言研究所词典编辑室.现代汉语词典［М］.7版.北京：商务印书馆，2016.

作者简介：王加兴，南京大学外国语学院教授，南京大学俄罗斯学研究中心主任、博士、博士生导师；兼任教育部人文社会科学重点研究基地黑龙江大学俄罗斯语言文学与文化研究中心专职研究员、教育部高等学校外国语言文学类专业教学指导委员会委员、俄语专业教学指导分委会副主任委员、中国外国文学学会文学理论与比较诗学研究会副会长、中国中外文艺理论学会巴赫金研究会常务副会长、中国俄罗斯东欧中亚学会常务理事等；《俄罗斯文艺》、《解放军外国语学院学报》、《中国俄语教学》和俄罗斯核心期刊《社会·交际·教育》编委。主要研究方向：俄罗斯文学、俄语修辞学、俄罗斯文化。

语言现象·语言·言语

——论语言学的研究对象

战略支援部队信息工程大学　王松亭

摘　要：本文简要梳理索绪尔等不同学者对语言的理解和界定，以及不同语言观指导下对语言学研究对象的不同看法和见解。语言学经过一个多世纪的发展，从对语言的研究逐渐转向对言语的研究，从研究自在自足的语言系统转向对多种多样的言语活动的研究，从形式的研究转向功能的研究，进而发展为对语言能力的研究，反映出人们经过长期探索对语言问题认识的不断深化。

关键词：语言现象；语言；言语；言语活动；语言学

本文内容系作者为研究生讲授"普通语言学"课程中的一讲，稍加整理和充实。20 世纪 90 年代，作者在黑龙江大学俄语系攻读博士学位期间，曾有幸聆听华劭先生的"普通语言学"课程，获益良多。翻看当年的听课笔记，回忆当时课堂讨论的情景，恍如昨日。谨以此文纪念令人尊重和敬仰的学术前辈华劭先生。

在人类社会发展的历史长河中，对语言问题的关注可谓由来已久，这首先表现为将语言视为神赐之物。《圣经》认为，上帝的语言具有神奇的力量。古巴比伦王国（Babylonia）相信是那布神（Nabu）将语言赐予人间；古埃及人相信是索斯神（Thoth）创造了语言；日本民间认为创造语言的是太阳女神天照（Anaterasu）；在印度，相传创世之主婆罗贺摩（Brahma）即梵天的妻子萨拉斯娃蒂（Sarasvati）将语言带到了人世间；在澳大利亚，相传人类因误食恶神布鲁利（Bruley）的骨肉而开口说话。对于这些形形色色的"语言神授"传说，英国语言学家罗宾斯（R. H. Robins）曾给予一个恰如其分的评价："把语言看作神赐之物的观念，在一些毫无联系的不同的文化社会中都可以找到。这一事实本身就很重要。它表明进行思索的人们对人类的这个最宝贵的才能所表现出的恰如其分的崇敬"。（罗宾斯 1997: 1）

此外，在古印度、古希腊、古罗马和我国古代，关于语言问题的研究都有着悠久的历史。古印度的《巴尼尼语法》被美国语言学家布龙菲尔德称为"人类智慧的最伟大的里程碑之一"，中国古代的《尔雅》《方言》《说文解字》《释名》以及魏晋以来的音韵学研究均对后世产生了深远的影响；在古希腊和古罗马，哲学家们关于"词"与"物"的讨论和争辩、亚里士多德的《诗学》和《修辞学》、狄奥尼修斯·特拉克斯（Dionysius Thrax）所编写的《希腊语语法》、公元 4 世纪多纳图斯（Donatus）所著的《语法术》等直到现在仍对欧洲的学术研究存在一定的影响。当然，这其中也不乏一些现在看来错误的认识和粗浅的解释。对此，丹麦语言学家裴德森（Holgar Pederson）指出："古代世界给欧洲留下来的遗产是非常沉重的，里面充满着对于语言历史的误解，欧洲的语言科学在这份遗产之下继续辛勤地劳动着，直到关于语言的知识扩展到超出古人的梦境"。（彭玉兰 2007: 38）

语言研究作为一门独立的学问始自历史比较语言学。研究者们从搜集世界语言标本和对梵语的研究开始，探讨印欧语系诸语言历史发展过程中的音变规律，根据各种语言的对应规律去确定它们的亲属关系和发展过程，进而扩展到对其他语系的历史比较研究。到历史比较语言学发展的后期，法国的梅耶、德国的洪堡特等人已经开始尝试建立一种普通语言学的理论和方法。

但是，"关于语言的一般理论一开始就碰到这么个困难：语言学家不知道怎样确定他的研究的界限，他仍然在个人的考虑和全人类的考虑之间摇摆不定"。（约瑟夫·房德里耶斯 2012: 28）

房德里耶斯这里所讲的是：作为语言学研究对象的语言究竟是什么？

在我们的日常生活中，至少在三种意义上使用"语言"这一词语：

在"儿童的语言""托尔斯泰的语言"等表达方式中，"语言"指的是某一类人或某一个人说话、行文的特点和风格；用索绪尔的术语来讲，它们属于"言语"的范畴。

如果说"世界上有很多种语言"，此处指的是某种具有一定作为母语持有者群体的具体的语言，诸如汉语、英语、俄语、西班牙语等等。

如果说"语言是人类特有的最宝贵的财富"（霍凯特语），"语言是用来当作一个社会的成员之间的交际工具的"（梅耶语），此处指的是人类所共有的作为交际、认知和思维重要工具的、抽象的语言。房德里耶斯称其为"一般语言"（langage），以与上述"具体语言"（langue）相区别，并且指出："认为世界上只有一种基本上相同的人类语言，也不是没有道理。普通语言学的各种尝试中所表现出的正是这种观念。人们正在试图建立一些适用于各种语言的原理"。（约瑟夫·房德里耶斯 2012: 280）他还指出："一般语言是人类用来说话的全部心理过程和生理过程，而具体语言则代表这些过程的实际利用。"（约瑟夫·房德里耶斯 2012: 281）

索绪尔在其研究过程中，同样面临如何确定"语言学的又完整又具体的对象是什么"的问题，"别的科学都是对预先确定了的对象进行工作，接着就可以从不同的观点去加以考虑。在我们的领域里，情况却不是这样"。（索绪尔 1996: 28）因为在分析语言现象时，面对语音的生理、物理二重性，语音及其意义的生理、心理二重性，言语活动的社会的和个人的两个方面，言语活动历时的和共时的两个方面，研究者必须做出取舍，决定以什么作为研究对象。（索绪尔 1996: 29；华劭 2003: 3）

为此，索绪尔将言语活动分为语言和言语两个方面，并且对两者的特征均进行了分析，认为，"言语活动的研究包含着两部分：一部分是主要的，它以实质上是社会的、不依赖于个人的语言为研究对象，这种研究纯粹是心理的；另一部分是次要的，它是言语活动的个人部分，即言语，其中包括发音，为研究对象，它是心理、物理的"。（索绪尔 1996: 41）索绪尔认为，"把语言和言语分开，我们一下子就把（1）什么是社会的，什么是个人的；（2）什么是主要的，什么是从属的和多少是偶然的分别开来了"。（索绪尔 1996: 35）

关于言语活动，索绪尔认为，它是"多方面的、性质复杂的，同时跨着物理、生理和心理几个领域，它还属于个人的领域和社会的领域。我们没法把它归入人文事实的范畴，因为不知道怎样去理出它的统一体"。（索绪尔 1996: 30）

索绪尔总结了语言的主要特征，认为"语言是言语活动的一个确定的部分，而且当然是一个主要的部分。它既是言语机能的社会产物，又是社会集团为了使个人有可能行使这机能所采用的一整套必不可少的规约"（索绪尔 1996：30）；"语言本身就是一个整体、一个分类的原则。我们一旦在言语活动的事实中给以首要的地位，就在一个不容许作其他任何分类的整体中引入一种自然的秩序"。（索绪尔 1996：30）他进一步将语言界定为一个符号系统：语言是一种表达观念的符号系统，因此，可以比之于文字、象征仪式、礼节形式等等。它是这些系统中最重要的。（索绪尔 1996：37–38）"语言学家的任务是要确定究竟是什么使得语言在全部符号事实中成为一个特殊的系统……如果我们能够在各门科学中第一次为语言学指定一个地位，那是因为我们已把它归属于符号学。"（索绪尔 1996：38）

需要特别注意的是，索绪尔是在两个意义上使用"语言"这一术语：具体的语言和抽象的语言。"我们只有经由各式各样具体的语言系列，才能描述抽象的语言。我们唯有通过任一特定的语言，才可理解抽象的语言。"（索绪尔 2002：82）[1]

而关于言语，在索绪尔看来，它是言语活动中除语言之外的庞杂的部分，具有个人的性质，兼有心理的、生理的和物理的特点，它是"个人的意志和智能的行为，其中应该区别开：（1）说话者赖以运用语言规则表达他的个人思想的组合，（2）使他有可能把这些组合表露出来的心理、物理结构"。（索绪尔 1996：35）

索绪尔主张，语言是语言学研究的唯一对象，"语言科学不仅可以没有言语活动的其他要素，而且正要没有这些要素掺杂在里面，才能够建立起来"。（索绪尔 1996：36）

如此，索绪尔以社会性和个体性（个人性）为标准，将语言和言语区别开来，并且确立了语言学的研究对象。将索绪尔的这一思想推向极致的是叶尔姆斯列夫（L. Hjelmslev）及以其为代表的哥本哈根学派。他曾指出，"语言学理论应当寻求经常性的、跟任何非语言的'现实'无关的东西。当这种经常性的东西被找到并得到描写之后，就可以把它投影到'非语言的现实'中去"。（冯志伟 1999：71）

索绪尔对语言和言语的区分有着划时代的意义，华劭先生从潜在功能系统与执行功能实体、层次系统与连贯话语、对具体的个人与时空的超越或依属、强制稳定的规范与灵活变化的运用等四个方面阐述了两者之间的区别和联系。（华劭 2003: 10–13）实际上，波兰语言学家博杜恩·德·库尔特内（J. Baudion de Courtenay）早在 1870 年就明确提出语言和言语区分的问题，但与索绪尔不同的是，库尔特内更加重视语言与社会的关系，强调语言的外部历史和内部历史的相互作用，而不是认为语言学的唯一对象只是语言本身，并且他重视语言单位的实体，不像索绪尔那样，只重视语言单位之间的关系。（冯志伟 1999: 37）另外，布拉格学派之代表人物特鲁别茨科伊（Н. С. Трубецкой）也主张语言和言语之分。他认为：言语是具体的，它总是发生在一定的时间和地点，而语言则是一般的、稳定的。一方面，语言存在于某一语言共同体全体成员的意识之中，是无数具体的言语的基础；另一方面，语言的存在，只是因为它在具体的言语中被体现，没有言语，语言也就不存在。语言和言语是同一现象——言语活动（Langage）的两个相关的方面，互为前提，密不可分，但本质上它们是完全不同的东西，应当彼此独立地加以考察。（冯志伟 1999: 42）法国语言学家纪尧姆（G. Guillanme）则主张将言语活动分为"语言"和"言谈"（discours）。法语中，discours 的外延较 parole 更为广泛，parole 主要指个人的有声言语，而 discours 还可包括书面文字、手势语、个人内心的独白等等。纪尧姆认为，"语言"所具有的是"潜能"（puissance），而"言谈"所取得的是"实效"（effet），并进而从符号学角度区分"潜在所指"（Signifié de puissance）和"实在所指"（Signifiéde d'effet）。"潜在所指"是语言中言谈所具有的各种可能性的总和，"实在所指"则是言谈中某个意义实效（effet de sens）的现实化（actualisation），而符号是联系语言和言谈的中转站。（冯志伟 1999: 172–173）法国语言学家德拉古拉瓦（H. Delacroix）则认为应当区别"语言机能"（langage）、"语言"（langue）、"言辞"（parier）和"言语"（parole）。认为"言辞"是说话人在运用语言时所组成的组合，"言语"是允许说话人使语言系统表面化的心理机制。德拉古拉瓦所说的"言辞"事实上就是"言语作品"，其"言语"事实上就是"言语行为"或"言语过程""言语活动"，不过是就生理或心理的角度去理解它罢了。（高名凯 1995: 108–109）

但是，索绪尔仅仅是从符号学的角度对语言进行了界定，未涉及其功能方面。作为人类交际的重要工具这一功能，不能不引起语言学家及相关学科学者的关注和重视。英国人类学家马林诺夫斯基就指出，"在研究实际应用中的语言时，却显示了一字的意义并不是神秘地包含在一字的本身之内，而只是包含在一种情景的局面（Context of situation）中，由发音所引起的效果。发音是一种动作，是人类协合动作方式中所不能少的部分。这是一种行为的方式，和使用一工具，挥舞一武器，举行一仪式完全一样。事实上，字词的应用是和人类一切动作相关联而为一切身体上的行为所不能缺少的配合物"。（马林诺夫斯基 1987：6）

英国语言学家帕默尔也是从功能角度对语言进行阐发，"语言就是发出语音，用以影响其他人的行为；反过来看，语言就是听话者对这些声音的译解，由此可以明白说话者心里想什么"。（帕默尔 2013：7）他进一步指出，"语言其实有三种功能：它表示说话者的思想、感情等；它影响听话者之广义的行为（这是召唤性或取效性功能）；它把所指的'事物'符号化。既然前两个功能没有最后一个便不能实现，那就是说符号化作用（音和义的特定配合）是构成语言的因素。那么我们可以给语言下一个定义：语言是一个符号系统，符号的材料是语音"。（帕默尔 2013：16）

布拉格学派在 1929 年的论纲中明确提出，要把语言看作一个功能体系，主张评价任何语言现象时，都要从它所在的功能、它所达到的目的着眼。（冯志伟 1999：37）

我们更应当关注的是法国功能学派马尔丁内（A. Martinet）的观点，他区分了两种功能：一是语言在社会生活中所完成的功能，其中，交际功能是其基本功能，表达功能、思维推理功能、称谓功能、美学功能等是第二位的功能；二是语言单位在完成交际功能的过程中所承担的功能，包括语言单位的相互作用、在一定的语境中语言单位之间的关系等等。（冯志伟 1999：152）与索绪尔所主张的"语言学的唯一的、真正的对象是就语言和为语言而研究的语言"（索绪尔 1996：323）不同，马尔丁内提出，"就人类言语活动、为人类言语活动而研究言语活动"（冯志伟，1999：153）。马尔丁内所说的言语活动，既包括"语言"（langue），也包括"言语"（parole），他还指出，"科学研究首要的要求就是不能因为方法上的苛求而牺牲研究对象的完整性"。（冯志伟 1999：153）因此，不能把言语排除在语言学研究的范围之外。换言之，语言事实不能只局限于语言的结构系统中来加以研究，而应该放在言语活动之中，放在语言功能系统的运转中来加以考察。

综上所述，不同的学者从不同的角度出发，对语言进行着不同的理解和界定，因而对语言学的研究对象问题也有着不同的主张和看法。现代语言学经过一个多世纪的探讨和发展，其研究对象已经不再囿于索绪尔所提出的"就语言和为语言而研究的语言"，华劭先生所列的图表（华劭 2003: 6）中的各大要素，均已纳入语言学的研究范围。为了体现语言和言语之间的相互关系，我们建议将该图表做如下呈现：

言语（речь）	言语活动（речевая деятельность）	
	言语作品（речевое произведение）	口语（устная речь，第一性的形式）
		书面语（письменная речь，派生形式）
		内在言语（внутренняя речь，不参与交际的形式）
语言（язык）		

除了欧洲学者对语言问题的相关理论阐述之外，我们还应当对俄罗斯学者的相关见解予以足够的重视和思考，一是谢尔巴（Л. В. Щерба）所提出的语言现象三层面理论，二是俄罗斯当代学者卡拉乌洛夫（Ю. Н. Караулов）所提出的观点。

1931 年，谢尔巴发表《论语言现象的三层面和语言学中的实验》一文，从博杜恩·德·库尔特内的理论学说角度对索绪尔提出的语言与言语对立说做出自己的解释。他认为，语言现象有三个层面，分别是"言语活动"（речевая деятельность）、"语言系统"（языковая система）和"语言材料"（языковой материал）。言语活动指受个体的心理生理言语组织制约的、具有社会性质的说话和理解的过程，是一种复杂的、综合的活动，它与索绪尔的"言语"相关联，但又不完全相同；语言系统指词汇和语法，这些词汇和语法与其说是现实存在的，还不如说是对该语言知识来说应当穷尽的某种理想的描写；语言材料是言语活动的结果，即某社会团体在某一时代的一定的具体环境中所说的和所理解的总和，对语言学家来说就是体现在文本/篇章中的词汇和语法，该概念在索绪尔的学说中没有对应物。在谢尔巴看来，语言系统并不是一种"学术上的抽象"（учёная абстракция），而是人们在词汇和语法中使用的人脑中的"心理数值"（психические величины）。这些数值作为"观念/概念"（концепты），包括心理的和生理的直接实验是不可能获得的，而只能从语言材料中抽取，只有语言材料的同一性才能保证语言系统的统一（Л. В. Щерба 1974: 24–39；赵爱国 2012: 38）。

俄罗斯当代学者卡拉乌洛夫认为，体系、话语和能力是语言存在的三种形式，它们都由同样的单位和关系构成，但分别采取层次系统、线性排列和联想词语网络（ассоциативно-вербальная сеть）的形式。在联想词语网络内，传统上被分割的词汇和语法都综合在"网结词"内，它既包括体现语义关系的各种参数，也反映体现语法关系的各种形态、搭配、构词的特点，正是这些关系使"网结词"构成网络。这样，语言可以体现为网状的、与个人潜在知识和经验交织的心智状态（能力），可以包含在线性的、人的思想感情和意志外化的物质结果（言语产品）之中，也可以模拟为有层次的、通过观察和比较得出经过"净化"的比较完整的构造（系统）。在一定条件下，可由一种语言形式衍生另一种形式。（华劭 2003: 8–9）由此，卡拉乌洛夫提出其"语言个性"（языковая личность, linguistic personnality）理论，将语言个性理解为"一个人决定其生成和认知言语产品（话语）的能力和特征的总和，这些话语可能在（1）语言结构繁简程度上，（2）反映现实深浅准确程度上，（3）所具有的目的和意向上，均有所不同。在这个定义上，人的能力和所生成话语的特点是联系在一起的"。（华劭 2007: 340）

在梳理众多学者有关语言问题研究的论述之后，我们或许可以理解，为什么美国的惠特尼（Whitney）早在 19 世纪后期的著作《语言和语言研究》和《语言的生命和成长》中就似乎有意地避开了"语言学"一词，而以"语言科学"（Science of language）代之。他写道："一边是物理学，另一边是心理学，它们都企图伸手掌握语言学，而实际上语言学既不属于前者，也不属于后者。"（姚小平 2018: 322）这与索绪尔在论述语言现象时所面临的"物理的和生理的""生理的和心理的""社会的和个人的""历时的和共时的"诸种二重性是何等相似。（索绪尔 1996: 28–29）

早在 20 世纪 60 年代，英国语言学家罗宾斯就曾经指出，"普通语言学把人类语言看作人类行为和能力的一个普遍的且可以分辨的部分，它可能是已知的人类生活的最基本的要素之一，是和人类全部成就相关的至为深邃的人类能力之一。所有的人类语言都含有某些共同的特征，无论是语音、语法组织，还是表达能力，人们可以把人类语言说成是一套抽象的特征集合，这些特征可能反映了人类意识或人脑的部分生物遗传结构。这也正是普遍语法、语言的普遍性（linguistic universals）和语言的普遍现象（universals of language）这些课题研究经常涉及的问题。如何识别这些普遍特征，或能否假定这些特征潜在于所有已知的人类语言之中，这还是一个很有争议的问题。在这个意义上，人类语言确实在语言学家研究的范围之内，但我们必须指出，人类语言普遍现象的辨识与研究的唯一证据，来自世界上各种具体的实际语言和这些语言古往今来的说话人与写作者"。（罗宾斯 2008: 2）

让我们用华劭先生的一段论述来结束本文的探讨。他指出，"本世纪以来，语言学发展的趋势表明，从语言的研究逐渐转到言语的研究，进而研究人的语言能力；语言学从单独研究自足自在的体系，转而与其他学科携手共同研究包罗万象的言语产品，并产生一系列交叉学科；最后，语言学成为认知科学的组成部分，并与其他科学一起致力探索人头脑中的秘密。索绪尔提出的著名论断'语言学的唯一的、真正的对象是就语言和为语言而研究语言'，已不符合当前科学发展的趋势，现在已经很难划清所谓内部语言学与外部语言学的界限了"（华劭 2007: 342）；"今后语言学要产生质的飞跃，可能会以认知科学有重大突破为前提"。（华劭 2007: 342）

注释

1. 关于索绪尔所使用的 langage，langue 和 parole 三个术语，不同的学者译法不同，陈望道是我国较早接触和引进索绪尔思想的学者之一，于 1938 年发表文章，将三个术语分别译为"言语行为""语言"和"言谈"。1980 年，高名凯译、岑麒祥和叶蜚声校注的《普通语言学教程》由商务印书馆出版，将三个术语分别译为"言语活动""语言"和"言语"，现在语言学界所使用的术语基本上沿用高名凯的译法。屠友祥译的《索绪尔第三次普通语言学教程》将三个术语分别译为"群体语言""整体语言"和"个体语言"，又将"整体语言"分为"具体的整体语言"（les langues）和"抽象的整体语言"（la langue）。在此，我们主张仍然沿用高名凯的译法。

参考文献

［1］Щерба. Л В. О трояком аспекте языковых явлений и об эксперименте в языкознании. – Языковая система и речевая деятельность［M］Л., Наука, 1974.

［2］АН СССР, Русская грамматика［M］T.I. M., 1980.

［3］费尔迪南·德·索绪尔. 普通语言学教程［M］. 高名凯译. 北京：1996.

［4］费尔迪南·德·索绪尔. 索绪尔第三次普通语言学教程［M］. 上海：上海人民出版社，2002.

［5］约瑟夫·房德里耶斯. 语言［M］. 北京：商务印书馆，2012.

［6］L·R·帕默尔. 语言学概论［M］. 北京：商务印书馆，2013.

［7］R·H·罗宾斯. 普通语言学导论［M］. 上海：复旦大学出版社，2008.

［8］R·H·罗宾斯. 简明语言学史［M］. 北京：中国社会科学出版社，1997.

［9］L·布龙菲尔德. 语言论［M］. 北京：商务印书馆，1997.

［10］马林诺夫斯基. 文化论［M］. 北京：中国民间文艺出版社，1987.

［11］冯志伟. 现代语言学流派［M］. 西安：陕西人民出版社，1999.

［12］高名凯. 语言论［M］. 北京：商务印书馆，1995.

［13］华劭. 语言经纬［M］. 北京：商务印书馆，2003.

［14］华劭. 华劭集［M］. 哈尔滨：黑龙江大学出版社，2007.

［15］彭玉兰. 语言学简史［M］. 长沙：湖南大学出版社，2007.

［16］姚小平. 西方语言学史——从苏格拉底到乔姆斯基［M］. 北京：外语教育与研究出版社，2018.

［17］赵爱国. 20世纪俄罗斯语言学遗产：理论、方法及流派［M］. 北京：北京大学出版社，2012.

作者简介：王松亭，黑龙江大学俄语语言文学博士（1993—1996），导师李锡胤研究员。战略支援部队信息工程大学研究生院教授、博士生导师、博士后合作导师，教育部高等学校外语教学指导委员会委员、俄语分委会副主任委员。曾任中国俄语教学研究会副会长、俄罗斯东欧中亚学会常务理事等职。主要研究方向：普通语言学、语用学、俄语历史语言学。

语言符号的意义

天津外国语大学　王铭玉

摘　要：语言符号的主要作用在于表达和传递意义，因此，意义问题构成语言符号学的中心问题。在人文科学发展的历程中，关于"意义"的界定一直众说纷纭，莫衷一是，形成了各种各样的意义观。比如：从方法论角度出发，意义的阐释可以采取假设－演绎的方法，分析－归纳的方法；从本体论角度出发，先后出现了二项说、三项说、三角形理论、语义梯形说和语义四方形说；从认识论角度出发，产生了真值条件论、符意同一论、言语行为理论、信息理论等。我们认为，语言是一个复杂的层级符号系统，其意义同样应该具有复合性的特点，在意义生成的过程中，层级是途径，能指和所指是诱因，而符号、事物、概念和符义是核心要素。它们共同构筑意义世界，体现语言符号的价值所在。

关键词：语言符号；意义；方法论；本体论；认识论；层级学说

华劭先生是中国俄语教育事业和语言研究的先驱，1990 到 1993 年在黑龙江大学读博期间我有幸亲聆先生的教诲，后来在担任黑大俄语学院院长时候我们成了同事，我更加受益于先生的学术滋养和人生指点。此文撰写于 20 世纪 90 年代，成文时还专门请先生指导斧正。可以说，此文无论在学理思想的凝练，还是理论方法的应用上都渗透着先生的心血。在纪念华劭先生之际，学生特以此文表达对一代名师的追思和敬意。

语言符号的主要作用在于表达和传递意义，从而最终实现交际。因此，要想深入地揭示语言的符号性、系统性、层次性、社会性、民族性等多方面特点，就必须通过对意义问题的阐述得出较为理想的结果，而试图避开意义问题去透视语言及语言中各种现象的实质的做法都是徒劳的。

一、关于语言符号意义的各种观点

关于"意义"的定义，历来众说纷纭，莫衷一是。语言学家利奇（G. Leech）曾说过："意义这个词和它的相应的动词'意指'是英语中争议最多的术语之一"。（杰弗里·利奇 1996: 1）语义学家奥格登（C. K. Ogden）和理查兹（ I. A. Richards）在《意义的意义》一书中也曾列出过有关意义的22 种定义（何英玉 2003: 9）。

与此同时，由于语言符号的内容方面与人的认识活动密切相关，所以意义问题还受到许多相邻学科的关注，如哲学、逻辑学、心理学、文艺学、文化学、信息学等，它们依据各自学科的理论基础、研究目的，从不同的观察角度出发，采用彼此有别的描写方法对意义进行了研究。

总结有关意义的各种论述，研究界定意义的各种方案，我们不妨把各种意义观归纳成三大类，即方法论意义观、本体论意义观以及认识论意义观。

（一）方法论意义观

1. 假设 – 演绎法

假设 – 演绎法主要用于哲学领域。这种意义观的特点在于提出关于意义本质的假设，并实际检验这种假设的解释力。

哲学家总是试图澄清语言的深层本质，因而他们的研究法一般带有追求深刻性的特点，与此相关，对意义问题的解答方案大致属于"归入主义"，即把意义提升为某个具体或抽象的本体存在。

1.1 指称论

指称论亦称命名论。这种理论比较古老也比较容易为一般人所理解和接受。它认为，一个符号的意义就是它所指称或命名的对象，语词的意义和所指对象是紧密联系的。

指称论为意义问题提供了一种自然、直观的解释。例如："黄河"这个符号的意义就指实际存在的那条河；"牡丹"这个符号的意义就指洛阳等地生长的那种花。

意义的指称论最初来源于柏拉图的《对话录》，即"句子由词构成，词是事物的名称，人们通过词句反映客观事物"。19世纪的英国逻辑学家密尔也是一个指称论者，他曾说："所有的名称都是某些真实的或想象的事物的名称。"（王维贤等1989: 155）罗素也认为，"所有的语词作为代表自身以外的某种东西的符号，在这种简单的含义上它们是有意义的"。早期的维特根斯坦说得更直接："名称意指对象，对象就是它的意义"（何英玉2003: 12）。

指称论虽然从直观上容易为人们所接受，但它的说服力令人怀疑。首先，大部分符号与事物之间的联系不是简单的、直接的，而是要通过概念来作为中介物；其次，并非所有符号都与对象相互关联，比如：人们很难用指称论来说明连接词和疑问词的意义，它们没有固定的指称对象；再次，有些符号可以同指一个对象，但却不一定具有相同的意义，最典型的例子就是"晨星"（启明星）和"暮星"（长庚星）同指"金星"。

1.2 观念论

观念论亦称意念论。这是一种古典的意义理论，它认为每个符号的意义就是这个符号所表达的存在于人们心中的观念，以及符号所代表的或引起的人们心中的意念。例如，"狗"这个符号的意义就是指人们心中所想到的狗的观念；"丑"这个符号的意义就是人们心中所想到的丑的观念。

一般认为，观念论首先是由洛克明确提出的。他在《人类理解论》中说过："词的使用，就是观念的可感觉的标记，而这些标记所代表的观念则是它们所专有的和直接的含义。"（王维贤等1989: 157）胡塞尔、休谟以及一些语言学家，如俄国学者 А. А. Потебня、П. В. Щерба、А. И. Смирницкий 等都属于观念论者，他们或者将意义看成符号外内容的呈现方式，或者将意义等同于"素朴的概念"。

观念论的主要问题在于将观念误解为一种个人的主观意念，忽略了符号意义产生的客观根源和基础，当听话者所联想的观念与说话者所表述的观念不一致时，如何说明其意义。

1.3 反应论

反应论也称行为论、因果论、刺激–反应论。它们认为一个语句（一组符号，也可能是单一符号）的意义就是引起这个语句的刺激和由它所产生的反应。例如："请离开这里！"这个祈使句的意义就是引起这句话的刺激（语音、语调以及可能伴随的手势）和由此所产生的反应，即受话者离开了说话人的所在地。

反应论的产生与结构主义的代表布龙菲尔德（Bloomfield）所推崇的行为反应论密切相关，它的问题在于把符号的意义简单化，存在着把意义看成是一种生理现象之嫌。无法解释同一符号(语句)可能产生完全不同的反应这一现象。

1.4 用法论

用法论也称使用论。它认为一个符号表达式的意义就是符号持有者使用、运用这种符号的方式。

用法论由后期的维特根斯坦提出，并受到塞拉斯、奥斯汀等人的支持，后形成了日常语言哲学学派的一个主要思想。这种观点认为，一个词的意义不是它所命名或意指的对象，而是它在语言中所起的作用。"当一个人知道如何使用一个词的时候，他就知道了这个词的意义。"（王维贤等 1989: 161）

用法论的问题在于过分强调运用规则，时常泛化、虚化符号的实体意义。要知道，所有的符号，尤其是语言符号都要为人所使用，仅仅依据符号的使用来确定意义同样具有局限性。

1.5 关系论

关系论也称符号关系论。它认为符号的意义是由符号及其相关因素彼此间的关系来确定的。

关系论主要来源于符号学家皮尔斯和莫里斯关于意义的符号关系论。比如：莫里斯就认为符号世界中存在着三种符号关系——符号与符号的关系、符号与客观世界的关系、符号与使用者的关系，而符号的意义就体现于这三种关系之中。后来的许多语言学家都认可了这种关系说，例如苏联语言学家 Л. А. Новиков 就直接根据关系论区分出了结构意义、概念意义、语用意义。

2. 分析－归纳法

分析－归纳法常见于语言学领域。这种意义观的特点是更关注语言的具体运用和表现，经常采用分类和列举的方法来总结"意义"的问题。

语言学家和哲学家不同，他们往往不去探究"意义是什么"这个问题，而是侧重于揭示"在意义这个范围内出现了什么"，也就是说，语言学家要着重澄清"意义是什么（语言单位）的属性，在什么方式下语词符号意味某种东西，意义是如何变化的"等等问题。阿沃杨对此种方法有过高度概括："语言学家对意义的兴趣不是意义本身，而是它与语言结构的关系。"（Авоян 1985: 59）卡茨也认为："语义学家应当向物理学家学习，应当从自然语言有关语义结构的事实出发，建立理论框架，把事实系统化。经过语义事实研究，提出语义理论后，才能回答'语义是什么'"（徐烈炯 1990: 101）

在对意义问题的探索中，不少语言学者的研究是卓有成效的，尤其是他们运用分析－归纳法对意义进行的分类具有一定的价值。

2.1 利奇的分类

英国语义学家利奇（G. Leech）在其颇有影响的《语义学》一书中曾列出7种不同的意义。

（1）概念意义。亦称词典意义。它是一个语词在语言交际中表达出来的基本含义，这种意义在词典中固定下来。它是客观对象的特殊属性的反映或概括。

（2）内涵意义。按照利奇的理解，内涵意义是附加在概念意义上的意义，实际上是一种"附加意义"、"伴随意义"，即某个社会、阶级、阶层，甚至个人附加在某个词之上的意义。例如："狐狸"一词除了词典所标注的基本概念意义之外，往往还具有"狡猾"的附加意义。

（3）风格意义。这是指一段话语所表示的关于使用该段话语的社会环境的意义。例如：公文用体、政论用体、科学用体、文学用体、日常用体等彼此间就互有区别。最典型的就是作家在创作中有意识地创造自己的特殊风格，从而使自己的作品具有特殊的风格意义。

（4）感情意义。它是用来表达说话者的感情或态度的。这种意义经常通过所用词的概念内容或内涵内容明确地表达出来。感情意义既可用直接的方式表达，如："你是个可耻的堕落者，为此我非常恨你！"，也可用委婉的方式表达，如：我们想要让人安静些，可以说："I'm terribly sorry to interrupt, but I wonder if you would be so kind as to lower your voice a little."（打扰您我十分抱歉，不过不知您是否能把声音稍放低一点。）

（5）联想意义。它是由符号引起的心理联想所产生的意义。心理联想是人类思维的本质特征，是人的记忆、创造性思维的基础，它是反映在人的意识中和记忆中的事物、现象之间的相互联系。从语言角度看，联想是语言单位按照形式或逻辑语义原则构成的相互联系。联想意义是第二级符号系统，它实际上是第一级符号系统中的能指（语音或书写符号）和所指（概念意义）共同充当了第二级符号系统中的能指，并通过心理联想产生的新的所指。联想意义在语言的各个层面上（词汇、句子、段落、篇章）都可以得到表现，其体现方式也是多种多样的，以词汇为例可分为语音联想、构词联想和语义联想等。比如：语音联想——过去船家忌说"翻"，于是，"帆""番""繁"等同音或近音的词因为具有"翻"的联想意义而被列为禁忌之列。语义联想——在俄罗斯的文学作品中，植物 рябина（花楸树果），черемуха（稠李）不仅美丽，而且五味俱全，如同青年人的爱情一样，因此具有"情爱"的联想意义；хлев（家畜及家禽的棚、栏）的特殊用途及环境形成了"肮脏的地方"的联想意义。

（6）搭配意义。主要是指语言符号由于彼此搭配上的不同而产生的差异性意义。例如：汉语中"交换"与"交流"的意义相近，但却有不同的搭配意义："交换"往往与比较具体的或范围较小的词相搭配，可以是"礼物""意见""资料""产品"；"交流"往往与比较抽象或范围较大的词相搭配，可以是"思想""经验""文化""物质"。

（7）主题意义。这是指符号的运用者借助组织信息的方式不同，如对语序的调整，对重音、语调的不同安排所表达的意义。例如：由于将主动句改为被动句，虽然描述的基本事实相同，意义却有区别。试比较："游击队拿下了敌人的据点"和"敌人的据点被游击队拿下了"，这两个意思相近的句子反映的主题意义就有所差别：前者回答了"游击队拿下了什么"的问题；后者回答了"敌人的据点被谁拿下了"的问题。

2.1 杨喜昌的分类

杨喜昌博士在对语言符号的各种意义进行研究后得出结论：在语言单位中，意义的典型载体是句子。他认为："句子的意义结构是一个复杂而有机的构造，是一个由小的单位构成的大的单位。"（杨喜昌 2005: 36）句义的表现手段和客观方式可以是语法的，如句子所属的句法模式的结构、词序、语调、虚词；可以是非语法的，如义位、上下文、语境等。依据这些手段和方式，句子的意义可以分解为 14 种意义成分：（杨喜昌 2005: 36–78）

（1）述谓意义。述谓意义不是句子具体的认知-反映内容，它是对句子意义与功能的概括和提升。也就是说，述谓意义是一切句子共有的、通过一整套形式手段表示的语法意义。由于句子的语义是一个多层次的构造，述谓意义的共有性就决定了其跨层次的特性。述谓意义是句子句法、逻辑、语用等几个方面性质的综合反映，是一个语义范畴，它的表现手段通常是：句子的模式和结构类型，句法时、人称、动词的式范畴（即表现为现实性 / 非现实性的客观情态性）和实义切分。

（2）模式意义。每一个句子作为语法单位都必然符合一定的抽象结构模式（即具有专门的形式组织和语言意义的句法样板），比如：苏联科学院《80年语法》就归纳出了 31 种简单句陈述式结构模式、4 种简单疑问句结构模式以及 30 种熟语性结构模式。句子的结构模式有其自身的语言意义——模式意义，它是由构成句子模式的三要素，即模式的语法意义、模式要素的相互关系以及用词规则互相作用所共同形成的意义。模式意义除了述谓意义范畴外，还有充当述谓性特征的主体和充当述谓性特征所涉及事物的客体两个核心范畴。例如：俄语的 " Ветер дует." 和 " Солнце светит."，两个句子属于 N1-Vf 模式，它们共同的模式意义是： "主体及其述谓性特征（动作或过程性状态）之间的关系。"

（3）结构意义。句子结构模式的意义转移到按照该模式建构的句子中，此时的句子由于有占据该句子中的主要成分位置的词的参与（有时还有扩展成分）而具有更为可感、更为确定的意义——结构意义。这种意义是由句子结构模式的意义与填充该模式的词的词汇意义相互作用而形成的。从反映和指称方面看，它比模式意义要具体一些，试比较： " Мальчик читает." 与 " Музыка восхищает."，尽管这两个句子的模式意义相同，但由于模式要素的词的意义不同而具有了不同的结构意义：前句表示 "主体与其具体动作的关系"；后句表示 "主体与其引起的某人的感情态度的关系"。

（4）命题意义。所谓命题意义是句子中除去交际意图所余下的那部分内容所反映的意义。试分析下列 5 个句子：① Will John leave the room? ② John will leave the room. ③ John, leave the room. ④ Would that John left the room? ⑤ If John will leave the room, I will leave also. 这 5 个句子在不同场合体现了 5 种不同的交际意图：提问、预测、请求或命令、愿望、假设，但是它们却具有相同的命题意义，即都谈及了 "John" 这个人，都讲述了 "John's leaving the room. " 这一基本内容。由此来看，命题意义是句子潜在的观念，是句子所包含的实体性、客观性、纯理性的内容，是不受时间、空间制约的一类变元与谓辞之间关系的概括模式，它构成了情景的深层结构，具有实体反映和稳定恒常的性质。

（5）指称意义。指称意义指句子与语言外事态的相对关系或者指对客体（类属的或具体的）的替代关系。指称意义往往是通过层级结构得以实现的。在一级实现过程中，它体现意义概念的核心，指客观的、称名的，同时又是情景外的、认知的、代表的、事实的、事物－关系的意义成分，是从修辞的、语用的、情态的、情感的、主观的、交际的及其他色彩中抽象出来的意义成分。如"狗会咬人"这个抽象客观类指即为第一级指称意义。在二级实现过程中，指称意义指说话人发出一个言语片断时所指的语言外现实中的对象，体现为语言单位与具体事物或事态的相关性，反映了事物或事态的第二性存在。如"狗会咬人"这句话的第二级指称意义一定是"某只具体的狗曾经咬过某个具体的人"的事实反映。

（6）预设意义。所谓预设意义是指说话人对事物间自然关系的理解，是说话人对听话人知识水平的认识，它不属于句子所表达的基本信息，一般不充当报道的主要内容。预设通常有语义预设和语用预设两种基本划分。语义预设是狭隘的预设，它仅包括规约性的意义，一般对语境没有依赖性，指的是听话人应认为是真的判断，只有这样句子对他而言才是可以理解的。比如："Человек, стоящий у окна, мой знакомый."，此句的语义预设为"У окна стоит один — и только один — человек."。再如："Иван живет на втором этаже."，此句的语义预设为"Иван существует."。语用预设是听话人应该知道的判断，唯其如此，话语才是正常的。语用预设反映的一般是它受语境影响的语用关系，是交际双方事先已经知道，或至少听到话语之后能够根据语境推断出来的信息，它往往不是表现在语句字面上，而是包含在语句意思之中。如："Генерал вручил бойцу орден."，这个句子的语义中具有下列语用预设意义因素："Боец совершил какой-то героический поступо." "Героический поступок обычно отмечается наградами." "Награда вручается в армии вышестоящими по званию лицами." "Генерал выше по воинскому званию, чем боец."等。

（7）蕴涵意义。蕴涵意义和预设意义相近，都是指说话人和受话人之间的语义默契，都属于句子的推理性内容。二者不同之处在于：预设意义是话语非断言部分表达的信息，不属于句子所表达的基本信息；而蕴涵是话语断言部分表达的意义，它属于句子的基本信息。例如：从"Все дороги ведут в Рим.", 可以做出 "Существует дорога, ведущая в Рим." 的推理；从 "Ивану удалось остановить машину.", 可以做出 "Иван пытался остановить машину." 的推理。这些推理内容分别构成了两个句子的蕴涵意义。

（8）断言意义。断言意义也属于句子的推理性内容，但它与预役意义、蕴涵意义具有不同的交际性质，它是句法上的陈述句及对应语义上的命题所表示的一种相对应的表达意义。在交际过程中，断言通常是作为谈话对象的未知信息来处理的那部分内容，随着交际的进行，这个内容成为双方共知的内容后，又可能在一句话中被作为预设来处理。也就是说，断言意义是不断向预设意义转换的（预设 1 ＋ 断言 1 → 预设 2〈断言 1〉＋ 断言 2 → 预设 3〈断言 2〉＋ 断言 3 → 预设 n ＋ 断言 n）。例如："За столом ／ сидел Сашка. Сашка ／ рисовал кошек, собак и лошадей. Рисовал он ／ усердно. От усердия он ／ громко сопел, высунув кончик розового языка."（王福祥 1984: 75）在这一段话中，Сашка, рисовал, усердно 等信息都是由前一句的断言意义转化为下句话语的预设意义，成为后一句子的言语语境。

（9）联想意义。所谓联想意义指"语言单位惯例的或随机性的情感评价色彩及修辞色彩"（《语言学百科词典》1990: коннотация）。句子联想意义包括社会 – 文化联想意义和修辞联想意义两个方面。句子的社会文化联想意义是某社团、某民族的人对这一单位所产生的社会性、文化性的感知和认识。比如：在以下两个表示"请求"行为的句子中"Прошу Вашего распоряжения." "Прошу Вас распорядиться."，前句表明讲话人比受话人的地位要低，后句则表明说话人的社会地位比受话人高，这就是由社会性感知而形成的联想意义。再如："Между ними черная кошка пробежала." 的字面意义为"在他们之间跑过一只黑猫"，但在俄罗斯民族文化中，черная кошка 象征着"不和睦""不吉祥"，这种特有的民族文化氛围就产生了该句的联想意义——"他们之间发生了不和"。修辞联想意义也可称作修辞色彩，它的价值在于揭示句子认知意义相同而使用的言语环境不同的内在原因，主要指交际单位所具有的表现力色彩和语言功能修辞特征。表现力色彩的表现方式多种多样，如超音质的手段、词汇和成语性手段、形态的以及音位形态的手段、构词手段、句法手段以及各种加强成分等。例如："Он был легкий-легкий." "Надо бежать, бежать отсюда."，两个句子都是通过重复手段具有了一定的表现力；

而句子"Я так вам благодарен."则通过加强成分获得表现力。语言功能修辞特征主要是通过政论、科学、公文、文学和语言等功能语体得以体现的，比如，在科学语体中，术语多、抽象含义的词占有的比重大、表特征的名词使用率高、常使用无施动者结构等因素就构成了该语体庄重严谨、平实质朴的修辞联想意义。

（10）主观情态意义。说话人可借助各种语言手段对谈话内容或方式进行评价，对其中某一点进行强调，指明言语环境、信息来源、表明所谈之事是否可信等，所有这些意义统称为主观情态意义。比如："Говорят, что собрания не будет?"和"Мы с вами попутчики, кажется?"这两个句子分别表明了信息来源和对事态可信性的评价。

（11）命题态度。命题态度亦称语旨之势，它指话语中叠加在命题意义之上的陈述、发问、祈使等内容，反映句子的一系列交际意图（如承诺、断定、疑问、要求、愿望、解释、命令、反对、猜测、反驳、请求、预示、保证、号召、批评、总结、假设、概括、回答等）。命题态度往往可以从不同层面来分析，从而形成一定的对应关系，如命题态度在语法范畴中体现于陈述句、疑问句和祈使句中，在语义范畴中体现于命题、问题和命令之中，而在语用范畴中体现于声音、提问和指示之中。命题态度可用多种手段表达。在俄语中，除了疑问代词、语气词、动词命令式外，最典型的手段就是语调。例如：陈述句可通过5种不同的语调反映不同的命题态度：用无标记的 ИК-1 表达无其他伴随意义的陈述；用 ИК-2 表示"陈述＋抗议或反驳"；用 ИК-3 表示"陈述＋情态（可能性、重要性）"；用 ИК-4 表示"陈述＋保留"；用 ИК-5 表示"陈述＋断言"等。

（12）会话含义。所谓会话含义，主要指句子在交际语境中间接地表示出来的内隐性意义，它是基于原有表层命题意义和指称意义易位而产生的新的命题和指称。简而言之，会话含义指的是人们常说出（或写出）一句话所间接表达的含蓄意义。会话含义一般被分为规约性的和非规约性的两种。规约含义主要指以成语、谚语等形式出现的非自由句表达的不同于字面的意义。如："Лопни (мои) глаза.", 这句俗语的字面意义为："就让我割掉双眼", 但在话语中常常具有"起誓表示所说的话千真万确"的会话含义。

（13）焦点意义。所谓焦点意义，是指一个句子中能决定句子功能前景（或称交际前景、交际指向性、交际切分、逻辑－意思部分、信息负载结构）、信息强度最高的那部分意义。

从交际的角度看，句子中每个成分都是信息的载体，只不过所负载的信息量各不相同，其中必有一个或数个成分充当句子信息核心的传递者，有人称之为"语用高峰"（прагматический пик）、"交际中心"、"语义核心"、"被强调的语义成分"、"焦点"（фокус, focus）。从本质上讲，这是与话语功能有关的概念，它是说话人最想让听话人注意的部分，可以用"突出"来概括它的功能，焦点意义正是通过这一部分得到体现的。

句子的焦点意义是一个多层次的功能－语义范畴，它既是句子在语言体系内作为抽象单位的已有成分，又是句子进入具体语境后被实现了的成分。当实现了的焦点意义与进入语境的句子的焦点意义相一致时，句子没有特殊的表现力；而当两者不一致时，句子具有非中性的修辞表现力：焦点意义发生易位，原来的（体系内）的焦点意义转化为句子的预设内容，而原有的预设意义变成焦点意义。

焦点意义的性质可以从语义、句法、语用3个方面进行归纳。①语义性质：焦点意义是在命题意义基础上的加工和操作；句子的任何一个成份，甚至最小的语义要素都可充当句子的焦点意义。②句法性质：焦点意义不能省略；表达焦点意义的句子成分之前一般有停顿；在书面语中一般位于句末，与预设意义相对应，并位于预设意义成分之后，而在口语中则是句子逻辑重音。③语用性质：焦点意义往往是无定成分；一般是受话人未知的、说话人着重强调的、尚未被激活的信息；焦点意义一般不会充当话题。

（二）本体论意义观

在界定意义时，本体论并不追求一种理想的框架，也不刻意去遵循某种逻辑思维模式，而是依据符号的自身构成及其意义要素之间的关系来对意义进行自然释读，从而揭示符号意义的本质。

1. 索绪尔的二项说

通常，人们容易持有一种习惯看法，认为语言中的词是关于事物的名称和符号，也就是说："事物"的名称 → "词"。但索绪尔（F. de Saussure）的研究否定了这种简单的看法。他认为：词所表达的并不是事物，而是我们关于某事物的一种观念，即"语言符号联结的不是事物的名称，而是概念和音响形象"

（索绪尔 1985: 101）。这一思想可以用下图表示：

概念

———————

音响形象

这样一来，语言符号可被看作是一种两面的心理实体，它们在内部彼此紧密相连，不可分割。用索绪尔的形象说法就是："语言还可以比作一张纸：思想是正面，声音是反面，我们不能切开正面而不同时切开反面。"（索绪尔 1985: 158）为了进一步阐明两面的关系，他建议使用"能指"（signifiant）和"所指"（signifier）分别表示音响形象和概念，而保留用符号这个词表示整体，即"符号＝能指＋所指"。这里，索绪尔把符号看成能指和所指的结合体，通过符号所处系统的内部关系产生意义。进一步说，词义不是物质实体，而是一种关系结构，它由两个不可分割的成素（音响形象和概念）所构成，词的意义产生于这种结构关系之中。

2. 皮尔斯的三项说

皮尔斯（C. S. Peirce）认为，符号在一定程度上可定义为"在某一方面对某人而言代表某事物的某种形式"（Peirce 1931）。换言之，皮尔斯把符号普遍地理解为代表或表现其他事物的东西，可以被某人所理解或解释，或者对某人具有一定意义。

显然，与索绪尔不同的是，皮尔斯把符号看作一个由三项内容构成的结合体，也就是说符号的构成包含三种关联要素：（1）媒介关联物（M — medium）；（2）对象关联物（O — object）；（3）解释关联物（I — interpret）。三种关联要素分别代表形式项、指称项和解释项，它们共同决定了符号的意义，构成符号"三位一体"的本质特征，如果用表达式表示，即为：S（sign）==R（relation）（M，O，I）；如果用图表示，即为图1：

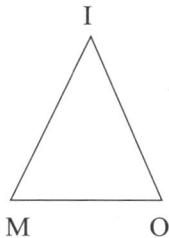

I

△

M   O

图 1

3. 奥格登和理查兹的"符号学三角形理论"

这个理论是奥格登（C. Ogden）和理查兹（I. A. Richards）创建的。它之所以被称为"符号学三角形"理论（The Theory of the Semiotic Triangle. Теория о семиотическом трехугольнике），是因为它的基本观点可以用一个三角形来表示：（如图2）

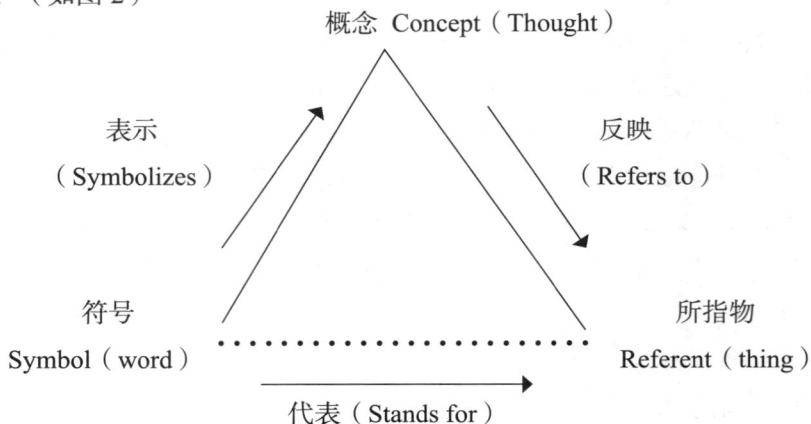

概念 Concept（Thought）

表示
（Symbolizes）

反映
（Refers to）

符号
Symbol（word）

所指物
Referent（thing）

代表（Stands for）

图 2

这是一个语义三维空间图，用来描述语言符号的词、义以及客观事物之间的关系。简言之，人们首先对事物形成一种观念，然后通过词把它表现出来。换句话说，词是用来表达概念的，而概念是客观事物在人们头脑里的反映。

从图中可以看出，在概念和所指之间是一条实线，即二者的联系是直接的联系；在概念和符号之间也是一条实线，说明二者的联系也是直接的；但在符号和所指之间情形就不一样了，虚线表明二者之间的联系是非直接的，非必然的，也就是说，这种联系带有"任意性"和"约定俗成性"。

4. 黑哥尔和麦尔尼科夫的"语义梯形说"和"语义四角形说"

"三角形理论"对意义学说，尤其是对语言学的意义学说有着深刻的影响。时至今日，许多学者在谈及意义问题时仍在不断地引述此理论。但是，随着语言学的发展，研究者们发现该理论也存在着重大的缺陷，即三角形的顶角所指含糊不清，既可指概念，又可指意义或意思，从而造成了概念与意义的混淆（Новиков 1982: 91）。于是，在 60 年代和 70 年代，德国学者黑哥尔（K. Heger）和苏联学者麦尔尼科夫（Г. П. Мельников）相继创建了"语义梯形说"和"语义四角形说"。如图 3 和图 4：

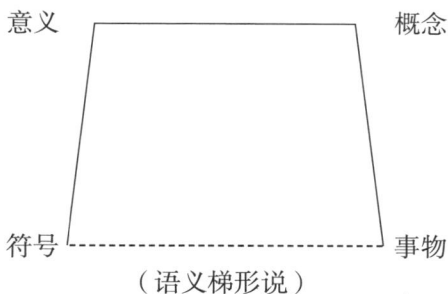

（语义梯形说）

图 3

（语义四角形说）

图 4

这两种学说大同小异，共同点都是在"三角形理论"的基础上增加了第四个角——意义角。如果从事物出发至符号，可以解释为：事物是概念形成的基础 → 意义体现概念的本质东西 → 符号是意义的载体；如果从符号出发至事物，可以解释为：任何符号都是表义的 → 意义的重要特征是概括性，它必然和概念相联系 → 概念是反映事物的。

无论是"语义梯形说"，还是"语义四角形说"，论其影响力都远不及"三角形理论"，但它们把"意义"作为成素纳入意义理论的做法无疑具有重要的价值。

（三）认识论意义观

认识论关注人类认识的发展过程，尤其是作为科学认识论的唯物主义认识论，坚持从物质到意识的认识路线，认为物质世界是在人的意识外的客观存在，人的认识是物质世界的映象、反映，世界是可以认识的。就意义而言，认识论注重推演，强调过程，主张从认识中求得意义的阐释。

1. 真值条件论

"真值条件"概念来自形式逻辑，它指的是用一种近似数学公式的表达方法来达到对真值概念的描写与推导。真值条件论主要通过句子来研究意义，其基本观点可以解释为：知道句子的意义即等于知道句子为真的条件。换言之，要了解一个语句的意义就是要了解在什么条件下这个语句为真。例如：<u>"雪是白的"是真的，当且仅当雪是白的</u>。前面的"雪是白的"打上引号，表明它是一个语句，用的是元语言；后一个"雪是白的"未打引号，表明它是一个事实，用的是对象语言。整句话表明只有在"雪是白的"这种条件下，"雪是白的"这个句子才是真的。由此可以得出结论，句子的真值依赖于这个世界是什么样子，意义即真值条件。

2. 符意同一论

所谓符意同一论（The Theory of Identity），实际上是从指称论，即命名理论（The Naming Theory）衍生出来的一种意义理论。它将意义看作能指与所指间的一种固定的、简单的命名或标记关系。"太平洋"这个符号的意义就指实际存在的那个海洋，"华盛顿"这个符号就是指美国首都。这种理论不仅适用于专有名词与具体名词这样的符号，也适应于表达一类较抽象的事，事物的性质、状态或事物之间的关系的符号。例如："亮"这个形容词的意义就是具有亮的性质的那种东西。

3. 言语行为理论

对言语行为（Speech Act）的研究开始于 20 世纪 50 年代。促使人们对言语行为感兴趣的原因主要有两个：第一，语言学的发展使人们认识到：语言交际的单位不是句子，而是具体的话，因此有必要把言语作为行为来研究；第二，历来对句子意义的研究侧重于陈述句，因为只有陈述句才具有真值，对非陈述句往往束手无策，所以人们觉得有必要更全面地考虑句子的意义。

英国哲学家奥斯汀（J. L. Austin）是言语行为理论的主要代表人，他提出"要说什么就是要做什么"的主张，认为言语行为即意义。也就是说，一定的言语，通过一定的规则或规范程序（Conventional procedure），完成一定的言语行为。

言语行为概念的提出使人们认识到，要真正理解话语，只靠句子结构分析，靠逻辑 – 语义分析，只求确定句子的真假意义是远远不够的，因为话语本身就是一种行为，言语行为不仅是"言有所述"，而且是"言有所为"，甚至"言后有果"，意义只有通过"言语行为"方能得到阐释。

4. 信息理论

信息理论是一门研究信息的本质，并用数学方法研究信息的计量、传递、变换和储存的学科，信息论创制了一个著名的模型来描述通讯过程，它对认识语言意义有重要的启迪作用。

信源 → 编码 → 调制 → 信道 → 解调 → 译码 → 信宿

图 5

根据这一流程图式我们可以得出以下结论：信息是在事物的运动中生成。其起因主要有两种情况：一是存在的事物发生了相异，二是不同的事物发生了相似，它们共同构成了信源的主体。信息由信源产生并发出，经编码变换成符号形式，通过信道传输，再经译码转换送达信宿，又将符号还原成信息。意义属于信息的范畴，对意义而言，有两个环节非常重要。第一个环节是信息加工处理环节，即编码和译码环节。虽然编码和译码都要依据客观现实的原本知识，但编译的主体是人，主观因素的介入无法避免，这就为意义的生成与理解带来了一定的变数。第二个环节是信息传递环节，它的三个主要结点是信源、信道和信宿，它们在信息的容量及其表达方式上，有着很大的区别。作为信源，外部世界提供的信息是无限的，而作为信道，符号媒介却是有限的。以有限的符号传递无限的信息，必然造成符号意义的模糊与不确定。但正是意义的不确定构成了信息的价值所在，才有了交流传递的必要。作为信宿，人类的大脑需排除"噪声"的干扰，运用有效手段去消除意义的模糊性，使不确定的意义逐渐达到相对的确定，从而在交际系统中最大限度地产生正反馈回输。

二、 语言符号意义的层级观

以上，我们把较为流行的各种意义理论分别从方法论、本体论和认识论三个角度予以归纳阐述。不难看出，它们从不同的角度对意义问题进行了论述，为解决"意义"这个难题做出了有益的尝试。但同时也应该客观地指出，由于各种观点依据的理论基础、研究目的、观察角度等的不同，它们所得出的结论并不完全适合语言符号所理解的意义问题，还存在着一定的缺憾。综合起来，主要有以下三点不足：

第一，多数意义理论都采取"归入主义"（reductionism）方针。企图把意义归入指称、真值、意念、表象、反应、关系、行为、环境、用法、行动等等。这种种做法的共同点是想把人们捉摸不住的意义，与其他比较能捉摸的东西等同起来，但实际上，意义无法与这些东西等同起来，反而使人产生了怀疑，认为意义根本不存在。

第二，概念和意义的界限不够明晰。尽管大部分意义说都提到了概念，但多数理论给人留下了意义与概念相混淆的印象。我们认为，意义与概念就像语言与思维一样，虽是统一的，但绝不是同一的。概念主要属于逻辑范畴，而意义，尤其是词义，不仅要受逻辑制约，还要被语言范畴的一些条件所制约。所以对意义的研究，不能排除概念，对概念的阐释更离不开意义。

第三，语言作为一个复杂的符号系统，无论对其能指，还是对其所指，一次性的描述都显得过于简单、粗浅，难以得出全面、正确的结论。我们认为，多数意义理论忽视了这样一个事实：符号往往通过多个层面来表达意义，而任一层面上的意义集合，都不是一个封闭的系统；层面之间会时时发生相互作用，上一层面作为下一层面的符境，逐层使符号的意义消除模糊性，趋向相对的具体与确定。

针对各种意义理论的不足，我们需寻求一种新的意义观来解释语言符号的意义性质。我国语言学家华劭教授在讲授《普通语言学》课程时，曾对语言符号及其意义有过论述，他指出：语言符号可分为物质符号、语言符号和言语符号，它们分别表示不同的意义。这一思想对理解语言符号的意义具有重要的启迪作用，据此，我们可以尝试性构建一种语言符号的层级观，力求对符号意义做出一个较为全面、客观的解释。

（一）"语言符号意义层级观"图示

Ⅲ.表层	Ⅱ.浅层	Ⅰ.深层		层次
言语符号	语言符号	物质符号		符号
语音体	语音词	语音外壳		符号的生成
		映象事物		能指
	类别事物			+
实际事物				所指
实指	类指	映指		概念
情景意义	认知意义	感知意义		意义
具体称谓	抽象称谓	联想称谓		称谓

图 6

（二）"语言符号意义层级观"阐释

1. 自索绪尔后，在语言学领域把符号分为语言符号和言语符号的思想已被大家所接受。而实际上，在语言符号之下还有物质符号的存在，它是一种初始语言符号，是一种未被定型的音响－形象，它主要和外界事物的概括特征相联系。所以说，语言学中的符号应该分为物质符号、语言符号和言语符号，它们分别位于符号层次的深层、浅层和表层。

2. 语言是个层级符号系统。每一级的符号总是由能指加所指构成，而它们的复合构成物又作为上一级符号的能指进入新符号的构成过程。周而复始，层级符号系统就相应产生。在上述三级符号系统中，符号的能指均以"语音"二字作为限定语，这是因为语言中的符号在发挥作用时，总是以语音作为第一性赖以依存的物质，其他媒介可被看作是语音形式的替代品。

在物质符号所处的深层，纯物质的语音外壳的产生，引起了人们对客观世界某一个事物的联想，我们称其为映象事物。语音外壳与映象事物的联系依靠的是人们对客观世界的认识，尤其是语言习得所获得的知识起着重要的作用。当发出的一个音或一组音作为语音外壳出现时，人的大脑这个知识库就开始支使人们提取相应的"零件"作为映象事物的特征以备"组装"。每个人因知识水平的差异可能导致存贮能力的不同进而导致提取"零件"的数量和质量（包括精确程度）的差别，但由于在语言习得过程中受社会集体强加意识的影响，人们对映象事物的认识大致是相当的。比如说，当听到"Shizi"（狮子）这个音时，我们的脑海中就会泛起一串联想：动物、猛兽、四肢强壮、黄褐色体毛，长有尾巴，食肉等，尽管这样的联想还不够全面和准确，谈不上科学性，但这些特征足以把"Shizi"这个音和客观世界的狮子联系在一起，从而完成了物质符号的生成工作。

语言符号所处的层次为符号层级系统中的浅层。它的能指是个复合体，可称为语音词，由物质符号的能指与所指共同构成。尽管在浅层中语音词主要是作为形式部分出现的，但由于深层物质符号音义结合，语音词已经不是"纯"形式的载体，而是具有一定联想内涵的能指。语音词的出现主要用于称谓，可以说，它是其所称谓事物的符号。但需指出，此时的事物并非现实世界中的某个具体事物，而是从现实世界中概括、抽象而来的类别事物。语言符号生成的结果产生了符号的科学意义或称纯理性意义，词的词典意义就属于这种意义。

也就是说，在语言符号层次中，提到"狮子"一词，随之而来的就不能是因人联想而来的"零碎"知识的简单相加，而是具有科学规约性的人类共同智慧的结晶的体现。就像《辞海》对"狮子"所解释的那样："狮，动物名。学名Panthera leo。哺乳纲，猫科。雄狮体魄雄壮，体长约 3 米。头大脸阔，从头部到颈有鬣。雌体较小，头颈无鬣。毛通常黄褐或暗褐色，尾端有长的毛丛。栖息树林稀少的沙地平原。通常夜间活动，主食有蹄类动物，如羚羊、斑马、长颈鹿等。产于非洲和亚洲西部。肉可食，皮可制革。"（《辞海》 1980: 821）

言语符号所处的层次为符号层级系统中的表层。它的能指如同语言符号一样，也是个复合体（即语言符号的能指和所指的统一体，具有一定的理性内涵），可称为语音体。语音体的主要作用是用来指称话语句、言语中的具体事物或指称现实事物。此时，抽象的概念仅作为积淀的知识发挥潜作用，而人们的知识主要集中于对个体事物的具体识别。比如"狮子"作为言语符号出现时，一定是言谈中提到的那头狮子，或是动物园、电视上看到的那头狮子，即具体情景中的具体事物。除此之外，语音体受情景因素的影响，在一定条件下可以超越事物的外延意义，用作其他具体事物的符号。比如："狮子"可用作"凶猛强悍"之人；"公鸡"在口语中可具体指"好斗之人"；"狗"又可指"给有势力的坏人奔走帮凶的人"。

3. 符号四要素的体现

符号意义理论的发展告诉我们：有四个要素对符号意义的解释至关重要，即符号（symbol）、事物（thing）、概念（concept）和意义（meaning）。它们在我们的语言符号层级理论中同样得到了充分的体现。

3.1 Symbol（符号）的体现。在物质符号层次，语音符号由语音外壳担任，它开始与客观世界建立联系，使所指物初步物质化，并成为意义联想的物质载体。在语言符号层次，语音符号由语音词承担，它与客观世界建立了固定的联系，使所指物抽象化，使符号所承载的意义理性化。在言语符号层次，语音符号由语音体体现，它与客观世界建立了现实的联系，使所指物具体化，使符号所承载的意义语用化。

3.2 Thing（事物）的体现。在物质符号层次，符号的所指事物为映象事物，它是语音外壳所反映的对象。由于映象事物的形成具有一定的不确定性（原因有二：一方面是社会集体认识的强加性；另一方面是个人认识的差异性。），所以，符号对事物的称谓还是一种很模糊的称谓，处于准称谓阶段，我们暂且把它理解为联想称谓。在语言符号层次，符号的所指事物为类别事物，它是语音词所指称的对象。由于此时的所指事物不是具体的，而是类别概括性的，所以，该层次符号对事物的称谓为抽象称谓。在言语符号层次，符号的所指事物为实际事物，它是语音体在言语中的具体指称对象。由于此时的所指事物是特定的事物，所以，在该层次，符号与客观世界真正联系起来，符号对事物的称谓为具体称谓。

3.3 Concept（概念）的体现。"概念是反映对象的特有属性（仅仅为某类对象所具有的）的思维形式。"（《中华小百科全书·哲学》1994: 205）这就告诉我们，概念是一种思维形式，虽然它是反映客观对象的，但直接目标是对象的属性，而属性则是对象的性质或对象之间的关系。所以，"概念是所指""概念是对象""概念是意义"的观点都是错误的。在我们的层级意义理论中，概念分别由映指、类指、实指三个较为抽象的术语来表示。在物质符号层次，概念为映指，与语义学的 signification 相对应；在语言符号层次，概念为类指，与语义学的 denotation 相对应；在言语符号层次，概念为实指，与语义学的 referentation 相对应。

3.4 Meaning（意义）的体现。意义要素是符号四要素中最重要的因素，也是意义理论的核心所在。在物质符号层次，我们把意义称作感知意义，它是经过习得，印刻、储存在人的大脑里的"一定社会集体对事物的认识、观念。"它的存在价值是与一定的语音外壳相联结，时刻准备着通过联想被人从脑库中提取。虽然在"提取"过程中，意义特征的数量和精确度会因人而异，但"社会集体"强制性的结果，使感知意义作为一种潜存的常体意义作用于符号化过程。在语言符号层次，我们把意义称作认知意义。这种意义是语言交际中所表达的最基本的意义，它往往是一种"约定俗成"的"契约性意义"和"纯理性意义"，被收录在词典里，但它并不和客观世界中的事物和现象发生直接的联系，只是对它们进行抽象概括。例如："I like dogs."，句中 dogs 的意义是从无数的同类事物——"狗"中抽象概括而成的。它只表示"狗"这一类动物，而不专指某一只具体的狗。因为认知意义是一种词典意义，对其的认识和理解，一般不会因人而异，所以它往往作为一种外现的常体意义作用于符号化过程。在言语符号层次，我们把意义称作情景意义。这种意义反映的不是符号与事物之间的抽象关系，而是话语中具体场合下符号与事物之间的关系。换言之，它反映的是一种表现在上下文（context），即具体语境（situation）中的关系，而符号的所指一定是客观世界中存在的事物或现象。例如：在"I like my dog."中，这个句子中的狗不是泛指"一类狗"或"任何一只狗"，而是专指"（我家里养的那只）具体的狗"。需要指出的是，由于情景意义在交际中要受各种不确定因素的制约，所以它往往作为一种外现的变体意义作用于符号化过程。最典型的表现就是常常把说话人对客观事物的思想感情也作为一种信息一并传递于社会，形成通常所说的附加意义或伴随意义（connotative meaning）。语义学家利奇曾举过 woman 这个词来解释伴随意义。他认为，woman 的理性意义包括三个基本特征，即"HUMAN+ADULT+FEMALE"。而在具体的情景中，woman 凭借它所指的内容而具有另外的交际价值，即伴随意义，它可以分别体现为各种特征，比如：心理和社会特征——爱聚群、有母性本能；典型特征（但不是必备的）——善于辞令、善于烹调；社会公认特征——脆弱、易流眼泪、懦怯、好动感情、反复无常、文雅、富有同情心、敏感、勤勉等。

4. 关于类指和实指

在意义理论中，类指（denotation）与实指（referentation）常常被人所混淆，所以很有必要做进一步的区分。

首先，类指和实指并不是所有符号都同时具备的。例如：god（上帝）、devil（恶魔）、water-nymph（美人鱼）、dragon（龙）、centaur（半人半马怪物）等，这些词所代表的事物都是"虚构的"（fictional），在客观世界里是不存在的。所以可以说，上述符号有类指，但却没有实指。如果硬要把这些虚构的东西与一个"虚构的世界"联系起来，那么，充其量可以认为这些符号具有"虚构的实指"。

其次，类指注重事物或事实的结构和状态，而实指注重事物或事实本身。这样就有可能出现两种情况（这在句子中表现得尤为明显）：一方面，符号的类指相同，但实指却不同。比如："Собака бежит."（狗在奔跑。）"Собака не бежит."（狗不在奔跑。），这两个句子的类指相同，均表示"主体及其行为"，但实指却相反：前句表示"主体发生行为"，后句表示"主体未发生行为"。另一方面，实指相同，类指却不同。比如："Лес шумит."（树林喧噪。）"Шум леса."（树林的喧噪声。），这两个句子的实指相同，均表示"由于某种原因树林发生了喧噪声"，但类指却截然有别：前句是主谓句，反映动态事件；后句是称名句，反映静态事件。再如：morning star 和 evening star 的实指是相同的，它们都指同一颗星"Venus"（金星），但它们的类指却不同：早晨出现的金星称晨星（汉语称启明星），黄昏时出现的金星称昏星（汉语称太白星）。

最后，对于句子而言，类指还可解释为句子外现思想的结构，而实指则是句子的描述所指向的具体对象（一个具体的情景、事件或一个抽象的思想）。句子有了类指就有了意义，也就是一个合格的交际单位，至于这个交际单位传递的信息是否与客观世界相符合，则与它的类指无关。比如："У сироты есть отец."（孤儿有父亲。）"У этого сироты нет отца."（这个孤儿无父亲。）"Бесцветная зелёная идея яростно спит."（无彩的绿色思想拼命地睡觉。），这三个句子因具有一定的外现思想结构（可以被人所认知，并指出其语义不正常），所以都有类指。但从实指角度来看，三个句子都不符合现实要求：第一个句子为语义矛盾（类指和实指间的联系是谬误的，现实中不存在句子的实指）；第二个句子为语义冗余（类指和实指之间的联系是多余的，现实中的事物不需要这种同义反复式的语言表达）；第三个句子为语义异常（类指和实指之间的联系缺乏有机性，现实中的事物排斥这种组合）。

对语言符号意义的探讨是一个开放性的课题。我们在对各种意义观归纳总结的基础上，尝试性地提出了"语言符号意义的层级观"，力图全面、客观地阐释语言符号意义的特征与本质。但限于水平，文章未必能够圆满解决大家所关心的问题。不当之处，请各位同行不吝赐教。

参考文献

［1］Авоян Р Г. Значение в языке: Философский анализ［M］. М.: Высшая школа, 1985.

［2］Мельников Г П. Системология и языковые аспекты кибернетики［M］. М.: Сов. Радио, 1978.

［3］Новиков Л А. Семантика русского языка［M］. М.: Высшая школа, 1982.

［4］Peirce C S. The Collected Papers of Charles Sanders Peirce［M］.

Bloomington: Indiana University Press, 1931.

［5］Heger K. Die Methodologischen Voraussetzungen Von Onomasiologie und Berifflicher Gliederung［M］. Berlin: Max Niemeyer Verlag, 1964.

［6］何英玉. 词语的指称研究［M］. 哈尔滨：黑龙江人民出版社，2003.

［7］杰弗里·利奇. 语义学［M］. 李瑞华，王彤福，杨自俭，等译. 上海：上海外语教育出版社，1987.

［8］费尔迪南·德·索绪尔. 普通语言学教程［M］. 高明凯，译. 北京：商务印书馆，1985.

［9］王维贤，李先焜，陈宗明. 语言逻辑引论［M］. 武汉：湖北教育出版社，1989.

［10］徐烈炯. 语义学［M］. 北京：语文出版社，1990.

［11］杨喜昌. 句子意义整合描写：话语生成与理解机制的探索［M］. 哈尔滨：黑龙江人民出版社，2005.

作者简介：王铭玉，黑龙江大学俄语语言文学博士（1990—1993），导师张会森教授。曾任黑龙江大学校长助理、俄语学院院长（2005—2010），天津外国语大学副校长（2010—2018）。现任天津外国语大学翻译与跨文化传播研究院院长、二级教授、博士生导师、博士后合作导师，中国逻辑学会符号学专业委员会主任委员、中国语言与符号学研究会会长、中央编译局国家高端智库核心团队成员、天津市特聘教授、天津市杰出津门学者、天津市教学名师、俄罗斯普希金奖章获得者、俄罗斯"友谊与合作"奖章获得者，享受国务院特殊津贴。兼任全国外语教学指导委员会俄语分会副主任委员、中国翻译协会对外话语体系研究委员会副主任、天津市外文学会会长、京津冀 MTI 教育联盟联盟长等。主要研究方向：普通语言学、语言符号学、外语教育。

洛特曼文化符号学视域下的语言意识研究 ①

大连外国语大学　刘　宏

摘　要：语言意识问题研究具有跨学科性，涉及心理语言学、认知语言学、语言文化学和跨文化交际学。语言意识研究具有多维性和复杂性特征，主要表现在对语言意识的概念、结构和功能研究等几个方面。语言意识的多维性和复杂性是在文化符号空间内符号域相互作用和碰撞的结果。因此在洛特曼文化符号学框架下研究语言意识是一种必然：文化多语性决定了语言意识的动态多样生成机制；文本是语言意识的生成器；符号域的界限构成语言意识的民族性特征并使跨文化交际成为语言意识研究的本体。

关键词：文化符号学；语言意识；文化多语性；文本；符号域

一、语言意识研究的多维性和复杂性

语言意识问题是当代心理语言学、认知语言学、语言文化学、跨文化交际学等语言学各分支学科研究的焦点问题之一，研究的视角和方法具有多维性，反映了语言意识问题的重要性和复杂性。我们的研究表明，语言意识研究的多维性主要表现在以下几个方面：首先是对语言意识概念的界定具有多维性。对语言意识的研究起源于俄罗斯莫斯科心理语言学派，其中民族心理语言

---

① 本文系辽宁省社会科学规划基金项目"俄汉跨文化交际中的语言意识研究"（编号：L12DYY015）和辽宁省教育厅创新团队项目"东北亚地区比较文化研究"（编号：WT20130009）阶段性研究成果。该文发表于《俄罗斯文艺》2015（01）。

学研究代表人物列昂杰夫（А. А. Леонтьев）认为：民族心理语言学是研究民族文化多样性的心理语言学范畴，民族文化多样性表现在语言意识中，语言意识是指"语言和在功能上等同语言的符号体系的认知使用"（Барановская 2008: 191–192）；德里泽（Т. М. Дридзе）认为："语言意识是形象、观念、思维结构获得语言形式的意识层面"（Гохленер 1976: 275）；果赫列尔涅尔（М. М. Гохлернер）认为：语言意识是日常意识的形式之一，是形成、保存和加工语言符号及语言符号表示的意义、语言符号的搭配和使用规则及语言使用者对语言符号态度的手段（Дридзе 1976: 49）；季姆尼娅（И. А. Зимняя）把语言意识理解为"理智的人、说话的人、交际的人、作为社会存在的人、作为个性的人的个体意识和认知意识的存在形式"（Ейтер 1988: 51）；克拉斯内赫（В. В. Красных）继承了心理语言学家维果茨基（Л. С. Выготский）和列昂杰夫（А. Н. Леонтьев）的观点，强调了意识的语言和言语属性，认为意识的存在就意味着掌握语言，掌握语言就意味着掌握意义，意义是意识单位，也就是语言意识单位，因此可以认为意识就是语言意识（Зимняя 1997: 15）。杜巴洛娃（И. В. Тубалова）从两个方面理解"语言意识"的概念：一是指掌握语言的能力，二是指关于语言的知识总和（Корнилов 2003: 14）；语言意识是活动总和对立中的精神结构与语言结构的统一，是反映在认知结构中语言结构的活动（Красных 2003: 173）。达拉索夫（Е. Ф. Тарасов）认为：在人的内部思维结构与形式语言的外部结构进行转换的过程中就形成了语言意识，是借助词、词组、句子、篇章及联想域等语言手段形成并得到外化的意识形象总和（Кубрякова 等 1997: 28），这里的意识形象指的是语言个性为保持自己的精神存在而形成的关于现实世界客体的感性知识和观念知识的总和。要在跨文化交际中达到相互理解，交际双方需要具有所使用语言的共同知识和以意识形象形式存在的关于世界的共同知识。只有两个跨文化交际者具有的意识形象具有共性时，跨文化交际才能取得成功。不同民族意识形象的非等值性是跨文化交际中产生互不理解的主要原因。从以上各学者对语言意识的理解和界定我们可以看出：首先语言意识的概念涉及语言、意识、思维、交际、认知、符号、文化等多个领域和层面，是学者们从不同视角对语言意识进行研究的结果。其次是对语言意识结构研究表现出多维性。科尔尼洛夫（О. А. Корнилов）认为，语言意识的结构由四个方面的要素构成：传感－感知要素、逻辑－概念要素、

情感 – 评价要素和价值 – 道德要素（Леонтьев 1999: 169）；巴拉诺夫斯卡娅（Т. А. Барановская）区分了语言意识结构的三类元语言知识：关于语言单位的知识，包括：规范、搭配及对各语言层级典型错误的识别；关于交际环境的知识；关于语言共同体归属性的知识（Лотман 1992: 21）；有学者将语言意识结构区分为深层结构和表层结构，分别对应深层机制和表层机制；还有学者认为：语言意识结构应分为隐性意识层面和显性话语层面，把知识、认知和属于认知活动结果和人思维的物质经验结果都纳入到语言意识研究范畴（Лотман 2004: 53）；我国学者柳新军将语言意识结构划分为感知 – 反映层面、语言能力层面和言语表达层面。感知 – 反应层面揭示了人对外部世界认知结果的符号化过程，语言能力层面说明语言单位和各种语言手段在意识中的储存方式，言语表达层面揭示了主体对言语素材的选择和组合与具体交际情景之间的关系（«Русский ассоциативный словарь» 2002: 55）。最后是对语言意识功能的研究表现出多维性。其中耶伊戈尔（Е. В. Ейгер）的研究最有代表性。耶伊戈尔认为，语言意识的主要功能表现在五个主要方面：1）语言意识具有反映功能，指在语言形式和意义中反映人对现实的想象，包括人对语言自身的想象和认识；2）语言意识具有评价功能，指语言载体通过各种语言单位对标准、修辞、美学、民族和社会等各层面进行评价；3）语言意识具有目标选择功能，指语言载体在情境中选择语言手段和在言语结构中确定意思时会产生趋向感；4）语言意识具有阐释功能，指语言载体能够对任何符号的性质进行说明和解释；5）语言意识具有调节支配功能，其调节性表现在对标准的修正，支配功能则体现在言语活动中遇到的问题及交叉方面（Сусов 1988: 56）。语言意识功能的多维性形成和保障了人在交际中所必需的语言能力。我们可以看到，对语言意识的研究，无论从概念，还是从结构与功能的研究等几个方面看，都表现出问题的多维性与复杂性。我们认为，语言意识的形成与发展受制于多方面因素的制约，是在文化、文本、符号共同起作用的符号域范围内有规律的动态生成过程，对语言意识的研究应放置在文化符号学视域下。

二、洛特曼文化符号学视域下的语言意识研究

洛特曼（Ю. М. Лотман）及莫斯科 – 塔尔图符号学派于 20 世纪 70 年代

至 90 年代创建了博大精深的文化符号学，为我们开展语言、文化、交际、艺术及符号的研究奠定了坚实的理论基础。我国学者在 2002—2008 年间集中对洛特曼文化符号学进行介绍和阐释，代表学者有赵晓彬（2003）、康澄（2005，2006，2007）、郑文东（2006）、赵爱国（2008）等。"俄罗斯的符号学研究除了以本国的语文学传统作为基础外，还一直把对本民族的思想传统、精神内涵和人文特质的发掘与继承作为另一个重点，同时也与历史、宗教、文学、戏剧、建筑、绘画等艺术形式的研究不可分割，其主要贡献就在于语言文化学。"（Тарасов 2000: 22）赵爱国认为洛特曼的符号学体系是由四维一体框架构成的，即文本符号学、文化符号学、交际符号学和符号系统论（Тубалов 1995: 2）。我国学者在研究洛特曼符号学或文化符号学主要理论及观点时，阐述了语言文化学与文化符号学之间的关系与联系（Уфимцева 2011: 157–169）。我们认为，20 世纪末期开展的语言文化学研究关注的是语言符号与文化符号之间的相互联系和相互影响的关系问题，语言文化学相关问题的研究应该放置在文化符号学的框架之内，其中包括对语言意识的研究。我们认为，民族语言意识是在洛特曼提出的符号域内形成和发展，受制于符号域内文化、文本、符号所形成的多元机制，因此当代语言意识研究表现出多维性和复杂性。

（一）文化多语性形成语言意识动态多样的生成机制

文化具有多语性的本质属性。洛特曼认为："没有一种孤立的符号系统能够形成文化，不论它的组织结构多么完善，构成文化的最小机制是必须有一对相互关联的文化系统"（陈戈 2007: 518），"没有一种文化满足于一种语言，处于两种平行关系的语言组成最小系统，比如词汇语言和绘画语言就可以构成一个最小系统。"（陈戈 2007: 563）也就是说，文化符号系统是建立在两种以上不同性质语言的基础之上，文化的运行机制中必须存在两种平行的、不同的模拟语言。洛特曼关于文化多语性的观点源于对人脑思维机制的考察。人脑左右两个半球的不对称性以及人脑的思维机制决定了文化的运行机制。与人脑思维机制类似，文化运行机制也是由离散性编码系统和连续性编码系统构成的。离散性编码系统最基本的单位是语言符号，以有序、线性的方式组织符号，自然语言和科学语言就属于这一类编码系统。而连续性符号系统具有空间性和整体性，以非线性方式组织符号。在这个系统中很难区分单个的符号，因为整个系统就是一个符号，诗歌、绘画、舞蹈、电影等属于这一类编码系统。基于此，洛特曼在自己的研究中发现了与自然语言相对应的"另一种模式语言"，进而提出"文化的属性可以定义为原则上的多语性"的观点（陈戈 2007: 563）。文化多语性观点的提出改变了洛特曼对语言实质的认识，实现了他对语言研究的超越。"文化多语性随之成为支撑洛特曼文化符号学大厦的一根重要支柱。"（康澄 2007: 20）文化多语性决定了符号域（семиосфера）内文化意义的生成机制和文本的多语性。康澄认为，洛特曼确立的文化多语性是文化的本质属性，多语性使文化具有了如同人脑的"思维机制"，传递、保存和加工信息的过程是文化能够生存和发展的内在奥秘。洛特曼因此超越了结构主义的思维模式，他所建立的文化符号学既反对意义的终极性和确定性，又积极探索出意义具有的动态的和多样的生成机制（康澄 2007: 22）。

我们认为，文化多语性的属性不仅促进对意义动态性和多样性的生成机制的认识，还决定了语言意识的动态性和多样性的生成机制。语言意识的形成离不开人脑的思维机制和语言，是民族文化符号系统空间内的产物，是离散性编码系统与连续性编码系统共同作用的结果。语言意识的形成除了依托自然语言之外，文化内的各种语言均参与语言意识的形成。2014 年 3 月俄罗斯索契冬奥会开幕式开场短片中 33 个字母代表了俄罗斯历史上最为杰出和伟大的 33 个作家、科学家、艺术家及其他相关文化艺术符号。短片诠释的内容恰恰是俄罗斯民族语言意识的体现，是文化多语性的结果和体现。33 个字母成为俄罗斯文化符号系统的重要组成部分，此时的字母符号、解说文本和文化内涵构成了多声部的乐章，字母与文化符号之间形成固定的、符合俄罗斯民族文化传统与认知的联想关系。在多语性文化世界里，各种符号与文本相互交织，形成了俄罗斯人认知世界的知识，为形成相应的语言意识奠定基础。同样在冬奥会开幕式现场，俄罗斯人用精美绝伦的芭蕾语言诠释了伟大俄罗斯作家列夫·托尔斯泰的《战争与和平》，舞蹈语言与文学语言交相辉映，展示了俄罗斯文学的巨大魅力，体现了俄罗斯芭蕾舞的世界地位，从而从整体上向世界宣示了俄罗斯的文化软实力。冬奥会开幕式让我们充分体会了文化多语性的属性。语言意识在多语性文化空间内获得最大限度的生成空间，在多种文化符号的影响下，多种知识和信息在人脑的作用下沉淀于意识内并通过语言形式固定和表达。多语性的文化保障了语言意识动态性和多样性的生成机制。

（二）文本是语言意识的生成器

文本是文化符号学的核心。洛特曼对文化符号学的研究离不开文本，文本成为他解读各种文化现象的基本单位，是阐释符号域的性质及文化空间内意义生成机制的核心和基础。首先，洛特曼强调文本的功能性，"文本是完整意义和完整功能的携带者"（陈戈 2011: 507）。文本的完整意义和完整功能是在特定的文化语境下实现的，如果文本生存的文化语境获得改变，文本可能就不能成为文本，"只有那种在该文化中以某些生成规则构成的传达才能理解为文本"，"文本不再被理解为有稳定特征的静止的客体，而是作为一种功能"（陈戈 2011: 102）。其次，洛特曼强调了文本的三个功能：信息传递功能、信息生成功能和信息记忆功能。文本在传递信息的过程中，等值的信息传递需要具备几个必须的条件：一是信息发出者和信息接受者使用同一语言符号，保证编码与解码信息一致；二是信息发出者和信息接受者拥有完全相同的语言经验、语言标准和文化传统。在洛特曼看来，通过文本实现完全等值的信息传递几乎是一件不可能的事情（康澄 2007: 102）。正因为文本在传递信息时具有非等值性，从而使文本具有了信息生成功能，能够生成新的意义。通常情况下信息发出者和信息接受者拥有不同程度的语言经验、语言标准和文化背景，因此文本在传递信息的过程中编码和解码存在不对称的性质，文本传递过程中新的信息不断滋生，洛特曼将文本的这一功能称为"创造功能"（陈戈 2007: 158–159）。我们认为，洛特曼对文本的信息生成功能的研究与发现是文化符号学获得生命力的重要源泉，文本的信息生成功能决定了文化符号学所主要关注的意义产生问题。文本成为意义生成器，在信息传递中内在结构具有不均质性，通过对话和游戏形成意义的生成机制具有多语性。文本的第三个功能是信息记忆功能，文本不仅是新意义的发生器，而且是文化记忆的储藏器。当说话者再现文本时，文本可以恢复历史语境，还原信息之间相互依存的联想关系。文本对信息发生的语境具有保存能力。以一定方式合并在文本中并使文本在其中获得意义的语境数量可以称作文本的记忆。由文本在周围创造的意义空间与语言个性意识中形成的文化记忆之间构成了一定的联系，由此文本获得了符号生命。（陈戈 2007: 162）我们认为，文本的三个功能彼此依存、彼此影响，信息的传递功能是信息记忆功能和信息生成功能的基础，文本正是在完成三个功能的过程中获得强大生命力，成为洛特曼文化符号学的核心，是构成符号域的基础和前提。正是因为文本在文化符号学中的中心地位及其强大的信息生成功能，文本也就因此成为语言意识的生成器。任何一个语言载体在社会化的过程中都依托了各种性质的文本构建自身属于本民族的语言意识。文本为语言载体提供认知世界的知识，语言载体通过文本实现对世界的认知，形成符合本民族文化的思维方式和认知方式，并形成与本民族文化相符合的联想机制和联想内容。文本在信息传递、信息记忆和信息生成的过程中，帮助语言载体建立、形成和丰富语言意识，文本是语言意识的生成器。

在语言文化学的框架内，语言信息单位（логоэпистема）、语言文化单位（лингвокультурема）、先例现象（прецедентные феномены）等都是形成语言意识的具体文本形式。例如，先例文本《青蛙公主》作为魔幻童话故事在俄罗斯家喻户晓，作为文化符号学空间内的文本，该童话承载着传递、保存故事情节，并在先例文本的使用过程中不断生成新的信息的功能，使得古老的俄罗斯思维方式和文化密码得以流传。魔幻童话《青蛙公主》在文本接受准则的作用下（康澄 2006: 184），在俄罗斯人的语言意识中保留了以下实质性特征和信息：1）善良、勇敢的王子伊万（Иван）娶了一只青蛙；2）青蛙脱掉旧皮变成美丽聪颖的公主瓦西丽萨（Василиса Премудрая），是俄罗斯美女的代表和象征；3）王子伊万历尽千辛万苦，在森林女巫娅卡（Баба Яга）的指点下，战胜不死的老巫卡舍伊（Кощей бессмертный），拯救了青蛙公主。魔幻童话文本在传递、记忆和生成信息的过程中，保留了实质性的特征，包括主要情节、人物及其特征，这些实质性的特征保障了魔幻童话文本的先例性。实质性特征也是语言意识的基本内容，是形成语言载体意识中对客观世界联想的主要内容。以下列举几个使用魔幻童话先例文本《青蛙公主》在现实交际中的实例：1）通过文本形成民族语言意识对娶青蛙的记忆：*"Особенности национальной любви — мы лягушек не едим, **мы на них женимся.**"*（«Московский комсомолец» 1996）；*"Только не спрашивайте, откуда у людей вера во всех этих колдунов и колдуний! Вы же читаете своим детям «По щучьему велению» и что-то **про женитьбу на лягушке.**"*（Телепрограма «Человек и закон» 2001）；2）通过文本形成民族语言意识对青蛙蜕变成美女的记忆，并通过文本在语言意识中形成新的意义，指"旧貌换新颜"：*"Над домами откуда ни возьмись повылезали елочные шары куполов, заиграл радужными брызгами новорожденный* *снег, и Москва проделала свой любимый фокус — **обратилась из лягушки такой царевной,** что вдохнуть вдохнешь, а выдохнуть позабудешь."* (Б. Акунин. Статский советник); *"Больная и старая электричка, **скинув, как Царевна-лягушка, «старую кожу», превратилась в красавицу** — настоящий европейский электропоезд первоклассного качества."* («Аргументы и факты» 2001）。另外，在《俄语联想词典》（刘宏 2012: 303）中，刺激词汇 **лягушка** 共得到 103 个反映词汇，其中 13 个反映词汇为 *царевна*，各有 1 个反映词汇为 *Иван Царевич* 和 *квакушка Царевна*，与童话故事有关的联想度为 14.6%。可以说，魔幻童话文本是形成关于语言意识形象 *лягушка* 相关知识和联想关系的生成器。以该魔幻童话为蓝本，俄罗斯著名导演罗乌（A. A. Poy）于 1945 年拍摄了电影《不死的卡舍伊》（«Кощей бессмертный»）。多种文本形式相互作用，促进了童话基本内容的传递、记忆和保存。因此文本应在语言意识的研究中起到中心作用，作为语言意识的生成器。语言教学中应注重教学材料的选择和教学方法，通过教学材料建立符合对象国民族语言意识内容的联想关系，为外语语言意识的形成创造条件。

（三）符号域的界限性质对语言意识的影响

文化与文本具有同构性，文化的文本化形成符号域。我国学者康澄认为，洛特曼语言符号学中强调的文化与文本的同构性主要表现于六个方面：一是文本和文化都是不同信息的携带者；二是文本和文化都是交际系统，都具有交际功能；三是文本和文化都具有传递信息的功能；四是文本和文化都具有记忆信息的功能；五是文本和文化都具有产生新信息的功能；六是文本与文化的内容和结构都密不可分（刘宏 2012: 31–32）。文化与文本同构性的特征决定了文化能够以文本的方式得以表达，民族文化能够被视为民族集体书写的文本，可以说，文化就是多元、复杂文本的总和。"这种文本总和构成文化的思维机制，构成文化的全部意义和功能。洛特曼以此走出了昔日仅仅关注艺术语言和艺术文本的狭小天地，把历史、文化、社会亦视为一种文本来加以解读，并努力寻求其背后的深层关系"（刘宏 2012: 31–32），也因此有了文化文本的概念。文化文本"具有一定的物质直观性、统一的结构形式和完整的意义和信息。文化文本主要包括文学、艺术、哲学、科学、宗教、神话、礼仪、习俗等，在文化诸多门类中占主导地位，比较稳定，能体现民族传统和表现民族价值的那一部分为文化文本集合的核心"（柳新军 2010: 110）。文化和文本另一重要同构性的表现是受到生存空间外部的积极影响而处于不断发展和变化之中，处于与生存空间外部的对话与运动中，也就是说文化和文本是在大量相互碰撞、相互对话、相互影响、性质迥异的符号运动中生存和发展，从而使符号形成文本，文本形成文化，文化形成符号域。洛特曼把符号域定义为："现实过程中，清楚的、功能单一的系统不能孤立存在。它们只有进入某些具有连续性质的符号整体中才能起到作用。这个具有连续性质的符号整体由各种类型、各种层次的符号构成。这样的符号整体，按照类似于维尔纳茨基关于生物域的概念，我们称为符号域。"（王铭玉 2011: 12）洛特曼认为，符号空间不是单个语言的集合体，是语言实现交流的前提，是语言存在和起作用的条件。符号域先于语言而存在，与各种语言一起相互作用。从这个意义上说，语言是功能，是符号空间的浓缩。在符号域之外，既没有交际的存在，也不可能有语言的存在（康澄 2007: 250）。符号域内各种符号构成物相互作用，将非信息变成信息。符号域拥有产生信息的机制，同时也是信息生成的场所。没有符号域就没有符号的存在（刘宏 2012: 39）。

洛特曼认为，符号域具有不均质性、不对称性和界限性三个典型特征，其中界限是符号域的最基本特征。我们认为，符号域的界限性决定了语言意识具有民族性，对在跨文化交际框架下研究语言意识具有阐释性。"任何文化模式都有内在的界限。这些界限中一个主要界限将该文化模式划分成为内和外两个空间"（陈戈 2007: 484），"界限是符号个体的主要机制之一"（陈戈 2007: 257）。由符号构成的整个文化空间都充满界限，其中每个符号域都拥有自己的界限。任何一个符号域都与自己结构不同的其他符号域相互碰撞。符号域的界限恰恰构成了语言载体的认知范围，在语言载体的交际中具有双重作用，既是交际的依据和手段，同时也是交际的障碍。"符号空间的界限是最重要的功能和结构立场，这个立场决定了符号机制的实质。界限是双语的机制，它将外在的传达翻译成符号域内在的语言，或是相反。这样，只有借助于界限，符号域才可能实现与非符号及外符号空间的交流。"（刘宏 2012: 54）在这个过程里符号域的界限具有了双语或多语性质，成为该符号域外部信息的过滤器和加工器。我们认为，符号域的界限性质使语言意识具有鲜明的民族性特征。符合本民族文化规约和认知方式的语言意识自然在民族语言和文化符号域内，交际者双方感觉不到界限的存在，交际顺利实现。当然，在同一民族语言文化共同体内由于交际双方的职业、年龄、经历和教育背景不同，也会在交际中面临界限的存在。在与他民族进行跨文化交际时，由于界限的作用不同，民族语言与文化符号域产生碰撞和交流，交际双方明显感觉到界限的存在而产生跨文化交际的障碍。符号域内界限的存在决定了语言意识民族性的特征，对语言意识民族文化特点的探索奠定了语言意识本身的地位：语言意识成为认知物质、活动和精神形式中他文化的手段，同样语言意识也是认知自身母语文化的手段（赵爱国 2008: 27）。他文化与母文化不断碰撞，实现了符号域之间"穿越界限"的过程，语言意识的民族性特征和表现形式不断得到发展和丰富。

三、结语

洛特曼文化符号学内容博大精深，语言文化学和跨文化交际领域的问题应纳入文化符号学框架进行研究，因为两个领域许多问题的实质是不同符号域的交集与碰撞的结果。本文讨论了文化符号学框架下语言意识问题。我们认为，在文化符号学框架下研究语言意识问题是一种必然：文化多语性决定了语言意识动态多样的生成机制；文本是语言意识的生成器；符号域的界限构成语言意识的民族性特征并使语言意识分析成为跨文化交际研究的本体。我们的研究表明：对文本的习得和使用能够促进语言使用者文化观念的形成（赵蓉晖 2006: 44-48），文化观念是语言文化学核心问题——语言世界图景的基本研究单位。那么在文化符号学视域下语言意识如何参与语言世界图景的建构？语言意识动态多样的生成机制如何表现？文本作为语言意识生成器的功能如何实现？在跨文化交际中如何穿越符号域的界限促进语言意识的对话与交流？这些问题有待于我们今后进一步努力探讨。

参考文献

[1] Барановская Т А. Роль языкового сознания в процессе межкультурной коммуникации ［С］//Материалы межвузовской научно-практической конференции «Инновационные технологии в методике преподвания иностранных языков в неязыковых ВУЗах». М.: Лонгман, 2008.

[2] Гохлернер М М. Метаязыковые знания в структуре языкового сознания

［M］//Тезисы IX Всесоюзного симпозиума по психолингвистике и теории коммуникации «Языковое сознание». М.: ИЯЗ, 1988.

［3］Дридзе Т М. Интерпретационные характеристики и классификация текстов (с учетом специфики интерпретационных сдвигов)［M］// Смысловое восприятие речевого сообщения. М.: Наука, 1976.

［4］Ейгер Е В. Языковое сознание и механизм контроля языковой правильности высказывания［M］//Тезисы IX Всесоюзного симпозиума по психолингвистике и теории коммуникации «Языковое сознание». М.: ИЯЗ, 1988.

［5］Зимняя И А. Педагогинческая психология［M］. Ростов-на-Дону: Феникс, 1997.

［6］Корнилов О А. Языковые картины мира как производные национальных менталитетов［M］. М.: ЧеРо, 2003.

［7］Красных В В. «Свой» среди «чужих»: миф или реальность?［M］. М.: ИТДГК «Гнозис», 2003.

［8］Кубрякова Е С, Демьянков В З, Панкрац Ю Г и др. Краткий словарь когнитивных терминов［M］. М.: Филол. ф-т МГУ им. М В Ломоносова, 1997.

［9］Леонтьев А А. Основы психолингвистики［M］. М.: Смысл, 1999.

［10］Лотман Ю М. Избранные статьи в трех томах［M］. Таллинн: Александра, 1992.

［11］Лотман Ю М. Семиосфера［M］. СПб.: Искусство-СПб, 2004.

［12］Караулов Г А, Черкасова Н В, Уфимцева и др. Русский ассоциативный словарь［M］. М.: Астрель, 2002.

［13］Сусов И П. Линвистика на подступах к языковому сознанию［M］// Тезисы IX Всесоюзного симпозиума по психолингвистике и теории коммуникаций. М.: ИЯЗ, 1988.

［14］Тарасов Е Ф. Актуальные проблемы анализа языкового сознания［M］ //Языковое сознание и образ мира. М.: Учреждение, 2000.

［15］Тубалова И В. Показания языкового сознания как источник изучения явления мотивации слов［D］. Томск: Национальный исследовательский Томский государственный университет, 1995.

［16］Уфимцева Н В. Культура как система сознания носителя языка ［M］//Русский язык и литература во времени и пространстве. XXII Конгресс международной ассоциации преподавателей русского языка и литературы. Шанхай: Shanghai Foreign Language Education Press, 2011.

［17］陈戈. 论洛特曼的文化互动理论［J］. 解放军外国语学院学报, 2007(04).

［18］康澄. 洛特曼语言观的嬗变及其意义［J］. 解放军外国语学院学报, 2007(03).

［19］康澄. 文化及其生存与发展空间 洛特曼文化符号学理论研究［M］. 南京: 河海大学出版社, 2006.

［20］刘宏. 俄语语言与文化 理论研究与实践探索［M］. 北京: 外语教学与研究出版社, 2012.

［21］刘宏. 试析文化观念的形成与先例文本的使用［J］. 外语与外语教学, 2012(05).

［22］柳新军. 语言意识问题研究: 理论与实践［D］. 洛阳: 解放军外国语学院, 2010.

［23］王铭玉. 语言文化研究的符号学观照［J］. 中国社会科学, 2011(03).

［24］赵爱国. 洛特曼"四维一体"符号学理论思想论略［J］. 外语与外语教学, 2008(10).

［25］赵蓉晖. 洛特曼及其文化符号学理论［J］. 国外社会科学, 2006(01).

作者简介: 刘宏, 大连外国语大学校长、第十三届全国人大代表、上合组织大学中方项目院校校长委员会主席、博士、教授、博士生导师、辽宁省特聘教授、教育部高等学校外国语言文学类专业教学指导委员会副主任委员、俄语教学指导分委员会主任委员、国家教材委员会专家委员会委员。担任国际学术杂志《对比语用学》主编,《外语与外语教学》编委会主任。主要研究方向: 俄语语言与文化、国际政治语言学、俄语教学法与跨文化交际。

俄语功能语体定量分析中的几个核心问题

国防科技大学　许汉成

摘　要：俄语修辞学一向以语义修辞法和词语－形象法为主要研究方法。我们认为，随着计算语言学（特别是语料库语言学）的发展，运用统计法研究俄语修辞问题的时机基本成熟。在对俄语功能语体进行定量分析时，必须合理地确定参数的个数并且恰当地选择具体参数。作者就俄语文本定量分析过程中统计参数的选择以及抽样、语料库标注和统计模型等关键技术问题提出了个人看法。运用统计法研究俄语功能语体有助于解决俄语教学和测试、自动修辞校对以及信息检索等领域的一些问题。

关键词：俄语；修辞学；功能语体；定量分析；文本自动分类

2002 年我以极其激动的心情来到东北，来到美丽的哈尔滨，黑土地上的一切都令人感到新奇，然而最让人激动的还是可以见到俄语界三位大师：李锡胤、华劭、张会森。我博士后项目的开题和答辩华老师都参加了，因而也是多次聆听先生的教诲，日常也多次请教先生。我在专著《交际·对话·隐含》中提出话语语义层次的想法，也得益于华老师的《语言经纬》。重德厚学，桃李天下，高山仰止，音容犹在，谨以此文怀念敬爱的华老先生。

1. 功能语体的概念与研究方法

在日常生活中，俄语的 стиль 和英语的 style 一样，都是指人们说话、做事的方式、方法，大体相当于汉语的风格、派头、时尚、潮流等词。人们的生活和行为千奇百怪，思想观念不尽相同，对 стиль 的看法也迥异，стиль 及其派生词也就多少带有一定的评价色彩。如 стильный（风格独特的）、стиляга（奇装异服的人）、стиляжничать（穿奇装异服）、стиляжничество（穿奇装异服的行为及派头）、стилизовать（使……具有某种风格）都含有某种褒贬色彩。стиль 在日常生活中的意义延伸到语言和文学研究领域就变成了术语，指文艺创作的风格、特色和个性，如：在艺术史上就有哥特式、文艺复兴式、巴洛克式等说法。стиль 是 стилистика（stylistics）的研究对象，我国俄语界通常将 стилистика 译为"修辞学"，而英语界近年来倾向于把 stylistics 译成"文体学"。стилистика 的研究对象、范围与 stylistics 不完全一致，不过这不是本文要探讨的问题。

俄语修辞学（стилистика）有两个研究重点：一是语言系统的修辞手段和修辞格，二是语言在不同交际领域（сфера общения）的使用规律。这就形成了资源修辞学（стилистика ресурсов）和功能修辞学（функциональная стилистика）的区分（Кожина 1983: 23）。俄语功能语体学的理论和研究方法比较系统、成熟。科任娜提出，修辞学有三种研究方法：1）语义修辞学，不同层次语言单位的修辞色彩和功能语体的总的修辞特点都可以用这种方法进行研究；2）词语－形象法，主要用于对文艺作品语言的分析；3）修辞－统计法（Кожина 1983: 22）。研究方法是受到研究对象特点的制约，服从于研究目的和任务的需要。这种说法没有什么不妥，但不能误解为研究方法不重要，相反，研究方法十分重要，不同的研究方法往往可以揭示对象的不同属性，满足不同的应用需要。本文讲的是功能语体的定量分析问题，主要从理论上探讨修辞－统计法的可行性。

修辞学也好，文体学也好，研究对象都是语言的使用问题。在特定语言内和语言外条件的制约下，语言的使用者有选择地使用语言手段。这样，特定语言手段的使用就既有必然性，又有偶然性。对于偶然现象、随机现象，数学上通过概率、熵等概念进行描述，必然事件可以看成概率为百分之百的随机事件，而绝对不可能的事件则可以看成概率为零的随机事件。显然，我们可以像统计人口那样，对具体言语作品进行统计，从整体上把握研究对象。统计内容可以是各层级语言单位的长度、使用频率。随着计算语言学（特别是语料库语言学）

的发展，统计语法范畴和语法属性的出现频率也逐渐成为现实。

利用统计法研究修辞现象并不是一个新主张。国外早就有修辞计量学（стилометрия, stylometry）的说法。在英国、美国和俄罗斯，修辞计量学广泛应用于著作权归属研究（Crystal 2001: 66–79; Бутузова 2001; Галяшина 2001; Захаров 2001）。语义 – 修辞和词语 – 形象分析是经典的修辞研究方法，能够细致入微地刻画不同文本、作家、作品的风格，分析各类语体的语言特征。运用统计法研究修辞问题有许多不足，但同时也具有其他方法没有的好处，比如：修辞统计的结果比较客观、公正，借助计算机能够在短时间内处理成千上万的语言材料等等。有些问题的解决则只能依赖统计法，如：建立修辞校对软件、对文本按照功能语体进行自动分类以提高信息检索效率等。

2. 功能语体的语言特征及统计参数的选择

科任娜提出了用修辞学 – 统计法研究语体的问题，还给出了一个计算语体的抽象程度的公式：

$$AP = \frac{\Sigma AP\Phi}{\Sigma AP\Phi + \Sigma KP\Phi}$$

其中：

Σ——求和符号；

AP——抽象程度；

APΦ——抽象言语表达式次数；

KPΦ——具体言语表达式次数；

她还指出，科技语体的总抽象程度为 APΦ=0.76、KPΦ=0.24。这就是说，给定一个文本，如果其抽象程度系统数达到 0.76，那我们差不多可以十分有把握地把它分到科技文本里，这样做犯错误（该文本不是科技文本）的概率为26%，而正确的可能性为 74%。不过，这里立刻产生了几个问题：怎样计算文本的抽象程度呢？哪些表达式是抽象表达式，哪些是具体表达式？科任娜没有给出一个明确的计算方法。

显然，功能语体定量分析的首要任务就是明确统计参数，即确定若干个既能反映语体特征又便于计算机统计的语言特征。这两个标准都十分重要，缺一不可。如果某个参数不能反映语体的特征，那么我们就没有必要花力气去统计它，另一方面，某些参数能够很好地代表一定语体，可受到客观条件的限制，无法统计，也只好暂时放弃该参数。参数的选择还应考虑实际应用的需要。从科研的角度看，为了描写功能语体的特征，参数越多越好，参数越多，对研究对象的分析越全面、细致、深入，成果也就越有价值，但这指的是学术价值；从实际应用的角度看，如果统计一个参数就能达到目的，就没有必要统计第二个参数，选择最有代表性的参数，花最少的时间，达到最优的结果，这是具体应用（如文本的语体自动分类）的要求。

俄语语言学在功能语体研究方面取得了丰硕的成果。在功能语体的分类方面，科任娜根据交际范围不同，区分了五种功能语体（функциональные стили）：1）科学语体（научный）2）正式公文语体（официально-деловой）3）政论语体（публицистический）4）文艺语体（художественный）5）日常口语语体（разговорно-бытовой）。这种分类法是基于语言使用范围的，应该说比较成功。俄罗斯语言学家认为，交际领域（сфера общения）不同，影响言语交际活动的语言内因素和语言外因素也不同。每一个交际领域都有相应的功能语体构成因素，包括：社会意识形式、思维方式、内容种类、交际目的和任务（Кожина 1983: 78）。语言外因素对语言手段的选择有决定性影响，交际者对语言手段的选择最终反映到语体特征上。此外，由于影响语言使用的语言外因素具有层级的特性，所以五个基本语体都可以有次语体，还存在一些"边缘"和"过度"现象。

俄罗斯语言学家对各类语体的研究还是比较深入的，详细说明了各类语体的语言特征，这里大致罗列一下，便于从中筛选出适合统计的参数：

科学语体的修辞特征：

构词：科技词汇特有的词缀；

词汇：多用 он, она, оно；作者"мы"，表示谦虚等意义；"мы"包括受话人，表泛指意义；抽象意义的名词多，且多为中性；使用指示代词（этот）、插入语（итак, таким образом, стало быть, следовательно 等）、副词（поэтому, потому, тогда, отсюда 等）、衔接结构或短语（Теперь перейдем..., Приведу еще пример, Далее отметим）、关联词等加强话语的逻辑性；类似 по Менделееву 这样的引用结构；данный, известный, соответствующий 等；多使

用由名词构成的组合连接词；不用非标准语词语；

词法：动词多用于泛时现在时，表示性质、特征、人称、性、数、时、态的意义淡化；未完成体动词占80%；动词多用于第三人称；单数名词表示概括意义；物质名词、抽象名词会用复数形式；所有格名词多；形动词和副动词多；静词比动词多；动名词短语多；第二人称代词、动词用得少；无历史现在时；

句法：无人称句、被动结构；所有格链；复合句比简单句多；в то время..., как 和 если..., то... 句式多（表示对比）；不完全句少；不定式句和表示人的心理和周围环境状态的无人称句少；祈使句少；

语义：使用词汇的概念意义，抽象，概括；多用术语、单义词；

修辞：比较、隐喻等修辞手段具有辅助作用，没有审美功能。

正式公文语体的修辞特征：

词汇：人称代词少；表示逻辑性、叙述顺序词语比科技语体少；常用 приказываю, нужно, необходимо, следует, должен, обязан, иметь право, подсуден, ответственен；未完成体动词比完成体动词多；重复使用公文术语（устав, постановление, ответчик）；标准化的短语，如：вступить в законную силу, привлечь к уголовной ответственности 等；

词法：无主观评价意义词尾；动词多用第三人称形式；广泛使用动词不定式；形动词和副动词多；多用集合名词；静词比例最高（包括由名词构成的前置词短语）；所有格链；

句法：主从复合句少（特别是因果关系）；繁化简单句多（同等成分、独立成分）；句子长；条件句多；

语义：多用单义词。

政论文语体的修辞特征：

构词：词缀：-изм, -ия (-ция, -ация, -ация), -щина, -ничать，复合词（по-партийному, идейно-политическому），-не；

词汇：性质评价意义的名词、形容词多；特定惯用语；мы、наш 用于概括意义；报刊词汇（труженик, правофланговый, хлебороб, клика, военщина, марионетка, ...）；社会政治术语；专业词汇（интервью, корреспонденция, передовица, репортаж）；外来词, 国际词汇；成语、名言、谚语和口头禅；口号；人名、地名、社会组织和机构名，缩略语；

词法：名词的集合意义用法

句法：祈使句；诗歌句法现象：对偶（антитеза）、倒装（инверсия）、头语重复（анафора、единоначатие）、平行结构（параллелизм）；同等成分、独立成分；设问句；感叹句；被动结构；概括人称句；由名词构成的前置词短语（в области, в отношении, вследствие, в целях）；动词意义减弱的动词＋名词短语（вести переговоры, оказывать помощь）；句法结构复杂（从属关系、关联词）；

修辞：增强表现力手段比科技和政论文本多；隐喻（метафора）、借喻（метонимия）、拟人；新词新义现象；体裁多样性、复杂性；修辞特点复杂。

文艺语体的修辞特征；

构词：使用各层次的词汇；

词汇：使用俗语、行话、方言；

词法：动词比例高，完成体动词多；动词过去时、将来时用法特殊，泛时现在时用得少；各种人称的代词和动词形式都得到应用；抽象中性名词用得少；短尾形容词表示暂时的状态或特征；动词比静词比例高；

句法：句型种类多（包括单部句）；倒装句；引语；

语义；使用词汇的指称意义，具体，形象。

修辞：使用各种语体的语言手段以达到塑造艺术形象的目的，具有审美功能；隐喻性、形象性、感情丰富、具有表现力；

日常口语语体的修辞特征：

构词：指小表爱形式；

词汇：口语词；随机词；表示同意和否定的词多（да, нет, конечно）；

词法：人称代词多；一格扩张；语气词；物主形容词；形动词和副动词少见；短尾形容词少见；以 -y 结尾的第二格和第六格名词；动词时间意义的转义用法；动词不定式多；

句法：省略句；句法结构松散；疑问句和祈使句多；对话为主；插入语、词序自由；感叹句多；口语句式；并列复合句比主从复合句多；无连接词复合句；句子短小；

语义：比较具体；

修辞：随便、自然。

逐一分析功能语体的特征，我们觉得：

1）语言系统的各个层面（构词、词汇、词法、句法、语义等）都拥有独特的修辞特点；

2）不同功能语体对语言手段的选择不同，或者说不同修辞手段在不同语体的分布不同。在对功能语体进行定性描写时，语言学家经常使用"多"、"少"这类语义模糊的词，这种说法不便于定量分析，可以的话，应该用具体统计数字表示。

3）不同语体特征的可计算性不同，比如词缀、人称代词、形动词和副动词的词频容易统计，句法现象（主动句和被动句，主从复合句和并列复合句等）相对较难统计，语义现象的统计最困难。总的来讲，较低层次的语言现象（构词、词汇、有形式特征的语法形式）容易计算一些。在选择统计参数时，我们必须面对这样的现实。我们相信，随着计算语言学和语料库语言学的发展，能够自动统计的参数会逐渐从低层次语言现象向高层次语言现象发展，对功能语体的定量分析也会不断深入、细致和准确。

统计参数的选择是功能语体定量分析的关键，必须考虑到计算的复杂性和可能性。词汇的修辞色彩和句法特点对分析语体属性很有用，但是使用特殊修辞色彩词语词典和进行句法分析比较困难、费时。从目前的现实条件出发，在进行语体自动分析时，应尽量采用较低语言层次的参数。为了提高科技文本的检索效率，布拉斯拉夫斯基研究了利用计算机对文本按语体自动分类的问题。从性质上看，他提出的初选参数分为形式参数和形式–语义参数，从语言层次上看这些参数涉及书写、词素、词汇、词法、句法。他利用选定的参数，对网上的俄语文本进行了自动语体分类，取得了较好的成果（Браславский 2000）。表1显示了布拉斯拉夫斯基确定的初选文本语体特征参数。

俄罗斯语言学家在功能语体语言特征方面的研究成果为我们进行语体定量分析奠定了基础，明确了选择统计参数的思考方向，而布拉斯拉夫斯基的语体自动分类实验表明：功能语体的定量分析不仅是现实的、可行的，而且具有实际应用价值。

表1

语言层次	参数	
	形式参数	形式 - 语义参数
书写	公式	：-）——表示符号
词素	无	带有科技词汇词缀的词语
词汇	平均词长	普通科技词汇 正式公文名称 表示叙述逻辑性的词语
词法	不同词类的比例 中性名词 短尾形容词 反身动词 缩略词	人称代词 я、ты、мы、вы 语气词 ну、вот、ведь
句法	连续二个第二格名词；句子平均词数；带有情感意义标点符号（！、？、…）句子	

3. 功能语体定量分析的几个关键技术问题

下面就功能语体定量分析过程中的几个关键技术问题做简要说明。

3.1 抽样问题

在对语言材料进行定性分析时，语言学家首先观察语言材料，研究其他人在相关研究领域的研究成果，通过内省的方法，发现并分析存在的问题，然后根据一定的理论观点和材料提出自己的看法，再进一步论证自己的观点，形成科研成果。在对语言进行定量分析时，情况有所不同。这时，语言学家事先没有先验的条条框框，他们首先收集数据，对数据进行整理、汇总，利用统计技术说明研究对象特定特征的分布特点，揭示变量之间的关系（相关或不相关），最后用图、表将分析结果表示出来。语言统计分析的工作量很大，要频繁使用各种数学公式。我们知道，每一个文本都属于一定的功能语体，而每一个功能语体的特点都是由一个又一个的文本体现出来的。文本的数量相当大，并且不断有新的文本生成。这就是说，表现语体特点的文本数量实际上是无限的，文本的集合是无限集。对于一个无限集，我们不可能统计所有元素，只能从文本的总体来抽取一定数量的样本，选择若干个参数（比如词长或者词类分布），统计样本的相应参数值，据此来推断总体的特性。这样，样本的代表性就非常重要，只有抽取的样本能够代表总体，我们才能根据样本的统计结果，预测总体的特征。当然，如果我们只是研究特定作家、特定作品的语体特点，总体也可以是有限集，这时我们可以统计全体，也可以采用抽样的方法，从而节省时间、人力。抽样统计的结果与总体实际值之间多少会有一定合理的误差。

在统计语言学研究中，为了保证样本的代表性，通常采用随机抽样的方法（Woods 2000；李绍山 2001）。随机抽样，就是在抽样过程中通过合理的安排，保证总体的所有个体被抽取的机会均等。我们首先要定义总体，总体越大，越不容易抽取到合适的样本，但是据此样本得出结论的适用范围也越大；总体越小，越容易抽取到合适的样本，但是据此样本得出结论的适用范围就越小。随机抽样大致分为简单随机抽样、系统随机抽样、分层随机抽样和多级随机抽样。简单随机抽样就是用抽签或者随机数的方法进行抽样，统计类书籍一般都附有随机数表，一些计算器有生成随机数的功能，程序语言也都有生成随机数的函数。系统随机抽样也称准随机抽样，即所要抽取的样本的第一个单位按照真正随机的方法选取，其余单位则等距离抽取。分层随机抽样的方法是：首先将总体分成层次，然后在各部分中分别进行简单随机抽样，最后把抽取的分样本合并起来。随机抽样可以防止主观偏颇性，分层则能够保证总体各部分的分布比例在样本里得到体现，提高样本的代表性。多级抽样是逐级进行抽样，把每一级所抽取的样本看成下级的总体。

总之，在统计语言学和语料库语言学研究中，随机抽样是一个必然要面临的问题。我们一定要采用合理、有效的抽样方法，取得一个或多个无偏的、具有良好代表性的样本，这是保证语言统计分析结果有效的基本前提。

3.2 语料的标注

在功能语体的定量分析过程中，一些参数可以进行人工统计，或者编写简单的程序进行统计，如：词形的平均长度、句子的长度、特定前置词的使用次数等。不同词类在不同语体的分布有很大差异，是重要的语体特征。俄罗斯已经有现成的词法自动分析系统，它可以自动给出每个词形的语法信息，同时还可以使词形还原（лемматизация, lemmatization），或者将原形变成指定的形式。自动统计词类分布已经不是一个十分困难的问题。

然而，在文本语体的研究中，许多参数（如句子模式的分布）很能说明问题，但是自动分析、统计还不可能，而人工处理困难太大，这时就需要对文本进行人工标注。标注（markup）是从研究和应用需要出发，自动或者人工（或者两种方法相结合）在原始语料里添加某种标记过程。标记应该是系统的、统一的、规范的，并且标记必须能够与正式文本明显地区分开来（比如采用一般文本里不用的一些特殊符号或者字符串）。在这种人工的符号系统里，每个标记表示某种特定的意义，如：语法、语义、语用、话语、修辞信息。经过标注，不可统计的信息变成了可以统计的信息。现在大多数英语语料库都标注了可以统计的信息，广泛应用于词汇、语法、修辞、话语分析、第二语言习得和统计模型的训练和测试等领域。目前俄语语料库已经有了很大发展，远远超过了我们在两年前了解的水平（许汉成 2002）。

标准通用标记语言（SGML，即 Standard Generalized Markup Language）是一个国际标准（ISO 8879），专门面向文本和办公系统，规定了表示电子形式文本的方法。利用 SGML 语言编码（即标注）文本可以在不同硬件和软件系统上使用。SGML 实际上是一种元语言（metalanguage），是一种形式化的标记语言（markup language）。使用 SGML 语言的一般过程是：首先按照 SGML 语言的规则定义文档类型（DTD，即 document type definition），然后用 DTD 里规定的符号去标注具体文本。DTD 规定了哪些标注符号是允许的、哪些标注符号是必不可少的、标注符号如何与原始正式文本区分，以及每个标注符号的意义。SGML 及其简化的子集 XML 语言在语言学理论研究和应用中具有重要价值。

3.3 统计与统计模型

抽样和标注之后，便是对文本的特征进行统计。我们知道了一个文本的总词形数和某个词类的出现次数，就可以计算该词类在这个文本里的出现频率。这些都是简单的数学运算，类似的方法可以推而广之，我们最终就可以拥有一定数量的数据，完成语体的定量分析。但这只是简单地、定量地描写了语言现象，属于描述性统计范畴。其实，统计语言学的精华在于统计模型的预测功能（Woods 2000；李绍山 2001；黄昌宁 2002）。统计语言模型是通过数学建模形成的处理具体语言学问题的数学定理和公式，其中某些定理公式已经被广泛应用于各种自然语言处理系统，如：贝叶斯公式、隐马模型、n 元语法（黄昌宁 2002；翁富良，王野翘 1998）。

布拉斯拉夫斯基的研究可以说是个很好的功能语体统计分析实例。他建立了试验文本集（正式公文语体 50 篇、科技语体 54 篇、政论文 61 篇、文艺语体 79 篇、口语体 61 个片断），确定初选文本语体特征参数集并且从中筛选出 7 个最有说服力的参数，计算每个文本、每个参数的最小值、最大值、平均值及标准误，验证各参数是否正态分布，然后利用判别分析法，建立判别函数。判别函数的形式如下：

s=Ax+b

其中 A 为系数矩阵，b 为常数向量，x 为文本参数向量（x_1——动词比例，x_2——副词比例，x_3——词长，x_4——句子长度，x_5——通用科技词语比例，x_6——科技词根和词缀的词语比例，x_7——正式公文名称词语的比例）。当向量 s 的某一个分量（s_1——口语体，s_2——文艺语体，s_3——政论语体，s_4——科技语，s_5——正式公文语体）最大时，文本为相应语体。利用这种方法，布拉斯拉夫斯基成功地建立了文本语体自动分类系统。当用户通过搜索引擎查找科技文本时，可以选择"科技"这个选项，计算机根据用户的选择对查找的文本进行过滤（或者不过滤），从而提高信息检索系统的效率。

再说一个文本可读性统计模型的例子。在 Linux 操作系统下有一个叫 Diction 的修辞校对程序（http://ftp.gnu.org/fnu/diction-1.02.tar.gz），其中涉及文本可读性的指标有 7 个，公式如下[1]：

Kincaid=11.8*syllables/wds+0.39*wds/sentences-15.59

ARI=4.71*chars/wds+0.5*wds/sentences-21.43

Coleman-Liau=5.89*chars/wds-0.3*sentences/(100*wds)-15.8

Flesch Index=206.835-84.6*syll/wds-1.015*wds/sent

Fog Index=0.4*(wds/sent+100*((wds>=3 syll)/wds)

Lix=wds/sent+100*(wds>=6 char)/wds

SMOG-Grading=square root of (((wds>=3 syll)/sent)*30)+3

这些公式是在分析英语文本的基础上发展起来的，指标使用的基本数据是音节数、字符数、词数和句子数，从理论上讲，完全可以适用于俄语。但是，俄语的语法系统不同，词形变化丰富，词形、句子的平均长度不同，因而同一类文本的同一指标的平均值会有区别。我们想，以上面公式为基础，通过统计调查，我们就可以建立一些评估各类俄语文本可读性的指导性指标系统。在俄语教学、测试过程中，我们就可以根据这些指标选择一定难度的文本，将这些指标与教学结果、测试成绩相对照，我们就能够评估、筛选、优化指标。这些公式计算的只是文本的可读性，仅仅使用字符数、词数和句子数这些参数，还不能全面揭示文本的语体特征，还应该研究出更多、更好的指标来才能对俄语文本的修辞特点进行自动分析。

4. 结论

简单的词频和测试成绩的统计还远不能显示统计法在语言学研究中的巨大作用。单从语言教学的需要来看，统计法的作用似乎不太明显，只有词频问题与教学同测试关系最密切——教师需要知道掌握多少词汇学生才可以没有障碍地进行日常交际，不同教学阶段应该让学生掌握多少词汇，然后就是统计考试成绩，算学生总分、平均分、及格和优秀人数等等。然而这只是一种错觉。第一，语言教学是建立在一定的理论基础上，语言学理论总是随着语言实践的发展而发展，统计法与其他研究方法一样，都是语言学家从事科研工作的手段，忽视这一手段从根本上讲是不全面的。第二，除了对对象的定性描述、分析外，科学发展的内在规律也要求人们对对象有一个明确的、定量的描述。随着语言学研究的深入，人们当然也希望了解语言现象的量的特征。第三，语言是信息的主要载体，语言障碍是世界各国人民经济和文化交流的最大障碍。语言学研究也要与时俱进，不仅要为语言教学、翻译、写作等传统语言应用领域服务，同时还要为语言工程和知识工程提供理论和数据支持。无论我们是否意识到，语言工程的成果已经深入人们日常生活以及工作的方方面面，如：输入法、文字和语音识别、电子词典、智能信息检索系统、机器翻译和机器辅助翻译系统、信息挖掘系统，等等。在这些新的跨学科研究领域，语言学成果与信息技术、计算机软件工程密切协作，直接推动着社会生产力的进步，语言学在西方已经成为新世纪的领先科学之一。在这些新的语言学应用领域，传统语言学和统计语言学等新兴学科都发挥着重要作用。

社会科学与自然科学的相互渗透和融合是当今科学发展的趋势之一。信息技术、人工智能等学科的发展对语言学研究提出了新的要求。需求是科学发展的根本动力。语言学研究也必须迎接挑战，更新研究方法，增加定量分析的份量，使人们从一种新的角度观察和分析语言事实，促进语言发展，创造新的价值，为社会直接提供生产力。

注释

1. 这几个公式可暂译为：

Kincaid=11.8* 音节数 / 词数 +0.39* 词数 / 句子数 -15.59

ARI=4.71* 字母数 / 词数 +0.5* 词数 / 句子数 -21.43

Flesch 指数 =206.835-84.6* 音节数 / 词数 -1.1015* 词数 / 句子数

Fog 指数 =0.4*［词数 / 句子数 +100*（3 个或 3 个以上音节的词数 / 词数）］

Lix= 词数 / 句子数 +100*（6 个或 6 个以上字母的词数）/ 词数

参考文献

［1］Woods A, Fletch P, Hughs A. 语言研究中的统计方法［M］. 陈小荷，徐娟，熊文新，等译 . 北京：北京语言文化大学出版社，2000.

［2］Crystal D. 剑桥语言百科全书［M］. 北京：外语教学与研究出版社，2002.

［3］Бутузова О, Ильюшиной Е А, Петровой А и др. К построению авторского инварианта［M］//Русский язык: исторический судьбы и современность. Москва: МГУ, 2001.

［4］Браславский П И. Методы повышение эффективности поиска научной информации на материале Internet［D］. Екатеринбург: Уральский тос. техн. ун-т, 2000.

［5］Галяшина Е И. Проблемы исследования русскоязычных текстов с целью установления авторства линтературного произведения［M］//Русский язык: исторический судьбы и современность. Москва: МГУ, 2001.

［6］Захаров В Н, Рогов А А, Сидоров Ю В. Проблема грамматического инварианта Достоевского и атрибуция анонимных и поевдонимных статей в журналах «Время» и «Эпоха» (1861–1865)［M］//Русский язык: исторический судьбы и современность. Москва: МГУ, 2001.

［7］Кожина М Н. Стилистика русского языка［M］. Москва: Просвещение,

1983.

［8］黄昌宁. 统计语言模型能做什么？［J］. 语言文字应用，2002(01).

［9］李绍山. 语言研究中的统计学［M］. 西安：西安交通大出版社，2001.

［10］翁富良，王野翊. 计算语言学导论［M］. 北京：中国社会科学出版社，
　　　1998.

［11］许汉成. 语料库：俄语语言文学理论和实践的新课题［C］. 俄语语言文
　　　学研究（语言学卷），2002.

　　作者简介：许汉成，黑龙江大学外国语言文学学科博士后（2002—
2004），合作导师李锡胤研究员。国防科技大学国际关系学院教授。主要研究
方向：俄语语言学，计算语言学。

话语词的篇章构造、元交际和元语言
注释功能研究

上海外国语大学　许　宏

摘　要：话语词作为语言单位，它能保障话语连贯性，表示说话者和听话者之间的相互关系，向听话者传达说话者的态度。它的元话语功能主要体现在言语的三个方面，即篇章的线型构造、组织对话交际和解释信息，即语码。由元话语所建立的语篇成分间的联系不仅具有形式－语法和逻辑－语义作用，而且还具有语用特性。通过话语词说话者不仅实现了语篇各部分间的必要的语义过渡，而且表达了自己将这部分语句置于话语中位置的看法，指出了它的信息意义，给予了它在阐述语篇内容时所起作用的评价。

关键词：话语词；篇章元话语功能；元交际功能；元语言注释功能

当我第一次读到先生的《语言经纬》时，就被该书深深震撼，手不释卷。该书虽不沉甸，思想却铿锵有力；文字虽朴实易懂，却处处显现着智慧的光芒。后来，我进入黑龙江大学外国语言文学博士后科研流动站从事研究工作，有幸近距离接触先生，并多次聆听先生的教诲，在我博士后报告开题、中期检查及写作过程中，先生给予了很多学术指教，令我受益匪浅。尤其是博士后出站答辩时，先生担任了评审委员会主席，对大到篇章结构，小到标点符号的问题都提出了很多修改意见，很是让我感动。先生的学术思维、研究态度、人生境界、处世风格都令人敬佩，也泽惠着后学。怀念华劭先生！

近年来虽然对话语词并没有准确的描述，但话语词已经被视为单独的一种语言单位。语言学家把保障话语连贯性、表示说话者和听话者之间的相互关系、向听话者传达说话者的态度的一类语言单位归入话语词这一范围。话语词赋予连贯话语的片段以话语地位，而该片段也正是构成话语词的辖域部分。缺乏所指，建立两者或多者之间论述的组成都是他们的标志。从各个立场研究话语词的学者们都将注意力集中到观察相似类别的词汇和表达。

韦日比茨卡（А. Вежбицка）表示，话语词可以被称为元话语单位。其详细地研究了书面文本的元话语单位以及它们的作用。卢金（В. А. Лукин）也将话语词称为元话语成分，认为该成分是文本的有机构成，是文本连接的手段。话语词将受众的注意力转移到作者认为更为重要的部分上，帮助受众理解文本，活化复指或后指联系。韦普列娃（И. Т. Вепрева）在指出元语言构成时的广义和狭义理解时，选择现实词汇单位使用的元语言评论的反射作为自己研究的对象。另一些语言学家则将话语词置于更广的方面，将其看作是情境语用内容的言语单位。在我们看来，这些广义的理解使得话语词具有以下功能：强调功能、表达说话者对现实态度的功能、在话语中协调受话者的功能、复合结构功能以及元话语功能。元话语的范围比较宽泛，而话语词相对来说比较封闭，某种程度上它是语法化了的元话语，而元话语则是一个较为开放的体系，随时都有可能有新的词或短语加入进来。

1. 关于元话语

1978 年韦日比茨卡在《语篇中的元话语（以波兰语为例）》（«Метатекст в тексте (на материале польского языка)»）一文中指出：许多独白语篇中都隐藏着双声部，也就是说语篇是由"关于事物的话语"和"关于话语本身的话语"构成，说话者借助元话语加注话语本身的某个方面。"关于事物的话语被说明话语的话语似线般装订起来。在某种意义上这些线可以将关于事物的话语缝制成一个紧密的整体，使其具有很强的关联性。"这些"元话语"赋予语篇相关性，但是其本身却是"异质的物体"。在分离这些异质成分时，"我们可以借助'剪刀'将双声性的语篇中的属于'元声部'的那部分，即'元话语'剪切出来。"（А. Вежбицка 1978: 403–405）

　　巴赫金语言哲学能让我们认识元话语的本质。巴赫金认为"言语本质上具有对话性"（巴赫金 1998: 194）。他认为不存在孤立的话语，话语和他人话语、说话者和他人处在程度不同的对话关系中。巴赫金的对话性思想，即"对话关系（其中包括说话者对自己语言所采取的对话态度）——是超语言学的研究对象"（巴赫金 1998: 241）；"没有逻辑关系和指物述事的语义关系，就全然没有可能出现对话关系。但对话关系又不可归结为前两种关系，对话关系有它自己的特点。"（巴赫金 1998: 243）这个特点正是在于其的超语言属性。"不同表述之间的对话关系（这种关系也渗进每个表述的内部），属于超语言学。这种对话关系从根本上说，不同于语言体系中以及单个表述中各要素之间一切可能出现的语言学体系。"（巴赫金 1998: 318）可以说，元话语是语篇对话性的直接体现：说话者为引导受话者更好地理解语篇而使用元话语，这是说话者期待被理解后参与对话的表现；表达对命题内容和受话者的评价、呼吁受话者参与的元话语，是直接的对话表现。元话语即是说话者和受话者的对话交际。

　　韦日比茨卡正是依据巴赫金的上述理论得出了元话语概念，其借助元话语解释了受话者理解说话者的进程：受话者不仅将他所听到理解的句子"翻译"成自己的思维语言，而且捕捉到这些句子间的联系，"揭开整体的思维结构"，从而掌握并理解他所听到的。说话者在此刻所说的，如：Начинает говорить...（我们开始说……），Делает оговорку...（做补充说明……），Переходит к основной теме...（转入主题……），Резюмирует...（概括……）Отвечает...（回答……），在听者（或者作者，他也可能是篇章的注释者）的意识中产生了"双声性语篇"——所理解说话者的句子的连贯性和注解本身（А. Вежбицка 1978: 403–405）。韦日比茨卡认为，元话语主要是由插入词和带有"言语"意义成分的短语，如：В этом разделе я буду говорить о...（在这一节里我将说……），Потом перейду к...（然后我们转向……），В заключение я представлю...（结束时我将提出……），До сих пор я говорил о...（目前为止我说过……），Затем я займусь...（然后我们将讨论……），Итак...（总之……），Потом...（然后……），Наконец...（最后……）等构成，这些词经常用于讲座中，"操纵"听众的思维导向，预想听众的期望。这些词还可以增加和强调已经说过的话的意义，将交谈者的注意力引到某个特定的事物上，强迫交谈者按照说话者需要的方式行动，完成某种言语行为。正是这些词被称为元话语单位，它的功能主要在于阐明"主语篇的含义"，换句话说，韦日比茨卡将元话语认定为在某个言语语境中有关当下言语的话语。

自韦日比茨卡提出元话语这一术语后，元话语成了语篇分析领域的研究热点。除了元话语这一术语外，俄罗斯学者们还使用了元言语（метаречь），元交际（метакоммуникация）等众多术语表示它。关于元话语的描写，也是仁者见仁，智者见智。里亚布采娃（Н. Л. Рябцева）认为："元话语——一种交际'指示'（дейксис），指示所述内容的主题、语篇的组织、结构和关联……元话语显示了说话者在叙述内容时的信息行为。"（Н. К. Рябцева 1994: 90）里亚布采娃将元言语、元话语和元篇章等视为近义词。她认为交际模态是语句的必备特征，它是形成相应的信息、言语行为和评价语句的语言手段。显性的交际模态是说话者对自己交际状态反思的结果，它的主要效果在于实现交往本身的语境，比如："Что вы имеете в виду?"（您指什么？）"Зачем вы это мне говорите?"（您为了什么跟我说这个？）"Это вопрос или просьба?"（这是问题还是请求？）显性的交际模态即体现在元语篇、元话语、元交际、元言语中。对于交际内容而言元话语属于次要的、辅助的，它的产生得益于说话者的自指能力，它标记着说话者对交际状态的意识。反映在元话语中的交际反射使言语主体转化成意识主体。此外，里亚布采娃指出，元话语能体现语篇的语体：它赋予言语以正式化和角色的确定性。元话语显性化并加强了言语活动的施为性，将它们变为自检性的肯定语句。（Н. К. Рябцева 1994: 89–92）

虽然学者们关于元话语的定义各有侧重，但研究者们都强调了元话语存在的重要性，对它的功能认识基本一致：元话语能够有助于引导受话者理解语篇的命题内容，能体现说话者对所述内容及对受话者的态度。它的功能主要体现在言语的三个主要方面，即篇章的线型构造方面、组织对话交际方面和解释信息，即语码方面。下面我们就从这三方面来阐述一下作为元话语的话语词的功能。

对于元话语的分类，一些学者从不同的角度提出了不同的分类框架。有的学者从词汇角度来讨论元话语，而有的学者从功能的角度来研究元话语，更有学者从视觉的角度分析元话语。我们所研究的话语词都属于词语元话语范围内。如前所述，话语词的元话语功能主要体现在言语的三个方面，这三个方面对应着篇章元话语功能、元交际功能、元语言功能。

2. 篇章元话语功能

首先我们来看一下篇章的线型构造方面。这里我们指的是元话语信息的结构构造类型，专门用于传递该类信息的元话语的功能。操纵篇章线型构造领域的元话语是独特的通航手段，借助该手段说话者（这个术语既可以理解为口头篇章的作者，也可以理解为书面篇章的作者）向受话者指示了正确理解该语句在篇章构成中的地位和角色。它们也提示了该用什么方法分配受话者的注意力，以使命题信息以最优方式掌握。下面我们以俄语学术语篇为语境，阐述一下话语词在此方面的功能。

这里的学术语篇主要指学术论文，它既是进行科学研究的一种手段，又是描述科研成果的一种工具。学术语篇通常是具有开拓性的研究和探索，作者（即说话者）将其思维过程、论证过程和思维结果用语言记录并表达出来。科学真理本身无所谓逻辑性，但是如何将科学规律在学术语篇中进行论证、传递，逻辑问题就表现出来了。所以，学术语篇区别于其他体裁的语篇之处不仅在于它的规范性和充满专业术语，还在于它特殊的叙述方式。作者为了传递单义的新信息，要注重论述方式，语言文字要准确明白，推理要符合逻辑。因而，信息内容发展的显性指示，即元话语的正确合理使用显得尤为重要。它不仅能够保证读者正确解读语篇所提供的信息，而且帮助作者本身具体并逐层地组织语句。元话语的语词表达手段多种多样，其在语篇中会以一些独特的话语形式为标记，在结构上基本固定或半固定。学术语篇不仅是作者简单、客观地叙述研究成果的过程，而且还是一种主观地重构研究活动的过程，因此，另一部分话语词在语篇中表达的是作者的观点、态度，对命题的主观评议。学术语篇中的元话语除了常见的话语词外，还有相当一部分属于学术语篇特有的元话语，它们在学术语篇中也起着话语词的作用，传递的是涉及言语进程本身的信息。如：ниже представим（下面我们将提出），надо отметить（应该指出），можно было бы утверждать（可以肯定），проводить сравнение（进行比较），ввести понятие（引入概念）等。我们将它们看作一个复杂的话语词，它的功能可以是促进独立，得出结果，做出结论，吸引、最大限度地强化听众的感官，执行元话语注释功能。笔者认为，正是在执行这个功能的基础上可以划分出一组接近成语化句子或者复合句的谓词部分的复杂话语词。复杂结构的合成话语词广泛运用于学术语篇中，虽然形式上并不是整体，但是承载了成语化的功能，模拟思维过程，是一种将读者引向共同思维活动的方式。在我看来，为我们提供了在语用方面将其视为"话语整体"的依据。

学术语篇的内容——科学知识不仅是作者认识活动的结果，而且是认识活动的过程。被客观化的知识决定了在语篇中作者应采取何种类型的言语去阐述、论证它；而被主观化的知识，即认识的主观方面，不仅要以逻辑语义联系为前提，而且还要以作者的思维操作为前提。因而可以说，学术语篇是反映科学思维操作的话语行为逻辑上互相关联的连贯话语。而作者的思维操作过程是有一定规则的，学术语篇有它自己的"情节内容"，它的原型结构包括"开端"：设定任务、提出问题、引入研究对象、约定术语，这是指出"不知"（незнание）；然后是"展示"，展示从"不知"到"知"：提出假设，运用论据、例子加确信息，强调重点，从已有知识和事实中得出推论等；最后是"高潮"：叙述结论、结果、新知的意义等。（Н. К. Рябцева, 1992a: 19–20; 1992b: 64）笔者认为，如果将语篇视为最后的成品，那么元话语就是作者在这一成品中留下的踪迹，从这个踪迹中我们可以观察到作者思维的操作过程，因而将学术语篇中标记这些思维操作的典型的语言手段划分出来是非常有必要的。莫斯科大学的博利沙科娃（Е. И. Большакова）和巴耶娃（Н. В. Баева）在《科学语篇话语结构自动分析》（«Автоматический анализ дискурсивной структуры научного текста»）一文中指出："属于典型思维操作的有证明结论、提出假设、引进术语和概念、援引事实和例证、得出结论等"（Е. И. Большакова, Н. В. Баева 2004）。我们将里亚布采娃的有关学术语篇结构中的三个方面加以细化，再结合博利沙科娃和巴耶娃的观点，把俄语学术语篇中的话语词的功能分成以下几类：

（1）提出问题、激活话题。这类作为元话语的话语词的主要作用就是标记问题、提出一个新话题，话题的转换、偏离和返回等，它们有：обсудим（我们将讨论）、перейдем к рассмотрению（我们将研究）、продолжим рассмотрение（我们继续研究）、вернемся к（让我们回到）等。

（2）给出定义。学术论文中常有许多重要或抽象的概念需要先下定义，才能展开后续的探讨。该类话语词是指连接被定义项和定义项之间的标记语，俄语中有：определим（我们定义）、будем называть（我们称）、под чем будем понимать（将……理解为）、чем называется что（……称作……）、по определению（根据定义）等。

（3）提出假设。学术论文中作者通常在指出需研究的问题后提出研究假设。这类的话语词有：предположим（假定）、допустим（设想）、выдвинем гипотезу（предположение）（提出假设）、возникает гипотеза（产生假设）、если допустить（如果假设）、можно допустить（可以假设）、можно сформулировать гипотезу（可以表达假设）、наша гипотеза состоит в том（我们的假设是）等。

（4）加确补充信息。该类话语词标记了其后出现的成分将补充其之前出现的成分或更精确地说明它，从而限制其外延。这类的元话语有：кроме того（除此之外）、в частности（其中包括）、к тому же（加之）、при этом（同时）、притом（并且）、далее（随后）、также（以及）、сверх того（除此之外）、уточним（更准确地说）、мало того（加之）等。

（5）强调信息、引起关注。该类话语词是作者用来突出、强调内容方面重要的成素，提请读者注意力集中，从而使读者更容易理解作者的思想。属于这类元话语的有：прежде всего（首先）、следует отметить（应该指出）、особо подчеркнем（特别强调）、важно подчеркнуть（必须强调）、большое внимание уделяется（给予关注）、главное（最主要的）等。

（6）换言注释。此类话语词标记了言语表述方式的转换。作者通过自动修正、借代、加确等手段调整语篇的个别部分。作者用它们将前后意义相近的描述连接起来，虽然它们的表述方式不同，但却是同义或同指。常见的有：то есть（也就是）、вернее（更正确地说）、или（或者）、а именно（即）、по-иному（按另一种方式）、точнее（确切地说）、иначе（按另一种方法）、иначе говоря（换句话说）、иными словами（换言之）、другими словами говоря（换句话说）等。

（7）比较、对比。从某一角度来比较或对比两件事，它们之间或有差异，或情况相反。常见的有：с одной стороны（一方面）、в отличие от（与……不同）、в противоположность（与……相反）、вместе с тем（同时）、в то время как（而）、напротив（相反）、наоборот（相反）、сравним（比较）、необходимо сопоставить（必须比较）等。

（8）援引实例。此类话语词的功能就是引出例子、证据，为论证服务。学术论文中实例的出现频率是很高的，它们在客观上起到使话语具有实据性的功能，而且也展示了作者对讨论话题的熟悉程度。常见的有：например（例如）、так（比如）、к примеру（比方说）、показываем на примере（用例子表明）、остановимся на примерах（举例）、обратимся к примерам（举例）、примером является（例子是）、для иллюстрации приводятся примеры（援引实例）等。

（9）表达意见、评价。这类话语词是作者对命题的主观评议，它涉及主体的态度，能够使话语信息显得更客观、更严谨、更周密。比如：对于一些无定量或无定指的话语词（如：в некоторой степени 在某种程度上、немного 稍微），作者通过利用它们的范围、程度、数量的伸缩性，把一些作者个人认为正确，但事实又不能完全肯定的话语，表达得与实际情况更加接近，避免得出主观的结论。而当作者对自己论述的准确性把握很大的时候，作者也会使用明确表达的话语词标识其对某个命题的确定性，强调作者的话语权（如：с достаточной степенью 在很大程度上、как известно 众所周知、общеизвестно 大家都知道、очевидно 显然、по-видимому 看来）。此外，作者还可使用评价性话语词来对话语中的命题进行评价，或对自己的言语行为进行评价（如：целесообразно считать 合理地认为、к сожалению 很遗憾）。

（10）总结、概括。该类话语词就是把前面已经说过的话加以归纳，它强调了语句和前面语句的因果制约性，并引导读者领会结论。这种归纳经常借助概括前述信息的语句实现通报信息的最小化，主要是帮助读者掌握作者的意图，表达了话题的结束。属于这一类的主要有：таким образом（因此）、итак（总之）、（одним）словом（总而言之）、в итоге（结果是）、следовательно（所以）、в двух словах（概括地说）、в конечном счете（归根结底）、подводя итог（做总结）、проще говоря（简单说）、короче говоря（简言之）、вообще говоря（一般说来）、заключим（做结论）、можно заключить（可以做结论）等。

有观点认为，作为元话语的话语词发挥的只是结构作用，它的功能归于根据篇章句法的规则保证语句间的形式联系。我们却认为，由元话语所建立的语篇成分间的联系不仅具有形式－语法和逻辑－语义作用，而且还具有语用特性。通过将这些话语词引入篇章，说话者不仅实现了语篇各部分间的必要的语义过渡，而且表达了自己将这部分语句置于话语中位置的看法，指出了它的信息意义，给予了它在阐述语篇内容时所起作用的评价。

3. 元交际功能

言语的第二个方面，即说话者注解的对象，是组织对话交际（言语的相互作用）。在这种情况下我们指的是元言语信息的调节类型。在对话交际进程中，说话者使用起着元交际功能的话语词。在它们的帮助下实现对交际双方的相互作用的支持和调节。

在对话交往的动态和多层次的过程中指向受话者注意力的元交际占有着特别重要的地位。通过对俄语对话的研究，我们发现说话者的话轮含有大量的针对受话者的元交际成分。我们来讨论一下实现该种元交际时说话者进行的主要的元言语行为。

保证交谈方的注意力集中在随后的语句上，使用类似 слушай (слушайте)（听着）、послушай (послушайте)（听着）、учти (учтите)（要考虑到⋯⋯）、имей (имейте) в виду（要注意到⋯⋯）等的话语词。

话语词 слушай (слушайте), послушай (послушайте) 具有很高的使用频率。它通常用于疑问语句或祈使语句之前，以及提议完成某种行为的话轮（由几个语句组成）中：

（1）— Слушай, Га-Ноцри, — заговорил прокуратор, глядя на Иешуа как-то странно: лицо прокуратора было грозно, но глаза тревожны, — ты когда-либо говорил что-нибудь о великом кесаре? Отвечай! Говорил?... Или... не... говорил? (М. Булгаков)

"听着，加喏兹里，"总督说，有些奇怪地盯着耶稣：脸色威严，但是眼神却慌乱，"你是否说过什么有关伟大的恺撒的话？回答！你说过什么？⋯⋯或者是⋯⋯没⋯⋯说过？"

учти (учите) и имей (имейте) в виду 等话语词，它们使用于引入警告或威胁的言语行为，表明说话者必须将自己的意思传递到听话者的意识中：

（2）— Значит, будете записывать каждый день. Хотя бы по нескольку строчек. «Ни дня без строчки», как говорил некий француз по имени Эмиль Золя. Учтите, —

строго добавил он, — это приказ. (А. Чаковский)

"就是说，您每天都得写。哪怕只写几行也行。正如法国作家爱弥尔·左拉所说的那样："没有一天不写上几行。'""您注意"，他严厉地补充了一句，"这是命令。"

（3）— Ой, Витя... Ну, поговори с нашим Жереховым. Я его сейчас вызову. Только он большой болтун и враль, имей в виду. — Вдруг она спросила: — Тебе деньги нужны? (Ю. Трифонов)

"哎呀，维佳……那好吧，你跟我们的日列霍夫谈一谈，我这就叫他出来。不过他是个饶舌鬼和吹牛大王，你可得注意点。"她冷不防问道："你需要钱吗？"

话语词 видите ли 用于说话者想说明前述语句的场合。它含有呼吁听话者试着理解随后的解释的意思。比如：

（4）— Вы будете на празднике Роландаки? — спросила Анна, чтоб переменить разговор.

— Не думаю, — отвечала Бетси и, не глядя на свою приятельницу, осторожно стала наливать маленькие прозрачные чашки душистым чаем...

— Вот видите ли, я в счастливом положении, — уже без смеха начала она, взяв в руку чашку. — Я понимаю вас и понимаю Лизу. Лиза — это одна из тех наивных натур, которые, как дети, не понимают, что хорошо и что дурно. По крайней мере она не понимала, когда была очень молода. И теперь она знает, что это непонимание идет к ней. Теперь она, может быть, нарочно не понимает, — говорила Бетси с тонкою улыбкой. — Но все-таки это ей идет. Видите ли, на одну и ту же вещь можно смотреть трагически и сделать из нее мученье, и смотреть просто и даже весело... (Л. Толстой)

安娜为了转换话题，问道："您去不去参加罗兰达卡夫人的庆祝宴会？"

"我不想去！"培特西回答说，连自己的好友也没看一眼，就把茶往透明的小茶杯里倒……

"您看，我现在非常幸福，"她端起了茶杯，收敛起笑容说道，"我理解您，也理解丽莎，丽莎天性单纯，像孩子一般，不懂得什么是好，什么是坏。至少年轻时不懂事。但现在她知道了，这种不谙世事对她适合。也许她就是故意装作不懂事。"培特西微妙地笑着说，"但不管这样，这适合她。您也知道，对同一事情，可以看得悲观，那就感到很痛苦，也可以看得轻松，甚至很快乐。或许，您对事情的态度有点悲观了。"

能实现元交际功能的还有 согласитесь（您要同意……）、сам понимаешь（你自己明白……）、сами понимаете（您自己明白……）等类似的这些话语词，通过它们，说话者援引交谈方赞同他的知识或意见。如：

（5）—И вот тогда-то, прошлою весной, случилось нечто гораздо более восхитительное, чем получение ста тысяч рублей. А это, согласитесь, громадная сумма денег! (М. Булгаков)

"……突然间春天来到了，透过不是很透明的玻璃我起初看到的是光秃的，后来是披上绿装的丁香树丛。就在去年春天的这时，发生了一件远比得到十万卢布迷人的事情。而这，您得承认可是笔巨款！"

这些话语词起到既包括对方又包括自己的作用，目的在于保证交往在志同道合的条件下进行。

使用 я сказал...（我说过……）、я говорю...（我跟你说……）、тебе говорят...（对你说……）、слышишь?（你听见没有？）之类的话语词，经常是表达说话者认为加强语句的效果是必需的。通常这类元交际伴随着指令类言语行为（禁止、命令、请求、警告、威胁），由此提高了祈使对方行动的强度。如：

（6）Началась другая гонка: человек догонял человека. — Стой, тебе говорят! — крикнул Иван. (В. Шукшин)

于是又开始了一场追逐，这回是人追人。"站住，你听见了没有！"伊万喊道。

如果说在篇章的线型构造方面作为元话语手段的话语词的语用功能并不总是优于其他功能，那么在组织对话交际方面使用话语词的情况下，正是语用功能处于第一位。该类交际的主要目的是增大语句语势的强度，并由此达到所期待的言后效果，也就是影响听话者。

4. 元语言注释功能

经常成为说话者注释对象的言语的第三个方面是语码。该类元言语信息可以定义为解释信息，因为它用于保证对语码的正确解释。传递这样信息的手段所完成的功能属于元语言功能。它的实现最明显地表现在言语的内部对话性上，关于这巴赫金曾写道："我们同自己说出的话，不论是整篇话语还是它的某些部分，以至同其中个别的词语，也都能够发生对话关系，如果我们设法摆脱自己的话语，说话时内心要留有余地，保持一定的距离……"（巴赫金 1998：244）它的具体的功能表现在引入称名，使受话者关注称名。

吸引受话者关注称名，这类的话语词有：буквально（确实）、даже（甚至）、прямо（简直是）、как бы（好像）、как будто（仿佛）、просто（仅仅是）、попросту（简直）、то есть（也就是）、именно（正是）、какой-то（某个）、некий（某种）、этакий（这种的）等。话语词是对所描写语境阐释方法的独特的指示。它们操纵称名语用领域并由此与命题成分联系紧密。在言语过程中说话者会解释那些在对事物、现象、特征，行为等进行称名时有困难的语言符号。说话者使用话语词以将受话者的注意力引向称名特点的主观性。比如：通过使用非固有的称名标记 прямо、просто、буквально，说话者预示了得益于更有效的、更"鲜明的"，更"极端的"称名，拒绝了比较自然的称名。相应地，只有表达最大程度特征或行动强度的称名才能占据注释称名单位的地位。例如：

（1） — А кто же эта Аннушка?

Этот вопрос немного расстроил Ивана, лицо его передернуло.

— Аннушка здесь совершенно не важна, — проговорил он, нервничая, — черт ее знает, кто она такая. Просто дура какая-то с Садовой. А важно то, что он заранее, понимаете ли, заранее знал о подсолнечном масле! Вы меня понимаете? (М. Булгаков)

"这个安奴什卡是什么人？"这个问题使伊万有点慌乱，他的脸抽搐了一下。"安奴什卡在这里根本不重要，"他说，显得很急躁，"天知道她是谁。只不过是某个从花园街来的蠢货。重要的是他事先，您明白吗？他事先就知道关于葵花籽油的事！您明白我的意思吗？"

在分析话语词 буквально 的内容层面时，我们确立了反义的情况。如果只是从词的语义出发，那么可以说，буквально 决定了下述句子"准确的引文，逐字地同所说的相符合"。比如：

（2）— О свиньях... это тут же... ces cochons... я помню, бесы вошли в свиней и все потонули. Прочтите мне это непременно; я вам после скажу для чего. Я припомнить хочу буквально. Мне надо буквально. (Ф. Достоевский)

"关于猪群……这也在那儿……这些猪……我记得，群魔走进猪群并统统淹死了。您一定要给我读读这一段；以后我会告诉您这是为什么。我想一字不差地把它记住。我要一字不差。"

但是，如果我们将这个词用于它的元语言语用中，那么它就带来相对立的含义并预示着不准确的表述，经常指隐喻或夸张。比如：

（3）Юлия Михайловна совсем потерялась — в первый раз во время своего у нас поприща. Что же до Степана Трофимовича, то в первое мгновение он, казалось, буквально был раздавлен словами семинариста; но вдруг поднял обе руки, как бы распростирая их над публикой, и завопил. (Ф. Достоевский)

尤利娅·米海洛夫娜完全惊慌失措了——她来到我们这儿以后这还是头一次。至于斯捷潘·特罗菲莫维奇，他在最初的一瞬间似乎的确被神学校学生的那一番话压倒了；但他突然举起双手，仿佛要把它们伸到观众头上，并喊叫起来。

在《俄语虚词词典》《俄语语气词词典》中指出：то есть 位于语句首位时具有加确、解释意义。

（4）— Но Алексея Александровича, моего знаменитого зятя, верно, знаешь. Его весь мир знает.

　　— То есть знаю по репутации и по виду. Знаю, что он умный, ученый, божественный что-то... (Л. Толстой)

"那你一定知道阿里克赛·阿历山德罗维奇吧，我那位有名的妹夫。全世界都知道他。""我只知道他的名声和外貌。我听说他聪明，有博学，很虔诚……"

то есть 在回答话轮中的使用时可以将称名意义一分为二。то есть 决定了说话者在使用称名符号时是主观的。主观内容并没有自己称名，现象的个性化和特殊性要求从听话者角度来进行补充说明。

то есть 被用作疑问句时表明说话者需要对所说的话加以解释。客观原因是普遍的、不具体的理由，对听话者来说并不充分，并且在答话中要求做出解释，可能要选出更为具体的论据。如：

（5）И посмотрел прямо в суровые глаза «шефуни». — Статья-то именно сегодняшняя. Она сегодня и нужна.

— То есть? — не понял Дмитрий Иванович. (В. Шукшин)

他朝"首长"严厉的眼睛望了一下。"这篇文章正好是今天的，今天正需要它。""什么意思？"德米特里·伊万诺维奇没明白。

综上，话语词可以作为元话语单位，能够有助于引导受话者理解语篇的命题内容，能体现说话者对所述内容及对受话者的态度。它的功能主要体现在言语的三个主要方面，即篇章的线型构造方面、组织对话交际方面和解释信息，即语码方面。由元话语所建立的语篇成分间的联系不仅具有形式–语法和逻辑–语义作用，而且还具有语用特性。通过话语词，说话者不仅实现了语篇各部分间的必要的语义过渡，而且表达了自己将这部分语句置于话语中位置的看法，指出了它的信息意义，给予了它在阐述语篇内容时所起作用的评价。如果说在篇章的线型构造方面作为元话语手段的话语词的语用功能并不总是优于其他功能，那么在组织对话交际方面，正是话语词的语用功能处于第一位。

参考文献

［1］Большакова Е И, Баева Н В. Автоматический анализ дискурсивной структуры научного текста, Компьютерная лингвистика и интеллектуальные технологии［М］//Труды Международной конференции «Диалог» 2004. М.: Наука, 2004.

［2］Вежбицка А. Метатекст в тексте［М］//Новое в зарубежной лингвистике. М.: Прогресс, 1978.

［3］Рябцева Н К. Коммуникативный модус и метаречь［М］//Логический анализ языка. Язык речевых действий. М.: 1994.

［4］Рябцева Н К. Ментальные перформативы в научном дискурсе［J］. Вопросы языкознания, 1992 (4).

［5］Рябцева Н К. Мысль как действие, или риторика рассуждения［М］// Логический анализ языка: Модели действия. М.: Наука, 1992.

［6］巴赫金 . 巴赫金全集：第 4 卷［M］. 石家庄：河北教育出版社，1998.

［7］巴赫金 . 巴赫金全集：第 5 卷［M］. 石家庄：河北教育出版社，1998.

作者简介：许宏，黑龙江大学外国语言文学学科博士后（2005—2008），合作导师张家骅教授。国立莫斯科大学哲学博士（语文学），上海外国语大学教授、博士生导师。现任上外俄罗斯东欧中亚学院院长、教育部高等学校外国语言文学类专业教学指导委员会委员、俄语专业教学指导分委员会副主任委员、中国俄语教学研究会副会长、中国俄罗斯东欧中亚学会常务理事、教育部人文社科重点研究基地黑龙江大学俄罗斯语言文学与文化研究中心学术委员会委员。主要研究方向：语用学、语义学、对比语言学。

俄汉"вода ／水"观念语言文化单位的
组合关系研究

哈尔滨师范大学　张志军

摘　要： 本文以俄罗斯语言文化学理论为框架，以俄、汉语料库中的语料为例证，结合人类中心论理论，探讨俄汉"вода/ 水"观念语言文化单位在组合层面的特点，并对其差异从语言内、外两个角度进行阐释。运用人类中心论和语言文化场理论研究深层的民族文化与精神世界是一种新的研究思路。通过对相关语料的分析，可挖掘俄汉民族在世界观、价值观、审美观、民族性等方面的差异。

关键词： "вода/ 水"观念；语言文化单位；组合关系；俄汉对比

引言

"水"观念（концепт）与人的生活息息相关，但由于历史、文化及生活环境的不同，俄汉两个民族对该观念的认识有所差异。

我们采用归纳法，即根据词性的不同对与"вода/ 水"观念同名语言文化单位（лингвокультурема），即 вода 和"水"搭配的词进行划分，结果得到形容词场、动词场、名词场及其他词类场。语料库是一个相对封闭的系统，具有一定的可操作性。因此，我们将 Национальный корпус русского языка（俄语国家语料库）、北京大学中国语言学研究中心现代汉语语料库（简称 CCL 语料库）作为辅助工具，从中筛选出相应的语料进行归纳分析。

一、语言文化学视角下的组合关系的界定

《语言学百科词典》（1993）对组合关系进行的界定为："组合关系又称'配置关系'、'句段关系'。语言单位与语言单位前后连缀起来所形成的关系，为组合关系。在语法上，这种关系就是各种结构中成分之间的关系……瑞士语言学家索绪尔认为，语言系统是建立在语言单位之间的两种基本关系——聚合关系和组合关系上的。组合关系是语言单位在一定系列中先后连接的横向关系……组合关系在线性特点的基础上建立，排除在同一时间内发出两个语言单位的可能性，这种关系是同现和先后序列的关系。"（《语言学百科词典》1993: 368）

戴维·克里斯特尔在《现代语言学词典》中指出，组合关系是"语言学的一个基本术语，最初由瑞士语言学家菲迪南德·德·索绪尔引入，指将言语视为（有时但不总是）以线性次序排列的组构成分语符列时言语的序列特性。构式中组构成分（'组合成分'）之间的关系一般称作组合关系（syntagmatic relation）"（克里斯特尔 2000: 350）。

《俄语语法》（第 2 版）"第八编　句法学"中指出："组合规则（правила синтагматики）指句法构造内各单位相互结合的规则。……总之，词、词的形式、词组和单句都有组合性能，后者包括搭配能力、组成句法构造的能力及形成句法联系时有无限制。"（信德麟、张会森、华劭 2009: 464）

叶蜚声和徐通锵在《语言学纲要》（1981）中从符号学的角度定义了组合关系。他们认为，符号和符号组合起来的关系称为符号的组合关系。（叶蜚声、徐通锵 1981: 37）

华劭对组合关系进行的阐释为："组合关系指可能体现于连贯话语（话语片段）中各语言单位之间的横向关系、横向水平关系，又叫句段关系。"（华劭 2005: 78）华劭认为，组合关系具有下列特点：a. 通过组合关系联结起来的单位必须在言语中同时出现，它们有所谓共现性（симультанность，совместная встречаемость）。一个单位具有某种组合关系，必须以另一个

（或几个）单位在场为前提。这就是所说的"句段关系是在现场的（in praesentia）"。б. 组合关系存在于两个或两个以上的线性单位之间。言语中这类在现场的线性单位有连续的顺序和一定的数目。в. 组合关系的类别有限，但却可以在同一话语中反复出现，具有所谓递归性（рекурсивность）。当然，递归性会受到语用条件和修辞要求的约束。г. 在组合关系中，主从联系处于核心地位。因为只有主从性联系才能使组合后形成的单位产生新的性质，使整体大于部分的加和。这一点在词与词的联系中看得最为清楚：述语性的主从联系把相关的词组合成句子，其他的主从联系（限定、支配、依附）则使词结成词组，而并列联系只是在主从联系背景上形成，它们使句中词间关系变得复杂一些，但不能产生新质。д. 通过组合关系可把言语中低一层次的线性单位递次组成高一层次单位。е. 由组合关系联结的两个或两个以上的单位叫作组合体或组合段（синтагма）。ж. 对组合关系有不同的理解。广义理解是，指在特定的一段话语中某一单位和同一层次单位直接或间接的关系，以及与其他层次单位关系的总和。对组合关系最狭义的理解，指有主从联系的两个语言要素之间的关系，一般说，直接成分分析就是基于这种对组合关系的理解。而通用的、对组合关系中等范围的理解，是指一个要素在某一段落中与所有其他同层次单位之间不同性质的联系（包括并列联系），首先是直接联系，其次是对该要素的形式、意义或功能有影响的各种间接联系。（华劭 2005: 78–81）我们赞同"在组合关系中，主从联系处于核心地位"的观点。

在语言文化学领域，Воробьев 认为，语言文化单位的组合关系是线性的关系，体现为语言搭配和文化搭配。彭文钊、赵亮在《语言文化学》（2006）一书中对语言文化场中的语言文化单位的组合关系做了明确的定义。他们认为："组合关系是一种功能关系，表现为符号、概念或客体物的功能运作，其结果是基于场性分工的基本单位可搭配性（价）——语言搭配和文化搭配的实现；其实质是人在该语言文化场与其他场相互作用所限定之文化语境中的活动的符号化表达。形式上，组合关系作为一种线性关系同样分为两个层面：语言层面和语言外层面。"（彭文钊、赵亮 2006: 73）

通过语言学和语言文化学领域对组合关系的界定，我们能够看出，无论是从哪个角度分析语言文化场中语言文化单位的组合关系，指的都是一种搭配的关系。只是在语言文化学视域下研究时，我们更应关注这种搭配下体现的文化价值，即要考虑到文化这一关键因素，在研究过程中我们要揭示出俄汉该观念所反映出的不同文化背景，从而揭示两个民族的文化异同之处。

二、俄汉"вода/ 水"观念语言文化单位的形容词场

语言文化单位是В. В. 沃罗比约夫语言文化学研究的基本单位，"按照В. В. 沃罗比约夫的观点，语言文化单位集符号、意义和文化事物的概念于一身，是属跨层级的综合性单位。它与纯语言单位既有联系又有区别，区别在于它具有'双层性'——即将纯语言的内容和文化的内容综合在一起，因此能最便捷、最有效地解释语言的文化价值。研究表明，语言文化单位的结构比纯语言单位要复杂，后者的构成一般为'符号'和'意义'两大要素；而前者除符号、意义外，还有语言外内容——文化概念成素。因此，纯语言单位只是语言文化单位的一个部分。语言文化单位的结构类型也多种多样：既可以是词语，也可以是词组，还可以是语段甚至篇章等"（赵爱国 2006: 64–65）。

我们将所有与俄汉"вода/ 水"观念同名语言文化单位 вода 和"水"搭配使用的形容词，划归为形容词场。

（一）与 вода 搭配的形容词场

俄语中形容词"表示事物的特征，有从属的性、数、格的语法范畴，在句中做一致定语和静词性合成谓语的静词性部分（表语）"（张家骅 2006: 35）。因此，形容词可用于修饰表示事物意义的名词。俄语形容词可以分为性质形容词和关系形容词两大类。通过对俄汉语料库中的语料进行分析和总结，我们在形容词场内部对这些形容词进行再划分。

1. 表征水温度的形容词

例如：холодная（凉的），стылая（凉的），студеная（冰凉的），горячая（热的），термальная（热的），жаркая（热的），теплая（温的），тепленькая（温暖的），等等。

1）Мне, конечно, нетрудно: квартира в новом доме, *горячая и холодная вода*, мусоропровод — это все есть.（Грекова）对我来说当然并不难，新房子里的公寓，热水和冷水，垃圾管道，这些全部都有。

2）Если идея действительно воплотится в жизнь, то *горячая* вода будет и в других домах. (Гнатюк) 如果想法真的实现，那么热水也会出现在其他房间。

3) Здесь *прохладная* вода. И если медленно плыть, можно сильно замерзнуть. (Митьков) 这里是凉水，如果慢慢地游，可能会冻成冰的。

2. 表征水清澈程度的形容词

例如：чистая（干净的），прозрачная（清澈的），кристальная（清澈的），хрустальная（清澈晶莹的），мутноватая（有些浑浊的），сточная（污染的），等等。

4) *Прозрачная* вода потемнела, и в берег с шумом била тяжелая осенняя волна... (Мамин-Сибиряк) 清澈的水变得昏暗，秋天深沉的波浪伴随着嘈杂声拍打着海岸。

5) Вода *мутная*, солнечная. (Шишкин) 水是浑浊的，反射着太阳光。

6) А виделось: зеленая степь с лазоревыми цветами, кудрявые вербы, *светлая* вода. (Екимов) 随处可见天蓝色鲜花点缀的绿色草原，枝繁叶茂的柳树，清澈的水。

3. 表征水颜色的形容词

例如：светлая（明亮的），водянистая（无色的，淡色的），желтенькая（淡黄色的），зеленая（绿色的），изумрудная（碧绿色的，翡翠色的），синяя（蓝色的），бурая（棕色的），черная（黑色的），темная（黑暗的），желто-золотая（金黄色的），румяная（玫瑰红色的），等等。

7) Я расправил крылья. С крыльев потекла *серая*, грязная вода. (Сокуров) 我张开翅膀。灰色的脏水从翅膀上流出。

8) Мы поплыли по Желтому морю в прекрасную теплую погоду: светлое небо, *желто-золотая* морская вода. (Вертинская) 我们在美丽温暖的天气沿着黄海航行：明亮的天空，金黄色的海水。

9) Ветки — еще голые, вода — *румяная*. (Замятин) 树枝还是光秃的，水是玫瑰红色的。

4. 表征水味道、气味的形容词

例如：пресная（淡的），безвкусная（淡而无味的），соленая（有咸味的），сладкая（甜的），вкусная（美味的），горькая（苦的），фруктовая（果味的），гнилая（有腐烂气味的），отвратительная（令人恶心的），тухлая（腐臭的），

等等。

10）Уже появились стюардессы, предлагая питье: минеральная и **сладкая** вода.（Аграновский）空乘人员已经出现，提供饮料：矿泉水和甜水。

11）Вода была **горькая**, как английская соль, холодная и **враждебная.**（Искандер）水像泻盐一样苦，寒冷且充满敌意。

12）Мне часто Ташкент снится: платаны, карагачи, тополя... воздух его, **вкусная** вода...（Рубина）我经常梦见塔什干：梧桐树，榆树，杨树……它的空气，美味的水……

5. 表征水状态的形容词

例如：спокойная（平静的），бесшумная（静悄悄的），застойная（积水），крутая（高高涌起的），мокрая（潮湿的），газообразная（气态的），талая（融化的），等等。

我们知道，俄语动词有一种修饰形式是形动词，它有形容词一样的词尾及其形态变化，因此，它既有动词的意义，又有形容词的意义，可以直接修饰名词，做其一致定语。所以，除了形容词可以表示 вода 的状态外，主动形动词也可以表示其状态，如 прибывающая（вода）[来临的（水）]，струящаяся（вода）[缓缓流动着的（水）]，обжигающая（вода）[燃烧着的（水）]，журчащая（вода）[潺潺流动着的（水）]，等等。例如：

13）**Гладкая** вода бухты имела сердцевидный контур.（Ефремов）海湾平静的水有一个心形轮廓。

14）Вода в нем **гладкая** и **дымная**, — такою она бывает ранним утром или после заката.（Паустовский）它里面的水是平静的，而且雾气腾腾的——这种情况常发生在清晨或日落之后。

15）... **журчащая** вода и мшистый камень, в тиши подлесной приветливая черника, улыбчивая земляника...（Волконский）……喃喃自语的水和长满苔藓的石头，寂静的灌木丛中有可亲的蓝莓、微笑着的草莓……

但这部分内容被我们归入了动词场。

6. 表征水（地理）来源的形容词

语料库中含有大量的表示水来源或地理来源的形容词，例如：лунная（月球的），океанская（大洋的），байкальская（贝加尔的），донская

（顿河的）, черноморская（黑海的）, болотная（沼泽的）, полярная（极地的）, северная（北方的）, лесная（森林中的）, пустынная（沙漠的）, ледниковая（冰川的）, морская（大海的）, родниковая（泉的）, колодезная（井的）, озерная（湖的）, речная（河的）, прудовая（池塘的）, местная（当地的）, дождевая（雨的）, снеговая（雪的）, весенняя（春天的）, осенняя（秋天的）, природная（天然的）, 等等。例如:

16）При такой низкой температуре даже соленая *океанская* вода того и гляди замерзнет.（Сергеев）在这样低的温度下甚至是咸的**大洋水**也会冻成冰的。

17）*Подземная* вода, не скованная морозом, стояла высоко.（Водолазкин）没有被霜冻冻住的地下水水位很高。

18）Внизу, по круглому цементному ложу, бесшумно и стремительно неслась с гор *снеговая* вода.（Домбровский）雪水沿着圆形水泥床，从群山之中静静地迅速倾泻而下。

7. 表征水量（深度、高度等）的形容词

这类形容词主要有: большая（大量的）, безбрежная（无边无际的）, мелкая（浅的）, глубокая（深的）, высокая（高的）, 等等。例如:

19）Пришла *большая* вода, очень быстро и очень много. **大量的水**来了，非常快，非常多。

20）Будто в деревне, в колеях *глубокая* стоячая вода, кое-где видна даже ряска.（Шаров）好像在一个村庄里，车辙中有深深的积水，某些地方甚至可以看到浮萍。

21）По прогнозу специалистов, *высокая* вода простоит еще две-три недели.（Красавин）据专家预测，高水位将再持续两到三周。

8. 表征水用途的形容词

这类形容词有: питьевая（供饮用的）, виноградная（葡萄的）, бытовая（生活用的）, легкая（淡的，可以饮用的）, газированная（含气的）, запасная（备用的）, мыльная（肥皂的）, щелочная（碱性的）, мягкая（软的）, жемчужная（珍珠的）, детская（婴儿的）, туалетная（вода）（淡香水）, 等等。

22）Неподалеку была удобная бухта, в ручьях — хорошая *питьевая* вода.

（Алексеев）附近有一个便利的海湾，溪流中有很好的**饮用水**。

23）А на проспекте Навои красят дома. Там же и ярмарка, на каждом шагу — шашлыки, *газированная* вода и мороженое.（Арро）在纳沃伊大街上正在粉刷房子。那里就有一个市场，烤肉串、**苏打水**和冰淇淋随处可见。

24）*Жемчужная* вода обладает противовоспалительным, противомикробным и кровоостанавливающим эффектом.（Лерчик）**珍珠水**具有消炎、抗菌和止血作用。

9. 表征水宗教意义的形容词

例如：божественная（和宗教有关的），заколдованная（有魔法的），крещеная（受洗的），живая（起死回生的），святая（神圣的），等等。

25）Глубокая, *заколдованная* вода стояла передо мной.（Искандер）深深的、**有魔法的**水就在我的面前。

26）Раскрыл Медведь вторую клеть, а в ней *живая* вода ключом бьёт.（Ремизов）梅德韦季打开了第二个储藏室，而里面起死回生的仙水正喷涌而出。

（二）与"水"搭配的形容词场

汉语中，形容词表示事物的属性，单音节的如大、小、长、短、快、慢，双音节的如清楚、优秀、勇敢、端正。一般能受程度副词的修饰，如很简单、太小、非常简陋等。形容词在句中主要充当定语，如大树、红太阳、皎洁的月光。（力量、许彩云、晁瑞 2013：56）这里指的是形容词的简单形式。所谓简单形式指的是形容词的基本形式，包括单音节形容词（大、红、多、快、好）和一般的双音节形容词（干净、大方、糊涂、规矩、伟大）。（朱德熙 2001：3）

"形容词是表示性质状态的词。"（兰宾汉、邢向东 2006：27）汉语形容词可分为性质形容词和状态形容词。性质形容词指能够受程度副词"很"修饰的词；状态形容词由性质形容词加上表附加意义的语素构成，前面不能再加"很"，使用时后面一般要加"的"。（兰宾汉、邢向东 2006：27）

其中一部分形容词可以单独提取出来，而另一部分则需要通过搭配名词的方式体现其意义。在对汉语语料库中的语料进行整理之后，我们将与"水"搭配的形容词归入形容词场，并分为以下几类：

1. 表征水温度的形容词

例如：热气腾腾的（海水），温暖的（海水），沸腾的（江水），凉凉的

（江水），冰冷的（江水），开水，凉水，等等。

27）热气腾腾的深层海水泛到海面，加速了蒸发，使盐的浓度愈来愈高。

28）一座岛屿就这样从浓烟和沸腾的海水中诞生了。

29）冰冷的江水从她脚踝慢慢升起，一直掩盖到她的脖子，使她感到正在穿上一件新衣服。

2. 表征水清澈程度的形容词

例如：清清的（江水），浑浑的（江水），清澄晶莹的（湖水），清（浅）的（湖水），清澈见底的（湖水），清亮的（湖水），等等。

30）清澈的漓江水终于穿过7000多米的渠道湍急而下、注入桂湖。

31）他慢慢地睁开眼睛，在茫茫的黑夜里，看见浑浑的江水就从身旁流过。

32）小船驶出苇荡，划进阔大的湖面，整个西湖被烟雨遮掩着，雨点时大时小，清亮的湖水，便溅起点点珠玉，真是大珠小珠落玉盘，玉盘金声响十里。

3. 表征水颜色的形容词

例如：墨黑的（海水），青褐色的（海水），淡绿色的（江水），暗绿色的（江水），蓝绿色的（江水），清碧的（江水），黄浊浊的（江水），漆黑的（江水），土黄色的（江水），黄黄的（江水），浑黄的（江水），灰黄的（江水），湛蓝的（湖水），翡翠般的（湖水），碧绿的（湖水），澄碧的（湖水），等等。

33）乘船在黑海上航行，见到的都是黝黑的崖岸，青褐色的海水，海区内显得毫无生气。

34）过了街就是嘉陵江，黄黄的江水湍急地流过，都往长江口涌去。

35）翡翠般的湖水，明洁，纯净，晶莹，一片迷人的无比深沉的宁静。

4. 表征水味道、气味的形容词

例如：淡（水），较淡的（海水），稍淡的（海水），又咸又涩的（海水），咸（水），酸（水），甜（水），苦（水），臭（水），等等。

36）湖水明显分为两层：上层为淡水，水中生活着淡水鱼类；下层是咸水，与海水差不多，里面生活着海洋生物。

37）在通往大洋的水路上，有石林岛及水下岩岭，大洋里稍淡的海水难以进来，红海中较咸的海水也难以流出去。

38）要解决这里的问题，必须打出100米以下的深井，才能取出甜水。

5. 表征水状态的形容词

例如：新鲜的（水），静止的（水），波光粼粼的（江水），愤怒的（江水），咆哮的（江水），汹涌的（江水），波涛汹涌的（江水），滚滚的（江水），湍急的（江水），悠悠（江水），奔流的（江水），波光潋滟的（湖水），平静的（湖水），等等。

39）民航疗养院坐落在风景区九溪口，倚屏风山，临钱塘江，清晨凭窗便可见悠悠江水东去。

40）湍急的江水，溅起高高的水花，打湿了我们的面颊和衣服。

41）沙漠沉睡时，如平静的湖水，如温柔的姑娘；沙漠发怒时，像莽撞的醉汉，像凶狠的恶狼。

6. 表征水（地理）来源的形容词

例如：雨（水），冰泉（水），河（水），汗（水），内陆（水），地表（水），地下（水），海（水），黄河的（水），长江的（水），嘉陵江（水），漓江的（水），丹江（水），鸭绿江（水），岷江（水），等等。

42）春天，在异乎寻常的宁静中来了。鸟儿们消失了，河里的水已是无鱼的"至清"……

43）夏天到了。嘉陵江水湍急而浑浊，前山后山绿成一片。

44）公路东边，鸭绿江水清澈透亮；路西边青山起伏，愈向北行，山色愈翠，景色愈美。

7. 表征水量（深度、高度等）的形容词

语料中有一些从深度、高度、面积等方面表示水量的形容词，如细（水），浅的（海水），没膝的（海水），滔滔（长江水），苍茫的（江水），巨大的（水域），等等。例如：

45）千古滔滔长江水，她从唐古拉山脉出发，穿峡谷，走平原，浩浩荡荡六千余公里。

46）后来她终于望见一条熟悉的木船影子，它从苍茫的江水深处驶来。

47）好莱坞电影中常常出现的气魄，五星将军麦克阿瑟冒着呼啸的子弹，蹚着没膝的海水，率部登陆了。

8. 表征水用途的形容词

例如：墨（水），硝镪（水），玫瑰（水），槐子（水），香（水），铁（水），钢（水），银（水），镉（水），等等。

48）盥洗室里充满甘香酒剂、花露水、发蜡和香水的香味。

49）刚刮净的脸，会仿佛顺着刀子冒槐子水，又涩又暗。

9. 表征水宗教意义的形容词

汉语语料库里表征水宗教意义的形容词数量不多，如（神）仙（水），净（水），神（水），圣（水），佛（水），等等。但带有这些形容词的语料数量却很丰富，如带有"仙（水）"的语料19条，带"神（水）"的语料74条，带"圣（水）"的语料173条。例如：

50）清朝时满族、蒙古族为了"祭海"，不惜卖掉马匹、牛羊，千里迢迢来到海边祭海，取回"神水"。

51）我顿然觉得在物质的光晕晃得人们眼花缭乱的时候，一股清晶的圣水淋洒在我的心头。

（三）与"вода/水"搭配的形容词场异同

如上文所述，我们在俄汉语料库中检索了能够与"вода/水"搭配的形容词，并对其进行了归类。我们从中发现，在俄语中，修饰вода的形容词是可以被单独提取的，表达的是形容词的本义。而同观念词"水"搭配的形容词通常具备以下特点：（1）此类形容词可以受到程度副词的修饰（如"稍淡的"）；（2）形容词经常加在名词"水"之前，修饰"水"，构成偏正词组；（3）有些形容词可以重叠，有强调的作用。例如：

表征水温度的，如"热气腾腾的，凉凉的"；表征水清澈程度的，如"清清的（江水），浑浑的（江水）"；表征水颜色的，如"黄浊浊的，黄黄的"；表征水状态的，如"滚滚的"；表征水量的，如"滔滔"。"形容词重叠式跟原式的词汇意义是一样的，区别在于原式单纯表示属性，重叠式同时还表示说话的人对于这种属性的主观估价。换句话说，它包含着说话的人的感情在内。"（朱德熙 2001：35）

在具体划分上，我们将与"вода/水"搭配的形容词归纳为九类，从类型数量上看，俄汉语能够与вода和"水"搭配的形容词类型相当。此外，俄语动词可以构成主动形动词形式，具有形容词的词形变化和意义，所以，这类词

也可以表示 вода 的状态，但我们并未将其归入形容词一类中，而是归入动词类中。

在俄汉语料库这两个相对封闭的系统中，从颜色上看，汉语大多都是用"绿""蓝""黑""黄"等几种颜色概括形容"水"，而且颜色的划分较为细致，同一种颜色会细分出很多的层次。从用途上看，俄语对水的划分较倾向于与日常生活息息相关的词语，汉语则对于水的划分更为细致，其中不仅包含了生活中的各种用水，还包括了化学方面的，比如中国的工业会用到"铁水""钢水""银水""镉水"等。从宗教意义上看，虽然"水"都是圣洁之物，但是具有的宗教信仰不同，人们赋予它的意义就有所不同，体现在词汇上就有所差别。以上这些方面的差异来源于中俄两个民族生活环境、信仰的不同，这表明，生活环境在人脑中所形成的观念对表达事物也有重要影响。

三、俄汉"вода/ 水"观念语言文化单位的动词场

俄语动词"表示作为过程的行为，有体、态、式、时、人称等语法范畴，在句中主要用做谓语……动词是语法范畴和语法形式最丰富的词类，除了体、态、式、时、人称等动词特有的语法范畴外，有些动词形式还具有性和数的范畴"（张家骅 2006: 73）。

我们对俄汉"вода/ 水"语言文化单位动词场的分析主要是从动词的态范畴角度进行切入的。动词的态范畴表示行为对其语义主体和客体的关系，即表示被行为说明的事物是行为的语义主体或语义客体。俄语动词的态分为主动态和被动态。主动态表示被行为说明的事物是行为的语义主体，用主动态动词、动词的主动态形式并借助主动结构表示；被动态表示被行为说明的事物是行为的语义客体，用被动态派生动词、短尾被动形动词并借助被动结构表达。（张家骅 2006: 77–78）因此，我们就将俄汉语料库中同"вода/ 水"搭配的动词从主动态、被动态两方面进行对比分析。

（一）与 вода 搭配的动词场

1. 主动态场

该类动词以下述动词为主：смыла（冲走了），омывала（洗净），размыла（洗涤），оттягивала（拉扯），трепетала（颤抖），дрожит（颤抖着），долбит（啄

着），блестела（闪光，闪烁），бежала（流，淌），бурлила（沸腾，汹涌），течет（流着），втекает（流入），убывала（回落，下落），протекала（流过，流经），подходит（靠近），подходила（毗邻；上升到……），струилась（成股地流淌），зашумела（哗哗响），шипит（发出咝咝声），шуршала（簌簌作响），проходит（通过，流过），выходит（出来），возникает（出现），умножилась（成倍增加），усиливалась（增强），скапливается（积聚），（будет）поступать（к）[（将）渗透（到）]，нагревается（до... градусов）（被烤到……度），（откуда）взялась（从哪儿来），стала（变成了），насыщает（使……饱和），поднялась（上升），поднимается（渐渐上升），содержит（含有），отсутствовала（缺少），была（曾经是），（может）подходить[（可能）适合]，подходила（接近），доходила（流到），идет（на）（用于），должна находиться[（应该）有]，бывает（常有），была（曾是），стечет（淋干净，排出），стекала（流出来），оказалась（原来是），неслась（迅速冲去），пищала（吱吱作响），стояла（高）[水位（高）]，казалась（似乎），пахнет（散发味道），вставала[（水位）上升]，потемнела（变暗了），угрожает затопить（有淹没的危险），ласкает（抚摸），прикрывает（覆盖），подтопила（淹没），впитала（吸收），взяла（带走），застыла（冻结了），простоит（将停留），сливалась（融合），обдает（溅），льется（倾泻），лилась（流淌），раздалась（响了），вызывает（导致），окрасила（涂上颜色），имела（有），всхлипывает（啜泣），становится（变得），становилась（变成了），остается（仍然是），составляет（构成），вспухала（汹涌澎湃），несется（冲刷），спала（睡着），уснула（睡着了），пела（唱着歌），（не хотела）уходить[（不想）离开]，вертится（旋转），гремела（隆隆响），проявляет（显示出），испаряется（蒸发），точит（敲击），зачурлюкала（冒泡），заколебалась（摇晃起来），опалесцировала（稀释），почернела（变黑了），（начала）светиться[（开始）变得透明]，попадает（流入），победила（胜利），（не）дает[（不）给]，хранит（储存，保留），перетекала（流入），грозилась поглотить（威胁要吞下），вызванивала（发出当当声），хлюпала（扑哧哧地响），заполняла（充满），（не）действует[（不）起作用]，расперла（打开），разрывает（打破），загустела（变稠），очищает（净化），освежает（使清新），

следует（遵循），накатывала（滚来），подается（被供应到），валится（落入），вылетает（飞出），уносила（带到），лежала（位于），шумела（沙沙作响），увлекает（吸引），плещется［（水）溅声］，иллюстрирует（装饰），обрушилась（倾泻），боролась（за свободу）［争夺（自由）］，разбежалась（四处流淌），разбегалась（四处流淌着），серебрится（泛着银光），очищается（变纯净），поднимается（上升），завихряется（起旋涡），устремилась（湍急），мутилась（浑浊），подбирается（接近），просачивается（渗入），застаивается（因停滞过久而变味），кончилась（耗尽），держится［积（水）］，распоясалась（肆虐），стремится покинуть（渴望离开），等等。例如：

52）В лодку вновь *хлынула* вода.（Колодан, Шаинян）水再次涌入船中。

53）Совсем тихо было, только *шуршала* вода, набегая на песчаную отмель.（Герман）很安静，只有涌向沙底浅滩上的水在沙沙作响。

54）Вода *победила*, деревья попадали, а после того и сама вода разбежалась в болоте.（Пришвин）水赢了，树木纷纷倒下了，之后水就在沼泽里漫流开来。

55）Слышно, как у набережной *плещется* вода.（Овчинников）人们可以听到堤坝附近的水溅声。

此外，与 вода 搭配的还有部分主动形动词，如 текущая, прибывающая, струящаяся, несуществующая, обжигающая, журчащая, идущая, попадающая, 等等。例如：

56）Успокоилась, стала прозрачной теплая, легкая, словно *несуществующая* вода.（Терехов）温暖、轻盈、仿佛*不存在*的水平静下来，变得清澈了。

57）... слышатся шум вековых деревьев, и *журчащая* вода каскадных прудов, и пение птиц, и эхо голосов владельцев усадьбы.（Колосова）……人们可以听到老树的声音，层叠池塘潺潺的流水声，鸟儿的歌声，以及庄园主人声音的回声。

58）Вода, *идущая* с гор, обычно бедна планктоном.（Медведев）来自山区的水里浮游生物通常很匮乏。

59）Вода, *попадающая* в лоток, уже настолько чиста, что не может повредить речным обитателям.（Дубровский）进入排水槽的水已经非常干净，不会对河流里的生物造成危害。

2. 被动态场

归入该场的是被动态动词，即能够与 вода 搭配的带 -ся 动词，且 вода 在句中作为该动词行为的客体而存在。该类动词主要有：будет использоваться［（将）被利用］，используется（被利用），прогревается（变暖），нагревается（使变温暖），распределяется（被分配），открылась（被开放了），затянулась（被吸入），сохраняется（被储存），закачивается（被抽上来），выпускалась（被释放），等等。例如：

60）В результате вода **затянулась** мутной желтоватой пленкой, дно покрылось слоем мусора, и вдобавок ко всему речка заросла тиной.［Курить по-прежнему вредно (2002) // «100% здоровья», 2002.11.11］结果，水被发污的微黄色薄膜吸了进去，底部被一层垃圾覆盖，不仅如此，这条河还长满了水藻。

61）Вода из прудов **выпускалась** в течение примерно полутора суток.（Иванов）池塘里的水已经排了大约一天半了。

与 вода 搭配的还有动词的被动形式，如 выброшенная（被丢掉的），загрязнена（被污染），перенасыщена（过饱和），видна（被看到），等等。例如：

62）Кстати, по некоторым наблюдениям, чем сильнее **загрязнена** вода, тем лучше себя чувствуют там морские звезды.（Зайцев）顺便说一句，据观察，水污染得越厉害，海星就活得越好。

63）Байкальская вода **перенасыщена** кислородом, и только такая вода подходит обитающим в озере организмам.（Савельева）贝加尔湖水氧气过饱和，只有这样的水才适合生活在湖中的生物。

（二）与"水"搭配的动词场

动词是表示动作、行为或存在、变化、消失等多种意义的词。（兰宾汉、邢向东 2006: 24）可分为及物动词（他动词）和不及物动词（自动词）。虽然汉语动词存在及物动词、不及物动词的差别，但是其在句子中同样是以主动结构、被动结构的形式体现出来的。为了保证俄汉观念词研究角度相同，我们对与"水"搭配的动词场同样从主动态和被动态两个角度入手分析。

1. 主动态场

在主动态场，"水"作为行为的主体，能够与其搭配的动词有：涌（入，向，来），钻（进来了），吸，（奔腾而）出，冲（去），暖和（了），流淌，奔（出了），出发，穿（过），走，溅起，打湿（了），平息（下来），（一泻而，狂奔而）下，流（入，过，走），涌动，汹涌，涨，结冰，进（来），吼，浸（着），升起，泛（到，起），映照（着），通过，（源源而）来，托（着），荡漾，流逝，吸收，冲（走了），沁（出来了），闪（着），醒（来），等等。例如：

64）有这样一个美丽的村庄，春天繁花俏艳，秋天果树泛金，树木挺拔成美丽的屏风，鸟儿在原野中轻啼，涧水在山河里流淌……

65）大西洋和波罗的海的通道又浅又窄，盐度高的海水不易进来。

66）"今晚的江水实在吼得太大了！"

同"水"搭配的动词很多，除了动词的直义外，有些动词语义在语境中还会受到修辞手段，比如比喻、拟人等等的制约。我们认为，从该类动词中可以看到汉语中对于"水"的鲜明的民族认识特征。

2. 被动态场

汉语动词本身没有形态变化，受该种特点的制约，汉语动词本身就是没有被动态形式的，因此其被动态的实现主要依靠词汇手段，在很大程度上依赖于动词本身的意义及上下文语境。汉语被动意义的表达可以归纳为以下三类："（1）有形式标志的被动句；（2）无形式标志，但由词汇手段，即某些动词标示句子有被动意义；（3）既无形式标志，也无词汇手段，完全依靠意合的具有被动意义的句子。"（蔡专林 2010: 107）

在我们查询的北京大学 CCL 语料库中的例句显示，同观念词"水"搭配的被动态短语主要体现为以下几种形式："经……洗"，"被……浸湿"，"被……冲刷"，"被……淹没"，渍过，"把……呈给"，等等。详见以下例句：

67）曼倩也淌了些眼泪，不过眼泪只使她的心更坚决，宛如麻绳渍过水。

68）她也想死是应该，于是安静下去，用她昨夜为着泪水所侵蚀的眼睛观察那熟人急转的面孔。

从上述例句中我们发现，同动词的主动态形式相区别，在其被动态形式中，人或事物都是作为动作的承受者而存在的，语言文化单位"水"就是动作的发出者，与主动态形式相对。从数量上看，显然被动态动词数量较主动态动词数量少，但是在不同的语境中，主动态的动词可以转化为相应的被动态形式。在进行句意分析时，都可以将其理解为相应的被动意义。

（三）与"вода/水"搭配的动词场异同

由于俄汉语本身形态上具有差异，其动词本身就是存在差异性特征的。俄语后缀 -ся 常常是被动动词的标志，但需要强调的是，并不是所有带 -ся 动词都是被动态动词，这还需参考其词汇意义。汉语动词的被动态意义常常需要通过词汇手段及其意合意义体现出来，常常出现这种情况，有些表面上看似主动态形式的动词，在某些语境的影响下表达的却是被动态意义。

以语料库中大量的例句为支撑，我们发现，俄汉语中同"вода/水"搭配的动词差异性较大，即使从数量上看，我们从俄文语料库归纳出的能够与вода搭配的动词多于从中文语料库中归纳的可以同"水"搭配的动词。事实上，同"水"搭配的动词更具多样性特征，我们可以从这些动词中看出认知主体"人"的重要性。

四、俄汉"вода/水"观念语言文化单位的名词场

俄语中，名词"表示事物，有性、数、格的语法范畴，在句中主要做主语和补语……名词在句中可以充当任何句子成分，但是做主语和补语是名词的典型句法功能"（张家骅 2006: 12）。在对同 вода 搭配的名词进行分析时，我们以自然场、社会场为切入点对其进行分类。形式上，这些名词通常都以第二格形式来修饰 вода。

（一）与 вода 搭配的名词场

1. 自然场

在该场中，同 вода 搭配的名词存在两种情况：第一种，名词以其第二格形式修饰 вода，做其定语，如（вода）залива（河湾），（вода）бухты（海湾），（вода）источника（泉），（вода）морей（大海），（вода）реки（рек）（河），（вода）ручья（ручьев）（溪），（вода）океанов（海洋），（вода）земли（地里的水），（вода）суши（陆地的水），（вода）воздуха（空气中的水），（вода）озера（湖泊的水），（вода）потопа（大洪水，水灾），（вода）Волги（伏尔加河水），（вода） родника（泉水），（вода）божья（上帝的水），等等；第二种形式即"前置词（в，на）+名词（专有名词）第六格形式"，"前置词из+名词第二格"形式，此时名词作为 вода 的非一致定语，如（вода）в море［海洋里的（水）］，（вода）в озере（озерах）［湖里的（水）］，（вода）в Волге［伏尔加河里的（水）］，（вода）в Байкале［贝加尔湖里的（水）］，（вода）в лужах［水坑里的（水）］，（вода）в ручье［小溪里的（水）］，（вода）на Луне［月球上的（水）］，（вода）в канаве［沟里的（水）］，（вода）в пруду（пруде）［池塘里的（水）］，（вода）из пруда（прудов）［池塘里的（水）］；（вода）из колодца［井里的（水）］，（вода）из водохранилищ［水库里的（水）］。例如：

69）Ветра нет, и гладкая **вода залива**, отражая краски закатного неба, сливается с ним на горизонте.（Зубков）没有风，海湾里清澈的水反射着夕阳的颜色，与地平线上的天空融为一体。

70）Вода **в озерах** чище, чем **в реках**.（Фатющенко）湖水比河流更洁净。

71）Откуда взялась **вода на Луне**?（Желанные капли воды //《Знание-сила》, 2011）月球上的水来自何方？

72）— Конечно. Вода **из колодца.** — Без кипячения?（Носов）"当然。是井里的水。""没有煮沸？"

2. 社会场

通过俄语语料库的检索可知，该场中与 вода 搭配的名词主要有：жизнь（生命），отопление（供暖），водоем（水库），бассейн（游泳池），ванна（澡盆），стакан（玻璃杯），разум（智慧），обида（委屈），марка（商标），кран（龙头，开关），королева（女王），等等。例如：

73）Они содержали радиоактивные соли и большое количество углекислоты. Это была «**вода жизни**».（Толстой）它们含有放射性盐和大量的二氧化碳。这是"**生命之水**"。

（二）与"水"搭配的名词场

名词是表示人、事物或观念名称的词。可分为普通名词、专有名词、集体名词、抽象名词、时间名词、处所名词和方位名词。（兰宾汉、邢向东2006：18）在北京大学 CCL 语料库中与观念词"水"搭配的名词通常是"名词＋水"，从而构成一个新的名词的形式，这类新的名词多为专有名词。

1. 自然场

自然场里常见的有：赤水，湘水，徐水，等等。例如：

74）茅台镇位于贵州高原西北部，处在秀美的**赤水**河岸。

75）昔闻**湘水**碧如染，今闻**湘水**胭脂痕。

2. 社会场

社会场里有：生命之水，薪水，油水，车水马龙，祸水，风水，等等。例如：

76）桂林山青、水秀、石美、洞奇，它以秀丽无双的绝景，赢得了"桂林**山水甲天下**"。

77）本是无色透明的"**生命之水**"，经过时间和木质的交融，逐渐演变柔化，有了颜色和芬芳。

（三）与"вода/水"搭配的名词场异同

俄语本身是字母型的语言，有相应的形态变化特征，因此，俄语的名词具有性、数、格的变化形式；而汉语则不同，汉语中的名词没有词形变化。

在同"вода/水"搭配的名词场中，俄语通常是以名词第二格形式或者带前置词的名词间接格形式修饰 вода 的，汉语则是以"名词＋水"的形式构成新的专有名词。我们将名词场分为自然场和社会场。俄语的自然场主要是自然界与"水"相关的河流名称、自然界事物等；汉语的自然场中包含的主要是与地理位置有关的专有河流名称。社会场中，归为此类的俄语词汇一般是在日常生活中用以修饰 вода 的名词，汉语词汇主要是具有民族特点的专有词汇，如"风水""祸水"等。正如杨秀杰指出的那样："文化观念具有语言化和非语言化形式……文化观念的语言形式是词语，但不是一般的字面含义，除理性的概念义外，还融合着主观情感、评价、形象、联想等元素，具有鲜明的民族性。"（杨秀杰 2006: 92）

五、俄汉"вода/水"观念语言文化单位的其他词类场

（一）与 вода 搭配的其他词类场

1. 数词场

数词场中能够与 вода 搭配的数词有 одна，две，три，以及 первая，вторая，третья，четвертая，пятая，седьмая，девятая，десятая 等顺序数词。

例如：

78）Нет никого, одна вода кругом и ветер.（Дмитриев）一个人都没有，周围有的只是水和风。

одна 作为数词，在该句话中并不是以数词的意义存在，而是体现出副词的性质，因此，虽然我们将其归为数词场，但它并不表示数量意义。

79）Далеко внизу сливались **две воды**, золотисто сверкали песчаные отмели, и большая птица недвижно висела в небе.（Нагибин）远处，下面汇集了两股水，沙底浅滩闪烁着金灿灿的光芒，一只大鸟一动不动地悬在空中。

80）Мы устроились в гостинице, где были **три воды** — горячая, холодная и ледяная, — и пошли погулять по городу.（Петров）我们在宾馆安顿下来，那里有三种水——热水、冷水和冰水，随后就去城里逛逛。

81）**Первая** вода потекла с него до того черная, что даже показалась синей, как чернила. **Вторая** вода была просто черная. **Третья** вода была серая. **Четвертая** — нежно-голубая. И лишь **пятая** вода, перламутровая, потекла по чистому телу, сияющему, как раковина.（Катаев）第一股水从它流出，变得如此黑，甚至看起来像墨水一样蓝。第二股水只是黑色。第三股水是灰色的。第四股是淡蓝色。只有第五股水，珍珠母色，流过一个干净的身体，像一个贝壳一样闪闪发光。

"顺序数词 +вода+ 前置词 +кисель 的语法形式"可构成使用率高的一种固定表达，例如：

82）Так сказать, **вторая вода на киселе**.（Найман, Наринская）可以说是几竿子都打不着。

83）Все неверно, **десятая вода с киселя**; чего не испытал, того и не передашь.（Личутин）一切都不对，八竿子都打不着；你没有经历过，你不懂。

84）Родственник был так себе, **десятая вода на киселе**, но он был в числе тех, кому принц помогал.（Искандер）亲戚就是平平常常、八竿子打不到的亲戚，但他是王子帮助过的人。

众所周知，传统语法中，первая、седьмая、десятая 等被认为是顺序数词（порядковые числительные）。而在 1980 年出版的《俄语语法》中，这些词被认为是顺序形容词（порядковые прилагательные），表示对数目的关系，确定事物在计数顺序中的位置（《Русская грамматика. Том 1》1980：540），归属关系形容词类。顺序关系形容词通过对数目（数量、序列中的位置）的关系指称特征，其意义与其他关系形容词相同，都用来表示关系。（《Русская грамматика. Том 1》1980：541）虽然我们将其归入数词场，但其并不具有数词意义。

2. 副词场

能够归为副词场的主要有：туда，там，здесь，как，куда，когда，зачем，等等。例如：

85）Вода *там* была кристально чистой и отражала голубое небо.（Нахапетов）**那里的水晶莹剔透，倒映着蔚蓝色的天空**。

86）Там, за дверью, свет стоял столбом, сильный и плотный, почти *как* вода.（Улицкая）门后面有一柱阳光，**像水一样稠密有力**。

（二）与"水"搭配的其他词类场

1. 数量词场

汉语中，数词是表示数目和次序的词。（兰宾汉、邢向东 2006：19）同俄语表达数量的方式相区别，汉语的数量关系是通过"数词＋量词"的形式实现的，并经由此方式修饰名词。有时，会出现这种情况，即汉语的数词后面直接加了名词，这是省略了量词的形式。

在北京大学 CCL 语料库中检索，我们发现，能够与观念词"水"搭配的数量词有很多，如"一滴""一瓢""一潭""一层""一摊""一股""一池""一杯""一碗""一口""每升"等等。例如：

87）生活不再是一潭死水，到处都泛起了层层浪花。

88）那封求婚信不知被谁拿去做了茶杯垫子，湿湿的化了一摊水在上面。

89）大家对第二张画似乎特别有兴趣：有的说"能有这么一股水，一辈子都不用怕旱了"，有的说"今年一开渠，明年就是这样子"。

90）一叶轻舟剪开了一池湖水，两股细浪托起了一艘小船。

2. 代词场

汉语中，能够代替词、词组以至句子的词叫作代词。用来指示人或者事物的代词叫作指示代词。（吕冀平 2000: 110）"这""这儿""这里""这样""那""那儿""那里""本地"就是这样的代词。这与俄语是不同的。在俄语中，与上

述代词相对应的 здесь、там 等是作为副词存在的。例如：

91）这儿的水不冻，这儿暖和，咱们就在这儿过冬，好吗？

92）学员问："你们就用这样的水洗脸？"

93）"……我去了山西，生活相当艰苦，那儿的水大都是咸水，根本没法喝。"

94）柏各庄镇二村饵料厂，通过与河北省农研所合作，结合本地水、土资源情况，研制出由 21 种原料组成的新配方饵料，产品供不应求。

（三）与"вода/水"搭配的其他词类场异同

借助俄汉语料库中的大量例句，我们发现，能够与"вода/水"搭配的其他词类以数词和副词为主，但这并不代表没有其他词类的词可以同其搭配。我们之所以选择数词、副词这两种词类，是因为从数量上看，它们在语料库中相对于其他词类而言较多。

在同"вода/水"搭配的其他词类场中，最大的区别在于，вода 的代词场在汉语中却表现为"水"的副词场，这是由两种语言构造上的差异决定的。在数词场中，同样由于俄汉语两种语言构成形式的不同，数词修饰"вода/水"的方式也有所不同：俄语通常是"数词＋名词"的形式，汉语则是"数词＋量词＋名词"的形式，此时，汉语组合数目相较于俄语更多。

六、俄汉"вода/水"观念语言文化单位组合场差异之原因

我们从语言内、外因素出发，对俄汉"вода/水"观念语言文化单位组合场的差异进行原因阐释。语言内因素又分"语言类型"、"文字特点"和"语法结构"三种因素；语言外因素又分"宗教因素"和"地理因素"两方面。

（一）语言内因素

"语言是人类社会的自然产物，是约定俗成和不断发展的符号体系，有声音和书面的物质形式，能够表达人的概念和思想，其首要功能是为人们的交际服务。同时，语言既是人类文化发展的基础和条件，也是人类文明独特的成果。'语言'这一术语首先指的是人类的自然语言，它对立和区别于其他人工语言、信号系统以及动物语言。"（转引自李勤、孟庆和 2005：3）"语言，作为人类特有的一种符号系统，是社会成员之间交流的中介，也是认知世界的工具和

文化信息的载体。"（居阅时、瞿明安 2001: 211）

1. 语言类型

众所周知，全世界的语言是按照语言的谱系进行分类的。根据语言的历史来源或亲属关系对语言所做的分类叫作语言的"谱系分类"。（高名凯、石安石 1963: 241）"语言的'谱系分类'依照语言间的亲属关系的亲疏程度把语言分为语系、语族、语支等。语系是分出来的最大的类。同一个语系之下可以分出若干语族，同一个语族之下可以分出若干语支，有时甚至于还可以在语支之下再分出若干语群。"（高名凯、石安石 1963: 241–242）"世界诸语言按照亲属关系可以分为汉藏语系、印欧语系、乌拉尔语系、阿尔泰语系、闪 – 含语系、伊比利亚 – 高加索语系、达罗毗荼语系、马来 – 玻里尼西亚语系、南亚语系以及其他一些语群和语言。"（高名凯、石安石 1963: 242）

按照该分类，俄语属于印欧语系、斯拉夫语族、东斯拉夫语支，汉语则属于汉藏语系。因此，俄、汉两种语言的文字各具其特点。

2. 文字特点

"汉民族的语言——汉语，是世界上最发达、最丰富的语言之一，使用人数最多。当社会发展到一定的阶段，出现了记录和传达语言的书写符号——文字。一般认为，文字分为表形文字（又叫象形文字）、表意文字（又叫词符与音节符并用的文字）、表音文字（又分为音节文字，如日语；字母文字，如英语）三种类型。这三种类型标志着世界文字发展的三个不同阶段。……汉字是世界上最古老的文字之一，已有 6000 年左右的历史。现用汉字是从 3000 多年前商代的甲骨文和稍后的金文演变而来的。在造字原则上，汉字从表形、表意发展到形声；在形体上，汉字逐渐由图形变为笔画，复杂变为简单，象形变为象征。"（居阅时、瞿明安 2001: 211）

"俄语是印欧语系斯拉夫语族中的一种语言，它和乌克兰语、白俄罗斯语同属于东斯拉夫语支。俄语是俄罗斯民族的母语，是俄罗斯联邦的官方语言。除了俄罗斯联邦外，俄语还广泛使用于苏联的另外 14 个国家，是这些国家和民族间通用的交际语言。"（李勤、孟庆和 2005: 9）"俄语是世界上最发达的语言之一。它词汇丰富，表现力强；语法体系严谨，功能语体系统发达。俄语从其形态结构上来说是屈折和综合的语言，主要通过词尾的变化，偶尔也通过后缀，或者说，通过词本身的形式变化来表达句子中词之间的语法意义和关系。词尾和意义之间存在着复杂的关系，一个词尾往往可以表示若干个词法意义（如 -ый 表示单数阳性一格），另一方面，同一个词法意义在不同的词里可以用不同的词尾来表示（如 стол-у，жен-е，кост-и 都表示单数三格）。"（李勤、孟庆和 2005: 9）

在"名词场"中，俄语多用名词的第二格形式修饰 вода，汉语则是"名词＋水"的形式。

俄、汉两种语言的文字特点不同，导致其语法结构的不同。

3. 语法结构

"语法结构"在这里专指印欧语系和汉语的两种极具特点的句式。

"语言和文化有着十分密切的关系。"（常敬宇 1995: 1）"罗常培在《中国人与中国文》中说：'语言文字是一个民族的文化结晶。这个民族的过去的文化靠着它来流传，未来的文化也仗着它来推进。'不同民族的文化不仅生成语言的特殊语义成分，而且对语言的构词构句模式也产生重要影响。每一个民族的语言都是自己民族文化的一面镜子，或者说，语言是历史文化的'活化石'。"（常敬宇 1995: 1）。"各民族文化的个性特征，经过历史的积淀而结晶在词汇层面上。一个民族语言的词汇系统能够最直接最敏感地反映出该民族的文化价值取向。"（常敬宇 1995: 1）

"印欧系语言的两种基本句式是主动和被动。"（徐通锵 1997: 580）"相反，汉语的被动句在句法中就没有像印欧语被动句那样的地位，'被'（包括'给、叫、让'等）基本上只是一种使有定性的施事后置的语法形式……两种语言的这种差异不是偶然的，而是句法结构基础的差异的反映。"（徐通锵 1997: 580–581）"印欧语的主动和被动是以动词的形态变化为基础的一种语法范畴，俗称'态'或'语态'（voice），即一般语法书上所说的主动态和被动态。"（徐通锵 1997: 581）"俄语的形态变化很丰富，动词的形态变化至今仍保留着主、被动的成系统的对立。所以，态是'动词的一种形式或某种句法结构，它表示动词的主语和宾语之间的某些关系。主动语态（active voice）出现在动词的语法主语进行某种动作或过程的句子中……被动语态（passive voice）或非主动语态则出现在动词的语法主语是该动词所表示的动作的目标或承受者的句子里'（哈特曼等，1973: 380）。"（徐通锵 1997: 581）"汉语的句式分为自动和使动，实际上就是吕叔湘所说的汉语句法的两种结构格局。"（徐通

锵 1997: 582）

　　徐通锵指出："和印欧系语言的基本句式进行比较，情况大体是：自动句相当于主动句；使动句，印欧系语言没有这种类型的句式，或许称为 causative（使动）的句子可以和它相比拟。'使动'中尽管可以包含一些被动的因素，但和印欧系语言的'被动'是两个完全不同的概念。'自动－使动'是汉语的两种基本句式，而印欧语的基本句式是'主动－被动'；前者的观察视角是句首位置的有定性话题，而后者的观察视角则是有定性的谓语动词。使动句是汉语的一种重要句式。"（徐通锵 1997: 581–582）

　　"动词的态范畴（категория залога）表示动作对主体或客体的关系，与'实施动作'还是'感受动作'的概念有关并据此分成主动态（действительный залог 或 актив）和被动态（страдательный залог 或 пассив）。在主动态中，动作被看成是由主体发出的积极行为；而在被动态中，动作只是客体的消极特征。因此，用主动态动词的句式称为'积极句式'（активные конструкции）；而用被动态动词的句式称为'消极句式'（пассивные конструкции）。两种句式表示的是同一个情景，但表现的形式和方式不同，并进而产生语义上的差别——句子成分之间的关系的不同方向：积极句式中的主语表示积极的动作发出者；而消极句式中的主语表示承受动作的客体。"（李勤、孟庆和 2005: 237）。而且，俄语的动词自身还有形态变化。

　　尽管汉语的"自动－使动"不完全等同于俄语的"主动－被动"，但为了进行这一对比研究，本着术语同一性的原则，在"вода/ 水""组合场"中的"动词场"部分，我们统一从"主动态场"和"被动态场"两个方面对俄汉语"вода/ 水"观念语言文化单位的"动词场"进行分类。

　　因此，在"вода/ 水""组合场"中的"动词场"部分，俄语的"主动态场"和"被动态场"的表示方法就有别于汉语的"主动态场"和"被动态场"，尤其是"被动态场"。该场中俄语是通过带 -ся 动词自身的形态变化来表示的；而汉语则要借助于介词"被""把"等加上动词才能表示相应的意义。

　　（二）语言外因素

　　除了语言内因素外，观念的形成和变化还深受语言外因素的影响，其中宗教和信仰因素占有很重要的地位。

　　"宗教给人的感觉总是神秘莫测。无论是神圣的庙宇，法力无边的神灵，还是盛大而繁琐的宗教礼仪，宗教都被涂上一层浓厚的神秘色彩，使人产生无穷的遐想。而这些极富神秘感和诱惑力的东西就是宗教象征。宗教象征既可以是某些天象或物象，也可以是人工制造的图像、雕塑、绘画、物品、器具或举行的仪式，还包括某些神话传说以及现实生活中的特定人物，形成一个庞大的象征体系。象征在宗教生活中的作用非常显著，它既是神灵角色的标志，又是沟通人与超自然联系的桥梁，人们通过宗教象征来表达自身对神灵的虔诚信仰以及某些特定的欲望、愿望和要求。可以说，任何一种宗教都是以象征的形式表现出来的，而不同类型的宗教则从自身的需要出发创造了各具特色的宗教象征。"（居阅时、瞿明安 2001: 1）

"语言是民族文化的一个缩影，各个不同时期的文化随着时间的推移在语言中不断地积存下来，形成了'历史沉淀'，因而，我们可以从对语言资料的考察中发掘出民族传统文化的丰富内涵。"（郑卓睿 2004: 15）对宗教文化的探究也应从分析语言入手。同时，宗教文化对语言的发展变化也起着促进作用。分析两种语言的差异可知，有时宗教的不同就是其影响因素之一。

1. 宗教因素

众所周知，基督教已在俄罗斯民族心中打上了深深的烙印。"斯拉夫派、果戈理、陀思妥耶夫斯基及其他一些俄国思想家坚信，俄罗斯人民具有深厚的、无法割舍的宗教情节。陀思妥耶夫斯基的观点人所皆知，他认为俄罗斯民族是'心里装着上帝'的民族。"（沙波瓦洛夫 2014: 441）"应该首先强调东正教在俄国的历史作用，因为它对俄国社会、文化以及俄国人的思想教育产生的影响远远超过其他宗教。俄罗斯国家的建立和发展与东正教教会及东正教教义有着必然联系。所以罗斯于 988 年接受基督教（罗斯受洗）的意义深远，已远远超出纯宗教的范畴，应将其视为人类文化和历史宏观领域的重大事件。"（沙波瓦洛夫 2014: 458）学者认为，"宗教是俄罗斯精神生活的调节器"（沙波瓦洛夫 2014: 464），"在长达百年的时间里，东正教—基督教的思想原则一直是提升俄罗斯道德规范的重要手段"（沙波瓦洛夫: 468）。

"十月革命前俄国盛行东正教。东正教节日很多，而俄国的宗教节日又有自己的特点。那时人民的日常生活、生产劳动、信仰、情感、娱乐、迷信，往往与节日活动联系起来，而通过语言得到反映。这也是文化与语言之间关系的一方面。"（李锡胤 2007: 143）

一些东正教节日与 вода 息息相关，如"主显节（Богоявление）或耶稣洗礼节（Крещение）1 月 6 日（公历 1 月 18 或 19 日）。……主显节前夜，人们在室内放一盆水，据说半夜里能看见盆水自己晃动；又放置白垩十字架，以避鬼怪"（李锡胤 2007: 143）。"'如果耶戈里节（4 月 23 日）有露，则夏季尼古拉节草盛。'（Егорий с водой（= с росой），а Никола с травой.）"（李锡胤 2007: 148）"第一救主节（Первый Спас）8 月 1 日。为崇敬救世主而守此节。……俗谚：'第一救主节，农人水中立（播马林果、罂粟等）；第二救主节，苹果熟可食；第三救主节，绿山（村名）集上卖布匹。'（Первый Спас — на воде стоят；второй Спас — яблоки едя；третий Спас — на Зеленых-горах холсты продают.）"（李锡胤 2007: 149–150）

2. 地理因素

"所有文明一定程度上都是地理因素造成的结果……自然地理因素之于俄罗斯的发展具有特殊意义，这与这些因素的性质有关，即与该地理空间的自然特性有关，在这一地理空间之中曾经绵延着并继续绵延着俄罗斯历史。"（沙波瓦洛夫 2014: 47）"俄罗斯国土的主要部分都远离海岸线，在这种情况下，河流就具有了特殊意义。……一条河经常会充当乳母的角色，是食物的来源（鱼类、鱼籽和其他食品），这在俄罗斯的气候令农业生产不稳定的情况下，显得尤其重要。对河流的作用，评价得再高也不为过。"（沙波瓦洛夫 2014: 48–49）"毫无疑问，伏尔加河曾经发挥过并仍然发挥着特殊作用。无怪乎在百姓中间，它赢得了充满温情和表示尊敬的称呼，'伏尔加河—母亲'。B. 罗扎诺夫将之叫作'俄罗斯的尼罗河'，认为伏尔加河具有尼罗河之于古埃及文明那样的意义。"伏尔加河以"其浩瀚之水周期性地冲出河岸，使整个国家的土地变得肥沃起来。我们的伏尔加河也老早就有了'乳母'的叫法。'乳母—伏尔加'……人民在思考自己完整的一生及其多样性、生与死时，对它充满的就是这种感情。'我们像苍蝇般出生和死去，而它，母亲（罗扎诺夫的赞语——作者）却一直在那儿（流淌）'——一个短寿而临死的人如此来表述自己对它的态度——就像对待某种永恒而不朽的东西，对待永远存在和活着的东西"（沙波瓦洛夫 2014: 49）。

我国疆域辽阔，领土富饶，而且拥有丰富的水资源，海域面积约 300 万平方公里。与俄罗斯不同的是，我国大陆海岸线长达 18000 多公里，自北向南毗邻的近海有渤海、黄海、东海和南海。我国的第一大河长江，流经 11 个省、自治区、直辖市；黄河——我国的第二大河，是中华文明最主要的发祥地，中华民族称其为"母亲河"，它流经 9 个省、自治区。此外，我国还有众多的湖泊。尽管如此，河流对我们的生产、生活仍旧起着极其重要的作用，我们仍然重视水资源的利用和保护。这些也体现在人们对待"水"的态度上。

结语

我们从语言文化学的视角出发，研究俄汉"вода/ 水"观念的同名语言文化单位的组合关系。根据组合关系的内涵，我们从搭配角度分析了能与"вода/ 水"搭配的主要词类（如名词、动词、形容词等）及其他词类（如数量词、代词等等）。尽管俄汉两种语言分属不同类型，但通过在俄、汉权威语料库中收集的大量语料及对这些语料进行的分析研究，我们发现，在与"вода/ 水"搭配时所涉及的词类当中，无论是俄语，还是汉语，形容词在数量上所占比例都是最高的，其次是动词和名词，最后是其他词类。在此基础上，我们得出如下结论：在中心结构中，我们从组合层面对与俄汉"вода/ 水"观念同名语言文化单位搭配的词进行分类，形容词占据核心地位，动词和名词处于中心位置，而其他词类则处于边缘位置。

我们从语言内、外因素两个角度对俄汉"вода/ 水"的组合场异同进行了原因阐释。在"语言内因素"中主要从"语言类型"、"文字特点"和"语法结构"三个方面进行分析；在"语言外因素"中主要从"宗教因素"和"地理因素"两个方面进行阐释。从语言类型学的角度看，由于俄、汉两种语言分属不同的语系，其文字及语法构造，即句式，各具其特点。又因为两个民族在文化上的差异较大、所信仰的宗教不同，以及所处的地理环境不同，所以他们对"вода/ 水"有着不同的认知和态度，这在其组合场中有充分的体现。因此，我们认为，"语言类型"、"文字特点"和"语法结构"，以及"宗教因素"和"地理因素"的异同对俄汉语"вода/ 水"观念语言文化单位的组合关系有着很大的影响作用。

结合语料研究俄汉"вода/ 水"观念语言文化单位的组合关系，使我们能够观察到俄、汉两个民族对待"вода/ 水"时的不同态度，能够从各个侧面挖掘其语言和文化的差异、认知和思维方式的不同。语言上的差异能够体现文化上的差异；俄汉"вода/ 水"观念在其同名语言文化单位的组合关系中体现出的差异性也反映出了其民族性的不同。

参考文献

［1］Академия наук СССР. Институт русского языка. Русская грамматика. Том 1［M］. M.: Наука, 1980.

［2］蔡专林. 英汉语被动意义表达方式的对比及翻译［J］. 韶关学院学报·社会科学，2010(01).

［3］常敬宇. 汉语词汇与文化［M］. 北京：北京大学出版社，1995.

［4］高名凯，石安石. 语言学概论［M］. 北京：中华书局，1963.

［5］华劭. 语言经纬［M］. 北京：商务印书馆，2005.

［6］居阅时，瞿明安. 中国象征文化［M］. 上海：上海人民出版社，2001.

［7］克里斯特尔. 现代语言学词典［M］. 沈家煊，译. 北京：商务印书馆，2000.

［8］兰宾汉，邢向东. 现代汉语（下册）［M］. 北京：中华书局，2006.

［9］力量，许彩云，晁瑞. 现代汉语语法研究［M］. 南京：南京大学出版社，2013.

［10］李勤，孟庆和. 俄语语法学［M］. 上海：上海外语教育出版社，2005.

［11］李锡胤. 李锡胤集［M］. 哈尔滨：黑龙江大学出版社，2007.

［12］吕冀平. 汉语语法基础［M］. 北京：商务印书馆，2000.

［13］彭文钊，赵亮. 语言文化学［M］. 上海：上海外语教育出版社，2006.

［14］戚雨村，董达武，许以理，等. 语言学百科词典［M］. 上海：上海辞书出版社，1993.

［15］沙波瓦洛夫. 俄罗斯文明的起源与意义［M］. 胡学星，王加兴，范洁清，译. 南京：南京大学出版社，2014.

［16］信德麟，张会森，华劭. 俄语语法［M］. 2版. 北京：外语教学与研究出版社，2009.

［17］徐通锵. 语言论——语义型语言的结构原理和研究方法［M］. 长春：东北师范大学出版社，1997.

［18］杨秀杰.文化观念与其语言形式［J］.首都师范大学学报（社会科学版），
　　　2006(S3).

［19］叶蜚声，徐通锵.语言学纲要［M］.北京：北京大学出版社，1981.

［20］张家骅.新时代俄语通论（下册）［M］.北京：商务印书馆，2006.

［21］赵爱国.语言文化学论纲［M］.哈尔滨：黑龙江人民出版社，2006.

［22］郑卓睿.汉语与汉文化［M］.汕头：汕头大学出版社，2004.

［23］朱德熙.现代汉语语法研究［M］.北京：商务印书馆，2001.

作者简介： 张志军，黑龙江大学俄语语言文学博士（1996—2000），导师张家骅教授。哈尔滨师范大学科学研究所研究员（教授）、博士生导师。校级教学名师、校第九届学术委员会委员、2000年"校杰出青年基金"获得者、省新世纪优秀人才、教育部项目评审专家、教育部学位与研究生教育评估专家、国家社科项目同行评议专家、国家社科基金项目成果通讯鉴定专家、校级重点学科"外国语言学及应用语言学"学科带头人、"外国语言文学"一级博士点方向带头人。主要研究方向：对比语言学、语言文化学。

关于篇章的符号学分析

战略支援部队信息工程大学　　陈　勇

摘　要： 面对走向篇章的符号学研究发展趋势和各式各样的既有研究，厘清对篇章进行符号学分析的思路是摆在学界面前的一个突出问题。分析显示，系统把握篇章的整体性和连贯性特征，离不开对篇章的聚合分析和组合分析，同时，完整的符号学分析必须兼顾篇章的表达平面和内容平面，以及每个平面所具有的形式和实体两个层次。

关键词： 篇章；符号学分析；聚合；组合

华劭先生结合 50 余年的教学实践和科研探索，于 2003 年 1 月在商务印书馆推出了普通语言学经典著作《语言经纬》。让笔者感到十分荣幸的是，华劭先生于 2003 年 7 月 20 日亲笔签名惠赠笔者该著。当时正值笔者撰写博士学位论文的艰难攻关时期，该著的问世带给笔者的是久旱逢甘霖般的愉悦和他乡遇故知般的惊喜。华劭先生在该著中对语言的符号性质、语言符号系统的层次、语言单位间的关系、语言的系统性质等基本问题的精辟见解让笔者对所从事的语言符号学研究方向有了更深刻的认识，尤其是华劭先生对篇章关联性和整体性的阐述直接影响了笔者博士学位论文的写作思路。笔者读博期间曾经到黑龙江大学短暂访学。访学期间曾到家拜访华劭先生，并就博士论文撰写方面遇到的问题求教于先生。华劭先生毫无保留地给笔者提出了很多中肯的意见和建议，华劭先生渊博的学识、深邃的思想、敏锐的眼光、清晰的思路、儒雅的谈吐、谦和的态度均给笔者留下了不可磨灭的印象。博士毕业之后，笔者进入黑龙江大学外国语言文学博士后科研流动站从事研究工作，在进站考核、中期检查、出站答辩等各个环节再次领略华劭先生的大师风范，倾听华劭先生的真知灼见，接受华劭先生的当面指导，获益匪浅，感念至深。笔者的《关于篇章的符号学分析》一文就深受华劭先生对表达与内容、聚合与组合之间关系的认识的启发。今日重拾旧文并做部分修改，以表达笔者对华劭先生的万分景仰、深切怀念和无限感恩之情。

1. 引言

篇章问题的研究虽然有着悠久的历史，但篇章在现代符号学中的研究地位并不是天然形成的，符号学的研究对象也经历了从研究单个符号到研究整个符号的序列——篇章，特别是整体能够作为一个符号系统起作用的篇章这样一个过程。走向篇章的符号学研究趋势在索绪尔的语言符号学研究中就已显现，在叶尔姆斯列夫（L. Hjelmslev）和雅各布森（Р. О. Якобсон）两位学者的符号学理论中得到强化，篇章问题最终成为现当代符号学家关注的中心问题。这鲜明地体现在巴黎结构主义符号学派的研究中，篇章问题也构成了俄罗斯语言和文学符号学研究的一条主线。已有的研究纷繁多样，无法显示出清晰的符号学分析思路，摆在学界面前的一个突出问题是：面向篇章的符号学分析究竟该如何展开？本文试图对这一问题做一探索。

2. 篇章符号学分析的两个维度

篇章的符号学特征显示，无论我们将篇章看成是交际的产物，还是交际过程本身，聚合和组合始终构成篇章的两个轴向，并以二元对立的形式支撑着篇章生成和理解的全过程。（陈勇 2008）因此，从聚合和组合两个方向来分析篇章似成必然。这两种分析维度的合理性也在于聚合和组合两种关系具有相对的独立性。关于这一点，雅各布森对失语症病人临床表现的研究表明，失语症病人表现出两种最为典型的言语错乱，即相似性错乱和邻近性错乱，在这两种情况下，病人分别失去了对语言聚合关系和组合关系的把握和认知能力。这一观点为神经心理学和神经语言学研究所证实。苏联著名的神经心理学家和神经语言学家卢利亚（А. Р. Лурия）经过对有些病例长达 26 年的跟踪观察，得出结论：言语的聚合性障碍和组合性障碍分别是由大脑皮层言语区的后侧和前侧部位的损伤造成的。（俞如珍 1992：1）具体的临床言语观察还表明，言语的称名功能与言语的聚合关系有关，因为丧失聚合能力的病人对称名现象的判断和运用都存在着障碍，而言语的述谓功能与言语的组合关系有关，丧失组合能力的病人在对言语进行述谓性扩展时可能会出现电报式言语的错误，即言语生成的句法环节遭到破坏，无论是复述还是独立叙述中都缺乏对动词的把握能力。俄罗斯学者帕诺夫（М. В. Панов）在检讨学界理解聚合和组合时的偏差时，也认为聚合与称名相关，而组合与述谓相关：聚合体体现了称名的要求，即要求语言单位的稳定性，避免那些能引起误解的变化，以保证称名的完整性和可理解性；组合体则体现了述谓的要求，即对于同一个场景可以采用不同的表达，述谓性的组合包含着一种指示，表明它不是现成的，而是一种应时而生的搭配。（Панов 1980：130–132）

　　正是由于聚合和组合两种关系具有相对的独立性，结构主义符号学框架下的篇章研究才能够彰显出聚合分析和组合分析的可操作性和卓越功效。普洛普（В. Я. Пропп）对俄罗斯魔幻童话的结构主义分析是以组合分析为先导、以聚合分析为模式化工具的一种分析方法。他的第一个操作步骤就是将篇章分离、分解为连续的行动系列，借助这种组合方向上的切分操作，魔幻童话的内容可以用简短的句子进行转述，如：Родители уезжают в лес, запрещают детям выходить на улицу；змей похищает девушку 等。第二个步骤是通过对比大量语料将这些短句抽象化，使每一类行动归结为某种功能，并用简短的名词形式来称谓这些被抽象化了的行为（如 отлучка、подвох、борьба 等），表现为一种聚合操作。不同魔幻童话的功能的数量不同，但不会超过其所列的三十一个[1]，而且功能在魔幻童话情节扩展中的序列是一致的，这些功能不同的组合关系决定了角色（人物）的活动范围，角色的数量也是确定不变的（七个）[2]，这样，普洛普得以勾画出俄罗斯魔幻童话常体性的情节模式。

　　而列维－斯特劳斯（C. Levi-Strauss）也运用组合和聚合两种分析方法来对神话叙事结构进行研究。在将神话分解为尽可能小的具有关系特征的单位，即完成组合操作之后，与普洛普类似，列维－斯特劳斯也分离出了一些功能，不同的是，他侧重于研究功能间的关系，将一些功能看作是另外一些功能转换的结果，因而将开头的功能系列与结尾的功能系列结合起来，并用布尔代数式的操作图式来代替功能的序列，体现了聚合的思想。对于两位学者所进行的分析之间的关系，梅列金斯基（Е. М. Мелетинский）指出："功能间联系的多样性在分离出功能之前是很难确定的，而确定功能之前必须将叙述分解成在时间线性序列中彼此相继的组合段。否则，确定功能间的联系、将功能聚合成束并猜测这些聚合束的象征意义、分离聚合体等等这些操作都将不可避免地带有若干的任意性色彩，都走不出仅仅是猜想的局限，不管这种猜想显得多么睿智或在多大程度上令人信服。普洛普将自己的组合分析看作是研究童话历史及童话本身逻辑结构的敲门砖，这为列维－斯特劳斯倡导的将童话作为神话而进行的研究做了准备。分析组合结构作为研究童话一般结构的第一个阶段，不仅是必须的，而且还直接服务于普洛普提出的目标，即确定童话的特点，描写并解释其结构同一性（структурное единообразие）。"（Мелетинский 1969: 144）

格雷马斯（A. J. Greimas）在 20 世纪 60 年代的结构语义学研究中则试图通过现代逻辑学和语义学的手段来完善普洛普的图式，以此整合普洛普和列维－斯特劳斯的研究方法，即组合和聚合的方法。他在分析童话故事时以普洛普的理论作为基础，同时借助列维－斯特劳斯的理论进行补充和修正，而分析神话时则相反，主要参照列维－斯特劳斯的理论，但辅以普洛普的理论作为补充。在普洛普提出的七种角色类型的基础上，将行动元概括为三组区别性对立：主体／客体，发送者／接受者，辅助者／反对者，并建立起了一个行动角色结构模式图：

发送者 → 客体 → 接受者
↑
辅助者 → 主体 ← 反对者

（格雷马斯 2001: 264）

对于功能，格雷马斯通过两两结合的方式将普洛普的功能数目缩减为 20 个，并将功能偶对（парные функции）分为消极系列和积极系列，其中消极系列与童话的开头部分（重重灾难、疏远的关系等）相关联，而积极系列与童话的结尾部分（如消除灾难、奖赏英雄等）相关联。这样，开头和结尾分别可看作契约的违反和恢复，中间部分则是一系列考验，其中每一次考验都是以就眼前的灾难订立契约开始的，包括与敌人的战斗和英雄成功的结果。此外，格雷马斯还看到了考验的结构与角色的结构模式之间呈现出的一种对应关系：与基本的交际对立轴（发送者和接受者）对应的是契约，与辅助者－反对者的对立轴对应的是战斗，与获得所要的客体相对应的则是考验的结果。

也许正是看到了聚合研究和组合研究各自的效用及两者进行结合的必要性，俄罗斯篇章研究的领军人物尼古拉耶娃（Т. М. Николаева）指出："为了描写篇章的实质，我们可以说存在两种生成模式，即纵向的层级模式和横向的链状模式。"（Николаева 1978: 35）图拉耶娃（З. Я. Тураева）认为：篇章生成的纵向模式与关于深层和表层结构的观念相关，该模式理论认为存在着某种被称为深层结构的初始性的抽象模式，该模式在具体实现过程中经历了一系列的转化过程而最终体现在表层结构上；此时，篇章被视为一种包含了深层结构和表层结构的总体结构（глобальная структура）。而篇章生成的横向模式在一些学者看来是最基本的篇章模式，与篇章语法学理论更为相关，体现了篇章的线性序列特点。（Тураева 1986: 58–59）诺维科夫（А. И. Новиков）和奇斯佳科娃（Г. Д. Чистякова）也认为，篇章理论[3]的构造应呈现两种类型的模式：一个是纵向组织，包括意思单位层级系统；一个是横向组织，即结构的线性序列形式。（Новиков、Чистякова 1981: 49）分析篇章横向的线性生成特点是传统篇章语法学研究的主要内容，包括确定篇章的形式手段和内容范畴清单，研究用形式手段表达一定的篇章内容范畴的规则。这种组合研究将词法学、句法学和句法语义学的范畴和方法延伸到更大的组合体中，分析传统语法和词汇手段的组篇作用，并在一定程度上建立不同于传统语法学的范畴体系，以揭示由句子构成超句统一体进而构成篇章的规律。而篇章的纵向生成模式（由上而下的生成过程）往往为人所忽略，事实上，同生成语法中句子的生成过程一样，篇章的展开也经过了一个从起初的抽象象征到具体的实现这样一个过程。德国语言学家哈尔维克（R. Harweg）认为，纵向方法及其基本原则事实上早在横向生成过程之前就为研究者所熟悉，因为它们更加明确地指向具体的篇章类型（如学生作文、公文书信、报刊简讯等）。（Николаева 1978: 33）他认为，生成的纵向模式更适合于一些规定性的和专门性的篇章。这一点为匈牙利语言学家裴多菲（J. S. Petofi）[4]的研究所证实。后者研究的绝大多数篇章均属于专门的对象域，他认为人们是先建立某种篇章－结构（текст-конструкт）和篇章的一般观念，然后才生成该篇章所有可能的变体。可以看到的是，这里提到的纵向和横向两种模式分别关注篇章的层级性构造和线性扩展特点，分属聚合和组合两个轴向，尽管它们并不能体现聚合分析和组合分析的全貌。

翻译理论研究也关注到了篇章的聚合和组合两个维度，如俄罗斯学者科米萨罗夫（В. Н. Комиссаров）在考察篇章与翻译的关系问题时，认为描写篇章意思结构最为本质的方向有三个：纵向描写、横向描写和深层描写。（Комиссаров 1988: 7）在纵向描写态度下，对篇章内容的分析是自上而下的，即从篇章整体到其部分，开始分离出篇章的总主题，然后将其分解成若干次主题，并区分这些次主题相对独立的组成部分。横向描写则侧重于揭示篇章内容的组合结构，包括组成单位的相互作用、在篇章中的分布次序、邻接性的和间隔性的联系、内容上的前指性和后指性等其他使篇章具有连贯性的一切现象。深层描写侧重于描写篇章内容的深层结构，包括语言内容、具体－语境意思和蕴涵意思等。

甚至篇章类型学研究也提到，一方面可以根据篇章聚合方面的结构复杂性来对篇章进行分类，在这种分类标准下，一些篇章相对而言语义上是单层的、一维的，而另一些篇章语义上则是多层的、多维的，这些篇章除了其基本意思外，还有潜台词（подтекст）等伴随意思和补充意思，如讽刺性的篇章中潜台词比字面意思更为重要。另一方面也可以根据篇章组合方面的结构复杂性对篇章进行分类，即根据横向的线性组织结构来进行分类，此时篇章的结构复杂性是由连贯手段的数量来衡量的。一般而言，篇章成分间的联系在结构上会有表达，但有一些篇章中，作为组织成分起作用的（至少在篇章的表层上）是整体性而不是连贯性，如标题、招牌等。换言之，按照这种划分标准，可以分出连贯手段更为外在的篇章和连贯手段更为内隐的篇章。

3. 篇章符号学分析的两个平面和两个层次

除了聚合和组合两个轴向外，尼古拉耶娃还看到了篇章描写模式呈现出的另外两种导向，即语法导向和事件导向。这两种导向反映了渐次结构化的同一内容场的两个极，二者的对立直接引起了人们对叙事性问题的广泛研究。"纵向的（聚合的）"和"横向的（组合的）"、"语法的"和"事件的"这两组二项对立形成了篇章描写的四种模式：语法指向性的纵向生成模式、语法指向性的横向生成模式、事件指向性的纵向生成模式、事件指向性的横向生成模式。

我们看到，以语法为导向的代表性研究是篇章语法学研究。篇章语法是一种场的语法，而不是传统语法意义上离散单位的对立系统，它试图将语言系统的模式套用到篇章上，以揭示篇章自身的系统关系，因此侧重于对篇章的表达系统进行非严格意义上的分析。而以事件为导向的典型研究则是叙事学，普洛普的功能原型分析、布雷蒙（C. Bremond）的叙事语法逻辑分析、托多罗夫（T. Todorov）的叙事语法学等均属此列，该方向的研究忽视能指的作用，致力于挖掘一类篇章的所指（内容）呈现出来的规律，强调人物的行动和功能，但并不关心人物本身是谁。因此，这两种研究实质上体现的是篇章"表达"和"内容"的对立。正因如此，尼古拉耶娃认为篇章语言学的目标正在于"寻找并创建带有篇章自身特别的内容和形式特征的篇章范畴系统"（Новиков 1988: 7）。可以说，尼古拉耶娃归结出的四种理论模式体现了语言符号学自索绪尔以来关于符号具有双面双维特点的观点。事实上，每个符号都包含着三类关系：首先是联结能指（表达）与所指（内容）的内部关系，其次是两类外部关系——抽象的聚合关系和具象的组合关系。（华劭 2003: 119）因此，传统上讲的"语言符号存在于组合和聚合两个关系系列中"的说法，准确地说，应该修正为"语言符号两个平面（或组成项或符号函数的函子）分别处于组合和聚合的关系网中"。因此，篇章的聚合分析和组合分析也应该从表达和内容两个平面着手。符号学界存在着将篇章等同于其表达平面的观点，如洛特曼（Ю. М. Лотман）在对比篇章（текст）与作品（произведение）两个概念时，表现出了在篇章理解上的不确定性和矛盾性：一方面他认为篇章不仅仅是作品物质上得以固定的部分，即纯粹的表达平面（голый план выражения），同时也是内容平面第一性的方面，但另一方面他常常又将篇章视为作品的纯语言材料，即相当于与自然语言相对的篇章的表达平面，只是作品的一个成分。（Чередниченко 2001: 26–36）俄罗斯传统语文学更多强调篇章表达平面和内容平面之间的有机联系，如维诺格拉多夫（В. В. Виноградов）认为："文学作品中所展现的现实体现在言语外壳中；这里所提到和复现的事物、人物、行动相互联结在一起，处于多种多样的功能联系中。所有这些都体现为词汇、表达法和结构在文学作品的布局 – 意思统一体中的联系、使用和相互作用的手段之中。文学作品结构中的言语手段成分是同其内容相联系的，并取决于作者对它的态度。"（Горшков

2000: 81）表达和内容两个平面之间的这种有机联系凸显出篇章的二元结构符号学性质，以至于洛特曼将诗学篇章视作一个统一的符号，强调篇章的语言结构单位性质，因而《文学篇章的结构》（«Структура художественного текста» 1970）一书会专辟一章"文学篇章中的意义问题"来讨论意义而不是内容问题[5]。

语言符号除了具有表达（план выражения）和内容（план содержания）两个平面外，每一个平面又包括形式（form/форма）和实体（substance/субстанция）两个部分。区分出表达的形式和实体及内容的形式和实体，是语符学理论奠基者叶尔姆斯列夫最有创见的观点之一。相比较而言，索绪尔的能指和所指都是某种实体性的东西，如声音和思想（或观念）。叶尔姆斯列夫认为，无形的质料在不同语言中的形式是不一样的，每一种语言在无形的思想质料中划定自己的边界，以不同的方式对其进行配置，并分离出不同的因素，将重心置于不同的位置并给予不同的强调；可以说，一种语言中的聚合体与另一种语言中对应的聚合体覆盖着同一种质料区域，如果撇开这些语言，那么抽象出来的质料是不可分的无形的连续统，语言因为其成形作用而在其中划定界限。（Лотман 1963: 52）在叶尔姆斯列夫看来，"关系"概念优先于"实体"概念，"符号函数"优先于"符号"本身。"符号函数"将"形式"投影在"表达"和"内容"这两个面的质料[6]上，并让经"形式"切割下来的"实体"浮现于此（内容的形式独立于质料，体现了诸单位在系统中的区分性位置和相对关系，与质料处于任意性关系中，并使之成为内容的实体）。至此，叶尔姆斯列夫用"形式""质料（义质）""实体（实质）"三个层次[7]来诠释索绪尔的能指和所指符号双面观，较之更为精确和形式化，事实上形成了关于符号的两面三层观。如下图所示（王德福 2003: 57）：

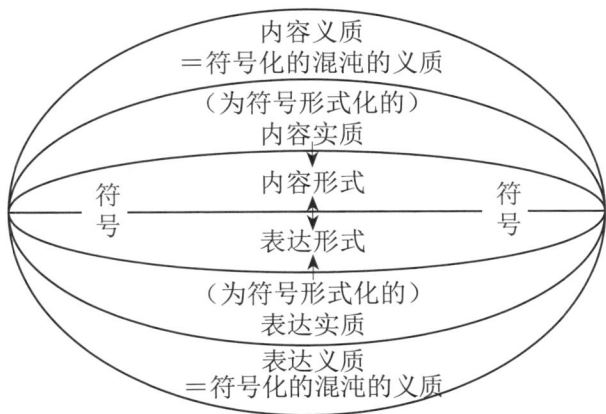

内容义质
=符号化的混沌的义质

（为符号形式化的）
内容实质

符　内容形式　符
号　　　　　号
　　表达形式

（为符号形式化的）
表达实质

表达义质
=符号化的混沌的义质

索绪尔的符号能指相当于"表达实体"，即具有形式的表达面上的质料；符号所指相当于"内容实体"，即具有形式的内容面上的质料。按照叶尔姆斯列夫的双面三层记号观，"语言的这两个关系系统（指组合和聚合两个关系系统——本文作者注）中都有形式、质料与实体的分层问题，记号的双面三层结构自然表现在语言结构的两大轴向上"（李幼蒸 1999: 143）。但由于质料是语言外的事物，是声音或思想在确定的语言系统中定形前的"浑然之物"，叶尔姆斯列夫认为它们是属于前符号阶段的东西，因而不是语言学的研究对象，而应由物理学、人类学等学科去研究；同时，质料被定形和切分之后，它则隐现于实体的背后，因此，表达面和内容面内部的分层实质上涉及的只是形式和实体两个层面。这样，如果排除与实体的联系，语言结构便成为一种纯形式，或诸高级关系之系统。在纯语言结构内，符号可以说是由内容形式和表达形式所组成的单位；符号函数的两个函子即内容形式和表达形式。这样，叶尔姆斯列夫的宏观语符理论可用下面的结构图式来表示：

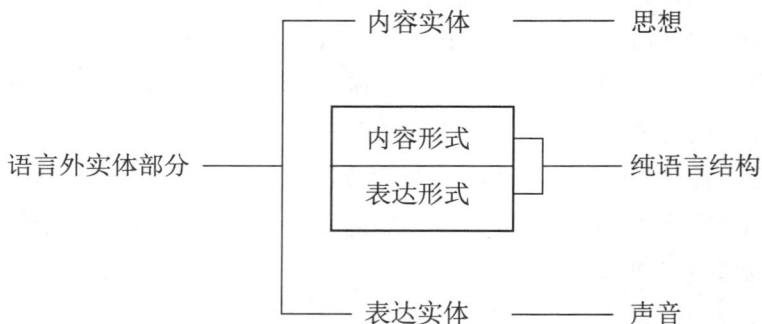

在该模型中，内容形式可以理解为与语言系统发生关系的意义抽象结构，以概念体系的形态出现，表达形式则是语言系统内部的音系结构；同意义结构发生关系的是外部意义世界——内容实体，同音系结构发生关系的则是具体的声音——表达实体。可见，叶尔姆斯列夫语言形式观的形成是以充分拓展索绪尔的语言价值学说、语言关系学说为基础的。对于具体语言符号（词符）而言，其内部的结构关系相应地如下表所示：

	实体 （Субстанция）	形式 （Форма）
表达 （Выражение）	语音场域 （Звуковое поле）	语音符号 （Звуковые сигналы）
内容 （Содержание）	语义场域 （Семантическое поле）	概念 （Понятие）

这里内容的实体是符号所指向的外部世界（包括人脑的理念世界和意义世界），内容的形式则是以关系为特征的概念范畴；表达的实体是语音场域，即具有物理属性的语音实体、音素，表达的形式则是语音场域所体现出的关系，即音位系统。对于叶尔姆斯列夫关于表达（能指）和内容（所指）两个平面分层的观点，俄罗斯学者普洛特尼科夫（Б. А. Плотников）深表赞同："形式同内容[8]一样，也是一个复杂的多层级的实质（сущность），其表层构成实体（субстанция）、语言现象的外部轮廓，底层则与内容的表层合为一体，形式以自身的结构穿过该层而到达内容的底层，反过来，内容也可能通过本身的成分到达形式的表层、实体。"（Плотников 1989: 16）

至此，索绪尔的符号双面双维理论（即能指和所指两个平面、组合和聚合两个维度）事实上已变为叶尔姆斯列夫的双面双维双层理论。

上升到篇章层次后，如本维尼斯特（É. Benveniste）所言，我们就置身于符号的世界。因此我们认为，篇章的表达和内容两个平面同样显示出形式和实体的区别。对此，叶尔姆斯列夫曾经总结道：表达与内容的区别及其在记号函数内的相互功能，对于任何语言的结构来说都是基本的。任何记号……其本身都包含着一个表达形式和一个内容形式。篇章分析的第一阶段因而必须是对这两个实体加以区分。（李幼蒸 1999: 143–144）显然，这里叶氏已经注意到了区分表达与内容、形式与实体对于篇章研究的必要性了。事实上，比利时著名的 μ 修辞学小组[9]在 20 世纪 70 年代就将叶尔姆斯列夫的语符理论延伸到叙述层（повествование），并提出了叙述的符号学结构：

	实体 （Субстанция）	形式 （Форма）
表达平面 （План выражения）	小说、电影、连环画	叙述话语 （Повествовательный дискурс）
内容平面 （План содержания）	现实的或想象的世界，现实的或臆想的历史	叙述本身 （Собственно повествование）

　　韦谢洛娃（И. С. Веселова）在此基础上区分出了口头讲述（устные рассказы）两个平面的两个层次：内容的实体（材料）是叙述者的生活经验，这是概念化的第一层次；内容的形式（对材料的认知）表现在选择事件并将其按照生活的、时间的序次联系起来的过程中，即托马舍夫斯基（Б. В. Томашевский）所谓的题材（фабула）[10]，这是概念化的第二层次；表达的形式（叙述用的材料）是所选择的讲述这些事件的方式，即托马舍夫斯基所谓的情节（сюжет），包括以主人公为中心的情节和材料的其他情节化方式（如解释、简讯等），这是概念化的第三层次；表达的实体则是篇章具体的形态，即为各种诗学手法装饰过的事件的主要线索（如奇事、背叛、诽谤等），这是概念化的第四层次。显然，这里韦谢洛娃对口头讲述篇章表达形式层（情节）的理解着眼于篇章事件（событие текста），即事件在篇章中的体现，反映了篇章主体对事件的把握和处理方式；对内容形式层（题材）的理解则着眼于生活事件（событие жизни），即事件在生活中的体现，反映的是事件本来的存在方式。表达实体层和内容实体层分别是篇章的物质媒介类型和篇章所反映的对象世界。

　　可以看到，上述对篇章的层次划分局限于作为整体的叙述和口头讲述类篇章，但已足以反映出篇章的符号学分层特点。我们认为，上升到一般篇章的层次，只有将表达和内容两个平面及其各自的形式和实体两个层面分别置于聚合、组合两个轴向，即同时兼顾篇章的聚合 - 整体性特征和组合 - 连贯性特征在表达实体、表达形式、内容实体和内容形式四个层次上的表现，篇章的符号学分析才能完整地体现出应有的逻辑性和系统性。

4. 结语

巴尔特（R. Barthes）沿袭索绪尔关于语言双轴的观点，认为符号学分析的主旨在于沿语言双轴中的每一根轴将列举的事实分类。（巴尔特 1999: 54）篇章的符号学特征及已有的结构主义篇章分析实践都证实了对篇章进行聚合分析和组合分析的必要性和可行性。而篇章表达和内容两个平面所体现出来的实体和形式的分层特点同时也表明，面向整体性的篇章聚合分析和面向连贯性的篇章组合分析应该兼顾篇章双面双层的特点。从实体和形式两个层次来分别把握整体性和连贯性在篇章表达和内容两个平面上的具体特点因而应该成为篇章符号学分析的具体操作思路。

注释

1. 这三十一种功能按顺序依次为：主人公不在（отлучка）、禁止（запрет）、违反（нарушение запрета）、探求（разведка вредителя）、泄漏（выдача ему сведений о герое）、欺诈（подвох）、同谋（пособничество）、加害或缺乏（вредительство или недостача）、调解（посредничество）、反对行动（начинающееся противодействие）、离开（отправка）、赠予者功能（первая функция дарителя）、主人公的反应（реакция героя）、魔具的获得（получение волшебного средства）、空间转换（пространственное перемещение）、斗争（борьба）、做标记（клеймение героя）、获胜（победа）、缺乏被消解（ликвидация недостач）、返回（возвращение героя）、追赶（преследование）、解救（спасение）、不相识的来者（неузнанное прибытие）、假主人公的无理要求（притязания ложного героя）、难题（трудная задача）、解决（решение）、酬谢（узнавание）、真相大白（обличение）、变身（трансфигурация）、处罚（наказание）、婚礼（свадьба）。

2. 这些角色包括：反面角色（антагонист/вредитель）；捐献者（供给者）（даритель）；助手（помощник）；公主或他的父亲（царевна или ее отец）；派遣者（отправитель）；英雄（герой）；假英雄（ложный герой）。

3. 更有甚者，有学者认为任何理论物质上都反映在符号模式上，而符号模式是以相互依赖的组合和聚合这两种形式存在的：组合形式就是由定义（即判断）和纳入理论阐述的句子构成的集合，而理论表征的聚合形式则是术语的总和，即反映该理论概念间联系的术语体系。（Лейчик 1991: 23–24）

4. 篇章类型学追求的目标是认识篇章理想类型的结构及其特征，因而 J. S. Petofi 将自己的理论称为"共相－篇章"理论（ко-текстуальная теория）：比较潜在共存着的篇章，构造进行这种比较分析的算式并将其引入模式；模式建构在原子式的、与词库具有组配关系的内容述谓的清单之上，词库里的语言信息并不严格区别于语言外信息。

5. 谈到篇章内容平面的术语表示，加利佩林（И. Р. Гальперин）严格区分了内容（содержание）、意思（смысл）和意义（значение）几个概念的使用场合：作为篇章语法的术语，"内容"不同于意思和意义，指的是篇章整体中的信息；"意思"是指句子或超句统一体中的思想和信息，为表达确定判断并具有情景指向性的完整言语片段所有；"意义"则是属于形位、词、词组、句法结构的概念。（Гальперин 1981: 20）加利佩林认为：词以其意义反映现实的"一小块"（кусочек действительности），意思则是内容的"一小块"；意思在句子和超句统一体中是通过单位本身特有的述谓形式表现出来的，内容则具有不同于句子和超句统一体的述谓形式；意思虽然由词和结构的意义推导出来，但不是它们的机械叠加，与此类似，内容由句子和超句统一体的意思推导出来，但不是意思的总和；意思就其本质而言不是交际性的，或者说只具有潜在的交际性，而内容就其使命而言是交际性的，因为它具有完整性特征。我们赞同这种区分。

6. 汉语也译作义质，英译为 purport，法译为 matière，与这两者对应的俄译分别为 суппорт 和 материя。索绪尔称之为"没有定形的、模糊不清的浑然之物"，"借助语言的形式，该'浑然之物'（туманность）被分解成内容平面或语言单位（形位、词汇、句子等）的意义所依归的表象、形象、概念、判断"（Плотников 1989: 16）。

7. 形式、质料和内容的三元关系是哲学认识论中三个相关的重要范畴，在叶尔姆斯列夫的语符学理论中，这三者分别对应的是形式、实体和质料（指义质，它对应于哲学认识论中的"内容"概念，而不是"质料"概念）。为说明划分出的形式、实体和质料（义质）这三个层面的关系，叶尔姆斯列夫运用了一个形象的比喻："……就像一张张开的网把自己的影子投向浑然一体的水面。"

这里区分出三个对象：A—水面、B—张开的网、C—网在水面的投影。从内容平面来讲，A 是质料，B 是形式，C 是实体，A 作为质料，是事先存在的"浑然之物"，实体 C 是 B 对 A 进行切分的结果，而 B 是对 A 进行切分的形式。关于形式和实体的关系，叶尔姆斯列夫解释道：形式表现于一实体中，实体在两个平面上可被看成一物理现象（表达面上的声音或字符，内容面上的事物），或被看作一种心理现象（说话主体的声音和事物的概念）。形式依存于实体，其意为它可表现于不同的实体中而又保持着同一形式。而且形式的成分是按相互关系定义的。（李幼蒸 1999: 139）关于质料和实体的关系，就语符的表达平面来讲，表达的实体是语音场，质料是能够发音的发音器官（包括其能够发出的音），每一种语言强加给说话人某种音位系统，即表达的形式，但同时，操该语言的每一个个体原则上也能习得该语言中没有的音位，因而，实体总是需要质料，但它能以不同的形式出现，如一个词可以说出来，也可以写出来。至于形式和质料的关系，这一问题反映出叶尔姆斯列夫的基本认识论立场，即处理任何现象时都要面对形式和质料的关系问题，这同时也是传统哲学的一个基本问题。在他看来，形式和质料两者都是知觉客体的存在性组成成分，从存在论上看，二者是不可分离的，即质料必然会有一定的形式，而形式也不能脱离质料而单独存在，二者结合的方式决定了客体的特性。叶尔姆斯列夫曾举过的"沙土"和"沙土被撒作的特定形状"之间的关系就是一种质料和形式的关系。

8. 这里所用的术语"形式"和"内容"实质上相当于叶尔姆斯列夫的"表达"和"内容"。关于两者之间的关系，普洛特尼科夫认为："形式和内容的相互关系问题只有在这种情况下才有意义，即如果将形式理解为不仅仅是内容的结构，还包括除掉事物的直接内容外剩余的所有东西，换言之，形式概念包括事物的物质性特征和只有在某些场景下或对该事物进行科学分析的过程中才能揭示出来的隐含形式，以及事物的物质组织方式、内容的结构及其他一些特征。"（Плотников 1989: 15）

9. 20 世纪 60 年代末，比利时法语区列日大学诗学研究中心的青年研究人员以索绪尔和叶尔姆斯列夫结构主义语言学为基础，在格雷马斯结构主义语义学的直接影响下，提出了一门结构主义的新修辞学。这个研究小组称为 μ 小组或列日小组，相应地，他们提出的一般修辞学理论称为 μ 小组理论或列日小组修辞学。与企图使古典修辞学现代化的社会学方向和心理学方向不同，

μ 小组一方面以叶尔姆斯列夫表达面与内容面二分法为基本框架，另一方面着眼于各种修辞学运作的形式特性，从结构语义学模型中获得操作性概念和方法，研究单元从传统的词级下降到意素级。（李幼蒸 1999: 329）他们提出的修辞学分类模型将一切修辞格纳入表达面的词级与句级两个层次以及内容面的语义和逻辑两个层次内，并在这四个层次的框架内划分出四类修辞学基本运作方式：减损法（detraction/сокращение）、增添法（adjection/добавление）、改变法（immutation/сокращение с добавлением）、转换法（transmutation/перестановка）。（李幼蒸 1999: 330–331；группа μ 1998: 90–91）

10. 托马舍夫斯基将生活中的事件在时间先后顺序上的联系称为题材（фабула），而将事件在篇章中的表征和联系称为情节（сюжет）。与此类似，戈尔什科夫（А. И. Горшков）将题材理解为作品中所述事件的总体，而情节则是作品叙述所呈现出的具有一定联系、处于一定秩序中的事件序列。（Горшков 2000: 111）

参考文献

［1］Веселова И С. Событие жизни — событие текста ［EB/OL］. Фольклор и постфольклор: структура, типология, семиотика. ［2003–12–24］. http://www.ruthenia.ru/folklore/veselova5.htm.

［2］Гальперин И Р. Текст как объект лингвистического исследования［М］. М.: Наука, 1981.

［3］Горшков А И. Лекции по русской стилистике ［М］. М.: Издательство Литературного института им. А. М. Горького, 2000.

［4］Группа μ. Общая риторика ［М］. Благовещенск: Благовещенский Гуманитарный Колледж им. И. А. Бодуэна де Куртенэ, 1998.

［5］Комиссаров В Н. Смысловая стратификация текста как переводческая проблема ［С］//Швейцер А Д. Текст и перевод. М.: Наука, 1988: 6–17.

［6］Лейчик В М. Термин и научная теория ［С］//Соколов А М. Научный и общественно-политический текст: Лингвистические и лингводидактические аспекты изучения. М.: Наука, 1991: 12–26.

［7］Лотман Ю М. О разграничении лингвистического и литературоведческого понятия структуры ［J］. Вопросы языкознания, 1963(03): 44–52.

［8］Лотман Ю М. Структура художественного текста ［M］. М.: Искусство, 1970.

［9］Мелетинский Е М. Структурно-типологическое изучение сказки ［С］// Пропп В Я. Морфология сказки. Изд. 2-е. М.: Наука, 1969: 134–166.

［10］Николаева Т М. Лингвистика текста: современное состояние и перспективы ［С］// Николаева Т М. Новое в зарубежной лингвистике. Вып. Ⅷ. Лингвистика текста. М.: Прогресс, 1978: 5–39.

［11］Новиков А И, Чистякова Г Д. К вопросу о теме и денотате текста ［J］. Известия АН СССР. Серия литературы и языка, 1981, 40(1): 48–56.

［12］Новиков Л А. Художественный текст и его анализ ［M］. М.: Русский язык, 1988.

［13］Панов М В. О парадигматике и синтагматике ［J］. Известия АН СССР. Серия литературы и языка, 1980, 39(2): 128–137.

［14］Плотников Б А. О форме и содержании в языке ［M］. Минск: Вышэйшая школа, 1989.

［15］Тураева З Я. Лингвистика текста ［M］. М.: Просвещение, 1986.

［16］Чередниченко И В. Структурно-семиотический метод тартуской школы ［M］. СПб.: Золотой век, 2001.

［17］巴尔特. 符号学原理［M］. 王东亮，等，译. 北京：生活·读书·新知三联书店，1999.

［18］陈勇. 篇章的符号学特征［J］. 解放军外国语学院学报，2008(05).

［19］格雷马斯. 结构语义学［M］. 蒋梓骅，译. 天津：百花文艺出版社，2001.

［20］华劭. 语言经纬［M］. 北京：商务印书馆，2003.

［21］李幼蒸. 理论符号学导论［M］. 北京：社会科学文献出版社，1999.

［22］王德福. 论叶尔姆斯列夫语符学的四个理论模型［J］. 锦州师范学院学报（哲学社会科学版），2003(05).

［23］俞如珍. 聚合关系和组合关系的神经心理基础［J］. 山东外语教学，1992(03).

作者简介： 陈勇，黑龙江大学外国语言文学学科博士后（2005—2007），合作导师张家骅教授。战略支援部队信息工程大学洛阳校区教授、博士生导师、国防语言与教学研究中心主任、《解放军外国语学院学报》主编、国家社会科学基金项目通讯评审和成果鉴定专家。主要研究方向：语言符号学、语言哲学、文化语言学。

关于篇章语言学的优控问题

上海外国语大学　陈　洁

　　摘　要： 此文回顾了华劭先生对笔者超句统一体研究的若干评价和具体指教，并简述了其《语言经纬》一书中对篇章（话语）语言学若干范畴的阐释，以及其对优控述位的理解。笔者受到优控述位概念启发，认识到应该建立与此相应的优控主位概念，并将优控主位分为人物性和事物性两类。文中还追忆了华先生利用会议期间的空闲时间热心与青年师生座谈情境。华先生淡泊名利、厚积薄发、力求精品的治学态度，学界应该学习并传承发扬。华劭先生是值得敬仰的一位学术大家。

　　关键词： 篇章语言学；超句统一体；优控述位；优控主位

　　惊闻华劭先生辞世，不禁惋惜。俄语学界又失去了一位大家。记得华先生曾是我博士论文的通讯评阅人，我 1995 年 10 月底进行博士论文答辩，有幸请到华先生做论文评阅人。我的博士论文题目是《俄汉超句统一体对比研究》。华先生对论文做出了全面、深刻、中肯的评价。褒奖、批评充分到位，如：论文描写、翻译见长，理论阐释尚弱……从华先生等评阅老师的评审意见中，我获益良多。回想我在科研方面的成长之路，更多的是由于吸取了多方面的批评意见，才促使我业务上健康成长，避免了走弯路。后来我不断修改、充实超句统一体研究。2003 年，上外放开了国家社科基金项目申请要求，校内任何教师、研究人员都可以自愿申请国家社科基金项目。同年我的超句统一体研究得到国家社科基金一般项目立项，并于 2006 年按时完成了此项目结项。此后，我继续反思华先生等人曾对我超句统一体研究提出的批评意见，为了提升对专业问题研究的理论水平，且做到理论阐释为主，描写为辅，放弃了原先拟研究不同语体中超句统一体构建规律的想法，改为主要探讨与语序有关等问题。

我有幸见到华先生是在 1996 年秋天，当时上外俄语系主办俄语语义学、语用学国际学术会议。华先生、李锡胤、张家骅、邓军等黑龙江大学众多教授及师生前来参会。开会期间，华先生对我讲，当天晚餐后，他在自己居住的宾馆房间内，与参会的部分青年教师和研究生座谈，欢迎我参加。或许，他担心自己对我博士论文的批评意见过重了，我接受不了。他说："我对你的博士论文是肯定的，你对别人的批评［指超句统一体界限划分，参见拙作《俄语超句统一体划界刍议》中国俄语教学，1995(01)］是对的。"当天晚上，我到华先生所在房间时，只见济济一堂，已经坐不下了，我站着听讲。华先生滔滔不绝地耐心解答年青师生们的问题。华先生还对我讲："你研究超句统一体，要特别关注 И. Р. Гальперин 的成果，他的作品思想深邃，分量重。"

的确如此。И. Р. Гальперин 的代表作 «Текст как объект лингвистического исследования»（1981）提出了篇章十大范畴。1）篇章信息类型（виды информации в тексте），包括事实内容信息（содержательно-фактуальная информация）、观念内容信息（содержательно-концептуальная информация）和潜在内容信息（содержательно-подтекстовая информация）。2）语篇的可切分性（членимость текста）。3）衔接（когезия），即篇章内部联系（внутритекстовые связи），它相当于西方语言学中 cohesion（衔接）这一概念。4）连续性（континуум），континуум 这一术语，它本身指不间断的构成过程，即在时间、空间方面不可分割的流动。作者用 континуум 代替 последовательность（连贯）这一概念。5）篇章片段的语义自主（автосемантия отрезков текста），它指针对全文内容或其部分而言的篇章片段的语义从属性与相对自主性的表现形式。篇章片段的语义自主常属作者的插叙。它指情节展开过程中作者中断叙述，插入细节，进行议论，发表观点等。6）篇章中的回溯和 7）前瞻（ретроспекция и проспекция в тексте）。回溯和前瞻实质上是时空的"非连续性"（дисконтинуум），它们是篇章展开过程中的"间歇"。作为篇章范畴，它们发挥组篇手段的功能。回溯属于衔接语言表达形式的篇章语法范畴，这些表达形式让读者关注先前相关的事实内容信息，起到衔接作用。回溯可以是读者主观性的，也可以是作者客观性的。它可以是个人创造性地理解叙述连续性的结果，或是作者引用篇章先前内容的结果。回溯的典型形式是重复（повтор），还多借助以下语句表示：ему вспомнилось...（他记得……）；ранее уже упоминалось в том, что...（先前提到……）；читатель помнит, что...（读者记得……）；等等。回溯的目的时常是为事实内容信息增添观念内容成分。（1981: 105–107）回溯的特殊形式是，位于篇章末尾的"后记""结束语""尾声"等。前瞻是叙述的手法之一，这种篇章语法范畴使读者可以更清晰地想象事件、情景的联系。前瞻可以是读者主观性的，也可以是作者客观性的，常通过下列表述方式预示下文内容信息：забегая вперед（下文……）；как будет указано ниже（正如下文所指出的那样）；дальнейшее изложение покажет, что...（进一步的阐释将表明……）；等等。前瞻的特殊形式是位于篇章前面的"前言""引言""序言""序幕""作者的话"等。8）篇章的情态性（модальность текста）。9）篇章的整合和10）完结性（интеграция и завершенность текста）。整合指将篇章的各部分（超句统一体、章节）的含义、内容予以综合以实现整体性（целостность），整合可通过衔接（词汇、语法和语义）体现，也可在联想和预设关系基础上构建。

这十大范畴，我反复阅读了多遍，且细心研读华先生在《语言经纬》（2003）一书中予以的相关解析与阐发，才略知一二。1999年上半年，我去莫斯科国立语言大学任校际交流教师时，在阅览室看到 И. Р. Гальперин 指导的许多研究生论文，都是根据篇章这十大范畴观点写就，大多是探讨英语连贯话语的构成规律等。

在《语言经纬》篇章（话语）语言学章节中，华先生对俄罗斯著名语法学家 Г. А. Золотова 所言优控述位概念进行了深入阐释。Г. А. Золотова 指出，述位具有双重功能。一个句子的述位可与相邻句子的述位形成意义关联，构成连贯话语的优控述位（рематическая доминанта）。（1979: 129）所谓优控述位，指语段内大多数意义相近的述位形成的一种主导性述位倾向。述位在功能上具有双重指向作用，在句内与主位对立统一，将未知与新知、话语出发点与话语核心统一在交际行为中。在句子外部，一个句子的述位与下文相邻句子的述位形成意义关联，构成连贯话语的优控述位，昭示其具有语义共性，便于连贯话语的切分。（Г. А. Золотова 1982: 317–318）

华劭先生认为，从上述观点中可以引出如下结论：1）信息量较小的主位在形成超句统一体（以下简称超句体）结构方面起重要作用，而信息量大的述位则在形成超句体的语义关系方面发挥关键作用。2）在超句体范围内，这种表明有语义共性的优控述位相当于或接近超句体主题。3）所谓优控述位，事实上指超句体内大多数意义相近的述位形成的一种优势，它体现出超句体的语义共性或主题。但不是所有语句的述位都参与形成超句体的优控述位。（2003：238）

由此，笔者认为，通常是构成超句体基本线索（основная линия）的句子的述位形成优控述位，属于辅助线索（побочная линия）的句子（如插说句）一般不参与构成优控述位。由华先生所理解的优控述位概念，我领悟到，还应该建立与此相对应的优控主位这一概念。邓军教授也曾研究优控述位，在研究这两位黑龙江大学教授所探讨优控述位成果之前，我曾将优控主位理解为行文线索（叙述的角度或头绪）。（详见陈洁 2007：278）优控主位指超句体中的组成句所形成的行文主线，或主干话题、主要主体。

在《语言经纬》一书中，华先生指出，根据优控述位与超句体类型意义的对应关系，划分出如下优控述位：1）事物性优控述位（предметная рематическая доминанта），常用于对地点、空间方位的描写；2）性质性优控述位（качественная рематическая доминанта），多是对人物、事物的性质说明；3）行动性优控述位（акциональная рематическая доминанта），一般表示动态行为意义；4）静态性优控述位（статальная рематическая доминанта），时常表现自然环境、人物的状态；5）静态－动态性优控述位（статально-динамическая рематическая доминанта），多表示状态的改变，由状态转为行为；6）印象性优控述位（импрессивная рематическая доминанта），多属于对现实的主观评价感受。（Г. А. Золотова 1979：129–131；华劭 2003：299）

既然优控述位可以划分出上述六种类型，那么，优控主位（тематическая доминанта）这一概念，也可以大致划分为人物性和事物性两类优控主位。因为上述六类优控述位，其主位通常或是表示人物，或是表示广义的事物。

人物性优控主位，指超句体组成句的主位，主要是围绕人物展开。

① **Роли** вдруг изменились. **Вронский** чувствовал его высоту и свое унижение, его правоту и свою неправду. **Он** почувствовал, что муж был великодушен и в своем горе, а он низок, мелочен в своем обмане. Но **это сознание** своей низости пред тем человеком, которого он несправедливо презирал, составляло только малую часть его горя. **Он** чувствовал себя невыразимо несчастным теперь от того, что страсть его к Анне, которая охлаждалась, ему казалось, в последнее время, теперь, когда он знал, что навсегда потерял ее, стала сильнее, чем была когда-нибудь. (Л. Н. Толстой «Анна Каренина»)

此例写 Вронский 对自己行为的反省内疚，但他这种负疚心理无关紧要，不足挂齿，因为他认为自己所为是事出有因。此例五个句子第一层次的主位分别是 Роли—Вронский—Он—это сознание... —Он。这五个主位话题一致，皆指 Вронский。Вронский 就是此例的优控主位。Н. С. Валгина 将这种话题一致的主位称为透明式主位。（2004: 33）

② **Нехлюдов** был очень робок с женщинами. Но именно **эта-то его робость** и вызвала в этой замужней женщине желание покорить его. **Женщина эта** была жена предводителя того уезда, на выборы которого ездил Нехлюдов. **И женщина эта** вовлекла его в связь, которая с каждым днем делалась для Нехлюдова все более и более захватывающей и вместе с тем все более и более отталкивающей. (Л. Н. Толстой «Воскресение»)

此例着重写 Нехлюдов 与有夫之妇的暧昧关系。前两个句子的主体是 Нехлюдов，后两个句子的主体是有夫之妇 Женщина эта。这两个主体相互关联，形成优控主位，推动行文的展开。

事物性优控主位，其主体或话题时常是除了人之外的具体或抽象的事物、概念、关系、态度等。

③ **Сложное синтаксическое целое** имеется в устной и письменной, диалогической и монологической речи, в прозе и стихах и т.д. **Оно** может совпадать с абзацем, быть больше и меньше абзаца. **Минимальное сложное синтаксическое целое** составляют: вопрос и ответ; высказывание, состоящее из посылки и вывода; описания одного и того же предмета (лица) и т.д. **Сложное синтаксическое целое** может соответствовать и краткой газетной заметке, телеграмме, цитате. （Л. Е. Тумина）

此例介绍复杂句法整体的使用语境、功能、意义组合，与自然段的关系，等等。四个句子的主位或主体皆为概念——复杂句法整体。它是此例的优控主位。

在俄汉翻译时，时常涉及优控主位的处理。先前笔者探讨的翻译中行文线索，或是围绕人物，或是着眼于事物展开。（详见陈洁 2007: 278–283）所以，俄汉翻译中的优控主位也可以分为人物性和事物性两类优控主位。

俄语为屈折语、综合语，句子中词语的句法功能主要是通过词本身的形态变化体现出来，语法严谨，词语语法语序相对自由，主语位置可有多种选择，并非一定位于句首，所以，主语与主位常有不一致情形，而该类句子大多受言语上下文的制约。在交际中俄语词语顺序还受制于连贯话语的实义切分。而汉语为孤立语、分析语，缺乏形态变化，句子中词语的句法功能主要由词语顺序及虚词决定，汉语词语语法语序相对固定，主语一般都位于谓语之前，处于句首，与主位大体"同位"相应（存现句另论），这与俄语不同。因此，从事俄汉翻译时，不能让俄语相对自由语法语序强行"削足"，以适应汉语"主语—谓语"顺序之履，而应按照由主位到述位的顺序传译，且要把握好优控主位。优控主位在缺乏形态变化的汉语连贯话语中，可起到更为显著的构建结构、启引中心内容的作用。因此，应该建立优控主位这一概念，尤其是翻译研究中。这有助于翻译教学与实践。

在我印象中华先生不轻易发表学术成果，他厚积薄发，十年一剑，"板凳宁做十年冷，文章不写一句空"。或许，用目前对业务人员，对学术成果进行多方面量化考核的行政化管理眼光看，华先生并非是出色者或者优秀者。然而，他治学所体现出来的淡泊名利、宁缺毋滥、力求精品的至高追求，这正是学界应该学习并固守的优良传统美德，也需要我们予以传承并发扬光大。能经得住时间考验的精品学术成果的产生，更多是在没有压力状态下自然而然产生的。由此我想到，黑龙江大学和上海外国语大学分别编纂的《俄汉详解大词典》（1998）［其修订版《新时代俄汉详解大词典》（2014）］和《汉俄大词典》（2009），主要是依靠老教师、退休教师完成编写的。老先生们几十年如一日编写辞书，并非是为了提升个人职称，也不需要以此应对多种科研指标的考核，他们是为了完成他们这代人所肩负的责任与历史使命。这正是我们后来者应该向老一辈学习之处。不为名利所动，按照教学和科研的客观规律，特别是依照外语教学和科研的客观规律做事，这才是外语教师任教治学的正确发展之路。

社科研究讲求慢工细活，推崇精品。业界同行评价是对专业的最高认可。华先生的《语言经纬》系精品之作。此枕头书一部足慰。华劭先生是我十分敬重的学术大家，谨以此文缅怀。

参考文献

［1］Валгина Н С. Теория текста［M］. М.: Логос, 2004.

［2］Гальперин И Р. Текст как объект лингвистического исследования ［M］. М.: Наука, 1981.

［3］Золотова Г А. Коммуникативные аспекты русского синтаксиса［M］. М.: Наука, 1982.

［4］Золотова Г А. Роль ремы в организации и типологии текста［C］//Золотова Г А. Синтаксис текста. М.: Академия науки СССР, 1979.

［5］陈洁. 俄汉超句统一体对比与翻译［M］. 上海：上海外语教育出版社，2007.

［6］华劭. 语言经纬［M］. 北京：商务印书馆，2003.

作者简介：陈洁，上海外国语大学教授、博士生导师。上外俄罗斯东欧中亚学院俄语高年级教研室主任、俄语词典编纂与研究中心主任、上海翻译家协会会员、上海外事翻译协会会员、教育部新世纪优秀人才。主要研究方向：俄汉语对比与翻译研究、篇章语言学。

表态言语行为之情意

——心理状态视角的言语行为

北京外国语大学　武瑷华

摘　要：表态言语行为逻辑式中的（P）"不同的心理状态变量"，可进一步确定为情感和意愿心理范畴。其他类型言语行为的心理状态作为真诚条件对命题内容有规约性，而表态言语行为的心理状态就是命题本身，与事实前提之间没有规约性。心理状态视角的分析可加深对言语行为类型特征的认识，加强对言语行为语力显示手段的解释力。表态言语行为的心理状态由情意心理动词表征，语力显示手段为有标记的言说动词"表示""致""道""祝"等。

关键词：表态类言语行为；心理状态；情意；表示

谨以此文纪念华劭先生。读先生大作《语言经纬》深受启发，迷茫于语义学与语用学之分野的我，豁然开朗。自此研究语言意义有了思考之经纬、认识之系统性和辩证性。

1. 引言

expressives 译作表态类（顾曰国 1994；索振羽 2000）或表达类（何兆熊 1989）言语行为，由于汉语动词"表态"具有专门的"表示态度"的意义，"表达"

具有更加宽泛的"表示"意义，本文采用"表态类言语行为"。表态行为的逻辑式为 EØ（P）（S/H + property），其中 E 为所有表态言语行为共同的言外目的——对基于真诚条件的命题内容的事态表示一种特定的心理状态，Ø 表示适切方向为零，（P）（S/H + property）为实施此类言语行为过程中所表示的不同心理状态的变量和归因于说话人或听话人的某种特性的命题内容（Searle 1976: 13）。

心理状态是 Searle 为区分 5 类言语行为拟定的 3 个基本维度[1]之一，与言语行为的意向状态密切相关，是言语主体通过话语对世界实施的一种主观操作，没有这种操作，话语与世界无法建立联系；心理状态决定话语（语词）与世界的适切方向，构成言语行为的成功条件之一——真诚条件。加深对言语行为所表达的心理状态的认识，对于更好解释言语行为类型之间的区别，加强对语力显示手段的解释力具有显著的意义。

2. 表态类言语行为的心理状态

断言类言语行为所表达的心理状态都是对命题内容的"相信[2]"，指令类言语行为所表达的心理状态都是"希望听话人做某事"，承诺类言语行为所表达的心理状态都是说话人"意图[3]做某事"，宣告类言语行为所表达的心理状态都是零状态。"相信""希望""意图"以及"零状态"都是对命题内容与世界的关系的某种认知状态，其心理基础都是关于世界的知识，它们的内容满足真诚条件，因此都具有与世界的适切方向。表达"认为"心理状态的话语适切世界，表达"希望"和"打算"心理状态的话语要求世界适切于话语，表达"零状态"的话语与世界双向适切。与这些类型的言语行为相比，表态类言语行为所表达的心理状态较为特殊，"表态类言语行为不具有话语与现实的适切方向"。（Searle 1976: 12）这是因为，此类言语行为所表达的心理状态基于一个前提，这个前提就是命题内容的真实性，以下称为"事实前提"。这个前提是语境预设的：我向你道歉是基于我踩了你的脚的事实前提。说出："我向你表示感谢""我在此表示反对"时，说话人既不是对世界的描述，也不是要求别人去做一件事或自己打算去做一件事而对世界有所改变。因此，表态类言语行为不具有话语与现实的适切方向，关于命题内容真实性的认知，即真诚条件是前提，而不是话语陈述的内容，表态言语行为不表示命题内容与现实关系的认知心理状态。这一点可以得到汉语表态言语行为的句法的支持：汉语表态言语行为动词不能后接认知类动词，"表示了解""表示认为""表示希望/打算/认识/明白/忘记……"都不是恰当的言语行为。那么，说出"我向你表示感谢""我在此表示反对"，说话人表达的是什么心理状态？显然是感谢和反对，即情感或意愿。情感或意愿也是一种意向性，也是指向和关于外部世界的心理状态，只不过这种心理状态的内容是经过情感加工的。如果说"相信""希望""意图""零状态"都是关于世界的认知体验，那么表态类言语行为所表达的心理状态是一种情感（情绪）作用下的态度体验。非情感意愿的心理状态不属于表态言语行为。

由此可见，EØ（P）（S/H + property）中的（P）——不同的心理状态变量，可进一步明确为情感意愿范畴。

3. 知、情、意的心理学意义及其语义表征

心理学的研究表明，人的心理活动可以分为心理过程、心理状态与个性心理特征三种形态。心理过程是不断变化的、暂时性的，个性心理特征是稳固的，而心理状态则是介于二者之间的，既有暂时性、又有稳固性，是心理过程与个性心理特征统一的表现。心理过程都是在一定的心理状态的背景中进行的，都表现为一定的心理状态（Википедия, ст. Левитов Михаил Николаевич）。我国大多数普通心理学教材都将心理状态划分为认知的心理状态、情感的心理状态、意志的心理状态，即通常所说的知、情、意。而认知和情、意的心理学意义是不一样的，它们是心理活动的两个方面，"认知"基于对客观世界的反映和经验，以知识为操作单位，是其他心理活动的基础，"认知"的心理学含义包括"感觉""知觉""注意""记忆""思维""判断""认为"等；情感是以人的需要为中介的心理活动，是人对客观事物是否满足自己的需要而产生的态度体验（朱智贤 2010）。普通心理学就将心理过程分为"认知"与"情绪和动机"（彭聃龄 2001）。作为心理体验的情绪和情感是一致的，动机本来就属于意愿范畴。"情"与"意"协调一致，情感情绪产生意愿，意愿的动力来自于情感情绪，二者合称为"情意"。

黎锦熙先生将心理动词分为表"经验过程"和表"情意作用"（张积家、陆爱桃 2007: 118）的看法是符合现代心理学的。二者的区别得到了针对汉语 80 个常用心理动词的心理实验的证实。从整体上看，汉语心理动词被分成两大类：（1）认知心理动词；（2）情意心理动词。认知心理动词大多处于心理动词语义空间的 1、2 象限，情意心理动词大多处于心理动词语义空间的 3、4 象限。（张积家、陆爱桃 2007: 121）认知心理动词主要包括感觉、了解、认识、认为、知道、明白、打算、猜测等；认知心理动词没有表现出积极肯定和消极否定的特征；情意心理动词明显地表现出肯定与否定的评价色彩和积极与消极的极性，积极肯定的情感心理动词包括感谢、满意、同情等；消极否定的情感心理动词包括哀悼、担心、愤怒、愤慨等；积极肯定的意愿心理动词包括同意、理解、赞成、支持、欢迎、尊重、关切、关心、欣赏等；消极否定的意愿心理动词包括反对、怀疑、抗议等。

除语义系统的表征外，汉语情意的表达还涉及个别所谓的跨域使用动词，如"祝贺"与"谴责"都是言语行为动词，具有言说意义，属于行域、知域、言域（沈家煊 2003）三个不同的概念域中的言域，但二词的言说方式又都与特定的情感相关联。"祝贺"反映的是"喜庆"的心理状态，"谴责"反映的是愤怒的心理状态。汉语有"表示祝贺""表示谴责"的表态言语行为。汉语动词的跨域现象被历时和共时的研究成果所证实。（张雁 2012；李明 2004）

除动词外，表征情意的还有形容词[4]：感谢、愤怒，名词：歉意、敬意等等。

认知的心理状态和情感的心理状态的区分以及它们的语义表征特点对言语行为分析具有意义：认知的心理状态及其语义表征与表态类言语行为无关。这得到了汉语表态言语行为的证实。

4.（S/H + property）条件下的情意

由于（P）（S/H + property）的条件限制，并非所有的情意都适合表态言语行为。根据 Searle 的解释，表态言语行为的"命题内容归因于说话人或听话人的某种性质（不一定是行为）。（Searle 1976: 12）我不仅可以祝贺你赢得比赛，也可以祝贺你喜形于色。这种性质必须与说话人或听话人有相关性。我不会没有特别的考虑就牛顿第一运动定律的发现去祝贺你"。对表态行为来说，

（P）既是心理状态，又是命题内容，"性质"（property）是足以引起说话人情感反应的某种特性，而情感是对客观世界与主体需要之间的关系的反映，因此，言者不会就牛顿第一运动定律的发现祝贺听者，因为此事不具有引起说话人情感反应的那种涉及双方利害关系的性质，也就不具有"与说话人或听话人的相关性"。由于情意是说话人的心理状态，那么（S/H + property）条件下的（P）应该是说话人表达的针对听话人的情意[5]。不符合上述条件的情意表达，不是表态行为。例如，一个诗人抒发的情意对读者的感染力可能远远大于一个表态行为，但它是诗人审美的、非功利的、非针对听话人的。此标准可以鉴别具体言语行为的类属，不是针对听话人的情感意愿不属于表态行为的心理状态，如害怕、惊恐、爱好、喜好、想、愿意、希望、盼望等。

5. EØ（P）言说方式

情意须明示，表态言语行为是一种明示情意的行为，而明示一定是一种专门的、有标记的言说方式。试比较汉语中的"表示"与"说""告诉"，后两者在语义系统中为无标记意义。汉语不能说"我跟你说我的歉意""我告诉你我的哀悼"。汉语言说动词"表示"具有"用言行表现出"的意义，该义项是一种表示态度的明示方式。从非语言行为看，表态有敬礼、送礼、献花、作揖等明示情意的方式；而言语行为则为"用言语表现出"；还有非语言行为与言语行为并用的方式，如恭喜、祝酒，既有动作（作揖、手举酒杯），又有话语；非语言行为也可能以借喻的方式变为言语行为，如恭喜。

汉语最常见的表态言语行为有"致谢""祝贺""祝愿""祝福""道歉"等。致：向对方表示；祝：表示良好愿望；道：用语言表示（情意）。汉语"致""祝""道"都有"表示"的意思，都是明示情意的言说方式。

除个别有损听话人脸面的负面情感意愿（反感、讨厌、抱怨、指责、批评）外，一般情况下，表态言语行为都采用有标记的、明示的言说方式：表示慰问、表示同情、表示哀悼、表示抗议、表示不服、表示愤怒、表示失望。

6. EØ（P）与事实前提

情意是有情绪参与的心理状态，这也使（P）与其他言语行为类型的心理状态有很大不同。情意的表达 EØ（P）可以出于明显的利害关系的考虑，作为言语行为的理由包含在上下文中而有时 EØ（P）的理由又是不确定的，为什么言者对听者表示敬意和赞赏，为什么言者反对听者到新学期前都做晚饭，其理据性不清楚，"敬意和赞赏""反对"完全出于言者的某种个人情感意愿。对于表态行为来说，重点是表达个人的态度体验，而不是说理，因此，作为前提的事实可以完全忽略："向你致敬！""我抗议！我反对！我要罢工、我要休假、我要升职、我要加薪、我要专车。"对比指令类言语行为和承诺类言语行为的真诚条件，可以发现，实施这两类言语行为时也有听说双方的利害关系的考虑，如请求的命题内容对言者有利，承诺的命题内容对听者有利，但这种考虑是基于对世界的一种共通的知识和经验，是言语行为的构成规则之一，对命题内容具有规约性。让对方做一件事或承诺对方自己做一件事，不同的说话人可能采取请求、命令、嘱咐以及发誓、保证、打赌等不同的言语行为，但心理状态都是一样的，即希望对方做某事和打算做某事。而表态行为则不一样，（P）既是心理状态，又是命题内容，它与事实前提之间没有共通的经验基础，哪一类事实前提对表达哪一种情意没有规约性。例如，对同一事实前提，不同人出于不同的需求以及在不同的情绪情感作用下可能有不同质的或不同程度的态度体验，表达为不同的心理状态和命题内容：A 获奖（事实前提），B 表示祝贺，C 表示敬意，D 表示赞赏；同一个人对同一件事也可能有不同的态度体验：A 获奖（事实前提），B 本想表示祝贺，但某种心理又使他表示敬意。因此，没有一个特定的情意可以作为表态类行为共同的心理状态，这也许是 Searle 所指出的"P 为不同的心理状态的变量"之意义所在。（Searle 1976: 13）

7.（P）的主观性

情意本身就是以人的需要为中介的一种态度体验，表态言语行为之情意（P）具有主观性、个性的特点，语言层面表现为评价意义、语义语用的极性及程度意义。

表态行为的事实前提常常包含评价词语语义的极性：表示反对—表示欢迎，表示哀悼—表示祝贺，表示赞赏—表示谴责，表示怀疑—表示理解，等等。有时极性特征是语用的，如祝你青春常驻；祝你福如东海，寿比南山。"青春常驻""福如东海，寿比南山"都是极性特征，非主观情意，无客观性可言。

这种意愿的命题结构看似与指令行为的希望相似，内容属于将来，然而祝愿不属于让对方去做事，只是言者的一种主观意愿。对比祝福行为与指令行为，它们的预备条件不同，前者无须听话人具备做 A 的能力，后者则必须具备这一条件，即说话人必须考虑听话人做 A 的现实条件；所以祝福不存在话语与世界的适切问题，指令必须以世界适切于话语为条件。

8. 结语

表态行为逻辑式中的（P）"不同的心理状态变量"，可进一步确定为情感和意愿心理范畴，是一种以主体需要为中介的态度体验，汉语表征为情意心理动词。如果说其他类型言语行为的心理状态作为真诚条件对命题内容有规约性，那么表态行为的心理状态就是命题本身，情意的表达与事实前提之间没有规约性，重在态度体验，而非说理；情意的语言表征具有主观评价性、极性和程度特征。表态言语行为是一种明示的言说方式，在汉语中使用有标记的言说动词"表示""致""道""祝"等。

注释

1. 三个基本维度：施事行为目的、话语与现实的适切方向和所表达的心理状态。

2. 又译作"认为"。

3. 又译作"打算"。

4. 形容词在汉语中常常与动词同形。

5. "人"指交际主体，既包括自然人，也包括社会组织、机构。

参考文献

［1］Википедия［Z］. https//ru.wikipedia.org.

［2］Leech, G. N. Principles of Pragmatics［M］. Longman Group Ltd., 1983.

［3］Searle, J. R. A classification of illocutionary acts［J］. Language in Society, 1976(05).

［4］顾曰国. John Searle 的言语行为理论与心智哲学［J］. 国外语言学，1994(02).

［5］何兆熊. 语用学概要［M］. 上海：上海外语教育出版社，1989.

［6］华劭. 语言经纬［M］. 北京：商务印书馆，2003.

［7］李明. 从言语到言语行为——试谈一类词义演变［J］. 中国语文，2004(05).

［8］彭聃龄. 普通心理学［M］. 北京：北京师范大学出版社，2001.

［9］沈家煊. 复句三域"行、知、言"［J］. 中国语文，2003(03).

［10］索振羽. 语用学教程［M］. 北京：北京大学出版社，2000.

［11］张积家，陆爱桃. 汉语心理动词的组织和分类研究［J］. 华南师范大学学报（社会科学版），2007(01).

［12］张雁. 从物理行为到言语行为：嘱咐类动词的产生［J］. 中国语文，2012(01).

［13］朱智贤. 心理学大辞典［M］. 北京：北京师范大学出版社，1989.

作者简介： 武瑗华，北京外国语大学教授、博士生导师、博士后合作导师。现为《当代语言学》和俄罗斯学术期刊«Политическая лингвистика»编辑委员会委员、中国外语教育研究中心兼职研究员、哈尔滨师范大学客座教授。主要研究方向：外交语言学、语义学、语用学。

关于句法语义问题的点滴思考

战略支援部队信息工程大学　易绵竹

摘　要：句法语义问题是现代语言学研究者共同关注的核心课题，也是华劭先生学术思想体系的重要组成部分。华劭先生立足于中国俄语教学的现实需求，对苏俄和西方语言学理论观点烂熟于胸，在语言事实描写和语言规律发现之间匠心独运，勾勒绘制出语言经纬画卷，将俄语句法、语义和语用现象纳入有条理、成体系的阐释框架，为引导后学步入俄语研究学术殿堂指点迷津、启迪心智。

关键词：句法；语义；莫斯科语义学派；计算语义学；语义技术

2020 年冬季惊闻华劭先生仙逝，心情久久不能平静，由于受新冠疫情影响未能回母校参加先生的追思会深感愧疚。适逢黑龙江大学建校 80 周年之际，俄语学部筹划出版华劭先生纪念文集并向我约稿，作为承蒙先生教诲和扶掖的学生，拟结合自身在国内外的求学和科研经历，谈谈对句法语义问题追索探究的一些体会，以期为继承光大先生的学术思想、持续推进俄语学科的纵深发展提供些许启示。

1. 对句法语义问题的懵懂意识

回想 1982 年我考入洛外把俄语作为专业学习之初，精读课教员就在课堂上告谕我们：想要学好俄语一要多记单词，二要在句子中理解单词的意义（大意如此）。当时，脑子里还没有"词汇语义"和"句法语义"这些概念，只是按照教员要求练好俄语的语音语调，掌握词形变化规则，学会组词造句，熟读背诵课文，能够正确回答课文后所列的各类问题。

大三时开始学习俄语理论语法课程，由两位教员分别讲授词法（Морфология）和句法学（Синтаксис），使用洛外自编教材，教学参考书有华劭老师主编的《现代俄语语法新编》（下册）（句法）（商务印书馆，1979），我至今对该书中所列俄语简单句的句型仍记忆犹新。毕业于哈外专的丁昕教员与华劭老师几乎是同龄人，在讲授俄语句法学的课堂上他对华老师的为人与治学赞赏有加，我对华老师的景仰之情油然而生。

1986 年本科毕业，我考入南开大学外文系读研。除了俄语历史语法这门课程是由从黑龙江大学调入该校的高静老师主讲之外，其他课程如 Фонетика（语音学）、Лексикология（词汇学）、Фразеология（成语学）、Стилистика（修辞学）、Функциональная грамматика（功能语言学）等，先后由从伊尔库茨克国立大学和乌拉尔联邦大学聘请的两名苏联专家 Ю. И. Кашевская 和 Т. В. Матвеева 讲授。修完这些课程之后，我感觉对句法和语义知识还是缺乏比较深入系统的了解，因此后来确定的论文选题是从词汇语义学角度研究俄语形似词（паронимы），如 *адресат/адресант; практический/практичный; экономический/экономичный...* 这些词对都是同根词，但其意义不尽相同，句法组合形式也有差异。

1988 年牡丹花开时节，在洛阳举办了一次俄语研讨会，我和两名研究生同学参会，得以亲睹华老师的真容，给人印象是慈眉善目、满腹经纶，但作为小字辈只能望其项背而不敢贸然接近。依稀记得华老师围绕苏联科学院俄语研究所撰写的 1980 年出版的《俄语语法》做大会报告，参会代表会上会下都在议论与此相关的话题，会后我便到系资料室购买了两卷本影印版 «Русская грамматика»（т. I–II）。

也许是机缘巧合，1989 年春季当我决定并获批报考黑大博士研究生时，便全身心投入，通读猛啃两卷本原版《俄语语法》，尽管对这部巨著的内容有些囫囵吞枣，但坚信临阵磨枪不亮也光。清晰记得 6 月中旬，我从天津来到哈尔滨赴考，两门专业课和二外（英语）笔试感觉比较得心应手，在研究生处组织的面试场上见了华劭、张会森、林宝煊、阎家业和俞约法诸位教授，先生们提问既涉及俄语专业方方面面的知识，也问及我的研究兴趣和研究计划等话题。大约在考后一天，导师李锡胤先生带上他翻译并签章的《老人与海》赠予我，让我安心返回天津等通知。

2. 对句法语义问题研究的自觉意识

我的考博梦如愿以偿，1989 年秋高气爽时节，我负笈北上来到黑大求学。研究生处安排我入住 32 号楼，没想到与蒋国辉师兄同一个寝室。蒋师兄是我的老乡，虽年长我十几岁，但倍感亲切，他讲一口纯正"川普"，摆龙门阵无话不聊，既聊他在黑大求学对各位老师的印象和感受，也聊他下乡当知青的种种经历。蒋师兄由李锡胤先生和华劭先生联合指导，当时他正准备博士论文的修订完善工作，我见他论文标题中一个英文术语 NPsubj 有点发蒙，经他解释才明白：NP 是指名词短语，subj 是指主体，这其实就是句法语义研究的重要课题。

第一学期华老师为研究生讲授普通语言学课程，自编讲义，博采众长，倾注大量心血，融通欧陆、北美和苏俄主流语言学思想，并以大量翔实的俄语例证进行分析讲解。华老师授课深入浅出，如春风化雨，使我茅塞渐开，慢慢弄懂了语言学研究的对象物（объект）和对象（предмет）、能指（означающее）和所指（означаемое）、组合（синтагматика）和聚合（парадигматика）、历时（диахрония）和共时（синхрония）这些基本概念。经过多年精雕细磨，华老师以《普通语言学》讲义为基础撰著出版《语言经纬》（商务印书馆，2003），该书被教育部推荐为研究生教学用书。2005 年底，我应邀回母校参加博士论文答辩，获华老师亲笔签名赠书。可以毫不夸张地说，华老师这部著作为俄语专业研究生从事语言学理论研究开启了一扇大门。

后来回想，李老师也许和华老师共同商讨了针对我的培养计划。李老师第一学期给我上专业导读课，布置研读两本英文书 *Modern Linguistics: The Results of Chomsky's Revolution* 和 *The Structure of English: An Introduction to the Construction of English Sentences*，第二学期的专业导读课是让我研读美国语言学家 C. J. Fillmore 于 1968 年发表的长文 "The Case for Case"（中文译名为《"格"

辨》），并研习了英国语言学家 A. S. Hornby 提出的动词型式（Verb Pattern）[若干年之后，一帮语料库语言学家倡导建立了 Pattern Grammar（型式语法）]，这不仅为我的博士论文选题和课程论文撰写奠定了较为坚实的基础，而且也为我致力于计算语言学研究指明了方向。

华老师为我推荐阅读苏俄著名语言学家 Ю. Д. Апресян 的两部著作 «Экспериментальное исследование семантики русского глагола»（《俄语动词语义的实验研究》）（1967）和 «Лексическая семантика. Синонимические средства языка»（《词汇语义学：语言的同义手段》）（1974），引导我研习莫斯科语义学派相关理论和方法。记得华老师曾建议我博士论文选题基于 И. А. Мельчук 倡导建立的 Модель «Смысл⇔Текст»（意思 ⇔ 文本）理论模型研究词汇函数（Лексическая функция），但由于我当时对这套理论和词汇函数的符号表示领悟不透彻，因此未敢涉足太深。

转眼到了第二学年，按要求准备论文开题。根据两位老师的指导意见和建议，我综合利用依存语法、配价语法、格语法和莫斯科语义学派等相关理论的核心思想，以现代俄语三价动词为对象物，重点研究这类动词的语义组合性能，提出了动词语义分类归纳法优先、主体 – 谓词作为句子语义核心、句法 – 语义同构三条理论假设，建立了三价动词的**句法位**谐配模式、**语义位**框架模式和**语用位**序列模式。由此可以窥见，我在博士论文构思过程中体现了对句法语义问题进行深入研究的自觉意识。

根据校际交流协议，我被派往伊尔库茨克国立大学语文系访学一年。1991年国庆节后，我带着博士论文中文手稿来到俄罗斯求学，继续深化拓展论文的研究内容，该校指定两位专家对我进行学术答疑，其中一位就是南开大学当年聘请的外教 Ю. И. Кашевская。碰巧的是，有一天我到伊尔库茨克火车站台上迎接客人，偶遇华老师从车厢出来散步，得知他结束莫斯科大学访学回国，他很关心我的论文进展情况，鼓励我要充分利用这个机会把论文写好。1992年10月访学期满，我带着博士论文俄文打印稿回到黑大，李老师让我先呈送华老师审读，一个礼拜左右得到华老师对论文的反馈意见，认为我在伊尔库茨克那一年进步挺大。1993年3月，华老师担任我的论文答辩委员会主席，各位委员对论文褒奖有加，展现了学界前辈奖掖后学的深情厚意。

在国内提交完论文装订版和专著《模式分析与知识表达论：位语法理论

与实践》（黑龙江教育出版社，1993）书稿之后，我即以博士学位应考者身份赴莫斯科普希金俄语学院进修，于 1994 年 6 月顺利通过题为«Трехместные глаголы современного русского языка в системном рассмотрении»（《现代俄语三位动词系统研究》）的学位论文答辩，当年 10 月获俄联邦最高学位评定委员会授予的语文科学博士学位。踌躇满志之余，我深知自己在求学路上取得的每一点进步，均受到以华劭先生为代表的诸位老师谆谆教诲与鞭策鼓励！

3. 对句法语义问题的拓展研究

留学回国以后，我主要从事计算语言学教学和科研工作，1995 年秋季与薛恩奎教员联合为俄语专业硕士生开设计算语言学（Компьютерная лингвистика）课程，2003 年开始招收计算语言学方向博士生，2008 年我担任语言信息处理方向研究生教学指导组组长，主讲一门博士生课程本体语义学（Ontological semantics），华老师的著作《语言经纬》是我力荐俄语专业背景研究生的必读书。

近 20 年来，语义问题始终萦绕在我的脑际。在科研学术工作中，华老师关于句法 – 语义 – 语用研究的重要学术思想给予我以诸多有益启迪。1997 年 8 月，我应邀在全国第四届计算语言学联合学术会议（JSCL-97）做专题报告，拟定的题目是"从计算语言学角度看语义角色问题"，提出了语义角色鉴别的三条原则：面向语料（corpus-oriented）、句法为本（syntax-based）和意念驱动（idea-driven），成文之后发表在《解放军外语学院学报》上，没想到该文被《人大复印报刊资料：语言文字学》中心全文转载，这无疑增添了我对句法语义问题进行拓展研究的信心。在定期举办的全国计算语言学联合学术会议上，我先后提交并发表的论文主要有《文本生成与理解的语言学模拟——伊戈尔·梅里丘克〈意思 ⇔ 文本〉模型评介》《一种面向俄文信息处理的语义语法要略》《从计算语义学角度看俄语形容词的语义分类问题》等。

以语义问题为主攻目标，1999 年我成功申报部委级技术攀登工程项目《面向俄文信息处理的通用语义码模式》，主要成果形式体现为俄语动词、名词和形容词的语义分类编码系统；2009 年联合中科院计算所和国防科大等单位，成功申报国家安全重大基础研究项目，立项课题名为《多语言信息内容分析与转换理论和方法》，主要成果形式体现为语义计算理论和开放知识本体原型系统；2018 年成功申报部委级预先研究项目《××××认知层目标智能识别技术》，主要成果形式体现为领域知识图谱原型系统，这些成果已在相关单位发挥效益。

4. 结语

综上，句法语义问题是理论语言学和应用语言学研究的中心课题。当前，在大数据时代，迫切需要加强语义技术（Семантическая технология）研究，构建从数据空间到语义空间的映射模式，开发基于语义技术的海量数据处理平台，旨在刻画多来源、多模态、多语言海量数据之间的语义关联性（Семантическая взаимосвязь），从而为破解长期困扰机器翻译系统性能提升的"语义障碍"（Семантический барьер）问题和设计真正具有语义理解能力的智能机器寻绎新路径。毋庸置疑，华劭先生注重理论观点凝练和语言实证数据分析的治学精神，必将激励有志于从事计算机语义信息处理的研究者寻绎语义技术创新突破的新路径。

"人生为一大事来，做一大事去。"（陶行知语）华劭先生千古，您的未竟之业后继有人！

参考文献

［1］Апресян Ю Д. Экспериментальное исследование семантики русского глагола［M］. M.: Наука, 1967.

［2］Апресян Ю Д. Лексическая семантика. Синонимические средства языка［M］. M.: Наука, 1974.

［3］И Мяньчжу. Трехместные глаголы современного русского языка в системном рассмотрении［D］. M.: Институт русского языка им. А. С. Пушкина, 1994.

［4］Мельчук И А. Опыт теории лингвистических моделей «Смысл⇔Текст»［M］. M.: Наука, 1974.

［5］Шведова Н Ю. Русская грамматика［M］. M.: Наука, 1980.

［6］Fillmore C J. The case for case. In E. Bach & R. T. Harms (Eds.), Universals in linguistic theory［C］. New York, NY: Holt, Rinehart, and Winston, 1968.

［7］Fries C C. The Structure of English: An Introduction to the Construction of English Sentences［M］. London: Longmans, Green, 1958.

［8］Nirenburg S, Rasrin V. Ontological semantics［M］. Cambridge: The MIT Press, 2004.

［9］Smith N, Wilson. Modern Linguistics: The Results of Chomsky's Revolution ［M］. Indiana: Indiana University Press, 1979.

［10］华劭. 现代俄语语法新编（下册）（句法）［M］. 北京：商务印书馆，1979.

［11］华劭. 语言经纬［M］. 北京：商务印书馆，2003.

［12］海明威. 老人与海［M］. 李锡胤，译. 成都：四川文艺出版社，1987.

［13］易绵竹. 模式分析与知识表达论：位语法理论与实验［M］. 哈尔滨：黑龙江教育出版社，1993.

［14］易绵竹. 从计算语言学角度看语义角色问题［J］. 解放军外语学院学报，1998(04).

［15］易绵竹，南振兴，李绍哲，等. 文本生成与理解的语言学模拟——伊戈尔·梅里丘克《意思 ⇔ 文本》模型评介：语言计算与基于内容的文本处理——全国第七届计算语言学联合学术会议论文集［C］. 北京：清华大学出版社，2003.

［16］易绵竹，姚爱钢，刘万义. 一种面向俄文信息处理的语义语法要略：内容计算的研究与应用前沿——第九届全国计算语言学学术会议论文集［C］. 北京：清华大学出版社，2007.

［17］易绵竹，姚爱钢，刘万义. 从计算语义学角度看俄语形容词的语义分类问题：中国计算机语言学研究前沿进展（2007—2009）中国中文信息学会会议论文集［C］. 北京：清华大学出版社，2009.

作者简介： 易绵竹，黑龙江大学俄语语言文学博士（1989—1993），导师李锡胤研究员。1994 年在普希金俄语学院获俄联邦最高学位评定委员会授予的语文科学博士学位。现为战略支援部队信息工程大学洛阳校区教授、博士生导师。兼任中国中文信息学会理事、国家社科基金项目和教育部学位与研究生教育中心学位论文通讯评审专家、《解放军外国语学院学报》和《中国科技术语》编委。主要研究方向：计算语言学、本体语义学、国防语言安全。

协调联系的研究简史初探

苏州大学　　周民权

摘　要：现代俄语语法研究表明，俄语主谓语之间的联系不是传统意义上带有从属性质的一致联系，而是以主语和谓语所共有的语法形式相互对应为基础的协调联系。本文对协调联系发展演变的 3 个历史时期做了详细探究，阐明了协调联系和一致联系在形式变化体系、联系特点以及关系意义等方面的本质区别，表明俄语主语和谓语之间没有主导和从属之分，它们在性、数、格、人称等语法形式方面相辅相成，互为依托，从而形成了一套比较完整的协调联系研究体系。

关键词：俄语；主谓语；协调联系；研究简史

近 20 年来，俄语主谓语之间的协调联系（координация）问题愈来愈引起俄语语法界的重视。尽管语法学家们对这一观点尚有争议，但它仍然日益产生着强烈的影响。和任何一种新的观点一样，协调联系之说并不是偶然出现的，它在漫长的历史过程中逐步演变形成，是几代语法学家对客观存在的语言现象悉心研究的结果，本文试图对它的研究简史做一些初步的探讨。

纵观协调联系的发展过程，我们认为大致可以划分为 3 个时期。

1. 酝酿初创时期（1912 年—50 年代前半期）

这一时期是协调联系的萌芽阶段，从对主谓一致联系（согласование）

的观点提出怀疑，到酝酿提出协调联系的观点，其代表人物当推 В. В. Виноградов。

Д. Н. Овсянико-Куликовский 的《俄语句法》（1912 年）一书中谈到：“谓语同主语的联系是一种纯属形式的从属关系，并不含有从属意味。”（第 22 页）所谓“并不含有从属意味”，就是指主语和谓语的语法地位平等，二者相互从属，这是作者的主导思想，他在书中其他地方曾几次强调这一论点。这种看法是对当时普遍认为主谓语之间存在着单向的从属联系这一观点的挑战，从语义角度揭示了主谓联系的性质特点，具有开拓性的意义，因而成为许多语法学家描写协调联系的重要依据之一。

А. С. Чикобава 在《格鲁吉亚语简单句句法结构发展的基本趋向》（1941 年）一文中指出：“单纯的一致联系或支配联系的概念已不能包括动词和形式上与之关联的静词（主语或客体）之间的句法联系，出现了动词与静词的相互支配联系（一致联系），协调联系。”（载《格鲁吉亚科学院通报》1941 年第 6 期，第 568 页）这里所说的“相互支配联系”或“相互一致联系”是一个意思，它们都反映了一种新的看法：主谓语之间的语法联系不是表示单向从属的一致联系或支配联系，而是一种相互支配、相互一致的双向从属联系，即协调联系。这一术语的首次提出，是对主谓联系原有内涵的重大突破。

И. И. Мещанинов 在《句子成分与词类》（1945 年）一书中积极赞同 А. С. Чикобава 的观点，同时明确指出：“主谓语之间的句法联系在不同的语言中规定了句子这两个主要成分之间不尽相同的相互联系。在许多语言中，谓语与主语的一致联系之说难以成立。谓语与主语占有完全同等的地位。”（第 167 页）显而易见，如果认为主语和谓语不分主次，它们之间的句法联系方式就不可能是以主导词为中心的一致联系，而应该是以主谓语相互制约、相互从属为基础的协调联系，这正是作者表述的意图所在。

В. В. Виноградов 在苏联科学院《54 年语法》中的句法绪论部分进一步阐释了上述几位学者的思想，认为在诸如“Я слышу. Ты слышишь.”之类句子中，“很难说哪个成分和哪个成分发生一致联系——是动词形式同代词一致呢或者相反”（第 23 页）。他把这种联系明确地称作协调联系，与一致联系加以区分，认为“在‘Я думаю. Ты помнишь.’一类场合不能不看到，人称代词同动词人称形式的相互协调和 красивая шуба、 новое пальто 等一致联系形式在联系性质上有着深刻的区别。能否说动词的第一、第二人称形式从属于人称代词——很值得怀疑"（第 24 页）。嗣后，他又进一步指出："谓语形式（在形态上有可能的情况下）同主语形式发生一致联系或协调联系。"（第 88 页）虽然他在这里未阐明在形态上没有可能的情况下语法联系该采用哪种形式，但他起码认识到了一致联系和协调联系是两种不同性质的联系方式，看到了在第一、第二人称代词和动词的句法组合中所明显表现出的协调联系的独特性，"这种独特性远远超出词组的范围，只能表现在句子的上下文中"（第 24 页），从而对协调联系所属的语言平面做了明确的规定。他的这一创见成为后来许多语法学家研究协调联系的理论根据和突破口。

2. 探索研究时期（50 年代后半期—60 年代前半期）

这一时期主要是对协调联系的内涵及其表现形式等问题进行探讨，其代表人物是 Е. В. Кротевич、Т. Е. Гильченок 等语法学家。

1956 年，Е. В. Кротевич 在《词组成分和句子成分之间的句法关系》一文中详细谈及协调联系问题，认为这种联系是"仅仅形成于双部句间的主要成分——谓语和主语间的一种述谓关系"。其后，他在《关于词在词组和句子中的联系》（载《俄语教学》1958 年第 6 期）一文中对协调联系的内涵又做了加确说明："协调联系是主语和谓语相互制约、相互从属的一种表达方式。"处于这种联系中的每一个主要成分都按照主谓语的词汇－形态特点构成，但二者在形式上互不从属，例如："Я читаю; Ты читаешь; Вы читаете; И бури ему нипочем; Татьяна — ах; А он реветь и. т. п."（第 24 页）。与 В. В. Виноградов 相比较，Е. В. Кротевич 对协调联系显然做了广义理解：协调联系的概念不仅包括了具有人称、数等语法标志的谓语形式（Я читаю...），而且包括了没有这些形式标志的谓语形式（И бури ему нипочем...）等更为广泛的句法现象。

与此同时，Е. В. Кротевич 认为主谓语之间还存在着一致联系（Работа хороша; Деревья белые; Работа выполнена; Работа выполнилась; Он, она читает; они читают и др.），但他所说的主谓一致联系是有条件的："这并不是谓语从属于主语……一致联系只纯粹运用于词组（белые деревья），而在

句子中表达述谓关系（Деревья белые）时，除了一致联系之外，还需运用词序和相应的语调形式。"可以看出，他所指的主谓一致联系已不同于词组中主导词与从属词之间的一致联系，这无疑是一大进展。

Т. Е. Гильченок 的观点和 Е. В. Кротевич 的观点基本上一脉相承。他在《论现代俄语主语和谓语的语法关系》（载《文科》1964 年第 2 期）一文中充分肯定上述观点，同时对 Е. В. Кротевич 关于协调联系的概念中的某些不足之处提出批评，指出："这一概念前后矛盾：一方面说这是'相互制约、相互从属的一种表达方式'，可另一方面又说主谓语'在形式上互不从属'。这一概念的驳杂之处明显反映于 Кротевич 所列举的例证。扩大协调联系的概念，并把谓语同主语的一致联系之外的语言现象纳入其表现范围，这一点 Кротевич 是做对了。但是，对概念的扩大不应该是机械性的。"这种批评不无道理。如果把 Татьяна — ах 之类的谓语并无形式标志的句式纳入协调联系的表现范围，而把 Работа хороша 一类主谓语具有相互对应的形式标志的句式反而排斥于协调联系之外，则令人感到费解，也难免会造成某种混乱。

3. 形成体系时期（60 年代后半期至今）

这一时期的代表人物是 Н. Ю. Шведова，从她开始，研究工作进入了一个新的阶段，协调联系逐步形成体系，并且被正式引入权威的苏联科学院语法之中。

1966 年出版的 Н. Ю. Шведова 所著《现代俄罗斯标准语描写语法编写纲要》一书是苏联科学院《70 年语法》的前奏，其中提出了描写句子主要成分相互协调的所有情况的设想。在《70 年语法》中，Н. Ю. Шведова 把她的上述设想变为现实，她把主谓联系排斥在主从联系之外，认为在主语和谓语的协调联系中，"其中任何一个既不是主导的，也不是从属的"（第 548 页），对协调联系的性质做了质的规定；阐明了协调联系和一致联系在联系特点、形式变化体系和关系意义等方面的本质区别；彻底摒弃了传统的主谓一致联系的观点，把协调联系作为主谓联系的基本表达方式；详细描写了主语和谓语在性、数、格、人称等语法形式方面的具体协调情况，表明了协调联系是以主语和谓语所共有的语法形式的相互对应为基础的；阐明了协调联系虽然是主谓联系的基本方式，但不是唯一的方式，如果主谓语之间缺少或者没有可资对应的语法形式，则主谓联系用同列联系（соположение）方式表达，如此等等。显然，这样的阐释比较科学，不仅富有新意，说服力强，而且不落俗套，条理清楚，观点比较明确，比以前的语法学家的论述大大进了一步。《80 年语法》中的协调联系部分也由 Н. Ю. Шведова 执笔写就，和《70 年语法》中的论述大同小异，在某些论点和材料的罗列方面做了一些必要的补充，内容更为丰富、翔实，从而使协调联系初具规模，形成了一套比较完整的体系。许多语法学家（如 Н. С. Валгина、Ф. К. Гужва、П. П. Шуба 等）在各自编写的语法教材中都援引科学院语法关于协调联系的观点，力图将这一观点推广到教学实践中去。这一趋势目前看来有增无减，协调联系大有取代传统的主谓一致联系之势。

作者简介：周民权，苏州大学外国语学院教授、博士生导师，西安外国语大学"西外学者"特聘教授，摩尔多瓦共和国国际信息工程科学院名誉院士，教育部人文社会科学重点研究基地黑龙江大学俄罗斯语言文学与文化研究中心专职研究员。获江苏省教育科学研究优秀成果奖、江苏省人民政府哲学社会科学优秀成果奖、苏州市人民政府哲学社会科学优秀成果奖等奖项。主要研究方向：语用学、翻译学、功能语言学、社会性别语言学。

谈俄语"观念"研究的几个理论问题

苏州大学　赵爱国

摘　要： 观念研究的实质是语言意识的语言化研究。俄语观念研究在学理上源自对语言的逻辑分析，其方法论意义集中体现在以"说话的人"为主旨的"人类中心论"，其价值取向呈现为文化认知和语言认知两种不同的哲学维度，分析方法则分别采用"关键词分析法"及"联想分析法"和"认知阐释法"等，以在意义层面实现其内涵与外延的语义完型，揭示俄语语言意识的存在阈及其表征手段。

关键词： 观念研究；学理渊源；价值取向；分析方法

2010 年，正当我国俄语学界掀起"观念"（концепт）研究热潮时，德高望重的华劭先生不顾年迈体弱，在是年《中国俄语教学》第 2 期头版发表了《概念还是观念？概念化还是观念化？概念分析还是观念分析？》的长篇文章。（详见华劭 2010: 1–7）该文从理论语言学视角，不仅详细分析了 концепт 一词的概念意义和词源意义，还指出了该词与 понятие、значение、референция 以及其他心智构成物的相互关系，更阐发了观念研究对语言学、语言哲学、文化学和认知语言学研究的学术价值，从而为我国学界的观念研究提供了独特的视角和值得借鉴的思想。

作为后学，本人敬仰华劭先生的风骨和学识，凡先生的著作和论文，都会多次研读，以汲取其中的精要而丰富和武装自己。作为俄语学人，本人也曾多次聆听华劭先生的教诲，无论是参加学术会议还是博士生答辩，他的睿智和思想总能给人以指引和启迪。

本文是受华劭先生相关思想的启发，欲对当前观念研究的一些基本问题——学理渊源、方法论意义、价值取向、研究方法等做些许理论思考。

在笔者看来，在当代俄罗斯人类中心论范式（антропоцентрическая парадигма）的语言学理论研究中，无论是 Н. Д. Арутюнова 的语言逻辑分析理论，还是 Е. С. Кубрякова 的认知语义学说，以及 Т. В. Булыгина 的语言对世界的观念化学说等，都无不是围绕"观念"这一核心语汇展开的。从国内俄语学界看，10 余年来对观念的研究已经取得初步成果，除上文提到的华邵先生外，隋然（2004）、姜雅明（2007）、刘娟（2007）、杨秀杰（2007）、陈勇（2007）、刘佐艳（2014）等学者，从不同角度对观念的概念内涵、学理特性、构成要素等分别作有专门分析，并对观念分析的特点及运作步骤进行过考察和论证。此外，还有为数不少的博士和硕士研究生选择俄汉语中的"文化观念"作为学位论文的研究方向。完全有理由认为，国内外学界掀起的这股观念研究热潮正催生着语言认知领域一门新型学科——观念学（концептология）的诞生。[1]

1. 观念研究的学理溯源

从方法论看，观念研究属于语言逻辑分析的范畴。我们知道，语言学与逻辑学之间的联系具有初原性，因此，对自然语言进行逻辑分析有悠久的传统，在欧洲语言学史上可以追溯到公元前 4 世纪时的斯多噶学派（Stoics）。在该学派的学说中，逻辑（logic）一词就表示"思维的言语表达"，即逻各斯（logos）。对于多数古希腊哲学家来说，其基本原则就是依赖语言来揭示理性，依赖理性来认知世界。唯实论者提出的静词反映所指事物本质、言语结构反映思维结构的思想便是该原则的写照。因此，逻辑判断理论是建立在能够表达真值句子的特性基础之上的。也正因为此，早期的逻各斯的概念具有混合性特征，既指思维和言语，也指判断和句子；静词（omona）既表示词的类别（名词），也表示该类别在判断中的作用（主体）；动词（rhema）既表示词类，也表示句子成分（谓语）。（Н. Д. Арутюнова 2002: 274）

中世纪的经院主义科学（逻辑学和语法学）继承了古希腊罗马传统。5—

14 世纪，经院主义并没有割裂逻辑学与语法学之间的联系，相反，语法的逻辑化在法国哲学家、神学家阿伯拉尔（П. Абеляр）时代得到进一步强化，其主要标志是：亚里士多德（Аристотель）的遗产被重新发掘，阿伯拉尔本人也在有关共相自然的争辩中发展了所谓的观念学说。经院主义哲学家们认为，逻辑与语法的这种亲近关系主要是由于逻辑学缺乏专门的象征符号所致，因此只能用自然语言（主要是拉丁语）来论证其逻辑原理。它们这种具有初原性的结合，促成了思辨语法（спекулятивная грамматика）的形成，13—14 世纪著名的摩迪斯泰学派（Modistae）就是经院主义科学的典范。

1660 年，法国的波尔 – 罗雅尔语法（грамматика Пор-Рояля）问世。该语法的代表人物阿尔诺（А. Арно）和朗斯洛（К. Лансло）推崇不同语言的唯理基础（рациональная основа），试图从千差万别的语言现象中寻找不同语言结构的普遍原理（универсалии），从而成为 19 世纪历史比较范式兴起之前普遍唯理语法的样板。（В. М. Алпатов 1999: 47–50）

17—19 世纪上半叶，在西方语言学研究中占主导地位的是唯理主义学说，似乎"世界上所有的语言只存在一种借助话语来组织意义的必须方式"。（Н. Д. Арутюнова 2002: 274）这一时期，西方著名哲学家洛克（Дж. Локк）、狄德罗（Д. Дидро）、莱布尼茨（Г. В. Лейбниц）等，也都参与到与语言相关的逻辑学问题的研究之中。在上述语法学家和哲学家眼里，语言范畴被解释为相应的逻辑理性程序，即理性的表征能力、判断能力和推理能力。

19 世纪末至 20 世纪初，以新实证主义（неопозитивизм）和经验主义（эмпиризм）为代表的众多逻辑学派开始从事科学语言的逻辑研究。如，分析哲学的代表人物弗雷格（Г. Фреге）、罗索（Б. Рассел）、维特根斯坦（Л. Витгенштейн）、卡尔纳普（Р. Карнап）等，都曾为确定真值知识的界限而采取逻辑分析的方法对科学语言做过深入研究。不过，他们的研究方法与古希腊哲学家的方法已经完全不同，主要转向采用普遍象征性符号——人工逻辑语言进行分析，从而将传统的自然语言作为思维和知识的逻辑结构表征手段的方法排除在外。分析哲学审视了一系列逻辑语义问题，其核心概念为所指意义（сигнификат）和所指事物（денотат），其成果为后来的语境研究提供了学理基础。

以上不难看出，从古希腊哲学到中世纪的欧洲经院主义科学，再从 17—

19世纪上半叶的普遍唯理语法到20世纪初的逻辑学、哲学、语言学各流派，西方学界研究语言的典型方法主要是逻辑分析。然而，这种分析方法并没有考虑到交际和语用等因素，属于静态性质的对纯科学语言形式的逻辑分析。这种用确定判断是否真值的做法，实际上限制了句子的功能。对此，维特根斯坦等学者在20世纪40年代末期就发现了这一不足，进而转向对日常语言的逻辑分析。因此可以说，观念研究的根系在于语言逻辑分析，但其真正的发端却是在逻辑分析转向日常语言后才开始实现的。

2. 观念研究的方法论意义

当代俄罗斯以 Н. Д. Арутюнова 为代表的语言逻辑分析学派以及以 Е. С. Кубрякова 为代表的认知语义学派，走的正是日常语言的逻辑分析之路，即以观念为核心内容的语言学研究。

为何当代俄罗斯语言逻辑分析流派和语言认知流派要转向对观念的研究呢？其中又蕴含着怎样的方法论意义呢？

我们知道，在世界语言学界，20世纪中期起结构主义语言学开始进入其发展的第二个阶段，即由第一阶段主要关注语言符号的表达层面或语言单位之间的关系层面，转向语言符号的内容层面或语言的动态模式层面，从而在客观上极大地促进了语言学与其他学科——语文学、文学、心理学、符号学、文化学、人类学、数学和数理逻辑学等之间的交叉。学科的这种交叉，在方法论（методология）层面对生成社会范式（социальная парадигма）和人类中心论范式起到了催化作用。（赵爱国 2013: 1–5；杜桂枝 2013: 1–7）在方法（метод）层面，也有力地冲淡了历史比较语言学和结构主义语言学传统，使一系列新的方法，诸如生成法、功能法、语言描写模式法、语用法、分布和成素法、背景知识法、结构和数理分析法等应运而生，并相继催生出转换生成语法、功能语言学、篇章语言学、从属关系语法、配价语法以及语用学、心理语言学、语言文化学、计算机语言学等一批新兴学科。20世纪80年代起，随着人类中心论范式的兴起，俄罗斯语言学研究掀起了自洪堡特（В. Гумбольдт）以来的第二次人文化（вторичная гуманизация）热潮。[2] 具体表现为：一是语言不再是第一次人文化时期所理解的那样仅局限于反映人的心智或精神的领域，而是拓展到人的全部精神内涵和人类经验，包括人的一切内心形象——情感、伦理、对世界的感知等；二是语言功能化中的语用研究得到强化。该研究以语句交际目的为主要目标，探索为达成不同交际目的而采取的语言手段问题，以解决语言、思维与现实（生活情景）之间的固有矛盾，使判断或命题（体现在语言和思维结构联系中）与命题取向或交际目的（体现在语言和现实联系中）达成一致，使思维的有序性与现实的无序性取得一致等。

显然，上述目标的达成只有通过对同时作为文化单位和思维单位的观念进行分析才能有效实现。其理论假设为：作为思维现实的语言系统，其基础是统一和不变的人类思维系统，因此，不管语言的结构及其语音面貌有多大差异，它们无一例外地都是某民族思维的外化（овнешнение）形式，即对世界的语言观念化（концептуализация）。因此，对语言进行观念分析，就可以最直接地通达到人的思维系统。

以上可见，所谓观念分析，其实质就是对处于思维和知识联系之间的语言进行研究，确切地说是对人的思维系统或思维结构的语言化进行研究。这种研究的特点是显而易见的：一是研究对象由语言客体转向语言主体，即说话的人（человек говорящий）；二是聚焦的是说话的人的思维结构（мыслительная структура）或语言意识（языковое сознание）；三是对思维结构或语言意识进行语言化表征。其方法论意义则集中体现为两点：一是采用的是从意义到形式的方法，具有鲜明的当代人类中心论范式方法论性质；二是可以有效克服或缩小传统语言学研究中方法过于多样、流派过于繁杂的局面。

3. 观念研究的价值取向

目前，国内外学界对观念这一术语的界说并不一致，不同学科甚至同一学科的不同学者对其也有不同的理解和表述。但总体看，可以将多数界说归为两大类：一是把观念视作文化结构（культурная структура）或文化单位（единица культуры），因此又称文化观念（культурный концепт）或语言文化观念（лингвокультурный концепт），这主要是具有文化认知性质的语言文化学研究的对象和范围；二是把观念看作思维结构或思维单位（единица мышления），因此又称思维观念或语言意识，这主要是认知语义学或认知心理语言学研究的对象和范围。可以说，迄今学界对观念的研究已呈现出两种不同的视阈，而绝非只有文化观念一种。[3] 下面，不妨对该两种视阈的观念研究特点做些具体分析。

3.1 作为文化结构的观念研究

该视阈中的观念总体上被视作文化整体的一个部分来审视的，即：观念是文化的微观模型，而文化是观念的宏观模型；观念生成于文化，同时又生成文化。或者说，观念是人意识中的文化凝聚块（сгуток культуры），文化是以这种凝聚块形式进入到人的心智世界的。而作为文化凝聚块的观念，又是通过民族的语言联想网（ассоциативно-вербальная сеть）来展现其观念阈(концептосфера) 的，该观念阈也就是所谓的定型场 (стереотипное поле)。[4] 正如有学者指出的那样，观念包含着抽象的、具体的联想和情感 – 评价特征以及压缩的概念史的思想。它由词语伴随，并以表象、概念、知识、联想、感受"束"的形式存在于人的心智中（Ю. С. Степанов 1997: 41–42）；观念是由民族传统和民俗、宗教和意识形态、生活经验和艺术形象、感觉和价值系统等因素的相互作用形成的。观念被赋予自身的地位：逻辑学家和语言学家很难对使用意义、涵义、表意等术语达成共识。意义在逻辑学中被理解为符号（象征、词）对语言外客体（所指事物、指称事物）的关系，语言学家则将意义联想为语言表达的概念内容（观念、概念意义）（Н. Д. Арутюнова 1982: 5–40）；观念是心智构成，它是保存在人记忆中有意义的、能够意识到的经验的典型化片段（В. И. Карасик 2004: 59）。

近 20 年来，俄罗斯学界将观念视作文化结构进行研究的学者主要有Ю. С. Степанов，Н. Д. Арутюнова，В. И. Карасик，Г. Г. Слышкин，М. В. Пименова 等。出版和发表的著述主要有：Ю. С. Степанов 的《恒量：俄罗斯文化词典》（«Константы: Словарь русской культуры»）（1997），Н. Д. Арутюнова 的《语言逻辑分析》（«Логический анализ языка»）（1990—2016）、《语言与人的世界》（«Язык и мир человека»）（1999），В. И. Карасик 的 《作为研究单位的语言文化观念》（«Лингвокультурный концепт как единица исследования»）、《语言域：个性、观念、话语》（«Языковой круг: личность, концепты, дискурс»）（2004）、《文化观念的基本特性》（«Базовые характеристики культурных концептов»）（2005）、《文化的

语言矩阵》（«Языковая матрица культуры»）（2013），Г. Г. Слышкин 的《从语篇到象征：意识和话语中先例语篇的语言文化观念》（«От текста к символу. Лингвокультурные концепты прецедентных текстов в сознании и дискурсе»）（2000）、《语言文化观念与元观念》（«Лингвокультурные концепты и метаконцепты»）（2004），М. В. Пименова 的《心灵与精神：观念化特点》（«Душа и дух: особенности концептуализации»）等。此外，还出版了多部文集，其中影响较大的是 Анна А. Зализняк 等人合著的两部文集——《俄语世界图景关键思想》（«Ключевые идеи русской языковой картины мира»）（2005）、《俄语世界图景的恒量与变量》（«Константы и переменные русской языковой картины мира»）（2012）。这一视阈的观念涉及俄罗斯文化核心价值观和诸多日常观念，数量达上百种之多。（赵爱国 2015: 238–240）

3.2 作为思维结构的观念研究

该视阈中的观念被看成是在具体生活经验基础上总结出来的抽象的科学概念。它与人的思维过程有关，是个体思维的基本单位或思维的语言（языки мышления）。[5] 对此，Е. С. Кубрякова 曾指出，观念是记忆、心智语汇、观念系统、大脑语言以及所有世界图景的操作单位，是"知识的量子"（квант знания）。最为重要的观念都是在语言中表达的。（Е. С. Кубрякова 1996: 90–92）。В. В. Красных 也认为，观念是文化事物（культурный предмет）最为抽象化的思想，该文化事物尽管可以进行可目视的形象联想，但却没有可目视的原型形象。民族观念是最为抽象化的、由语言意识具体表征并得到认知加工和贴有民族文化标签的事物思想。（В. В. Красных 2003: 286–272）可见，该视阈的观念研究与作为文化结构的观念研究有很大不同，归纳起来，可分为下列若干层面进行具体的分析：（1）认识（представление）层面，即对语言中靠具体语义词汇单位的客体化所形成的概念进行分析；（2）图式（схемы）层面，即对语言中抽象出来的并用于类似经验的概念结构进行分析；（3）框架（фреймы）层面，即对语言中由不同联想引发的多成素的某一概念进行分析；（4）脚本（сценарий）层面，即对语言中事件情节发展和片段连续性的知识进行分析；（5）原型（прототип）层面，用于语言中区分某范畴的观念分析，以确定其在社会意识中的地位和等级；（6）命题（пропозиция）层面，对语言中体现在深层语法中的范本进行逻辑关系的意向分析；（7）完形（гештальт）

层面，对语言中由知觉和理性成素构成的观念性结构进行分析。上述这些观念类型都属于人的心智图片。如何将这些图片语言化（оязыковление），便是该视阈研究所追求的目标。

俄罗斯学界将观念视作思维结构进行研究的主要是从事认知语义学和心理语言学研究的学者，如 Е. С. Кубрякова，А. П. Бабушкин，Н. А. Болдырев，З. Д. Попова，И. А. Стернин，А. А. Залевская，В. В. Красных 等。出版和发表的主要著述有：Е. С. Кубрякова 的《认知术语简明词典》（«Краткий словарь когнитивных терминов»）（1996）、《语言本质探索：认知研究》（«В поисках сущности языка. Когнитивное исследование»）（2012），А. П. Бабушкин 的《语言成语词汇语义中的观念类型》（«Типы концептов в лексико-фразеологической семантике языка»）（1996），Н. А. Болдырев 的《认知语义学》（«Когнитивная семантика»）（2001）、《认知语言学的观念空间》（«Концептуальные пространства когнитивной лингвистики»）（2004），З. Д. Попова 的《语言学研究中的"观念"概念》（«Понятие "концепт" в лингвистических исследованиях»）（1999）、《语言与民族世界图景》（«Язык и национальная картина мира»）（2002），И. А. Стернин 的《认知语言学研究中的认知阐释》（«Когнитивная интерпретация в лингвокогнитивных исследованиях»）（2004）、《语言的认知语义分析》（«Семантико-когнитивный анализ языка»）（2006），А. А. Залевская 的《观念问题研究的心理语言学视角》（«Психолингвистический подход к проблеме концепта»）（2001）、《作为个体财富的观念》（«Концепт как достояние индивида»）（2005），В. В. Красных 的《语言意识建构：框架－结构》（«Строение языкового сознания: фрейм-структуры»）（2000）、《别人中的自己：神话还是现实》（«Свой среди чужих: миф или реальность»）（2003）等。

不难看出，以上两种视阈都属于语言的认知研究，但它们的价值取向却不尽相同：第一种是文化认知取向，凸显的是语言符号对民族世界观或民族心智形成所起的作用；第二种是语言认知取向，它与语言的认知语义研究相关联，凸显的是语言对人的认知所起的作用。该两种取向彼此接近并互为补充，构建起当今观念研究的整体面貌：作为文化组成部分的观念，它所记录的社会共体或群体的知识和经验可以成为个体的财富；而作为个体意识中思维结构的观念，则会通向社会共体或群体的观念阈 [6]，并最终通向民族文化。也就是说，该两种取向对观念的研究是"殊途同归"：前者由文化走向个体意识，后者由个体意识走向文化。或者说，前者由一般走向个别，后者由个别走向一般。之所以会出现上述情况，其根本原因是由观念结构本身的复杂性所决定的。因此，从这个意义上讲，只有对观念进行多维的和跨学科的审视，才能够最大限度地接近观念的本质，继而有效揭示民族文化或民族思维的特性。

4. 观念分析的方法

应该说，文化和语言的认知研究方法有很多种，但最受俄罗斯学界推崇的观念分析。法国著名语言学家班文尼斯特（Э. Бенвенист）是该方法的倡导者和推动者之一，他所撰写的具有广泛影响的《普通语言学》（«Общая лингвистика»）一书就是采用此方法对语言现象进行分析的。他认为，该方法的核心是语义重构（семантическая реконструкция），实质在于语言形式的意义是由语言的使用和分布以及由此生成的相互联系的类型总和决定的，因此，语义重构要建立在特别关注语境的基础上。（Э. Бенвенист 1974: 332）Н. В. Крычкова 认为，要对观念进行共时分析，就必须对词汇—语义系统中的观念做出共时阐释，并用联想实验的结果分析和词的话语功用研究（即观念的词汇表征）予以补充。采取这样的方法就可以发现，操某种语言的人是将什么内容导入到某概念中去的，从而揭示出其观念系统中所存在的各种联系（即分析观念与其他观念之间的联系）。（Н. В. Крычкова 2005: 23）由此可见，观念分析是以观念的语言表征为手段，对体现为某种观念的词汇语义或语篇语义进行分析，以对该词汇或语篇使用过程中的语义特点和差异做出认知阐释。由于观念的语言表征手段多种多样，因此它可以在语言的各个层面上加以分析，如词位、成语性搭配、词的自由搭配、句子（句法观念）、语篇等。观念分析的目的，是要确立个体或群体语言意识中词汇或语篇深层次的或潜意识的联系（这种联系不是结构的或成分的，而是文化认知和语言认知的，并通过联想获得的），以揭示存在于人脑潜意识中的抽象实质是如何投射于物质世界（现实）的。通过对语言的观对比念分析，我们可以了解词汇或语篇在使用中的群体无意识结构，得到词汇或语篇的隐性形象（имплицитный образ），从而重构起词汇或语篇的语义完形（семантический гештальт）。

鉴于观念研究有两种不同的价值取向，因此其观念分析的方法也有所不同。

4.1 文化认知取向的观念分析方法

该取向的观念分析主要是围绕关键词（ключевые слова）进行的，因此采用的是关键词分析法（анализ ключевого слова）。

所谓关键词，有两种含义：一是俄罗斯民族文化中的关键词；二是可以由研究者自行确定、给所研究的观念命名的那个词汇单位，即观念称名词（номинируюший концепт），简称观念词（слово-концепт），亦称。因此，关键词分析法也称为称名场分析法（методика номинативного поля），即确立和描写观念称名词的所有语言手段的方法。

关键词通常挑选那些最常用的称名词语，并可以根据频率词典加以检索，其语义应该具有相当的概括性（抽象程度和修辞色彩中等，不能是评价词语）。最好选择多义词作为关键词，因为多义性可以给研究者提供更为丰富的认知阐释语料，因此更具观念分析的价值。当然，固定词组和成语性单位亦可用作关键词，如俄语中 *умение жить*，*молодой человек*，*белая ворона* 等；甚至还可以用展开型词组来充当，如 *обращающийся с просьбой*，*говорить правду* 等。对某作家或作品的观念分析，也可以根据该作家或作品中使用频率最高的词语来确定其关键词。

关键词分析法的具体步骤通常有：（1）确立能够将观念客体化表征的关键词（即按照上文中所说的关键词确定方法进行）。（2）确立关键词称名场的内核（ядро）。内核的确立通常有三种途径：一是通过关键词的同义扩展来实现（可以使用同义词词典和成语词典来确立）。如，друг 这一关键词位，其在俄语中的同义词就有 *приятель, товарищ, кореш, дружбан* 等。二是通过分析给所研究的观念进行命名的语境来实现，这主要用于对文学语篇和政论语篇的观念分析。三是还可以通过偶然出现的、作者个体的和描写性的称名单位来实现。（3）确立关键词称名场的外围（периферия）。外围成素可以用不同的方法确立。（4）对观念称名词进行比喻分析。如果关键词及其同义词在使用过程中有比较固定的比喻词，则可对比喻词进行认知特征的分析，因为比喻是对观念所特有的某认知特征的一种称名，因此比喻词同样可以填充观念的称名场。如俄语中 *силен как бык*，*хитра как лиса* 的说法等就具有鲜明的民族文化认知特征。（5）建构关键词的词汇－成语场。该场由所分析关键词的内核、中心（центр）、近外围（ближняя периферия）、远外围（дальняя периферия）以及外围边界（крайняя периферия）的词位构成。（6）建构关键词的派生场，其目的同样是为了揭示观念称名词位的文化认知特征。

对于上述关键词分析法，有必要说明两点：一是并不是所有的关键词分析都要采用如上的每一个步骤，而应该根据分析的目标来确定步骤的取舍。二是观念表征手段的变化问题。如在某观念存在的周期内，观念的表征手段可能不会完全相同，且同一个观念在俄罗斯民族文化中的表征手段也会有别。通常情况下，观念存在的时间就越长，其表征的手段越多，价值也就越高。（В. И. Карасик 2001: 75–80）

4.2 语言认知取向的观念分析方法

该取向的观念分析与文化认知取向的有很大不同，它侧重的是对观念的认知语义特征做出阐释，因此，该方法可分为实验论证和理论阐释两个方面，常用的方法主要有：

（1）联想分析法（методика ассоциативного анализа）。联想分析法属于观念研究的实验论证。该方法与关键词分析法最大的不同在于：它需要在相应的观念联想场（ассоциативное поле）内进行，而关键词分析法是在观念称名场内进行的。观念联想场由刺激词（观念的关键表征词位）引起的所有联想词或联想反应词（ассоциаты）构成。联想实验通常分为两种：自由联想实验（свободный ассоциотивный эксперимент）和定向联想实验（направленный ассоциативный эксперимент），该两种方法都可以形成相应的联想场。

自由联想实验是以被实验者用任何词语来回答刺激词为前提的实验；而定向联想实验则以被实验者受到一定限制的回答为条件的实验，如词类限制、结构限制等。联想实验的具体步骤为：第一步，用某一词语（如关键词或观念称名词）作为刺激词语，在一定范围内由联想被实验者对该刺激词进行联想式的回答；第二步，将构成联想场的上述联想词作为语言手段，对由刺激词所引发的观念认知特征的客体化情况进行阐释。

应该说，无论是自由联想实验还是定向联想实验都可以区分出使联想词客体化的大量认知特征。但就两种步骤而言，它们的目标指向还是有所不同的。如果实验的目标是为了揭示语言意识和确定词的心理语言学意义，那么采用第一个步骤就可以达到了，即获得由刺激词产生的联想场；而如果实验的目标是为了分析认知结构，则需要在第一个步骤的基础上采取第二个步骤，即进一步分析联想词的认知特征，因为只有这样，才能够既获得结论性的知识，又可由联想词揭示间接性认知特征。

（2）认知阐释法（методика когнитивной интерпретации）。我们知道，认知语义学的研究对象是使观念客体化的语言单位（即语言意识）的意义，其最终目标是依据语言材料来构拟作为思维单位的观念，即将观念（认知意识）模式化。因此，对认知语义研究来说，其最为重要的是对语言单位语义的描写结果进行阐释，只有这样，才能将语言材料转化为相应的认知程序，进而对观念进行模式化研究。

所谓认知阐释，就是在较为抽象的层面上对观念称名的语言单位意义的描写结果进行思考性概括，以揭示和解释由这些语言单位的意义或语义成素所表征的认知特征，最终目标是使观念的内容模式化。（З. Д. Попова 2007: 200）也就是说，理论上讲，所有在认知阐释之前所获得语义描写都还不是对观念内容和结构的描写，而只是对称名单位的意义做出的某种解释或对称名单位的个别认知特征进行的称名——用某语言手段对这些语言单位进行的语言化，尚未达成观念模式化的要求。

通常情况下，认知阐释法可以采取以下具体的操作方法（приемы）来实现：（1）认知特征的揭示，即对观念称名场各语言单位的语义描写结果进行阐释。（2）义素的认知阐释。如果说第一个步骤是对语言单位意义的完整描写的话，那么通过对意义构成义素的分析就可以获得对意义的词典学或心理语言学的描写，因为每一个意义都是由一组义素所展现的。构成不同观念称名语言单位意义的义素，可以组成观念称名场的语义空间，从而可以反映出观念的认知特征。（3）对格言进行认知阐释。格言需要在其意义的概括形式中（即将所有的近义纳入到一个较为概括的意义中）进行认知阐释，以确定所搜集的格言材料中意义表达的相对频率。（4）对联想实验结果进行认知阐释。这种阐释既可以直接通过对心理语言学意义的描写来实现，也可以通过间接的即联想词或联想反应词的认知阐释来实现。在第一种情形下，区分出可以使词的单独意义客体化的联想词；在第二种情形下，联想词可以直接概括为认知特征，而不需要按照单独意义对语义成素进行分类。（5）隐喻的认知阐释。认知隐喻在认知阐释过程中应该被解释为进入观念结构的某内容特征。这些特征是从隐喻内容中抽象出来的，其中绝大部分来自于作为隐喻基础的比喻。（6）对词位频率的认知阐释。我们知道，观念阈中的某观念可以被现实化，从而成为阐释的对象，即获得交际相关性。观念的交际相关性定律表明，如果观念在观念阈中被现实化，其称名词汇单位的频率会提高；而如果观念的现实化程度降低，那么其将语言手段客体化的频率也会下降。因此，词汇单位频率的认知阐释可以揭示民族阈中某一时期现实的和非现实的观念。（7）对词的内部形式的认知阐释。认知阐释中，有时需要对作为观念结构信息来源的词的内部形式进行分析。Ю. С. Степанов 于 1997 年出版的《恒量：俄罗斯文化词典》就是依据词的内部形式来分析观念结构的（详见 Ю. С. Степанов 1997）。（8）对认知分类特征进行揭示。观念描写结果的认知阐释的第二阶段是对单独的认知特征进行概括，并以此为基础揭示出用于对某事物或某现象进行观念化的认知分类特征。相近的认知特征被阐释为对观念的单独认知分类特征的表征，它们在语篇实验或分析过程中建立的频率被用来确定观念结构中的鲜明度和现实性。如，*хороший* 和 *плохой* 的认知特征，是由一般评价的分类特征概括出来的；*сложный* 和 *простой* 的认知特征，是由掌握的难易度的分类特征概括出来的；*красивый* 和 *некрасивый* 的认知特征，则是由美学评价的分类特征概括出来的，等等。总之，所有揭示出的认知特征都可以阐释为对某认知分类特征的客体化或表征，而对认知分类特征的揭示则可以发现观念所指事物观念化的些许特点。

应该说，以上 8 种操作方法实际上都有各自的专门用途或阐释力，因此，可以结合起来一并使用，从而构成观念分析中较为完整的阐释法。当然，也可以按照观念分析的具体目标来确定采取其中的哪几种步骤。

如上所说，关键词分析法以及联想分析法、认知阐释法所得出的结论是传统语言学原有方法所无法实现的，通过以上方法对词汇语义或篇章语义的表征，得到的是一种全新和比较充分的包括语言内涵意义和外延意义在内的语义完形。在笔者看来，这正是观念分析所要达成的目标所在，也是观念分析的学术价值所在。

注释

1.事实上，俄罗斯学界对观念的研究已经超出了某一种理论样式，其研究对象、范围和方法等已经显现出比较完整的学科体系，作为一门独立学科的观念学正在形成，时下政治观念学（политическая концептология）、文化观念学（культурная концептология）、语言观念学（лингвоконцептология）等术语的使用已相当普遍，这便是例证。

2. 在世界语言学术史上，洪堡特被公认为最早的理论语言学家之一，他提出的语言心灵论即语言世界观学说，相对于当时成主流的历史比较主义方法而言无疑具有人文化的性质。

3. 国内外不少学者的著述大多将观念解释为文化观念，这种一维的理解其实具有片面性，甚至是对博士和硕士研究生学术研究的一种误导。

4. 当然，观念和定型还是有区别的：定型是受社会文化制约的民族语言意识综合体，它在言语交际中是以程式化的联想形式体现的；而观念需要更高层次的抽象，是一种特殊的思想（идея）。在此基础上形成的民族观念（национальный концепт），即是通过高度抽象和概括出来的、具有普遍意义又由具体语言形式表征的带有鲜明民族文化烙印的思想。

5. 此处的"思维的语言"指的是思维的符号或思维的单位。

6. 所谓观念阈即思维阈（мыслительная сфера）或知识阈（сфера знаний）。具体说，观念阈是由观念及其单位（图片、图式、概念、脚本、完形等）构成的一种纯思维空间，它在人的心智中既是复杂的外部世界的综合形象，又是对外部世界各种特征进行概括的抽象物。

参考文献

［1］Алпатов В М. История лингвистических учений［M］. М.: Языки русской культуры, 1999.

［2］Арутюнова Н Д. Лингвистические проблемы референции//Новое в зарубежной лингвистике［C］. М.: Радуга, 1982.

［3］Арутюнова Н Д. Логическое направление в языкознании//Лингвистический энциклопедический словарь［Z］. М.: Научное издательство «Большая Российская энциклопедия», 2002.

［4］Бенвенист Э. Обшая лингвистика［M］. М.: Прогресс, 1974.

［5］Карасик В И. Языковой круг: личность, концепты, дискурс［M］. М.:

Гнозис, 2004.

［6］Карасик В И, Слышкин Г Г. Лингвокультурный концепт как единица исследования//Методологические проблемы когнитивной лингвистики: Сб. Науч.тр.［С］. Воронеж: ВГУ, 2001.

［7］Красных В В. Свой среди чужих: миф или реальность［М］. М.: Гнозис, 2003.

［8］Крычкова Н В. Лингвокультурное варьирование концептов［М］. Саратов: Научная книга, 2005.

［9］Кубрякова Е С. Краткий словарь когнитивных терминов［Z］. М.: МГУ, 1996.

［10］Попова З Д, Стернин И А. Когнитивная лингвистика［М］. М.: Восток-Запад, 2007.

［11］Степанов Ю С. Константы: Словарь русской культуры［Z］. М.: Языки русской культуры, 1997.

［12］陈勇. "语言的逻辑分析"课题组概念分析的方法论特色［J］. 解放军外国语学院学报，2007(06).

［13］杜桂枝. 当代俄语学研究的主要特点及趋势［J］. 中国俄语教学，2013(03).

［14］华劭. 概念还是观念？概念化还是观念化？概念分析还是观念分析？［J］. 中国俄语教学，2010(02).

［15］姜雅明. 对"концепт"的解读与分析［J］. 中国俄语教学，2007(01).

［16］刘娟. 术语 концеп 及其概念意义探究［J］. 外语学刊，2007(05).

［17］刘佐艳. 关于 концепт［J］. 中国俄语教学，2014(02).

［18］隋然. 语言认知理论研究中的概念现象问题［J］. 外语学刊，2004(04).

［19］杨秀杰. 语言文化学的观念范畴研究［M］. 哈尔滨：黑龙江人民出版社，2007.

［20］赵爱国. 当代俄罗斯人类中心论范式语言学理论研究［M］. 北京：北京大学出版社，2015.

［21］赵爱国. 当代俄罗斯语言学研究中的人类中心论范式［J］. 中国俄语教学，2013(04).

　　作者简介：赵爱国，苏州大学外国语学院俄文系教授、博士生导师。苏州大学第四届教学名师、第一届高尚师德奖获得者。兼任中国俄语教学研究会常务理事、中国语言与符号学会常务理事、中国俄罗斯东欧中亚学会理事，现为《中国俄语教学》、《当代中国俄语名家学术文库》编委。主要研究方向：语言文化学、语言符号学、心理语言学、语言学史、外语教学研究。

邦达尔科与韩礼德的功能思想对比 ①

复旦大学　姜　宏

摘　要： 将同属于功能主义但具有不同学理内涵的两种理论进行对比，是当代语言学研究的一种新趋势。当问题涉及缺乏积极沟通和交流的俄罗斯和西方功能主义流派时，这种对比显得尤为新颖。对比框架下的俄罗斯功能语法理论和西方系统功能语言学研究涉及面很广，其中一个重要方面是二者的功能思想。研究表明，两大流派的创始人 Бондарко 和 Halliday 对语言功能的阐释角度、划分类型、研究重点和研究方法都不尽相同。通过对比，找出其异同，发现其长短，可以达到相互借鉴和相互补充之目的，从而加深语言功能乃至功能语言学的研究。

关键词： 功能；Бондарко；Halliday；俄罗斯功能语法理论；系统功能语言学

华劭先生十分注重语言功能研究，曾多次发文探究功能主义和语言的功能问题（详见华劭 1991，1994 等）。不仅如此，先生在文中常提及俄罗斯邦达尔科教授建构的功能语法理论和西方韩礼德教授创建的系统功能语言学。正是受华先生启发，愚晚近年来才能对该两大功能主义流派的功能思想略有心得。拙文乃其之一，以此致敬华劭先生。

---

①　本文为国家社科基金项目"范式视域的俄罗斯语言哲学史研究"（编号：17BYY034）的阶段性成果。

1. 引言

在现代语言学中，可以毫不夸张地说，对"功能"的理解——是任何一个功能主义流派都不可避免也无法避免的问题，因为这是它们确定基本学理问题的立足点。然而，功能主义各个流派对"功能"的理解却不尽相同，以至于功能主义被形容成是"作为结构主义语言学的分支之一而出现的不同学派和流派的总和"（ЛЭС 2002: 566）。通过对比不同功能主义流派对"功能"的阐释和研究，可以发现不同功能主义学派的重要差别，这对区分不同功能主义流派的特质具有重要意义，同时对认识整个功能主义有着不可忽视的作用。本文重点讨论当代极具代表性的两大功能主义流派的功能思想，这指的是以 A. B. Бондарко（邦达尔科）为代表的俄罗斯"功能语法理论"（Теория функциональной грамматики）和以 M. A. K. Halliday（韩礼德）为代表的"系统功能语言学"（Systemic-functional linguistics）。由于俄罗斯和西方的功能主义有着不同的生成背景和学理渊源，再加上多年来俄罗斯与西方之间缺乏必要的沟通和交流，它们之间存在着诸多差异和隔阂，因此，从学理维度上对它们进行对比研究有着格外的意义。

2. Бондарко 的功能思想

在中国外语界，人们对 Halliday 及其系统功能语言学并不陌生，而（在俄语界之外）对 Бондарко 及其学说还不够熟悉。Бондарко 在研究俄语时体学（аспектуальность）的基础上，传承彼得堡语言学派的基本学说，重点发展 Л. В. Щерба（谢尔巴）的"从意义到形式"的积极语法思想和 И. И. Мещанинов（梅夏尼诺夫）关于概念范畴的思想，在 20 世纪 70 年代创建了功能语法理论。功能语法理论主要遵循"由意义到形式"的原则对语法现象进行整体描写，它侧重研究语言和言语现象的各种语义范畴（семантическая категория）。其特点是通过功能语义场（функционально-семантическое поле）的概念把属于不同语言层面（词法、句法、构词、词汇等）、但具有同一语义功能的手段看作一个整体，对它们在言语中的功能进行全面描写，从而打破了传统语法中语法学和词汇学之间的界限。

目前，学界尚未有人对 Бондарко 的功能思想进行全面梳理。我们认为，Бондарко 的功能思想主要包括以下内容：

（1）关于功能本质的思想。Бондарко（2002: 339–356，2011: 207）认为，"功能"是表达一定（语法）意义的某一种或某一组语言手段的使用目的，或者说是语言系统某一成分的用途。例如，动词单数第二人称形式可以表达说话人与言语对象的关系或者泛指人称意义。但是，功能不一定与系统–语言意义相关。如，动词现在时形式具有的舞台功能和报道功能，信息功能和标题功能，自述功能和称名功能等（Бондарко 2011: 214）。这是 Бондарко 对"功能"最基本也是最直接的理解，它源自于俄罗斯传统功能语法对功能的理解，尤其是 Р. О. Якобсон（雅克布森）的功能思想。Якобсон（1965: 377）功能阐释为语言单位在目的模式中的作用和任务。可见，Бондарко 功能本质上是一种用途或者目的，而且他分析的是具体或者说单独的语言手段及其组合的用途。

（2）关于区分"功能"与"意义"（значение）的思想。Бондарко（1984: 31–36）认为，功能与意义之间有一定的联系，但二者不能混为一谈。二者的区别主要体现在以下几个方面：一是本质（或者内涵）不同。意义是形式的符号内容，是形式的系统内部特征，属于语言的内容方面，包含在语言构造（языковой строй）这一概念中，而功能是某一语言手段或者多种手段组合使用的结果，是语言手段的使用目的，它已经超出了语言的范围；二是回答的问题不同。意义回答的问题是"该单位的内容是什么"，而功能需要回答"该单位在言语中是为什么而服务的，它的用途是什么"的问题；三是体现的层面不同。意义体现在语言系统层面，是语言单位的语义常量，不受语境限制，具有静态的特征，功能尽管也与语言系统相关，但它涉及的是语言系统的动态层面，它与语境密切相关，体现于言语交际层面；四是外延不同。意义在语言中是一个相对封闭的系统，它包含成分是有限的，其要素有限，而功能是一个开放的系统，范围广泛且边界模糊。任何意义都可以看作是一定手段或语言手段的功能，但不是所有的功能都是意义，除了语义功能之外，功能还包括语用功能、修辞功能、结构功能等。

在强调功能与意义之间差别的同时，Бондарко（2003: 38，2011: 216）承认，语言单位的功能和意义有着密切的关系，二者有交叉的地方。这指的是当某一语言形式的功能恰恰就是为了表达某种语言意义。不过，即便如此，意义和功能也不能完全等同，因为某一语言形式在与其他语言手段共同使用时所履行的功能远远不只是它所表达的意义。总而言之，意义与功能既彼此区分，又相互关联。

（3）关于功能与手段转换关系的思想。Бондарко 认为，"功能"与"手段"（средство）相对应，但是，"手段—功能"之间的关系是多方面的，而且有着相对的动态特征，它们并非永远固定在某一语言本质中。同一内容的东西，一方面，对于形式手段来说可能是功能，另一方面，相对于参与表达话语意思而言，又是手段。由上可知，在功能语法理论中，关于"手段—功能"相互关系的论述是相当宽泛的。这一关系包括两个方面，一方面是某一形式标记（手段）用来表达某一语言意义（功能），另一方面是某一形式与其意义（手段）与其他语言单位（也是手段）相互作用共同表达话语意思（功能）。与此类似，"功能—手段"的分析方向同样也不仅仅包括"语言意义到形式表达手段"，还包括"话语意思到带有语言意义的语言手段"（Бондарко 2003: 38–39）。

（4）关于功能类型的思想。Бондарко 提到过多种类型的功能，尽管他没有展开，但我们可以做如下归纳：从语言单位性质的角度，可以把功能分为词的形式的功能和句子的功能，还可以是语篇的功能甚至整个语言的功能；从功能的具体用途出发，可以分为语义功能、语用功能、修辞功能、结构功能等。其中语义功能涵盖了语言形式所体现的语义内容的所有组成成分，它与语言外部现实相对应。语用功能可以看作是语义功能的一个特殊方面，它表达的是语言单位和整个话语的语义对言语行为参与者及其条件的态度。例如：通过"Иди!"（走吧！）和"Идите!"（您请走！）两个形式所表达的祈使意义的语用信息是不同的。语用功能与修辞功能也存在着交叉关系，二者体现着语用学和语言学之内及之外研究的关系。结构功能属于语言成分的系统–结构组织的内容，它虽然不具备语义内容，但是，它与意思有着间接的关系。语义功能和结构功能之间的关系在句法中表现得尤为突出（Бондарко 1984: 9，22）。

另外，Бондарко(2011: 217)认为，有必要强调两种功能相互关系的重要性，一是单个语言手段的功能，二是整个语言的功能。当然，在 Бондарко 的功能类型中最为重要的一组是潜在功能（функция в потенциальном аспекте）和现实功能（функция в результативном аспекте）。这一点我们将在下面重点论述。

（5）关于区分潜在功能和现实功能的思想。Бондарко 认为，语言单位的功能包括潜在的（потенциальный）和现实的（целевой/результативный）两个方面，由此，功能分为"潜在功能"和"现实功能"。前者指语言单位在语言体系中固有的完成某项任务或发挥相应作用的能力，这是语言层面上的概念；后者指语言单位在具体语言环境中发挥作用的结果，即在言语中达成了的作用，这属于言语层面的内容（Бондарко 1985: 19）。Бондарко（2011: 208–214）认为，二者既相互关联，又彼此区分。二者的区别表现为：首先，潜在功能是语言单位及其组合的能力，位于语言系统层面，主要指词形和句法结构层面，而现实功能是潜在功能在言语层面上的实现，位于言语层面，体现在话语和整个语篇中；其次，就二者与"功能化过程"（процесс функционирования）的关系而言，潜在功能是功能化的条件，而现实功能是功能化的结果。二者的联系表现在二者互为基础：一方面，潜在功能是现实功能的基础，因为话语中的每一个具体的现实功能都是某一潜在功能综合体的变体，是语言单位功能化的一种类型。另一方面，现实功能也是形成潜在功能的基础，使其发现越来越新的现实功能。Бондарко 同时指出，语言系统单位与语境的相互作用是潜在功能转变为现实功能的必要条件。功能是系统与语境的相互作用的产物，单独的系统成分如果脱离语境，那么它是不可能实现其功能的。

（6）关于功能化过程（或者功能机制）的思想。为了更好地阐释潜在功能和现实功能之间的关系，Бондарко 提出了"功能化过程"或者说"功能机制"的概念，并对它做出如下阐述：功能化过程"是一个将语言转化为言语，潜在功能转化为现实功能，说话人运用的功能转化为听话人运用的功能的动态过程"（Бондарко 1985: 23）。"功能化过程"这一概念包含了一系列动态过程，主要包括：话语形成的内在过程、选择不同表达手段的过程（说话人为了表达话语意思选择语法手段的过程）、结构成分相互作用的过程（作为抽象语法模式的语法单位、类别和范畴与模式的具体填充词汇相互作用的过程）、潜在功能转化为现实功能的过程等。功能化的动态过程是在言语中实现的，但功能化的规则属于语言系统，是语言体系中积极的动态的成分（Бондарко 2003: 32–33）。

Бондарко 把功能化理解为这样一个链条：1）语言单位的功能化潜力；2）在该潜力中存在的功能化规律和规则；3）功能化得以实现的结果。这个链条上的每个环节的实现都离不开语境。语境包括"语句"（высказывание）

和"完整的篇章"（целостный текст），话语是功能机制实现的"微环境"（микросреда），是言语单位的基础，也是功能语法分析的主要对象。相对于话语来说，完整的篇章是功能机制实现的"大环境"（макросреда）（Бондарко 1985: 23–24）。

综上所述，Бондарко 所探讨的功能主要是语言单位的功能。这既是语言系统中的单位所特有的实现某种用途的能力，同时也是语言手段在言语中的使用目的，一种使用结果，也即是被实现了的用途。二者有可能重合，但又相互区别。此外，功能是两个方面（潜在功能和现实功能）的统一体，语言单位的潜在能力在功能化过程中得以实现，从而成为现实功能。潜在功能和现实功能如同意义和功能一样既相互联系又相互区别。

3. Halliday 的功能思想

尽管学界对 Halliday 的功能思想已有众多的介绍和描述，但大都显得比较分散，且多集中对三大纯理功能的阐述，从而无法全面显现 Halliday 的功能思想。就此，我们把 Halliday 的功能思想归纳为以下几个主要方面：

（1）关于语言具有多功能性的思想。Halliday 认为，语言在人类的不同时期发挥着不同的功能，而每个时期也对应着多个功能。如儿童时期原型语言的微观功能（micro-function）、过渡时期语言的宏观功能（macro-function）、成人时期的纯理功能（metafunction）。微观功能是儿童在学习如何通过语言表达各种社会需要的过程中所履行的任务，这包括工具功能、控制功能、交流功能、个人功能、启发功能、想象功能和告知功能。宏观功能是儿童放弃原型语言向成人语言过渡时出现的语言功能，可分为理性功能和实用功能。纯理功能是语言在成年人的社会交际中所发挥的作用（Halliday 1973: 343–366；韩礼德著，向明友，等译 2015: 250–264）。

（2）关于语言功能具有演化性的思想。在 Halliday 看来，过渡时期的理性功能由早期儿童语言的个人功能、启发功能等微观功能演变而来；实用功能则来源于早期儿童语言的工具功能、控制功能和交流功能等微观功能；纯理功能的概念功能和人际功能分别由理性功能和实用功能演变而成。但这些有着对应关系的功能有着本质的区别，这表现为：一是人类不同时期的语言具有不同的特征，成人语言由语音、词汇语法和语义三个层次构成，纯理功能在词汇语法和语音上都可以得到反映；儿童语言只有语音和语义两个层次，理性和实用功能可以通过语音层直接得以体现；二是纯理功能在成人语言中可以同时存在，它们在同一个句子中会同时出现，而儿童在使用语言时，每一次只能表达一种功能（Halliday 1970: 140–165，1973: 343–366）。

（3）关于纯理功能的思想。纯理功能是 Halliday 功能思想中最为重要、最为核心的理论，也是他功能思想的集中体现。纯理功能理论认为，语言的功能是千变万化的，具有无限性，但这些功能可以归纳为若干个有限的、且高度抽象的、更具有概括性的功能，即纯理功能。纯理功能包括概念（ideational）、人际（interpersonal）和语篇（textual）三大功能。其中概念功能指的是语言表达"内容"的功能，这一内容是人们对客观世界以及自身内在的意识世界的经验，也就是语言可以反映说话人客观和主观世界中所发生的事、所牵涉的人和物以及与之相关的时间、地点等因素。概念功能包括经验功能（experiential function）和逻辑功能（logical function）。经验功能指语言对人们存在于主客观世界的各种经历的反映，是关于所说内容的功能。逻辑功能指语言对两个或两个以上的意义单位之间逻辑关系的表达，它涉及不同情景之间的逻辑关系。

人际功能指语言可以用来建立和维持社会和人际关系，可以表现不同的社会角色和交际角色的功能，通过这一功能，说话人既可以体现自己的身份、地位、态度、动机，也可以表达他对事物的判断和评价，以此影响别人的态度和行为。

语篇功能指的是语言自身与其所使用的情景特征连接起来的功能，通过这一功能，语言使其本身前后连贯，并与语域发生联系。换句话说，也就是语言在实际使用中把各种语法单位组织成为表达相对完整思想的语篇的功能，它使语篇具有衔接性和连贯性（Halliday 1970: 140–165，1973: 343–366；胡壮麟等2005: 12–14）。

（4）关于纯理功能的体现系统和语境制约的思想。在推出纯理功能的同时，Halliday 建立了这三大纯理功能的具体体现系统，也就是纯理功能在语言中的语法词汇系统，因为纯理功能都是非常抽象的，在描写这些抽象功能时，需要借助它们各自的体现形式。概念功能在语言系统中通过及物性（transitivity）、语态（voice）以及具有连接功能的词语来体现。人际功能在语言系统中通过语气（mood）、情态（modality）和语调（key）体现。语篇功能在语言系统中通过主位结构（thematic structure）、信息结构（information structure）和衔接（cohesion）体现。不仅如此，Halliday 还建构了三大纯理功能的语境制约因素，它们分别是话语范围（field of discourse）、话语基调（tenor of discourse）和话语方式（mode of discourse）。可见，Halliday 的三大纯理功能和具体的语言系统以及三种情景因素之间都有着一一对应的关系（Halliday 1970: 140–165，1973: 343–366；黄国文，辛志英 2014: 89–90）。

（5）关于一般意义上的功能的思想。除纯理功能、微观功能和宏观功能之外，Halliday 的语言功能还包括一般意义上的功能，即语言的具体运用，也就是语言在平时的运用过程中所发挥的作用，如祝愿、庆贺、表扬、批评。语言的这种功能在成年人的语言行为和幼儿的原型语言中都能体现（朱永生，严世清 2001: 20）。

学界一般认为，"功能"一词在 Halliday 的理解中具有五种含义：1）儿童原型语言的微观功能；2）过渡时期语言的宏观功能；3）成人语言的纯理功能；4）一般意义上的功能；5）作为纯理功能体现形式的语法功能（朱永生，严世清 2001: 27）。我们认为，这几种功能既相互联系又彼此区分，它们是从不同角度得出的功能类型，其中微观功能、宏观功能和纯理功能出自同一个角度，可以处于同一平面上，而一般功能来源于人们对语言的实际运用，与前三者不是同一个角度的内容，不适合与它们放在同一个行列，语法功能更不应该与前三者放在同一个平面，它应该属于纯理功能的下位类型。因此，Halliday 的五大功能可以归纳为三类：微观功能、宏观功能和纯理功能。

4. 二者"功能"思想的对比

作为功能主义不同流派的创始人，Halliday 和 Бондарко 对"功能"的理解自然会有相通之处，但由于不同的学理渊源，二者之间不免存有相异的地方。这正是功能主义的特点之一，即对核心概念——功能——至今尚无一致看法，这也造成了当代功能主义流派此起彼伏、众说纷纭、百家争鸣的状态和局面。

4.1 二者功能思想的共同之处

（1）对功能的本质认识相同。二者对语言功能的本质理解应该说是基本一致的，都认为功能即目的，都把语言的功能理解为表现手段在实现目的的过程中所起的作用，而且都认为语言的基本功能是用作交际工具。Бондарко 的功能思想直接吸收了布拉格学派的目的论学说，他把这一观点主要运用在语言单位的用途上。而 Halliday 不仅吸收了布拉格学派的思想，而且把功能的目的论思想推广到了三个不同的方面，提炼和抽象为三大元语言功能。

（2）都兼顾语言和言语相结合的研究，认为功能具有语言层面和言语层面两方面的内容。Бондарко 关于潜在功能和现实功能的区分充分体现了语言和言语相结合的原则。无独有偶，Halliday 在对系统和功能的阐述中有过类似的"潜势"观点。Halliday 把语言看作是与意义相关联的、可供人们选择的、由众多子系统组成的统网络，也叫做"意义潜势"（meaning potential），说话人使用语言表达意义的过程被看作是从该系统网络中进行各种有意义的选择（韩礼德著，杨炳钧译 2015: 82–92）。这实际上就是 Бондарко 所说的潜在功能。虽然 Halliday 没有对"语言功能具有潜在和现实两个方面"的直接表述，但他所说的系统（意义潜势）实际上就是语言的一种潜在功能。但二者在描写这一问题时有着较大的不同，Бондарко 把两种功能归为功能的两个方面，把它们放在功能这一个目录之下进行阐述,并且直接命名为潜在功能和现实功能。而 Halliday 对这一问题的阐述是分为两个目录进行的，潜在功能属于他的系统语法内容，现实功能属于功能语法内容。可见，尽管二者的学理渊源不同，但都不可避免地受到作为现代语言学鼻祖的索绪尔有关语言和言语关系学说的影响（瓦列里·库兹涅佐夫，王辛夷，朱立城，等 2016: 195–206）。

（3）都把语言功能的研究指向语言本身。Бондарко 探究的主要是语言形式的表义功能，这与语言本身有着最直接的关系，而 Halliday 建构的功能体系是为了解释语言系统的本质特征，尤其是他的语篇功能完全是语言内部的东西。也正是这一点使得他的功能思想与 B. K. Malinowski（马林诺夫斯基）和 K. Büler（布勒）等前人不同，因为前人使用功能的术语都是为了通过语言来研究别的问题，例如人类学或社会语言学和心理语言学等，他们的目标都在语言之外（Halliday 1978: 48；孙迎晖 2006: 100）。

（4）都注重语境在功能化过程所起的重要作用。尽管 Бондарко 和 Halliday 对语境的理解和侧重点有所不同（袁琳，姜宏 2016），但他们十分重视功能与语境的相互关系，Бондарко 关于潜在功能和现实功能的区分以及转变过程、Halliday 的语境制约因素思想都充分体现了这一点。

4.2 二者功能思想的不同之处

（1）对功能探讨的出发点不同。Бондарко 研究主要是语言系统成分（即语言单位）的功能，这主要包括词的语法形式、句法结构和词汇单位。这是比较具体的功能。这完全符合 Бондарко 的功能语法理论的特征，它并不是全新的理论，而是建立在俄罗斯传统结构语法基础上的结构和功能整合的语法。而 Halliday 重点研究的是整个语言系统的功能，这是一种纯理功能，是高度概括和高度抽象的功能，当然这是由语言单位多种多样的具体功能提炼抽象出来的。

（2）对于功能类型的划分和各类型之间关系界定各异。二者都从不同角度对功能进行了划分。应该说，Бондарко 的划分角度和类型更为微观和具体，与俄罗斯传统语言学比较接近，与语言的具体使用更为贴近和吻合，其范围更为狭窄。而 Halliday 主要是从人的语言能力和特性发展的角度来划分功能的，其划分功能的角度和所得类型相对而言更为宏观和抽象，其范围较为广泛。尽管 Бондарко 的语义范畴包含 Halliday 的概念意义（如时间、空间、确定性和不确定性、主体和客体、所属性等）和人际意义（如情态性等），其语义关系（原因、条件、结果等）事实上很接近 Halliday 的逻辑意义，但 Бондарко 始终没有把这些具体的语义范畴和语义关系提升到整个语言功能的层面上来，因为他没有给自己提出这样的任务，他与 Halliday 对语言功能研究的出发点不同。

（3）对功能的研究类型和内容各有侧重。Бондарко 在语言单位众多的功能中主要研究其表达语义范畴和语义关系的功能。其核心概念功能语义场建立在语义范畴的基础上，语义范畴是思维内容中高度抽象化的范畴，它们是通过语法单位、类别和范畴的意义得以体现的，也就是说，能够形成语义范畴的必要条件是它在语言中具有系统的体现形式（Бондарко 2011: 272–282）。可见，Бондарко 的语义范畴及其各种表达手段的语义功能始终是与语法紧密相关的。而 Halliday 的系统功能语言学强调语言的社会交际功能，更多关注的是语言的社会、人际以及语篇功能。从这一点来说，Бондарко 所研究的功能相对具体、微观，Halliday 所探索的功能则更为抽象、宏观。

（4）研究功能的目的和方法以及途径不同。Бондарко 的功能语法体系是在动词体和体学范畴研究的基础上形成的，主要针对俄语和斯拉夫语而建构的（姜宏，赵爱国 2014: 35），他的目的在于探索语言形式具有哪些功能（表达语义范畴和语义关系），以及这些功能是怎样实现的，他采取"从形式到意义"和"从意义到形式"的双向原则来描写这一过程，通过前一种途径挖掘相关的语义范畴，再通过后一种途径探讨不同语义范畴在不同语言层面上的表达手段。他的功能研究是由内而外的。而 Halliday 对语言功能的研究采取的是由外向内的方法，目的在于探寻语言内部的规律性，从而揭示语言系统的特性。因此，他的重点不是探讨语言及其形式究竟有哪些具体的功能和用途，也不主张将这些功能和用途一一罗列出来，因为他认为这是无法穷尽的。他的功能研究是为了找到一个普遍存在的、适用全部语言现象的、抽象的而非具体的功能体系（孙迎晖 2006: 100）。

5. 二者"功能"思想的相互借鉴

虽然同为功能语言学流派，而且对功能本质的理解基本相同，但二者的功能思想所包含的内容及其描述方式和侧重点却不尽相同。两种功能思想各有所长，可相互借鉴。

5.1 系统功能语言学对功能语法理论功能思想的借鉴之处

（1）"纯理功能"的思想。"纯理功能"是对整个语言功能的高度概括，这种概括能较大限度地满足人类交际的实际需要，而 Бондарко 研究主要是语言系统成分（即语言单位）的功能，尤其重视语言系统表达语义范畴的语义功能，其"语义范畴"是建立在语法范畴的概念基础之上的，实际上仅靠这些语义范畴和语义关系是无法满足人类交际的实际需要的。事实上，目前还没有一种理论可以覆盖所有的语义范畴，其中也包括 Halliday 的系统功能语言学。但是，纯理功能至少可以给我们提供一个制高点，让我们在其框架下进一步挖掘各类语义范畴和语义关系。

（2）语境制约的思想。Бондарко 尽管同样重视语境对语言实现功能的作用，但是，他所说的语境具有一定的局限性，他重点分析上下文语境和情景语境对功能实现的作用，对社会文化语境等方面的因素关注不够，其语境思想也尚未形成一种完整的语境功能机制，而这恰恰是 Halliday 功能思想的优势所在。

5.2 功能语法理论对系统功能语言学功能思想的借鉴之处

（1）语义功能的描写方式以及详尽程度。系统功能语言学从整个语言出发，全面描写语言的三大纯理功能，不免对语言的某一功能及其体现规则无法做重点描写，有时候也显得不够深入和系统。而 Бондарко 重点研究语言系统表达语义范畴的语义功能，他采取"从形式到意义"和"从功能到手段"相结合的方式，对俄语的各种语义范畴和语义关系在不同语言层面的体现形式和结构进行了全面而详尽的描写，其描写方式和深度可以提供借鉴。

（2）理论问题（包括功能思想）的阐述方式。Бондарко 对功能的本质及其与相关概念的关系、功能的类型以及功能化过程都做了专门的阐述，应该说，这些内容，尤其是关于功能与意义、潜在功能与现实功能的思想在 Halliday 的功能思想中是描述不够的，而且分布在不同论文和著作中，显得比较分散。此外，Бондарко 采用与其他概念对比的方式（功能和意义）阐释"功能"，提供了一个较好的界定方法，能更明确、更清晰地界定"功能"。

我们认为，结合两种功能思想的优势来解决和分析具体语言问题，才能更科学地阐明语言功能实现的机制，也才能更全面地认清语言的本质。

参考文献

［1］Бондарко А В. Теория Значения в Системе Функциональной Грамматики: На Материале Русского Языка［М］. Москва: Языки славянской культуры, 2002.

［2］Бондарко А В. Принципы Функциональной Грамматики и Вопрос Аспектологии［М］. Москва: УРСС, 2003.

［3］Бондарко А В. Категоризация в Системе Грамматики［М］. Москва: Языки славянских культур, 2011.

［4］Бондарко А В. Функциональная Грамматика［М］. Ленинград: Наука, 1984.

［5］Бондарко А В. К теории функциональной грамматики. Проблемы Функциональной Грамматики［М］. Москва: Наука , 1985.

［6］ЛЭС (лингвистический энциклопедический словарь)［W］. Москва: Научное издательство, 2002.

［7］Якобсон Р О. Разработка Целевой Модели Языка в Европейской Лингвистике в Период между Двумя Войнами//Новое в лингвистике［С］.

Вып. IV. Москва: Прогресс, 1965.

［8］Halliday M A K. Language as Social Semiotic: The Social Interpretation of Language and Meaning［M］. London: Edward Arnold, 1978.

［9］Halliday M A K. Language structure and language function. In Lyons, J. (ed.). New Horizons in Linguistics［C］. Harmondsworth: Penguin, 1970.

［10］Halliday M A K. The Functional basis of language. In Bernstein, B. (ed.). Class, Codes and Control: Applied Studies towards a Sociology of Language ［C］. London/Boston: Routledge & Kegan Paul, 1973.

［11］韩礼德 . 论语言和语言学［M］. 向明友，等译 . 北京：北京大学出版社， 2015.

［12］韩礼德 . 论语法［M］. 杨炳钧，译 . 北京：北京大学出版社， 2015.

［13］胡壮麟，朱永生，张德禄，等 . 系统功能语言学概论［M］. 北京：北京大学出版社，2005.

［14］华劭 . 对几种功能主义的简介和浅评［J］. 外语研究，1991(02).

［15］华劭 . 语言的功能与功能研究［J］. 外语学刊，1994(01).

［16］黄国文，辛志英 . 什么是功能语法［M］. 上海：上海外语教育出版社， 2014.

［17］朱永生，严世清 . 系统功能语言学多维思考［M］. 上海：上海外语教育出版社，2001.

［18］郭鸿 . 语言学科间的互动推动语言学向前发展［J］. 复旦外国语言文学论丛，2008(01).

［19］姜宏，赵爱国 . 功能语法理论和系统功能语言学的生成背景及学理传承 ［J］. 外语与外语教学，2014(02).

［20］孙迎晖 . 论韩礼德的元功能思想［J］. 河北大学学报 (哲学社会科学版)，2006(01).

［21］瓦库里·库兹涅佐夫，王辛夷，朱立城，等 . 日内瓦语言学派：从索绪尔到功能主义绪论［J］. 语言学研究，2016(01).

［22］袁琳，姜宏 . 韩礼德与邦达尔科的语境观对比分析［J］. 中国俄语教学，2016(03).

作者简介：姜宏，文学博士，复旦大学外国语言文学学院教授、博士生导师、博士后合作导师、俄文系主任、复旦大学教学名师。兼任中国俄语教学研究会理事、中国俄罗斯东欧中亚学会理事、上海市科技翻译协会理事、《复旦外国语言文学论丛》编委等。曾获霍英东教育基金会青年教师教学奖、广东省南粤优秀教师称号等。主要研究方向：理论语言学、功能语言学、对比语言学。

模型句理论的优势及将之引入我国俄语教学的必要性

——以俄语数量和参数特征模型句为例

北京外国语大学 郭淑芬

摘　要：俄语功能交际语法中的模型句理论对作为外语的俄语教学有非常重要的指导意义，优势明显。论文以俄语数量和参数特征模型句为例，进一步佐证了模型句理论的优势，阐明了掌握基础模型句及其全部变异句和同义转换句组成的聚合体，对快速提高俄语表达水平的关键作用，论述了把该理论引入我国俄语教学的必要性，以及遵循意义领先、由浅入深、先易后难的层级性教学原则的重要性。

关键词：俄语功能交际语法；模型句理论；数量和参数特征模型句；俄语教学

本文作者系黑龙江大学俄语系 1983 级学生。在校学习期间有幸多次聆听过华劭先生的精彩讲座。所购第一部俄语语法书是《现代俄语语法新编》（上下册），下册（句法）是华劭先生所著。该书从 1984 年至今一直保留在我身边，已经成为我研究和教授语法时必不可少的案头工具书。在本人的教学和科研生涯中，先生的著作和论文给予我极大的帮助和启迪，特别是先生所著的《语言经纬》及其论文选集我曾多次拜读，如今重读依然受益匪浅。2001—2003

年间本人在黑龙江大学外国语言文学博士后流动站做博士后期间也曾亲受先生的教诲。在我博士后报告的开题和结项研讨会上，先生都提出过极其中肯和宝贵的意见和建议，感受到先生在学术上的深厚造诣和谦逊朴实。华劭先生在俄语语法研究，尤其是句法研究方面有非常独到的见解和丰厚的学养，同时对很多句法问题的教学也极其重视。此次选择本文来纪念华劭先生，原因在于重读1991年出版的《华劭论文选》中先生的文章《现代俄语语法新编浅释》时，看到其中他提到关于传统俄语句法理论重繁琐分析，轻实际应用的观点，同时他还提倡破旧立新，对句法理论进行革新尝试。这一观点在当今看来依然有极大的现实意义。此外，该文中还探讨了句型在教学中的重要作用。这些观点跟我们的论文都有很多契合之处，因此希望借纪念先生文集出版之宝贵机会，使先生的句法学思想得以传承并发扬光大。谨以此文纪念华劭先生为我国俄语语法研究及其教学作出的巨大贡献，特此表达对一代名师的无限思念和崇高敬意。

众所周知，外语学习不能仅停留在掌握有关语言普遍规律的消极知识层面上。如果俄语学习者不重视语言的内容、意义和功能等方面的因素，便无法实现语言最重要的交际功能，甚至会影响俄语表达水平及俄汉或汉俄翻译的准确性。因此，我们必须积极掌握在交际中建构言语的规则和规律，即所谓的"语言机制"[1]（языковые механизмы），也就是说，需要首先找到语言在内容上的共性，然后再掌握表达这些内容的各种不同的语言手段，从而完成语言的交际任务，以达到正确表达和准确翻译的目的。

然而，在当今我国的俄语教材和教学中更多注重的还是传统的形式语法，以教会学生记忆抽象的语言规律、分析已有的现成句子或语篇的形式结构为主要学习目的，忽略了教会学生在具体的言语环境中和口笔译时正确选择或生成适当的句子和语篇的能力。故此，我们必须转变传统的教学观念，把俄语功能交际语法中非常重要的模型句（модель предложения）理论引入我国俄语教学，想必将对培养和提高学生的交际和翻译能力起到至关重要的作用。

1. 俄语模型句理论简述

模型句概念最早是由 Г. А. Золотова（1973: 25）提出来的，指"相互制约的句法形式最低限度完整的结合，这些句法形式结构是具有一定类型意义（типовое значение）的交际单位。"而类型意义是指"句子的结构语义要素按照述谓关系组合的语义结果"。（同上）后来 M. B. Всеволодова 对这两个概念作了补充和修订，按照行为、存在、状态、特征和关系五大所指述体（денотативный предикат）的分类原则，同时考虑词汇在模型句中的填充作用，建立起一套不同以往的更加完整、细致、清晰的简单基础模型句系统。她把模型句定义为"伴有述谓化（предикация）关系的句素[2]（синтаксема）结构，该结构拥有可任选的意义成素和一定的类型意义"。（Всеволодова 2000: 234）

　　Всеволодова 模型句系统的建构原则与 1970 和 1980 年两部科学院俄语语法的句子结构模式[3]（структурная схема предложения）的区别在于，模型句首先考虑的是句子的意义，其次才是表达意义的形式，它深入句子的内容并顾及句子意义和模型意义之间的相互联系，故模型句的实质是指"被一定词汇程序化了的某些意义的原始表现手段"。（郭淑芬 2002）Всеволодова（2000: 230）认为，"每个句子都有自己的形式结构，而这一结构不是孤立的，它与某个言语样板（речевой образец），即模型句相契合；每个模型句都伴随着一定的类型意义，这些类型意义又被一定的形式包裹着，在同一形式的包裹下可能表达的是完全不同的内容，比如按照带'方位及处于其中的物体特征'类型意义的模型句'В печке теплится огонь.'可能构成表示主体状态的语句：'В душе теплится надежда. = Я надеюсь.'。"Всеволодова（2000: 231）把句子的结构模式称为模型句的形式标志（формализованная запись），体现的是述体的最低限度以及形式结构和内容含义的统一，使用相应的符号来表示主体、述体和客体等语义成素，如 S 及其各格形式（S1...6）代表主体，N 及其各格形式（N1...6）代表含各种语义的名词，Nкосв 代表名词各间接格形式等。

　　俄语简单模型句系统指表达各所指述体的全部句型手段及其言语体现[4]（речевые реализации），包括基础模型句、其常见的语法变异（грамматические модификации）、结构语义变异（структурно-семантические модификации）、内容变种（содержательные разновидности）、同义转换（синонимические трансформации）等，亦即句子的聚合体[5]（парадигма предложения）。根据我们（Всеволодова, Го Шуфень 1999；Всеволодова

2000）的整理和进一步观察，俄语简单模型句系统由 142 个基础模型句组成。

2. 模型句理论在对外俄语教学中的优势

我们知道，在传统俄语教学中通常使用从形式到意义的方法学习语法，比如名词的每个格形式都表示什么意义，动词的未完成体和完成体都表示什么意义，等等，每个知识点都是零散的不成体系的。然而，使用功能交际语法提倡的从意义到形式的方法是成年人学习外语的快捷方式，也就是不再以每个孤立词的各种形式为记忆单位，而是把它们放在表示某种意义的句子里来学习，同时又不把每个句子都看成孤立的与其他句子没有任何联系的言语样板，而是在基础模型句之上逐渐掌握句子聚合体的全部集合，因为孤立地掌握每个单词和句子不仅加大了学生的记忆负担，导致学习效率低下，而且这种短时记忆很不利于教学过程的强化，往往在学新课时几乎已忘记旧课学过的互不相干的单词和句型。如果能够在学习之初就教会学生通过构词（各种词缀变化）、词汇（同义词、反义词等）和词类变换来滚雪球式地扩大单词和句子的联系，势必会达到事半功倍的学习效果。比如，若把两个毫无联系的句型 "что влияет на что" 和 "от чего зависит что" 看成是一个句子的逆向转换（Погода влияет на урожай. — От погоды зависит урожай. Экономика влияет на политику.— От экономики зависит политика.）和切分转换（На урожай влияет погода.— Урожай зависит от погоды. На политику влияет экономика. — Политика зависит от экономики.），会比把它们当作没有任何联系的句型学习要省时省力很多。另外，进一步告诉学生这两个动词的描写述谓[6]形式 "оказать влияние （на что）, быть/находиться в зависимости (от чего)" 以及它们所带有的书面语色彩："Образ жизни оказывает влияние на здоровье.— Здоровье находится в зависимости от образа жизни."，如此一来，这两个孤立的词语组成的模型句在相同情景的基础上就发生了联系，建立起同义转换句系列。

对基础模型句的同义转换机制的掌握，能够让学生了解俄语的语言世界图景，可以向学生展示相同情景的不同侧面，能够让学生看到相同述体所表达的不同的类型意义，比如情感动词可以表示关系："Я интересуюсь химией. Я восхищаюсь этой картиной. Я возмущаюсь его поведением."，而由其变来的其他词形还可表示状态："Мне интересно. Я в восхищении. Я в возмущении.",或被引起的状态："Я заинтересован, восхищен, возмущен.",或对实体的评价："Химия мне интересна. Она восхитительна. Его поведение возмутительно.",或受到的影响："Нас интересуют эти события. Меня восхищает эта девушка."。

在教学实践中我们发现，如果学生在句子中只看到词形链条上词汇和语法意义相加得出的句子意义，那么句子"Маша читает бегло."和另外一些句子"У Маши беглое чтение; Чтению Маши присуща беглость; Чтение Маши отличается беглостью; Маша — это беглость чтения."等就都成了原始语句，对它们使用的选择只取决于语篇的类型。按照这种方法，学生对句子的学习将成为不考虑句子内容，而只是对语篇类型和相应句子的机械记忆，这会大大加重学生的记忆负担和学习压力。如果在句子中我们首先看到的是其内容常体（содержательный инвариант），而且这个内容常体是可以用不同的形式结构表达的，那么上面列举的关于Маша的句子就成为拥有相同所指内容（денотативное содержание）的句子，也就是说，这些句子在内容平面上是相同的，但在其他（交际、语义和形式）平面上却有差别，这正是它们之间在形式上完全不同的原因所在。如果学生能够把这些同义句系列储存在大脑中，那么当需要表达或翻译"玛莎读书很快"之类意思时，就可以根据场合和语体的不同，选择上面同义句系列中的某一个，并根据不同情景变换表达方式，从而使自己的俄语表达变得丰富而地道，以免造成只知道一种跟汉语在形式结构上一一对应的形义对称结构[7]（изосемическая конструкция）类句子（即基础模型句"Маша читает бегло."）的局面。尤其当我们需要许多相同意思的重复表达时，选择形式结构各异的同义转换句会使我们的言语不至于一成不变、毫无色彩。

必须强调的是，在基础模型句之上掌握同义转换句是提高俄语表达水平非常关键的环节。实际上俄语大部分同义转换句都是内容的重新包装，即用其他的模型句形式给相同的内容换上一身不同的"外衣"，使得模型句跟客观内容的关系仿佛变魔术一般：相同的内容可由不同的模型句来表达，而相同的模型句又可表达完全不同的内容。换言之，就是情景参加者的句子成分级和主述－述体对的组成成素发生了变化，改变了所要突显的成分，比如具有存在模型句"外壳"的句子"В озерах жили гуси."包裹的内容其实是领属关系，"Озера принадлежали гусям." 亦即表面的存在关系隐藏着深层的领属关系，目的是通过指出生存在这些湖中鹅的数量之多，使人间接地得知湖的拥有者是鹅。可见，模型句的意义和客观内容只有在同构的形义对称单事件结构中才可能完全吻合，而内容永远比类型意义丰富和深刻，故掌握句子内容层面的成素就显得尤为重要。

3. 将模型句理论引入我国俄语教学的必要性

在当今俄罗斯三大主要功能语法流派（科学院派 А. В. Бондарко 和 Г. А. Золотова 的理论功能语法以及大学派 Всеволодова 的功能交际语法）中后者是最适用于对外俄语教学的语法。鉴于 М. В. Всеволодова 功能交际语法（2000）中的模型句理论对句子的考察是从功能交际角度出发的，研究的是带有作者观点在内的具体的语句（предложение–высказывание），即抽象样板的具体言语体现，是交际单位，而不只是结构单位，可直接运用于交际中（详见郭淑芬 2002）。我们确信，基于模型句之上的俄语学习，更能成功地实现交际任务，达到真正用俄语自由表达思想，流畅进行翻译的目的。因此，我们倡议把模型句理论及其类型意义场[8] (поле типового значения) 概念引进我国俄语教学，以其作为重要的切入点来改变传统教学中只把句子作为"言语样板"来孤立学习和分别记忆的情形。比如，按照抽象样板 N_1V_f Nкосв 构成的两个句子"Я изучаю химию." 和"Химия изучает вещества и их превращение." 在传统教学中是作为在内容和形式上都互不相干的两个不同句子来分别学习的，无形中就造成了机械记忆的弊端。我们认为，引进 Всеволодова 的模型句理论能够改变这一不利现状，因为它至少可以完成两项语言教学法任务：

（1）使模型句和一定的客观内容（对于形义对称结构来说）相互联系，让学生在交流和翻译时能把俄语模型句与母语的对应形式关联起来并相互区分；

（2）为同义转换句系列的学习、掌握和灵活使用打下坚实的基础。

如果教师在教学过程中能够适时地引导学生完成这两项任务，那么他们在学习之初就应该意识到，不能只以单词、词组和孤立的句子为记忆单位，而必须以模型句为学习单位，储存表达相同"类型意义"的模型句系列。这不仅能减轻学生的记忆负担，激发学习兴趣，使其产生自主学习的能动力和成就感，而且还有利于我国学生理解和掌握汉语没有而俄语特有的模型句，从而找到俄语独有模型句的使用特点以及运用同一模型句表达不同内容时的语言机制，让学生感受到与母语不同的俄语特质及其各种交际意图。

毋庸置疑，将模型句理论引入我国俄语教学是极其必要和紧迫的任务。

4. 将模型句理论引入我国俄语教学的层级性原则

通过对一些模型句的分析，我们发现形义对称模型句还分为同构结构（изоморфная конструкция）句和非同构结构（неизоморфная конструкция）句，同构结构句是类型意义的场心句，是语言共相，在任何语言中都能找到与之结构基本对应的句子，因其与母语区别不大，较易于理解和掌握，最适合俄语初学者习得。比如类型意义为"主体及其性质特征"的场心句"Оля красивая. Саша высокий."等就非常适合零起点的学生掌握。但仅仅掌握类似的句子还远远不够，需要进一步掌握按照这个模型句构成的同义转换形义非对称句"Бег у Оли — легкий."（比较同构结构句"Оля бегает легко."），以及带各种描写述谓的近心句"Оля необыкновенной красоты. Саша высокого роста. Бег Оли отличается легкостью."等。之后学生才有可能理解和掌握其他所指内容更深刻难懂的边缘句，比如形式简单而内容复杂的非同构名词二项式句[9]（биноминативные предложения）："Оля — это сама красота. Бег Оли — это сама легкость. Пекин — это Олимпиада-2008. Пушкин — это «Борис Годунов» и «Евгений Онегин». Долголетие это физкультура. Кубинские девушки — это темпераментные танцы."，等等。类似的名词二项式句在汉语中没有形式完全对应的句子，需要透过简单的形式看到其深刻的内容，比如"Оля — это сама красота. = Оля очень красивая. Пекин — это Олимпиада-2008. = В 2008 году в Пекине состоялась Олимпиада. Долголетие — это физкультура. = Физкультура помогает человеку жить долго. Пушкин —это «Борис Годунов» и «Евгений Онегин». = Пушкин написал произведения «Борис Годунов» и «Евгений Онегин». Кубинские девушки — это темпераментные танцы. = В Кубе девушки танцуют темпераментно."。可见，类似的句子绝不能只按名词主 – 谓结构译成汉语的"是字句"，必须透过表面"意会"后再"意译"，诸如："锻

炼能使人长寿"等。唯如此操汉语的人才能明白其义，否则有可能会出现极其蹩脚的"外语化的母语"译文"长寿是锻炼"，这是学习外语最忌讳的现象。对于此类句子必须透过表面的简单"包装"看到其深层的实质内容。故此，名词二项式句较适合高年级学生学习。（详见郭淑芬 2011）

此外，在学习过程中，有时候不只模型句的形义对称性很重要，同构性更为重要。通常在初级阶段学习方位格时，我们首先引入的是动词 – 方位模型句 $S_1 V^{act\,f} Adv/N_{косв}^{10}$，如："Ира занимается дома. Я обедаю в столовой."，同时引入的还有类似的句子："Я учусь в университете. Дима работает на заводе."，但后两句的内容表示的是人的社会状态，而表示这个意义的形义对称结构通常是名词二项式句。在很多语言中，当表示人的社会状态时都用名词二项式句与俄语的动词 – 方位模型句对应，如英语："I am a student at the Moscow University."（逐字译成俄语是："Я студент в Московском университете."）。汉语亦然：——他是干什么的？——他是一名大学生（一个工人、一位教师等。）正是受母语或英语的影响，很多中国的俄语初学者喜欢使用形义对称的名词二项式句，而在俄语认知中"谁是谁"这样的句子更多是用来表示人所进入的社会组织，而不是人的个性鉴定，这点正好体现了俄语的语言世界图景及其民族性。这个社会组织常用机关、单位或部门的名称表示，如俄语通常问"Где он работает？Где она учится？"，而不是问"Кто он сейчас？"回答时常用带动词 работать, служить, учиться, преподавать 和方位词的模型句："Я учусь в институте. Она работает на фабрике."，并且此类模型句只用来表示社会组织的普通成员，比较："Он долгие годы преподавал в Московском университете. Он долгие годы был профессором Московского университета."，而"Н. Г. Рубинштейн был ректором Московской консерватории."却不能说"Он работал ректором в консерватории."。名词二项式句只有在强调主体的行为符合或不符合其社会地位时才使用，比较："Как ты себя ведешь? Ведь ты студент университета. Лена победила на Олимпиаде по математике. И не удивительно: она — ученица математической школы."。因此，这一点应该引起俄语教师的特别注意，应该安排学生先学习方位模型句，然后再回到名词二项式句，而不是相反。同时强调要用名词第二格非一致定语表示机构名称，而不是像英语等语言那样用名词第六格形式作定语，如"Моя дочь — ученица в пятом классе.",这是中国学生经常犯的错误,必须引以为戒。

总之,学习俄语模型句需要遵循意义领先、兼顾形式和语言习惯、由浅入深、循序渐进的层级性原则,这符合人们由近及远,由易到难的思维定式,也符合成年人学习外语的习惯,有足够的心理认同,不产生排斥反应,接受起来相对容易。

5. 以俄语数量和参数特征模型句为例再证模型句的优势

据我们观察,俄语中最常见的带"主体及其数量和参数特征"类型意义的基础模型句有以下 5 个(为节省篇幅,不在每个模型句前录入形式标志):

(1)Книг — **две**/больше **десятка**.

(2)Бассейн **имеет** большую/пятиметровую **глубину** (в) 5 метров.

(3)В этом бассейне — **три метра глубины**/трехметровая **глубина**.

(4)Метеорит **весит** 20 тонн.

(5)**Число** книг в библиотеке **составляет** 20 тысяч/достигает двадцати тысяч/исчисляется двумя десятками тысяч.

当学生掌握了这 5 个基础模型句,尤其是熟练掌握了关键词的词汇填充、代换形式和各种变异句后,基本上在不同的场合和语篇中都能够自如地表达数量和参数特征意义。下面我们一一举例说明(文中例句均来自俄语搜索网站 yandex.ru,恕不逐个标注):

(1)**模型句 1** 是俄语比较特殊的句型,不管表示数量的述体是哪个定量或不定量数词,主体可数名词一定是复数第二格:"**Студентов** — три.",只有抽象或物质名词(没有复数或复数表示其他涵义)才用单数第二格:"**Народу** будет много. **Времени** — 10 часов.",而且数量述体除了数词、数名词组外,还可以是成语式固定表达:"Воды — **по горло**. Хлеба — **на 5 человек.** Денег — **кот наплакал (в обрез)**."。如果学生掌握了这些特点,在遇到或用到类似句子时就不会再疑惑何时单数何时复数了。在这个基础模型句中可添加系词 было, будет 构成语法变异句,或添加其他无人称动词形式构成结构语义变异句:"Книг на складе **насчитывалось** две тысячи."。

(2)**模型句 2** 跟汉语在形式结构上基本对应:游泳池有 5 米深。这里的

参数名词 глубина 可根据主体的不同，换成 длина, ширина, высота, толщина, вес, объем, площадь, мощность, масса 等。如果是直径或半径时需用"в+ 第六格"："Окружность имеет **в диаметре/поперечнике/радиусе** 30 см."，如果是周长或对角线时需用"по+ 第三格"："Квадрат имеет **по периметру/диагонали** 20 см."，而动词 иметь 可换成 достигать，其后的数名词组需变成第二格，原模型句变为："Телебашня достигает трехсотпятидесятиметровой **высоты/высоты** (в) триста пятьдесят метров. Дом достигает в высоту（длину, ширину, глубину, толщину) **ста метров**."。

模型句 2 还可以变换成述体为"数词和度量单位名词构成的复合形容词 + 参数名词词组的第二格"形式："Башня — **трехсот метровой высоты**."，或参数名词为第五格的模型句："Башня **высотой** (в) 200 метров. Экран **широтой** три метра."。此类带第五格参数名词的模型句在科技语体中极其常见，可使用各种参数名词，除上面所列举的线性参数外，还有表示大小的 величина, размер, габарит；表示重量的 вес, масса, загрузка, восприимчивость, тяжесть；表示容积的 емкость, объем, вместимость, водоизмещение, грузоподъемность, вместительность；表示价值的 сумма, цена, стоимость, себестоимость，等等。此外，该模型句还可变换为主体为"в+ 第六格"的模型句："**В башне высотой** (в) 200 метров."。

（3）**模型句 3** 可视作模型句 2 的同义转换，只是参数特征主体变成"в+ 第六格"形式，参数名词在数名词组后用第二格形式，注意一些阳性名词的第二格口语形式是 -y："В Иване — два метра **росту**. В этой махине больше трех тонн **весу**. В моторе — 5000 **лошадиных сил** мощности/огромная мощность."，这个模型句还可演变出否定变异句："Во рве — **не** три метра глубины, а пять."和"Во рве **нет (и)** трех метров глубины."。

（4）**模型句 4** 是参数用动词表示的句子，跟汉语基本形式对应："陨石重 20 吨。"该模型句根据主体的不同选择不同的参数动词即可，比如：

1）表示价钱是多少用 стоить："Моя однушка в кирпичном двенадцатиэтажном доме в Питере **стоит** 3—3,5 млн. рублей."，这里要特别注意，当动词跟 в X раз + 比较级 выше, больше, дороже 时应译为：高到、贵到 X 倍，或高了、贵了 X–1 倍，而跟 в X раз + 比较级 ниже, меньше, дешевле 时应译为：降低、

便宜**到** 1/X，或降低、便宜**了** 1-1/X。如："**Стоит** такое такси **в 10—20 раз дороже**, чем у нас."（这种出租车的价格比我们那里**贵了9到19倍**。）"Если доля продается отдельно, то однушка **стоит примерно в 3—5 раз дешевле**."（如果房屋所有权份额单卖的话，那一居室就**便宜了约2/3至4/5**。）俄语倍数的汉译比较复杂，不能在升高或降低时都机械地译为"X倍"，尤其当降低的倍数为小数时必须译成分数："Овощи **стоят в 1,5 раза дешевле**, чем в прошлом году."（蔬菜比去年**便宜了三分之一**。）下文的倍数译法同理。

2）表示价格升高可用 расти, вырастать/вырасти, повышаться/повыситься, возрастать/возрасти, увеличиваться/увеличиться, подниматься/подняться, превзойти, подскакивать/подскочить, подрастать/подрасти, взлетать/взлететь 等，动词后可接前置词 на/в/до/от...до.../с...до... 如："С начала октября 2016 года цена золота возросла на 5,4%. Бензин марки Аи-95 поднялся в цене на 3,2% — до 23 руб./л. Цена бензина увеличилась с 24,5 до 25 руб. Стоимость килограмма гречки в российских магазинах за последний год **выросла** почти **в два раза** — на 94, 7 процента."（……1公斤荞麦的价格**增长了约1倍**，即长了94.7%。）

3）表示价格降低可用 снижаться/снизиться, понижаться/понизиться, падать/упасть, проваливаться/провалиться 等："Средневзвешенные цены на московских АЗС за неделю с 16 по 23 октября **понизились.** Эксперты прогнозируют, что к концу 2016 году цены на жилье в России **упадут в 3 раза**."（……专家预测2016年底俄罗斯房价**将降低三分之一**。）

4）表示价格变贵可用 дорожать/подорожать，还是要注意倍数的翻译："При этом импортные лекарства **дорожали** почти **в 4 раза**."（……进口药**贵了约3倍**。）

5）表示价格变便宜可用 дешеветь/подешеветь："В итоге к концу года, в сравнении с его началом, жилье в стране **подешевеет в 2 раза**."（……房屋将**便宜一半**。）

类似的俄语动词还有很多，需要在学习过程中逐渐积累。在这个基础模型句之上可演变出各种语法和结构语义变异句。

（5）**模型句5**可以理解为模型句1的同义转换，即"补充参数名词

和描写述谓动词 составлять/составить+ 第四格数名词组"："В Китае **число курильщиков составляет 300 миллионов** человек."；"достигать/достичь/ достигнуть+ 第二格数名词组"："В 2015 году **количество** ВИЧ инфицированных **достигает миллиона**."；"исчисляться+ 第五格数名词组"："**Количество** пользователей Интернета **исчисляется сотнями миллионов**."。

该模型句中几乎可使用所有表示参数的类别名词："Общая **стоимость** афиш составила полмиллиона долларов. **Мощность** ядерной установки составляет тысячу мегагерц. **Площадь** квартир-студий обычно составляет в среднем от 25 до 30 кв. м. **Сумма** неуплаченных таможенных платежей составила более 5 млн. рублей. Среднегодовой **размер** страховой пенсии по старости составит в 2016 году 12 603 рубля."。

模型句 5 同样可以有自己的语法变异句："**Высота** цунами на Курилах **достигла** двух метров. **Число** просмотров на YouTube у Леди ГаГа и Джастина Бибера вот-вот **достигнет** миллиарда." 和结构语义变异句："Суммарная **стоимость** их недополученного дохода **может исчисляться** миллионами долларов. **Численность** популяции уссурийского тигра **должна достигнуть** 300 особей."。

模型句 5 在俄语书面语中使用频率非常高，我们只要掌握了这个模型句，在遇到任何表示参数特征语义时基本上能够以不变应万变。

通过对上述 5 种基础模型句及其变异和同义转换句的分析，我们进一步佐证了模型句的优势。如果在学习俄语之初，学生不只是孤立地死背单词和句子，而是以模型句为记忆单位，在基础模型句之上通过适当的词汇填充、形式结构变换、补充描写述谓、词类转变等方法掌握同义转换机制，就能够在表达相同意义时选择不同的模型句，使自己的俄语表达变得纯正地道、丰富多彩。相信这样的学习能够极大地减轻学生的记忆负担，使学习俄语不再枯燥乏味、费时费力，相反学习俄语会变得兴趣盎然、事半功倍。希望本文能够引起我国俄语界对模型句理论的重视，从而对俄语教材编写和俄语课堂教学带来一定的启迪和帮助作用。

注释

1. 语言机制指"语言所固有的能够促使言语结构发挥最有效作用的规律和

规则。"（Всеволодова 2000: 358）

2. 句素指词的句法形式，是俄语中最小的、不可再割分的语义句法单位，既是具体语义的承载者，又是完成一定句法功能的复杂句法结构的组成成分。（Золотова 1988: 4）

3. 句子的结构模式概念是由 Н. Ю. Шведова 提出的，指"由造句所必需的最低成素组成的抽象样板"（Белошапкова 1977: 101），她认为句子结构模式是最低限度述谓单位的形态组织。

4. 句子的言语体现指形式结构和词汇在实义切分影响下的相互作用，首先指模型句中主位和述位的表达方式，其次是模型句组成成素中常见扩展成分的表达方式。（Всеволодова, Го Шуфень 1999: 46）

5. 句子的聚合体实际上就是模型句的全部集合。Всеволодова（2000: 212–224，474）指出，每个句子都有两个聚合体：句法聚合体（синтаксическая парадигма）和交际聚合体（коммуникативная парадигма）。前者包括语法变异（句子在人称和时间上的变化）和结构语义变异（分为阶段、情态、信源说明、否定和疑问变异），后者包括实义切分聚合体（актуализационная парадигма）和转换聚合体（трансформационная парадигма）。

6. 描写述谓指带有词义虚化了的动词建构说明或名词建构说明的描写性词组，具体内容详见（郭淑芬 2007）。

7. 形义对称结构指在该结构中所有的词都与所表示的客观事实完全相符，如名词表示事物，动词表示行为或过程，形容词表示事物特征，副词表示行为特征等。（Золотова 1982: 122–123）形义对称结构又分为同构结构和非同构结构，在同构结构中不仅词是形义对称的，而且词形的位置与其所指角色（денотативные роли）也是一一对应的，如句子"Эта машина принадлежит Саше."是同构结构，而"Это озеро принадлежит уткам."则是形义对称（因词是形义对称的）但非同构结构（因词形位置与所指角色不对应），后一句的所指内容是："В этом озере живут утки."。（Всеволодова 2000: 199）

8. 类型意义场是 Всеволодова（2000: 269–279）提出的概念，指模型句的类型意义具有场结构特征，由场心（ядро）向边缘区（периферия）辐射。场心句指所指内容与模型句的类型意义相符的句子，即形义对称又同构的句子。

9. 名词二项式句又称双主格句，指主语和谓语都是名词的句子，具体论述详见（郭淑芬 2011）。

10. $S_1V^{act\,f}$ Adv/$N^{косв}$ 形式标志中 S1 代表 1 格主体，Vact f 代表行为动词的变位形式，Adv 代表副词，$N^{косв}$ 代表带或不带前置词的名词间接格。

参考文献

［1］Белошапкова В А. Современный русский язык. Синтаксис［М］. М.: МГУ, 1977.

［2］Всеволодова М В. Теория функционально-коммунитативного синтаксиса［М］. М.: МГУ, 2000.

［3］Всеволодова М В, Го Шуфень. Классы моделей русского простого предложения и их типовых значений: Модели русских предложений со статальными предикатами и их речевые реализации (в зеркале китайского языка)［М］. М.: АЦФИ, 1999.

［4］Золотова Г А. Очерк функционального синтаксиса［М］. М.: Наука, 1973.

［5］Золотова Г А. Коммуникативные аспекты русского синтаксиса［М］. М.: Наука, 1982.

［6］Золотова Г А. Синтаксический словарь［М］. М.: Наука, 1988.

［7］郭淑芬. Всеволодова 的句子模型观［J］. 外语学刊，2002(02).

［8］郭淑芬. 俄语描写述谓的基本类型及其功能语体特点［J］. 中国俄语教学，2007(04).

［9］郭淑芬. 俄语名词二项式模型句意义体系及其学习顺序［J］. 外语学刊，2011(03).

作者简介：郭淑芬，黑龙江大学外国语言文学学科博士后（2001—2003），合作导师张会森教授。北京外国语大学俄语学院教授，博士。获第二届和第三届全国高校俄语专业优秀教学学术论文奖一等奖、第二届全国高校俄语专业优秀教材三等奖等。主要研究方向：俄语语言学、俄语功能交际语法、俄汉语句型对比。

自然语言语义结构问题的哲学分析[①]

首都师范大学　隋　然

摘　要： 在语言意义研究的历史过程中，分别出现了"意义是世界"、"意义是事实"、"意义是事物"和"意义是用法"的定义，并与不同的语言哲学思想相对应。人类语言意识系统直接涉及言语交际系统，实际上是表现为"事物－（潜在）主体－普遍特征－（潜在）述谓"形式的"主体－述谓"结构。语句的基础是现实时间的单向线性轴，其深层的离散性语义必然表现出一定的相关形式。语言思维系统和言语交际系统归根结底是言语主体意向生成的结果，一方面具有稳定性和目的性，另一方面具有机动性和灵活性。

关键词： 语言与意义；主体与述谓；事物与特征

1978 年，恢复高考制度的第二年，我考上了大学，却阴差阳错地被录取到俄语专业，懵懵懂懂从零起点学起了俄语。面对完全陌生的俄语及其纷繁的语法关系，着实困惑了一段时间。随着俄语学习渐渐入门，到了需要系统掌握俄语语法知识的时候，我及时购买到了刚刚出版的华劭先生编著的《现代俄语语法新编》（下册）（句法）（商务印书馆，1979），这部著作让我在理性上对俄语语法有了全面和深入的认识，是我探索俄语语法的启蒙之作。

20 世纪 90 年代在北京举行的一次学术研讨会上，我有幸与华劭先生第一次见面并有了当面请教的机会。后来我拜读了华劭先生的著作《语言经纬》（商

---

① 本文系教育部人文社会科学研究基地重大项目"（西）语言哲学与现代语言研究"（05JJD740178）的分项研究成果。

务印书馆，2003），颇受启发，为华劭先生对语言学本质的精深领悟和精彩论述所折服。华劭先生作为一代宗师，中国俄语界不止一代人直接或间接地得到了他的培养和指导。

华劭先生学识渊博，且虚怀若谷，十分关注年轻一代的成长。记得有一次我到访黑龙江大学，华劭先生竟直接到宾馆来看我，与我热情交谈，十分坦诚，作为晚辈，我深受感动。谨以此文纪念华劭先生，纪念这座中国俄语界的丰碑。

1. 基于语言哲学理论的语义范畴问题

以语言哲学为视角分析语言意义，可以划分出语言意义的 4 个基本定义：（1）意义是世界；（2）意义是事实；（3）意义是事物；（4）意义是用法。所谓"意义是世界"模式表现为语句的"主体 – 述谓"（субъект-предикат）结构，具有普遍性；所谓"意义是事实"模式表现为语句的"谓词 – 谓项"（предикат-аргумент）结构，具有情境性；所谓"意义是事物"模式表现为词汇的指称性；所谓"意义是用法"模式表现为言语单位（语句）的交际性。（В. С. Юрченко 2005: 47）

在语言意义问题研究的各个历史阶段，这 4 个基本模式或范畴依次出现，各有侧重，并彼此补充，相互交叉。总体上看，"意义是世界"和"意义是事物"是在古希腊时期（亚里士多德）产生的经典范畴，而"意义是事实"和"意义是用法"则是在 20 世纪（维特根斯坦）明确形成的相对较新的范畴。然而，尽管"意义是世界"产生于古老的哲学思想，但这一范畴至今并未完全形成。

从历史发展情况看，语言哲学可以划分出 3 种形式：（1）语义形式的语言哲学，也即所谓的"名称哲学"，分析语言名称与世界的关系，揭示语言的指称功能（"意义是事物"）；（2）句法形式的语言哲学，或可称之为"述谓哲学"，其核心是命题和判断中的事实，并以句法形式反映语言表达与语言世界观之间的联系（"意义是事实"）；（3）语用形式的语言哲学，或可称之为"自我中心词哲学"，将语言与言语主体相联系，强调语言逻辑分析中的主观因素（"意义是用法"）。（Ю. С. Степанов，В. З. Демьянков 1991: 345）上述 3 种形式的语言哲学并未包含"意义是世界"模式或范畴。

一般认为，人类语言与客观现实联系的直接实现方式是指称过程中的言语表达，但这只是语言进入超语言现实的"终点"，此时的客观现实可以进行逻辑和语言上的分解；而"起点"恰恰是思维和语言深层结构形成的初始阶段，此时的客观现实不可以进行逻辑和语言上的分解。遗憾的是，语言的"起点"至今还未得到理论上的审视和研究，因而当代语言学乃至语义学始终缺少某种必要的基础。言语行为理论本身（"意义是用法"）也无法成为这一基础。

20世纪以来，人类自然语言的研究得到了迅速发展，语言哲学对此发挥了决定性和先导性作用，不断提出了新概念、新范畴，强化了语言学理论研究的创新思维。当下的语言意义认知研究趋势促使语言学界必须解决语言意义范畴研究的基础性问题，将语言意义的各种基本范畴在予以区分的同时，还要予以综合，从而形成语言意义理论研究的整体论框架。

2. 人类语言意识中的事物和特征问题

在人类语言意识的形成过程中，客观世界裂变为"事物"和"特征"这两个相互关联的理性要素。"事物"表现为唯一性，"特征"表现为无限性。不过，在语言意识形成的初级阶段，事物的现实和隐性特征往往被高度概括为某一抽象的特征，可以称之为"普遍特征"。所以，人类语言意识对客观世界的最初划分就表现为"事物－普遍特征"模式。神经生理学研究表明，人脑既有认知事物的细胞，也有认知特征的细胞，这种大脑功能上的非对称性恰恰可能与人类语言对客观世界的"事物"和"特征"划分有关：右侧大脑半球负责具体事物的认知，左侧大脑半球负责抽象特征的认知。当母亲将一个颜色艳丽的玩具放到新生儿眼前时，可以唤起新生儿离散性的"事物－特征"意识，这也是语言习得的初级阶段。

显然，客观现实的"事物－特征离散化"是人类语言意识的天性。因为人类语言意识系统直接涉及言语交际系统，所以人类语言意识的结构是一种深层上的"主体－述谓"结构："事物－（潜在）主体－普遍特征－（潜在）述谓"。这一结构的经验基础得到最基本的语言事实的确认，也即语句的基本构成划分为两部分，并在语句形式上表现出来，主语部分表示事物（潜在主体），谓语部分表示普遍特征（潜在述谓）。所以，语言意识的"事物－特征离散化"结构成为语句双部性的语义阐释方式和结果。需要指出的是，目前的语言学研究并没有考虑到语句双部性是语言的本体事实，并没有将这一本体事实纳入语言学理论的建构中。乔姆斯基的转换生成语法尽管将语句划分为名词短语部分和动词短语部分，但提出的仅仅是纯粹的语句生成形式，并没有做出任何结构－语义阐释。

现代语言学所采用"谓词－谓项"的数理逻辑研究方法逐渐取代了"主体－述谓"的传统阐释方法，从而将语句结构转化为命题功能。在这种情况下，语句的最高形式被认为是谓词态度，并将其他题元联系在一起，这似乎否定了语句"主体－述谓"的双部性结构。事实上"谓词－谓项"结构并非否定了"主体－述谓"结构，而是两者具有复杂的互动关系。"谓词－谓项"结构（或者称之为命题功能）实际上是语句"主体－述谓" 双部性结构的剥离形式。通过分析语言思维和言语交际系统可以发现，二者具有内在的关系，与其对应的潜在事物和特征的形式就是"主题"（тема，theme，topic）和"述题"（рема，rheme，comment）。语句形式结构的"主体－述谓"划分具有认识论和心理学特点，而语句深层结构的"事物－普遍特征"划分则具有本体论和逻辑学特点。

理论语言学需要依托基本概念和原则去面对语言学研究的基本目标，并采取整合研究方法。现代语言学并不缺乏基本概念，甚至也不存在模糊不清的概念，问题是这些大量的基本概念并没有被普遍地精确使用，不严谨且飘忽不定，其中就包括"事物－特征"概念。"事物－特征"概念的确定需要抽象化过程，并将语言学中广泛存在的诸如"主体"、"客体"、"述谓"等实体性概念和特征性概念简化为"一般事物"和"普遍特征"，两者相互关联，构成两个十分清晰的公理：（1）在相互关联的结构体中，"事物"是核心要素，"特征"是边缘要素；（2）原则上个别情况下的"事物"只有一个，其显性和隐性"特征"则无穷无尽。"事物－特征"的这种抽象化和简化定义符合语言语义结构以现实时间为轴心实现线性和单向的发展，并具有"先验性"。

对于语言语义结构的线性本质而言，可以采取多种研究方法：（1）以"事物－普遍特征"的基本概念为基础，通过揭示语句形式逻辑结构实施的演绎性研究方法；（2）通过分析自然语言与现实时间关系实施的本体论研究方法；（3）通过研究语言单位、范畴及其相互关系实施的归纳性研究方法。其中对演绎性研究方法需要设定如下限制条件：（1）语言的原始语义结构必须具有"事物－特征"特点；（2）语言的原始语义结构必须包含数量穷尽的特征，而且与语言单位相比数量更大；（3）特征数量及其最基本的区分需要受制于语句中以"事物"充当的核心成分。语言的深层语义结构表现为"事物"与"特征"的相互关系，应该包含数量穷尽的事物特征。然而，无论是在一般情况下还是在个别情况下，事物都具有无限的显性特征和隐性特征。所以，在语言思维和言语交际的过程中，尽管潜在"特征"的数量是无限的，但实际上语言的"事物－特征"结构却是有限的。"事物"及其"特征"分布于语言的线性时间顺序之中，"特征"数量及其最基本的区别则取决于说话人在语句中对充当核心成分的"事物"的态度。

语言的语义结构之所以最终得以形成并脱离超语言的客观现实世界，原因就在于人类的语言意识依托的是现实时间单向的线性轴。人类意识与现实时间的互动导致了"事物－普遍特征"的二元逻辑结构延伸为语言的四成分语义结构："直接特征－事物－第一（间接）特征－第二（间接）特征"。"特征"的数量和区分取决于现实时间的轴线以及说话人对"事物"的态度。语言的深层语义结构并不复杂，内部关系很完善。"事物"和"特征"因此获得了外部和内部的双重界定，"外部界定"意指"事物"和"特征"是语言以外现实世界的反映结果，"内部界定"意指"事物"和"特征"在本质上与现实时间的线性轴具有直接联系，也即与语句的线性轴具有直接联系。因此可以判断，语言的语义结构既反映现实世界的结构，同时又受制于现实世界的结构。在现实时间的单向线性轴背景下，语言的语义结构具有两种时间表示，一是非对称的双成分表示，即"此前—此后"，二是非对称的三成分过渡性表示，即"过去—现在—将来"。双成分时间表示在所有双要素语句中都可以观察到，因为"特征"总是与"事物"具有非对称的关系，"事物"是核心要素，"特征"是从属要素。三成分过渡性时间表示出现于一个"事物"和两个"特征"的情况下，按时间流依次展开："事物－第一（间接）特征－第二（间接）特征"。语义结构的过渡性时间表示部分非常重要，是语句述谓结构形成的基础，也即语句本身形成的基础。在语句按现实时间的线性予以展开的过程中，可以逆向地预推出直接特征，并以此为基础构成语句的非情态性成分－定语，与"事物"形成短语关系。

语言要素围绕时间线性分布不仅表现在句法表层，也表现在语义深层。现实时间的线性特点并非表现在语言的词汇上，而是表现在范畴语义和语法语义上，更确切地说，是表现在语言的原始语义结构上。人类的自然语言建立在现实时间的轴线上。

3. 语言的基本语义结构及言语主体问题

语言的基本语义结构必须要有作为言语主体的人的参与，这是语言内部和外部两方面因素决定的。尽管"事物"和"特征"始于现实世界，具有本体和客观的特点，但根据"特征"划分"事物"的行为只能由具有意识和意志的言语主体去实现。"特征"可能具有偶然性，并非是本质性的东西，但原则上这并不重要，重要的是该"特征"对"事物"具有划分意义，即使是言语主体的主观判断也一样。语言的原始语义结构的"事物－特征"本质已经决定了言语主体的参与问题，其述谓部分（"事物－第一（间接）特征－第二（间接）特征"）在现实时间单向的轴线上展开，因而具有松散和可分割的特性，述谓性的"第一特征"和"第二特征"与"事物"的关联是在言语主体的主观意识活动条件下才得以产生的，只有言语主体才可以通过"第一特征"将"事物"与"第二特征"联系起来，这就揭示了言语主体对语言的原始语义结构实施情态作用的本质。言语主体与语言的深层语义结构之间自始就存在着某种内在的和谐关系。但也必须指出，言语主体概念具有双重性：（1）"抽象的言语主体"，对应的是语言的语法结构，也即"语法句"（предложение, sentence）的言语主体；（2）"具体的言语主体"，对应的是语言语法结构的使用，也即"话语句"（высказывание, utterance）的言语主体。

动词性述谓的语法－语义结构完全受制于"时间的间隔性"原则，也即在"事物"和"第二特征"之间占据过渡性的中间环节地位，正是这一原因才使得动词性述谓集中体现了所谓的语法范畴的客观情态性。"事物"的"间接特征"不仅表现了其本身的内在特性，而且也表现了与其他"事物"的关系，其中也包括空间和时间。诸如俄语和英语："Студент пишет грамотно — читает книгу — учится в институте — работает по вечерам; This student writes well — is reading a book-studies in a university — works every day."，等等。"抽象的言语主体"通过客观情态将深层命题联结为一个整体，同时也将组合关系（语言的原始线性关系）转化为聚合关系（"状语－宾语"轴线）。

　　"间接特征"具有表示性质和关系意义的双重性，从而形成"性质述谓"和"关系述谓"两种语义实体，前者属于语句的"主体－述谓"语义结构，后者属于语句的"谓词－谓项"语义结构。语言学界曾经对语句的逻辑－认知基础发生过争议，究竟什么是语句的逻辑－认知基础？是"主体－述谓"语义结构？还是"谓词－谓项"语义结构？显然，传统句法将语句归结为"主体－述谓"语义结构，现代句法则将语句归结为"谓词－谓项"语义结构。似乎"主体－述谓"语义结构已经成为历史，现代句法学理论中已经没有了"主体－述谓"语义结构的地位。然而，对语言思维和言语交际的系统分析显示，"主体－述谓"语义结构和"谓词－谓项"语义结构最终还是同一性语义结构，区别仅仅在于不同的研究层面和研究视角。"主体－述谓"语义结构和"谓词－谓项"语义结构最终都将依托"事物－第一（间接）特征－第二（间接）特征"这一恒定的语义结构。总而言之，"主体－述谓"语义结构属于"意义是世界"的语义模式或范畴，而"谓词－谓项"语义结构则属于"意义是事实"的语义模式或范畴。

　　传统语法将语句结构划分为主要成分（主语－谓语）和次要成分（定语－状语－宾语），但它们之间的关联在很大程度上却成为难题，这是因为次要成分具有双重性，一方面它们是语句的组成部分，另一方面它们还是短语的组成部分。为了分析主要成分和次要成分之间的关联问题，就必须分析语句与短语之间的关联问题，并基于这样的假说："语句的句法结构是第一性的，短语的句法结构是第二性的，短语最终是在语句的基础上构成的。"（B. C. Юрченко 2005: 74）为什么作为述谓性结构的语句可以转化成广义上作为限定性结构的短语？因为所谓的次要成分先期是语句的构成成分，后期才成为短语的构成成分。定语连同主语旨在表达潜在的逻辑主体，状语和宾语旨在表达潜在的逻辑述谓，因此定语可以先期进入短语结构，而状语和宾语则可以先期进入语句结构。例如在俄语"Он внимательно читает интересную книгу."这一语句中，интересную 是短语的构成成分，внимательно 和 книгу 是语句的构成成分。

　　与其他语言单位相比，语句具有四个方面的原则性区别：（1）音素、语素和单词都具有直接的语音物化形式，也即具有各自的声学面貌，而语句的语法结构本身则不具有相应的语音物化形式和声学面貌，人类的记忆因而也不可能产生语句的语音形象。显然，语句的语音物化形式只有通过词汇的语音集合才能获得，并借助于语调这一词汇组合的特别交际手段。语句获得语音物化形式的可能性就在于现实时间的轴线。（2）每个语言单位组合成更大的语言单位，音素与音素组合成语素，语素与语素组合成单词，单词与单词组合成语句，需要在每个语言单位的基础上和"背景"中予以研究。（Э. Бенвенист 1974：129–140）与这些语言单位不同的是，语句具有超语言基础，其构成体系可以表示为：语句－逻辑判断－现实时间－客观世界，语句只有在这一体系中才可以被理解。（3）音素、语素和单词具有的只是语言内部的客观性特点，并不具有说话人意义上的外部情态色彩。而语句的语法结构在本质上具有情态性，诸如动词和句法的句式和时间范畴，因此语句似乎由两部分组合而成，一是主观情态部分，二是客观命题部分。（4）无论音素、语素还是单词都无法与说话人发生直接关联，而语句则可以通过情态性与说话人发生直接关联，进而通过人称范畴与整体言语行为结构"发话人－受话人－言语对象"发生直接关联。据此可以判断，语句是基于现实时间轴线的四成分语法结构，包含一个事物和三个特征，或者换言之，包含一个非情态成分和三个述谓成分。

因为语句的基础是现实时间的单向线性轴，所以其深层的离散性语义必然表现出一定的相关形式。首先，各语义成分在语句组合轴线上形成位置差异。从句法形式角度看，人类语言存在两种不同的类型是完全可能的，一些语言的语义成分没有获得补充性标记，语义形式受制于语句组合轴线上的初始位置，也即语义形式的关联性具有纯粹性，外部表现为固定词序，被称之为孤立语，以汉语为例最明显。另一些语言的语义成分获得了补充性形式标记，相关的句法形式得到词法形式的补充，因而语义成分在语句组合轴线上可以变换位置，外部表现为自由词序，被称之为屈折语，以俄语为例最明显。需要指出的是，既不存在所谓的纯粹孤立语，也不存在所谓的纯粹屈折语，典型的屈折语兼容句法和词法的综合和溶合两种形式，在孤立语和屈折语这两种类型的语言中常常可以观察得到多种多样的过渡性和混合性句法和词法形式。语义形式离散化的走向之一就是分析取代综合，比如英语。此外，在孤立语和屈折语这两种类型的语言中还可以观察得到深层语义成分外向性地结合成统一的句法体系。任何结构类型的语言都基于同一的相关句法形式，其深层语义成分在现实时间的单向线性轴上依次展开。

在"意义是事物"这一模式中，处于中心位置的就是单词，也即名称，于是就有两个问题首先浮现出来：（1）交际性的语句与称名性的单词这两个基本单位是如何在语言深层上发生结合的？（2）在词汇和语法派生过程中，虚词（包括具有过渡性的代词以及感叹词）是如何从实词中形成的？传统观点认为，实词的意义来源于词汇和语法意义，而范畴意义则溶化在这两部分意义之中，一些学者将范畴意义归于词汇意义，另一些学者将范畴意义归于语法意义，还有一些学者折中地将范畴意义视为词汇－语法意义。然而，对语言的系统分析表明，范畴意义属于整个词汇语义结构中独立的复杂结构成分，既不是词汇意义，也不是语法意义。词汇意义、语法意义和范畴意义既可以共同存在也可以分别存在于某一单词之中，比如俄语 дом 一词，其词汇意义是"建筑"，其语法意义是"形态"（性、数、格），其范畴意义是"事物"；俄语代词 что，范畴意义是"事物"，语法意义是"形态"（格），但却不包含词汇意义。又如俄语语句"Ночь была темна."中的 была 一词，仅仅表示语法意义（句式和时间），并不包含词汇意义和范畴意义。而俄语感叹词 ax 既没有词汇意义，也没有范畴意义，更没有语法意义。作为范畴意义的"上层建筑"，词汇意义还可以划分出三个要素意义：内涵意义（сигнификативное значение）、对象意义（денотативное значение）和指称意义（референтное значение）。再以俄语 дом 一词为例，该词的内涵意义是"事物特征的总和"，对象意义是"同等事物的一类"，指称意义是"个别和具体的事物"；词汇和语句的初级联系产生于深层的范畴意义，也即 дом 具有"抽象事物"的意义，它一方面是语句恒定语义结构的要素，另一方面也是词汇意义的基质；范畴意义是词类结构中的基本要素，也是语句、词类和单词这三种语言现象的始发点。词汇和语句的二级联系产生于内涵意义，也即事物特征的线性和次第性结构。在语句和单词的转换过程中，特征的线性和次第性结构可能发生变化，特征也可能转而具有偶然性，语句内涵意义在向名称内涵意义"折叠"的过程中便产生了词汇意义的特定性。词汇语义可以分解出如下要素：（1）单词结构包含语音集合，与其相关的是范畴意义、语法意义和词汇意义；（2）语义结构包含范畴意义，与其相关的是内涵意义、对象意义和指称意义。

许多学者提出，语句是第一性的，单词是第二性的。洪堡特指出："难以想象语言的形成始于表示事物的单词。实际上言语并非由先于自身的单词而形成，恰恰相反，单词产生于言语之中……语言的形成以单词为终点。"
（B. Гумбольдт 1960: 82）沙赫马托夫指出，单词对语句具有发生学意义上的
依赖关系："语句在语言中首先获得存在，随后通过基于相互对比和影响的
语句切分，剥离出词组和单词。"（А. А. Шахматов 1941: 41）当代学者阿鲁
久诺娃也提出了类似的观点："语句结构的选择先于单词的选择。"（Н. Д.
Арутюнова 1972: 290）加克同样指出："句法结构并非是按语法规则简单地
对单词进行机械组合，句法结构完整反映的是我们想象中的情境结构。这再
次证明，在语句产生过程中，并非句法结构形成于单词，而是单词为句法结构
所选取，确切说这是单词和句法结构进行相互'匹配'的过程。"（В. Г. Гак
1973: 364）

　　单词（普通名词）是语言的称名单位，是语音集合以及语法意义、范畴意
义和词汇意义的统一体，其中语法意义具有词缀这一特别的物化表示，范畴意
义（潜在或抽象的事物）是词汇意义的基质，而词汇意义结构可以分解出内涵
意义（作为事物概念的特征总和）、对象意义（同等事物的一类）和指称意义
（现实和具体的事物）。需要特别指出的是，代词作为比较特殊的词类保存了
范畴意义，可以充当语句成分，但代词丧失了词汇意义，没有称名功能，仅有
指示功能，所以只能依赖言语主体实现其称名功能。前置词（介词）、连接词、
语气词等虚词的构成不仅丧失了词汇意义，而且也丧失了范畴意义，不能充当
语句的独立成分，只具有纯粹的语法功能。如果实词结构丧失了全部的词汇意
义、范畴意义和语法意义，那么该实词就变成了感叹词，被排除在称名和语法
界限之外，其关联意义仅限于语音集合本身。意义要素弱化依托的是大量和开
放的词汇系统，因而具有渐进性和非离散性。

　　在此顺便涉及一下俄语中的称呼语（обращение）问题。称呼语是一个频
繁使用的交际单位之一，从系统结构上看，称呼语属于句法研究范围，但却是
一个相当外围的研究对象，因为它不属于句法基本结构要素系统。但是，学者
们仍然感觉到称呼语应该属于句法范围，就像插入语、情态词一样，组成基本
句法单位的外围要素。有很多句法著作探讨称呼语的句法本质。教科书大多将
称呼语解释为词或词群（группа слов），同时一再强调称呼语在语句中与其
他词语不发生句法关系，并具有特殊的语调。俄语曾存在过呼格（звательный
падеж）形式，但呼格与其他格相比非常孤立，差别很大，严格地说称呼语不

能看成是格的形式，现代俄语中也不再有呼格了。令人费解的是，词语是如何获得语调的？因为词语作为称名层面上的单位是不具备语调的，更何况称呼语的特点是在语句中不与其它词语发生关系。而俄语的词法规则要求结构词必须具备词法聚合关系。而且，附加语义如何将一个层面的单位变成另一个层面的单位，即词语变成语句？因此，传统语法无法解决有关称呼语的诸多问题。最终"意义是用法"这一语用学思想将称呼语纳入交际活动，使之直接成为交际行为，脱离了与语句中其他词语的关系并拥有语调。

4. 结语

在维特根斯坦（L. Wittgenstein）提出的 "意义是用法"为标志的语义聚合关系中，处于中心位置的是陈述语句，因为这类语句可以直接进入以"发话人－受话人"为结构体系的言语行为之中，可以切分为"主题－述题"，可以构成"肯定－否定"形式，是其他语句的基础性结构，并派生出大量的二阶语句类型，比如言语活动中最重要的"施为语句"、"祈使语句"和"询问语句"。揭示各类语句之间的内在关系是语言学的本质任务之一。

在对语言和言语之间的相互关系进行经验分析和理论审视之后可以发现，与"主语部分－谓语部分"相对应的"事物－普遍特征"的深层和潜在结构，可以通过语句实际切分相应地表现为"主题－述题"结构。与此同时，如果说通过句子语法结构表现出来的潜在判断具有确定性和单一性特点，那么通过语句实际切分表现出来的潜在判断则具有随机性和概率性特点，因为潜在判断与现实判断之间的关系具有距离性和间接性，是语言上的某种词汇要素所使然。与"语法句"不同的是，"话语句"直接与言语主体相关联，并根据言语主体的主观意愿随意生成，也即"意义是用法"这一模式的本质所在。

"主体－述谓"判断的完成意味着潜在结构（事物－特征）和现实结构（主题－述题）这两者实现统一，语言思维系统和言语交际系统因此获得独特的"自我对接"。语言思维系统和言语交际系统归根结底是言语主体意向生成的结果，一方面具有稳定性和目的性，另一方面具有机动性和灵活性。

参考文献

［1］Арутюнова Н Д. Синтаксис. Общее языкознание. Внутренняя структура языка［M］. М.: Наука, 1972.

［2］Арутюнова Н Д. Предложение и его смысл. Логико-семантические проблемы［M］. М.: Наука, 1976.

［3］Безлепкин Н И. Философия языка в России: К истории русской лингвофилософии［M］. Санкт-Петербург: Искусство-СПБ, 2002.

［4］Бенвенист Э. Общая лингвистика［M］. М.: Прогресс, 1974. Изд. 2. М.: УРСС, 2002.

［5］Булыгина Т. В, Шмелев А. Д. Языковая концептуализация мира［M］. М.: Школа «Языки русской культуры», 1997.

［6］Вербицкая Л А. Теоретические проблемы языкознания［M］. Санкт-Петербург: СПбГУ, 2004.

［7］Гак В Г. Высказывание и ситуация. Проблемы структурной лингвистики［M］. М.: Наука, 1973.

［8］Гумбольдт В. О различии строения человеческих языков и его влиянии на духовное развитие человеческого рода//Звегинцев В. А. История языкознания XIX — XX веков в очерках и извлечениях. Часть 1［C］. М.: Просвещение, 1960.

［9］Москальская О И. Проблемы системного описания синтаксиса［M］. М.: Высш. шк., 1981.

［10］Павиленис Р И. Проблема смысла. Современный логико-философский анализ языка［M］. М.: Мысль, 1983.

［11］Реформатский А А. О реальности модели. Проблемы лингвистической типологии и структуры языка［M］. Л.: Наука, 1977.

［12］Степанов Ю С, Демьянков В З. Философия языка. Современная западная философия языка［M］. М.: Высш. шк., 1991.

［13］Степанов Ю С. Язык и метод. К современной философии языка［M］. М.: Языки русской культуры, 1998.

［14］Формановская Н И. Коммуникативно-прагматические аспекты единиц общения［М］. М.: Ин-т рус. яз. им. А. С. Пушкина, 1998.

［15］Шахматов А А. Синтаксис русского языка［М］. Л.: 1941. Изд. 2. М.: УРСС, 2001.

［16］Шпет Г Г. Язык и смысл. Внутренняя форма слова［М］. М.: КомКнига, 2006.

［17］Юрченко В С. Философия языка и философия языкознания. Лингвофилософские очерки［М］. М.: КомКнига, 2005.

作者简介：隋然，首都师范大学外国语学院教授、博士生导师、博士后合作导师。现任语言哲学研究所所长、外国语言学及应用语言学研究所所长、上海合作组织大学中方内部协调机制秘书长、中西语言哲学研究会副会长、全国翻译专业资格考评俄语专家委员会委员等。曾任首都师范大学俄语系主任、外国语学院副院长兼俄语系主任，中国俄语教学研究会副会长、教育部高等学校教学指导委员会俄语分委会委员等。主要研究方向：俄语语言学、理论语言学、语言哲学、翻译理论与实践。

论称名的价值意向操作 ①

四川大学　彭玉海

　　摘　要：作为基本的语言行为方式和意义载蓄体，称名的物质形式、表义功能和它所含摄的价值因子、价值指向构成一个紧密联系的结构语义整体。称名语义内容极为丰富、复杂，而这一复杂性很大程度上归因于称名背后的价值意向（"意向利己性"）以及语言主体对价值意向的相应操作。本文以间接称名、二性称名为对象，从价值规划和联结、价值定位和评估、价值主客观互动、价值意向意念化映射等 4 个方面对称名价值意向操作的基本方法和步骤展开分析和讨论，同时从动态化角度探讨称名单位语义变化的深层意义关系和联系方式，以期探明意向（化）称名背后的价值性思维内容和特点，并从称名的价值逻辑以及语义规律性实质和根源上促进"称名肖像"问题研究。相关研究可以为称名识解及与此相关的词汇义变共时和历时分析探寻出新的功能语义路径，将从称名结构内部规则所关联的价值意向层面拓宽语言称名理论研究的视野、深化语言单位的精细化语义研究。

　　关键词：称名价值意向；操作（路径）；价值规划；价值定位；价值互动；价值映射

最质朴的生命旅程

最华丽的思想绽放

——谨以此文致敬先师

①　本文为国家社科基金项目"俄语动词概念隐喻的文化认知研究"（编号：19BYY209）。

引言

称名是表征客观事物和现象的语言 – 认识论行为（лингво-гносеологический акт）[1]，称名过程是称名者的价值意识和语言交际价值（思想）得以转化和实现的过程[2]，其间价值意向发挥至关重要的作用，它没有结构形式上的物质表现，但却统领着称名语言手段的选择以及称名单位表义内容的走向和表义效果。对于称名而言，价值意向既是一种功能性语义成素，又是现实的语言操作方式和手段，从语符实体的确定、概念意义规划以及情态操作、语义联想等方面直接规约和牵制着称名单位的现实功能和价值。在由概念语义信息到语音物质形体的转化过程中，价值意向及其内蕴的"意向利己性"（intentional egoism）通过特定步骤落实其对称名实体的形式、语义渗透力和影响力，这形成称名表义过程中的价值意向操作，它所带来的称名单位语义动态增值和称名（行为）能量意义、语义势能也是许多新创语言表述能够顺利生成并广为传播、运用的由来和重要成因。语言学界较少涉及称名价值意向方面的问题，针对称名语义的价值意向操作更是鲜有论及。本文提出，称名价值意向问题本质上是一个有关于称名构建和识解的问题，称名行为的价值意向操作主要从价值规划和联结、价值定位和评估、价值主客观互动以及价值意向意念化映射等 4 个方面展开，藉由这些意向操作环节，称名单位的表义内容得以落实、言语交际动因得以彰显，同时语言主体对现实事物对象的主观认识和表义情态意愿得以实现，语言词汇系统由此也逐渐得到充实和完善。以下将以间接称名、二性称名为对象，从上述 4 个方面对称名价值意向操作的基本方法和步骤展开分析和讨论，同时从动态化角度探讨称名单位语义衍变的深层意义关系和联系方式，以期探明意向（化）称名背后的思维内容结构和表义特点，并从称名的价值逻辑和语义规律性实质来促进"称名肖像"（номинативный портрет）问题研究。相关研究有益于深化和拓展有关于语词内涵以及称名结构内部规则的分析和认识，有助于从语言认识论图景（языковая картина гносеологии）和人类中心论的深层次上领会称名单位语义内容以及从语义认知的价值根源上揭示词汇单位的多义性[3]，对于从语言意义机制上挖掘、把握称名单位的语义特点和运用规律具有十分重要的作用。

1. 称名及其价值意向

语言称名机制异常复杂，包括结构、语义、认知、情态、交际、语用等在内的多方面因素都与它存在联系。"称名过程中，思维、现实和语言之间的相互关系以复杂的、多层面的方式展开，有时表现为是非常奇妙的相互作用关系"。（Телия 1977: 183）而这一复杂、奇妙的作用关系同语言主体的称名价值意向直接相关。客观外在事物经由人的思维机制和称名行为进入到语言和言语现实，称名者（номинатор）将这一称名关系转化为语词的概念语义内容时，会将各种与"人的世界"相关的主观意念和价值评价信息放置其中[4]，相应"称名意义既反映人对客观世界的理解和看法，也反映不同文化群体的人的自我评价"，（Ивина 2003: 182）文化个体会透过称名"积极地表现自我，有意识、有目的地指谓事物和现象"，（Безлепкин 2001: 373）而这也是"意向利己性"、"人类中心论"语言价值逻辑思想的恰当体现。称名本身是人的语言思维行为和社会活动表现方式，同"人"的因素相关，与语言主体的认知积淀、知识修养、情志体悟、审美原则乃至社会文化背景等都有密切关系，而这些因素统归起来，就是发端于人的价值性语言意义因素。这些有关于"人"的因素会转化、映射为支配语言称名行为的一种价值意识、价值判断和价值选取意向，帮助人做出恰当的语言称名方式选择、使思想信息与语言单位实体相契合。因此，称名过程中，人们总会自觉不自觉地将自己的主观意愿、主观想象同他所要表达的事物对象内容、特点结合起来，在语言物质手段、称名单位实体的确定、使用和相应语义特征、语义结构内容赋值上融入自己的价值评判、价值想象和价值规划方向，这就形成称名的价值意向（ценностное намерение номинации），其核心点是语言主体的价值认识以及表现相关意义的价值选择、意向性内容。

称名的价值意向切中了人的交际活动和语言表达动机，为称名运作提供了价值参照和定位点，藉此能够抓住所称名事物（именуемый предмет）或称名对象（номинат）的本质属性和特征，便于从特定方面深刻揭示称名对象的内涵实质。在由意义到形式的转化和语义的物质实现过程中，称名的价值意向更为注重的是人的主观棱镜下的第二现实以及由此获得相应认知理据的称名体（номинант）内容。称名者通过称名体阐释语言外事物、现象同新的事物之间的联系，揭示其概念价值性和认知联想、心理意象特点，从而通过同已知物密切相关的"认知熟觉"（cognitive conscientiousness）[5] 来体悟、塑造心理空间中的高显示度事物，重新构建事物之间的概念认识内容和价值关系，丰富和充实有关于称名对象事物的认识、想象和价值思维，最终可以更为真实、形象地呈现有关于语言意义世界的认识和思考，描绘出更为立体化的语言世界图景。

　　称名价值意向直接影响思想信息传递和语言交际、沟通效果，它能够对语言的概念、事件语义关系进行意向化的释解和特殊编码，由此而来的意向称名单位所传递的是已然概念化的世界图景价值性内容。例如[6]："Страдание — это **благословение с макияжем**."（苦难是**化了妆的祝福**。）"Любовь — это **пуля счастья**."（爱是一颗**幸福的子弹**。）在此，基于称名者的认知识察、情志－心理体悟以及表义价值意向，人所承受的痛苦、历经的磨难被概念化为带着美丽妆容的"祝福"；饱含甜酸苦辣的爱情被意象化为让人欢喜让人忧的"幸福子弹"——既会是人们渴求的突然降临的幸福（幸福也代表着爱），同时又会带来深深的伤害（直击人的身体、让人无法闪躲）。当表现一个人的"固执，执拗"性格时，可以用形容词 упрямый 对其称名、描述，直接说"Человек упрямый."，但也可以将这个人称名为 осел，此时的称名即附上了称名者的交际表现意图即价值意向（称名任务、意念同交际意图是联系在一起的）——透过 осел 的习性来揭示和表现人的性格特点，这在俄语熟语"Упрям как осел."（固执得像头驴）中得到显化体现。针对沙皇伊凡四世·瓦西里耶维奇发起的称名有 Иван Грозный, Иван Четвертый, Сын Василия Третьего，它们所指对象同一，但各自由称名价值意向所牵系着的表义功能却不尽相同。句子"Иван Грозный своим именем внушает многим страх."中的 Иван Грозный 相应不宜用 Иван Четвертый, Сын Василия Третьего 进行替换。（详见华劭 2007: 102–103）汉语"躺平""躺赢""躺枪""碰瓷""泼脏水""防火墙""不粘锅""房闹／医闹""翻车""甩锅""硬核""软钉子""钉子户"等称名体都包含显赫的称名价值意向成分，并且该意向成分构成其称名行为动因和心智利己原则的实质内涵，很大程度上直接进入称名体的语义核心。2017 年诺贝尔文学奖得主日裔英国作家石黑一雄的颁奖词中这样写道："他的小说富有激情的力量，在我们与世界连为一体的幻觉下，他向我们展现了**一道深渊**。"这里"深渊"蕴义的核心点是介由隐喻认知称名体所传递出来的称名价值意向——鞭策激励世人、力促人们认清现实、构建世界和同的强烈愿望。

许多情况下，称名单位可以表达复杂的情绪认识和情感心理，而其中发挥语义支撑作用的正是价值意向。例如：俄语 тиран моего сердца（我的冤家）一方面所称名的对象一般是自己尊崇或喜欢、疼爱的人，另一方面它侧重表现的是称名对象在人心目中特殊的影响力和威慑性，因为这里的中心词 тиран 在俄罗斯文化中含有"霸主""暴君""威权"意义，反映出称名者所"中意"的"冤家"在他心中具有不可撼动的地位和控制力，因而该称名包含复杂、矛盾的情绪心理和鲜明的情感价值意向，具有浓厚的俄罗斯民族文化特色。此外，称名价值意向往往涵纳特定情感语义色彩，或者说同后者一起构成称名表义中的一个整体要素。例如：针对日本政府决定向太平洋排放福岛核电站事故核废水，外交部发言人赵立坚表示："海洋不是日本的**垃圾桶**，太平洋也不是日本的**下水道**！"其中的称名体"垃圾桶""下水道"不仅旗帜鲜明地表明了中方坚定立场、态度等价值意向，而且基于人们对"垃圾桶""下水道"本身的社会认知，传递出强烈的情感意愿色彩，由此总体上表达了"日本不应让全世界为其行为买单"的情态 – 交际语用目的和意义。

价值意向对于称名的语义构成和语义功能表现来讲，具有统御性的作用，称名单位的语义摄取、现实语义特征规定等都离不开称名者的这一价值意向，该意向成为称名单位语义结构的隐性成分，因此它同表现本质义的概念内容一样，都是称名的重要基础。正是有了价值意向，称名主体（именующий субъект/номинативный субъект）在对称名语词概念意义进行重新思考定位时[7]，实际已然成为称名行为中的"阐释者（интерпретатор）"、"识解者（толкователь）"，相应称名单位的意义分析不仅要注重语言单位的概念成分关系和意指特征，还需要关注其同情态、社会和交际方面相关的内容（Гак 1977: 256–260），称名的价值意向内在联系也就成为人们记录和描写主客观现实概念图像的重要表义基础和思想信息切入点。下面将要讨论的是，称名过程中，价值意向、意向利己性是如何进行语义渗透的，价值意向实现为词语语义内容、进入到词语语义结构都经历了哪些操作环节和路径。

2. 称名价值意向操作

称名价值意向是人的语言行为内在关联在称名（机制）中的体现，同时也是语言动态分析模式思想在称名体系中的反映。称名价值意向与语言主体的主观意志和价值体验、价值想象密不可分，语言称名是借助相应的语言结构方式和物质手段来记载、实现这一价值意向和主观态式（包括认知、交际和情态－语用等方面的主观认识）。基于语言交际的思想表现立场，称名的价值意向会有相应的操作程序和路径，这主要分四个步骤：一是称名者同称名体之间的价值规划与联结；二是对现实对象事物的价值定位（主观认定、评估）；三是语言现实内外主、客观的价值互动；四是价值意向的意念化投射。称名价值意向的操作过程即是称名价值的建立和输出、并实现称名语义内容的过程。

2.1 价值规划和联结

称名过程中，称名者需要保障称名体的（原有）蕴义同（外部、内部）现实世界以及目标称名即称名对象的意义内容之间的相容性、一致性，而帮助实现这一目标的即是称名的价值规划和联结。所谓称名的价值规划和联结是指称名过程中，称名者结合自身称名动机（称名意旨）、称名对象的内涵实质等主观价值内容和特点，制定出称名的价值目标和方向，体现称名行为、称名单位中的价值思考方向，并使其同称名行为的价值（体现）相关联起来，从而帮助落实称名的价值指向、为实现称名价值意向提供基础条件。称名的价值规划和联结同称名的思维内容结构和方式所包含的价值性因素有关，这是称名过程中所涉及的人的主观内在（价值意向、交际态式）同称名对象事物之间的价值对接和映照，因此一定程度上它也是称名者对称名对象事物的主观意念作用的积极表现，体现了人的称名意识向称名价值行为和价值功能的渗透性，称名借此进入到交际行为的构建和交际信息的组织。也因此，我们说称名构成现实交际行为的开始和交际操作的始端。

具体说来，称名的价值规划和联结包括价值意识（交际价值背景）的激活、称名行为的价值构拟、称名物（номинат）的价值审视、称名对象的价值想象等方面因素，其核心思想是基于交际意图和称名动因，结合称名对象事物的特点，构拟出称名的价值方向和目标，并在称名关联物之间建立起一定的价值类比联系——"意向态度（价值意向——引注）的流露是通过对类比的选择实现的。"（廖巧云，徐盛桓 2012: 50）例如："Надо **долбить** противоэпидемический совет в сердце."（要将防疫忠告"砸"进人们心上。）句中动词 долбить（砸）的价值规划表现为称名者的"让忠告深入人心"这一意指，并通过"砸"这一物理动作的高强度性和沉重撞击的剧烈作用方式实现称名对象同称名体、称名行为之间的价值联结、突出称名价值构拟性。又如："Бочелли старается **поработить** свой фанатизм и аффект."（波切利努力克制征服自己的狂热和激情。）这里动词所称名的"使服帖、听从于……"这一行为来自于动词"使……沦为奴隶"之义，它包含着该称名单位体现"使顺服、服从"的行为价值规划和意念，同时将称名者的价值意向同用以称名的始源行为的价值内涵相联系起来。语句"Между ними выросла **стена**."（他们之间产生了隔阂。）句中称名词 стена（墙壁）在称名主体"突出、强调人际之间的嫌隙、隔阂之深（就像一道不可逾越的墙）"的价值规划操作之下，形象地表现出称名对象同称名物之间的价值关联特性：人际嫌隙与阻断物的"隔膜效应"价值联类和比照性。句子"Человек — **кузнец своему счастью**[8]."当中，把"人"称名为"自己幸福的锻造者"，即是将称名价值意向同人对"幸福"的价值追求和价值规划之间结成联系，在价值意向中体现出对寻求幸福、获得幸福的艰辛付出所持的价值认同和肯定：借由喻体事物蕴含的辛劳、努力、磨炼特质，关联并凸显出本体对象的价值精神特点和概念内涵。

俄语中正是借助称名的价值规划和主客观价值联结，将"男人"称名为"公鸡"（Мужчины — все **петухи**.）——此时的价值规划所瞄准的就是其"易怒"和"争强"、"好斗"的典型特点。甚至只要有了专门的特征，具有"超常称名性"的专名也可以获得性质义，并成为谓词性特征的表达者（Поварницына 1998: 5；谭景春 1998: 370），此时运用并凸显的其实正是该称名单位所蕴含的特殊价值规划和联结性[9]。例如："Не шути с ней, муж ее — **Оттело**."（别跟她开玩笑，她丈夫**爱吃醋**——就是个**奥赛罗**。）这里通过专有名词 Оттело 内涵化的"爱吃醋"、"嫉妒心强"的奥赛罗式性格特点，反映出称名行为的突出价值指向。С. А. Есенин 曾将时间称名为"插上翅膀的飞轮"（Время — **мельница с крылом**.），其价值意向中的价值规划和联结表现为在岁月如流、韶光似箭的特点中显示其对于人的重要性以及同人的生命存续之间的紧密联系性。而 Б. Паскаль 将人称名为"会思考的芦苇"（Человек — **мыслящий тростник**.）则从人的"脆弱性"这一特征体现出称名行为的价值规划和称名价值思考（反映人类生命的局限性），另一方面也从人特有的"能够思考"这一心智属性、精神特征揭示出人同智力方式行为之间的价值联结特点，从而客观、理性而又不失一定主观领悟（心智利己性），形象地反映出"人"这一智慧生命所包含的近乎哲学悖论的本质属性。В. И. Ленин 曾形象而别具新意地将"革命"称名为"受压迫和受剥削者的节日"（Революция — **праздник угнетенных и эксплуатируемых.**），这是在"革命"这一对象事物核心思想的基础上，建立起称名价值指向同称名者的价值目标之间的一致性，并将"革命"的价值思考同其价值实现者联系起来，充分展现出"革命"的价值特点以及它在称名者心目中的核心价值意义，使其实质内涵得以升华。А. С. Пушкин 将"荣耀"称名为是"旧衣衫上的鲜艳补丁"（Слава — **яркая заплатана ветхом рубище.**），这在"鲜亮"事物同"晦旧"事物的本质特性对比点上反映出称名者的价值表达指向，同时以反衬手法映现出称名行为同称名对象物之间的价值意向联结。

复合称名 психическое насилие（精神暴力）、кибер-издевательства（网络霸凌）、моральное похищение（道德绑架）、технические потолки（技术天花板）、грудинковая команда（鱼腩球队）、информационный мусор（垃圾信息）、транспортные артерии（交通大干线）、холодная война（冷战）、челночная дипломатия/челночные переговоры（穿梭外交/穿梭谈判）、круглый стол（圆桌会议）、золотая молодежь（金色青春/美好年华）等都包含鲜明的价值规划性和突出的价值联结特点，其中价值规划分别表现为身心伤害性、精神强制性、参量比照性、物事畅达性、冷暴力（冷对峙）性、行为复杂性（多环节性）、平等协商性、极端珍视性，而价值联结则体现为称名者的价值思考关注点同称名对象事物之间的价值体现关系。复合称名"疫情海啸/民意海啸""跳楼价/跳水价""婚姻保鲜期/爱情保鲜期""思想毒瘤""政治提款机""政治病毒"当中，称名主体分别通过海啸、跳楼/跳水、保鲜期、毒瘤、提款机、病毒的概念蕴义所包含的典型意象和特征，形象地表现出称名对象事物的特点，称名体和称名物之间鲜明、独特的价值联类点清晰地彰显出称名者的价值规划和意向目标以及称名体本身的思想意涵。西方文化中，一些名字的取意也很能反映称名的价值意向运作特点。例如 Baron 这一名字所表达的寓意包蕴于语词 brave（勇敢）、attractive（有魅力）、recpectful（受人尊敬）、optimistic（乐观向上）、noble（高贵）[10] 之中，非常显赫地反映了称名者的价值规划和称名单位的价值意向联结。因此，称名价值规划和联结既是对语言行为（交际结构、交际方式）涉及的称名本身的价值想象和构拟，也是人的思想要素（思维范畴）同客观现实要素在称名操作方式中的特殊联结。

称名操作的价值规划和联结清晰地表明称名过程也是其价值意向的内在联系的过程和价值思维过程，正是在这一意义上，交际语句中的现实称名单位往往都附上了称名者的一定交际意向，并由此直接成为情景事件中的现实片段——彰显出称名行为构造中的心智利己原则和语言价值实质特点。В. Н. Телия 曾指出，"每一个言语行为同时也是称名行为"，（Телия 1977: 132）因为在每一个称名行为背后都潜含同言语交际因素相关的特定价值意向行为和意向利己性。可以认为，称名价值意向的价值规划和联结一定程度上折射出称名活动（原理）以及建构世界图景的语言思维形式的逻辑性、普遍性。

2.2 价值定位和评估

称名过程中，称名主体除了努力反映客观世界，还需要通过相应的性质 – 评定活动（квалификативно-оценочная деятельность），将相关的价值评价性内容赋予称名单位，在评价行为的功能转化和体现中推进、落实其称名价值行为，评价成为价值意向的重要内容和标识，构成称名中的评价性选择（оценочный выбор）和"性质 – 评价"意义特征（оценочно-качественное значение），并且是已然"概念化的评价"（conceptualevaluation）（Vendler 1967: 126）。不仅如此，说话人如果有意从他的特定价值信念维度称名事物、报道世界，他会使用或创造更能传达其意向现实和符合其意向期待的价值内容、而非现实事物本质的相关信息的语言称名手段，从而实现称名中的新创价值、动态增值价值。此时他所关注的焦点或者他更想传达的往往是自己对世界的认识态度和主观评定，而不完全是存在的事实性内容或自在之物的本体内容（онтология бытия）。这里反映出来的核心思想即是称名意向中的价值定位和评估问题，按照 А. А. Ивин 的理解，则是"评价逻辑"（логика оценки）或者"形式的价值"（формальная аксиология）（Ивин 1970: 63–72）。有了称名中的价值定位，称名者所思考和关注的语言单位蕴义同客观世界以及称名表义（核心称名意义）内容之间的价值关系才能确立。

称名价值定位和评估是在价值规划和联结的基础上，由称名者对称名价值意向所展开的价值兑位和评判，是称名（交际）价值点在人的称名意识（价值）框架中的落实和确立，如果说价值规划与联结关注称名价值意向的构想，价值定位与评估则落实称名构想的价值指向。因此，价值定位和评估是称名价值意向操作中极为重要的认定性环节。称名发起或选择相关语言单位进行称名时，语言主体凭借其对被称名对象和用以称名的事物（称名物）的价值性思考和设定、规划，确立它们在语言功能体系和思想现实中的地位及其同语言表义价值评估的关系，由此使称名手段在人的思想表现和事件描述中获得适当的价值功能地位和价值体现，并与人的交际主观需要和表达路向相一致，同时也直接为称名表义意向的实现奠定基础。例如："Улыбка — это **родной брат** силы."（微笑是力量的**亲兄弟**。）"Брак — это **могила** любви."（婚姻是爱情的**坟墓**。）"Under the COVID-19, many competitions have been suspended, and the future of the Olympic Games is not clear! The world sportwas shocked overnight!"（新冠疫情之下，多项大赛停摆、奥运前景不明！世界体坛一夕之间"**休克**"！）这里一方面显然有称名体和称名物之间的价值规划和联结：亲兄弟和微笑、坟墓和婚姻、休克和停滞、瘫痪之间的价值（意向）比照与关联。另一方面称名者对称名事实和称名要素内在关系有明确的价值定位和价值特点认识、意向评估。试看一条美发广告用语：**师傅**的手艺，**徒弟**的价格。这里简短意赅的话语道出了称名者的价值设定和评估——"师傅"和"徒弟"的能力水平和价值对比一目了然，而把它们的价值先设分别兑位、联结和衍射到"手艺""价格"的价值对立上，产生"师傅手艺""徒弟价格"这一整体价值评估积极效应——以低廉价格享受高质量服务，从而巧妙地达成称名意向所指的宣传功效。体育比赛中，当再进一球、再下一分即可宣告获胜、终结比赛时，既可以说是"**拿到赛点**"，也可以说成"**拿下赛点**"，此间动结式称名"拿**到**"、"拿**下**"所反映的客观情景事况别无二致，但称名价值意向恰恰通过价值定位与评估体现出差异："拿到赛点"主要表现动作事件的结果性，是从动作本身来看的，称名价值定位与评估所关联的是动作客观事理。而"拿下赛点"重在表现针对动作目标的攻克性以及对赛事的强烈控制欲，折射出选手开赛前笃志赢得比赛、战胜对手的强烈愿望和价值预期，同时也渲染出得偿所愿后的无比喜悦和痛快淋漓，具有鲜明语用特征，并且相较于事件客观称名，出现了所谓的"移情焦点"（empathy focus），其价值定位和评估重心转移到了"人对事件结果的主观感受"层面，从而在整体上强化了称名的价值意向效应。因此，通过称名方式的变换可以刻画出事件语义描写和表义内容的细微差别。篮球比赛中的称名单位"**大**

号两双"（得分、篮板）、"**大号**三双"（得分、篮板、助攻）、"**大号**3分"（超远距离 3 分），直接通过汉语里凸显价值认同的标签性成分"大（号）"将称名者对客观事物、现象的价值定位和评估表现出来：不是空间维度上的"大"，而是价值作用属性上的"显赫"，其中"大号 3 分"还通过投篮得分的距离之远和难度之大、精准度要求之高来突出其价值。

价值定位与评估这一意向操作在语义衍变的称名实际中表现异常活跃。名词 осадок（沉淀物）分别可用于称名社会人际交往现象"芥蒂"、情感——心理现象"沉重感觉"、"不愉快心情"（неприятный осадок после разговора/ 谈话后留下的芥蒂或不愉快感觉），即包含称名者对被称名的社会、情感、心理现象事物以及借以称名的"沉淀物"价值特性的认定和评估。Ш. Балли 曾将语言称名中的心理 – 情感因素同它对人的精神世界影响联系在一起，他这样谈到，"理性活动和情感动机共同决定着语言表达手段体系，这正如它们共同划分我们整个精神生活一样"，（Балли 2001: 186）这凸显出同人的社会、情感因素相关的内容在称名价值体系中的积极参与和作用。俄语复合称名 раб привычек（习惯的奴隶、屈从于习惯的人），раб страстей（嗜好的奴隶、沉溺于嗜好的人）将被称名的对象事物（某人）放在用以称名的 раб（奴隶）的价值地位并做出相应评价，从而凸显出称名行为的价值点——体现（人的）无自制力和受制性（甘于沦为习惯、嗜好的奴隶，受其控制，向其屈服），从而实现称名价值定位和评估。复合称名单位 яд зависти (зависть отравляет/ 嫉妒会害死人)（嫉妒的毒药、毒害 / 致命的嫉妒心）非常鲜明地表现出称名中的价值定位即"嫉妒是毒药"、"嫉妒心害人不浅"以及称名者对"嫉妒"的实质性的价值评估和审视态度。又如，复合称名 крепкий кофе — слабый кофе（浓咖啡—淡咖啡）；твердая решимость/решительность — слабая решимость/решительность（坚定不移的决心—动摇不定的决心）所体现的价值定位和评估分别为（对于特定目标、需要的）"适合性，有益性"的功利特征（утилитарность）、"（执行行为的）坚定，坚决性"意志评价特征。语句"Из-за эпидемии, оставаясь дома, он чуть не **заплесневел**."（因疫情关系他在家待到快发霉。）之中，动词的动作称名 заплесневел（发霉）将人因为长久禁足居家而造成的身心疲惫厌倦、精神高度不适和压抑进行了生动的价值形象定位——食品放久而生霉所产生的"负面（极端）结果"，生动形象地反映出称名者对这种压抑厌倦的消极情绪的价值特点负向评估。动词 овладеть（掌控，控制）用于称名人的情感活动、生理状态也同样始于人对"控制、遏制"这一物理行为以及被称名的情感、生理状态过程的价值特征认定："Ими **овладела** радость."（他们喜不自禁。）"Людьми **овладело** отчаяние."（大家深感绝望。）"Сон **овладел** мальчиком."（男孩困得睡着了。）类似的还如动词 захватить（抓住，捉住）："Дождик **захватил** нас по дороге домой."（我们在回家路上遇到了雨。）"Работа **захватила** его целиком."（工作占据了他的全部心思。）"Книга меня **захватила**."（这本书深深吸引了我 / 引起我极大兴趣。）再有，动词 врезаться 表示的是非自主的行为"钻入、扎入、陷进"："Лодка **врезалась** в береговой песок."（小船扎入了岸边的沙滩。）"Колеса **врезались** в грязь."（车胎陷进了泥沼。）当它称名表现人的积极意志行为和心智活动时，称名价值意向的操作中包含了称名者对原物理动作和新的称名本体动作的价值功能评估和关联、确认："Конница **врезалась** в неприятельские ряды."（骑兵突入敌阵。）"Эта война **врезалась** нам в сердце."（这场战争铭刻在我们心中 / 让我们刻骨铭心。）此外，对同一动作事实的不同称名价值意向也可以在称名的价值定位、评估中反映出来。试对比：**зарабатывание** денег（挣钱，挣得报酬）— **заколачивание** денег（捞钱，搂钱），客观上两个称名体所表示的是相同的行为事实、称名的行为实体意义相近，但从称名价值定位操作上看，前一称名对象 **зарабатывание** денег 是正向、积极行为的价值评估（"挣，挣得，获取"），而后一称名对象 **заколачивание** денег 是负向、消极行为的价值评估（"捞取"、"牟取"），相应前者表示的是凭借劳动付出获得报酬，属于合理劳动所得，后者表示捞取金钱，带有一定否定意味和不赞成语气，二者在行为的方法、手段、出发点和称名者对此的认识态度上大不相同。而它们之所以可以表示截然对立的语义，即归因于称名者所赋予核心谓词 зарабатывание（挣），заколачивание（捞取，以过分或不当手段实施某一行为）的相反的价值认知定位和评估。

2.3 价值主客观互动

称名运作中，称名者总有传达事物对象价值性内容的特定意向，并且要把自己的相应主观倾向表现出来，以达成同对方的价值信息交流和沟通、实现使用这一称名方式的目的。有了称名行为的价值规划和联结，以及对称名对象和借以称名事物的价值定位和评估，就可以在此基础上进行主、客观价值认识互动，以进一步落实称名的价值意向和相应语义功能。其间涉及的客观价值是事理层面上的价值认同，而主观价值则是称名者的心理评判和认定所产生的价值取向、价值态度体现。两方面价值的作用能够促动称名价值意向获得概念意识方面的特点，使语词新的价值语义定位在不同物象特征比类中觅得并认知心理上的支持。价值主客观互动是指称名过程中，语言主体将获得了价值定位与评估的客观对象事物同主观知识背景（认知库、知识库）中已有事象、事件进行链接，在二者之间确立联系，并进一步实现彼此相互作用，从而将概念认知背景中熟悉、具体、形象的事物的概念意象、语义内容运用于界定、理解和展现新的现实事物及特点，使称名在主、客观价值作用关系中实现语义意象的延伸和表义功能扩散，反映出"语义功能是客观现实与主观认识相结合的产物"（邓奇，杨忠 2019: 16）。

称名价值意向的价值主客观互动涉及认知错合方式，这指通过特殊的显性错置（explicit violation）和隐性错置（covert violation）促成称名者的价值目标同称名物价值属性的趋同和协调（详见彭玉海 2012；彭玉海，王洪明 2015）。其中显性错合在名词性复合称名中反映十分突出。该复合称名通过表层冲突搭配、语义配项的刻意误置构成新的称名单位。例如：сердитая похвала（怒赞），жестокая нежность（残酷的温柔），счастливая печаль（幸福的烦恼），радостная тоска（快乐的忧伤），сладкое горе（甜蜜的痛苦），мертвые души（死魂灵），живые руины（活着的废墟 / 福岛核泄漏十年：重返"活着的废墟"），утонченный эгоизм（精致的利己主义）。这里的基点词表现的是获得称名价值定位的客观事理内容，而修饰词传达的是称名者对称名对象的认知体验和感受性方面的主观价值，二者的复合同时也代表称名价值的相互作用即主客观价值的互动——通过主观价值所包含的典型特征理解和基点词中价值内容特点的领悟，重新建立起复合称名单位的概念内涵，促成称名价值意向操作的进一步推进，此时的"赞许 / 称道""温柔""烦恼""忧伤""痛苦""魂灵""废墟""自私 / 利己"所传递的分别是打上了鲜明"称名肖像性"（портретирование номинации）烙印的语义内容。

隐性错置涉及"隐性范畴错置"方面的问题，即在语言主体的概念化意识中，将一个事物、现象换置为另一事物、现象，实现二者概念化的价值等同，而没有表层形式上的外在表现，属于"隐藏在表层结构下的语义冲突关系"（详见彭玉海，王洪明 2015: 102）。此时，通过主、客观价值比照、联动和语词意义单位的分类、理解和加工，称名者可以在不同的事物、行为概念意象之间建立起超常的逻辑联系，通过范畴上的概念关系错接，赋予客观事物现象以常规逻辑之外的主观化认识内容，价值互动的联想可以发挥直接称名所不具备的概念表现和语义认识功能，所称谓的对象事物特点、性能借此获得更为准确、形象、深刻的语言反映和体现。例如：увянуть（枯萎，凋谢，蔫）"Ветка увяла."（树枝枯萎了。）"Цветок увял от зноя."（天气酷热，花儿打蔫了。）可用于称名其他方面如表示人的生理状态、精神活动、心智特点和时间运转、事物存现等，此时动词事件要在称名者的价值意识中经历主客观的价值互动过程，其价值意向的称名语义功能特征才能显现出来，从而分别表示"憔悴，衰老"（Лицо **увяло**./Прознав про то, матушка предалась печали великой, и оттого **увяла** она до срока. 面容憔悴。/ 得知此事，母亲感到非常悲哀，因此过早变得衰老。）"萎靡，颓丧"（Услышав это, он как-то сразу **увял**. 听见这席话，他一下子像泄气的皮球。）"衰落，衰减"（Способности его **увяли** в бездействии. 终日无所事事，他的才华衰退了。）"消逝，落空"（Молодые годы **увяли** без следа./Надежды их **увяли**. 青春年华消逝无踪。/ 他们愿望落空了。）等新的动作事件语义内容。此时的"枯萎"、"凋谢"通过价值主客观互动，分别被错置为"憔悴，衰老"、"萎靡"、"衰退"、"消逝，落空"动作意象，产生形象、真实的概念化语义效应和价值意向功能。语言现实中由此可形成大量动词性的隐喻称名（метафорические номинации）（Апресян 1995; Кириллова 2006: 142; Васильев 1971）和相应的多义认知语义关系[11]。此外，隐性错合称名单位的价值主客观互动在名词中也有积极体现。例如："Вы бы, **сладость** моя, быстрее поправляйтесь."（亲爱的，祝您早日康复。）"Младший сын — **сладость** и гордость родителей."（小儿子是父母的心肝宝贝和骄傲。）句中称名词 сладость（甜品，糖果）将人珍爱、喜欢的人概念化地隐性错置为甜蜜、可口的食物，实现称名者心目中想要表达的主观价值同称名物的客观价值之间的积极互动，体现出二者之间"（让人）惬意、愉悦"的价值共性，达成味觉的舒适、美感与情感方面的欢愉、喜爱的心理完形沟通，可窥察出"客观物象……与人类主体的心理情感结构有一定的相似之处和对应关系"（王铭玉

1994: 8）。此外，形容词性称名单位中的价值主客观互动性也有鲜明体现。例如：1）**железная** дорога（铁路）→**железная** воля（坚强意志）/**железный** характер（刚强的性格）/**железное** терпение（坚韧的耐心）/**железный** довод（有力的证据），此时，"钢铁的（железный）"这一物理属性概念范畴被错置为"坚强、不可撼动的"、"刚强的"、"有力的"这一精神意志属性范畴；2）**деревянный** дом（木房）→**деревянный** язык（死板的语言）/**деревянное** выражение（呆滞的表情），"木的、木材的（деревянный）"被错置为"死板的"、"呆滞的"，所体现的是物质属性域与抽象评价域的概念关系错接；3）**каменный** мост（石桥）→**каменное** сердце（铁石心肠）/**каменная** душа（冷酷的心）/**каменная** вера（坚定的信念），"石头的（каменный）"被错置为"无情的，铁石的"、"冷酷的"、"坚定的"，反映的是物理实在域与抽象的情感域、心智概念域的错置；4）**глухой** старик（耳聋的老人）→**глухая** провинция（偏远闭塞的省份，外省）/**глухая** тишина（万籁俱寂）/**глухая** осень（深秋），"（耳）聋的（глухой）"被错置为"偏远、荒僻的""幽静的、僻静的""距离开始时间很久的，萧索、无生气的"，运用的是物理感知域同空间–评价域和时间–评价概念域之间的逻辑错置；5）**острый** нож（锋利的刀子）→**острый** ум（睿智的头脑）/**острый** взгляд（锐利的眼光）/**острая** критика（尖刻的批评）/**острый** конфликт（激烈的冲突）/**острый** кризис（尖锐的危机）（Арутюнова 1999: 348），这里"锋利"的物器特性被错置为"机智的""锐利的""尖刻的""激烈的""尖锐的"，所涉及的是物理感知域向心智（智力）域、社会活动（阐释）域的逻辑错置。正是在这样的概念范畴错置之中，称名落实了价值主客观互动意向性操作过程。值得一提的是，包含范畴错置的主、客观价值互动的形容词由于表现的是（主观）价值评价特征，相应不能像客观特征描写类形容词那样，可以置于静词性谓语的表语位置，执行指物意义或客观实在上的证同功能。试对比："Их выступление/игра — **сухое**/-ая."（他们的发言/比赛——干瘪/乏味。）和"Этот сухарь/Это мыло — **сухой**/-ое."（这块面包/肥皂发干。）"Его характер/взгляд/болезнь — **тяжелый**/-ая."（他的性格不好相处/眼神忧郁/病情严重。）和"Этот чемодан/камень — **тяжелый**."（这个箱子/这块石头很重。）构成形容词直接和间接称名方式在形式句法特征方面的差异。

2.4 价值意向意念化映射

有了价值主客观互动，进一步就可以在用以称名的事物和称名对象事物（被称名物）之间进行价值意向的意念化映射。价值意向意念化映射指称名过程中将以此意彼或以此喻彼的价值选取进行意念化，并把一事象（往往是喻体，包括事物、动作等）的概念意象映射到另一事象（往往为本体）概念意象之中，从而达成称名单位语义迁移，实现间接称名（косвенная номинация）、二性称名（вторичная номинация）。它是称名单位实现语义衍生、指向不同概念事物的核心环节，某种意义上是价值主客观互动操作环节的意识深化和延伸。相较于客观、理性的直接称名，具有情态、感性因素的称名本质上反映和代表的实际上就是主观化、意念化的称名。相关的意念化映射包括同一认知域的转喻映射以及不同认知域之间的隐喻映射。隐喻和转喻也因其特殊的语义表现功能和认知映射特点而成为重要的称名手段（详见 Арутюнова 1979: 147–173, 1990: 5–32, 1999: 359–367, 370–385; Гак 1988: 11–26; Телия 1988: 39–45; Труфанова 2006: 10），隐喻、转喻的概念意义表达功能和语言联想思维特点在此得到充分展现。基于人的感知体验和经验认识，通过价值意向的意念化映射，会在同一认知概念域的不同事物之间或者两个不同概念域之间产生意义上的链接，不同的对象事物之间会形成某种亲缘性，称名单位实现由经验义向认识义[12]的语义转化，形成词汇单位新的义位，这一新的转义称名从而通过称名方式重构词语的语义场，新的语义聚合场性关系由此而生。

动词称名转喻方面，价值意向的意念化映射往往表现为动作结果、动作典型特征、动作方式形象特征向动作整体事件的映射，即局部（特征）向整体的语义意象价值转移。例如：разбить（破开，打破），рубить（砍伐，砍倒）分别可通过动作结果的价值意向意念映射来称名"开出，开辟"，"建造，建成"这一创造性、建设性的行为：**разбить** грядки（开出几垄地），**разбить** виноградник/клумбу（开辟葡萄园 / 修建花坛）；**рубить** избу（修盖小房），**рубить** суда（建造木船）。动词 крутиться（旋转）可以通过动作典型特征来转指、称名新的相关行为事件整体："В клубе всегда **крутилось** много любителей потанцевать."（俱乐部总有很多爱跳舞的人转来转去——在那里跳着舞。）这同样是将喻体动作"旋转"（крутилось）的本质概念意象特征进行意念化的价值意向迁移，以称谓、替代含有"旋转"典型特征的动作情景

（"跳舞"）。而动词 лопнуть（迸裂，炸裂，破裂）借助物理本原动作的价值规定性和形象特点将称名者的价值意向投射到相关动作事件层面（由动作某方面表现到动作事件整体），透过具有代表性的情感表征（情感过程、状态所经历的生理知觉、生理征兆）形象化、意念化地称名情感事件本身：**лопнуть** от зависти（嫉妒死了／羡慕坏了），**лопнуть** от злости/гнева/злобы（恨得要死／气得要命），терпение **лопнуло**（出离忍耐／忍无可忍）。通过概念转移和价值意向意念化映射，"嫉妒"、"愤恨"和"无法忍耐"的情感动作体验分别获得了心理感知的生动、形象特征。

"隐喻在深层实质上体现着感性事物与精神事物之间的关系"，（黑格尔 1979: 31–32）而称名中的价值意向映射即是在经验识解基础上将感性事物的典型物象特点映射到抽象事物，实现包括精神事物在内的各种抽象事物的感性化、具象化，同时也就将意念化的价值意向映射到称名单位的语义结构之中，完成称名的价值意向操作，"通过凸显区分性特征表现周围现实"（Иноземцева 2008: 40）。例如，жать/косить рис/пшеницу→жать/косить трафик, жать/косить счастье, жать/косить матч（收割水稻／小麦 → 收割流量；收割幸福；收割比赛）。这里动词称名单位 жать/косить 的隐喻是通过价值意向的意念化映射，将喻体动作的典型区分性特征"收获、割取"转移到本体动作的心理图式，具象化地描述大量、成批、集中并且快速地获取网络数据流量，开怀地享受快乐、美满、甜蜜，轻而易举地大面积赢取比赛胜利。试对比："Грибов — хоть коси."（蘑菇多得简直可以用镰刀收割。）生动、形象地勾勒出像收割稻谷一般收割社会、精神财富和竞技成绩的动作意境。与此类似的如名词性复合称名"冠军收割机""MVP收割机""荣誉收割机""男神收割机""粉丝收割机"（展开从略）。又如，"Железо ржавеет→Идея/Ум ржавеет; Воля ржавеет; Дух ржавеет; Любовь ржавеет."（铁生锈 → 思想生锈；意志生锈；精神生锈；恋情生锈／变味了、淡漠了。）是将喻体动作"生锈"的典型特征"氧化，腐蚀，损耗"带来的变质特性进行价值意向的意念化映射，借此具体、实在地表现人的思想、意志、精神、情感方面的抽象行为意象，使本体动作获得相应物象化的形象描述。再如，переваривать пищу→переваривать эмоцию, переваривать знание, переваривать проблему, переваривать персонажей (ролей), переваривать стресс, переваривать трудности, переваривать продукты, переваривать инвентарь〔消

化食物 → 消化情绪；消化知识；消化问题；消化人物（角色）；消化压力；消化困难；消化产品；消化库存〕。这里抽取喻体动作"溶解，吸收"的核心事象和区分性特征，同时结合人对本体动作特点的认知联觉和想象，对隐喻称名的价值意向进行意念化映射和动作事象桥接，用以表现抽象的同人的"调节，吸纳，理解，掌握，处理"等心理、情感、智力、社会活动相关的一系列动作行为。正是凭借价值意向映射，称名能在语言现实中发挥重要而独特的交际语义功能。汉语中"抹黑"、"漂白"用于称名政治立场、观念操弄活动（抹黑对手，漂白自己）时，即包含了这种典型的价值意向意念化映射操作。又如：手艺**生**；技术**嫩**；资格**老**。这里的称名词"生""嫩""老"的运用正是基于事物"发育不成熟""发育过于成熟"物理特性的经验感知和领悟的意念化，实现称名的价值意向映射和相应的意向操作。不仅如此，价值意向映射还会通过"联动隐喻"（彭玉海 2021：55，58）的方式实现：**筑**信仰之基，**补**精神之钙，**掌**思想之舵。这里首先是客体宾语通过隐喻显性错置形成复合称名，进而带动后者同谓词之间的继发隐喻。

许多时候，通过意念化价值意向映射会产生鲜活的动态认知画面感。例如，动词 рябить 原本表示"（风）起涟漪"的动作情景："В озере **рябила** вода."（湖面上水波荡漾。）通过价值意向意念化映射，可用它隐喻称名阳光照耀、星光闪动、树影摇曳等场景，使自然景致有了起伏、悠扬的动态画面："По воде **рябит** солнце."（阳光照耀的水面波光粼粼。）"Звезды **рябят**（**рябятся**）в воде."（水面上星光闪烁。）"Дерево рябит на ветру/Ветки рябили."（微风中树影婆娑 / 树枝摇曳。）通过称名中的价值意向意念化映射，动词 иссякнуть（枯竭，干涸）可以隐喻表现人的心理 – 情感行为"……消耗殆尽"或者智力行为"终止"："Терпение **иссякло**."（忍耐不住。）"Спор **иссяк**."（争论停止了。）此时，物理实在上的"枯竭"通过价值规划、定位和价值主客观互动，实现了其向抽象行为事件的意念化映射，亦即精神、（言语）智力活动在具体事象的价值表现中获得意识化的呈现，从而实现了称名行为的价值意向。另一方面，借助称名中的价值意向意念化映射，同一抽象客体名词可以同不同动词组配，促成不同的动词隐喻派生称名，由此实现称名单位的主观价值转化和语义迁移：**строить/сломить** планы（制定 / 破坏计划），**разбить** планы（打破计划），**срывать** планы（粉碎计划），**входить** в чьилибо планы（参与某人的计划）。该类隐喻性动词均属于产生喻义变化的间接称名动词（Падучева 2004: 340–342）。这样，称名一方面反映人的价值意向，另一方面价值意向作用之下的称名将人的价值认识映射到对象事物身上，形成独具特色的语言表义单位实体。因而称名的价值意向分析可以帮助认清隐喻认知的特点和实质。

此外，还可以通过"转喻＋隐喻"的双重价值意念映射来构成新的称名，如体育比赛中，"板凳深度"的"板凳"是转喻球场上的替补队员、非首发球员，这是将前者的价值特性和人的主观认识相结合，进而通过邻近联想实现其向后者的价值意念映射；而"深度"则是以物理实在上的度量属性来隐喻球员的技术水平高低，基于"深浅"同"水平高低"之间的价值功能相似关系联想，实现两个概念认知域之间的价值意向意念化映射，从而以物理域的概念认知内涵来识解抽象事物域的概念语义特征，建构起新的称名表义单位。这样，基于对称名关系的深入认识和把握，可将称名物的不同概念意象特征以复合映射的方式转移到称名对象事物身上，实现称名的价值意向操作以及称名单位的语义衍生。

2.5 价值意向运作协同性

称名价值意向功能操作表明，很大程度上称名就是人的社会、文化属性和精神、情感、认知世界的反映，称名语义内容是语言与人的世界关系的直观化体现。称名价值意向功能操作中，价值规划和联结使称名者和称名对象之间有了语言表现的价值连接点，人的交际意向和语言内在的我（внутреннее эго）介由被称名的现实事物获得价值性的输出端口，这是称名价值意向操作的重要铺垫环节；价值定位和评估、价值主客观互动使称名有了明确的参照目标和表义方向、手段，为称名的语义内涵和功能表现打下基础；经过价值意向意念化认知映射，称名单位的语义域、表义范围得以确定，并且在具体使用过程中，称名单位看似矛盾的词汇语义搭配和概念关系错合得以成立，新的语义协调关系由此而产生，进而称名实体也在语言表义系统中逐渐稳固下来，成为表达相关事物、现象的独立词汇义征单位（Калиткина 2010: 4），这为从称名表义关系方面识察语义变化之中"语用和认知规律的决定性作用"（邓奇，杨忠 2019: 12）提供了价值意向进路。因此，这 4 个方面在称名的价值意向操作中相互配合、协同作用，分别从各自功能角色出发，共同完成称名行为和语言称名单位的构建。下面对此加以综合分析。

（Государь:）— Откуда идешь так поздно?

（Юнкер:）— Из депа, Ваше императорское **величество**.

（Государь:）— Дурак! Разве депо склоняется.

（Юнкер:）— Всё **склоняется** перед Вашим императорским величеством.

——这么晚了，你这是从哪里来？

——从机车库，沙皇陛下。

——笨蛋！"车库（депо）"还用**变格**吗。

——尊敬的沙皇陛下，在您面前万物都要**鞠躬致敬**。

这是沙皇尼古拉同刚从陆军工程部走出来的准尉荣克尔之间的对话。荣克尔巧妙地运用了 склоняться 这一同音异义词来传达交际意图——将词的"变格"概念义关联、错接到"鞠躬、行礼"的概念图式。尽管由 из депа 所引发的称名表达违反了语法规则，但实际陆军准尉不仅以此达到了搪塞话语的目的，同时还清晰传达了其表义的语用意图（其称名回答的方式博得沙皇满意和欢心，沙皇听完他的回答开怀大笑），显示出称名体 склоняться 背后价值意向因素的积极作用。不妨联系这里的交际语境，对陆军准尉的称名价值意向运作要义作如下解析：其价值规划表现为设法摆脱眼前的窘境和不利局面，并同 склоняться 的称名价值行为（"变格"、"鞠躬"的意义错接式转换）所能发挥的作用之间建立起价值想象的联结；价值定位表现为通过其心理档案（мысленное досье）和主观意识中展开的价值兑位，确定出 склоняться 具有"躲过皇帝责罚、讨得皇帝欢心"的"一语双关"、"两全其美"价值功能地位和特点，同时体现出情景关系同称名语词含义之间的价值关系评估；价值主客观互动表现为其博取欢心、以示恭敬的用意及心理设定同 склоняться 表义范围、特点之间的相互作用关系；价值意向意念化映射表现为将 склоняться 通过语意错接所附着、转换得来的"鞠躬、行礼"行为价值意义想象性地投射于当下动作称名情景关系。几方面因素的合力作用实现了 склоняться 这一语词的称名价值意向操作和相应意向（化）称名语义，同时也充分反映出其称名行为、运作中的"意向利己性"原则和特点。

3. 结语

综上所述，价值意向既是称名的功能语义因素，又是称名的具体操作方式和手段，称名凭借价值规划和联结、价值定位和评估、价值主客观互动与价值意向意念化映射的操作，完成了语义内容的语言物质手段建构和表征，并带入了与人的价值意向相关联的特殊语义信息。因此，借由价值意向操作构成的称名体实际属于"意向（化）称名"、"意向利己性实体"，称名价值意向操作可看成是语言称名独特的结构性手段和因素，在语言不同层级单位中发挥着语义信息和结构特征的组构功能和纽带作用。文中分析尝试从称名维度探明了一条深入揭示语言机制和意义实质的分析进路，加深了对于称名过程和称名单位形式、语义本质的认识，有助于弄清为什么同一事物（包括行为、现象、属性等）在不同心理感知、情感状态和语境条件下以及不同的人那里会有不同的称名与之对应，或者是同一称名为什么会因为社会、文化、认知条件的不同也同样会用于命名不同事物，这背后深层次的缘由都与称名的价值意向操作紧密相关。由此不难发现，称名价值意向操作分析有利于廓清和挖掘语词多义义位的生成机理和来龙去脉，能够实质性地帮助语言学习者掌握词语的语义衍变和意义特点乃至相应的交际－语用结构特征。研究也表明，称名同语义构词、语义偏移、语义衍生、语义认知等方面密切相关，通过称名构成及其语义变化可以细致观察这些因素对语言词汇层面的多维渗透和影响。相关问题的深入探讨有助于认识称名表义语义关系和词汇结构语义特点，促进词汇语义、结构语义和认知语义理论的纵深发展。

注释

1. 称名是人对周围事物认识的反映形式，"词汇单位的称名分析属于认识论范畴问题，因为对客观现实的表达及结果受制于认知行为的基本要素：'思维—语言—现实世界'，'语言—经验活动—社会'"。（Уфимцева 1977: 8）

2. 该过程所涉及的不仅包括客观的信息价值（蕴义——指物关系价值、物象实在关系价值），同时涵盖各种主观信息价值（含义——指称关系价值、心理实在关系价值）。

3. 华劭先生极为重视词汇多义语义问题的研究，他曾专门指出，"一词多义是语言的本质特征之一，然而多义词的研究却远远滞后于同义词。"（华劭 2014: 87）本文提出的称名单位价值意向操作机制十分有益于多义词理论问题的深入探讨。

4. 这里的"价值信息"是人的大脑中映像过滤、评估的结果，以语言主体的表达需要、认知参照和关注方面为基本定位点，包括事物对象特点、性能、典型特征或本质属性特征等内容。

5. 指由"内在经验、外在经验"身体经验积淀、升华而来的认知记忆和心理经验内容。（彭玉海 2018: 254）

6. 文中俄文用例主要源自 http://www.yandex.ru，http://www.narusco.ru，http://ru.libword.net，https://www.krugosvet.ru，Ожегов С. И., Шведова Н. Ю. Большой толковый словарь русского языка［Z］. СПб.: Норинт, 2002. Ожегов С. И., Шведова Н. Ю. Толковый словарь русского языка (HTML)［Z］. bweek.narod.ru/rest. 中文用例主要来自新华网、环球网、中新网（网站）、百度搜索、网易新闻等。

7. 从语言单位的意义层面来看，称名的价值意向也在一定程度上反映了语言单位所含概念意义变化的特质。"人类的概念总是处于运动中，它们彼此过渡、彼此渗透，据此反映真实的生活。"（Телия 1977: 132）

8. 此类凸显功能 – 语义内容的复合称名有别于传统的形态 – 语义称名，属于词汇分析性称名单位。为行文方便，本文统一简称为"称名"或"复合称名"。

9. 有时这种凸显性还可以刻意通过"否定"方式映照出来："Любовь — это **не** мед, но она прилипает ко всему."（爱情**不是**蜜，但它能粘住一切。）又如："民主**不是**可口可乐，全世界一个味道。"

10. Baron 为这 5 个具有典型语义特征和人格特质的称名语词的首字母复合而成的缩略词。

11. 正因如此，多义现象需要结合称名问题进行深入考察。Г. В. Колшанский 相应曾提出过这样一个观点："词语的多义问题触及称名的实质"。（Колшанский 1977: 138）值得注意的是，这一点在称名操作的价值主客观互动环节有清晰反映，价值意向的主客观价值互动是分析这一问题的理想切入口，因为它在多义性和称名问题中都有突出表现。换言之，两个问题的分析能够在价值意向的价值互动探讨中得到较好统一。

12. 指广义的认识性意义，既包括抽象性质认识义，也包括由概念化方式所产生的物理实在认识义。

参考文献

［1］ Апресян Ю Д. Избранные труды (Т. II). Интегральное описание языка и системная лексикография［M］. М.: Языки русской культуры, 1995.

［2］ Арутюнова Н Д. Язык и мир человека［M］. М.: Языки русской культуры, 1999.

［3］ Арутюнова Н Д. Метафора и дискурс, Теория метафоры［C］. М.: Прогресс, 1990.

［4］ Арутюнова Н Д. Языковая метафора (синтаксис и лексика), Лингвистика и поэтика［C］. М.: Наука, 1979.

［5］ Балли Ш. Французская стилистика［M］. 2-е изд., стереотипное. М.: Эдиториал УРСС, 2001.

［6］ Безлепкин Н И. Философия языка в России: К истории русской лингвофилософии［M］. Санкт-Петербург: Искусство-СПБ, 2001.

［7］ Васильев Л М. Очерки по семантике русского глагола［M］. Уфа: Изд-во БГУ, 1971.

［8］ Гак В Г. К типологии лингвистических номинаций, Языковая номинация (общие вопросы)［C］. М.: Наука, 1977.

［9］ Гак В Г. Метафора: универсальное и специфическое, Метафора в языке и тексте［C］. М.: Наука, 1988.

［10］ Ивин А А. Основания логики оценок［M］. М.: Изд-во МГУ, 1970.

［11］ Ивина Л В. Лингво-когнитивные основы анализа отраслевых терминосистем (на примере англоязычной терминологии венчурного финансирования)［M］. М.: Академический Проект, 2003.

［12］ Иноземцева Н В. Вторичная номинация в заглавиях англоязычных статей, посвященных методической проблематике［J］. Вестник СамГУ. 2008 (04).

［13］ Калиткина Е Н. Роль вторичной номинации в языковой

концептуализации действительности［J/OL］. https://www.pglu.ru/lib/
publications/University_Reading, 2010-05-26.

［14］Кириллова Н О. Метафорические номинации в семантическом поле гла-
голов речи［J］. Вестник СамГУ. 2006(02).

［15］Колшанский Г В. Лингво-гносеонологические основы языковой
номинации, Языковая номинация (общие вопросы)［С］. М.: Наука,
1977.

［16］Падучева Е В. Динамические модели в семантике лексики［М］. М.:
Языки славянских культур, 2004.

［17］Поварницына М А. Имя собственное в морфологической системе
литературного языка (на материале топонимики сербского и хорватского
языка)［М］. Пермь: Изд-во ПГУ, 1998.

［18］Телия В Н. Метафоризация и ее роль в создании языковой картины
мира, Роль человеческого фактора в языке: Язык и картина мира［С］.
М.: Наука, 1988.

［19］Труфанова Н О. Проблема номинации лиц в финансово-экономической
терминологии: на материале русского и английского языков: автореферат
дис. ... кандидата филологических наук［D］. М.: Институт русского
языка им. В. В. Виноградова РАН, 2006.

［20］Уфимцева А А. Лексическая номинация, Языковая номинация (Виды
наименований)［С］. М.: Наука, 1977.

［21］Vendler Z. Linguistics in Phylosophy［M］. Ithaca, N. Y.: Cornell
University Press, 1967.

［22］邓奇，杨忠 . 英汉感知形容词语义功能的演变研究——以 Cold 与 "冷"
为例［J］. 西安外国语大学学报，2019(01).

［23］黑格尔 . 美学：第一卷［M］. 朱光潜，译 . 北京：商务印书馆，1979.

［24］华劭 . 华劭集［M］. 哈尔滨：黑龙江大学出版社，2007.

［25］华劭 .《词汇语义的动态模式》研究补遗［J］. 中国俄语教学，
2014(01).

［26］廖巧云,徐盛桓 . 心智怎样计算隐喻[J]. 外国语(上海外国语大学学报),

2012(02).

［27］彭玉海.试论俄语动词隐喻显性语义错置——俄语动词多义性的分析
［J］.外语与外语教学，2012(05).

［28］彭玉海.俄语动词隐喻机制研究［M］.北京：中国社会科学出版社，
2018.

［29］彭玉海.俄罗斯民族文化概念"истина"的概念隐喻分析［J］.外国语文，
2021(02).

［30］彭玉海，王洪明.动词隐喻的隐性语义错置［J］.解放军外国语学院学报，
2015(01).

［31］谭景春.名形词类转变的语义基础及相关问题［J］.中国语文，
1998(05).

［32］王铭玉.符号学·语言·语言文化的肖像性［J］.外语研究，1994(04).

作者简介：彭玉海，黑龙江大学俄语语言文学博士（1995—1998），导师
华劭教授。四川大学外国语学院教授、博士、博士生导师。主要研究方向：语
义学、认知语言学、文化学。

多义词研究的崭新视角

北京外国语大学　蔡　晖

摘　要：Е. В. Падучева 使用动态模式解决词汇语义扩散问题，探寻语义变化与形式变化之间的内在联系。富有创见地将对语义现状作出解释的能力和语义发展进行预测的能力作为多义词研究的基本诉求。反思结构主义的词汇系统观，引入衍生概念，词义研究的参数化，继承并发展了莫斯科语义学派的思想，使她的语义研究突破了传统的多义词研究和认知语言学的多义词研究，开辟了词义研究新途径。

关键词：动态模式；词汇系统；衍生；词汇语法

纵观俄罗斯语言学史，尤其是词义研究历史，我们不难发现，俄罗斯民族是一个保持自己特色，对外来思想的借鉴和吸收持审慎态度的一个民族。俄罗斯词汇语义研究就是典型一例，其显著特点是对语言的内容层面保持着始终如一的关注。词汇学作为一门独立的学科在俄罗斯率先成立便是一例，对词义的深入研究在词汇学、语义学和词典学中形成了可靠的、且使用广泛的词义结构描写方法。也许因此，在词汇语义研究领域，俄罗斯语言学学者受欧美思潮的影响和冲击相对要少得多，因而在发展过程中形成了自己的研究传统，保持着学科特色。这样，20 世纪的俄罗斯词汇学（乃至语言学）不但少受被称为"致使其他国家的语言学'瘫痪'"的结构主义危机的冲击，（И. И. Чернышева 1999: 88）反而从中借鉴了对语言单位、系统关系的语义进行分析的形式化手段，进一步丰富了自己的学科思想；20 世纪下半叶，当转换生成语法风靡世界的时候，俄罗斯被认为是"世界上唯一在那个时代（指 20 世纪 60—70 年代）免受生成主义影响的国家。"（Е. И. Рахилина 2002: 370）这里指的是那种忽视、甚至排斥语义研究的负面影响。事实上，与此同时，在某种意义上，И. А. Мельчук 的《意思文本》转换模式代替了乔姆斯基的语言生成模式，并在此基础上形成了目前以 И. А. Мельчук、А. К. Жолковский 和 Ю. Д. Апресян 为代表的独树一帜并且影响深远的语义学流派——莫斯科语义学派；Е. В. Падучева 富有创意地翻转了乔姆斯基的生成观（刊载于《外语学刊》2010 年第 5 期《词义动态模式研究特色与创新价值系列研究》），提出了词义研究的动态模式。本文将从词汇系统观、衍生概念的运用，以及与其他多义词研究的比较来探讨该词义理论的某些深层次问题。

1. 对结构主义词汇系统观的思考

词汇的系统观是最早来自结构主义的论断之一，但 Падучева 认为，该思想长期以来并不让人感到十分信服。在现代语言层次理论中，语言系统的语音系统和语法系统获得了深刻的理论阐释。词汇系统如果真的存在的话，是语音系统和语法系统根本无法与之相比的，语音及语法系统只作用于数十个、最多上百个语言单位；而词汇系统是建立在庞大的、数量多达十几万、几十万个语言单位基础上。同时，他们又很容易受到社会及其他因素的影响和制约，因此会发生初看起来毫无规律的变化。这样看来，词汇系统应当是语言系统中的一个最富有表现力、变化最为丰富和对语境也最为敏感的一个子系统，对词汇系统进行解释和论证的任务也因此变得更为复杂和艰巨。

词义动态模式的研究认定两个基本前提：语言词汇结构的系统性和语言的多义属性。对词汇系统的论证是通过词义研究的参数化实现的。Падучева 在《结论》（2004: 525）中坦言："词典中意义是无法被穷尽的。即使就一个词而言，描写完它之后我们甚至都没把握，是否已穷尽其所有意义，更不用说一种语言中所有的词汇了！我们的目的与其说充分描述单个语词，不如说揭示作为整体的词汇内在结构：原先提出的任务就是理解，就什么意义上而言，词汇可以称之为系统。"

在信息时代建立词汇系统的可能性逐渐成为现实。例如：涉及非人工筛选各种可能性的一系列数学运算等问题能够解决。语料库技术为揭示和有效利用参数提供了可能性。词汇语义动态研究的基本途径是通过词义研究的参数化实现的，对意义和用法一视同仁，对它们的描写使用的是普遍的规则。通常情况中，所有规律性语义变体都是依据某一（些）参数从初始意义转换而来。根据这些参数，词语之间多次发生对立，就如同一个词内的不同意义，而参数本身及其语义能够在上百个词语中复现，而且起决定作用的也从来不是一个参数，而是各种各样的参数组合形式，不同类别的词语相关参数也不尽一致。这样，词义系统就是在参数基础上按一定秩序和内部联系组合而成的整体。

无论是从语义、搭配性能或是其他特征层面上，词汇如同我们人类，没有一个词完全等同另一个词。但是，Падучева（2004: 25）深信："这些个性差别是由复现在大量词汇中的参数及参数意义所构成。非复现的差别很难被语言使用者证同，尽管在某些方面（当然不是全部）这种差别可以被我们忽略。"通过词义的参数化研究使词汇系统的论证获得了新的可能。

2. 衍生概念的引进

"语义衍生"（семантическая деривация）是 Падучева 词义动态研究的核心概念，词义研究的动态性就体现在衍生的过程中。语义衍生是仿借词汇衍生 / 构词（лексическая деривация/словообразование）形成的术语，Падучева 认为这一术语的好处在于，在语义层面上，它可以将多义词两个意义之间的相互关系等同于词与其构词派生词之间的相互关系，语义衍生是词汇派生 / 构词的特殊形式，（详见 Апресян 1974: 187）二者的差别仅仅在于语义衍生不要求形式上的标志。（Падучева 2004: 147）正因为多义现象与构词现象有诸多的共同之处，规律性与非规律性、能产性与非能产性等构词领域专用术语和研究方法才可以运用到词义研究中。衍生概念的提出，在词义研究领域产生了下述一系列效果。

2.1 共时关系和历时关系的融合

多义词词义来源于历时变化，这种历史变化却反映在词义的共时结构中。词义研究的动态视角能够将词义历时变化特征纳入到共时平面来描述，它打破了自索绪尔以来结构主义语言学把历时研究与共时研究长期割裂的局面，把两者又重新结合起来，语言的历时演变反而可以从共时现象中得到解释，这里更多指的是一种共时相互关系，也就是一个意义相对于另一个意义的理据。这种融合性的研究方法与认知语言学多义词研究不谋而合，又与语法化研究相反相成。在语义和构词现象中，既表明历时演化方向，又体现它们彼此之间有共存相互关系，因为它们是同一个词义结构或同一构词模式中的组成要素。

2.2 多义词有规律形成聚合体的建立

聚合体是 Падучева 从语法学中引进的一个概念，用于对多义词语义结构的研究。词义研究的动态视角把多义词意义的总和看成是由语义衍生相互联系在一起的词位聚合体，可称作规律性多义现象中的聚合体（парадигма регулярной многозначности）。词汇有规律的多义性是语言的基本属性，在这里被模式化为语义衍生。通常情况下，一个词内所有规律性语义变体能够通过语义衍生规则从初始意义中派生而来，构成一个意义的等级聚合结构。词义间的相互联系对于同一语义类别的所有词都一样，就如同在语法形式聚合体中，各种形式的相互关系对于同一语法范畴的词汇来说是一致的。聚合体的概念为恢复词作为统一整体创造了必要的前提；依靠所谓词汇的语法，多义聚合体还能够为偶然的、过渡性的用法提供解释；还为预测词如何对上下文作出反应、预见词对语义要素的取舍等问题的有效解决提供了可能。Падучева（2004: 17）认为，词义呈现出的动态性不仅体现在聚合关系中，也体现在组合关系中：各类复杂意思的构造将部分意义结合成一个整体意义，同时也有动态性质。

2.3 语言意义和用法的统一

词义动态的研究方法模糊了规范与创新的界限（也就是语言的意义和用法——本文作者注），Падучева（2004: 15–16）认为，确立该界限给词典编撰者带来了太多的烦恼。就这个意义而言，词义衍生的模式化其实是对说话人能力的模式化，一个人能够同等地解释两类言语产品：符合规范的和偶然生成的。只有动态地处理语义，才能把人驾驭后一类用法的能力模式化。在词汇语义的动态模式中，凡是按照统一模式生成的、能够被预测到的语义都可以吸纳收录，例外情况通过单独注释的办法加以解决，意义及其用法的界限已经模糊。这里并不能保证所谈到的所有语义转移在现实中都曾经发生过，更多指的是一种共时相互关系，也就是一个意义相对于另一个意义的理据。从认知语言学中的角度出发，语言知识和背景知识之间并没有泾渭分明的界限，语言意义及其用法是共同统一在说话人的观念结构中，参与意义的构建。

2.4 词典的动态设置

建立动态词典（生成词典）（generative lexicon）的构想是 Pustejovsky（1998）首先提出的，词条的动态安排要求揭示初始意义同派生意义间的衍生模式。运用动态的词义研究方法可正确处理词条中到底该登录哪些意义，有章可循地去解决这一难题，而不再是用一种偶然性很大的方法去描写。这样的动态词典提供的不是一份清单，而是一个系统，一个语义聚合体。对于解释不断出现的个人用法，传统词典的释义方式已经不能胜任，它所采用的静态描写与词义的语境制约性之间有不可逾越的障碍，因为意义在语境中发生的变化从来就不可能完全反映在传统词典中。经常发生在具体的语境中的语义转移，应当用普遍的规则加以描写。语义衍生的动态模式体现了语境影响下词义改变的规律性，为词典中动态安排词条内容提供了有效方法。与传统词典相比，动态词典的优势在于，根据普遍规则，从初始词位的释义中可以推导出派生词位的释义，从而对整个词的词义作无遗漏的、可靠的诠释。因为它依据的是初始意义，而不是语义常体（语义常体必须在所有意义得到充分描写的情况下才有可能确定，而从动态的角度看，这种情况很难出现，因为无法穷尽描写处于不断变化的词语的意义和用法）。

在词义的参数化研究中，根据初始意义，一个词的不同意义可以在数量有限的语义转移规则基础上衍生形成。这样，我们不仅能够检验已知的词义信息，而且能够预测和推导出各种增补信息。与传统词典相比，在该框架下建立的动态词典，无疑具有划时代的意义。

3. 多义词研究取得突破

研究多义词的语义衍生机制旨在解决两个问题：一是词义间的联系问题，即恢复词义内在统一的问题；二是词义衍生的方向问题，即词义可以向何处扩展，包括对词义现状成因的解释和未来发展的预测。这两个问题既是多义词研究的传统项目，也是长期困扰学界的难题，一方面说明多义词问题本身的复杂性，另一方面提醒我们对多义词传统研究的方法和路数进行反思和更新。

Падучева 提供的恢复词义内在统一的路径似乎更为有效，她认为从变体中归纳出常体的传统研究方式难以有效解释词义内在统一的问题，主张建立衍生模式，后者可演绎推导出各种语境下产生的意义，对个别意义的释义将建立在通过由一种解释得出另一种解释的基础上，这就保证了词的统一。毫无疑问，Падучева 的词义动态模式从一个新的视角为我们提供了一个解决上述两个问题的方案。多义词研究取得重大突破不仅得益于对上述一系列传统理念的更新，而且还在于对认知语言学有益成果的借鉴。

3.1 情景的观念化（**концептуализация ситуации**）

很大程度上，Падучева 语义研究取得的重大突破得益于语义观的转变：语义结构被看作是现实片断的观念结构（**концептуальная структура**），是经过观念化的情景，是已被认知者解读了的世界片段，其构成要素已按照实际需要作了人为的主次排列，因而是主观的，不同的语言用不同的方式对客观现实进行观念化，这里强调的是现实和语言映现之间的任意性联系，强调的是认知在语言和世界之间的能动作用。词的不同意义的形成源于对初始意义所代表的观念结构不同侧面的突显（关注焦点的不同）。Падучева 的导师 В. В. Иванов 认为，"语言并不表征现实世界中的客体和情景，而在某种意义上，是对它们的创造"，该思想被 Падучева 奉为核心理念，（详见 Падучева 2004: 20）贯穿于整个研究。以此为契机，带来的是一系列思想的更新：语义衍生、参数的设置、规则多义聚合体、意义及其用法的统一、关注焦点、隐喻和换喻等，角色配位的研究也因为语义结构向观念结构的转向而重新焕发生机。（Падучева 2004: 532）

3.2 关注焦点（**акцентный статус/фокус внимания**）

关注焦点是一系列对立关系的概括：（1）在述位上对立（指词义中的诸要素，诸如陈说、预设、推涵、限定在能否成为述位上的对立）；（2）与注意焦点相关的、在主位上的对立（分出前景与背景要素；参项的交际等级：核心、边缘和隐性）；（3）"词源"上的对立（来源不同语义成分的对立，正常或一般要素、推涵要素或隐含要素）；（4）其他可能关系上的对立，如反映说话人 / 观察者地位的语义要素也可能被突显。（Падучева 2004: 526–527）词义结构中的关注焦点和句法层面中的核心交际成分是异质同构现象，反映了词汇和句法层面语义过程的统一。关注焦点与认知语言学的"突显观"相通，都是强调人的观察视点对语义变化的影响。关注焦点是词汇语义动态模式的核心概念，语义衍生多源于关注焦点的迁移。焦点转换既能区分词的不同意义，如залить：залить бензин в бак（使汽油的储存空间迁移），залить бак бензином（使汽油的状态改变）；也能区分不同的词，如感受要素的焦点位是区分увидеть和заметить的重要标志，заметить的焦点在经过视觉形象后进入思维形象："Я заметил разницу/его расстройство духа/его отсутствие."这些句子中不能出现увидеть，因为没有视觉形象，只有思维形象。关注焦点也是词义结构的重要组成部分，过去被我们从释义中注销的语义要素，实际上是由于焦点转换而置于背景中的成分。关注焦点的概念不仅揭示了词义变化的本质，而且还增强了词义描写的解释力和预见性。

4. 有别于传统的多义词词义派生机制研究

词义引申机制分为根据邻近联想实现的换喻性转移（метонимический перенос）和根据相似联想实现的隐喻性转移（метафорический перенос），（详见Л. А. Новиков 1982: 189）这是多义词词义派生机制研究的传统研究思想。严格而言，词义衍生机制的传统研究属词义变化的语言外因研究；而Падучева是从语言结构本体出发，即从题元结构和词义要素的变化来揭示动词语义的变化，从而推进了词汇语义的形式化研究。与此同时，将词义变化的机制（隐喻机制和换喻机制）纳入到题元变化的规律中加以阐释（即动词的分类范畴和主题类别发生变化会产生隐喻引申，动词角色配位变化会产生换喻引申）；并在认知语言学框架内，更新了词义衍生转喻机制的内涵（即隐喻是范畴转换，换喻是焦点迁移），深化了我们对隐喻和换喻作为语言基本机制的理解。

5. 有别于认知语言学对多义词的研究

认知语言学对多义词的研究，致力于解释而非描写语言现象，其范畴化原型理论和认知模式思想对传统语言学无法很好解释的一些现象进行了令人信服的分析，多义词的语义结构以及认识多义词转义机制的工具和手段等获得了重新解释。严格而言，多义词的认知研究仍属于语言外因研究，Падучева从语言本体结构出发，充分吸取认知语义研究中的范畴化原型理论和认知模式思想，在《绪论》中就开宗明义地指出，词义的动态模式依据的是词汇的初始意义，并将原型情景作为多义词词义的来源和统一的保证。借助于认知语言学的研究思想，Падучева更新了隐喻引申和换喻引申的内涵——范畴转换产生隐喻意义，焦点迁移产生换喻意义。与此同时，区别于多义词的认知研究，词义的动态模式兼顾词义的描写、解释和预测的功能：词义的描写和解释通过元语言方式实现；大部分词义的变化纳入参数化研究的范式中，个别情况采取单独注释的办法加以解决；再者，在验证了参数化研究所具备的解释能力后，Падучева提出，凡是参数化过程中实现的词义都可以收录进来，不在乎过去或将来是否会发生这种词义变化（我们理解，这就是Падучева所讲的动态词典设置所具备的预测能力）。因此，这种灵活而务实的研究范式引起的不是词典释义的减少，而是极大地丰富。因为它面向的并非是对静态词义进行描写和解释，而面向的是语料库研究，面向的是计算机使用的词典编撰，因此对词义的描写和注释一是务必细致入微，二是务必使其适应动态的语境变化。就目前的多义词的认知研究特点看，多集中于对现成若干个词义进行解释，在以往传统研究中词义发展的拓扑结构（辐射式、链式和混合式）上简单辅以隐喻、换喻等认知模式的解释。我们认为，在词义结构发展的认知解释上其实还存在较大的发展空间。

6. 继承并发展了莫斯科语义学派思想

Падучева研究的理论系统建立在以Ю. Д. Апресян和И. А. Мельчук为代表的莫斯科语义学派相关成就的基础上，语义决定句法，通过句法描写语义；将词义研究同词典学研究紧密结合是其核心指导思想；她在继承对莫斯科语义学派的词义研究传统的同时，又有开拓和创新，这首先得益于Падучева对先进思想的兼容并蓄：乔姆斯基的生成观、A. Wierzbicka富有创意的元语言研究、G. Lakoff的范畴观、L. Janda的词义联系理论、D. R. Dowty的换喻观、L. Talmy的焦点迁移思想和图形–背景理论等思想被Падучева有选择地吸收，融会贯通到对俄语动词语义的分析中，在此基础上形成了动词语义表征的系统化研究。词义研究的生成观、动词的分类范畴从体学研究领域引进到词义分析领域、观念化情景、角色配位、主位突显、参项交际等级、词义要素的焦点位阶、多义词词义聚合体等等重要概念和思想使Падучева对词义的探索超越了前人的研究。

7. 词汇中的语法建构

类似于语义参数化（或模式化）这样的研究，其终极目的在于建构"词汇中的语法"（грамматика в лексике），也就是建立一种描述语言词汇结构的规则系统，它能够提供能产性较高的模式，对词典中的释义进行必要且有效的补充。构筑词汇中的语法是现代语言学研究最迫切和现实的任务，该问题的解决有助于提高多义现象研究的系统性。原则上，多义现象本身蕴藏着说话人派生语义的能力，它远不是从词汇库中提取现成语义成品的能力，完善而成熟的语义理论应该具备这种阐释能力。（Добровольский 2006: 101–102）Падучева的研究满足了当代语义理论的基本诉求：解释力和预测力。

8. 结语

诞生于俄罗斯语料库建设的词汇语义的动态模式之所以值得我们介绍和引进，除了上述诸多可圈可点的因素之外，还归功于俄罗斯在语料库建设方面占据世界前沿。俄罗斯语料库建设的迅速发展得益于以下三个因素：第一，起步早。俄罗斯词汇语料库早在 20 世纪 60—70 年代初就开始着手理论论证，1995 年通过国家立项，2004 年语料库基本框架已经形成，现处于完善阶段；第二，理论新。俄罗斯词汇语料库建设的前沿性得益于俄罗斯拥有世界顶尖级学者长期创造性的，同时也是基础性的研究，其中包括在世界上享誉盛名的俄罗斯科学院院士 Апресян 和 Мельчук 进行了大量的独创性研究，完成了理论奠基工作；第三，政府重点扶持。俄罗斯语料库建设发展得如此迅速还得益于政府的高度重视，有雄厚的项目资金作为后盾。总之，俄罗斯词汇语料库经过近半个世纪漫长的探索和发展，其理论成果的严谨丰厚和构建方法的独到创新，在计算机领域、信息化技术和语言学领域产生了一系列的效果，为世界瞩目，尤为欧美所注重和借鉴，并取得骄人的业绩。对于计算机和信息化产业蓬勃发展的中国而言，迫切需要立足本体、博采众家之长的理念来深化和完善语料库建设中的问题。俄罗斯词汇语料库的理论和构建方法对我国而言无疑是一笔可贵的财富，利用它山之石，为我国语料库建设和自然语言信息自动处理提供指导和参考。

参考文献

［1］Апресян Ю Д. Лексическая семантика (синонимические средства языка)［M］. M.: Наука, 1974.

［2］Апресян Ю Д. Интегральное описание языка и системная лексикография［M］. M.: Языки рус. культуры, 1995.

［3］Добровольский Д О. Е. В. Падучева: Динамические модели в семантике лексики［J］. Вопросы языкознания, 2006(04).

［4］Новиков Л А. Семантика русского языка［M］. M.: Наука, 1982.

［5］Мельчук И А. Опыт теории лингвистических моделей «Смысл Текст»［M］. M.: Наука, 1974.

［6］Падучева Е В. Динамические модели в семантике лексики［M］. M.: Языки славянской культуры, 2004.

［7］Рахилина Е В. Основные идеи когнитивной семантики［C］// Современная американская лингвистика: фундаментальные направления/ Под ред. А. А. Кибрика, И. М. Кобозевой и И. А. Секериной. М., 2002.

［8］Чернышева И И. Некоторые вопросы теории лексикона сегодня и учебный теоретический курс лексикологии［J］. Филологические науки, 1999(04).

［9］Dowty D R. Word Meaning and Montague Grammar. The Semantics of Verbs and Times in Generative Semantics and in Montague's PTQ［M］. Dordrecht(Holland): Reidel, 1979.

［10］Pustejovsky J. The Generative Lexicon［M］. Cambridge（Mass.）; L.: The MIT Press, 1998.

［11］Wierzbicka A. Lingua mentalis［M］. Sydney etc.: Acad. Press, 1980.

［12］蔡晖. 词汇语义的动态模式——一个值得关注的语义研究新视角［J］. 中国俄语教学，2007(04).

［13］蔡晖. 词义研究的参数化［J］. 外语学刊，2009(01).

［14］蔡晖. Падучева 词汇语义动态模式的研究特色与创新价值［J］. 外语学刊，2010(05).

［15］靳铭吉. 不同认知方式产生不同的意义——俄语不同类型一般疑问句语义差异的深层阐释［J］. 外语学刊，2006(06).

［16］华劭. 语言经纬［M］. 北京：商务印书馆，2003.

作者简介：蔡晖，黑龙江大学外国语言文学学科博士后（2006—2009），合作导师华劭教授。北京外国语大学教授，《欧亚人文研究》主编、《中国俄语教学》责任编辑（2006—2020）。曾任教育部人文社科重点研究基地特聘研究员。获得在莫斯科举办的第三届世界最佳俄语教师大赛总冠军，2008年全国百篇优秀博士论文提名。主要研究方向：俄语语言学、认知语言学。

组合关系与聚合关系中俄语词素语义探究

黑龙江大学　孙淑芳

　　摘　要：词素在语言符号层级系统中的地位非常重要，无论是美国结构主义语言学分析方法，还是欧洲大陆词素分析方法，词素都被认为是最小的、不可进一步切分的音义结合体。随着构词语义学的不断发展，词素语义研究备受学界关注，成为热点问题。现代语言学，尤其是结构语言学认为，语言单位间的相互关系体现为组合关系与聚合关系。任何话语形成都是通过选择以提取某些语言单位，并经过组合使其构成更高层次、更复杂的语言单位。组合关系中词素语义指构词词缀与生产词干组合时体现的各种语义关系；聚合关系中词素语义指语义不变词缀与语义变体词缀体现的各种语义关系。

　　关键词：组合关系；聚合关系；词素语义；语义不变词缀；语义变体词缀

　　华劭教授在其普通语言学经典著作《语言经纬》（商务印书馆，2005）中独辟一章专门讨论了语言单位间的关系：组合关系与聚合关系，并对组合关系与聚合关系的概念进行了清晰界定，详细分析了它们的各自特点（详见华劭2005: 77–97）。笔者深受华老师关于组合关系与聚合关系思想的影响，将其应用于俄语词素语义分析。论文在完成过程中，曾多次向华老师请教，并与老师讨论，如何运用组合关系与聚合关系理论探究词素语义问题。谨以此文纪念我深深敬爱的导师——华劭教授。

1. 组合关系与聚合关系

1.1 组合关系：概念界定及其特点

现代语言学，尤其是结构语言学认为，语言单位的能指与所指、历时与共时、组合与聚合，以及语言符号系统层级装置内部层次等各类关系组成语言的结构，并构成语言系统的组成部分。雅柯布逊指出："任何话语的形成都是通过选择以提取其某些语言单位，并经过组合使其构成更高层次、更复杂的语言单位。"（引自华劭 2005: 77）华劭对组合关系（синтагматическое отношение）概念进行了科学界定，同时指出组合关系所呈现的若干特点。从概念上看，他认为："组合关系指可能体现于连贯话语（话语片段）中各语言单位之间的横向关系、横向水平关系，又叫句段关系。"（华劭 2005: 78）从组合关系特点上看，他认为语言单位之间的组合关系主要呈现 6 个方面的特点："a. 通过组合关系联结起来的单位必须在言语中同时出现，它们有所谓共现性（симультанность, совместная встречаемость）。一个单位具有某种组合关系，必须以另一个（或几个）单位在场为前提。通常用 и（x）и（y）表示单位 x，y 之间这种在场的、共现的组合关系。б. 组合关系存在于两个或两个以上的线性单位之间，言语中这类在现场的线性单位有连续的顺序和一定的数目。в. 组合关系可以在同一话语中反复出现，具有所谓递归性（рекурсивность）。г. 在组合关系中，主从联系处于核心地位，因为只有主从联系才能使组合后形成的单位产生新的性质，使整体大于部分的加和。д. 通过组合关系可把言语中低一层次的线性单位递次组成高一层次单位：音素（звук）→ 形素（морф）→ 词形（словоформа）→ 语句（высказывание）→ 连贯话语（текст）。一般说，层次较高的单位，其组成要素就更多，其相互间的组合关系也就更复杂。е. 由组合关系连结的两个或两个以上的单位叫做组合体或组合段（синтагма）。"（华劭 2005: 78–80）简言之，组合关系指符号与符号相互组合起来的线性横向关系，组合时符号与符号依次先后出现，不能同时出现，正因为符号依次先后出现的特点，符号组合顺序是有条件限制的。

1.2 聚合关系：概念界定及其特点

华劭对聚合关系（парадигматическое отношение）概念同样进行了科学界定，并指出聚合关系呈现的若干特点。从概念上看，他认为："聚合关系指话语之中，可能与某一言语单位出现在同一位置上，并执行相同功能的单位之间的垂直关系、纵向垂直关系，又叫联想关系。"（华劭 2005: 81）从聚合关系特点上看，他认为语言单位之间聚合关系呈现 6 个方面的特点："a. 彼此之间有着互斥性（альтернативность, дизъюнктивность）。通过聚合关系联结起来的单位，因为有某种引起联想的共同点，因而在一定条件下可以彼此代换，但在话语链条的同一位置上，它们不能同时出现。通常用 или（x）或（y）表示 x，y 这两个单位在话语中互斥的聚合关系。б. 聚合关系存在于有共同特点单位之间，这些单位一般都没有固定的出现顺序，没有稳定的相对位置，甚至数目也可能不定。в. 由于可从不同角度将语言单位聚合在一起，因而基于共性所形成的各种集合或类别也较多；又由于形成聚合类所依据的共同特点不一，各聚合类包含的单位数目也不尽相同。г. 聚合关系的核心是同异关系，所谓同异主要是能指方面（如音响、结构等）和所指方面（如功能、意义等）的同异。д. 聚合关系把各个单位纳入不同的集合、类别和系统。е. 通过聚合关系联合起来的所有单位构成所谓聚合体（парадигма）。"（华劭 2005: 81–83）简言之，聚合关系指符号与符号的替代关系，指语言结构在某一位置上能够互相替换、具有某种相同作用的单位之间的关系。

2. 构词语义学与词素语义

2.1 构词语义学：语义学研究新领域

德国语言学家洪堡特对"构词学"这一术语形象地表述道：迄今为止构词学是最深奥和最神秘的语言学分支学科。现代构词学研究已经从原子主义转向系统研究，将焦点放在描写各种构词规则上。洪堡特曾言："一种语言的词汇绝不应被视为一堆现成静止的材料，且不论新词和词形会源源不断地产出。只要语言出现在人们的言语中，其词汇就是一种连续创造及再创造的产品。一个词在言语中的每一次使用，显然不仅是记忆力发挥作用的结果。若不是心灵本身就具有仿佛本能般创造词语的秘诀，依靠任何人类的记忆力都无济于事。"（В. фон. Гумбольдт 1984: 112）

近年来，越来越多的学者开始关注构词语义学问题，并将语义学理论运用到构词学研究中。随着构词学与语义学的不断交叉与融合，构词语义学应运而生，成为语义学研究的新领域。构词语义学的研究对象为构词单位语义特征及语义组成特点，明确构词链中词义之间的联系类型及理据关系，主要包含生产词与派生词之间的语义关系和构词法语义两方面内容。生产词语义仅指词干意义，派生词语义既指词干意义，又指词缀意义。具体而言，构词语义学研究生产词与派生词之间的语义联系、构词词素中同义现象和同音异义现象、构词词素与生产词干的组合关系，以及词缀与词干所构成词类的语义类型等。词素语义学某种程度上等同于构词语义学。词素语义学理论包括词素概念及其相关概念的区分、各词素间语义关系及符号聚合体、词素语义系统形成及其符号结构等问题。传统词素语义研究仅限于语言本身的内部结构，很少涉及语言以外的事实。如果将词素语义关系视为一个语义网，那么这一语义网系统中，其内容就不仅包括词素的不同具体意义、语义机制，即由一个意义转为另一个意义的规则，还包括语境中实现意义的规则，需根据词干与语境的结合情况确定，以及更高程度的意义抽象等。随着配价理论应用于构词学研究，词素组配学成为构词学分支学科，其关注词素配价或曰组合的性质，以及各词素之间的关系。

2.2 词素语义概念界定

词素语义（семантика морфемы, морфемное значение）是语言层级系统中重要的一环。"词素语义学（морфемная семантика）在传统语言学中早已存在，大体等同于构词语义学（словообразовательная семантика）。"（М. А. Кронгауз 2005: 171）在语言单位语义梯级中，词素处于最末端，是最小的语义单位，就表意功能来说，也是最小的语义载体。换言之，词素语义是语言单位符号系统中最低一级的语义单位，是构成新词的主要来源。语言中词的数量大大超过词素数量。用有限的词素构建更多的词以指称事物、现象是认知的节省。所谓词素语义，是指词素表示的概念意义或语法意义。"语素义，是话语片段中不能再切分的最小的语义单位。从语法角度看，词的构成单位是语素；从语义角度看，词义的构成单位是语素义。语素不仅是语法形式的底层，也是语义结构的底层。语义的基础性研究，应当从语素开始。"（苏宝荣 2007: 266）一是语素本身也存在一个大小、层级问题；二是语素在组合成复合词的过程中还存在一个融合与变异的问题。"语素义也具有指称标记客观世界的功能，在语言中有自己的作用，也可以反映主体对客观对象的感情态度等，因而，语素义同样包含了词汇义、语法义和色彩义。"（杨振兰 1993: 24）

М. А. Кронгауз 形象地将词素语义关系比喻为一个语义网（семантическая сеть），他认为："词素语义就是一个语义网。在这个网中，词素语义彼此之间直接或间接地联系在一起。词素语义之间的直接联系表现在两个方面：一是意义之间具有某种共同部分，二是根据动词词干和语境中的语义与语用类型确定这些词素语义。词素语义之间的间接联系指的是，形成组合这些意义的语义机制，以阐释更为抽象的常体意义（более абстрактное инвариантное значение）是以何种理据和方式在不同语义和语用环境下实现的。"（М. А. Кронгауз 2005: 179）体现为语义网的词素语义是一个系统，包括以下内容："1）词素的不同具体意义；2）语义机制，即由一个意义转为另一个意义的规则；3）语境中实现意义的规则，这需要根据动词词干和语境中的语义及语用类型确定；4）更高程度的意义抽象。"（М. А. Кронгауз 2005: 179–180）

词素语义描写类似词义描写，但须附加一个条件：既要考虑语境语义，也要考虑理据词干语义。词素语义概念的界定有两种原则上完全不同的方法：一是通过对比生产词与派生词明确它们的语义差别。二是语义分析不是仅靠这两类词，而是在许多由该词缀构成的派生词中进行的。这时，构词意义又成为许多派生词所具有的普遍意义，是这一系列成员语义中的共同意义，指的是具有该词缀派生词的意义常项。词素语义与词义在功能上的差别取决于两者之间存在的层级差异。

3. 语义不变词缀与语义变体词缀

构词词缀亦称构词标志。在俄语派生词语义中，同时区分生产词干意义与构词标志意义。构词标志意义分类具有不同的标准和方法，根据生产词干与构词词缀相结合的特点，И. С. Улуханов 提出语义不变词缀和语义变体词缀这两个概念。

3.1 语义不变词缀概念界定及带该词缀动词的语义分类

3.1.1 概念界定

语义不变词缀（инвариантный аффикс）指词缀意义是通过把带有该词缀词的非生产词部分中的不同语义成素简化为语义常体的，该词缀具有常体意义，词缀本身在语义上不发生改变（И. С. Улуханов 2004：86）。语义不变词缀亦称为语义不变构词标志（инвариантный формант）。

词缀在词汇语义结构中不具有典型意义。带后缀 -и-, -ова-/-ирова-/-изирова-/-изова-, -нича-, -ствова- 的动词表示与生产词有某种关系的多种行为，带这些后缀的动词不具有共同语义成素，也不能形成一定数量的、具有共同词汇语义的类别，它们的意义不等于带该类后缀的动词词汇意义中的语义成素，而是需要通过两个步骤显现：一是从派生词意义中去掉生产词意义，然后在剩下的部分中抽象概括出语义常体（семантический инвариант），这不同于带后缀 -е- 的动词，后者表示"变成，成为"等意义，如 алеть（变成鲜红色），буреть（变成褐色），наглеть（变得蛮横无理），неметь（变哑），рыжеть（变成红褐色），свежеть（变得新鲜），твердеть（变坚硬），краснеть（变红），зеленеть（变绿），темнеть（暗淡起来），хмелеть（醉酒状态），холодеть（变冷），худеть（变瘦），толстеть（变胖），хорошеть（变得更漂亮）等。
"语言学中常体（инвариант）这一术语用于解释那些从具体言语单位中抽象出来的系统单位。就语义而言，常体是从具体文本中提炼出的语言单位的普遍意义。"（И. С. Улуханов 2004: 89）如此，可以从带后缀 -и-, -ова- 的动词或者带后缀 -н-, -ск-, -ов- 的形容词多样语义关系中简化出它们的语义常体，即"表达与生产词相关的行为或特征"。二是根据在一系列动词中重复出现的部分划分出关系类型，但是有些生产词与派生词之间的语义关系具有唯一性，即它们只能出现在固定组合中，不在其他组合中复现，шиковать（穿戴讲究，摆阔），морализировать（劝谕，训诫），роскошествовать/роскошничать（过奢侈生活），сумерничать（黄昏时不点灯闲坐着），комиссовать [（经医务委员会体检后）出具健康证明]，бюллетенить（休病假），скользить（滑行），дорожить（珍视、重视）等。

语义不变词缀 -и-, -н-, -щик 等的系统意义在于，指出其参与构成的词是行为、特征、实体的称名，并指出这些行为、特征、实体与生产词具有某种关系。如 кожанка 表达"皮大衣、皮夹克"之意，但不表示其他皮制品，"大衣、夹克"不能认为是后缀 -к-(a) 的系统意义，因为 -к-(a) 还表达其他意义，并且这些意义的数量基本是无限的，如果把这些意义都附上，就无法直观地描写后缀 -к-(a) 的语义，也无法建立其功能系统，即表示与生产词相关的任何事物的称名，而不是特定行为或特征的称名。

当生产词在语义关系与构词关系中可以组成完整的有限数量类别时，带这些后缀词的意义可能是各种各样的。仍以后缀 -к-(a) 为例，由复合形容词 однолетний（一年的），двухлетний（两年的），трехлетний（三年的）等派生的带后缀 -к-(a) 的名词，从系统角度可以指称与生产词年限相关的任何事物，如 баран-двухлетка（两岁的公绵羊），дубок-двухлетка（两年的小橡树），институт-двухлетка（两年制学院）等。这些词常用的基本语义可以分为 3 类：1）特定数量年限的计划，пятилетка（五年计划），семилетка（七年计划），десятилетка（十年计划）等；2）特定教育期限的学校，семилетка（七年制中学），восьмилетка（八年制学校），десятилетка（十年制学校），одиннадцатилетка（11 年制普通中学）等；3）特定年龄的动植物，однолетка（一岁的动物，一年的植物），двухлетка（两岁的动物或两年的植物）等。

3.1.2 带语义不变词缀动词的语义分类

根据语义要素，带语义不变词缀（主要是后缀）的动词主要分为 4 类。

3.1.2.1 为某人或某物完成的行为

"完成行为"是这类动词的共同语义要素。其主要由名词或形容词派生，分为 4 个具体范畴：1）由某人或某物完成的行为，плутовать（欺骗），столярничать（做木工活），учительствовать（教书），парусить（承受风力）；2）在某物体上完成的行为，шлюзовать（放闸）；3）在某时间段完成的行为，штормовать（在风暴中挣扎航行）；4）由具有生产形容词意义特征的人完成的行为，хитрить（耍滑头），лютовать（逞凶），важничать（妄自尊大），свирепствовать（胡作非为），хромать（瘸，跛）。例如：

① На экзаменах *плутовали*, покупая у старшеклассников шпаргалки.（В. Кожевников） 考试中（一些学生）用向高年级同学买的打小抄条儿来作弊。

② Встречным вихрем парусило на нем полы бараньего его полушубка.（Салтыков-Щедрин）迎面吹来的风吹起他穿的羊皮袄的下摆。

③ Оба мы *хитрили* — дай бог, чтоб я его перехитрил, на деле; а на словах, кажется, я перехитрил.（Шушкин）我们俩都在耍滑头——愿上帝保佑，让我在事实上胜过他；口头上我似乎已经占了上风。

④ Чиновники эти поначалу сильно *лютовали*, драли с мужиков три шкуры.（М. Алексеев）这些官员一开始就大耍威风，从庄稼人那儿撕下三块

兽皮。

3.1.2.2 为了达到某种目的完成行为

"为了达到目的而做"是这类动词的共同语义要素。分为6个具体范畴：1）把……分配给客体，为了让客体有……而做，финансировать（提供资金，拨款），вощить（打蜡）；2）赋予客体某种特性，калечить（损坏），математизировать（将数学应用于……），веселить（使……开心）；3）将客体放到……里／上，为了使客体在……里／上而做，складировать（入库，仓储）；4）获得、弄到……，为了有……而做，калымить（捞外快），барышничать（倒卖）；5）创造……使其与客体有关联，рецензировать（写评论文章），копнить（把……耙到一起堆成圆锥形垛）；6）创造……，为了使……存在而做，дымить（冒烟，漏烟），бликовать（照出亮点）。例如：

① *Калеча* немецкую связь, он чувствовал, что посильно участвует в войне, помогает товарищам.（Б. Полевой）他毁坏了德军的通信设施，感到真正参加了战争，帮助了战友们。

② Ну, и но лошадиной части барышничал, по ярмаркам рыскал, когда деньги водились.（Чехов）有钱的时候，也干些倒卖马匹的行当，常常进出各个集市。

3.1.2.3 共同完成的行为

"借助工具做……"是这类动词的共同语义要素。боронить（耙地），гарпунить（用大鱼叉或鱼镖捕猎），гильотинировать（用剪断机剪断、切断），циклевать（刮光，刨光），костылять（用拐杖打、揍）等。这里，生产词干语义均表"工具"意义。

3.1.2.4 由名词派生而完成的行为

"名词派生而完成……行为"是这类动词的共同语义要素。салютовать（向……致敬，向……敬礼），ремонтировать（修理）等。

从上述语义不变词缀的语义分类不难看出，在每个语义类别次范畴中，动词后缀构成与动词及物或不及物有关，表示为了达到某种目的而完成的行为。

3.2. 语义变体词缀概念界定及语义表达

3.2.1 概念界定

语义变体词缀（неинвариантный аффикс）指词缀意义通过区分出带有

该词缀词的非生产词部分中的相同意义成素而形成，词缀本身在语义上发生了改变（И. С. Улуханов 2004: 87）。语义变体词缀又称为语义变体构词标志（неинвариантный формант）。"如果一个词缀只出现在像 пастух（牧人），стеклярус（玻璃串珠）等一个词中，则该词缀被认为是词去掉生产词部分的全部意义要素。"（Е. А. Земская 1969: 15）但如果一个词缀在一系列词中都有体现，这些词缀进入派生词干，而不是生产词干，即能通过它们区别出派生词与生产词，此时就要弄清楚这些非生产词部分的语义中是否存在共同语义要素。研究结果表明，具有同一构词标志的词，其非生产词部分包含共同语义要素。后缀 -е- 在 роз-ов-е-ть（呈现浅红色），холод-е-ть（变冷）等词中的共同语义要素为"变成，获得某种特征"。在这一非生产词部分共同意义上，-е- 进入所有其他带该后缀词中。试比较：

розоветь → становиться розовым или белее（变成浅红色）

зеленеть → становиться зеленым или зеленее（变成绿色）

холодеть → становиться холодным или прочнее（变得更冷）

веселеть → становиться веселым или веселее（变得更开心）

А + -е-(ть) → становиться А или А компаратив（变得越来越……）

通过类似方法还可确定后缀 -ик(дом-ик), -ну₁-(слеп-ну-ть), -ну₂-(толк-ну-ть), -ость, -от-(а), -изн-(а), -ениј-, -б-(а), -анин, -оныш, -оньк-, -ущ-, -ейш-/-айш-；без-, не-, анти-, архи-, наи- 等表达的语义等。

S + -ик → маленький S（指小表爱 S）。

带这类构词标志的词可以组成一个或若干构词类别（словообразовательная группа），在这些类别中，词的标志部分具有共同语义要素。带同一个前缀的动词可以分为若干类别，如带前缀 по- 的有 5 类：1）完成行为，但强度不大，поостеречься（提防一点），попридержать（稍稍扶住），поотстать（稍稍落后）；2）由多个主体完成或涉及多个客体的多次行为，行为有时是依次进行的，помёрзнуть（冻死，冻坏），попадать［（全部或许多一个接一个地）落下，倒下］，повывезти［运出（全部或许多）］，побросать［乱扔（全部或许多）］，посажать 让［（全体或许多人）坐下］；3）在一段时间内完成行为，побеседовать（谈一会儿），познаниматься（学一会儿），покурить（抽一会儿烟），полюбезничать（客套一下）；4）开始行为，побежать（开始

跑），подуть（吹起来）；5）完成行为并达到结果，поблагодарить（感谢），
построить（建成）。例如：

① Ну, Родя, подымайся. Я тебя *попридержу*.（Достоевский）喂，罗佳，
站起来。我扶住你。

② Ударил гулкий орудийный выстрел... Несколько человек в страхе
попадало на землю.（Фадеев）轰的一声炮响……好几个人吓得跌倒在地。

③ Французы, не успев опомниться, побросали оружие и побежали.（Л.
Толстой）法国兵还没回过神来，就扔下武器，落荒而逃。

④ Если она вам и не нравится, так вы хоть для виду, из приличия
полюбезничайте с ней.（А. Островский）如果您不喜欢她，至少也做个样子，
出于礼貌和她客套几句。

⑤ Кучер пискнул фальцетом — и лошади *побежали*.（Тургенев）车夫用
假嗓子叫了一声，马就跑了起来。

3.2.2 语义表达

3.2.2.1 行为开始意义

形容词或由名词派生的开始意义动词（инхоативный глагол），其特征获
得意义是借助构词标志 -e- 与形容词词干组合为能产后缀，与名词词干组合为
非能产后缀；-ну₁-, -a₂- 为非能产后缀。带后缀 -e- 的动词，或由形容词或由名
词派生，而其他后缀只与形容词词干组合。多数表示色彩意义的形容词与后
缀 -e- 组合派生的动词均表达被描写事物的外在特征意义，如 алеть（变成鲜
红色），багроветь（呈深红色，变红），багрянеть（深红色的物体呈现出来，
变成深红色），белеть（呈现白色，发白），буреть（呈褐色，变成褐色），
голубеть（呈现浅蓝色，变成浅蓝色），сереть（呈现灰色，变成灰色），
сизеть（显现出蓝灰色），смуглеть（变黑），темнеть（变暗），яснеть（明
亮起来），желтеть（显露黄色，变黄），рыжеть（显出红褐色，变成红褐色），
светлеть（明亮起来）。

动词也有类似的意义组合，但这些动词不表示颜色显现意义，而是物体的
其他外部特征，如 пестреть（五颜六色的东西呈现出来），темнеть（变暗，
天暗下来），светлеть（明亮的东西显出），яснеть（明亮起来，光芒闪烁），
тускнеть（失去光泽，亮度、色彩变得暗淡起来），мутнеть（变浑浊，变模糊），

мрачнеть（变昏暗，变黑暗），круглеть（变圆，成为圆的），редеть（变得稀疏，变得稀薄）。

总体而言，开始意义动词的上述特征并不典型，其表达的变化通常并不是体现在表面上的，如 беднеть（变穷），глупеть（变糊涂），дешеветь（落价，跌价），добреть（变得和善），жаднеть（变得贪婪），злеть（变得凶恶），леветь（变得左倾），милеть（变得可爱），наглеть（变得厚颜无耻），подлеть（日趋堕落），пошлеть（变得庸俗下流），праветь（变得右倾），прочнеть（变得坚固），смелеть（变得勇敢）等。

由名词派生的开始意义动词数量并不多，能产度低于相应的形容词派生。有些动词表示获得某种特征，试比较：зверь（野兽）→ звереть（发狂，发怒），сатан（撒旦，魔鬼）→ сатанеть（变得极凶恶，凶狠得像恶魔）等；有些动词则表示获得全部特征，сирота（孤儿）→ сиротеть（成为孤儿）等。

形容词派生的带后缀 -ну$_1$- 和 -а$_2$- 的动词表示特征的绝对或相对程度，тихий（安静的）→ тихнуть（安静下来），ветхий（陈旧的，陈腐的）→ ветшать（变陈旧，变陈腐），слепой（盲的）→ слепнуть（失明），глухой（聋的）→ глохнуть（变聋）；дорогой（贵的）→ дорожать（涨价），крепкий（结实的）→ крепчать（变得更加猛烈或剧烈），легкий（容易的）→ легчать（减弱，减轻），мелкий（小的）→ мельчать（变小），нищий（行乞的）→ нищать（陷入贫困），тонкий（薄的，细的）→ тончать（渐渐变薄或变细）等。

根据上述分析，我们认为，俄语动词后缀组成的语义场中有 3 个独立范畴：1）带语义变体后缀 -е-，-ну$_1$-，-а$_2$- 的动词，表示获得特征；2）带语义变体后缀 -а$_3$-/-ка- 的动词，表示发出音响；3）其他全部类型生产词与派生词语义关系借助语义不变后缀 -и-，-а$_1$-，-ова-/-ирова-/-изова-/-изирова-，-нича-，-ствова- 表达。且带后缀 -и-，-ова-，-а$_1$- 的动词组成的语义场与带后缀 -нича-，-ствова- 的动词组成的语义场一致。研究表明，多数后缀既见于及物动词，也见于不及物动词中，后缀 -нича-，-ствова- 只见于不及物动词中，详见表1。

表 1　俄语后缀语义场 3 个子场

1. 具有某些特征或获得某人、某物特征：-e-, -ну₁-, -a₂-	белеть（呈现白色），слепнуть（失明），ветшать（变陈旧，变陈腐），сиротеть（成为孤儿）
2. 发出音响：-a₃-/-ка-	акать（把俄语中非重读音节的 o 读作 a 或近似 a 的音），ахать（表示惊叹、高兴、忧伤等时发出一声"啊、唉、哎哟"）
3. 其他意义 及物动词：-и-, -ова-, -a₁- 不及物物动词：-и-, -ова-, -a₁-, -нича-, -ствова-	маслить（涂油，抹油），грязнить（弄脏）；асфальтировать（铺沥青），активизировать（使活化）；пятнать（玷污），ровнять（弄平，弄直）хитрить（耍滑头），лютовать（逞凶，发威），хромать（瘸，跛），важничать（妄自尊大），свирепствовать（逞凶），шоферить（当司机），дезертировать（开小差），слесарничать（当钳工）

4. 组合关系中语义不变词缀、语义变体词缀与生产词干的语义关系

组合关系几乎见于语言单位的语音、构词、语法、语义等各个层面。就构词层面的组合关系而言，乌卢哈诺夫指出："构词语义组合联系（синтагматическая связь）指派生词中构词标志（即构词词缀——笔者）与生产词干的联系。通过语义规律、修辞规律、构词结构（词缀）规律和形式规律协调。"（И. С. Улуханов 2004: 214）简言之，组合关系中词素语义是指构词词缀与生产词干组合时体现的各种规律。泽姆斯卡娅持类似观点："在词缀组合关系过程中，重要的是要区分组合的可能性与不可能性……根据构词词缀与生产词干组合特点，可以分出 5 种限制因素：语义限制、形式限制、修辞限制、词汇限制和构词限制。"（Е. А. Земская 1973: 194–207）这 5 种限制因素决定了构词词素与生产词干的组合能力。其中，词素语义限制在于，这些词素只与具有共同语义特征的词干组合。在语言实践中，不存在与任何词干都能组合的词缀，哪怕它们属于某一特定词类。为了使构词词缀与生产词干成功组合，

必须使它们语义相容。

4.1 语义不变词缀与生产词干的语义关系

4.1.1 语义不变词缀与生产词干自由组合

相较于语义变体词缀，语义不变词缀与生产词干的组合更加自由，但是这种组合也是有限制的。"在名词派生动词过程中，动词语义不变后缀 -и-, -ова- /-ирова-/-изирова-/-изова-, -нича-/-ича-, -ствова- /-ествова-, -a₁- 通常不与完全没有呈现出构词积极性的名词组合，即不与带主观评价后缀的名词及集合名词等组合。"（И. С. Улуханов 2004: 228）此外，每个后缀都有自己的选择特性，也就是说，这些后缀与生产词之间具有某种特定的分配组合规则。俄语大多数动词都带后缀 -и-, -нича-, -ствова-，这些后缀在动词派生中最为能产。后缀 -ова- 及其词素语义变体 -ирова-, -изирова-, -изова- 使用率和能产度较低。-ирова- 只与少数生产词干组合，паразитировать（寄生），конвоировать（护送，护航），эскортировать（护送），пикетировать（巡查，纠察），патрулировать（巡逻，纠察）等。也见个别特殊组合，фонтанировать（喷涌，喷射），экранировать（屏蔽）。后缀 -a₁- 是不能产后缀，仅参与个别词干组合。

根据卡吉卡洛娃的观点，与后缀 -и-, -нича- 组合的动词和与后缀 -ствова- 组合的动词主要有两点区别：1）表示手艺、小手工业等倾向于具有体力因素的动词与后缀 -и-, -нича- 组合，бондарить（制木桶，以制木桶为业），бурлачить（拉纤，当纤夫），столярить（当木工，做木工活），шахтерить（干矿工活，当矿工），водовозничать（运水，当运水工人），гончарничать（从事陶器业，当陶工），полотерничать（给地板打蜡，当地板打蜡工人），токарничать（当车工，做车工活），ямщичничать（当马车夫，干马车夫这一行）等；2）表示职务、活动等倾向于具有智力因素的动词常与 -ствова- 组合，президентствовать（任总统），генеральствовать（当将军），ректорствовать（任大学校长），репортерствовать（当记者），режиссерствовать（当导演），редакторствовать（当编辑）等（Э. П. Кадькалова 1967: 8）。

然而，我们发现，卡吉卡洛娃所说的这两种区别也有例外。在第二种情况中，某些表示职务、活动的动词词干也与后缀 -и- 组合，既见于不常用的旧词，也见于某些新词，княжить（统治公国），царить（当沙皇，称帝），государить（统治国家，当皇帝），атаманить（当首领）；капитанить（当船长），инженерить（当工程师），комиссарить（担任委员），бригадирить（当队长），полководить（当统帅）等。

同一个生产词干可以与不同语义不变词缀组合，同一个生产词干既可以与后缀 -и- 组合，也可以与后缀 -нича- 组合，столярить→столярничать（当木工，做木工活），слесарить → слесарничать（当钳工，做钳工活），портняжить→портняжничать（当裁缝，干裁缝活），малярить→малярничать（当油漆粉刷工），скорняжить → скорняжничать（当毛皮匠），кухарить→кухарничать（当厨师，给人做饭）等。当然，同一个词干也既可以与后缀 -и- 组合，也可以与后缀 -ствова- 组合，царить — царствовать（为王，称雄，主宰）。试比较："Царила всемогущая Тамар..."（万能的塔玛尔高高在上……）；"Царствовала в Грузии Тамар"（М. Квливидзе）（在格鲁吉亚塔玛尔主宰一切。）

表示行为举止的动词中，-нича- 成为使用频率最高的能产后缀，其次是 -ствова-，能产度最低的是 -и-, -ова-。大多数带后缀 -нича- 的动词表示否定评价行为，мошенничать（骗人，行骗），жульничать（诈骗，捣鬼），шалопайничать（不务正业，游手好闲），повесничать（调皮捣蛋，淘气），нахальничать（胡作非为，无理取闹），ловеласничать（拈花惹草），двурушничать（耍两面手腕），похабничать（说下流话），охальничать（耍无赖，胡作非为），пакостничать（干坏事，作恶），верхоглядничать（不求甚解，粗枝大叶）等。

某些表行为意义的动词也带后缀 -ствова-，сумасшествовать（举止疯狂），краснобайствовать（说空话），стихоплетствовать（写拙劣的诗）等，但是在这个意义上使用频率不高。至于后缀 -и-，只见于少数表行为意义的动词中，хулиганить（耍流氓），фиглярить（刻意做作），сумасбродить（举止乖张），фанфаронить（吹牛），франтить（穿戴考究），смутьянить（煽动闹事）等。

4.1.2 同一语义不变词缀与不同词干组合构成同义词

бездельничать（游手好闲），лентяйничать（偷懒），лодырничать（游手好闲），лоботрясничать（游手好闲），дармоедничать（好吃懒做），тунеядствовать（游手好闲），паразитировать（不劳而食）；скряжничать（非常吝啬），копеечничать（小气，吝啬），скупердяйничать（吝啬），

жмотничать（抠门儿，小气），нахлебничать（寄居，寄人篱下）。例如：

① Работать лень, трудом хлеба добывать не охота, ну и лезут в скиты **дармоедничать**…（П. И. Мельников-Печерский）懒得工作，不愿意工作谋生，那就去隐修院过好吃懒做的生活吧。

② — Стар стал и к труду совершенно не пригоден, между тем **дармоедничать** стыдно…（А. А. Нильский）我年龄大了，完全不适合工作，同时还羞于好吃懒做……

③ — В колхозе надо работать, а не **тунеядствовать**, — назидательно говорил деду Филату незнакомый представитель в фуражке с дубовыми листьями.（Б. Можаев）"在集体农庄应该劳动，而不是游手好闲，"戴着有橡树叶图案大檐帽的一位陌生人代表对菲拉特爷爷教训地讲道。

4.1.3 同一词干与不同词缀组合

сибаритствовать（过奢侈逸乐的生活）— сибаритничать（过奢侈逸乐的生活）；сумасбродствовать（举止乖张，喜怒无常）— сумасбродничать（任性）— сумасбродить（喜怒无常）；самодурствовать（刚愎自用，恣意妄为）— самодурничать（专横，恣意妄为）；фиглярствовать（装腔作势）— фиглярничать（刻意做作，装模作样）— фиглярить（矫揉造作，扭捏作态）；гаерствовать（作怪态，出洋相）— гаерничать（故作丑态）；скопидомничать（爱财如命，节省到吝啬）— скопидомствовать（吝啬，过分节俭）；крохоборничать（把各种小东西据为己有，舍本逐末）— крохоборствовать（专注小利小害，舍本逐末）等。

少数动词是由表示动物或非动物名称或自然现象名称的词派生的，它们中大多数带后缀 -и-，如 парусить［（风）吹起，鼓起；承受风力］，семафорить（打信号），пружинить（有弹力，有弹性）；вьюжить（风雪大作），буранить（暴风雪肆虐），дождить（下雨，降雨）等，有时也带后缀 -и-，-нича-，-ова-，козлить〈航〉（跳跃，跳动），мышковать（捕鼠），попугайничать（鹦鹉学舌）等。还有一些如 пижон（纨绔子弟，花花公子），пустозвон（好说空话的人，好闲扯的人），зубан（爱嘲笑人的人），балда（蠢货，笨蛋）等表现力很强的名词也与后缀 -и- 组合派生相应动词。例如：

① — Ты уже четыре года занимаешься наукой, даже что-то придумал, а я не могу для себя решить, что самое важное.

— Пижонишь. (С. Ласкин)

—你已经研究学术四年了，也琢磨出了一些东西，我不能替你决定什么是最重要的。

—你像个纨绔子弟。

② Удобрения — первая моя забота. Не все допирают, больше-то *пустозвонят* вместо дела. (Д. Девятов) 肥料是我最担心的。不是所有人都能明白，更多的是用**夸夸其谈**代替实际行动。

③ — Хватит тебе *зубанить-то*, — одернул его Степан Андреевич. (Ф. Абрамов) "你**瞎说够了**，"斯捷潘·安德烈耶维奇制止了他。

④ Ну, довольно балдить. (В. Андреев) 嗯，真够蠢。

此外，带 -ак-, -ач- 的表评价意义名词通常只与后缀 -и- 组合派生相应动词，如 чудачить（行为古怪，举止荒诞），лихачить（逞能，争强好胜），левачить（捞取外快，损公肥私）："Он шоферил, да к тому же лихо, до дерзости, любил *левачить*." (А. Адамов)（他当司机，并且很恶毒，喜欢损公肥私。）

并非所有带 -ачить 的动词都由带后缀 -ач- 的名词与后缀 -и- 组合派生而成，如 ведьмачить（做巫婆，干妖婆勾当）由 ведьма（女妖，巫婆）派生："Мать Натхина рассказывала соседям, что ее невестка *ведьмачила*." (В. Семин)（纳特辛妈妈给邻居们讲了她的儿媳妇当过巫婆。）

лешачить（行为怪诞）或许是由方言中的词 лешак（怪物，树妖）派生，但通常认为是由标准俄语中的 леший（怪物，树妖）派生而来："Вот какая упрямая, вот старушонка!.. В ее ли годы под таким дождем *лешачить* в лесу?" (Ф. Абрамов)（这是多么固执的老太婆！她这个年纪顶着雨在树林里做出奇怪的行为。）

以上我们分析了生产词干与语义不变词缀的组合规律。在这些规律中，-н-、-ов-、-ск-、-ник-、-щик-、-автор-、-ист-、-ак- 等静词词缀显现出相似的规律性。其中，后缀 -ов-(ый) 不与表示人称的词组合，相反，后缀 -ск-、-н- 与表示人称的词组合，但是组合结果是不同的：由表人称的名词派生的带后缀 -ск- 的形容词意义比较宽泛，可以是从属于具体某个人的，或者某个群体的，如 кунацкий（盟友的），或者与某个人物相关的思想流派的，如 ленинский（列宁的，列宁主义的），толстовский（托尔斯泰主义的，托尔斯泰式的）；由表人称的名词派生的带后缀 -н- 的形容词不表示从属于某个具体人称的，而是由该人称完成的活动种类，如 слесарный（钳工的），инженерный（工程的），токарный（车床的）等。

4.2 语义变体词缀与生产词干的语义关系

生产词与语义变体词缀组合时的语义限制多于与语义不变词缀组合时的限制，我们以表开始意义的带语义变体后缀的动词为例，揭示语义变体词缀与生产词干的语义关系。

4.2.1 语义变体后缀 -ну₁-, -а₂-, -е- 与生产词干的语义关系

与生产词干组合表开始意义后缀 -е- 为能产后缀，带语义变体后缀 -ну₁-, -а₂- 的动词并不多见，主要有 глохнуть（变聋），горкнуть（发苦），дрябнуть（变为松软），дряхнуть（衰老，衰弱），киснуть（发酸），крепнуть（变得坚固），мокнуть（受潮），пухнуть（浮肿，肿胀），сипнуть（变嘶哑），слабнуть（变弱），сохнуть（变干），тихнуть（安静下来），тускнуть（暗淡下去），тухнуть（渐渐熄灭；腐臭），хрипнуть（渐渐变嘶哑），чахнуть（萎蔫，枯萎）；ветшать（陈旧），дичать（变得荒芜），легчать（减弱，减轻），нищать（陷入贫困），площать（搞错，疏忽大意），тишать（渐渐寂静），тощать（消瘦，变瘦），холодать（冷起来，受冷），худать（消瘦，变瘦）。与后缀 -а₂- 随机组合的数量也不多见，如 "Ночи понемногу кратчали."（А. Платонов）（夜有些变短了）；"Глаза его строжали."（Ю. Полунин）（他的眼神严厉起来）。

后缀 -ну₁- 显然不是能产后缀。有时后缀 -е- 与 -а₂- 可与同一词干组合，построжать/ построжеть（变得严厉）："Потом у нее построжел и взгляд и голос."（Н. Жернаков）（而后他的声音和眼神变得严厉起来。）

《俄语语法》（1952）描述道：所有性质形容词和大多数名词可借助后缀 -е- 构成表"成为，变成"共同意义的动词（«Грамматика русского языка», т. Ⅰ. 1952: 540）。性质范畴无疑有助于研究这类动词的形成，因为性质形容词具有程度变化特征，而关系形容词只在表达性质意义时才能充当生产词。деревянный（木质的，木制的）转义为"呆板的，迟钝的"时，才能派生同根动词 деревенеть（变硬，僵硬）；каменный（石头的）转义为"无生气的，呆板的"时，才能派生动词 каменеть（变得无生气，变得呆板），而

каменеть 表"变得像石头一样坚固"义项时，由名词 камень（石头）派生；стеклянный（玻璃的）转义为"像玻璃一样的"时，派生动词 стекленеть（变得像玻璃一样）；свинцовый（铅的，含铅的）转义为"灰暗的，阴沉的"时，派生动词 свинцоветь（变得阴沉）。例如：

① Все зеленеет и зеленеет на западе, просинь открывается, воздух *стекленеет*.（Ю. Казаков）西边越来越绿，其中露出点蓝色，空气变得像玻璃一样。

② Вода... начинала брать краски у неба, *свинцоветь* на глубинах и на просторе.（В. Фоменко）水给天染上了颜色，远处的广阔天空变得阴沉灰暗。

当名词为生产词时，它们中大多数在语义上都具有形容词特征。换言之，具有性质特征或主观评价色彩的名词占多数，хам（无耻之徒，下流货）派生出动词 хаметь（变得无耻，变得下流）。这些意义在语义上通常与名词基础意义相关，而并非臆断出来。名词 зверь（野兽）转义为"残酷、凶猛的人"，构成派生动词 звереть（变得像禽兽一般，变得冷酷无情）等。

然而，远非所有性质形容词与后缀 -e- 组合都能派生相应动词，性质形容词之间存在某种词汇意义限制。开始意义动词表明行为主体在逻辑关系上是被动的，这些词具有特征变化意义且以行为主体积极行为为前提，所以不易构成这些动词。现以一对反义词为例进行说明：грязный（脏的，不干净的）—чистый（清洁的，干净的），前者有相对应的开始意义动词 грязнеть（变脏），而后者则没有。有意思的是，形容词这一语义特征同时也体现在这些形容词间接派生的反身动词中，грязниться（变脏）等。

再看以下例词：тяжеловатый（有点重的）— тяжелый（重的）—тяжеленный（相当重的）；толстоватый（稍胖的）— толстый（胖的）—толстенный（很胖的），其中，只有 тяжелый/толстый 可构成带后缀 -e- 的动词 тяжелеть（变重）和 толстеть（变胖）。这说明，带程度特征后缀 -оват-、-оньк-、-енек-/-онек、-охоньк-/-ошеньк-、-усеньк-、-ущ-、-енн-、-ейш-/-айш- 的形容词不能构成带后缀 -e- 的动词。

带后缀 -к- 的性质形容词表"容易的，易于的"等特征，也不能与后缀 -e-组合派生相对应动词，如 ломкий（易折断的，易破碎的），плавкий（可熔化的，易熔的），шаткий（不稳的，易摇晃的），тряский（易受震动的），липкий（有黏性的），мылкий（起沫多的）等。

4.2.2 语义变体前缀与生产词干的语义关系

前缀与生产词干组合时，前缀语义一定程度上决定了生产词干与其他词素的组合。同时，生产词的词汇意义也会影响生产词干与其他词素的组合。形容词和后缀 -е- 派生的动词优先与表示完成意义的前缀 о-, об-, за- 等组合，而与其他前缀 ис-, пере-, про-, раз-, рас- 等组合的数量不多，主要有 иструхляветь（朽烂成碎屑）；пережелтеть（变黄，发黄），перечерстветь（变成又干又硬）；протрезветь（渐渐清醒），прояснеть（放晴）；разбогатеть（发财），рассвирепеть（猛烈起来，凶猛起来），растолстеть（变得非常肥胖）等。

前缀 о-, об-, за- 不是与所有带后缀 -е- 表开始、变化意义的动词都可以组合的。前缀 о-/об- 优先与带后缀 -е- 具有否定、负面评价意义的动词组合，如 обалдеть（发呆，发傻），обеднеть（变穷），огрубеть（变粗糙，变粗硬），огрузнеть（变得过胖，变得笨重），одряблеть（变松弛），одряхлеть（变衰老），одуреть（变糊涂，变得愚蠢），ожиреть（发胖，肥胖起来），окосеть（变成斜眼，变成独眼），окоченеть（变僵硬），омертветь（麻木，呆滞，发呆），омрачнеть（变得阴沉，变得忧郁），опаршиветь（长癣，变坏），оподлеть（日趋堕落），ополоуметь（精神错乱），опостылеть（使人厌恶，令人反感），опошлеть（变得庸俗），опротиветь（使人厌恶，令人厌烦），опьянеть（喝醉），оробеть（胆小，羞怯），освирепеть（变得凶残），оскудеть（变穷困），ослабеть（变虚弱无力），отупеть（变呆滞），отучнеть（发胖），отяжелеть（变重），охрометь（成为跛子，瘸起来），очерстветь（变得干硬），очуметь（发傻，发呆），ошалеть（变糊涂，变傻），обмелеть（变浅，变得微乎其微），обнаглеть（变得蛮横无理）等。前缀 о-/об- 有时也可与表中立或肯定评价意义的生产词组合，但是数量不多：оздороветь（恢复健康，痊愈），округлеть（变得丰满），осмелеть（变得勇敢起来），отрезветь（清醒过来），оледенеть（结冰，冰封），остекленеть（变得呆滞无神）等。

前缀 за- 优先与以下带后缀 -е- 的动词组合：загустеть（变稠，变浓），задеревенеть（变硬），задряхлеть（变得衰老），задубеть（变硬），зажиреть（长肥），закаменеть（变硬，变得像石头一样硬），закоснеть（停滞于，陷于），закостенеть（僵化，僵硬），закоченеть（冻僵，冻硬），заледенеть（冻硬），

заиндеветь（上霜），занеметь（发麻，麻木），затвердеть（变硬，硬化），затяжелеть（变得沉重起来），зачерстветь（变干硬），зачугунеть（变得像铁一般沉重），закуржаветь（蒙上霜），заугрюметь（变得忧郁）等。

前缀 по- 与前缀 о-/об-, за- 一样，不仅能与表完全变化意义的带后缀 -e- 的动词组合，也可以与表相对变化意义的动词组合。但有些动词不能与前缀 по- 组合：дуреть（变糊涂，变得愚蠢），злеть（凶恶起来），подлеть（日趋堕落），постылеть（令人厌恶），пошлеть（变得庸俗下流），свирепеть（凶猛起来），сквернеть（变坏，变得可恶），скудеть（变贫乏），спесиветь（变得骄傲自大），тупеть（变迟钝），угрюметь（忧郁起来），богатеть（发财），милеть（变得可爱），коснеть（处于停滞状态），мерзеть（变得令人生厌），сытеть（吃饱），юнеть（变年轻），хрометь（成为跛子，瘸起来），деревенеть（变硬，发硬），стекленеть（变得像玻璃状）等。多数情况下，前缀 по- 与上述例词存在组合限制。

语义变体词缀与生产词干组合不仅与生产词的词汇意义相关，而且还取决于生产词的语法意义。除生产词的词类，体范畴也会对组合关系产生一定影响，如表开始意义或行为延续意义的前缀只与未完成体动词组合等。

动词特定的语义特征使动词要与特定意义前缀组合。表方位意义前缀只与目标或方向明确的动词兼容，如带前缀 пере- 的动词表示"行为从一个地点到另一个地点或经过某物体或空间"：переехать（越过，穿过），перенести（搬过），пересесть（移坐，挪坐），перелить［（从一个容器）倒到（另一个里去）］，перебросить（扔过，投过）等。在转义情况下，пере- 既可与表具体物理行为的动词组合，也可与表信息、信号传递的动词组合，пересказать（复述，转达），перешепнуть（小声转告）等；可与表描写意义的动词组合，переписать（抄写，重抄），перерисовать（临摹，重画），перечертить（重新绘制）等；也可与表破坏意义的动词组合，перерезать（割断，割破），перерубить（砍断）等。пере- 的以上义项表明，这些义项之间既有一定的理据关系，同时也有细微差别，这些差别并不影响前缀的语义。前缀本身基本上不表示动作行为，只表示生产词行为的特定方向或其他意义。

пере- 表方位意义时与其他表方位意义前缀一样，与一次体动词组合；与多次体动词组合，则表分配意义。пере- 表示"重新完成"意义时，带该前缀动词通常由有行为结果导向意义的积极动词派生，клеить（粘，糊）→ переклеить（重贴），красить（染）→ перекрасить（重新油漆，重新粉刷），утюжить（熨平）→ переутюжить（重熨），проверить（检查）→ перепроверить（重新检查），сочинить（创作，写作）→ пересочинить（重写，改写），звонить（打电话）→ перезвонить（重新打电话）等。而像глохнуть（变聋），светать（黎明，变亮），гаснуть（逐渐熄灭，变暗），белеть（发白，变成白色），шуметь（喧嚣，吵闹），гостить（做客）等，这类词不表示有目的、有针对性的行为，所以不能派生出以上类型动词。гладить只有表示"（用熨斗）熨平，熨好"意义时，才能派生перегладить（重新熨好），表示"抚摸"意义时，就无相对应带前缀пере- 派生的动词。

пере- 表"过于，过度"意义时，带该前缀的动词通常由表完成行为意义的词派生，且这个完成行为没有使客体发生质的变化，如зреть（逐渐成熟）→ перезреть（过熟，熟过头），насытить（让吃饱）→ перенасытить（使过于饱和），стараться（努力）→ перестараться（过于努力），утомить（使疲劳）→ переутомить（使疲劳过度）等。而像слепнуть（失明），гаснуть（熄灭），терять（丢失），губить（毁坏），морить（毒死）这些表示单向不可逆行为的词不能与前缀пере- 组合派生新词。

пере- 表"超过，胜过"意义时，带该前缀的动词通常表示强度不同的行为一方超越、强过其他方，кричать（叫喊）→ перекричать（大声说压住），спорить（争论，争辩）→ переспорить（争论赢，说得过），例如：

① Пышногрудая девица *переплясала* трех парней.（В. Шукшин）胸部丰满的少女比三个小伙子跳得都好。

② Я порадовал своих сожителей сообщением, что могу перехрапеть их всех, и завернулся в одеяло.（Б. Полевой）听说我的鼾声能够盖过他们，同住的人很高兴，我又回到了被窝里。

5. 聚合关系中语义不变词缀、语义变体词缀与生产词干的语义关系

相较于词、词组、句子等语言单位，词素语义十分抽象，不能进一步切分为更小的表意部分。我们尝试把抽象问题具体化，以语义不变后缀 -ова-/

-ирова-/-изова-/-изирова-, -и-, -а₁-, -нича-/-ича-, -ствова-/-ествова- 和语义变体后缀 -е-, -ну₁-, -а₂-, -а₃-/-ка- 为例，分析俄语词素语义问题。

5.1 语义不变词缀的语义关系

语义不变词缀的语义关系主要指聚合关系中语义不变词缀表达完全同义和部分同义关系。完全同义词缀是指语义上完全一致的词缀，如后缀 -ов/-ни 等；而部分同义词缀指在语义上只有部分重合的词缀。俄语大多数语义相同或相近构词词缀均属部分同义词缀。多义词缀可以在一个语义上同义，也可以在几个语义上同义。

语义不变词缀语义关系可能是完全同义的，也可能是部分同义的。在构词词缀中完全同义的词缀相对比较少，这些词缀都表达与生产词有某种关系的构词意义，按照一定的规则与生产词干组合。有些意义只可借助一个词缀表示，而不能借助其他词缀表示。后缀 -н- 通常表性质意义，如 шум-н-ый（嘈杂的，喧闹的），жир-н-ый（油脂的，多油的），以及关系意义，如 апельсин-н-ый（橙子的，用橙子制的）。后缀 -ов- 只表达关系意义，如 шум-ов-ой（噪音的，杂音的），жир-ов-ой（含脂肪的，脂肪的），апельсин-ов-ый（橙子的，用橙子制的）等。

后缀 -нича-/-ствова- 和 -и-/-ова- 为部分同义词缀。后缀 -и-/-ова- 意义比 -нича-/-ствова- 更加宽泛，既有 4 个词缀的共同意义，важничать（妄自尊大），упорствовать（固执），хитрить（耍滑头，耍花招），лютовать（逞凶，发威）等，也有后缀 -и-/-ова- 能表达，而 -нича-/-ствова- 无法表达的意义，如分配意义等。试比较：

① *Важничал* в дворне, не давал себе труда ни поставить самовар, ни подмести полов.（Гончаров）在仆人中间妄自尊大，既不屑于摆茶炊，也不屑于扫地。

② Принялись мы торговаться; Филофей сперва *упорствовал* потом стал сдаваться, но туго.（Тургенев）我们开始讨价还价；起初费罗飞坚决不让步，后来开始让步，但是不爽快。

③ *Хитрит* перед всяким покупщиком.（Шушкин）在所有买主面前都要花招。

④ Кричит, *лютует*, то на того, то на другого кидается с бранью, с руганью. (Печерский) 大喊大叫，发威耍飙，一会儿骂这个，一会儿骂那个。

5.2 语义变体词缀的语义关系

语义变体词缀的语义关系主要指聚合关系中变体词缀表现为完全同义及部分同义关系。此时，变体词缀可能完全同义，也可能部分同义。语义变体词缀的语义关系多通过前缀来实现。前缀 o-/об- 表同义关系：1）围绕，包围某物，обежать（围跑），осыпать（从四面撒上，洒满），объехать（环绕而行）；2）在某物旁边，оплыть（游泳或航行绕过），обойти（绕过）；3）行为分布在多个客体上或一个客体范围内的多个地方，обегать（跑遍各处），облетать（飞遍各地）；4）完成体意义，обеспокоить（烦扰，打搅），обменять（交换）огрубеть（变粗糙）等。还有两种意义是前缀 об- 具有，而 o- 不具有的，一是借助生产词行为超过行为的另一个完成者：обыграть（赢，获胜），二是表达"给……带来损失"，обсчитать（故意算错少给），обмерить［少量尺寸欺骗（买主）］。例如：

① Шутя и балагуря, хозяин старался *обсчитать*. (Горький) 老板一边开着玩笑，一边想方设法故意算错。

② — Чего не вылезаешь-то. *Обмерил*? — *Обмерил*, — сердито ответил Митька. "你怎么不出来呢？短斤少两了吧？""是短斤少两了，"米吉卡生气地回答。

前缀 вы-/из- 的共同意义：1）借助生产词行为"把……分出来"，выгрузить（卸下，卸载），выгнать（逐出，赶出），изгнать（驱逐），излить（洒出，流出）；2）生产词行为的强度，вылизать（舔光，舔净），вымазать（涂上，抹上），иззябнуть（冻透），иссохнуть（干涸，枯萎）；3）完成意义，вылечить（治愈），вызубрить（背熟），излечить（治愈），изжарить（煎好）等。

除上述意义外，这些前缀的其他意义是不同的。带前缀 вы- 的动词表达的意义还有：1）借助生产词意义表"获得、找到某物"，выиграть（赢），высудить（打赢官司而获得），"Помнишь, как играли в шашки; ведь я *выиграл*." (Гоголь) （还记得吗，有一次我们下跳棋，要知道，可是我赢了）；2）在一段时间内经得起、忍受某事，выжить［（重病、重伤之后）活下来，经受］，высидеть［坐（若干时间）］，выстоять（经受住，忍受住）等，如

"Все, что я *выжил* в первые дни моей каторги, представляется мне теперь как будто вчера случившимся." (Достоевский) (我服苦役最初的那些日子终于熬过去了，现在想起来恍如隔日。)

带前缀 из-/ис- 的动词既表示生产词在多个客体上或一个客体多个方面的扩大行为，избегать（跑遍），избороздить（犁出许多犁沟）等；又表示消灭、花费或使用完某物，исстрелять（射尽，打完），如 "*Избегав* три улицы..., Стрижин побежал в аптеку: авось поможет аптекарь." (Чехов) (斯特里仁跑遍了三条街……，又跑到了药店：万一药剂师能帮上忙呢。)

前缀 за-, вз- 具有 "开始某行为" 的相同语义要素，взволноваться（起波浪，掀起波涛），заволноваться（波动起来，骚动起来），взвыть（动物嗥叫起来）等，但是两者的区别在于，вз- 还表示程度大或者突然、意外意义，вздорожать（涨价），взмокнуть（湿透，浸透）等。вз- 的这个意义还可以通过比较 вздорожать, подорожать 两个词体现，同为 "涨价" 之意，可以说 сильно вздорожать（涨得厉害），但是不说 *немного вздорожать（有点涨价），但可以说 сильно подорожать（涨得厉害），немного подорожать（有点涨价）。

前缀 пере-, по- 具有 "全部或多个客体或者由全部或多个主体完成的多次行为" 的相近语义要素：переглотать〈口〉［几口吞下（全部或许多）］，перепробовать［尝（许多）］，перегаснуть［（所有或许多灯）一个接一个熄灭］，перебывать［（所有或许多人）到，访问］，перездороваться［与（全体、许多人或彼此间）打招呼，问好］；повывезти［运出（全部或许多）］，померзнуть［（全部或许多）冻死，冻坏］，повскакать［（全体或许多人）跳起来］，полопаться［（全部或许多东西）破裂］，повыбежать［（全体或许多人）一个个地跑出来］等。

除上述相近意义外，пере-, по- 还表不同的意义：1）仅与前缀 по- 组合。大多数由开始意义动词派生的带前缀 по- 的动词表示完全或相对的变化标志，покраснеть（变得越来越红），помрачнеть（变得越来越昏暗），посмелеть（变得勇敢些）等，пере- 不具有这个语义要素。2）仅与前缀 пере- 组合。某些无前缀动词表 "分配" 义项时，只与 пере- 组合，而不能与 по- 组合，белить（刷白，漂白）→ перебелить（重新粉刷），брить（刮，剃）→ перебрить（重刮，重剃），гасить（熄灭）→ перегасить［熄灭（全部或许多）］，гаснуть

（熄灭）→ перегаснуть［（所有或许多灯火）一个接一个地熄灭］，гибнуть（消失）→ перегибнуть［（许多人等）一个一个地死去］，гладить（熨平）→ перегладить（重新熨平），губить（毁坏，毁灭）→ перегубить［杀死，杀害（全部）］，дарить（赠予，赠送）→ передарить［（陆续）赠送（全部或许多）］，браться（抓住；拿起；着手）→ перебраться（迁移，换一个地方），жалеть（怜悯）→пережалеть［怜悯（全部或许多）人］，жертвовать（捐献，捐赠）→пережертвовать［捐献，捐赠（全部或许多）］，знакомить（介绍认识）→ перезнакомить［介绍（许多人）彼此认识］，золотить（镀金，涂成金黄色）→ перезолотить［把（全部或许多）都镀上金］，кормить（喂养，供养）→ перекормить［喂（全部或许多）］，мыть（洗）→перемыть［洗净（全部或许多）］，пробовать（尝，尝试）→ перепробовать［尝（许多）］，стирать（洗涤；擦去）→ перестирать［洗好（全部或许多）］，целовать（吻）→перецеловать［吻遍，吻（许多人）］，чистить（清洁）→ перечистить［洗净，擦净（全部或许多）］等。而上述动词与前缀 по- 组合时不表分配意义，仅表完成意义。

许多动词可与不同词缀搭配。此时，与一个词缀组合产生的意义可能会阻碍与另一个词缀组合时的意义。同样以 пере-, по- 为例，переарестовать［逮捕（全部或许多）］= поарестовать всех；перебить［打死（全部或许多）］= побить всех；перевалять［滚动（全部或许多）］= повалять все；переграбить［抢劫, 洗劫（全部或许多）］= пограбить все；передавить［压死，压坏（全部或许多）］= подавить всех；переделать［做, 改造（全部或许多）］= поделать все дела；переколоть［劈开, 破开（全部或许多）］= поколоть все дрова；перекосить［割掉（全部或许多）草］= покосить всю траву；переклевать（啄光［全部或许多］）= поклевать все зерна；переморить［饿死，弄死（全部或许多）］= поморить всех；перепачкать［弄脏，弄污（多处）］= попачкать все белье；перерубить［砍死，砍伤（全部或许多）］= порубить всех；перештопать［织补，补缀（全部、许多或多处）］= поштопать все носки 等。例如：

① Если не пойдете, сейчас же на месте всех *переарестуем*!（Н. Островский）如果你们不去，我们立即把所有人就地抓起来！

② Катюше было много дела по дому, но она успевала все *переделать* и в свободные минуты читала.（Л. Толстой）喀秋莎有许多家务事，但她不仅全都做完了，还有空闲时间读书。

前缀 по- 与一些词搭配时还表"大量"意义，побелить все потолки（把全部天花板刷白），погасить все свечи（熄灭所有蜡烛），все цветы погибли（所有花凋谢了），погладить все белье（熨所有衣服）等。为什么前缀 по- 与某些动词组合时表"分配"意义，而与另一些动词组合时却表"完成"意义？显然，这一问题只能从历时视角分析。共时方法只能说明，по- 与生产词干搭配时表示单纯完成行为，通常情况下这一行为也可通过其他方式表达，这种情况下 по- 多表"分配"意义，试比较：побудить［叫醒（全体或许多人）］— разбудить（будить 的完成体），повянуть［（全部或许多）枯萎，干枯］— завянуть（вянуть，завядать 的完成体），пограбить［抢劫，掠夺（全部或许多）］— ограбить（грабить 的完成体），подавить［压倒（全部或许多）］— раздавить（压坏，挤坏），поделать［完成，办成（全部或许多）］— сделать（делать 的完成体），подушить［掐死，憋死（全部或许多）］— задушить（душить 的完成体），поколоть［砸碎，弄碎（全部或若干）］— расколоть（劈开，砸开），порубить［砍掉（整个或许多）］— зарубить（砍死，劈死），поштопать［织补好（全部或许多）］— заштопать（织补）等。

5.3 语义不变词缀与语义变体词缀的关系

语义不变词缀意义往往通过简化出带该词缀词的非生产词部分中的语义常体来确定，但是区分带后缀 -и- 的动词或者带后缀 -н- 的形容词与生产词的关系时，可能很难回答这样的问题：该后缀能否表达任何行为关系或者生产词特征，是否存在借助这些后缀不能表达的关系？这个问题可以通过分析这些词类借助语义变体后缀意义解决。带语义变体后缀 -и-, -нича-, -ствовать-, -ова- 的动词不能表达开始意义，即不能表达 -е-, -ну₁- 等语义变体后缀表达的意义；也不能表达发生意义。换言之，带语义不变后缀的动词和由同种构词类型构成的带语义变体后缀的动词表达不同的构词语义。由同一个词派生的动词不可能具有一样的意义，倘若它们中一个带语义不变后缀，那么另一个则带语义变体后缀。后缀 -и-, -е-：веселить（使快活，使开心）— веселеть（快活起来，开心起来）；-и-, -ну₁-：слепить（使失明，晃眼）— слепнуть（失明）；-и-,

-a₂-: мельчить（弄碎）— мельчать（变小，缩小）; -ова-, -е-: жировать［（鸟、兽、鱼等）觅食吃饱长肥］— жиреть（发胖，肥胖起来）, пустовать（空闲）— пустеть（变空）; -ствовать-, -е-: свирепствовать（逞凶）— свирепеть（变得凶残）; -a₁-, -е-: хромать（瘸, 蹩脚）— хрометь（瘸起来）等。试比较下例中具有相同生产词干但分别带语义不变词缀和语义变体词缀词的语义差别:

① Слово за слово, и они ссорились серьезно: Маша быстро *свирепела* и бросалась на Илью с намерением поцарапать его.（Горький）话赶话他们吵得很厉害: 玛莎很快暴怒起来，向伊利亚扑去，企图挠他。

② В Сибири *свирепствовали* карательные отряды.（А. Новиков）讨伐队在西伯利亚胡作非为。

③ Я с тоской смотрел, как *пустела* моя квартира, из нее понесли мебель.（Гончаров）我惆怅地看着我的房间变空了，家具都从里面搬走了。

④ Весна пришла, земля *пустует*; сеять нечем.（Л. Толстой）春天来了，地还闲着; 没有种子可种。

然而，语义不变词缀与语义变体词缀之间可能还存在另外一种相互关系，它们可能是部分同义的，这种现象存在于许多形容词和名词后缀中，但不出现在动词后缀中。语义变体后缀 -н-(я) 的部分意义（表人意义），语义不变后缀 -ник-, -тель 也可以表达; 语义变体后缀 -чанин- 具有"居民或者从某地移来的人"意义，语义不变后缀 -ец 也可表达该意义等。

5.4 同一词缀间的语义关系

同一词缀间的语义关系是指相同词缀表达的不同义项关系。同一词缀全部语义要素及其在不同义项下的组合原则在动词前缀中得到充分体现。现以前缀 вз- 表达的 4 个语义要素揭示它们之间的相互关系，详见表 2。

表 2　前缀 вз- 表达的 4 个语义要素

语义要素 ＼ 动词类型	взлететь（飞起）	вспениться（起泡沫）	взволноваться（起波浪，激动不安）	взмокнуть（出汗）	вспотеть（出汗）
行为方向向上	+	+	—	—	—
行为强度大	—	+	+	+	—
行为开始	—	+	+	—	—
行为完成	+	+	+	+	+

从上表不难看出，动词 вспениться 包含全部 4 个语义要素："Облака *вспенивались* ввысь, в зенит."(Д. Холендро)（云朵向上漂浮，到达了天顶。）

前缀 вы- 借助生产词行为表"到外面，出去"意义，如 выйти（走出），вывезти（运出），выгнать（逐出），вылететь（飞出）等，而在动词 выиграть（赢得，中奖），высидеть〔（在一个地方、家里坐着）获得〕中表"获得，得到"意义。有些带该前缀的动词在一些特定语境中包含以上两种意义，выловить бревна из реки（从河里打捞出原木）既包含了从河里"捞出来"的义项，又包含了"获得"原木的意义。再如，выварить соль из морской воды（从海水里熬出盐来），вырыть клад из земли（从地下挖出宝藏），высверлить（钻出），"Рядом лежали *высверленные* из глубины степных недр круглые столбики — керны энергетических и коксующихся углей."（Л. Волынский）（旁边放着的是从草原地下深处挖出的小圆木桩，它们是焦煤和能量核心。）

上述带前缀 вы- 的 3 类动词语义关系见表 3。

表 3　带前缀 вы- 的 3 类动词语义关系

语义要素＼动词类型	выгнать（赶出）	выловить（捞出，捕获）	выиграть（赢得）
到外面，出去	+	+	－
获得，得到	－	+	+
动作完成	+	+	+

动词前缀 от- 的意义也不是唯一的，既表"分离"意义，отгнить（因腐烂而掉下），отгореть（因烧断而掉下），отколоть（砍下，劈下）等，也表"行为结果取消"意义，отдумать（改变主意），отсоветовать（劝止），отучить（使戒除）等。有些动词同时包含以上两个意义要素，表示把之前联结在一起的事物分离，отклеить〔（把粘着的东西）揭下来〕，открепить〔（把系着的东西）解开〕，отлепить〔揭下（粘着的东西）〕，отлипнуть〔（黏上或胶合的东西）脱落〕，отсоединить〔使（联结在一起的）分开〕等。

перепрятать（改藏在别处），переадресовать（改按新址发信），перенацелить（重新瞄准），переотправить（转运）等带前缀 пере- 的动词同时包含两个意义要素：一是从一点经过某物或空间到达另外一点，二是表示再次完成行为。例如：

① Надо незамедлительно *переадресовать* нас куда-то, где погода более или менее сносная. (М. Галай) 应该马上把我们送到天气多少能让人忍受的地方去。

② Он позвонил мне и сказал, что основную массу авиации придется *перенацелить* на другое направление — в полосу Приморского шоссе. (А. Новиков) 他打电话告诉我说，大批空军得重新瞄准另一个方向——沿海公路地带。

上述例证提示，无论何种语境下，前缀的多个语义要素都可以包含在同一个词中。而有些词缀在某种语境下仅表达一种意义，多个语义要素同时包含在同一个词中只在特定动态语境中体现，例如："Я надеюсь, что внимательно *передумав* весь вопрос, М. Н. Петерсон в основном вполне согласится со мной." （Л. В. Щерба） （我希望，对全部问题深思熟虑后，别杰尔松能够基本完全同意我的观点。）

在该例中，动词 передумать 包含前缀 пере- 的两个语义要素：一是借助生产词行为表示"反复"；二是"分布在多个客体上的行为"，这种现象只存在于特定语境中。

6. 结语

组合关系与聚合关系中的俄语词素语义研究表明，在组合关系中，不存在与任何词干都能组合的词缀，构词词缀与生产词干成功组合的前提是语义相容性。生产词与语义变体词缀组合时的语义限制多于与语义不变词缀组合时的限制。前缀与生产词干组合时，前缀词素语义某种程度上决定了生产词干与其他词素的组合，同时，生产词的词汇意义也会影响生产词干与其他词素的组合。在聚合关系中，语义不变词缀表达完全同义和部分同义关系，完全同义是指语义上完全一致的词缀，而部分同义是指语义上只有部分重合的词缀。

参考文献

［1］Виноградов В В и др. Грамматика русского языка［М］. т. Ⅰ. Москва:

Наука, 1952.

[2] Гумбольдт В фон. Избранные труды по языкознанию [М]. Москва: Прогресс, 1984.

[3] Земская Е А. Унификсы (об одном виде морфем русского языка) [J]. Вопросы филологии. К семидесятилетию со дня рождения профессора И. А. Василенко Уч. зап. МГПИ им. В. И. Ленина, 1969, (341).

[4] Кадькалова Э П. Границы и соотношение словообразовательных и оценочных глаголов с суффиксами -и-ть, -нича-ть, -ствова-ть в русском языке [D]. Автореферат дис. на соискание ученой степени кандидата филологических наук. Москва: МГУ, 1967.

[5] Кронгауз М А. Семантика [М]. 2-е изд. испр. и доп. Москва: Издательский центр «Академия», 2005.

[6] Улуханов И С. Словообразовательная семантика в русском языке и принципы ее описания [М]. Изд. третье стереотипное. Москва: Едиториал УРСС, 2004.

[7] 华劭 . 语言经纬 [M]. 北京：商务印书馆，2005.

[8] 苏宝荣 . 论语素的大小与层级、融合与变异 [J]. 中国语文，2007(3).

[9] 杨振兰 . 试论词义与语素义 [J]. 汉语学习，1993(6).

作者简介： 孙淑芳，黑龙江大学俄语语言文学博士（1995—1998），导师华劭教授。黑龙江大学俄语学院教授，博士生导师，博士后合作导师。国务院学位委员会第八届外国语言文学学科评议组成员、黑龙江省"六个一批"理论人才、省政府特殊津贴专家、省级领军人才梯队带头人、龙江学者特聘教授等。现为俄罗斯科学院俄语研究所《术语与知识》国际会议文集编委、台湾政治大学《俄语学报》编委、《外语学刊》编委、首都师范大学北京斯拉夫研究中心学术委员会委员等。主要研究方向：普通语言学、语义学、语用学、俄汉语对比。

潜在语言系统与显性言语实体研究 ①

黑龙江大学　薛恩奎

摘　要：语言单位是一种常量，言语单位是一种变量。从常量到变量一般要实施某种言语行为、实现某种言语功能、形成某种言语产品。言语行为、言语功能都由一定语义类别的词语表达。从功能语法角度看，这些词语可区分为"言语功能词"和"情态功能词"。本文运用从意义到形式的方法，重点分析"言语功能词"在句法层面的各种表现形式。

关键词：言语功能；言语功能词；元动词

谨以此文表达对华劭教授的深深怀念与敬意。

语言单位是所谓常体，它往往要超越语言执行功能时由于说话人的原因或环境更动所形成的变化，具有所谓恒常性，而作为变体出现的言语单位则具有变异性。这样，从具备和执行功能角度看来，言语单位的特点是：现实性、具象性和变异性，而语言单位则有潜在性、拟象性和恒常性。

华劭（2003: 11）

自然语言是将给定的意思单位转换成相应的文本单位，或将给定的文本单位转换成相应的意思单位的一种特殊的转换器。

И. А. Мельчук（1999: 9）

---

①　本文系黑龙江大学博士启动基金项目"现代俄语空间语义研究"的阶段性研究成果。

1. 关于言语功能词

自然语言中的语句都包含有一定的意义成分，这些意义成分不仅是语义结构核心成分的扩展，也是其他语义成分的显性表示。从功能语法学的角度说，这些成分主要有"言语功能词"（модификатор）和"情态功能词"（спецификатор）。"言语功能词"的主要作用是对句子核心语义结构的实质性扩展，以满足"说话人"（говорящий）的交际意图。"情态功能词"的主要作用是从时态、地点、肯定、否定以及其他事实角度，对"说话人"所描述的现实"事态"（положение дел）进一步地确切、定位。由于表层句法结构常体现为动词性元素，因此语义结构的核心谓词只能体现为动词不定式，时态语义范畴就依靠"言语功能词"体现。

在语义层面，"言语功能词"是通过"元动词"（метаглагол）及其"施事题元"体现的。但是，有些"言语功能词"并不是由"元动词"，而是由其他的、具体的结构性"元词位"体现的，例如 необходимо，возможно 等。这种情况下，它们就属于语义结构核心成分。

一般把"言语功能词"分为必有的和可有的两种语义范畴，在现实的交际中，任何一个语句都有一定的交际目的，实现某种"言语功能"（РЕЧЕВАЯ ФУНКЦИЯ）。因此，在语义层面，必有"言语功能词"都是由一些"元动词"体现的。例如 сообщать，спрашивать，побуждать，вызывать，начинать，пытаться 等等。根据句子语义结构的复杂程度，必有"言语功能词"和可有"言语功能词"经常融合为一个整体结构。例如：

（1）在"Витя рисовал птицу."句子中，核心语义结构是由"谓词（рисовать）+题元（Витя，птица）"构成的，时态范畴意义由核心结构中的谓词本身体现，句子是一个简单的语义结构；

（2）在"Витя начал рисовать птицу."句子中，除了核心语义结构以外，还有一个可有"言语功能词"（начал）表示附加的时态范畴意义，句子是一个扩展的简单语义结构；

（3）在"Витя начал учить Петю рисовать птицу."句子中，有一个扩展的使役结构 начал учить 并同时表示时态范畴意义，整个句子是由一个扩展使役结构和一个核心语义结构构成的复杂结构；

（4）句子"Витя заставил Наташу начать учить Петю рисовать птицу."是由简单使役结构 заставил 和扩展使役结构 начать учить 两个使役结构元素和一个核心语义元素 рисовать 构成的超复杂结构，时态项是由第一个使役元素体现的。

但是，学者们对带有使役结构句子的表层句法结构与深层语义结构的切分仍存有不同的观点。В. Б. Касевич 和 В. С. Храковский 认为："使役结构的客体题元同时也是核心语义结构的主体题元，但使役性题元是一个元题元（мета-актант），是核心语义结构（P）的一部分，不宜切分为两个独立的题元。例如 'Виктор заставил Петю учить уроки.' 的句子，其使役结构可分为 1）'Виктор ЗАСТАВИЛ：Петя учил уроки.'；2）'Виктор ЗАСТАВИЛ Петю：Петя учил уроки.' 两种语义表达式，第二种表达式 ЗАСТАВИЛ Петю并不是一个自足的结构，其中的客体题元 Петю 与核心语义结构中的 Петя 具有同源关系，使役结构的题元是一个述谓结构，而不是一个独立题元。"（Касевич В. Б., Храковский В. С. 1983: 24）这类现象与汉语的兼语句类似，只是表层句法的分析形式不同。范晓先生认为，像"他派我去北京工作"这类 SVOR 主谓句，即兼语句，由兼语动词构成。兼语动词是常用来构成兼语句的三价动词，它联系的三个动元是施事、受事和补事（范晓 1991）。

2. 言语功能的类型

传统语法一般根据语句所表达的目的，把句子分为陈述句、疑问句、祈使句和感叹句。言语功能是言语行为理论研究的对象，言语功能就是通过连接核心语义结构的言语功能词所表达的、并与说话人所处的具体交际情景相一致的交际目的。但是，与言语功能不同的是，传统语法对句子的分类主要依据形式规则，而言语功能依据的是各种不同的言语交际情景。Н. И. Формановская 认为："从功能语法角度看，言语情景就是一种交际单位。"（Формановская Н. И. 1981: 101）每一个具体的言语情景都可以区分出"施话者"（AFunc）角色和"受话者"（RFunc）角色，言语功能语义结构的总体模式可表示为：

（Func；　Afunc，　RFunc）［ P ］

（言语功能；施话者，受话者）［事态情景］

根据施话者与受话者之间不同的关系，功能语法一般把言语功能分为告知功能、疑问功能和祈使功能三种基本形式。在语义层面，每一种言语功能都有一个元动词表示相应的言语功能。

2.1 告知功能

告知言语情景中说话人一般向受话人通报某种信息，在表层句法中典型的告知动词都是言语动词，例如 сказать, рассказать, сообщить 等。在语义层面，这些言语动词可概括为一个元动词 СООБЩАТЬ：

（Func = СООБЩАТЬ；Afunc，RFunc）［P］

一般情况下，说话人通报的可能是曾发生，或正在发生，或即将发生的"事态情景"，言语功能可以有显性的句法表现形式，也可以没有显性的句法表现形式。例如：

（5）Я сообщаю, что я убрал комнату.

（6）Я убрал комнату. (А. Мустайоки 2006: 150)

一般情况下，言语功能没有显性的句法表现形式。言语行为的执行者和事件的执行者可能完全一致，可能部分一致，也可能完全不一致、不参与事件行为。例如：

（7）Я сообщаю, что я убрал комнату.

言语行为的执行者（Я）和事件的执行者（Я）完全一致。

（8）Я сообщаю, что мы с друзьями встречались в Москве.

言语行为的执行者（Я）和事件的执行者（мы с друзьями）部分一致。

（9）Я сообщаю, что Финлндия победила Россию в хоккейном матче.

言语行为的执行者（Я）和事件的执行者（Финлндия）完全不一致，不是事件的参与者。

现实世界极其复杂，我们很难对告知言语行为做出精确的切分。И. Б. Шатуновский 认为："告知言语行为在不同的言语环境中可以获得某些附加意义，告知和断定（КОНСТАТАЦИЯ）、公告（ОБЪЯВЛЕНИЕ）还是有一定的区别的。"（Шатуновский И. Б. 1995:163）在一定的言语环境中确实能感知它们之间的区别，但从形式上仍然很难区分。告知言语行为很少在表层句法中有外部形式标记，有的带有修辞问句特征、有的具有断定确认特征。我们仅以 СООБЩАТЬ 作为中性元动词，将其归入一类。

2.2 疑问功能

疑问言语行为中施话者的目的是想探寻某种事态，但是受话者的地位较为特殊，他是行为过程的经历者，同时又是一种信息源。在深层的语义结构中我们仍以概括性的 СПРАШИВАТЬ 作为疑问功能的元动词，表层句法结构中可以体现为 спрашивать, любопытствовать, осведомляться 等显性表达。当元动词有显性的句法表达时，语句带有正式或讽刺意味。例如：

（10）С глубоким уважением осведомляюсь, можете ли Вы прислать мне программу Вашего конгресса.

（11）Я хотел бы только спросить, до которого часа вы сегодня работаете?

但是，元动词很少有句法体现形式。根据施话者强调的特征，可以区分出共性信息问句（общеинформативный）和个性信息问句（частноинформативный），共性求证问句（общеверификативный）和个性求证问句（частноверификативный）例如：

（12）Что это такое?

（13）Зачем он пришел сюда?

（14）Тебе плохо?

（15）Ей лет сорок или больше?

在表层句法结构中常使用语气词 ли, неужели, разве 作为疑问功能的形式标记，其中 ли 是中性语气词，除表示疑问功能以外，还可以表示施话者的不确定性或推测，语气词 неужели 和 разве 总带有主观元素，常表示惊讶或怀疑。例如：

（16）Пришел ли дядя?

（17）А не сам ли ты виноват?

（18）Разве вы не знаете правила подачи материалов?

（19）Неужели наши проиграли?（А. Мустайоки 2006: 258）

2.3 祈使功能

祈使言语行为可以用最具概括性的语义元动词 ПОБУЖДАТЬ 表示祈使功能。祈使功能最大的特点就是施话者的行为是一种非现实的、一种潜在的行为，因此受话者同时也是祈使功能的施话者。在语义层面有大量元动词表示祈使言语行为的子类，但是在表层句法中主要有隐形的表现形式和显性的表现形式。

当祈使言语行为是隐形表现形式时，在表层句法中祈使功能表现为动词命令式。例如：

（20）Сядьте, пожалуйста! ＝"ПРОСИТЬ/ 请求"；

（21）Идите в справочное бюро, там вам скажут, что сделать. ＝"СОВЕТОВАТЬ/ 建议"；

（22）Приходите к нам сегодня вечером! ＝"ПРИГЛАШАТЬ/ 邀请"；

（23）Дайте наконец жалобную книгу! ＝"ТРЕБОВАТЬ/ 要求"：

（24）Не вмешивайся ты в это дело! ＝"ПРЕДУПРЕЖДАТЬ/ 警告"。

语义元动词在句法结构中有显性表现，祈使功能体现为施为结构（перформативная кострукция）：

（25）**Прошу**, чтобы ты немедленно ушел.

（26）**Требую**, чтобы ты ушел.

（27）**Прошу/ Призываю/ Побуждаю** тебя уйти.

（28）**Рекомендую** не принимать это лекарство.

除了以上两种主要的句法表达形式以外，祈使言语行为还可以有其他的句法表达形式。例如：

（29）Всем быть в парадной форме!

动词不定式表示祈使功能。

（30）Открываем учебники, читаем первое предложение.

动词现在时表示祈使功能。

（31）Просьба ко всем не опаздывать!

相应的名词表示祈使功能。

口语中还常使用疑问句表示缓和、礼貌的祈使言语功能。例如：

（32）Вы не скажете, где ближайший банкомат?

（33）Можно кружку пива?

除了以上三种基本言语功能以外，根据施话者和受话者之间的复杂关系，还可以区分出两种特殊的言语功能。

2.4 宣告功能

实现宣告功能（ПРОВОЗГЛАШЕНИЕ）应具有一定的条件，即根据社会制度、宗教信仰、传统习惯、职业技能等规章，施话者获得某种身份、地位，并以这种身份、地位实施的宣告功能。语义元动词显现为句法动词，语句是一种施为句，使得受话者的社会地位发生某种变化。例如：

（34）Приговариваю обвиняемого к смертной казни.

（35）Перед всемогущим Богом я объявляю вас мужем и женой.

（36）Назначаю Вас, Олег Семенович Пушкин, Министром обороны с 1 сентября 2004 года.

2.5 礼仪功能

所谓礼仪功能主要是指根据特定的民族文化形成的言语交际定式（РЕЧЕВОЙ ЭТИКЕТ），借助这些言语交际定式保障双方的对话顺利进行。言语交际定式有"社会合作"（СОЦИАЛЬНОЕ ВЗАИМОДЕЙСТВИЕ）和"交际支持"（ПОДДЕРЖАНИЕ КОММУНИКТИВНОГО КОНТАКТА）两种主要的语义结构模式。根据交际双方的社会关系和交际所依赖的言语情景，每一种模式都表示一类礼仪功能。"社会合作"语义模式可以有以下主要类别：例如：

（37）Приветствую вас! / Здравствуйте! 言语功能 = 问候，显性的施为结构，隐性的言语功能 / 隐性的言语行为，显性的言语功能。

М. Ю. Михеев 认为，这类情景中显性的言语行为和显性的言语功能不能同时在表层句法中体现，如不能说"※Приветствую вас: «Доброе утро!»"，因为当人们说 «Доброе утро!» 时，在表层句法中不需要体现施为动词，这种语势（иллокутивная сила）不言自明"（Михеев М. Ю. 1990: 224）。

（38）Извините! / Прошу прощение! 言语功能 = 致歉。

（39）Благодарю Вас! / Спасибо! 言语功能 = 致谢。

（40）Познакомьтесь! / Позвольте представиться! 言语功能 = 相识。

（41）Желаем всех благ! / Будьте здоровы и счастливы! 言语功能 = 祝愿。

（42）До свидания! / Спокойной ночи! 言语功能 = 告别。

"交际支持"语义模式没有严格的定式，但是是保障社会交际不可或缺的元素，其主要功能是引起对方的注意，保障交际顺利进行，可以说是一种交际中介"黏合剂"，主要有以下一些语义类别：

（43）Да Вы просто красавица! / Эта прическа тебе очень идет. 言语功能 = 恭维。

（44）С кем не бывает! / Это все-таки не самое главное в жизни. 言语功能 = 安慰。

（45）Мы с тобой! / Не плачь, скоро все пройдет. 言语功能 = 同情。

（46）Да, да, вы правы! / Целиком на вашей стороне. 言语功能 = 鼓励、支持。（Формановская Н. И. 1982: 88）

3. 结语

形式主义语言研究方法与功能主义语言研究方法最本质的区别在于：形式主义方法只关注语言的常量规则，注重语言的系统性研究；功能主义方法不仅关注语言的常量规则，也关注语言的变量规则，注重语言单位的多功能研究。所谓常量规则，是指研究语言系统、建构结构的规则；所谓变量规则，是指研究语言作为交际手段、表达思想工具的规则。本文基于功能语法的研究方法，对"言语功能词"的各种句法表现进行实证分析与解读。至于"情态功能词"将另文研究。

参考文献

［1］Касевич В Б, Храковский В С. Конструкции с предикатными актантами［М］// В С Храковский. Категории глагола и структура предложения. Л.: Наука, 1983.

［2］Мельчук И А. Опыт теории лингвистических моделей «Смысл⇔Текст»［М］. М.: Языки рус. Культуры, 1999.

［3］Михеев М Ю. Перформативное и метатекстовое высказывание, или чем можно испортить перформатив?［М］// Арутюнова Н Д. Логический анализ языка: Противоречивость и аномальность текста М.: Наука, 1990.

［4］Мустайоки А. Теория функционального синтаксиса—от семантических структур к языковым средствам［М］. М.: Языки славянской культуры, 2006.

［5］Формановская Н И. Вы сказали: «Здравствуйте»: Речевой этикет в нашем общении［М］. М.: Знание, 1982.

［6］Формановская Н И. Коммуникативно-прагматические аспекты единиц
　　общения［M］. М.: ИРЯ им. А. С. Пушкина, 1998.

［7］Шатуновский И Б. Коммуникативные типы высказываний, описывающих
　　действительность［C］// Арутюнова Н Д, Рябцева Н К. Логический
　　анализ языка: Истина и истинность в культуре и языке. М.: Наука, 1995.

［8］华劭. 语言经纬［M］. 北京：商务印书馆，2003.

［9］范晓. 动词的"价"分类［M］// 中国语文杂志社. 语法研究和探索
　　（五）. 北京：语文出版社，1991.

作者简介：薛恩奎，黑龙江大学俄语语言文学博士（2002—2005），导师
张家骅教授。黑龙江大学俄语学院教授，博士生导师，博士后合作导师，国家
社科基金重大项目首席专家（2019—2025）。主要研究方向：理论语言学、计
算语言学、多媒体辅助外语教学。

艾萨克·牛顿语言学遗产探析

黑龙江大学　叶其松

摘　要：语际语言学是以国际辅助交流工具为研究对象的语言学分支，其主要内容为制订可供不同民族交流使用的人造语言。自 17 世纪以来，世界各国学者提出的人造语言方案超过 370 个。科学巨匠艾萨克·牛顿是 17 世纪百科全书式的人物，但他在语言研究方面的贡献尚不为国内学者所了解。本文重点围绕艾萨克·牛顿提出的普通语言方案，论述该方案的主要部分，包括字母、形态变化、句序以及数量、格、时间、式等语法范畴，剖析艾萨克·牛顿普遍语言思想的来源。

关键词：艾萨克·牛顿；语际语言学；普遍语言

1. 引论

华劭先生 60 载教学与研究生涯大体上可以被划分为两个时期：前一时期从 20 世纪 50 年代到 80 年代中期，以语法研究为主；后一时期是 20 世纪 80 年代中期以后，以语言学研究为主。

语言学中有一个很少被关注的分支，丹麦语言学家叶斯柏森（Jespersen）称之为"语际语言学"（interlinguistics）。语际语言学是"语言科学的一个分支，研究所有语言的结构和基本思想，旨在为因操不同母语而不能互相理解的人创造一种规范的、能说能写的国际语"。（O. Jespersen 1962: 771）娅尔采娃（В. Н. Ярцева）主编的《语言学大百科词典》对"语际语言学"解释如下："研究作为跨语言交际手段的国际语言的语言学分支。该分支主要关注国际各种人工语言的构成和使用，这些语言与多语现象、语言的相互影响、国际词的构成等问题有关。在语际语言学长期发展过程中区分出研究对象并确立其内部结构。语际语言学形成的基础是语言设计的理论，该理论的基础由笛卡尔的著作奠定并由莱布尼茨及其他学者推进。"（С. Н. Кузнецов 1998: 197）从中可以看出，在西方学术史上，最先引出和推动普遍语言研究的是培根、笛卡尔、莱布尼茨等一批哲学家。很多学者把这种借助数字、字母等进行逻辑分析的人造语言称为"哲学语言"[1]。

几百年以来，"一个人类，一种语言"的美好吸引了不少科学巨擘和学术精英的目光。但谈及这个话题时，人类历史上最伟大科学家和思想家之一的艾萨克牛顿的名字往往被忽视。俄罗斯学者德列津（Э. К. Дрезен）在其撰写的《世界共通语史——三个世纪的探索》一书中，用列表的形式系统梳理了17世纪初到20世纪20年代世界各国的373个普通语言方案[2]，未提及艾萨克·牛顿的名字。也就是说，在20世纪30年代以前，尚且没有证据表明艾萨克·牛顿思考或者参与过普遍语言的研究。

直到20世纪中叶，艾萨克·牛顿的一份手稿被发现，在几经转手之后，经美国学者埃里奥特（Elliot）整理，这篇名为《关于普遍语言》的论文最终刊登在《现代语言评论》上。1986年，语言学家科诺丽娜（Л. В. Кнорина）将此文译成俄语并补充解释后刊发在语言学家乌斯宾斯基（В. А. Успенский）主编的《符号学和信息学》上，使得俄罗斯学者得以了解艾萨克·牛顿的普遍语言方案。

对于艾萨克·牛顿的这篇论文和其普遍语言思想，国内尚未介绍过，这也是本文要完成的任务。

2. 艾萨克·牛顿的普遍语言方案

首先，需要指出一点：《关于普遍语言》是一篇尚未完成的手稿，而且有草稿和誊写稿两个版本，誊写稿对草稿有一些修改和补充。

论文开篇是关于语言和现实关系的一小段论述，接下来艾萨克·牛顿分别描写普遍语言的字母、变位（conjugation）和事物名称的数、格、时间、修饰成分、词序、式（mood）等。

2.1 字母

艾萨克·牛顿将普遍语言的字母分为元音、辅音、双元音（包括三元音）3 部分。其中，元音字母分为长元音（8 个）、短元音（6）个；辅音分为唇辅音（5 个）、口腔中部（舌尖、牙齿包括鼻子）发出的辅音（9 个）和喉辅音（6 个），双元音和三元音分别有 25 个和 8 个。以这些字母为材料，可以构成所谓的"词"，艾萨克·牛顿将其称为"事物名称"。需要注意的是，艾萨克·牛顿并没有像语法学家那样把词分成名词、动词等类别，而是建立一份按字母排列的实体清单。其中，同类实体的名称以相同的字母开头，例如，工具的名称以 cs 开头、动物的名称以 ct 开头等[3]。

2.2 形态变化

事物名称有基本形态或者原形，它跟词根类似，通过加上词缀可以赋予其各种意义变化。首先，基本形态可以变格，这实际指一种构词上的变化，包括表示程度、行为、形式、关系等的语义派生词。程度意义通过元音或双元音的前缀构成。例如，如果用 tor 表示"热的、冷的或不冷不热的东西"，那么 utor 表示"热"，owtor 表示"极热"，əwtor 表示"很热"，awtor 表示"一般热"，ewtor 表示"很少的热"，iwtor 表示"极少的热"，etor 表示"不冷不热"，iytor 表示"极少的冷"，eytor 表示"很少的冷"，aytor 表示"一般冷"，əytor 表示"很冷"，oytor 表示"极冷"，itor 表示"冷"，ator 表示"不很热不很冷"，ətor 表示"一般热或一般冷"，otor 表示"很热或很冷"。行动、形式和关系意义通过辅音或辅音组的后缀构成。例如，如果用 tol 表示"画家"，那么 tolv 表示"雇画家和让他画"，tolf 表示"画笔、铅笔或其他工具"，tolr 表示"画（动作）"，told 表示"要画的东西"，toldr 表示"该东西的形或性"，tolk 表示"空白"，tolth 表示"未完成的画"，tolg 表示"完成的画"，tolt 表示"画作"，toltr 表示"画的外观"。

2.3 数量范畴

事物名称具有成系统的数量范畴，它分为确定数量和不确定数量两大类，每类又分为若干小类，数量范畴用元音或双元音表示。在确定数量中，oe 表示"无穷"，uw 表示"很多"，ow 表示"多"，əw 表示"一般多"，aw 表示"少"，ew 表示"很少"，w 表示"一个或更多"，iw 表示"不止一个"，ə 表示"就一个"；在不确定数量中，uy 表示很多，oy 表示"多"，əy 表示"一般多"，ay 表示"少"，ey 表示"很少"，i.y 表示"一个或更多"，iy 表示"不止一个"，a 表示"就一个"，o 表示"所有的"，e 表示"非每一个"。

名称的数量范畴与其程度意义相关。艾萨克·牛顿指出，在程度字母前加上字母 y，就可以表示事物的数量。

2.4 格范畴

格（或者状态）范畴指名称在句中的语义作用。艾萨克·牛顿指出，每个句子都有一个主要的语义项，他将其称为主体（subject）。主体是事件的基本动因、行为的施事、关系的主体、被比较的事物或者某一个述谓的主体。

主体以表示数量的元音或双元音结尾，在它们后面加上辅音或辅音组合表示各种格，例如 v 表示"无直接关系的动因或者施事"，f 表示"间接原因或工具"，r 表示"动作或主体的其他述谓"，d 表示"话题、受事、对应物或客体"，rd 表示"话题、受事或对应物的形式"，k 表示"初始状态"，th 表示"中间状态"，g 表示"终结状态"，t 表示"结果"，b 表示"预想目的"，p 表示"所达目的"，等等。

2.5 时间范畴

时间范畴分为状态持续时间（the time when a thing is its case）和时间间隔的长度和数量（quantity & number of times）。前者是句子的主要时间，指动作或主体的其他述谓的时间，分为广义的现在时、过去时和将来时。状态持续时间用元音或双元音表示，现在发生的动作无形态标记。时间间隔的长度和数量中，长度主要指动作持续的时间，包括"永远""很久""久""相当久"等，数量主要指动作发生的频次，包括"十分经常""经常""适当经常""不常"等。而且，时间间隔的长度和数量是在持续时间范畴基础上构成的，它通常用符号 # 作为形态标记。

2.6 修饰成分

修饰成分包括句子和词两种。以句子表示的修饰成分放在被修辞成分之后并与其保持程度、数、格、时间的一致，两个成分之间用 hə 隔开。用词表示的修饰成分也放在被修饰成分之后，修饰成分后加字母 l 且有自己的程度、数、时间和格。

2.7 句序

艾萨克·牛顿指出：一个句子中词尽可能按格的顺序来排列。如果几个事物的格相同且用符号 & 连接的话，它们的顺序由说话人来定；如果几个事物中只说其中之一，它们之间放入符号 #；如果说的是几个事物的任何一个，它们之间放入小品词 sh 或 c。

艾萨克·牛顿还特意谈到地点和时间状语的位置问题，它们都是后置的。

2.8 式范畴

式范畴泛指说话人对句子的态度[4]。艾萨克·牛顿划分出陈述、否定和命令三种基本的式。陈述式包括必然、偶然两种，前者用 c 或 sh 作为形态标记，后者用 s 作为形态标记，它们出现的位置是紧随事物名称的基本形态，在表示数的元音和表示变位的辅音之前。如果上述形态标记不出现，表示陈述的具体态度不明确，或许是必然，或许是偶然。否定式是陈述式的否定形式，包括可能和不可能两种。命令式又分为愿望、设问、应当或不应当。

艾萨克·牛顿还论及话语中复杂的式或方向（the compound moods of speech or direction），它实际是指复合句中各分句的逻辑、时间关系。

3. 艾萨克·牛顿语言学思想的源起

艾萨克·牛顿对普遍语言表示出浓厚的兴趣，这与 17 世纪科学发展的总体趋势有关。正如科学史专家丹皮尔（Dampier）在《科学史及其与哲学和宗教的关系》一书中所写的那样："17 与 18 世纪，取代了教会大一统思想的民族主义思想开始明朗化。不但科学，就是一般的思想，也都具有了极显著的民族色彩。各国的学术活动分道扬镳，欧洲各国的国语也代替了拉丁语，成为科学写作的工具。"（丹皮尔 1997: 389）民族语言的兴起和其自身的不足给科学的统一性带来巨大的挑战，为了摆脱"语言隔阂""语言困境"的阻碍，创造国际化的辅助科学交际工具的活动也就随之产生了。英国哲学家培根（Bacon）在《新工具》一书中提出：在人的头脑中存在着四种妨碍人们认识事物本质的假象，市场假象是其中最麻烦的一种，它是由文字和名称引起的。（徐友渔、周国平、陈嘉映 1996: 24–25）1629 年 11 月，法国思想家笛卡尔（Descartes）在给修道院长院梅森（Mersenne）的一封书信中指出，"这语言只有一种（名词、形容词）变格，一种（动词）变位和一种拼写。它绝对没有种种由于我们的歪曲习惯而产生的不完全或不规则的形式。它的动词变化和单词构造是用附加在词根前后的词缀组成的。这些词缀都能在通用词典里找到"。（德列津 1999：38）。由于梅森是当时欧洲科学界的中心人物，被誉为"有定期学术刊物之前的科学信息交换站"，因此笛卡尔的思想很快被英国学者所了解。

对艾萨克·牛顿产生更直接影响的可能是两位英国学者——达尔加诺（Dalgano）和威尔金斯（Wilkins）。达尔加诺是笛卡尔思想的支持者，他曾在 18 世纪 50 年代末提出过一个以概念的逻辑分类为基础的哲学语言方案。在他的方案中，一切观念或概念分为 17 个基本类别并分别用 1 个拉丁或希腊字母标记，其中 A 表示存在物、H 表示实质、E 表示现象等。对于达尔加诺的这个方案，牛津大学曾在 1658 年 5 月进行过讨论，虽然艾萨克·牛顿当时尚未进入大学，但这或多或少会影响到他。威尔金斯是普遍语言的积极支持者和推行者，而且他是著名的社会活动家，曾担任英国主教、伦敦皇家学会首任主席，1959—1960 年间担任剑桥大学三一学院的院长。1961 年，年仅 18 岁的艾萨克牛顿成为剑桥大学三一学院的学生。

当然，艾萨克·牛顿关注普遍语言的另一个重要原因是自身的兴趣。美国学者格雷克（Gleick）撰写的《牛顿传》提到艾萨克·牛顿中学时期编写的一份名词分类表时，认为他当时看过一些词汇主题分类方面的书，包括威绍尔斯（Withals）的《年轻初学者简明词典》、考德雷（Cawdy）的《按字母顺序编排的词汇表》、格里高里（Gregory）的《名词汇编》。青年时期培养起来对语言逻辑这种兴趣在艾萨克·牛顿后来的学生生涯中并没有减退，甚至在《自然科学的数学原理》这部旷世巨著中也有所反映。这部著作是按照经典几何学的思路撰写的，作者在绪论部分的开头提出并定义奠定力学基础的基本概念，如质量、动量、惯性、力、时间、空间等。

4. 余论

对于《关于普遍语言》一文的写作年代，有两种基本观点：一种观点认为，该文是 1661 年艾萨克·牛顿进入剑桥大学三一学院之前写成的。埃里奥特持这种观点，他的依据是此文的字迹与艾萨克·牛顿早年记事本中有关音标笔记的字迹相仿。另一种观点认为此文是在大学头两年写成的。因为，艾萨克·牛顿将他前两年的学习经历记录在一个笔记本中，其中包括他对很多科学问题的思考和疑问。这个笔记本中提到最多的就是笛卡尔。而且，普遍语言也是他思考的问题之一。"大约在 1663 年，牛顿还考察过天罚占星术，……牛顿还对语音学和世界哲学语言产生了兴趣。他认为是世界语的基础是'其特性是要适应各个国家'，……"（颜锋、李国秀 2001：44）

很巧的是，莱布尼茨的普遍文字思想最早是在大学学位论文《论组合术》一文中提出的，这篇论文撰写于 1666 年。他在《通向一种普遍文字》一文中对此作了十分清晰的阐述："我思考出，比如会创造出一种人类思想的字母，通过由它组成的联系和词的分析，其他一切都能被发现和判断。……当时作为一个 20 岁的青年人，幸运使我必须写出一篇大学学位论文。就这样我写了《论组合术》这篇论文，它在 1666 年以书的形式出版，……"（莱布尼茨 1985：3）

同一时代的两位科学巨匠在普遍语言这一问题再次不期而遇，是巧合，但或许更是必然。

注释

1. 在西方学术话语体系中，普遍语言、哲学语言、普遍文字、通用语言、国际辅助语言、共同语言通常都指代替自然语言的人造语言。

2. 需要说明的是，20 世纪 30 年代，我国学者徐沫从世界语版本将该著作译成中文，经胡愈之、叶籁士、陈原等先生的努力，它于 1999 年由商务印书馆出版，但中译本中没有附世界语言方案。

3. 在中学时代，艾萨克·牛顿在记事本中记录了 2400 多个名词并将其分类。其中，每一类都有一个标题，它们是按照字母顺序排列的，例如：Artes, Trades, Science（艺术、贸易、科学），Birds（鸟），Beasts（野兽）等；每个栏目中的词也是按字母顺序排列的。在"亲属称谓"这个栏目下，在以 F 开头的单词中，第一个是 Father（父亲），接下来是 Fornicator（私通者），Flatters（阿谀者）。

4. 在草稿中，这一段的标题是"说话的式"，且开头有如下总体描述："我们借助几个说话的式表示，应当如何去看待陈述，换言之，它是必然的、偶然的、可能的、不可能的、祈使的、愿望的、请求的、应当的、不应当的。"

参考文献

［1］Дрезен Э. За всеобщим языком: три века исканий(Изд. 3-е)［M］. Москва: Едиториал УРСС, 2012.

［2］Кузнецов С. Н. Интерлингвистика［A］//Ярцева В.Н. Большой энциклопедический словарь• языкознание［Z］. Москва: Советская энциклопедия, 1998.

［3］Ньютон И. Об универсальном языке［J］. Семиотика и информатика, 1986 (28).

［4］Elliott R. W .V. Isaac Newton as phonetician［J］. The Modern Language Review, 1954 (1).

［5］Jespersen O. Interlinguistics［J］//Selected writings of Otto Jespersen［C］. London：George Allen and Unwin, 1962.

［6］丹皮尔. 科学史及其与哲学和宗教的关系［M］. 北京：商务印书馆, 1997.

［7］E·德雷仁. 世界共通语史——三个世纪的探索［M］. 北京：商务印书馆, 1999.

［8］格雷克. 牛顿传［M］. 北京：高等教育出版社, 2004.

［9］詹姆斯·莱布尼茨. 通向一种普遍文字［A］// 莱布尼茨自然哲学著作选［C］. 北京：中国社会科学出版社, 1985.

［10］徐友渔, 周国平, 陈嘉映, 等. 语言与哲学——当代英美与德法传统比较研究［M］. 北京：生活·读书·新知三联书店, 1996.

［11］颜锋, 李国秀. 照亮宇宙的智慧之光牛顿［M］. 合肥：安徽人民出版社, 2001.

作者简介：叶其松，黑龙江大学俄语学院俄语语言文学博士（2006—2010），导师郑述谱教授。研究员，黑龙江大学俄罗斯语言文学与文化研究中心主任，博士生导师。主要研究方向：词典学、术语学、词汇语义学。

有益于教学的理论研究

黑龙江大学　惠秀梅

摘　要： 华劭教授的学术研究涉及语言学的许多领域，他的理论研究不仅走在学术研究的前沿，对问题的阐述独到且深入，而且还有一个非常明显的特点，就是他的理论研究成果几乎都可以直接用于理论教学或语言教学。在目前理论研究与教学严重脱节的情况下，华劭教授的这种理论与实践相结合的研究尤为值得我们学习和借鉴。

关键词： 理论研究；理论教学；语言教学

华劭教授是新中国培养的第一代俄语名家之一。他 50 多年坚守在教学第一线，献身于俄语教学和科研，为黑龙江大学和中国的俄语事业做出了重要贡献。

华劭教授的学术研究涉及形态学、句法学、语义学、语用学、普通语言学、词典编纂和教学改革等许多领域，他的理论研究不仅走在学术研究的前沿，对问题的阐述独到且深入，而且还有一个非常明显的特点，就是他的理论研究成果几乎都可以直接用于教学。

语言的理论研究不仅要建立理论体系，还要服务于教学。2000 年华劭教授就曾说过，"目前研究与教学严重脱节，许多论文都宣称其材料、其结论对教学有指导意义，但教师和学生却对此一无所知"（华劭 2007: 345）。但更多的是，说是对教学有指导意义，但实际上却很难用于教学。相对这种情况而言，华劭教授的理论研究不仅能够直接用于理论教学，而且也可以直接用于语言教学，这一点就显得尤为珍贵。

1. 有益于理论教学的研究

华劭教授最具代表性的、能够直接用于理论教学的两部著作是《现代俄语语法新编》（句法）（1979）和《语言经纬》（2003，2005）。而华劭教授的理论研究能够直接用于教学，这不仅与他对语言研究的认识有关，也与他长期从事教学有关。

华劭教授几十年坚守在教学第一线，这使得他从一开始就注重将科研和教学相结合。华劭教授从任教开始，就常年讲授语法课。根据《华劭集》（2007）中的"作者传略"，华劭教授 1953—1955 年系统地学习了现代俄语、历史语法、古斯拉夫语语言学概论等课程。授课者为当时在哈尔滨的 Г. П. Уханов 副教授。1955—1956 年在 А. И. Горшков 副教授指导下攻读 В. В. Виноградов、А. А. Шахматов、А. М. Пешковский 等人的专著，1957—1959 年曾听过 В. В. Виноградо 的"俄语句法史"、Р. И. Будагов 的"语言学概论"、Т. П. Ломтев 的专题课"现代俄语句法基础"，还听过 В. А. Звегинцев 教授专为中国进修教师和研究生组织的系列讲座。（华劭 2007: 377）

这些学习和研究必然会有助于他的语法教学。1963—1964 年，他按句子模式方式给学生讲句法课。语法教学与科研相结合产出的理论成果就是华劭教授的第一本书《现代俄语语法新编（下册）》（句法），该书 1979 年问世，曾三次印刷。采用句子模式方法阐述句法理论，这与 1980 年出版的 «Русская грамматика» 的思想不谋而合，这足见华劭教授的语法学理论研究是走在世界研究的前沿的。《现代俄语语法新编》的句法部分，除了"引言"部分，一共包括六章：单句、单句句型、单句的扩展、单句的繁化、复句、复句的简化。每一章的内容都非常系统全面，非常适合中国学生使用。而且该书更优于 «Русская грамматика» 句法部分的一点是，该书将句型和句子成分结合了起来。"句型由结构上最必要的成分组成，成分又是通过各种实词表示。"（华劭 1979: 59）词进入句子后起着不同的句法作用，成为句子的成分。句子成分更便于中国学生理解俄语句子中词与词之间的语法关系，句型更便于中国学生掌握俄语句子的模式，知道了俄语句子都有哪些模式（句型），模式中的词充当什么成分，句子成分和句型两者相结合，更有利于中国学生掌握和使用俄语，这就比《Русская грамматика》放弃句子成分说而单纯采用句子模式理论更适合于中国学生，更具实用性。

华劭教授在《〈现代俄语语法新编〉（句法）浅释》（1980）一文中对该书的"实用性"作了解释。他说："我们编写《新编》的主要目的是加强实用性。就句法部分而言，所谓'实用性'，首先意味着帮助读者组词造句，其次才是帮助读者理解分析语言现象。因此第一，本书压缩了理论的阐述和分析，相应地增加了语言材料部分。每章都用一小节概述，扼要地阐述理论问题，其余绝大部分都用来概括地描述各类语言现象。其次，把所概括描述的现象尽量公式化、表格化、序列化，这样有助于读者理解要点，记忆公式，比较同异，弄清楚该语言现象在整个语言体系中的位置。第三，在每种句型、句式、繁化格式、联系类型下面都附有说明，帮助读者掌握本质，提醒应注意什么，须避免什么，篇幅大小不一，随内容而定。最后，每章都有小结。除第一章外，其余各章小结都可当作索引，便于读者查阅感兴趣的语言现象，使本书名符其实地起到工具书的作用，使读者像在词典中查词一样，能在本书中按线索找到有关的句法现象。"（华劭 1980: 23）

《现代俄语语法新编》（句法）虽然书中部分例句从内容上来说具有时代色彩，但从说明语法现象、语法问题的角度来说没有任何问题。而且，除了这些具有时代色彩的例句，其他例句却都是非常实用的。所以除了例句之外，该书在今天仍然具有很高的使用价值。

自 1985 年起华劭教授为研究生开设"普通语言学"课程。他的《语言经纬》就是"普通语言学"课程的直接成果：该书是在"普通语言学"课讲稿的基础上写成的。该书非常好地体现了华劭教授以从语言研究到言语研究为主线，围绕若干重要课题展开研究的思路，具体包括：语言学研究的对象——语言和言语；语言的符号性质——能指与所指；语言是一个层级装置——层级和层次；语言单位的确定——线性单位和集合单位；语言单位之间的关系——聚合与组合；语言的系统性质——单位和结构；语言的发展——历时和共时；作为最大语言单位和最小言语单位的句子—语句——句法和语义；言语行为分析——说话人和受话人；语句中的题元指称——逻辑指称和讲用指称；语句中的情态——观情态和客观情态；语句的实际切分——主位和述位；篇章分析——篇章的单位和结构；从心理语言学看交际过程——语句的生成和理解；语言的社会属性——作为社会现象和文化现象的语言等等。以这些课题作为研究和教学的对象，是因为它们对认识语言和教学都很重要。这也充分体现了华劭教授理论研究和教学相结合、理论与教学相长的指导思想。

《语言经纬》2003 年由商务印书馆出版。出版后获得国内同行认可，入选教育部研究生工作办公室推荐的"研究生教学用书"，并由商务印书馆于2005 年再版。

1983—1991 年华劭教授为全国青年教师讲授 «Русская грамматика» 的句法部分，该讲座由教育部和中国俄语教学研究会组织，在大连举办。此后，该巨著由信德麟、张会森与华劭教授翻译改编，形成《俄语语法》一书，并于1990 年由外语教学与研究出版社出版，2009 年修订了印刷错误后出了第 2 版，两个版本都曾多次印刷，至今仍被广泛采用。（华劭 2007: 378）

除了此专著之外，华劭教授的很多文章也都可以直接用于相关问题的理论教学。例如，《试论俄语动词"体"及其语法意义》（1958）、《试论俄语名词的数范畴》（1962）、《关于语言单位及其聚合关系和组合关系的问题》（1986，1987）、《说话人与受话人：从语用角度分析言语行为》（1989）、《对几种功能主义的简介和浅评》（1991）、《语言的功能和功能研究》（1994）、《从符号学角度看转喻》（1996）、《从新的角度看隐喻》（2007）、《概念还是观念？概念化还是观念化？概念分析还是观念分析？》（2010）等文章。虽然华劭教授说，他的研究"不在于构筑什么体系"，但他对每个问题的阐述都非常系统、全面而深入，所以他的这些研究成果能够直接用于相关问题的理论教学。

2. 有益于语言教学研究

由于华劭教授长期从事语言理论教学，他的研究成果自然能够适用于理论教学。但在分析、阐述语言理论的时候，必然会涉及相应的语言现象，这就使得他的一些研究成果还可以直接用于指导语言教学。

在《俄语中的数量句型》（1963）一文中，华劭教授分析了像"Коров две"和"Работы оставалось еще по крейней мере на две недели…"这类用传

统语法成分说很难分析的句子,他指出,对于这类句子是人称句,还是无人称句,句中的 коров 和 работы 是什么句子成分,不同的书刊中对这类句子都有不同的解释。华劭教授提出,从语言事实出发,应承认俄语中有一种表示数量的句型。这种"数量句型"包括两个主要成分:一个表示要从数量上加以说明的对象(人或事物),一个表示数量。这种句型的特点是:(1)指被说明对象的成分用静词复数第二格表示,只有当被说明名词不能用复数时,才用单数;(2)属于任何词类的词都可以作表示数量的成分,有时也可以用词组,只要它是可从数量方面来说明事物;(3)句中的两个成分之间可能有系词;(4)词序上的特点是,表示数量的成分通常放在后面,但也可以放在前面,形成倒装词序。但在绝大多数情况下,表示事物的成分在前,表示数量的成分在后。顺序不能颠倒,否则意义上会有差别。(华劭 1963: 46—48)华劭教授对数量句型的这几种情况都用例句作了详细的说明。这篇文章的内容对于数词和数量句型的教学都非常有益,甚至文中的例句都可以直接用于语言教学,说明数词的用法,解释数量句的结构特点、语义特点,使学生能够更好地掌握并使用这类句子。

此外,《用于句子转换的词汇手段》(1991)对于同义词、反义词、对立词的教学,《隐性范畴的探索》(2003)、《论词的搭配限制》(2012)对于说明词与词搭配时句法关系和语义关系等都非常有益,可以直接指导语言教学。

当然,使用于理论教学还是语言教学,并不是截然分开的,前面说到的那些适于语言理论教学的研究成果中也包括对一些语言现象的分析和阐释,这些分析和阐释也可以直接指导语言教学。此外,像《论俄语句子次要成分及其教学》(1957)、《试谈句子的实际切分》(1965)、《有关俄语句子实际切分的一些问题》(1983)、《句法分析与交际分析》(1986)、《名词的指称、词义和句法功能》(1995)、《指称与逻辑》(1995)、《名词的指称和语用》(1995)、《从语用学角度看回答》(1996)、《关于语句意思的组成模块》(1998)、等文章更是既对理论教学和语言教学都有益。

3. 小结

华劭教授 1949 年初开始学习俄语,1951 年毕业留校任教。半个多世纪以来一直从事俄语教学和研究工作。在从事语言理论研究的同时,一直非常重视语言的教学工作。30 年前，针对俄语专业教学中存在的一些问题，他提出了自己的解决办法——进行专题教学。他说："我认为最合适的办法是进行专题教学。可把学习的全过程，按题材分为若干单元，其中2/3 左右的单元是必修课，1/3 左右的单元为选修课。每个单元进行十天、两周或三周。"（华劭 1990: 2）而且他还提出了专题教学应该贯彻的原则，论述了专题进行的好处。我们不敢说华劭教授 30 年前指出的俄语专业教学中存在的问题都解决了，但是我们可以肯定，他 30 年前提出的专题教学的思想在今天仍有意义。

作为一名高校教师，就应该将自己的科研和教学结合起来，使自己的科学研究可以指导教学，有益于教学。在这方面，华劭教授为我们树立了良好的榜样。

参考文献

［1］华劭.论俄语句子次要成分及其教学［J］.俄语教学与研究，1957(01).

［2］华劭.试论俄语动词"体"及其语法意义［J］.俄语教学与研究，1958(03)—(04).

［3］华劭.试论俄语名词的数范畴［J］.外语教学与研究，1962(03).

［4］华劭.俄语中的数量句型［J］.外语教学与研究，1963(03).

［5］华劭.试谈句子的实际切分［J］.语言学资料，1965(Z1).

［6］华劭.现代俄语语法新编（句法）［M］.北京：商务印书馆，1979.

［7］华劭.《现代俄语语法新编》句法浅释［J］.外语学刊，1980(01).

［8］华劭.有关俄语句子实际切分的一些问题［A］.// 中国俄语教学研究会.中国俄语教学与研究［C］.上海：上海外语教育出版社，1983.

［9］华劭.句法分析与交际分析［J］.南外学报，1986(03).

［10］华劭.关于语言单位及其聚合关系和组合关系的问题［J］.外语学刊，1986(04)，1987(01).

［11］华劭.说话人与受话人：从语用角度分析言语行为［J］.外语教学与研究，1989(03).

［12］华劭.对几种功能主义的简介和浅评［J］.外语研究，1991(02).

［13］华劭.用于句子转换的词汇手段［J］.外语学刊，1991(02).

［14］华劭.俄语语法［M］.北京：外语教学与研究出版社，1991/2009.

［15］华劭.语言的功能和功能研究［J］.外语学刊，1994(01).

［16］华劭.名词的指称、词义和句法功能［J］.外语学刊，1995(01).

［17］华劭.指称与逻辑［J］.外语学刊，1995(02)—(03).

［18］华劭.名词的指称和语用［J］.外语学刊，1995(04).

［19］华劭.从语用学角度看回答［J］.外语与外语教学，1996(03)—(04).

［20］华劭.从符号学角度看转喻［J］.外语学刊，1996(04).

［21］华劭.关于语句意思的组成模块［J］.外语学刊，1998(04).

［22］华劭.隐性范畴的探索［J］.俄语语言文学研究，2003(03).

［23］华劭.我对语言研究的管见与琐为［J］.//华劭集［C］.哈尔滨：黑龙江大学出版社，2007.

［24］华劭.语言经纬［M］.北京：商务印书馆，2003/2005.

［25］华劭.从新的角度看隐喻［J］.俄语语言文学研究，2007(01).

［26］华劭.概念还是观念？概念化还是观念化？概念分析还是观念分析？［J］.中国俄语教学，2010(02)，(04).

［27］华劭.论词的搭配限制［J］.中国俄语教学，2012(02).

作者简介：惠秀梅，黑龙江大学俄语学院俄语语言文学博士（2000—2004），导师张家骅教授。黑龙江大学俄罗斯语言文学与文化研究中心副研究员。主要研究方向：俄语语言学、语言哲学。

与华劭先生的

一生情缘

见字如面

——怀念恩师华劭先生

浙江大学　王　永

　　惊悉华老师辞世的噩耗，久久不愿相信这是真的。纵使微信群发布了讣告，华老师的音容笑貌犹在眼前，乃至有即刻动身去黑大的冲动。

　　回想起来，从进黑龙江大学博士后流动站到最后一次见到华老师，十年间见面次数虽寥寥无几，但每次见面的场景，有如定格的画面，深深地印刻在脑海里。一想到华老师，总能历历浮现出一幅幅生动的影像：坐在家中客厅椅子上的华老师、埋头查阅文献的华老师、答辩主席座上的华老师……

　　黑龙江大学是国内俄语界的龙头，专家云集。早在90年代，我就有幸在几次研讨会上聆听过张会森等大家的报告，并结识了黑大的几位青年才俊。从此对有着深厚学术底蕴及雄厚科研实力的黑大心向往之。对华老师的大名仰慕已久。读博期间，拜读了华老师在《外语学刊》《外语研究》等期刊上发表的大作，获益匪浅。由衷地敬佩作者深厚的学养、宽阔的视野、严谨的逻辑思维以及化繁为简、化难为易的功底。但从未想过自己今后能成为华老师的弟子。

　　那是2003年初，我的博士后申请获得黑大外国语言文学流动站的批准，经李锡胤先生引荐，得以拜华劭先生为师。二月的一天，我来到冰城哈尔滨，走进向往已久的黑龙江大学……在办妥进站手续之后，我怀着朝圣般的心情，往华老师家走去。虽然仍是冬令时节，那天却阳光灿烂、天高云淡。气温虽低，但走在黑大校园的人行道上，寒风中飘来缕缕树木的清香，令人格外神清气爽。开门的正是华老师，和蔼可亲的笑容，略微伛偻的脊背，洪钟般的嗓门儿，瞬间消除了我内心的忐忑。当我们的话题转入学术讨论时，华老师立即显出沉思的神情，有时略微皱起眉头，有时头部稍稍后仰。那天讨论的是我进站后的研究题目。我原本计划仅在博士学位论文（《语气词在俄语口语中的地位与功能》）基础上做些拓展，研究论文中某些尚未解决或没有涉及的问题，如词类转化、成语中的语气词、口语和书面语中使用的语气词之异同等。华老师则建议往深处挖掘，运用语义学理论研究语气词。最后，我们将研究课题题目定为"俄语语气词的隐含义研究"。

这个题目对我来说是一个全新的挑战。虽然博士论文涉及口语语气词的语义特征，但主要是从词义的角度做出阐释。到底如何运用 Т. Николаева、И. Богуславский、Е. Вольф 的语义学理论来研究"没有独立词汇意义"的语气词，心中没有太大的把握。要在短短的几个月时间内写出开题报告，难度很大。由于不能耽误学校的工作，进站后不久就回了杭州。但有华老师作导师，距离不是问题。一旦碰到疑惑，我就打电话或写信给华老师求教。

在站期间，每次求教华老师，他总是耐心细致地为我讲解和分析，使得各种问题迎刃而解。比如，针对我在阅读 Николаева 的著作 «Функции частиц в высказывании» 中碰到的问题，华老师在回信中深入浅出地阐释了 Николаева 的理论精髓，认为要"把重点放在描写语气词各种语义功能，特别在交际话语中联系与其相关的词语来揭示其功能或意义"。他建议先研究几个"像 уже，и 这样"一些处于词类转化过程中的语气词，并要"多注意观察解释意义 / 功能的角度、方法和结论"。在一次面对面的求教中，我们对 Богуславский 使用的术语 сфера действия 的汉译问题讨论了若干个方案，最后由华老师拍板，确定借用生成语法的术语"辖区"来代替直译的"作用范围"。因为使用"辖区"的概念，有助于在实例分析中更好地说明语气词所统辖的语义成分。而我最后撰写的出站报告，就是按此框架，以上述几位语义学家的理论为基础，对 еще 和 уже、даже 和 только、и 和 ведь，以及 просто 等语气词做了个案研究，探讨不同辖区类型条件下语气词所产生的隐含义及其所发挥的功能。

正是在华老师的悉心指导下，出站报告才得以顺利完成。虽然我没能如老师期望的那样继续沿着这条路走下去，但老师精深的学识，精益求精的工作态度，永不止步的求知精神，成为我此后在学术道路上不断求索的强大动力。

华老师不仅在学术上是指引我前行的恩师，而且在生活中给予我慈父般的关怀。由于是在职博士后，在站内研究的同时，学校的教学工作量丝毫未减，还有部分管理工作，家人也需要照顾。对此，华老师总是记在心里，每次联系都不会忘记嘱咐我要注意身体。进站那年的三月，多地爆发 SARS，浙江也有病例出现。华老师在信中告知开题报告延期的同时，表达了深切的关怀，送上温暖的祝福，令我深为感动。

2013 年 10 月，我趁参加第七届全国语义学学术研讨会之机，去探望华老师。无论我在电话里如何夸耀自己的方向感，华老师仍担心我找不到地方，特意跑到宿舍区大铁门处等候。我至今还清晰地记得当时华老师手扶铁门，略微伛偻着身躯站立的身影。那天风很大，吹乱了老师的头发，让我心里格外内疚。不过，华老师的嗓音依然洪亮，身体仍很硬朗，思维敏捷如常。未曾想，这次分手竟成永别……

此后七年间，我曾多次想着要再去看看华老师。最近一次是 2020 年 1 月，因伤未能去黑大参加会议，也错过了再见一次的机会，成为永远的遗憾。想念之时，只能默默地在心中响起华老师洪钟般的声音，再次聆听老师的教诲。翻开往来信件，见字如面，依稀间，华老师犹在眼前……

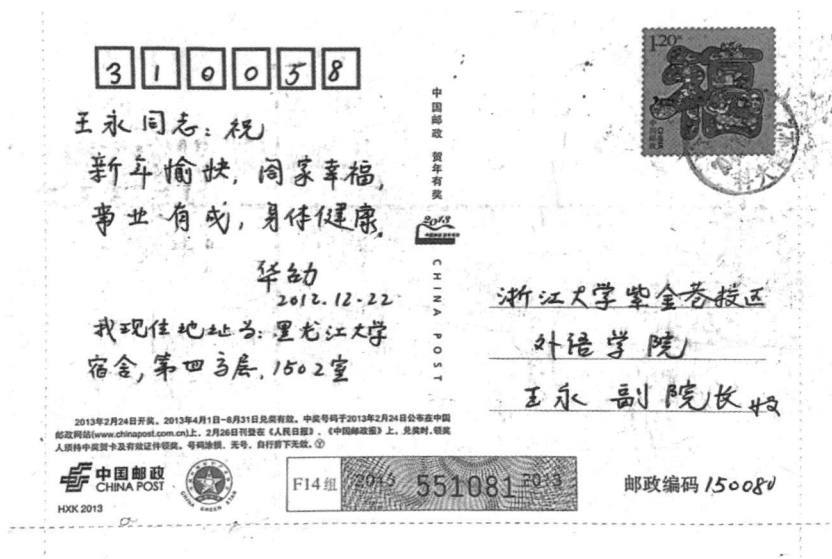

王永 同志：

　　遥祝 2014马年

身体健康，　　　　事业有成，

一切顺遂，　　　　阖家幸福，

祖国昌盛，　　　　世界太平！

　　　　　　华劭
　　　　　　2013岁末

第　　页

王永吾师，这儿快由于SARS闹得人心神不宁，没去办公室，顷天才看到你的信。首先，我告诉你，五月份的会开不成了，省里和校里决定停止一切大型的聚有的学术活动，再说，外地的人也不易出来，军队院校干脆禁止外出开会。什么时候再开展，大概也得另候通知。现在全国的博士生考试和答辩都推迟停止，有准信儿我再告诉你。

М. У. М. Ниссман и его Фунгсион 二十. Т. как на начала века показан 是一本特殊的书，它对这套挽救有什么关系，而其他的观点，也不是所有人的同意。可以边学习，也可以将来去俄国找他本人或其他专家。我认为这本书的重点放在描写语气词的一种语义功能，特别在交际语境中联系其相关的词组来描写其语义功能。专门有两节论述

第 页

我理解别上文我建议先研究一空（而不是所有的语气词，我指的是表义的，而不是构形或构词的像 qutori -то -ка, разоб, -тащуа 么人家认这是虚气词）与副词连接词的界限相对齐这么，但不排斥时还像 уже и 这样有这底既实的语气词，你得注意地观察解释表义功能义的角度方法和结论。由于语气词意义局限在自身内无法体现，而需要一定的依据和别的词一起才能实现所谓有根据的表义（общий контекст, контекст）是把语气词的研究地位和上下文某某连接联系起来，由于语气词自身不能用单个体现于表意出来，在聚合关系上往往需要有根据才能解释很难，所以对它已很重要，无论奇而讲的组合关系和这里说的对比关系往往需要而通过语调语音体现出来，所以已特表意而的这方面的特点 Шведова 特别强调语义股

第 页

级（предположения）认为它专门或特别有列于理解语气词的所谓股，就是这个词在义上某某认包含的荷接补充的义。显然说是隔与一体不有它与义词里的串扬，又对宪成理词所表三么的动作表不且备么能掌掌。Сфера action речения предикатив акуепturoблик，来未摘开不很窄析。至于 Шведова 为什么把不变代词拿过来，我说一是奉劝引 подуб uta, ие, -та 这里的 Парцикум，有些密罕它们的功能，另外把认为有底体论述未与语气词密切相关的花噜，特别考虑那空有些词情斯拉活和其他西政治言语用以外把作名主亚但把证么重要正是有价值的我建议在看书的词时，充代出几个语气词，指出它们语义蹊跷与音语调及意义有无同义作出去么某的用法同时还要提出自己怀疑理解和疑点在这个基础上形式初步提网

397

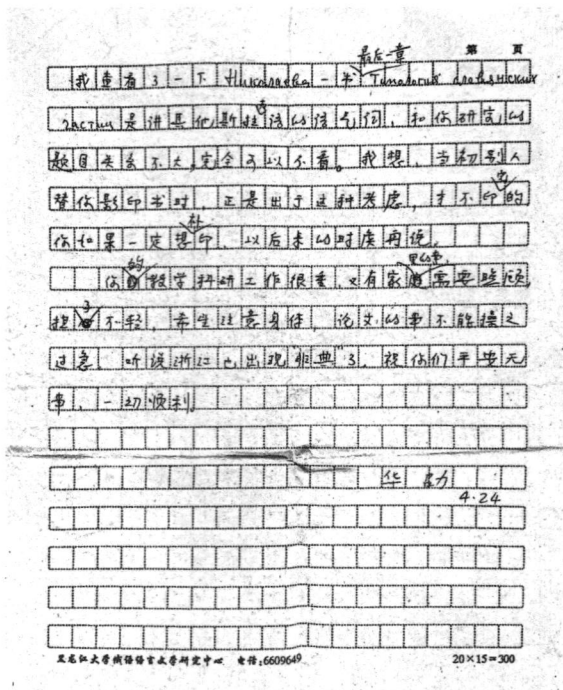

作者简介：王永，黑龙江大学外国语言文学学科博士后（2003—2005），合作导师华劭教授。浙江大学教授，博士生导师。浙江大学世界文学跨学科研究中心副主任、外语学院俄语语言文化研究所所长；兼任教育部高等学校教学指导委员会俄语分委会委员、中国俄语教学研究会常务理事、《文学跨学科研究》（A&HCI）期刊副主编。曾任浙江大学人文学部副主任、外语学院副院长等职。俄语计量语言学研究论文获教育部高校科研成果三等奖。主要研究方向：计量语言学、俄罗斯文学、俄罗斯艺术。

深切缅怀华劭先生：我与先生二三事

浙江大学　王仰正

2020 年 11 月 5 日是一个黑暗的日子。惊悉华劭教授因病治疗无效，在哈尔滨与世长辞，驾鹤远游，我难以置信。立即电话询问黑大的朋友。当确认这一噩耗后，不由心生悲痛，潸然泪下，黯然伤神。华劭老师的音容笑貌浮现在我的脑海，不禁回忆想起与其交往的一些往事。

20 世纪 80 年代，由于国内的形势所限，俄语界鲜少有学术活动。加之当年的我只是西安外国语学院俄语系的一名助教，即便有学术活动，也没有资格参与，所以对中国俄语界所知甚少。直至 1986 年，我来到莫斯科大学学习，不仅开阔了视野，提高了俄语专业知识，而且有机会接待并接触国内来俄罗斯访学的各位俄语大家。如张会森教授、吴贻翼教授等人，还有我在北外上学时的老师段世骧教授、刘宗次教授、王福祥教授。和前辈们的接触不仅加深了我们的师生情谊，更为我打开了了解中国俄语界的一扇门。

在国内，我虽久闻黑龙江大学华劭教授的大名，但初次与先生谋面已是 1990 年的下半年。当年他来莫斯科大学（以下简称莫大）访学，正好被安排在莫大学语文系。届时我住在该校主楼"Г"区 213 房间。此区大部分住着语言系的研究生、进修生和来自不同国家的访问学者，华老师也被安排住在该区的一层楼。记得他住下后的第二天就来找我，我非常高兴与先生相识相见。我们促膝长聊，从莫大语言系的情况说起，又谈到莫斯科语言学界的名人，以及俄罗斯在语言学研究方面的情况与进展。尽管华老师于 1957 年至 1959 年曾在莫大进修过，但几十年过去，莫大还是变化不小。当年华老师在此进修时的那些俄罗斯语言学领域的著名教授均已去世，像维诺格拉多夫（В. В. Виноградов）、洛姆捷夫（Т. П. Ломтев），他们都曾担任过莫大语言系的主任，而洛姆捷夫还是我在莫大导师弗谢沃罗多娃（М. В. Всеволодова）的导师。

此后，我和华老师的交往变得频繁起来。华老师自己不做饭，基本在莫大食堂吃饭，于是在节假日，我便在所住二层请他来品尝我做的中国饭。华老师有时要去拜会那位俄罗斯语言学界名家，也会来我房间询问电话或者家庭地址。他的活动安排也较为紧张，不是去图书馆看书，就是会见俄罗斯语言学、语义学名家，如卡拉乌洛夫（Ю. Н. Караулов）、佐洛托娃（Г. А. Золотова）、列昂季耶夫（А. А. Леонтьев）等。同时，只要有关语言学、语义学方面的学术会议，无论是在莫大语文系还是俄罗斯科学院俄语研究所，他都会去参加。

华老师为人谦和、和蔼可亲，从不摆架子、凌驾于他人之上，对我们这些小字辈也是同等对待，一视同仁。有一天，他来找我，说求我办一件事。他知道我在莫斯科多年，好交朋友，办起事来比较容易，就想让我帮他复印一本1984年在维也纳（Вена，奥地利）出版的梅里丘克（И. А. Мельчук）和茹尔科夫斯基（А. К. Жолковский）合著的《详解组合词典》。这本词典是在俄罗斯境外出版，印数有限，在莫斯科很难买到，而且只有在大型图书馆才有存书。由于词典有数百页之多，要全部复印未免伤及词典本身，复印后必须重新装订。即使复印，在当时的俄罗斯都是比较困难的。我答应完成华老师交给我的任务，于是在莫大语文系图书馆借到词典后，随即找我的朋友莫大数理系的学生会主席，请他帮忙完成这个任务。两个多星期后，朋友终于给我送来了复印的词典和重新装订好的原本词典，使我完成了华老师的委托。

华劭老师到莫大语文系的一个月左右，也是我的博士论文完成第二稿时间。华老师的到来使我动了心思，想请他帮我看看论文，把把关。我忐忑地把想法告诉了华老师，不想他欣然同意。两个多星期后，华老师来我房间，交给我他审阅过的我的论文。华老师看得非常仔细，连同字母打印错误、移行漏掉字母都一一做出标记，他对我的论文总体给予较高的评价，同时指出了问题。后来我的论文在答辩中获得文学系当年最佳论文，各位答辩委员都给予了较高评价。

我的论文题目是《俄语句子：内容、形式、聚合体》，属于交际功能语法方面的研究。华老师对功能语法也非常感兴趣，我们针对论文，共同探讨了俄罗斯的功能语法发展状况。从彼得堡学派的邦达尔科（А. В. Бондарко）功能语义场理论、情景范畴理论，到莫斯科学派的佐洛托娃（Г. А. Золотова）句素思想、句子模型理论、句法场理论及交际类型句思想。最后谈及我的导师，弗谢沃洛多娃的功能交际语法学派，华老师同意我与导师的观点，特别是在教授外国人学习俄语的教学实践中需要一个全新的、性质与应用的旨在掌握语言的而不是仅分析抽象句子的实用语法。他对我导师提出的一些问题，如语言特征、语言机制等问题表示赞同。我讲述了论文的例句主要从交际言语为主时，华老师讲了不少想法，使我受益匪浅。他认为，言语产品的口语是第一性的，而书面语是派生的，是语言发展到一定阶段才会出现的，口语是最自然的，最直接的口头交际产品。研究口语交际的言语形式，对在国内的俄语教学有很大的益处。另外，他还告诫我应该多研究一下语言和言语的相互关系。学习外语时，有了一定的语言知识，完全不等于你已经掌握了言语。要学好外语，除了有良好的听说读写能力，还必须掌握语言的语用诸要素、言语行为类型、篇章作品体裁，与词语相关的社会文化背景诸方面的知识。我们学习语言科学，其目的在于将物质地存在于无限言语产品中和观念地存在于个体语言能力中的对象分离出来，以便于学习和解释言语。和华劭老师对功能语法、语言与言语等语言学问题的探讨，对于我之后的教学科研都起到了很大的作用。

在莫大和华劭老师的对语言学问题的论证及与他本人的接触中，他也传授了我不少科研的方法。他认为，一个要搞科学研究的人，其根本就是要学会思考和对知识的积累，在当时对我来说，就是要学会做卡片。这一点我的导师也曾指出过，他要求我起码要做五六千张卡片来支撑论文。有志于学术的人，要多读书，我导师要求每天必须读 50 页的文章，哪怕是惊险小说（Хотя бы детективный роман）。读书要读得进去，对一些好的东西，要系统反复地读，读到烂熟于心的程度，要把别人书里面的东西融会到自己的思想中去，这也是一个由必然王国到自由王国的过程。同时，在学习研究的过程中，要不断钻研，要有问题意识，有批判精神，要将别人的东西和自己从事的研究结合起来，从自己语言的文化入手，要分阶段地研究问题，对一个问题要彻底搞清楚，不能见异思迁，抓住一个专题坚持去做，始终如一做下去才能做好学问。华老师的坚持使他在国内俄语语言学研究方面能融众多学派于一身，但又坚持自己的学术精神，在国内形成一派，使我们深受感动。

莫斯科与华劭老师一别，再次见面已是在国内了，我是 1994 年 7 月 1 日从莫大回到西安外国语大学任教。之后的不久，黑龙江大学要建立教育部人文社会科学重点研究基地黑龙江大学俄语语言文学研究中心，黑龙江大学选择我作为中心的一名专职研究人员。记得当时还要原单位领导批准，人事部门的认可。当时我已任西外俄语系主任和学校教务处处长。黑龙江大学协议中有一条是专职研究人员每年要去黑大工作几个月。校长问，如果我走后学校和系上如何办？在我的力争之下，校长才同意签字，同意我为黑龙江大学俄语中心的一分子。

记得当年黑大俄语中心成立时，因西外有重要会议，没有同意我提前一天去黑大。第二天早上，我便乘机前往黑龙江大学，到达时已是中午时间，而隆重的俄语中心成立大会是在早上进行，我本人未能赶上。下午到了会场，黑大老师让我主持下午的会议，我是丈二和尚摸不着头脑，后来看了议程才知道，先是学术报告，然后讨论基地科研项目立项问题，当时提出立项的科研项目并不多。记得最清楚的是解放军外语学院易绵竹和黑龙江大学傅兴尚关于计算机语言研究的题目。当时条件下，我们对计算机认识不足，国内还没有普及计算机运用，多数人还不会用计算机。因此，个别学者提出反对这个项目作为基地中心的研究项目。但是，华劭老师表示支持这个项目立项。他认为，虽然自己不懂计算机，但这个项目的研究代表了未来，在中国俄语界是不可缺的研究，应该支持年轻人的研究，作为主持人，我完全同意华劭老师的意见，并倾向性地引导，使这个项目得以通过。由此可见，华劭老师对新生事物有着敏锐的感觉，他支持青年学者勇于创新，能向青年人学习，勇于接受新事物，是我们学习的榜样。

自从成为黑大中心基地的成员以后，我几乎每年都要去黑龙江大学，或是参加学术会议，或是参加研究生论文答辩和讲学，我都能和华劭老师见面。除了寒暄之外，也常会请教一些问题，求助华老师的帮助。无论何时，他都能给予我满意的答案。

2003 年，我已经调入浙江大学外国语言文化与国际交流学院工作。当年八月份，华劭老师让王永教授（华老师的博士后研究人员）给我带了一本他的专著《语言经纬》。他在上面工整的写上"请王仰正教授指正，华劭，2003.8.10"。拿到华劭教授签名的书，我非常高兴，便如饥似渴地读完这本专著。恰逢我当时给研究讲授语言学这门课程，正发愁没有教材，华老师这部专著弥补了这一欠缺，于是浙大外语学院俄语语言文化研究所的研究生每人购买一本，作为研究生必读之书，对照该专著的主题，学习语言学这门课程。

华劭教授在该书序言中指出："上世纪 50 年代作者在苏联学过这方面（普通语言学）的课程，但一些知识已被遗忘，另一些则显得陈旧，只得结合我国俄语教学界的实际情况，自编教材，从头做起。具体作法是以从语言研究到言语研究为主线，围绕若干重要课题，广泛搜集选择材料，介绍不同观点，找出问题要害，确立研究方向。当然，也谈一些自己的观点……"。华劭教授这部专著对普通语言学在 20 世纪的发展情况有全面的总结概括，对语言学研究的现象、本质和全貌描述全面，总结到位。从语言学研究的对象、语言的符号性质、语言的发展、研究的层次单位诸方面直到语言的社会属性逐级、逐层次进行划分研究。同学们普遍反应，该著作语言表达通俗易懂，把复杂的语言学问题描述得简明扼要。作者对每个问题都有自己独到的见解，容易理解，融会贯通。

华劭教授一生从事俄语教学和研究工作，学术造诣深厚、知识广博，满腹经纶，却为人低调。他把自己毕生的心血都奉献给了中国的俄语教育事业，为中国俄语界留下了宝贵的学术思想，培养了不少学科精英和传承者。华劭先生在国内俄语界被称为真正的俄语大师。他的辞世不仅对黑龙江大学，而且对全中国的俄语学者来说都是巨大的，不可估量的损失

华劭先生的音容笑貌常浮现在我的脑海。回忆与先生的交往事事历历在目，让我终生难忘。我觉得先生没有离开我们，他似乎就在我们的身边。他的人格魅力使他赢得了俄语界同人对他的尊敬和爱戴。

先生之师表，千古流芳，永生难忘。

谨以此文怀念华劭教授。

作者简介：王仰正，浙江大学外国语言文化与国际交流学院教授，教育部人文社会科学重点研究基地黑龙江大学俄语语言文学研究中心兼职研究员。曾任教育部高等学校专业外语教学指导委员会委员、教育部高等学校专业外语教学指导委员会俄语专业副主任委员、中国俄语教学研究会常务理事。主要研究方向：俄语语言学、俄罗斯语言文化学。

"他是一个真正的语言学家"

北京大学　王辛夷

"他是真正的语言学家！"她对我说。

"他"是谁？

"她"又是谁？

"他"是华劭教授！

"她"是 Н. Д. 阿鲁秋诺娃教授！

华劭教授是我国著名俄语教育家、语言学家！阿鲁秋诺娃教授是俄罗斯著名语言学家、俄罗斯科学院通讯院士！这是华劭教授用一生赢得的评价！贴切而名副其实！这是阿鲁秋诺娃用一面之缘做出的评价！简朴却极高！

2020 年 11 月 5 日，黑龙江大学俄语学院华劭教授离开了我们，但他的风范、他的学识却会流芳百世，为后人所景仰！他是俄语学人永远的先生。为了缅怀华劭先生，仅以我与他有限的几次交往回忆并记录在此。

1. 华劭先生与阿鲁秋诺娃教授的"强强对话"

2000 年 10 月 17 日至 20 日北京大学俄罗斯语言文学系发起并主办的"全国现代俄语语法、语言及教学研讨会"在北京大学外国语学院举行。Н. Д. 阿鲁秋诺娃教授及其助手 Т. Е. 扬科博士应邀参加了这次大会。华劭先生也欣然参加了此次研讨会，他和我说："我是冲着阿鲁秋诺娃教授来的，你能否安排我和她单独见一面，我要向她请教一些语言学方面的问题。"我当然满口答应并安排了他们见面。

后来，华劭先生告诉我，他们谈了一个多小时（阿鲁秋诺娃的行程非常紧张，这已经是最大限度了），他收获很大。华劭教授非常感谢我，我当然受之有愧，但也颇感欣慰，觉得做了件大好事儿。

后来，阿鲁秋诺娃告诉我，他问的问题都很有深度，是经过深思熟虑的，他是一个真正的语言学家！

我不准确地记得是否曾经把这句话传达给华劭先生，想必是传达了，但我估计，以先生的为人，断不会拿这件事儿到处炫耀，因此，知道的人应该是寥寥无几。我感到后悔的是，当时没顾得上问问两位语言学家，他们都探讨了什么问题。更为后悔的是，我没有给他们拍照留念，想必那时不像现在，随时可以用手机拍照，当时我手头没有相机，没能为这次"对话"留下珍贵的影像。

关于北京大学俄罗斯语言文学系举办的这次研讨会，《中国俄语教学》杂志 2001 年第 1 期给予了报道，其中一段是：黑龙江大学华劭教授在分组讨论上，为大家简洁清晰地描述了俄语语言学及其各流派的发展脉络，对科研的指导思想、方法论和具体的研究方法都做了详尽的介绍。各位读者一定不解，会议主办方为什么只让华劭先生在分组讨论会上发言？其实，是先生自己不愿意做大会发言，他说参加分组讨论就可以了。这一做法让我领略到了先生的谦虚和胸怀，把大会发言的机会留给别人。

2. 华劭先生与我的"师生对话"

这里提及的"师生对话"不是真正意义上的黑大教授与黑大学生的对话，很遗憾，我未能在黑大亲耳聆听过先生的讲课，但我们的确是真正的师生关系。当初，我跟随莫斯科大学罗日杰斯特文斯基（Ю. В. Рождественский）教授攻读副博士学位，准备做汉俄对比方面的论文。还在我收集资料阶段，罗日杰斯特文斯基教授突然因病离世，搞得我措手不及。后来，我投到索尔加尼克（Г. Я. Солганик）门下，他是搞语篇修辞学研究的，给我的论文题目是《现代俄语政论语体中句法平行结构的修辞功能》（«Стилистические функции параллельные синтаксические конструкции в современной русской публицистике»）。一下子从汉俄对比转向语篇修辞学，我真不知从何下手，于是我冒昧地求助于华劭先生。我给先生写了封信，把自己的情况和困惑告之华先生。很快我就收到回信，展开信笺，我顿时愣住了，整整五页信纸，里面都是先生给我提出的建议，最主要的是建议我好好论述一下语篇的两个核心问题：关联性（связность）和整体性（цельность）。先生写道："前者讲篇章的内容是如何组织联系起来的，与синтаксис密切相关，但联系手段又不局限于句法联系（如词汇、时体、形象的联系）；而后者主要是将各单位的语义整合为篇章及其下属各较大的单位，如СФЕ、段落之类的主题意义，这样可能线索清楚一些。"当然，先生还就其他问题谈了看法。因受到先生的启发和索尔加尼克教授的指导，我的副博士论文写作顺利，答辩亦顺利，同时还专门就语篇的关联性和整体性发表过文章，这些都是拜先生所赐。

3. 华劭先生与我的"留痕对话"

说是"对话"，有点牵强，说是"留痕"，也有点让人摸不着头脑，这都是为了与前两点保持一致的"拽"吧，还与我这些年搞语篇修辞研究不无关系，总希望保持这个"小语篇"的关联性和整体性。近些年，"留痕"一词盛行，指无论是开会还是做其他事情，都要拍照留痕，以备上级检查或者申报各种材料。大约是在2014年或2015年春天，我借着去黑龙江大学开会之际，去华劭先生家里看望他。我其实是不太敢到先生家里打扰他的，当时同行的另一位老师说没有关系的，咱们只是看望一下就走，于是我同意了。华劭先生热情地接待了我们，因怕打扰先生的工作和生活，我们只待了一小会儿就告辞了，出门之前和先生拍照留念，这次见面也就"留痕"了。所谓的"对话"也就是指当面聊天了。此后也曾多次去黑龙江大学参加会议，但都没敢再打扰先生，因为先生年纪越来越大了。

先生的离去，使我失去了终生敬仰的老师，但他的治学风范和高贵品行将永远指引我前行。借用黑龙江大学讣告中的一段话结束我的追忆：先生虽逝，文章留世功千古；桃李芬芳，教诲铭心传百载；音容宛在，馨香不散，德范长存，流洒人间。愿华劭先生在天堂里长眠安息！先生千古！先生千古！先生千古……

笔者与华劭教授

第一排左三为笔者，第二排右三为华劭教授

作者简介：王辛夷，北京大学外国语学院教授、博士生导师，教育部人文社会科学重点研究基地黑龙江大学俄罗斯语言文学与文化研究中心兼职研究员。曾任教育部高等学校外语教学指导委员会俄语专业教学指导分委会委员、北京大学俄语系主任。主要研究方向：俄语普通语言学、俄语语篇语言学、俄语修辞学、对比语言学。

华劭先生与商务印书馆之间逾半个世纪的合作情义

——一位在学术前沿耕耘 60 余年的学术巨人

商务印书馆　冯华英

华劭先生是我国俄语学界屈指可数的大师级学者，他在俄语研究和俄语教学两条战线上奋斗 60 余年，硕果累累。其重量级语法和语言学著述几乎泽及所有新中国俄语学人，而纵览其桃李满天下的景观中，不乏耄耋之年的大学者、年富力强的学术领军人物和一代代高足传承引领之下的一批批新生代学人。

华劭先生是学界的一个独特的存在，他的学术生涯就像一座金矿，其含金量之高令人叹为观止。他给我们俄语人留下的不仅有浩瀚无垠的知识财富，还有更加难能可贵的人格财富。

20 世纪 50 年代末，华劭先生已经有一部他参与写作的重要学术著作正式出版：《现代俄语通论》，这是一部开拓性的学术著作，是引领此后我国几代人进入俄语研究领域的开山之作，由此我们可以了解俄语的前生今世、来龙去脉，领略俄语的全部奥妙和力量。

20 世纪 60 年代初，华劭先生与张会森先生鼎力合作，完成了国内首部俄语语法著作——《现代俄语语法》。这为当时颇为年轻的俄语学科铺就了一条学习俄语的道路，使学子们拥有了敲开学习俄语之门的重要工具，有了章法和尺子，从此用俄语单词遣词造句不再为难。

20 世纪 70 年代末，华劭先生再次携手张会森先生，推出更新换代之作——

《现代俄语语法新编》，其理论高度令人叹为观止，它不仅能为国内学人解疑释惑，还在国外赢得巨大声誉，其学术高度堪与俄罗斯本土的语言顶级著述相媲美。正如著名学者王福祥在《对〈现代俄语语法新编〉（句法）谈几点浅见》中指出的那样："华劭同志主编的《现代俄语语法新编》（句法）不仅是一本实用性很强的教学参考书，也是一本水平很高的学术著作。这本书内容丰富，结构严谨、有独创性，敢于突破传统俄语句法的旧框框，提出新的观点。"[1]

此前，从进入初中起就开始学习俄语直至读完博士研究生，我本人始终都是浸润在华劭先生的重要学术养分之中的，学语法，学语言学理论，受益匪浅。所以，对华劭先生的景仰之情可谓"高山仰止，景行行止，虽不能至，然心向往之"。

20世纪至21世纪之交，我进入商务印书馆工作，成为一名俄语编辑，我发现，出版社的俄语类重头戏作品很多都出自我敬仰不已的华劭先生之手。除了上述几部20世纪50年代末及至80年代初的大作之外，还有《俄汉大词典》等著作。能进入这样的出版社，有机会与学界顶级高人邂逅，这不免让我感到分外自豪。

更让我欣喜不已的一件事是，华劭先生的书稿《语言经纬》通过我的编辑完成出版，走向读者，其间我有幸成为华劭先生新作《语言经纬》的第一位读者！

说起这部《语言经纬》的出版经历，还有一些不为人知的事情值得记录下来与大家分享。首先把书稿转交给编辑部的是郑述谱先生，他是我们多部词典的重要编者，是与我馆交往非常深厚的著名教授、资深学者。郑老师把这部书稿转交给我的同时，还附上了他本人撰写的专家推荐书，他郑重推荐了华劭先生的书稿，说这是一部华劭先生实际已经在教学过程中使用多年的教科书，获得很多学者的赞誉和学生的喜爱，但是华劭先生却从来没有考虑过要向出版社投递并出版。问及缘由，说华劭先生因教学和科研很是繁忙，外加那段时间还常常赴俄罗斯讲学，实在抽不出时间为出版书稿奔忙。郑老师很是不忍，于是主动提出愿意为此牵线搭桥，促成书稿出版。华劭先生的书稿就是这样到达了我的案头。

我接到书稿，非常高兴，很快准备好相关材料做了选题申报。令人意外的是，因俄语编辑人手少、大型词典工作任务繁重等原因，选题被我馆馆务会否决了！我们在告诉华劭老师这个令人沮丧的消息时，也顺便礼节性地建议他另投他社。华劭先生说："若商务印书馆不予出版，那我就不想出版了。"这句话使我深受震动，也很是汗颜。华劭先生是如此看重与我馆多年的合作情义，赋予我们如此之重的信任，我们怎么能辜负这样一位德高望重，又与我馆有那么深远合作经历的作者的情义呢？我决心再做争取。在一次有多位馆领导在场的工作会议上，我声情并茂地说了该选题的重要性以及被否后华劭先生的反应。馆领导得知了事情的前因后果，他们也颇受震撼。于是，选题得以再次申报并顺利通过。《语言经纬》书稿质量非常高，条分缕析之中具有严谨的逻辑性和文字的规范性。我认真读了一遍，一是为了编辑加工，然而更多的是为了学习。而且感觉内容丰富深刻，满满的都是语言学新知，也深感华劭先生的学养深厚。书稿很快就走完编辑加工和校对流程，于 2003 年正式出版。

华劭先生认为："语言是非常复杂的现象。对此，各种学派众说纷纭，每种学说似乎精彩与偏颇并存，既使人增进知识，又给人留下遗憾。看来，从不同角度、不同层次，以不同方法去剖析语言的各个层面、各类单位和各种功能，从而接近或者说逼近所研究语言现象的本质和全貌，也许不失为一种合理的主张。"[2] 于是，他集 50 余年教学和科研成果之大成，在讲稿的基础上，整理集结成书。在书中他分析了语言的符号性质、语言符号的系统性、语言单位之间的相互关系、语言发展的规律性和语言的社会属性，并在言语研究的基础上，论述了语言的超符号层次单位、语用学和篇章语言学，廓清了当代语言学中的大量重要概念，阐明了语言的根本属性，从而大大地推进了当代语言学的发展。

《语言经纬》在学界、相关机构和读者中引发了强烈反响。多位国内著名学者纷纷提笔作评，如徐翁宇教授的《〈语言经纬〉评介》，王铭玉教授和

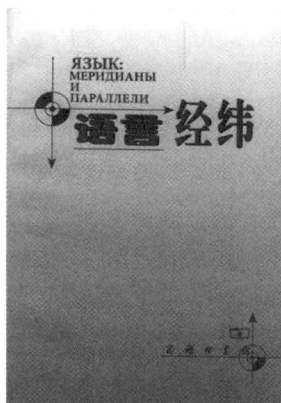

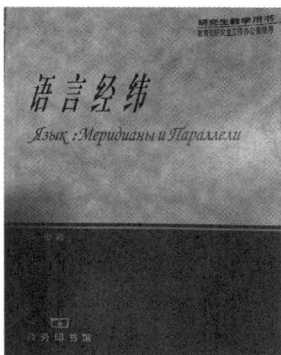

金华教授的《关于〈语言经纬〉》，杜桂枝教授的《十年一剑，文如其人——关于〈语言经纬〉的思考》。事实上，这三位评述人不仅是著名教授，还同时是俄语方面三家重要学术杂志的掌门人，所以他们的评价兼具学界和学术期刊界的双重眼光，他们的热情评述和极大赞誉，则更具有权威性和影响力。他们准确地揭示了华劭先生著作的学术价值，也准确地勾勒出华劭先生高尚的品格：为人低调谦逊，朴实无华；科研态度认真严谨，文如其人；其成果具有学术前沿性价值。

《语言经纬》第一版面世后两年，于 2005 年获教育部研究生工作办公室推荐为"研究生教学用书"，之后按照教育部教材统一设计要求进行改版发行。如今，离正式面世过去将近 20 年，此书依旧是多所高等院校俄语专业的必读教材，也是语言学研究者的重要参考用书。虽然华劭先生已经离我们远去，但他的作品却成为经典学术著作，引领学子们继续在求知的道路上奋发前行。

注释

1. 王福祥.《现代俄语语法新编》（句法）谈几点浅见 [J]. 外语教学与研究，1981 (2)：74–78，47.

2. 华劭. 语言经纬 [M]. 北京：商务印书馆，2003.

作者简介：冯华英，商务印书馆编审、北京大学俄语语言文学博士（1993—1996 年）。黑龙江大学客座教授、中国辞书学会北京市双语词典研究中心秘书长、九三学社北京市委文化委员会委员。

先生之风　山高水长

——深切怀念华劭先生

北京大学　宁　琦

2020 年 11 月 5 日，德高望重的华劭先生永远地离开了我们。先生的逝世是我国俄语学界的重大损失！

华劭先生是我国俄语学界著名语言学家，他将毕生的精力献给了中国俄语教育事业，对教学精益求精，对学术孜孜以求，言传身教，提携后学，品德高尚，堪称楷模，赢得了俄语学界的尊重与爱戴，为俄语学科的建设与发展以及人才培养做出了杰出的贡献。

当今俄语学界的中青年学者，很多人是读着他的书成长起来的，我就是其中之一。我与先生并没有太多的近距离交流，通常仅是某个学术会议间歇的简短问候，却自认为是他最合格的学生。

认识华劭先生，从认识他的著作开始。出版于 1979 年的《现代俄语语法新编》，是中国第一部个人撰写的研究性俄语理论句法著作，其核心要义与同时期出版的苏联科学院《俄语语法》异曲同工。真正认识华劭先生，还是在 20 世纪 90 年代，我的导师吴贻翼先生把华劭先生介绍给我，并把先生主持翻译的苏联科学院 1980 年出版的《俄语语法》推荐给我。这部译著是对当时苏联语言科学发展的最新成果的最及时呈现，是我国俄语语言学引进国外先进学术思想和研究方法的巅峰之作。吴贻翼先生要求我结合原著，从头至尾一字不落地细细研读。这部译著成为我撰写博士学位论文《现代俄语简单句的模型》

最重要的参考书之一，每每阅读原文梳理不清主旨要义之时，便从这本《俄语语法》中寻找答案。2008 年，我参加刘利民教授主持的"当代俄罗斯语言学理论译库"丛书的编译工作，翻译俄罗斯著名语言学家 Н. Ю. 什维多娃的文集，先生主持翻译的《俄语语法》再一次给予我巨大的帮助。Н. Ю. 什维多娃正是苏联科学院 1980 年出版的《俄语语法》的主编，在她的文集里有许多关于《俄语语法》所涉问题的讨论，其中还收录了《俄语语法》的个别章节，我的理解和翻译尽管有所突破和升华，但如若没有先生主持翻译在先，恐怕以我一己之力，很难达到更为准确的理解和呈现。

出版于 2003 年的《语言经纬》，是我国首部以俄语为语料的普通语言学著作。华劭先生以语言研究和言语研究为经纬，把语言学的若干重要问题编织起来，从语言学研究的对象、语言的符号性质、语言符号系统是层级装置、确定语言单位、语言单位间的关系、语言的系统性质、语言的发展、超符号层次单位的研究、从语用角度研究话语等多个角度、多个层次探讨语言现象研究的本质。该书被教育部研究生工作办公室推荐为研究生教学用书，至今都是我的案头必备之书，每有疑问就会拿出来翻阅，不仅我在阅读，还推荐给我的学生、学生的学生继续读，成为他们书单中的经典必读书目。可以说，华劭先生的《语言经纬》《现代俄语语法新编》《俄语语法》等经典著作为一代代俄语学人提供了无尽的学术滋养，华劭先生是后辈学人永远敬仰和学习的典范。

为表彰华劭先生的卓越贡献，2016 年，在中国俄语教学研究会成立 35 周年之际，作为中国俄语学界前辈学者的杰出代表之一，华劭先生被授予中国俄语教育终身成就奖。中国俄语教学研究会号召中国俄语学界的全体后辈学人以他们为榜样，学习他们的风骨和风范，为人师表，为国家繁荣培养优秀的俄语人才；潜心科研，为国家发展创造优秀的学术成果。在新的历史时期，中国俄语人要帮助中国了解俄罗斯，帮助世界了解中国，发出中国俄语人的最强音。

如果说，此生有什么遗憾，那就是没有机会走进先生的课堂，真正地做一次先生的学生，还有就是没有留下一张和先生单独的合影。也正因没有与他的合影，他的音容笑貌才会深深地刻在我的记忆里，谦逊，温润，儒雅，不疾不徐，从容不迫，让我们永远怀念他！

作者简介：宁琦，北京大学外国语学院院长、博士生导师，北京大学区域与国别研究院常务副院长。国务院学位委员会第八届外国语言文学学科评议组成员，教育部高等学校大学外语教学指导委员会委员、俄语分委会副主任委员，《中国俄语教学》副主编，中国俄罗斯东欧中亚学会副会长，中国俄罗斯东欧中亚学会俄语教学研究会会长等。主要研究方向：俄语语言学、外语教育、俄罗斯问题研究。

敬爱的华老师，我们永远怀念着您！ ①

浙江大学　许高渝

一

关于华老师离世的消息我在 2021 年 1 月 2 日才知道。那天早上，我给李锡胤老师家打电话，由于李老师听电话有些困难，主要由李师母和我交谈，她除了介绍李老师的近况外，在交谈快结束时还谈到我认识的黑大其他同事，她告诉我说："华老师走了。"一听说这个消息，我顿时不知道如何应答，只是"啊呀，怎么会这样！啊呀，怎么会这样！"连说了两声，就匆忙挂上了电话。接下去的几十分钟里，我先后拨通了黑大薛静、张家骅、孙淑芳等老师的电话，了解了华老师离世前更多的详情。孙淑芳老师随即和我互加了个人微信，并发给我她在华老师告别仪式上的悼词全文。

在得知华老师离世消息的好多天里，我一直难以接受这个残酷的事实，因为 2020 年 9 月 18 日和华老师见最后一面时，他给我留下总的印象是身体状况尚好。同时我也深深地自责：为什么和华老师见面之后的 48 天里，我没有再及时进一步和华老师联系。虽然 1 月 2 日那天早上，我原本已计划给李锡胤老师家打电话后就给华老师打电话，并向他祝贺新年，可是，已经晚了，一切都无法挽回，永远晚了……

---

① 本文在撰写过程中，黑大的赵晓月同学补充了部分材料，深表感谢。

二

我至今始终没有机会成为华老师的学生，但早在 50 多年前，我在读大学高年级和初任俄语教师时，曾读过华老师撰写的一些文章。在 1985 年以后的30 多年里，我又有幸和华老师多次见面并向他请教。

1985 年 12 月，我在广州参加中国俄语教学研究会第二次学术讨论会时，首次见到华老师，那次会议的闭幕式是华老师主持的；1986 年 6 月 4—6 日，我作为学校代表参加中国俄语教学研究会第二届理事会第一次会议，再次见到华老师，并聆听了他代表理事会所致的闭幕词。

中国俄语教学研究会第二届理事会第一次会议（1986 年 6 月）全体参会理事合影

第一排右二为华劭老师，第三排左三为笔者

进入 21 世纪后，和华老师见面或联系的机会更多了，2003 年 8 月 10 日，他的《语言经纬》刚出版，就专门赠送了我一本。至今，这部专著一直是我最喜爱、最珍贵的书，并放在身旁，不时研读。同年 9 月，我到哈尔滨参加现代俄语语义学学术研讨会，华老师也出席了，他在会上的精彩发言使我受益匪浅。

现代俄语语义学学术研讨会（2003 年 9 月）全体参会代表合影
第一排左五为华劭老师，第一排右一为笔者

2007 年 10 月下旬，我因出版《俄罗斯心理语言学和外语教学》一书， 到黑龙江大学俄罗斯语言文学与文化研究中心办手续，华老师得知后就联络了李锡胤老师和阎家业老师，于 26 日中午邀请我一起聚餐。席间，华老师等前辈对黑大往事的回忆， 给我留下了十分深刻的印象。

2013 年 8 月至 9 月，因审定"俄罗斯《语言学大百科词典》翻译工程"的部分条目，我在黑大工作了一个月。9 月 18 日上午，我到华老师家请教一些条目的翻译问题，他耐心地给我讲解了一个多小时。他向我讲述 Арутюнова 的学术观点，介绍伍铁平先生的著作，对 условно 等术语的翻译提出他的看法。

至于每年过年，华老师都会寄给我精致的贺卡，这些贺卡我都用心地收藏着。

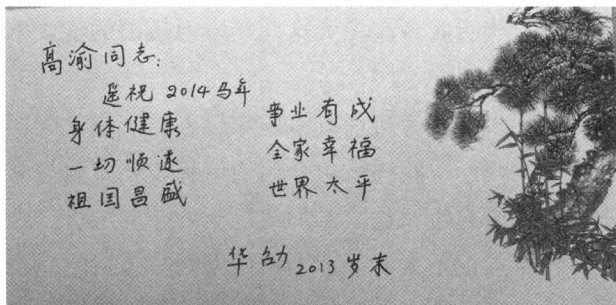

2013 年 12 月华劭老师寄给笔者的新年贺卡

三

2020 年 9 月 18 日下午，我利用参加"俄罗斯《语言学大百科词典》翻译工程"结题会的机会，再一次拜访华老师。非常凑巧的是，那天刚好与前一次，即 2013 年见华老师同月同日。

一进华老师的家，就在大厅里看见躺在床上的华老师。我快步走到他的跟前，我们俩几乎同时伸出双手，紧紧相握了好长时间，我们都十分激动，毕竟已经多年未见面了。我发现华老师的精神甚好，比我来之前想象的状态要好许多，无论从他的脸色，还是交谈时的神态和思维的速度，根本看不出他是一位病人，和七年前到华老师住所拜访他时相比，所不同的只有一点：七年前我们俩是面对面地坐在桌子旁谈话，而七年后，他躺在床上，我坐在他的床边和他交谈。

我拜访华老师前听说他腿摔坏了，于是首先关心的是华老师的腿是否康复，我问他："有时候能不能站起来活动？"他说："可以站起来，有时会在房间里扶着轮椅走走。"听他这一说，我先前的担心放下了一大半。

接着我告诉他，这次来哈尔滨是参加"俄罗斯《语言学大百科词典》翻译工程"的结题会。这个国家级重大项目从开始酝酿申请，然后正式批准、开题，到翻译初稿，修改审定，直到最后结题，花费了近十年时间，通过俄语界几十人的努力，在首席专家张家骅老师的带领下，总算能够结题了。华老师从酝酿申请开始就知道这个国家社科基金重大项目，而且多年来十分关注，听到我讲该项目结题的消息，他也分外高兴。

我还向华老师汇报了我自己这几年来一直在从事的浙大校史撰写工作。他边听边点头表示赞许。当听我说起黑大这几年学习俄语的学生不断增多时，他更是十分开心。

这时，华老师发现坐在我旁边还有一位年轻人。于是就问："这位同学是不是有什么问题想来问我？"我连忙边介绍边解释说："这位赵晓月同学是俄语系应用语言学一年级研究生，这次参加结题会的会务工作，因为您的住处我已多年未前来拜访，有点记不太清，加上疫情期间校园封闭，特别是家属区的管理十分严格，需要查验证件，所以特地请赵晓月同学陪同前来。"

随后，我顺着华老师前面的问话转过身对赵晓月同学说："华老师是很愿意和青年同学打交道的，他学问好，人也好，你今后有什么问题，完全可以大胆地直接向华老师请教，你们年轻人是国家未来的希望。"接着顺口背出了毛主席曾经说过的"世界是你们的，也是我们的，但归根结底是你们的"这句话。我话音刚落，华老师马上说："这句话我是亲自在场听毛主席讲的。"接着他满怀激情地和我们分享了一段毛主席那天接见莫大中国留学生的往事："1957年，我正在莫斯科大学进修。记得是冬季的一天，上级通知我们留学生，说毛主席要接见大家。那天我们久久地挤在莫大的大礼堂里，等候主席的到来。当毛主席一出现在大礼堂的讲台上的时候，全场顿时欢腾起来，欢声雷动。毛主席高兴地走到讲台的前面，对大家说'世界是你们的，也是我们的，但归根结底是你们的'。毛主席讲话湖南口音很重，虽然不是每个字都听得十分明白，但大家听到毛主席对我们青年人的殷切期望，十分激动，鼓掌声经久不息……"听着华老师的讲述，我和赵晓月同学有一种好像也亲自参加了那次接见的感觉。

过了一会儿，我问华老师："胃口好不好？"华老师说："还好，只是近来胃有点儿不舒服，想过一段时间去医院看一下。"我说："除了请医生看一下，平常自己吃东西也要注意，要清淡些，辣的东西千万不要吃。"我还对华老师说："请华老师一定好好休养，既来之，则安之，过一段时间，定会完全康复。"

由于我们交谈已经有些时间，怕华老师累了，就想和他告别。华老师见我们要走，又再一次对赵晓月同学说："同学，你有什么问题，可以随时来问我。"又叮嘱我道："回去后，代向王永老师（王永老师是我们浙大老师，曾在华老师处做博士后研究）问好。"我说："一定会的。"我和赵晓月同学依依不舍地和华老师告别，走到房门口，看到华老师还在向我们挥着手，于是我又走到他的跟前，和他再次握手告别。

照顾华老师的阿姨送我们出门时，我们又特意嘱咐她，请她注意华老师的饮食起居习惯。

四

华老师将自己的一生全部贡献给了中国俄语教育事业，他不仅属于黑龙江大学，更属于中国俄语教育界。他培养的俄语人才遍布祖国大地，他撰写的著作滋润了并将继续滋润着一代又一代俄语人。

华老师走了，但他的精神常在，他的著作永存。他实事求是、追求卓越的学风，脚踏实地、不断创新的治学态度，善待他人、严于律己的人格魅力，对青年学子的倾心爱护和持续关注，永远值得我们后人学习、继承和发扬。

敬爱的华老师，您永远在我们心中，我们永远、永远怀念着您！

作者简介：许高渝，浙江大学外国语言文化与国际交流学院教授、教育部人文社会科学重点研究基地黑龙江大学俄罗斯语言文学与文化研究中心兼职研究员，2016 年被中国俄语教学研究会授予"中国俄语教育杰出贡献奖"。主要研究方向：俄汉语言对比、心理语言学、中国俄语教育史。

学术之华　人品之劭

——纪念华劭教授

上海外国语大学、上海杉达学院　李　勤

凡大师者，乃思想独立、术业精深、泽被学林、德厚流光之人。大师之称谓，华劭教授当之无愧。

1977 年，恢复了高考。我于当年考入哈尔滨师范大学学习俄语。华劭先生的大名大约是在大一、大二的时候就听说了。当时我们和黑龙江大学 77 级俄语系的同学有一些交往，经常听他们骄傲地提及和夸赞黑大俄语系的名师，诸如李锡胤、张会森、华劭等等，令我等师范生十分羡慕和崇敬。真可谓，大家风范，高山仰止。只可惜当时受条件所限，无缘得以一见。大三的时候，我准备报考硕士研究生。由于受"文革"的影响，学术研究停滞多年，那时可供参考的学术成果和著作少之又少。恰在此时，也就是 1979 年，张会森教授和华劭教授出版了《现代俄语语法新编》。毫不夸张地说，这部著作堪称"文革"结束之后，甚至新中国成立以来我国俄语语言研究领域里的一部扛鼎大作，对我们一批渴求深造和发展的莘莘学子来说，无疑是久旱中的甘霖，助益巨大，影响深远。尤其是华劭教授主编的下册，一改当时传统句法学的落后面貌，系统和全面地介绍了俄语句法学研究的最新成果和他的独到见解，使我们对俄语句法学的理论、句法规律和现象有了更加深入的认识和了解。后来，我以优秀的成绩考入了北京大学俄语语言文学系。可以说，这部语法书在我的成长过程中起到了重要的作用。今天，当我重新打开这部书，看着书中画着的密密麻麻的红线和写下的心得，当年苦苦研读并与大师们在书中谋面、交流的景象就会浮现在眼前。

到了 20 世纪 90 年代中期，由于工作的关系，我经常到黑大出差，有幸结识了华劭教授，并多次在一起工作。在我的眼中，华劭教授是一位学富五车、仁慈宽厚、谦逊低调的长者。2003 年 6 月，他的《语言经纬》出版了。7 月下旬，我正好到黑大出差，华劭教授把他的大作赠送给我并留言："请李勤教授指正。"这实在让我感到羞愧难当、受宠若惊。我作为才学尚浅的晚辈，哪有实力、资格和颜面在大师面前班门弄斧？唯有老老实实地学习！《语言经纬》是华劭教授的匠心巨制，是其学术思想的集大成者。窃以为，先生积毕生之经验，倾晚年之心血所著此书，可谓中国俄语界屈指可数的杰作。该书对语言进行了多学科、多维度的研究，涵盖了普通语言学、语法学、语义学、语用学、篇章语言学、社会语言学等诸多领域，是俄语工作者和研究生的必读之书。关于这本书已经有很多评价，而且怎么评价都不为过。但是，我在这本书里更看到了一种宝刀不老的精神。此书撰写和出版之时，华劭教授已经 70 岁左右，他仍孜孜不倦、锲而不舍地潜心学问，字里行间折射出他老骥伏枥、志在千里的追求。我觉得，这是我们更要学习和传承的精神。

在和华劭教授为数不多的接触中，他正直坦荡的品格给我留下了不可磨灭的印象。有一次，我和王铭玉教授应邀到黑大参加一个学术项目的评审。当时我们都觉得这个项目做得比较粗糙，一些地方实在差强人意，但是，鉴于黑大俄语的龙头地位和名望，我们都对是否要指出这些问题感到忐忑不安。在评审会的前一天晚上，我们俩去拜访了王铭玉的导师张会森教授和我的大学老师汤雅茹教授。在闲聊中，我们提出了自己对项目的看法，张会森教授鼓励我们不要畏惧，大胆地说。第二天在评审会上，我们在肯定项目优点的同时，也严肃地提出了批评意见。在投票表决之前的讨论中，我们建议不能全票通过这个项目，要有一位评委，最好是黑大的老师投反对票。华劭教授当即自告奋勇地表态，他来投这个反对票。他的话我还记忆犹新："这个恶人我来做。"他正直的性格和严谨的态度由此可见一斑，在现在看来仍是十分难能可贵的。

我相信，华劭教授的学术思想和治学精神一定会得到继承和发扬光大！这也是对他最好的纪念。

　　作者简介： 李勤，上海外国语大学教授、博士生导师、博士后合作导师。曾任上海外国语大学俄语系主任、上海外国语大学高等职业教育技术学院院长。兼任教育部人文社会科学重点研究基地黑龙江大学俄语语言文学与文化研究中心学术委员会委员、教育部高等学校大学外语教学指导委员会委员、中国俄语教学研究会副会长，享受国务院政府特殊津贴专家。现任上海杉达学院俄语系主任。主要研究方向：俄语语言学、语义学、词典学。

深切缅怀我国俄语语言学先驱华劭教授

苏州大学　周民权

　　敬爱的华劭老师离开我们已经半年有余，恩师虽逝，音容宛在，每每想起这位德高望重、和蔼慈祥的前辈，都会感到一阵阵揪心的痛：我国俄语语言学界痛失一位学术泰斗，我等失去一位令人敬仰的学术领路人。华老师一生勤奋治学，嘉惠学林的高贵品格将光照后世，与日月同辉，永远铭刻在我们的心中！

　　与华老师相识多年，我深受恩泽，获益良多，其中记忆最深的是华老师如何悉心指导我的硕士论文。40 年前，我在西安外国语学院读硕期间，研究方向是俄语语法学，反复阅读的书是华老师 1979 年主编的《现代俄语语法新编》。受其影响，我最终确定"试论俄语主谓语之间的协调联系"作为硕士论文选题。按照西安外国语学院当时的暂行规定，第一届硕士研究生必须外出访学调研，其毕业论文需经外校两位学术造诣深厚的教授当面点评之后方可进入答辩环节。1984 年 2 月，经我的导师孙汝林教授推荐，我把论文初稿分别寄给了北京大学吴贻翼教授和黑龙江大学华劭教授。1984 年 5 月，我在北京大学拜访吴贻翼教授之后，前往黑龙江大学拜见华劭老师。当我诚惶诚恐地见到华老师之后，立即被他平易近人、和蔼可亲的言行深深感动，此前的紧张心绪一消而散。华老师拿出写有许多红笔批语的论文初稿，开始对论文进行点评。他在充分肯定选题的基础上，就论文结构、内容、研究方法和创新之处等详细阐述了他的见解，提出了不少建设性的意见和建议，并耐心一一回答了我提出的各种问题……三个多小时的当面求教，我受益匪浅，大有茅塞顿开、拨云见日之感！

　　硕士论文顺利通过答辩之后不久，我在一次国内俄语学术研讨会上见到了华老师，给他汇报了论文修改和答辩情况，他在表示祝贺的同时，建议我把该文中别的学者暂未写过的、有新意的某些内容加工整理成一篇文章，投稿给《中国俄语教学》杂志。我言听计从，于是后来就有了《中国俄语教学》1986 年第 2 期发表的《协调联系的研究简史初探》一文。

记得某位哲人说过，纪念一个人最好的方式之一，就是把留有其印记的作品公之于世。我深知，我的硕士论文倾注了华老师的心血和智慧，所发表的文章得益于华老师的耳提面命。时隔 35 年之后，在黑龙江大学隆重纪念华劭教授活动开展之际，我把这篇留有华老师印记的短文推荐给《华劭先生纪念文集》主编孙淑芳教授，聊以纪念我国俄语教育的先行者、学贯中西的语言学大师——敬爱的华劭教授。

华劭教授英名永驻，流芳千古！

作者简介：周民权，苏州大学外国语学院教授，博士，博士生导师，西安外国语大学"西外学者"特聘教授，摩尔多瓦共和国国际信息工程科学院名誉院士，教育部人文社会科学重点研究基地黑龙江大学俄罗斯语言文学与文化研究中心专职研究员。获江苏省教育科学研究优秀成果奖、江苏省哲学社会科学优秀成果奖、苏州市哲学社会科学优秀成果奖等奖项。主要研究方向：语用学、翻译学、功能语言学、社会性别语言学。

文风如清风

——献给"早晨八九点的太阳"华劭先生

广东外语外贸大学　黄忠廉

学缘乡缘

2005 年，我在华中师范大学汉语言文字学博士毕业之后，旋即投奔黑龙江大学，进入了博士后流动站，就冲着中国俄语界、外语界乃至整个语言学界的三大人物：李锡胤、华劭与张会森，当初三位先生在我心中的地位，全靠本硕期间读其书文而形成。除拜读华老文章之外，主攻的是他主编句法部分的《现代俄语语法新编》；考硕期间，我还常将其与北大俄语系所编的相应句法著作对比着研读，因而打下了比较坚实的语法学基础，丰富了逻辑思维能力与学术语言的简明表达能力，先生的学术薪火逐渐燃亮了我的思维天空。

我来到北国哈尔滨，一干就是八年，感受了学术大家的风采，也领略了北国的风光，体会了北方的风俗，结识了一帮师友。其间与华老主要是在学术会议、各种答辩会等场合见面，有时相遇在先生散步的路上，问候几句，略谈片刻。去家拜访先生有过两次，也多半是叙叙旧，因为先生的祖籍是文人、才子辈出的湖北浠水，而出生地是汉口。而我呢，则出生于神农架南麓的昭君故里。同在一省，一东一西，汉口居中，地方及文化的差异有时就成了谈资；一提起家乡，一提起汉口或浠水，他的话匣便开，意识如流，说得动情且忘情。我坐一旁静静地听着，顺着先生的思绪中有关的人、地、事，与其一起逆游时光隧道。

"太阳"在目

先生久负盛名，又出名地低调，印证了叶茂始于根深的道理。华老是新中国培养的首批俄语学家，1949年入华北大学，4月被调入东北民主联军附设哈尔滨外国语专门学校，1951年毕业留校任教，1957—1959年留学莫斯科大学语文系。1957年毛主席访苏时，在莫大礼堂接见了中国留苏学生代表。华老当年跻身于那些代表之中，正是那颗"早晨八九点钟的太阳"，与同行们共铸了中国俄语事业的辉煌。

文如大吕

先生的美名远扬全靠学识，文如大吕，居高声自远。而近距离接触后，印象之一则靠音量——先生本来声音就洪亮，加之晚年有点耳背，听人说话要么凑近，要么要戴助听器。因此，先生说话常常声如洪钟、如雷贯耳，叫人一生难忘。

先生著述并不太多，但"先生之文，如黄钟大吕"（《陆象山语录》卷下）。先生文章文辞正大，用语庄严，思想高妙。明确易懂，高度精练！正如明之李贽《焚书·复焦弱侯》所言："至其真洪钟大吕，大扣大鸣，小扣小应，俱系精神骨髓所在。"请看《语言经纬》的开篇：

语言是非常复杂的现象。对此，各种学派众说纷纭，每种学说似乎精彩与偏颇并存，既使人增进知识，又给人留下遗憾。看来，从不同角度、不同层次，以不同方法去剖析语言的各个层面、各类单位和各种功能，从而接近或者逼近所研究语言现象的本质和全貌，也许不失为一种合理的主张。

行文节奏如流水，却又见解分明，断定果敢，当行则行，当止则止，长短相宜，彰显了急缓有致的生命律动。

华老著述篇篇扎实,部部实用。说扎实,一是功底厚实,篇篇有据,是真问题、真学问。说实用，均为教学育人而作，均为学科基础垫底。华老参与主编的《现代俄语通论》是我国首部现代俄语理论必读物，引领一个时代，在 20 世纪下半叶占据中国俄语人才培养和学术研究的高地。1979 年他主编的《现代俄语语法新编》句法部分，是中国俄语句法学研究的集大成者。1990 年他又领衔翻译苏联科学院 1980 年出版的《俄语语法》，成为中国俄语学人的案头必备，全国俄语语言学考研必读书籍。笔者就是当年将其读破的那一个！所破之卷至今依然存于黑大家中。

文如清风

华老所著所撰，简明易读，有明确的问题意识，有确凿的解决方案，学问做得明明白白，从不"强说愁"。回国后在《外语教学与研究》接连发表论文，如 1963 年第 3 期发表的《俄语中的数量句型》开篇就提出问题，之后展开分析，归纳出四种特点，文末又提出新的问题，既定下研究的续篇，又启迪同行思考：

俄语中有一类句子很久以来就引起了人们的注意。先举两个例子：
……
俄语中究竟有多少基本结构句型，怎样才能科学地确定这些句型，这是一个有待解决的问题。

这一简洁明了的文风在其晚年力作《语言经纬》中更是体现得淋漓尽致，难怪该书被教育部研究生工作办公室推荐为研究生教学用书，并由商务印书馆出版。

一看书名，便觉大气。何谓经纬？即经线和纬线，可引申为线索、条理与秩序，进而比喻规整。再看内容，《语言经纬》正是以语言研究为经，以言语研究为纬，对国内外语言学各家学说大浪淘沙，汇聚为不多的十二章，却勾勒出语言与言语、能指与所指、单位与层次、线性单位与集合单位、组合关系与聚合关系、单位与结构、共时与历时、语义与句法、说话人与受话人、关联性与整体性、逻辑性与语用性、社会与文化十二对关系，分别聚焦语言学研究的十二个基本点或关键：对象、符号性质、符号系统、单位、单位间关系、系统性质、语言发展、超符号层次单位、语用、篇章、指称、社会属性。他自谦说："把语言学中一些重要的问题纺织在一起，不敢奢望构筑科学体系，只是试图摸索出探讨课题的路数。"殊不知，《语言经纬》无形中有助于后人研究定位或定向，成了语言学研究的"罗盘"。

细读先生的书文，发现处处顺气，读罢神清气爽。可当下许多专家教授的著作为何读来不畅？原来呀，这部经典倾注了先生几十年的心血，出自课堂，所以说得出，听得明。书稿基于讲稿，先生每年在黑大讲授都获好评；出版之前，还曾多次流布校外。由此可见，对语言现象看透更要说透；写得明，说明想得透，意赅才能言简。该书被业界列为"语言学必读经典书目"，不无理由。不妨试读一段：

作为言语产品，口语是第一性的，而书面语是派生的，是语言发展到一定阶段才出现的；口语是最自然、最直接的口头交际的产物，这种交际的典型特征是交际双方在同一时、空环境中，互闻其声，互见其人。

何其干净的文字！这便是先生质朴简淡的文风，体现为句长与句短错落，口语与书面兼顾，等等。如此行文，义字当先，文从字顺，不绕不圈，何其流畅，仿佛在用元语言写作！其实，简洁明快的背后是看透吃透想透，不明不说，不清不写，是学术表达的完美典范。

书当文撰

论文与专著的区别林林总总，无须赘言。文贵简，简洁而明确。写文章，因篇幅有限，理要深，例要精，不许过多铺陈，能用一字不用一语，能用一语，则不用一句。而写书则不一样，允许一定量的冗余，可给长篇留一点闲笔，或是松紧相宜，张弛有度，这样的书才便于阅读。

华老专著不过几部，可他深知文章比书难写，认为文章要出新，著书也是同一个理儿。可当下将文章当专著写的不少，尤其是受西方学术规范影响过甚者，更是掉书袋，成了文抄公。满篇人家，就缺自己。华老则相反，他将专著当文章写，不许自己胡拼乱凑。当年商务印书馆约他写书，他说："慢慢写，不要催，写出来觉得还行，就寄出；若不满意，也就罢了。"这分明是炼钢式写作！其代表作《语言经纬》就是如此"炼"成的。读其著作，仿佛倾听老爷子在独白，一种触情的语感，一种生命的气息，悠悠然流淌其间：

　　值得注意的是，作为这一变化源头的言语，却无历史研究可言，言语行为过程存在短暂，言毕即逝；言语产品一经记录，便立即凝固，长期不变。两者皆无历史，也谈不到历时研究。

文理底蕴

　　应该说，华老主要是专家型学者，却能做到专而通透，其清风般的文风背后是厚实的文化底蕴。年幼时，先生成长于北京胡同老宅，少年时各科学业优异。青年时代正值抗战时期，被迫迁往成都。高中考入成都最著名的树德中学，奠定了深厚的文学功底，当时背下的古文有的一辈子都能倒背如流。工作后，尤其是"文革"之后，他常订阅《人民文学》《收获》《小说月报》等纯文学刊物，以滋养语言，陶冶自身；他所推崇的作家有汪曾祺、陆文夫、刘绍棠、刘心武、刘宾雁、冯骥才等。

　　人文孕育才情，理工训练严谨，能二者融于一身者不多，华老算一个。其实，青年华劭崇尚科学救国，曾立志学理。高中毕业那年，他同时被好几所名校理工科录取，却凭一腔热血投了笔，改从戎，革命去了——直接选入由延安抗大更名而来的华北大学；翌年服从分配，又奉调哈尔滨外国语专门学校，成了老黑大人，而后黑大老人，直至在黑大老去。

作者简介：黄忠廉，黑龙江大学外国语言文学博士后（2005—2008 年），合作导师李锡胤研究员。广东外语外贸大学博士生导师和博士后协作导师。国务院政府特殊津贴专家、国务院学位委员会第七届学科评议组成员、国家社科基金学科评议组成员、广东省"珠江学者"特聘教授、中国英汉语比较研究会翻译学科委员会副主任。"全球俄汉互译大赛"创办人，获第六届高等学校科学研究优秀成果奖（人文社会科学）。

学高为师　身正为范

——记华劭先生二三事

大连外国语大学　彭文钊

2020 年 11 月 5 日，敬爱的华老师永远离开了我们。意外、震惊、哀恸，一时间，一股巨大的悲伤攫住了我，华老师的音容笑貌一幕幕浮现在眼前，我在办公室枯坐良久，陷入对往事的回忆中⋯⋯

1999 年 9 月，我来到黑龙江大学俄语学院攻读俄语语言文学博士学位。入学伊始，就从同学处得知，博士课程由李锡胤、华劭、张会森、郑述谱、张家骅等几位先生主讲。那时的我并没有像现在这样深刻地意识到，能师从几位先生学习是多么大的幸运和幸福。

华老师主讲的课程是普通语言学。从事语言学研究的人都知道，这门语言学基础理论课貌似"普通"，却很难驾驭。既有索绪尔《普通语言学教程》经典在前，又有英语、汉语语言学界诸多同名课程及知名著作在后，如何系统、完整、全面，同时又别出机杼、有所创造性地讲授语言学基础理论与方法，是我们这些青年学子对华老师这门课程的最大期待。不出所料，华老师的普通语言学课程带给我们的不仅是一场知识盛宴，更重要的是语言学前沿思想的启迪。毫不夸张地说，直到今天，我仍在受教、受益于华老师的这门课程。

华老师的普通语言学课程从讨论语言与言语二分入手，抽丝剥茧、条分缕析、步步深入到语言的符号性、层级性、系统性、语言单位及其组聚合关系。

华老师从超符号层次单位的句法——语义的形式分析与语义分析的双向研究路径，讲到句子的语义转换与复杂语义结构；从说话人与受话人及其言语行为，讲到语用意义的分析、描写与解释；从篇章（话语）语言学的关联性与整体性，讲到语句名词的逻辑性指称与语用性指称；从语言的社会性讲到语言与社会、语言与文化的共变关系，其内容之丰富、论证之严谨、例证之精当、概念阐发之精妙，真让人有大开眼界、茅塞顿开之感。

后来才知道，这门课程是华老师 50 多年来孜孜以求、不断探索语言学理论的心血之作。每一次上这门课前，他都要对讲稿进行增删修订，每一次课后再根据上课情况进行充实完善，年复一年，从未间断。华老师治学之严谨、学养之深厚、理论创新之贡献，由此可见一斑。后来，以课程讲稿为蓝本的专著《语言经纬》在商务印书馆出版，一经问世即成经典，成为广大语言学学习者、研究者案头必备的工具书。直到今天，我在给硕士研究生、博士研究生上的第一堂课上，都会从语言学研究的对象物和对象开始讲起，而这也是华老师在 22 年前给我们上的第一堂课上首先辨析的一对重要概念，如今思之，不禁泫然。

除了上课，同学们在学习上遇到困难，都喜欢向华老师请教。在他那里，似乎没有解决不了的理论难题。每当这个时候，华老师都会耐心细致，同时又一针见血地指出问题实质之所在，有的直接给出解决方案，有的给出正例或反例，有的给出解决问题之方向，有的给出代表学者及其参考文献。关于博士学位论文的选题，华老师一再和同学们说，要瞄准学界前沿，做一流的学问。而要做一流的学问，必先读懂一流的作者。古稀之年的华老师，是这么说的，也是这么做的。有一段时间，他对俄罗斯学者阿鲁秋诺娃的"自然语言逻辑分析"学派十分关注，系统研读了该学派推出的一系列语言逻辑分析专著。从他对隐喻的符号学研究、语用增生意义的思考，到对观念与观念分析的研究，都能发现他从"自然语言逻辑分析"学派及其代表学者那里汲取的养分。

如同其他学问大家一样，对待学问，华老师是严肃严谨严格的，对自己、对学生都是如此。20 世纪末至 21 世纪初的几年间，如果有幸赶上华老师参加的博士学位论文开题、预答辩和答辩会，想必都会感同身受。那时候，黑大俄语学院的老先生们都还在，在这些先生面前开题、预答辩和答辩，压力之大，可想而知。我在黑大求学的三年间，作为听众和作为答辩人多次参加过这样的开题和答辩。其中印象最深的，还是我自己作为答辩人的那几次。印象中，我在准备博士学位论文预答辩时，华老师刚刚做了牙齿手术，伤口还未愈合，就参加了我的答辩会。在我 15 分钟的陈述之后，华老师首先发言。华老师要言不烦，几句肯定总结之后，直面论文存在的问题，既有对问题的分析，又有对问题解决的建议，持论公允，见解深刻，我在下面运笔如飞、埋头速记。偶一抬头，发现华老师嘴角已经挂满血丝，心下感激谦然之余，对华老师的敬重和敬佩之情油然而生。时至今日，每当我在做研究生教育教学管理工作时，每每和研究生一起打磨学位论文时，我常常会想起这一幕，坚持质量标准始终如一，才能不辜负华老师的教诲。

岁月如流，回想起在黑大求学的日子，还和昨天一样新鲜和清晰。其中，占据我脑海最深处的还是华老师这样的先生们。他们教书育人、专心治学、淡泊名利、无怨无悔。有幸师从先生们学习，是我一生中最大的福气。先生之风，山高水长。华老师走了，我深深地怀念他。

作者简介：彭文钊，俄语语言文学博士、教授、博士生导师。现任大连外国语大学研究生处处长。兼任教育部外指委俄语分委会秘书长，中国东北亚语言研究中心研究员，辽宁省"一带一路"人文交流机制协同创新中心执行主任。入选"辽宁省高等学校优秀人才支持计划"（第一层次），辽宁省"百千万人才工程"（百人层次），辽宁省普通高等学校教学名师。主要研究方向：俄语语言文化学、政治语言学、东北亚国别与区域研究。

此生定不辜负他

北京外国语大学　蔡　晖

2007年，经过黑龙江大学李洪儒老师的介绍，我正式拜在华劭先生的门下，成为他指导的最后一位博士后。华老师肯收我，自然有洪儒老师的抬举，更有华老师的宽厚和包容。

求学期间，心中最多的感慨莫过于对导师华劭先生的感激和尊敬。因为先生当时带的是一个"零起点"的学生，研究帕杜切娃是我不小心"蹚"进去的，哪曾料想无限风光的后面充满了激流险滩，相关的研究、相关的概念对我来说基本上是空白。于是，华老师只好手把手地从基本概念入手进行指导，不厌其烦，一步一步把我带入充满了玄妙和魅力的语义动态研究的世界，让我真正领略到它的意义和价值，仿佛经受了一次次学术洗礼。三年的求学生涯中，承蒙华老师为我付出了太多的辛劳和心血，常常为一个术语的查阅花去大半天的时间，而指导整个报告所付出的汗水便可想而知。

在学界，华老师以博闻强记、洞幽烛微而著称；做学问细腻缜密，清通如水，为人钦敬；指导学生殚精竭思，求人求己都很严，有人喜欢，有人害怕。三个问题时常浮现于我的脑海：自己也能像华老这样指导学生吗？自己也能像华老这样做学问吗？自己也能像华老这样做人吗？

斯人已逝，幽思长存。

此生定不辜负他。

2021年7月19日于中国驻俄罗斯大使馆

作者简介： 蔡晖，黑龙江大学外国语言文学博士后（2006—2009 年），合作导师华劭教授。北京外国语大学教授，《欧亚人文研究》主编、《中国俄语教学》责任编辑（2006—2020 年）。曾任教育部人文社会科学重点研究基地黑龙江大学俄罗斯语言文学与文化研究中心特聘研究员。获得在莫斯科举办的第三届世界最佳俄语教师大赛总冠军，2008 年全国百篇优秀博士学位论文提名。主要研究方向：俄语语言学、认知语言学。

一位永远"梭边边"的大师

黑龙江大学　蒋国辉

　　从我读到华老师的书，到第一次见到华老师，相隔了整整十年。1977 年进大学学习俄语的时候，除了大概是在 20 世纪 60 年代初期编写的教材，几乎没有什么理论方面的参考书。语法课用的是系里几位教师自己编制的油印教材；图书馆里能够找到的，只有 20 世纪 50 年代出版的一些实用俄语会话读本。起初倒是没有感到什么困惑，毕竟我们这批大学生都已经荒废学业 11 年，第一次接触到大学的学习，这些能够到手的教材，已经足够我们努力探索了。

　　直到 1979 年，华劭先生和张会森先生编著的两卷本《现代俄语语法新编》出版后，我才生平第一次接触到系统的俄语语法理论知识。尽管这部语法著述还是系统的教学语法，但是对于从前仅在初中学过三年俄语的"大学生"，当时要读这样的大部头，仍旧十分艰难。特别是华老师编写的句法，以我当时的俄语水平，读第一遍时，能够理解的不过十之一二。一边读、心里一边想，原来我自己知道的俄语，连皮毛都算不上啊！我念大学的俄语系那些老先生们，都是父母在大学里的同事，我差不多自幼就都认识，有的还很熟悉。所以，对我们上大学时国内大学的俄语水平，也就局限于这个认识中。华老师的著作，对比系里的老师们编写的油印语法教材，让人一下子觉得世界豁然开朗，自己又是如此渺小，原来我们国家的俄语教学是在这样高的水平上！

　　直到后来进入了黑龙江大学，才知道黑大的俄语水平是全国的顶尖。之所以是顶尖，就是因为有一批像华老师这样的杰出俄语人才。

　　就像我们读巴金、老舍的书一样，并没有想到哪一天会见到这些大作家；

读华老师的书时，当然没有想到，我这个再普通不过的俄语系大学生，能够见到这部高深语法著作的作者，更没有想到有一天会成为他的学生，聆听他的教诲。

不想真的就有了这一天！

那是 1987 年初春时分，我到黑龙江大学面试，第一次见到了华老师。面试那一天，坐在考官席上的都是当时中国俄语界的头面人物。当时的我，在中国俄语界只不过是"坐井观天"者，除了李锡胤先生外，我一个也不认识。认识李老师，也是因为我刚到哈尔滨那一天，他曾经到我住的小店来看过我。考试前，没有人介绍坐在上边的那几位先生；直到面试结束后，同时参加面试的那位黑大俄语系毕业的候选人才告诉了我他们是谁。原来，考官席上坐在最边上那位戴着眼镜、梳着偏分头、穿着非常随便的老师，就是我仰慕已久的大名鼎鼎的华劭先生。

当时对哪位老师坐在哪里倒没有十分留意。进入黑大后，接触久了才发现，原来华老师和李锡胤老师这两位中国俄语界的泰斗级大师，有一个共同的特点，用四川话说就是：在可以出头露面的地方，他们总是"梭边边"。有的学者，不知道学问到底有多深，但是走到哪里都光彩照人、受到众星捧月似的待遇。但是华老师和李老师，虽然他们学富五车，但是在人群中，他们就是最普通的一员，让人根本看不出来他们是学术大师。印象特别深的是，在我博士研究生毕业时，与学校和系领导以及导师的合影中，华老师和李老师本来是与这个事件关系最密切的两位先生，却坐在最边上。永远是"梭边边"的大师。

其实，到黑大以前，我可能已经有过认识华老师的机会。只是由于华老师这种总是"梭边边"的格调，让我错过了与他的相识。那是 1983 年，中国俄语教学研究会在四川外语学院举行第一次学术讨论会。我那时正在四川外语学院念硕士研究生。参加那次讨论会的，有中国俄语界的几乎全部头面人物。华老师是学会的副会长，这次年会应该是参加了，但是我竟然没有见到他，或者见到了却错过了。这当然也不全是因为我"有眼不识泰山"，而是华老师自己永远"梭边边"。与会的先生们，在中国俄语界都很有名望，而且很多人也确实在各种场合都表现得切合自己的名望。但是为中国俄语教学和研究贡献了第一部最有价值的理论著述的华老师，除了参加学术研讨，在一般的交际场合几乎不露面。我们这几个研究生的任务，就是在学术活动之外，为从全国各地来的、不熟悉重庆的老师们提供服务。华老师却从来没有参加过要我们提供服务的活动。

进入黑大攻读博士学位，才开始与华老师有了密切的接触。当年，国家能够招收文科博士研究生的学校和学科不多，俄语专业在全国也就两个博士点和两个博士生导师，其中之一就是我在黑大的导师李锡胤先生。李老师是国内首屈一指的词典学专家，领导着黑龙江大学辞书研究所，主持编撰了好几部大辞典。李老师的这个身份，让我迷惑到现在也没有搞清楚：我到底是俄语系，还是辞书研究所招收的博士研究生。我也没有正式见到过学校培养博士研究生的完整计划。

困惑归困惑，但是我的研究方向确实没有进入李老师的学术旨趣范围。不知道李老师是否对我的选择有点失望，不过他从未干预过我对研究方向的选择。当我确定以句法－语义问题作为博士论文的选题后，李老师就把论文指导的工作完全交给了华老师。自此，我开始了和华老师在学术上的密切接触。这种师生间的学术交流，没有随着我毕业离开黑大而终止，而是一直延续到华老师去世前。

那个年代，没有互联网等交流平台，没有电话，计算机也只有专业人士能够使用。写作因此是一个很辛苦的工作。在博士论文的写作过程中，经常遇到需要向华老师请教的问题。我和华老师约好每周见一次面，他对我在论文写作中遇到的问题做一些答疑。那时，我仗着自己还年轻，记忆力好，就偷懒，总是把自己的问题用简单的几句话记一个要点。到了华老师那里，就凭着这些要点和记忆，向华老师提问。这样就辛苦了华老师。凭着严谨的治学精神，华老师并不满足于口头上回答我的问题。更多的时候，他把我的问题记下来，自己要翻阅很多参考书，然后把对自己对某个问题的观点写下来。华老师这些书面答疑，我曾经收集起来，订成一个小册子。答辩完成后，我把华老师的这些答疑和观点从头至尾读了一遍，惊奇地发现，原来我的论文的主要脉络，都在华老师的答疑中显现出来。人们读了华老师的这些意见，对我的博士论文也就有了一个大致的了解。

其实这样的惊奇还不仅限于与我的论文相关的问题中。每次与华老师交流的时候，我都有一种感觉：在学术上，凡是我的头脑可能产生的思想，都没有超出他的学问、他思考的学术问题范围。

说到博士学位论文，还有一段让人感动的细节。我的博士论文在印制装订时，作为黑大德高望重的谦谦君子，李老师坚持要将导师署名为华老师，理由是论文基本上是在华老师的指导下完成的。华老师同样是黑大教书育人的师德典范，加上他一贯"梭边边"的性格，当然坚决不答应。后来，因为黑大俄语系的博士点是由李老师牵头的，所以导师一栏还是由李老师署名，但是李老师在叙述中特意说明"论文在写作过程中，华劭教授悉心指导，花了大量精力。事实上主要导师是他"。

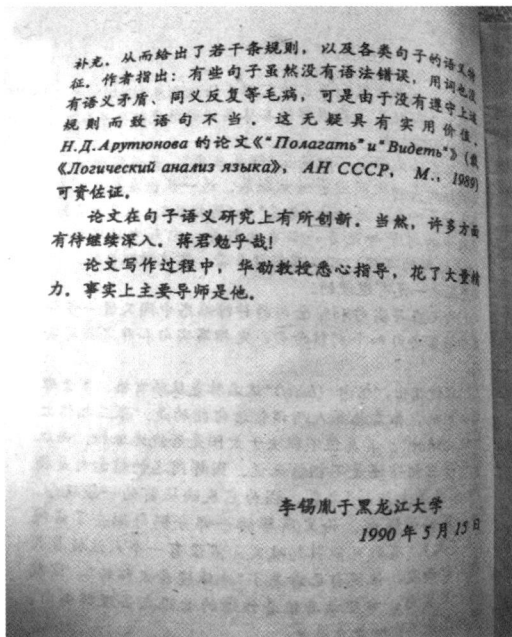

博士研究生毕业离开了黑大，但是和华老师的这种师生关系一直在延续。这当然不仅仅是过年过节一些礼节性的问候，华老师一直在学术上指导我的研究。当我打算将自己多年对语言相对论的研究汇总成一本专著时，我先写了一个比较详细的提纲，寄给了华老师。让我能够把这项研究坚持下来，并最终成书的动力，在相当程度上来自华老师的鼓励和支持。在几年的写作过程中，虽然不再能像当年写博士论文时那样，一有问题就找华老师，但是一直与华老师保持着联系。遇到比较重要、自己又拿不准的问题时，就想到向华老师请教。华老师也像当年在黑大时那样，总是用书面形式详细地解答我的疑问。好在有

了互联网，虽然相隔万里，我也可以很方便地向华老师提出自己的问题。我倒是方便，华老师却并不方便。因为他不用计算机，所以每次我发电子邮件，都要由华老师的儿子华汉打印出来交给他看。华老师将自己的意见写在纸上，再由华汉扫描成图画文件发给我。在写作过程中，应我的请求，华老师还仔细阅读了书中的一些重要章节，提出了很多中肯的修改意见。

出版前，我想请华老师作序。考虑到华老师年事已高，可能有诸多不便，让华老师作序实属不情之请。犹豫再三，还是试着向他提了一下。让我喜出望外的是，华老师马上应允，并写出了近五千字的序。华老师写的这个序，并不是对我这本书的泛泛而谈，而是详尽地分析了语言相对论思想的来龙去脉和今后可能的发展方向，并对我提出的每一个论点，都做了仔细的分析和中肯的评价。华老师写的序，独立出来就是一篇高水平的学术论文。

华老师的这篇文章，现在成了我对他永远的纪念。

作者简介：蒋国辉，黑龙江大学俄语语言文学博士（1987—1990 年），导师华劭教授。曾任乌克兰国立第聂伯大学语文学系教授、英国 COLT 电信公司德国分公司微软系统工程师。

高山仰止　泽被后世

——致敬恩师华劭先生

黑龙江大学　孙淑芳

1979 年，我国俄语语法学研究旷世之作《现代俄语语法新编》由商务印书馆出版，分为上下两册，上册主编是张会森教授，下册主编是华劭教授。彼时我还是黑龙江省边境口岸城市——黑河市黑河一中的一名高一学生。可能因为我是班级的俄语课代表，抑或是要报考俄语专业的缘故，班主任贾万才老师，同时也是我们班俄语老师，赠送我一套《现代俄语语法新编》，说是黑河一中唯一的一套，以鼓舞激励我的俄语学习，我如获至宝，由此也第一次知道了华劭先生大名。应该说，在当时的历史时期，由于学术研究停滞多年，俄语语法书可谓凤毛麟角，这部著作的问世成为我国俄语语法学研究的里程碑，是我国学者首次赶超世界语言学前沿研究的一部力作，对广大俄语师生而言无疑是久旱遇霖、雪中送炭。正如李勤教授所言："毫不夸张地说，这部著作堪称'文革'结束之后，甚至建国以来我国俄语语言研究领域的一部扛鼎大作。尤其是华劭教授主编的下册，一改当时传统句法学的落后面貌，系统和全面地介绍了俄语句法学研究的最新成果和他的独到见解，使我们对俄语句法学理论、句法规律和现象有了更加深入的认识和了解。"实际上，这部著作的理论价值、学术价值、学术创新，尤其是华老师在俄语句法学领域独树一帜的思想是我进入大学之后才有了更深刻认识的。当时作为一名高中学生，对俄语语法学还懵懵懂懂，知之甚少，读懂这部理论性著作无疑难度不小，我也仅是选择性地阅读了部分章节，想着如果能考上黑龙江大学俄语系，一定会有机会向两位主编当面求教。1980年9月，我以黑河地区文科总分第三名，俄语单科98分的优异成绩考入黑大俄语系，开始了自己心仪已久的大学生活。中学时想要见到两位前辈的心愿也很快实现。初次见到华老师的印象是，40岁左右年龄（其实1980年已经50岁了），衣着朴素，身材偏瘦，目光有神，儒雅、谦逊、和蔼，典型的知识分子形象。讲话时也是声音洪亮、掷地有声。本科期间，与华老师交集并不多，和华老师真正意义上的接触是在研究生阶段。

1982年，黑大俄语系成为我国首批获得俄语语言文学硕士学位授权点的单位之一，语言学方向导师为我国知名学者李锡胤、华劭、张会森等。1984年9月，我如愿成为黑大俄语系的硕士研究生。几位前辈承担了语言学方向的课程，其中语法课包括词法和句法两个部分，分别由张会森教授和华劭教授主讲，所使用参考书是苏联科学院主编的《俄语语法》（1980年出版），分为上下两卷。当时，作为一名研一学生，觉得学好这部原版大部头著作有点儿力不从心。一方面，自己专业知识储备不够，对深奥的俄语句法学理论缺少了解；另一方面，大量晦涩、难懂的语言学术语也增加了理解和记忆的难度。但华老师用浅显的语言清晰地诠释了复杂的句法学理论，他的画龙点睛式讲解不仅提升了我学好这门课程的信心，也激发了我对语言学的兴趣。

或许正是从那时起，华老师潜移默化的影响使我走上了理论语言学研究之路。1987年，硕士毕业后，我留校任教，与先生的交往开始日益增多。尤其是1995年至1998年，我有幸成为仰慕已久的华老师的第四位博士研究生，有机会聆听大师的谆谆教诲。回想起恩师之教，往事历历在目，先生对我的培养和帮助无以言表。三年半的求学生涯使我在学业、生活等各个方面受益匪浅。他对我的博士学位论文的撰写倾注了大量心血，从论文选题、框架设计、主要内容、理论创新、术语翻译、语言表述等各个方面给予精心指导，而且对拟发表的小论文也提出许多宝贵意见和建议，有时评阅意见的篇幅甚至超过了论文本身。得益于导师的悉心指导和精心培养，我在学术道路上不断成长和进步。博士学位论文答辩前，我已在《外语学刊》《外语研究》《中国俄语教学》《解放军外国语学院学报》等国内核心期刊发表多篇学术论文。数十年朝夕相处中，我深深钦佩恩师的学识渊博与通达古今，博大胸怀与高度敬业，科学严谨与一丝不苟，以及他对学生无私的爱和奉献。这种"高山仰止"的精神成为我工作和生活中的座右铭，也是我今后学术道路上努力的方向。

1998 年博士毕业后，领导安排我担任研究生教研室主任，负责系里研究生管理工作。因工作关系我几乎参加了语言学方向的每一场硕士和博士学位论文答辩，也成为这些学术活动的最大受益者。华老师多次担任答辩委员会主席，每次都精心准备，查阅大量文献，我经常看到他的笔记本上密密麻麻写满了字。答辩过程中，也总是对学生论文中存在的问题给予清晰的解答，并提出修改建议，每一次发言都堪称一场学术演讲，极具指导意义。有时答辩会后还与学生进一步交流，直到学生完全弄懂为止。华老师是我们大家"共同的导师"，这是当时博士研究生的一致共识。无论是自己指导的博士研究生，还是其他导师的学生，他从来没有门户之见，不分亲疏远近，对所有学生一视同仁，耐心解答所有人的问题，给予他们学术上的指导。

先生学为人师，长期从事俄语教学与研究工作，毕生心血都奉献给了我国俄语教育事业，为俄语学科建设、人才培养、科学研究、文化传承等做出了卓越贡献。在长达半个世纪的漫长岁月中，他辛勤耕耘、潜精研思，在普通语言学、语义学、语用学、语言哲学、逻辑学、句法学等领域硕果累累，其深邃、广博的语言学思想滋养和陪伴着我国一代又一代俄语学者不断成长和进步。先生研究领域非常广泛，以独到的眼光、宽广的眼界与胸怀，兼容并蓄，始终站在俄罗斯语言学研究前沿，系统诠释了斯捷潘诺夫（Ю. С. Степанов）的普通语言学理论、阿鲁秋诺娃（Н. Д. Арутюнова）的语义学理论、佐洛托娃（Г. А. Золотова）的句法学理论、卡拉乌洛夫（Ю. Н. Караулов）的语言人格理论等，为我国语言学研究做出了杰出贡献。吾生也有涯而知也无涯。先生这些深邃的语言学思想深深地影响了我，为我指明了今后的努力方向，使我始终如一地坚持理论语言学研究。2001 年，我的博士学位论文《俄语祈使言语行为研究》出版，先生为此书作序，他写道："从言语行为理论的一般性介绍转入到语言材料的具体分析，孙淑芳同志沿着这个方向迈出了坚实的一步，希望有更多的人能沿着这条道路走下去，以推动语用学研究健康发展。"先生的教导与点拨成为我未来学术道路上的"导航灯塔"，尽管我做的离先生的要求相去甚远，但真心希望尽自己最大努力去实现先生的教诲，以求不断地进步。

岁月不居，时节如流。2011 年，先生已年届 80 岁高龄，但身体健康、精神矍铄，我们同住一个小区，所以能经常碰面，时不时聊上几句。2011年至2016年期间恰逢我任基地主任，就邀请先生给基地和俄语学院老师，以及研究生做系列专题讲座，先生欣然应允。尽管高龄，他上课时依然思维敏捷、行云流水，中气十足的嗓音，渊博的知识，声情并茂的讲解，每每学生们都觉得收获颇丰、意犹未尽。后来，我承担了博士研究生普通语言学专业课教学任务，所用参考书正是先生的专著《语言经纬》。幸运的是，我"近水楼台先得月"，得到先生的亲自点拨，备课过程中遇到不解问题都能直接打电话或登门求教。每次去先生家里，老人家不仅给予我很多学术上的指导，还常常与我聊起俄语学科建设，他始终牵挂青年教师的成长。

2020年11月4日下午，得知先生病情危重，我约了基地靳铭吉老师和惠秀梅老师匆匆赶往医院。当时老师还有意识，脸色略白，因为吸氧无法说话，比起他上次跌倒时我去探望他明显消瘦了很多。我们三人围在床边，听华老师家人介绍了病情。知道情况不容乐观，我眼泪禁不住在眼睛里打转，强忍悲伤，唯有心中不停地祈祷先生能渡过难关，转危为安。令人心碎的是，11月5日7时40分，他老人家驾鹤远去，留给我们这些学生无尽的伤痛。

一朝师生情，终生缅于怀。无论什么样的语言，都无法表达我作为学生对恩师的深深敬仰和爱。这份爱、这份尊敬纯粹且发自内心。先生的诲人不倦、有教无类、扶持晚辈的高尚情操和严谨治学、追求真理、学贯中西的大师风范，永远激励我们奋勇前行。先生执教逾半个世纪，留下了丰富的认知遗产，让后继学人受用终身。恩师精神永存！我们永远怀念您！

作者简介： 孙淑芳，黑龙江大学俄语语言文学博士（1995—1998年），导师华劭教授。黑龙江大学俄语学院教授，博士生导师。国务院学位委员会第八届外国语言文学学科评议组成员、黑龙江省文化名家暨"六个一批"理论类人才、省政府特殊津贴专家、黑龙江省级领军人才梯队俄语语言文学学科梯队带头人、"龙江学者"特聘教授等。现为俄罗斯科学院俄语研究所《术语与知识》国际会议文集编委、《外语学刊》编委、首都师范大学北京斯拉夫研究中心学术委员会委员等。主要研究方向：普通语言学、语义学、语用学、俄汉语对比。

为人师表　学界楷模

——追忆华劭先生

黑龙江大学　孙　超

黑龙江大学俄语语言文学学科原带头人华劭先生，于 2020 年 11 月 5 日永远离开了我们，但他精益求精的治学精神、科研用于教学的指导思想、孜孜不倦的育人品格、淡泊名利的人生态度、乐观豁达的生活态度，犹如耸立在后辈学人心中的一座丰碑，将永远被铭记。

精益求精的治学精神

我与华老师近距离接触，是在 1995 年 9 月攻读硕士研究生之后。当时各高校招收的研究生数量都不多，黑大也不例外，记得我们那届共有 6 名俄语语言文学硕士研究生，4 名博士研究生。因为学生少，有些课程是为硕士研究生和博士研究生共同开设的。尽管我的研究方向是俄罗斯文学，但由于黑大文学方向的师资有限，语言学却师资力量雄厚、人才济济，所以在研究生初期，无论学生选题方向如何，语言学都是必修课。当年华老师是《现代俄语语法新编》句法部分的讲授教师。26 年过去了，学过的知识所记无几，但华老师上课的精彩情形却始终无法忘怀。他精心选取的各种语言案例，声若洪钟且毫无赘言的讲解与阐述，配以细致工整的板书，这一切给我们留下了深刻的印象。1998年硕士研究生毕业后，我也成为一名黑大俄语系教师，如今教龄也快满 23 年了，对教学有了更深的感触。现在想来，能够在课堂上始终气定神闲、镇定自若、自信满满，绝对需要真功夫，需要真本领，需要真投入，这种自信完全来源于对讲授科目的烂熟于胸和了如指掌。

在硕士研究生读书期间乃至刚留校阶段，我也经常参加系里举办的各类答辩会。在这些场合，华老师经常会以答辩委员会主席的身份参与其中，这使我与他有了更多的接触。依稀记得，这种师生交流互动是当年的一项重要活动，好几次博士答辩，会场内都是人山人海，人头攒动，蔚为壮观，也许这便是当年的博士无论在哪里都非常金贵的原因吧。硕博答辩会上，黑大俄语系的资深教授们真是一道靓丽的风景线，李锡胤老师、张会森老师、俞约法老师、张家骅老师、郑述谱老师、金亚娜老师……这些学术大咖们，似乎不再是温文尔雅的授课教师和谦逊和善的师长，都成了言语犀利、立场鲜明的斗士。其中华老师最引人注目，点评精到且详尽。每次在华老师主持的答辩会上，他本人的点评至少都会在半小时左右。他直面问题，更提出问题。华老师提的问题往往一针见血，很难回答。但他的用意绝不是为难学生，而单纯是为了学术上的共同成长和进步。让人难以忘怀的是，华老师会认真阅读每一篇学位论文，在答辩前后会亲自把答辩人叫到家里，指出问题所在，给出修改建议，还会推荐几本前沿学术著作。至于说到格式、标点、表述、修辞、逻辑这方面的问题，以华劭老师为代表的黑大俄语系资深教授都极为认真，经常能够看到论文被他们改得"面目全非"，满篇的红字……现在想来，这就是老一辈们做学问的优良传统，真心希望这一传统被永远地继承下去。

令我叹为观止的还有一点，就是华老师始终在关注学术前沿问题。后来读过一些文献后，对华老师的求学历程有了一定的了解，知道华老师年轻时在莫斯科就曾亲历新派语言学思想碰撞，并"深为震撼"，我想，这是他一生始终都在追踪学术热点问题的原动力吧。我们刚读硕士研究生的时候，华老师已经65岁，按照常理，都到了退休的年龄。但先生在求学方面不仅没有丝毫懈怠，而且更加精益求精，学术生命力更加璀璨，学术影响力更加深远。这种对学术前沿的关注一直持续到先生彻底退休之时，每当先生对最新的语言学研究成果如数家珍、对其优势和不足分析得头头是道之时，都会令在场的后学们感到汗颜。先生这种对待学问始终如一的热情，特别令人钦佩和感动。

科研用于教学的指导思想

华劭先生在俄语语言学研究领域成就卓著，在语法学、语义学、语用学、功能语言学和普通语言学方面均取得了令学界瞩目的学术成果。先生虽然毕生从事理论语言学研究，但是非常重视学术研究与教学的有机融合问题。

一方面，理论研究需要阅读大量文献，很多学者缺少系统的知识体系和良好的外语储备，就难以跳出研究局限，只限于转述国内某一流派的理论观点和方法。先生年轻时就受到俄罗斯专家的指点，1957 年至 1959 年又曾在莫斯科大学进修过，自身的俄语理论功底和实践水平都很扎实，再加上勤奋好学、博闻强记，人文学科素养非常深厚，所以先生的理论水平和学术视野都非常突出。他能够从更高的角度审视各种语言学研究成果，能够提出非常适宜的研究策略。例如，他在回顾自己语言学研究心得时恳切地说，他毕生的工作就是"以从语言研究到言语研究为主线，环绕若干重要选题，选择材料、介绍观点、提出问题、找出要害、确立方向"。我认为，这种实事求是、有的放矢的研究态度，特别值得年轻人好好学习和借鉴。

另一方面，华劭先生一直非常关注学术研究与教书育人之间的脱节问题，多次撰文探讨解决对策，他在《俄语教学改革的我见》一文中提出的观点和建议到现在都还有一定的指导意义。其实，关注学术研究的应用性是老一辈黑大俄语前辈们的又一优良传统，学以致用是先生们治学的终极目标。因为他们无一例外都是从一线教学逐渐走到科学研究领域的，深知教学与科研之间的辩证统一关系。这里，仅举一例来印证。2013 年 7 月 10 日，黑大俄语学院请华劭先生为学院教师做了一场讲座。当时，请先生做讲座有两个初衷，一是俄语学院年轻教师越来越多，很多人对如何开展科学研究还不是很清楚；二是先生在学术上一直被看作是黑大俄语人的榜样，学问做得扎实、精细，特别值得好好传承。像以前给学生讲课、教学一样，先生为这场讲座做了非常认真、细致的准备工作。在一个半小时的报告中，先生结合自己六十余年的教学经验，详细梳理了自己从事科学研究的历程，总结了做学问的一些方法和步骤，提出了从养成问题意识开启科研之路的倡议。具体提出了三个小建议：第一，要从一开始就养成不断追问、不断探索的精神，从学生的错误中寻找问题；第二，要学习语言学的基本理论，确保自己的知识系统化、条理化；第三，要善于积累材料，收集例子及有价值的学术观点。在讲座的过程中，华老列举了大量的教学实例用来演绎推导这些难能可贵的研究方法。华老的讲座深入浅出，案例鲜活，逻辑清晰，思维缜密，既实用又具有很强的操作性和针对性，让俄语学院在座的 50 余名师生又一次领略到了学术大师的风采。其实，华老的这三个建议不仅适用于俄语语言文学研究，也广泛地适用于其他人文学科研究，至今仍不失其前沿意义。

淡泊名利的人生态度

华劭先生做学术非常严谨，但在生活中给人留下的印象却永远是一个眯着眼睛、冲你微笑的神情。先生抱有乐观豁达的生活态度，记得有一次去先生家慰问他，话题突然谈到如何让年轻的学生搞好专业、学好俄语的问题。这时，先生动情地回忆起了自己的求学之路，感慨万千，彼时的先生正直风华正茂之时，赶上的却是动荡的局势，他追忆起往事，想着 20 世纪 40 年代中后期的自己为了求得一张安静的学习桌，从南到北，四处奔波，与今日学子们所处的环境简直无法相提并论，以此来鼓励今天的学生应该珍惜难得的幸福时光，不负韶华，勤奋努力，以回报国家和人民的培养。我想，正是因为知道求学的不易，才让这些俄语学界的前辈们始终能够不求名、不求利，一生坚守俄语教学与研究的事业，孜孜以求、默默奉献。

学界同行都知道，《语言经纬》是先生毕生学术研究的心血之作，集中反映了先生的学术思考和理念，被教育部研究生工作办公室推荐为研究生教学用书，是国内俄语语言学研究领域的一部扛鼎之作。就是这样一部力作，却在省级科研评奖中只评为了佳作奖。消息传来，弟子们纷纷不平。华老师却非常淡然，他对这些外在的评价一点儿也不在意，从来不把它们当成是生活中的必然之物。我想，这种超然于物外的态度在当代学者身上已经很难找到了，或许这也是我辈难以推出标志性成果的一个原因吧。

由于工作关系，近几年，一直有机会去看望先生，或是元旦拜访，或是教师节探望。每次去看先生，先生都是精神矍铄，思维敏捷，丝毫也看不出是八九十岁的老人。先生始终都坚持看书看报，一直订阅《光明日报》《参考消息》《环球时报》，不仅关注国内外大事，而且也很关注学院、学科的发展，时常会提出一些好的建议和想法，总是叮嘱我们，要认真研判国内外俄语教学科研现状，想尽办法保持黑大俄语在国内的龙头地位。

斯人已逝，想说的话似乎还有很多。我认为，如何评价华劭先生都不为过，因为他的学识、学问、人品、人格魅力的确是楷模，是我们永远学习的榜样。也许正像毛主席说的那样，他是"一个高尚的人，一个纯粹的人，一个有道德的人，一个脱离了低级趣味的人"。我想，华劭先生就像一盏璀璨的明灯，其身上发出的光芒会照亮我们的前程，引领黑大俄语人不断前行。

仅以此篇小文致敬华劭先生！

作者简介： 孙超，黑龙江大学俄语学院院长、博士生导师。中国俄罗斯东欧中亚学会俄语教学研究会副会长、全国翻译专业资格（水平）考试专家委员会委员、中国外国文学学会理事、中国高等教育学会外国文学专业委员会理事、中国俄罗斯文学研究会理事、中国巴赫金研究会理事、黑龙江省俄语学会会长。主要研究方向：俄罗斯文学、俄语教育、文论。

华劭先生的二维对立语言观

黑龙江大学　黄东晶

2020年11月5日，一个寒冷的冬日，作别华劭先生，告别之时，由我代表学校和学院，代表学生致辞，能为先生做点事情我倍感荣幸，也是我与先生的缘分吧。此前不久，我还和同事到先生家中探望，依然期盼先生可以康复，可以再像以前一样中气十足地给我们讲过去的事情。1994年，21岁的我读研究生，授课的都是本科没教过我的老先生，愚顽年少的我对科学研究完全没有概念，听老师们讲课也是一知半解，只有华老师的普通语言学课程我记了一本半的笔记本，大开本，条理清晰，层次分明，那时候还没有《语言经纬》，这本笔记就是我走近科研的最早记录。华老师的课常常连上3小时不下课，先生沉浸在自己的学术世界里，激情四射。我忙着记下老师讲过的东西，尽管不太懂，但是都认真记下，此后到如今的近30年时光，这本笔记一直在我身边，作为我青春记忆的重要部分。其实，对华老师的感情一直是敬畏大过亲切，我每次课后提问他总是给我讲老半天，我的每次答辩先生都是主席或主要成员。他退休了我去看他，他总是很关心院里的情况。我一直怀着无知后辈的心情仰望和尊敬着先生，总在想，只要先生们还在，我便还是小孩子吧。先生一直硬朗，底气十足，他的突然离去让人扼腕。学生们准备出文集纪念先生，我也粗浅的陈述一下先生对我的教学和科研产生的影响。

1. 对立原则

语法范畴（грамматическая категория）是由相互对立并具有同类语法意义的语法形式列构成的系统。（张家骅 2006: 8）对于刚刚接触语言学的学生来说，"对立"是不清楚的概念，区别于生活中这个词的"敌对"意义。

什么是"对立"？认识世界的过程，就是对世界的万事万物进行剖析、分解、分类、弄清事物的基本组成结构，找出事物的基本组成元素及其组成规律的过程。在这个过程中，人们都在自觉或不自觉地运用着一个非常重要的哲学原则，这就是对立原则。所谓对立，实际上就是矛盾，是指在同一统一体中的矛盾，双方之间的矛盾，如果统一体中体现了两个矛盾的事物，我们就可以对这个统一体进行进一步的切分或分类，以便得到更小的组成单位。语言学研究中，对立原则的应用也十分广泛，结构主义语言学认为，语言是由一套在语言中起功能作用的抽象单位及符号。通过一个复杂的相互作用，相互关系网所联系起来的系统，每一种语言都有它的语音、语法、语义系统，这个系统包括它的组成元素，系统以及各个元素之间的组合 – 聚合关系系统。

进行语言学研究主要是从言语中分离出语言的基本单位，包括语音、语法、语义的单位及其组合 – 聚合规律，建立语言的语音单位系统、语法单位系统、语义单位系统以及它们的组合 – 聚合规则系统。在这种分离基本单位建立单位系统的过程中，要充分运用对立的原则，通过对立原则来寻找语言各系统的基本组成元素。对立原则运用的关键就是寻找对立存在的条件，也就是一种分类标准，并对这种条件的合理性可行性进行充分论证。任何一种对立都是有条件的对立，失去这个条件，对立也就失去了它存在的意义，进行科学研究使这个对立条件的寻找和论证是非常重要的，语言学研究中的这种条件往往是进行某种分类的出发点。（施建军 1997）

1980 年出版的《俄语语法》以语言与言语的对立作为理论基础，认为言语并非作为某种个人的、个别的现象而与语言对立，它是语言的真实存在形式，使其生动直接的体现。自费·德·索绪尔以来，语言与对立的概念已被广泛的采用，尽管对这种对立有不同的理解。（华劭 1991: 196）

2. 二维对立语言观的教学指导作用

从二维对立的角度看，厘清语法意义与词汇意义、组合关系与聚合关系、动词完成体与未完成体、单部句与双部句、并列关系与主从关系这几组对立关系，是解决俄语语法教学问题的关键。

词汇意义（лексические значения）**与语法意义**（грамматичекие **значения**）。后者是一类形式共有，抽象，第二性的意义；前者是每个词独有的，具体的，第一性的意义。语法意义又称语法伴随意义，一定要附着在词汇意义之上，词汇意义决定语法意义。学习俄语语法时，不考虑词汇意义，语法就会混乱不堪。试看以下未完成体动词：

Мое хобби — <u>читать</u>.

一般持续结果动词

Бабушка старая, не <u>видит</u>, не слышит, еле ходит.

状态结果动词

Какая радость, когда мы <u>находим</u> первые весенние цветы.

单纯结果动词

Мы долго его <u>уговаривали.</u>

努力尝试动词

同样是未完成体动词，由于动词的语义类别不同，造成了词汇的配价，在句中的表现，包括汉语译文都呈现出明显不同。因而，在教学中注意结合这类语义对立意义重大。

组合关系（синтагматическое отношение）**与聚合关系**（парадигматическое **отношение**）。词法（морфология）实质上是聚合关系，指的是一个事物的内部变化，表现为一个词位下根据语法范畴变化出的词形构成的系统，如词类 ЧАСТИ РЕЧИ，名词，形容词，动词，代词，数词，副词，前置词，连接词，语气词，感叹词，实词的聚合体词形丰富，《80 年语法》把聚合体作为词类划分的重要标准。句法（синтаксис）实质上是组合关系，词通过扩展联系形成词组，简单句和复合句。

动词完成体（совершенный вид глагола）与未完成体（несовершенный вид глагола）。 俄语动词都有体的属性，大多数动词有体的对偶（видовая пара），如 читать — прочитать，видеть — увидеть，находить — найти，уговаривать — уговорить；有些动词是单体动词，如 сидеть, читать, идти, ходить, посидеть，等等，或者只有未完成体或者只有完成体，需要说明的是有些动词在某些意义上是单体，如表示能力和事实意义的 читать；外来语词干的动词常构成兼体动词，如 организовать, арестовать，等等。

对于这组对立，术语上仍然存疑，术语翻译完全源于原文，在俄语原文中依然有争议，主要是指俄语的完成体表示时空中的具体事件，一定是完成，而未完成体可以是未完成，可以是事实本身，可以是不关注是否完成，所以简单对立起来有一定的问题。俄语动词完成体可以有一次、具体、有结果、预期行为、接续行为、瞬间行为、可能行为、总和一体等意义，未完成体可以有行为本身、多次、过程、恒常、非预期行为、结果取消等意义。

俄语中动词体的使用与动词的词汇意义密切相关，动词的词汇语义类型决定了动词的语法表现。

单部句（односоставное предложение）与双部句（двусоставное предложение）。 俄语单句的主要类型是双部句，即有主语和谓语两个主要成分。无论句子构成如何复杂，找到句子的主语和谓语就可以抓住句子的意义。俄语中广泛使用单部句，即只有主语或只有谓语，只有谓语的句子常用的如下：

На работе его ценят.

不定人称句

Тише едешь, дальше будешь.

泛指人称句

Мне скучно сидеть дома.

无人称句

Детям не сидится дома.

无人称句

У меня не было денег.

无人称句

Что нам делать?

无人称句

Ветром бросало лодку то в одну сторону, то в другую.

无人称句

由于单部句与汉语的对应性不强，所以单部句的学习和使用是俄语教学的难点之一，在俄语单句教学中应注意单部句的语义和使用情况，做好相应联系。

并列联系（**сочинительная связь**）**与主从联系**（**подчинительная связь**）。俄语的复合句分为有并列联系的复合句，用 а，и，но，однако，зато 等连接；分为有主从联系的复合句，其中包括三大类：说明从属句（Что? О чём?），限定从属句（Какой?），疏状从属句（Где? Куда? Откуда? Как? Почему?...）。主从复合句实质就是句子化的单句次要成分，即补语、定语、状语的句子呈现，如：

Студенты уже договорились, когда встретятся.

说明从属句

Каждый помнит день, когда первый раз услышал эту новость.

限定从属句

Сын сделает эту работу только тогда, когда приедет отец с работы.

疏状从属句（时间从属句）

需要说明的是，连接词和关联词的使用并不是确定复合句类型的依据，从句对主句成分补充的性质决定主从复合句的类型，如：

Староста сообщил, чтобы все ребята собрались на площадке.

说明从属句（О чём?）

Староста пришёл к нам, чтобы передать нам эти вещи.

目的从属句（Зачем?）

二维对立的俄语教学观，有利于学生建立清晰的语法观，系统掌握繁复的俄语语法现象，建立俄语与汉语的语义对应联系，为中国学生对俄语的掌握和运用打下坚实基础。

二维对立语言观的科研启蒙作用

1995年秋季学期,华劭先生为俄语系研究生开设普通语言学课程,共12讲,包括:

（1）语言学研究的对象——语言和言语；

（2）语言的符号性质——能指和所指的关系；

（3）语言符号系统是一种层级装置——层次和层级；

（4）语言单位的确定——线性单位和集合单位；

（5）语言单位之间的关系——组合关系和聚合关系；

（6）语言的系统性质——语言单位和结构的关系；

（7）语言的发展——共时和历时；

（8）超符号层次语言单位的研究——句法和语义；

（9）从语用的角度分析语言——说话人和受话人；

（10）篇章语言学——篇章单位和结构；

（11）作为心理语言学的研究对象（言语活动）——语言的生成和理解；

（12）社会语言学——作为社会和文化现象的语言。

课程的开始先生开宗明义，指出这门课的三个任务，即讲史（如何发展），论（基本范畴，观点，论断），法（研究方法）。在正式开始课程讲授之前，介绍了语言学研究的历史，经历了史前阶段，传统语言学、历史语言学、结构语言学、转换生成语言学等几个阶段，从历时的角度简明阐述不同历史时期语言学研究的对象、方法、观点、体系、与相关或相邻学科的联系等。

每个对立概念下的主题，都包括了概念厘定、学说对比、内在联系、现实意义等几个部分，每个主题设思考题若干，列举主要参考文献。以第一讲为例，总共分为四个部分内容：一、什么是语言学研究的对象，从经验总结到理论研究；二、不同的语言观；三、语言和言语的相互关系；四、划分语言和言语的意义。首先区分术语 объект 和 предмет。前者是对象物，是科学研究过程中接触到的研究材料，独立于认识之外，是本体论范畴，不以人的意识转移；后者是对象，与研究目的、宗旨、方法有关系，属于认识论范畴。同一个对象物可以是不同科学研究的对象。一个独立科学可以没有独有的对象物，但是一定要有自己独立的研究对象。传统科学任务在一门科学中不可能从不同角度用不同种方式去研究同一个对象，也不可能不断变化研究对象和研究方法。

不同的语言观包括索绪尔的语言观、索绪尔后的语言观、《80 年语法》的语言观和西方现代结构主义语言学的语言观。语言和言语的相互关系包括：潜在的功能体系和实现这种功能的实体的对立；形成语言结构体系和连贯话语；语言单位是约定俗成的产物；从语言的发展来看，语言是相对稳定的状态，言语是经常变动的状态。划分语言和言语的意义首先是必要性，把握语言学研究的两种趋势，即结构主义语言学，注重只研究语言并使其程式化，另一种趋势是形成交叉科学研究语言：生理语言学、神经语言学、辅助语言学、统计语言学、心理语言学、社会语言学等。语言与言语的划分对外语学习也至关重要。语言知识不可少，通过教学和工具书获得，应教会学生积极主动地学习一些语言单位，这就要分清语言和言语，有了语言知识只为听说读写创造了条件，但还不一定学会使用言语。

课后会有 4 个思考题和 4 个主要参考文献。

重读华劭先生《普通语言学》的讲义，深切感受这门课对我工作和学习25 年的隐性和显性的指导意义。在二维对立语言观的指导之下，语言和语言学都变成了丰富而立体的体系，有着广袤而明朗的研究内容，吸引着我们去研究。

后记

华劭先生留给我们的是严谨的学术精神，是对语言研究的立体深入的学习和分析方法，是我们取之不尽的思想源泉。在我们这一代的黑大俄语人身上，都打着先生的学术烙印。几十年过去，先生在课堂上的旁征博引，在我们博士答辩会上的慷慨激昂，终将成为我们永难忘怀的青春和求学路上的美好瞬间。至今仍然记得先生对优秀论文的肯定，对所有学生的学术期冀，每当懈怠之时，常想起先生的教诲，暗自汗颜，每次到先生家探视，总担心答不上先生的问题。先生离去，留下宝贵的精神财富引领学生们继续在俄语教学与研究的道路上耕耘探索，继续先生未竟的事业，为国家和人民做出自己的贡献。

作者简介：黄东晶，黑龙江大学俄语语言文学博士（1997—2001），导师张家骅教授。黑龙江大学俄语学院党委书记、教授，黑龙江省教学名师。教育部外语教学指导委员会俄语分委会委员，黑龙江省欧美同学会副会长、留俄分会会长。主要研究方向：俄语语言学、俄汉语对比。

华劭先生对黑大俄语研究生教育的贡献

黑龙江大学　刘　伟

　　黑龙江大学俄语学科根于延安、源于抗大，前身是 1941 年成立的中国抗日军政大学第三分校俄文大队。俄语学科至今已有 80 年的光辉历史，综合实力雄居全国前列。为国家培养了硕士、博士以及博士后等多层面的俄语专业人才，满足了国家和社会各个方面、各个领域对俄语人才的需求。在众多的俄语教学单位中成绩辉煌。经过几代人的努力，俄语语言文学学科研究生教育已发展成为历史优势明显、特色突出，在国内外具有广泛影响的学科。它是新中国成立以后俄语学科研究生教育的生动写照和真实缩影。华劭先生是为黑大俄语研究生教育付出一生的教师中的杰出代表。他长期从事俄语教学与研究工作，毕生心血都奉献给了我国俄语教育事业，为俄语学科建设、人才培养、科学研究都做出了卓越贡献。值此华劭先生纪念文集出版之际，在此回顾俄语学科研究生教育的光辉历程。

　　早在 1950 年 11 月，哈外专时期就已经开始研究生教育。到 1956 年一共办了六期，学员共计 125 名。学校成立了研究生室，从苏侨教师中选择经验丰富的教师任教，后来苏联专家来校，改由专家任教。我国俄语界早期的一些知名学者、专家、教授大多毕业于这一时期的研究生班。华劭先生是 1949 年考入华北大学参加革命的，后调入哈外专前身东北民主联军附设哈尔滨外国语专门学校学习。1951 年毕业后留校任教，并在苏联专家传帮带指导下学习了现代俄语（包括语言学、形态学、结构学）、语言学引论等课程，他在学校校报上发表学习心得和经验交流文章，崭露头角，为以后俄语语言学理论的研究打下基础。1957 年至 1959 年，华劭被国家公派去莫斯科大学语文系学习，回国后他继续从事教学和科研工作。他作为主要编者的《现代俄语通论》就问世于 20 世纪 50 年代末，是我国第一部现代俄语理论教材，开启了我国俄语研究生培养和学术研究的新时代。类似的研究生教育从哈外专、哈外院并持续到黑大，一直没有中断过。需要特别指出的是：1956 年，哈外院开始按苏联学制和模式培养副博士研究生，由苏联专家讲课并担任指导教师，研究生教学更为正规化。后来因为全国性政治运动的冲击，他们只修完必修课程，通过考试提前毕业，并未经过论文答辩，也未授予学位。由此可见，俄语专业的研究生教育在黑大成立以前，在哈外专、哈外院时期已经开始，并奠定了良好基础。

黑大建校后，除了继承和继续完成哈外院末期招收的研究生班的培养外，还分别于 1959 年、1960 年又招收了两期研究生，这两期研究生并于 1961 年、1962 年毕业。这两期研究生的教育，较哈外专、哈外院时期更为正规，除不授学位外，已十分接近今天意义上的硕士研究生教育。比较前后两个时期的研究生教育，便可发现有两大进步：第一，黑大时期的研究生教育实行分研究方向撰写毕业论文，并配备指导教师（由学有专长的教师担任指导）；而在哈外专、哈外院时期则是"通才"教育，不分研究方向，也不要求撰写毕业论文。第二，黑大时期从实践课到理论课所有课程以及指导教师均由哈外专、哈外院时期培养的中国教师独立承担。其中华劭老师一直从事研究生的指导工作，并积累了丰富的教学经验。而哈外专、哈外院时期的主干课程由苏侨教师或苏联专家担任，后期才逐步过渡到全部由中国教师独立承担。

1978 年，黑龙江大学俄语系在全国外语院系中率先恢复研究生的培养工作，面向全国招生，并招收了全国俄语专业"文革"后的第一批研究生。当时开设的课程有俄语实践课，俄语理论课（词汇学、词法学、句法学、普通语言学、文学），还有政治课（马克思主义哲学、政治经济学）等。从以上所开设的课程说明教学设置已经正规化，黑龙江大学俄语系的前身哈外专、哈外院以及黑大俄语系在"文革"前曾先后多期培养俄语研究生，有办研究生层次俄语教育的师资实力和丰富的办学经验，只是在"文革"期间受到"左"的教育思潮的冲击而暂时停办。"文革"后形势好转，俄语系领导不失时机地抓住机遇，恢复研究生教育，又不失时机地同刚建立的正规学位制度接轨，建立起全国首家俄语硕士点，这也是黑龙江大学建校以来的第一个硕士点，最早出成果的硕士点。黑大俄语系硕士点的建立，为以后俄语系的学科建设、巩固和充实奠定了良好的基础，为学科建设的下一步发展创造了十分有利的条件，同时也充分发挥了黑大俄语系教师的群体力量，使他们有更多的用武之地，这一时期华劭先生主编的《现代俄语语法新编》，成为俄语语法学术研究的重要标志。为研究生提供了理论课学习教材，为研究生开辟了学术研究的道路。

1981年，俄语学科在研究生教育方面，做了大量扎扎实实的工作，取得了突破性的进展，获得了硕士学位授予权，并在此基础上扩大研究领域，增加研究方向，由单一的俄语语言理论扩展到包括文学、翻译、教学法、语言国情学、苏联学等方向。"俄语语言文学"这个二级学科所含的研究方向，此时俄语系都已具备，并选拔各研究方向的学术带头人和高水平的骨干教师担任指导教师。

1987年，黑大取得了俄语语言文学学科的博士点。经过长期的准备和硕士研究生教育工作所打下的坚实基础，俄语系向国务院学位委员会申报俄语语言文学博士点，申报李锡胤、华劭教授为首批博士生导师。由于黑大俄语系整体学术实力雄厚，许多老教授都毕业于当年的研究生班，有悠久的历史积淀，有一流的学者群，有一批在国内外享有盛誉的老专家，所以于1987年正式批准黑大俄语系的博士点。黑大俄语系是黑大最早取得博士点的部门。在此以前黑大没有博士点，完全没有博士点的学校，要取得博士点有一系列苛刻条件的限制，难度非常大。但几十年来，俄语学科注重发挥历史优势，发挥自身优势，发挥群体优势，发挥师资优势，发挥地缘优势，一举登上学科建设的制高点，实非易事。俄语学科取得博士点以后，为黑龙江大学其他学科申请博士点创造了十分有利的条件。俄语学科的博士点，不仅是黑大的第一个博士点，而且是黑龙江省的第一个文科博士点。这是俄语学科对黑大和黑龙江省的贡献。这一时期华劭先生领衔翻译了苏联科学院1980年出版的《俄语语法》，成为国内俄语学者的案头书和全国俄语院系研究生必备参考书，是我国俄语语言文学学科引进国外先进学术思想和研究方法的巅峰之作。

自20世纪80年代建立硕士点和博士点至今，黑龙江大学研究生培养走过了30多年的历史路程。由当初内容简单的研究生培养计划发展到今天系统全面、按学科门类分工的研究生培养方案，无论在研究方向、课程设置、培养目标以及研究内容等方面都发生了很大的变化。俄语学科研究生培养方向大体分为两个阶段：20 世纪 80—90 年代主要集中在传统研究方向上，如俄语语法学、俄罗斯文学、俄语教学法、修辞学、翻译学、词典学等；第二阶段，进入 21 世纪后，除延承传统研究方向外，2000 年新增加了外国语言学及应用语言学专业，并在硕士层面增加了计算语言学方向。

1999 年，劳动和社会保障部批准黑大设立以俄语学科为主体的外国语言文学博士后流动站。博士后流动站并不是学位授予体系中的一个组成部分，它是一项吸引和使用取得博士学位的高层次优秀人才的制度。黑大所取得的博士后流动站，是一级学科（外国语言文学）的博士后流动站，但这个一级学科流动站却是完全建立在黑大俄语二级学科博士点（俄语语言文学）的基础上取得的。也可以说是俄语学科对黑大学科建设的一大贡献。俄语学科成为在全国有较大影响的龙头学科，拥有完整的人才培养体系和学位授予体系。

80 多年来，在研究生培养方面俄语学科坚持以人为本的原则，加强对学生政治品格的熏陶，强化对学生行为能力的培养，夯实专业基础，注重对学生思想方法的指导，把培养高质量研究生作为建设一流学科的中心环节，把培养适应社会需要的高级俄语人才作为学科办学的出发点和归宿，有目的、有计划、有步骤地通过各种方式和手段保持俄语学科多年形成的学科优势和人才优势。经过几代人的努力奋斗，俄语学科在研究生的培养方面历史优势明显，特色突出，在国内外具有广泛影响，取得了瞩目的成绩。从培养的质量上，现已毕业的学生大多成为俄语方面的专家、学者、教授，国家各级部门的领导，大部分成为中俄两国文化交流的使者和桥梁。

成绩的取得归功于俄语学科悠久的历史积淀了一流的学者群，一批在国内外像华老师一样享有盛誉的老专家、老教授依然保持了旺盛的创造力，活跃在教学、科研的第一线。2003 年，华劭先生的传世经典之作《语言经纬》问世，它是我国首部以俄语为语料的普通语言学著作，成为我国普通语言学研究赶超世界语言学前沿路上的重要里程碑。华劭先生为俄语研究生教育事业的发展做出了卓越贡献。回首过去，放眼未来，俄语学科经过几代人不懈的努力、执着追求，把培养更多更高层次俄语人才作为义不容辞的使命。

作者简介：刘伟，黑龙江大学俄语语言文学硕士（1994—1997 年），导师俞约法教授。黑龙江大学俄语学院副研究馆员。主要研究方向：俄语文献、俄语教学史、俄语教育思想研究。

立言之典范　笃行之榜样

黑龙江大学　贾旭杰

　　华劭先生作为中国俄语界著名的语言学家和教育家，是中俄文化交流的传承者、先行者，他潜心钻研、孜孜以求，为俄语教育教学和科学研究事业奉献了一生，其研究成果和治学精神影响了几代人，并培养了一大批俄语教学与研究事业的优秀接班人。在黑龙江大学师生的心目中，先生德高望重，敬业重教，是立言之典范，笃行之榜样。

　　"落其实者思其树，饮其流者怀其源。"

　　作为黑大俄语人，何其有幸！在学习俄语、研究俄语、教授俄语的道路上，我们谁的案头上缺席过《大俄汉词典》？谁没有达旦通宵地反复研读过《现代俄语语法新编》《俄语语法》《语言经纬》？谁的书柜中没有珍存过《华劭论文选》或《华劭集》？正是源于以华劭先生为代表的前辈们的一生执着追求和辛勤付出，才有了今天黑大俄语学科的精英荟萃，延续几十载的光荣与辉煌，才赢得了黑大俄语人在全球各地的桃李芬芳，才换来了我们这些后辈们记忆中不可磨灭的画面，那是先生们不懈追寻、踯躅前行的身影，那是先生们坚守教育初心，勇担育人使命留下的光辉印记。

　　进入黑龙江大学俄语系，很自然地就记住了"华劭"这个如雷贯耳的名字，但真正结识华劭老师却是在30年前，即1991年9月开始攻读硕士学位的时候。有幸在硕士和博士求学期间多次聆听先生所讲授的语言学课程、各类报告和讲座，在个人的学习和教学科研中得到过先生无私的指导和帮助。在我这个后辈学生的心目中，华劭先生知识广博，治学严谨，爱岗敬业，朴实谦逊；先生爱生如子，敬业如山；先生是令人尊敬的严师，也是满怀真诚的慈父，先生是旗帜，是丰碑，大家风范，高山仰止。

1. 立言之典范

华劭先生从 1951 年毕业留校任助教起即投身俄语教育教学与研究中，一生孜孜以求，潜心钻研，著书立说，泽被后世。先生始终恪守"板凳要坐十年冷，文章不写一句空"的原则，从根做起，专心致志，披沙沥金，淡泊名利。先生的每篇论文必是长期考察与教学总结的丰厚累积，每部著作必是调查研究、语出有据、深沉思考的结果。每部作品，必是精品。先生涉猎广泛，视野宽阔，积淀深厚，在语言学研究中融入哲学、心理学、逻辑学、教育学等学科思想，下大力气探寻关联、花深功夫勤于思考，求真务实，推理创新，既传承学科传统、延续研究思想，博采众家之长，又充分展现长期独立探究的具体成果，穷源溯本，自成体系，遵循了"必古人之所未及就，后世之所不可无，而后为之"的治学精神。

20 世纪 90 年代起，华劭先生开始更加关注语用学、莫斯科语义学派的最新研究成果，课上课下经常和硕士研究生、博士研究生讨论一些俄罗斯学者的新观点。记得，每一次先生都会拿出厚厚的一沓笔记，那上面密密麻麻地写满了不知用多长时间积累下来的各类例句，然后从中选出几个与我们共同分析讨论，并认真记下我们对一些例句的感受、理解、联想和思考，也会让我们提出一些问题和质疑。同时，先生思维活跃，善于观察，将身边事、新现象和语言研究紧密结合，也会将当时的新闻、电视剧中的典型句子拿出来进行语用分析，然后再经过整理形成论文中说理充分、逻辑清晰的例句。今天再次重读《语言经纬》《从语用学的角度看回答》《关于语句意思的组成模块》等著述时，熟悉的情景仍历历在目。

1999 年，我得到公派留学机会，赴普希金俄语学院访学进修半年，在此期间通过参加学术会议结识了俄罗斯著名心理语言学专家 А. А. Леонтьев 先生，他向我推荐了几本年轻一代心理语言学家的著作，建议我从更新的角度开展研究。回国后我在向全院老师汇报学习成果时提到我带回了一些新出版的书籍，出乎意料的是，第一个找到我的竟然是华劭先生，他特别强调说要读一读

К. Ф. Седов 所著的《Основы психолингвистики в анекдотах》。大约两个月后，先生和我就这本书进行了认真的交流，谈了很多感想，让我再一次心生敬意，敬佩先生的与时俱进、不懈追求！我在完成博士毕业论文写作时，请先生在百忙之中给予指导，每一次和先生的谈话，都是循循善诱、谆谆教诲，每次回想交流内容都会感觉醍醐灌顶、受益匪浅。

华劭先生长期担任院学术委员会主任委员，多次主持博士、博士后答辩（出站报告答辩），在我们那一代青年学人的记忆中，每一次先生都认真审阅论文，强调要端正写作态度，不能人云亦云，更不能东拼西凑，严把质量关，严肃学术规范，为我们这些青年教师形成认真负责、严谨求实的学习和工作作风树立了典范。

2. 笃行之榜样

华劭先生为人师表，师德高尚，教书育人，力学笃行，献身俄语教育教学事业六十余载，为本科生、硕士研究生、博士研究生开设多门课程，经常为青年教师举办教学和科研报告讲座，因势利导，关心学生的身心健康，与学生谈学习，谈生活，谈理想。深入研究教学规律，研究学生特点，教学中善于尝试新思路，采用新方法，融入新内容，充实新语料，坚持理论联系实际，坚持以学生为主体，致力于语言理论现代化、实用化、素质化。先生备课认真，及时将国内外最新研究成果引入到教学过程中，课堂信息量大；讲解逻辑清晰，语言精练，深入浅出，例证丰富，解决难点，突出重点，善于体系化、精细化。在课堂上采取启发式教学，积极开展课堂讨论，有学生讨论教材、教师答疑环节，也有师生共同讨论学术思想环节，开启学生心智，培养批判精神，有机地训练学生的语言理解与语言运用能力，课堂效果深受学生欢迎和赞赏。

从教近 30 年，直到现在，每次走上讲台我仍诚惶诚恐，从不敢懈怠，因为华劭先生就是我作为教师的楷模和榜样。

读硕士之前，就在老师们的建议下购买了《俄语语法》[信德麟、张会森、华劭，外语教学与研究出版社（第 1 版）]，但是读不进去，也读不懂，不得法。这部语法著作是三位先生将苏联科学院《俄语语法》两卷本经过整合介绍到国内的"编译版"，其中句法部分的大量工作都是华劭老师完成的，自成书后先生多次为黑大教师和硕士研究生、博士研究生以及全国中青年教师解读该著作的新思想、新内容，并为硕士研究生开设"俄语句法"和"普通语言学"等课程，分不同专题深入讲解、指导阅读原文并开展课堂讨论。通过这门课程的学习，我们初步建立了有关俄语语言理论的知识体系，掌握了一些语言教学的基本思路，将语言研究的大视野浓缩到每一个小课堂中；通过这门课程的学习，我们还学会了如何"为了给学生一滴水，自己先拥有一桶水"，如何有效实施教学，授之以渔。硕士研究生毕业后，《现代俄语语法新编》《俄语语法》都成了我的案头书，我在给研究生授课时也尝试着采用讲解、讨论与研读原文相结合的方式，学生反映良好。

华劭先生重视教学，重视言传身教，高度自律，言行操守尽显大师风范。75 岁之前，先生无论给哪个层次的学生授课，每次都一定提前至少 10 分钟来到教室，做好准备，等待学生的到来；而且授课过程中从不坐着，坚持站立授课，每次 3~4 小时；坚持书写工整详尽的板书，关注学生的课堂状态和学习效果。

先生的谦逊和低调令人难忘。2008 年，学院决定推荐先生为黑龙江省高等学校教学名师，我当时主管教学工作，先后 3 次给先生打电话，希望先生提供一些素材以便形成申报材料，但每一次先生都非常低调地推辞，声称自己做得还不够，最后班子成员一起才做通了先生的工作。在为先生安排课程录像时，他每次都早早来到教室，每次都对负责摄像的老师和听课的学生表示感谢。

先生重视教学改革，重视对青年教师的传帮带。先生在 20 世纪 90 年代曾获得黑龙江省教委优秀教学成果一等奖，在从教 40 年时发表了《俄语教学改革的我见》，基于学生在学习俄语过程中存在的问题，比较系统地阐释了专题教学的必要性、可行性，以及实施专题教学过程中的课程设置、教学环节的衔接、对青年教师的要求以及教材编写的重要性等，时至今日，仍然会在教师中产生很多共鸣，仍然对俄语专业教学具有重要指导意义，受益无穷。同时，文章中对青年教师的教学和科研建议有目标、有步骤、有方法，有的放矢，针对性强。

先生一生艰苦奋斗，立德修身。记得有一个寒假，我去拜访先生，开门的是师母，她用手势告诉我先不要出声，我们就静静地坐在门口等待。稍后先生从阳台处走出来，讲述自己自患腿疾后不便出门锻炼，又长期伏案工作，就自编了一套健身操，每天坚持做 30~40 分钟，既能缓解颈肩疲劳，又能调整心肺功能，锻炼好身体，尽可能不给家人和同事添麻烦。还提醒我也要注意锻炼，劳逸结合。

斯人已逝，生者如斯。作为黑大俄语人，回顾历史、缅怀先辈是饮水思源，在感激前辈们的恩泽时，也时刻会感到肩上的责任和担子，我们能够回报先生们的是不忘初心，继往开来；是继承遗志，聚力前行；是不断探索，再创佳绩。

作者简介：贾旭杰，黑龙江大学俄语语言文学博士（1997—2002 年），导师俞约法教授。黑龙江大学中俄学院院长，中俄联合研究生学院副院长，教授。主要研究方向：心理语言学、俄语教学法。

纪念华劭先生

黑龙江大学　赵　洁

　　华劭先生和我的师生缘始于 1994 年。那一年我来到黑龙江大学俄语系读硕士，由华老师给我们讲授"俄语语法"和"普通语言学"两门课程。至今让我印象尤深的是，华老师虽然已年过花甲，但精神矍铄，思维缜密，声如洪钟。华老师讲课时从不看讲稿，所有讲义内容都在脑子里。他立于三尺讲台之上，三个小时的理论课几乎一气呵成，尤其善于将深奥的语言学理论，用通俗易懂的语言和恰当的实例深入浅出地讲解出来。先生深厚的语言学功底让人折服，当时我就觉得，做华老师的学生真是幸福，因为抽象晦涩的语言学理论，经先生如数家珍般道来，竟变得容易理解和吸收了。特别是"普通语言学"这门课程，华老师从语言到言语、从系统内到系统外、从微观到宏观，将语言学各分支学科、不同学派的主要理论观点、核心问题、研究方法都清晰地展现给我们，这正是我们这些刚刚踏入学术研究领域的学生迫切需要了解的语言学全貌，可以说，华老师是我们走上科研道路的引路人。这门课程让我懂得，只做单一方向的研究是不够的，做研究工作必须有广博的知识基础、开阔的学术视野，从不同角度去思考和研究问题，学科交叉融合是科学发展的趋势，只有融会贯通、深化系统认识，才能揭示语言的规律。

　　华劭先生正是基于几十年的教学积累和科研成果，于 2003 年推出了专著《语言经纬》，这是先生数十年倾注心血的思想结晶，经过千锤百炼、不断打磨，这样的经典传世之作，这样的治学精神在现今社会殊为不易。这本书以语言研究到言语研究为主线，涵盖现代语言学领域内最本质、最重要的课题，屡被引述，如今已经成为从事语言学研究的青年学人的案头必备，惠及一代又一代的俄语人，足见先生学术成果的影响力及学术价值。华劭先生潜心专注于学术研究，踏踏实实地做真学问，从不追逐虚名浮利，几十年如一日，一丝不苟、精益求精的科研精神在潜移默化地影响着每一位学生。华老师一生培养了众多的硕士、博士，他们早已成为我国俄语教学和科研领域的中坚力量。

2002年我博士毕业后留校任教，学院请华劭先生做青年教师的科研导师，指导和帮助青年教师提高学术研究水平，华老师欣然应允，在同龄人早已安享晚年的时候，他还在不知疲倦地提携后辈，仍然在学术道路上奋力前行。每次我将自己稚嫩的拙作交给先生，而返回给我的已经是写满密密麻麻修改意见的新版本了，就连标点符号的错误都不放过。研究过程中我每次遇到难懂难解的问题时，常常跑去求教，先生平时看似不苟言笑，令人敬畏，一说到学术问题，立即谈笑风生。他总是谦虚地说自己的观点已经陈旧，提些意见只供我参考，但事实上，往往先生的寥寥数语于我却是灵犀一点，吉光片羽，弥足珍贵，他总是能够透过言语的表面现象，洞见语言的本质，找出问题要害，抓住理论问题的根源。先生学术视野之开阔，研究兴趣之广泛，研究成果层次之高、影响之广，在我国俄语学界是屈指可数的。

先生为人谦虚豁达，待人宽厚；为学巨细通透，眼界开阔，不愧为中国俄语学界一代大师！50年一直辛勤耕耘在三尺讲台上，为俄语教育事业贡献了自己全部的青春和热情，永远值得后辈学人敬仰和怀念。先生的学问修养和高尚品格激励着后辈在学术道路上不断求索创新，先生对学术的满腔热爱和无私奉献的精神是我们学习的典范。

能够聆听先生教诲，是我三生有幸，让我终身受益，谨以小文向先生表示我最深沉、最衷心的怀念！恩师对我国俄语教学与科研事业做出的贡献将会被后人永远铭记。

作者简介：赵洁，黑龙江大学俄语语言文学博士（1998—2002年），导师张会森教授。黑龙江大学俄语学院教授，硕士生导师。主要研究方向：俄语修辞学、俄汉语对比。

春风化雨恩常在　桃李不言自成蹊

——怀念我的老师华劭先生

黑龙江大学　杨志欣

2020 年是庚子年。我对庚子年本就没有什么好印象，因为历史上每逢庚子年就会发生一些大事，而且这些大事多半是不幸的，没想到我们敬爱的华劭老师在庚子年年底永远离开了我们。华劭先生在中国俄语学界的成绩斐然，曾任黑龙江大学俄语系主任、俄语研究所所长、中国俄语教师联合会副会长、黑龙江省政协常委，1990 年荣获世界俄语教师联合会授予的普希金奖章和奖状……华劭先生长期从事俄语教学与研究工作，毕生心血都奉献给了我国俄语教育事业，为俄语学科建设、人才培养、科学研究、文化传承做出了卓越贡献。

我最初听说华劭先生的名字，还是在 1991 年刚入大学的时候。尽管和先生素不相识，但当得知他获得普希金奖章时，华老师就成了包括我在内的很多学生崇拜的偶像。华老师那时候已经不给本科学生授课，所以我和华劭老师的真正相识，始于 1995 年读硕士期间。当年我有幸和博士生一起聆听了华老师主讲的句法学课，使用的教材是先生领衔翻译的苏联科学院 1980 年出版的《俄语语法》。这本书是国内俄语学者的案头书和全国俄语院系研究生必备参考书，是我国俄语语言学科学引进国外先进学术思想和研究方法的巅峰之作。《俄语语法》是苏联最有代表性的语法著作，无论在体系上还是内容上，与本科阶段的实践语法有很多大差别，但是华劭老师的讲解总是能深入浅出，毫无晦涩曲折之感。那时的我才第一次深深地体味到，其实"枯燥的"理论学习也可以是生动有趣的，真正的学者原来是可以通过现象看到事物的本质的，真正的学问是深刻的，但绝对不是深文奥义的。华劭老师给我们上课一般一次3个学时，记忆中先生从没有坐着讲过课，而且每次都是声音洪亮，慷慨激昂，充满激情。华劭老师经常讲课听不到下课铃声，即使偶尔课间休息，他也会时不时地走到我们身边，问问我们有没有不懂的地方。令人感动的是，尽管我们硕士生和老师接触不多，但是华劭老师从不会叫错我们的名字。在华劭先生那里我真正感受到了热爱的力量，感受到了先生对专业的热爱和对教师职业的热爱。

再次和华劭老师的近距离接触是2003年读博士期间，华劭老师为我们上"普通语言学"这门课程。八年的时光在华劭老师身上似乎没有留下任何痕迹，课堂上的华劭老师依然声音洪亮，神采飞扬，讲起课来听不到下课铃声。那时候他已经七十多岁，我们担心他太累，让他坐下来休息，他每次都不说不累。那年正值先生的传世经典之作《语言经纬》问世，这是我国首部以俄语为语料的普通语言学著作，是我国普通语言学研究赶超世界语言学研究、获取相应话语权道路上的重要里程碑。华劭老师总是可以把艰涩难懂的语言学理论讲得生动有趣，真正的大家风范本应如此吧！在讲课过程中，每个章节都涉及一个独立的问题，先生在介绍理论的过程中，经常给我们准备一些开放性的问题让我们思考。《语言经纬》是先生近二十年的"普通语言学"课程的讲稿的浓缩，但是先生每次讲课的时候还会随身带着一叠厚厚的字迹工整的教案，每次讲课的内容绝不局限于书本，会给我们补充一些最新的研究成果，华劭老师与时俱进，不断学习的精神永远让人难忘。博士毕业后和华劭老师的见面大多是在博士答辩或者是博士后出站答辩会上，他每次都是那么一丝不苟，每次都那么充满激情，每次都能让人感受到先生对科学研究的那份执着的热爱。

最后一次和华劭先生的近距离接触是在他已经80多岁的时候了。那时候先生由于身体的原因已经不给学生上课了，我和几个同事一起去先生家看望他。华劭先生笑容满面地坐在沙发上，那是第一次看到先生坐那么久，有些不习惯看着先生坐着的样子，有一些伤感，因为那是第一次觉得先生有些老了。但是随后的聊天让一切都回到了从前，先生依然健谈，笑声朗朗，和我们讲他的求学经历，讲俄语学院过去的发展历史，关心俄语学院的未来发展，他关心我们的个人成长，鼓励我们开拓进取、勇于创新、与时俱进、终身学习。

曾经做过华劭先生的学生是我的幸运。尽管先生的学识和修养我穷尽一生也望尘莫及，但是无论过去、现在、未来，华劭先生都是我心里永远学习的榜样。

作者简介：杨志欣，黑龙江大学俄语语言文学博士（2003—2008 年），导师邓军教授。黑龙江大学俄语学院副教授。主要研究方向：篇章语言学、语言文化学、俄语教学法。

怀念恩师

黑龙江大学　靳铭吉

1. 初闻华老师

1996 年，我读大三，每周的课时总数为 33 节，之前学长没有学习过的词法学、句法学、词汇学、语音学、动词体学，都在我们这届的课程表上悉数登场。句法学的课是李洪儒老师开设的。当时没有教材，所有句法学理论知识的传授都靠课堂上老师讲述、学生拼命记笔记而完成。

李老师讲课之余，总会给我们讲些有趣的事，其中我记忆最深的就是"背篓教授"的片段。话说三年困难时期，某次华老师应邀去四川某地开会，会后主办方赠送与会教授们柑橘。当年柑橘在东北乃稀有之物。为了把柑橘完好无缺地背回家，华老师买了当地的竹背篓来盛放它们。临登上火车时，华老师竟被误认为农民。由此，华老师被同人们戏称为"背篓教授"。我在李老师讲述的过程中，自己脑补了一个个头不高、身形不胖、衣着朴素、背着长三角竹篓，却散发着教授气质的老人（1996 年的华老师已经 66 岁），从那一刻起，这便是我想象中华老师的样子。

2. 初见华老师

1997 年 5 月，已经确悉考取了黑大研究生的我，开始为未来的学习做准备，第一件事就是去听硕士和博士学位论文答辩。那时的答辩通知都贴在黑大主楼四楼俄语系的走廊墙壁上，答辩地点就在系里当时的会议室。我平生听的第一个答辩是一位叫赖天荣的学长的博士学位论文答辩，记得他是张会森老师的学生。答辩委员会由五人组成，我在专家的台签中看到了华老师的名字。那应该是我第一次见到恩师。

华老师穿着一件不起眼的、朴素的灰色外套，头发有一点点灰白，脸型偏瘦，眼睛炯炯有神。让我印象最为深刻的就是华老师讲话的声音：稳定、清晰、中气十足、穿透力强。后来很多同学在谈到华老师讲课时，都会不由自主地使用"声如洪钟"来形容他的声音，我也深以为然，并想补充两个词："掷地有声"和"充满自信"。在我看来，华老师的声音会产生一种力量，吸引答辩人或学生去关注他提出的问题或观点。而就在那一瞬间，华老师很自然地完成了对学生的指引与点化。后来我多次旁听硕士或博士答辩，发现华老师总是能抓住主要矛盾，并且针对相关问题进行思考，为学生后期修改论文提供更加可行的方案，帮助学生更好地完善自己的论文，或者在未来的科研中形成更加成熟的思维体系。所以，华老师出席的答辩会，答辩人和现场的每一个人都会受益匪浅。

3. 听华老师的课

1997—2003 年，我在黑龙江大学俄语学院攻读硕士和博士学位。当时为我们开课的老师，可以说是黑大俄语语言学教学史上的最强师资，真正的天团。逻辑学由李锡胤先生讲授，句法学和普通语言学由华劭先生讲授，词法学由张会森先生讲授，语用学由张家骅先生讲授，词汇学和语言学史由郑述谱先生讲授，俄语实践课由林宝煊先生讲授。现在想来，我们何其有幸，在自己刚刚踏上科研之路时就幸得以上中国俄语学界大师级的先生接引入门，扶我们上马，且送我们一程又一程！在此我要向所有先生致敬！

给我们这届博士讲普通语言学时，华老师已是古稀之年。他的句法学课是三节连上的，他一如既往地一直站着讲课，即便课间也很少坐下。华老师从不缺课，甚至从未因各种原因串过课。我总是能够看到他能量满满地出现在课堂上，而且声音总是特别洪亮："петух 的特点红冠、彩羽、脚上有距""黑龙江的一个地名昂昂溪，方言发音为昂 昂 溪""顶好……""左牵黄，右擎苍，锦帽貂裘，千骑卷平冈"……我至今仍清晰地记得华老师说这些词句时的语音、语调和表情，也记得他讲课期间，会掏出小手绢擦擦鼻子上的汗珠。华老师虽然一站就是三节课，但可能是因为倾情投入、全神贯注，似乎并不疲惫。每次下课后我送他回家时，他还会跟我聊课程中的相关问题。我发现，他讲课时具有一种震慑力，这种力量不仅能将他讲授的内容毫不发散地送入学生的耳里，且能直达记忆深处，给人留下深刻的印象。多年以后，当我踏着华老师的足印站在句法学的讲台时，才懂得达到华老师那种讲课境界何其之难，那不仅需要对所授内容的了然于胸，更需要有清晰的逻辑、准确的表达，更难能可贵的是对学生的用心和对讲台的敬畏。我认为，好老师要用心了解学生的知识水平，琢磨他们可能遇到的理解障碍，在课堂上随时观察学生对所听内容的反应，而不是一味自言自语。作为老师，每一次站在讲台上都应有敬畏知识、敬畏责任之心，努力做到学为人师、行为世范。华老师做到了，课堂上的他像太阳一样熠熠生辉，照耀着每一位学子之心。他从不敷衍、从不苟且的授课态度深深地影响着我们，他让我们看到了教师应有的精神和风范。

4. 华老师评阅学位论文

我们读研究生时，论文的文献综述部分都是靠阅读纸质版期刊或者专著来撰写的，搜集例句需要一页一页查阅相关作品，没有现在知网、电子书、语料库这样便捷的条件。我们甚至没有看过学长们的开题报告和答辩论文，没有现在这种上下届学生的传承（我想了半天，实在不记得我上届的同门学长是谁，导师们好像也不是年年都有研究生要带）。那时的我是真正意义上的学术小白，我的硕士论文在开题时就暴露了很多问题。记得选题来源我只添写了三个字：感兴趣。开题当天，华老师对我的这种写法提出了质疑，当时无知的我内心还有些不服气，心想："我的确就是因为感兴趣才选的这个题啊，难道不对吗？"华老师无论在开题报告，还是在答辩会上都对学生非常尊重。即便学生论文中存在较多的问题，或者回答问题不当，他也从不穷追猛打，只是把发现的比较明显的问题提出来引发你的思考，言语中没有任何不赞成或者不满的语气。尽自己最大努力帮助学生完善论文，这是华老师的行为给的启示，也是自己经历多年开题或答辩之后才意识到的，且至今仍在不断纠正完善答辩初心。我的博士论文华老师看了整整四天，这是他在我答辩完毕之后告诉我的。我相信被华老师看上 4~5 天的博士论文绝对不止我一本。但当时的我还不清楚一篇博士论文需要看多久。现在，当我自己开始看别人的博士论文时，我的内心再次涌起对华老师的崇敬。对于学生和学术，他是如此尽心尽力、认真负责。虽然华老师知道自己的建议并不会被全盘采纳，但他仍然在认真阅读后立足论文，提出有价值的意见。华老师用心对待学生的每一次答辩，坚守着为人师和做学问的真诚之心。这样的德风与学风值得我们永远铭记和传承！

5. 蜡炬成灰，无怨无悔，为他人做嫁衣裳

　　与许多著作等身的学者相比，华老师走完 91 岁的人生，留下来的著述可能还不及其腰：一部《语言经纬》、一部《俄语语法》、两本个人文集《华劭论文选》《华劭集》、一部《现代俄语语法新编》和十余篇学术论文。他也没有拿下什么特别高级的项目和奖项。有同人曾不无感慨地说："如果按照现在的职称评定方式，华老师可能是评不上教授的。距离完成薪酬考核可能也有一定的差距。"不知华老师听到这番话会做何反响？我猜，他会笑一笑，对希望晋职称的年轻教师表示理解和同情。我想华老师当年出版这些书和发表学术论文的时候，绝不是赶在评职称前或者为了某一项目的结题。他的每一项学术成果都是为了有助于教学和科研，经过深思熟虑、长期积淀、反复打磨后才公开出版或发表的。在《语言经纬》的封底上，我们可以看到"著名学者华劭先生集五十余年教学和科研成果之大成"这样的表述，这绝不是浮夸之词。华老师给我们讲的"普通语言学"就是《语言经纬》的手稿。华老师在做学问之事上从不汲汲营营，在他身上有着当今"做学问之人"稀缺的学术定力和学术精神。

　　华老师把自己的很多时间和学术思想留给了学生。记得 2008 年我去北外做博士后研究时，华老师找到我，让我把一个档案袋转交给他的博士后——当时在首都师范大学任教的蔡晖学姐。在转交这份材料时，我从蔡晖学姐那里得知这是华老师在阅读她的科研成果后给出的意见和建议。我记得那个档案袋很沉，以华老师严谨的学术态度，为了给学生提出有价值的建议和意见，华老师一定研读了不少文献，下了很大的功夫。我记得，像这样经我手转交给蔡晖学姐的材料不止一次。有导师如此，我为蔡晖学姐感到幸福，同时内心又多了一分对华老师的了解与了解之后的敬重，也就更愿意去当他们师徒之间的"邮递

员"以及后来的"打字员"和"通信兵"。

记不清楚是哪一年了，华老师找到我，请我帮忙把自己写成的手稿敲进电脑并以电子邮件的方式发给他远在德国的学生蒋国辉。我曾听华老师多次提起蒋国辉这个名字，他是华老师带的第一个博士。每次提起他，华老师的言语中总是流露出欣赏和满意的表情，同时也有一些遗憾，因为蒋国辉学长后来去了德国，没有继续从事语言学研究。这一次华老师找到我，脸上带着微笑，他说蒋国辉学长仍旧保持着对语言学的热爱，工作之余写了一本语言学方面的书，在出版之前希望华老师多提意见。华老师花了很多时间认真阅读了蒋学长的书稿，写下了足足十八页的读后感和建议。看着华老师那张高兴的笑脸和手中这份沉甸甸的材料，我爽快地答应了做他的"打字员"和"通信兵"。今天，在华老师离开我们后的日子里，看着我保留下来的这份材料的复印件，读着华老师认认真真写下的每一个汉字和每一个俄文字母，我的内心涌起的是更多的温暖、亲切和深深的思念，它们记录了华老师对学生无私奉献的赤诚之心。刚刚，接到吕和新老师的微信："从北京回哈了，住老窝踏实。"我忽地想起吕老师多年前对华老师的一句评价："为他人做嫁衣裳。"这是 20 多年前的评价，那时的我虽理解这句话的意义，但却不了解这句话背后的故事。而此时，我想，每一个了解华老师的人想必都能给出诠释这句话的不同故事，而每个故事中都能看到华老师红烛般燃烧自己、照亮他人的赤诚之心。

6. 扶植晚辈，倾囊相授

2017 年，我接到新的研究生教学任务，讲授华老师编著的《俄语语法》（俄罗斯科学院 1980 年语法的简编本）句法学部分。一想到这门课当年是华老师讲的，我就有种战战兢兢的感觉，因为我知道《俄语语法》的句法学部分难度较大。对于只听过华老师讲过一遍句法学、2000 年备考博士看过一遍句法学的我而言，很难有自信讲好这门课。但当时我别无选择，只好硬着头皮答应下来。我拿出时间认真备课后发现了很多问题，于是想到登门求教华老师。那一年华老师已经 87 岁，因为腿脚力量不足，只是偶尔下楼散散步，所以给华老师打电话之前我很犹豫，想到解答问题是一件很辛苦的事，怕华老师身体吃不消。于是我先打个电话了解一下他老人家的状态，然后再决定是否向他请教。电话接通后，华老师知道是我打来电话特别高兴。我听到话筒那边传来的声音依旧那么清晰有力，言谈中流露出喜悦。当我告诉他我要讲 80 年语法的句法学后，他更加兴奋，问我是否有什么问题，希望能与我交流。我高兴得不得了，说出了自己的请求，华老师毫不犹豫地跟我约定了时间，希望我们见面后能够充分交流。

2017 年 5 月 25 号下午两点我如约而至，华老师已经准备好他当年的讲义和其他一些资料。为了不影响傅姨休息，华老师在自家厨房开始了对我的教学辅导。我想到或没想到的问题，华老师都为我一一讲述。他的声音依然那么洪亮，逻辑依然那么清晰，例证依然信手拈来，课程的重点难点他均为我一一指示，并告诫我一定从学生的接受能力方面着手，不可自说自话，否则教学效果不会十分理想。我一边听一边记，因为特别珍惜华老师的这次一对一授课，所以我听课的同时也录了音，现在这个录音成了华老师留给我的最宝贵的财富。我们都专注于课程内容，专注于各种问题的提出与解答，完全忘记了时间的流逝。华老师不知疲倦地为我讲解着，他的眼中放着光，话语中流露着期许……两个小时在不知不觉中过去了。当我回过神来，内心充满了愧疚，我怎么这么不知体谅，让华老师如此辛苦。我急忙告知华老师我们已经聊了两个小时，并连连向他表示抱歉，华老师却一脸高兴地说："是吗，两个小时了？这么快吗？那我们下次再聊！没事没事，你能来我挺高兴的。"我一再表示感谢，怀着歉意从华老师家出来，华老师送我到门口，嘱咐我有问题随时打电话或来家里交流。从华老师家里出来，我的内心是满满的温暖与感动。华老师已 87 岁高龄，却全然不顾自己的身体，依然心系学术，不忘扶植晚辈后学，关心学生的学习效果，全情地把自己的所知所学无私地传授给下一代。那一刻我暗暗告诫自己，虽然我没有华老师那样的才华和学识，但我希望自己可以像华老师那样为人为师。

7. 最后的长谈

2020 年 7 月 16 日是我和华老师此生最后一次长谈。

听闻华老师摔了一跤，伤到了骨头，我前去家中探望他。他安静地躺在客厅的床上。我走向华老师，看到他整个人瘦了很多，眼窝略有凹陷，但目光仍旧坚定有神。我心里一沉，鼻子开始发酸，但忍住了眼泪，不想让华老师看到我心疼他难过的样子。我努力让自己的声音听起来很轻松，说道："华老师，我来看您了，我是铭吉，您好些了吗？"华老师微笑地看着我，看得出来他很高兴。他没有回答我的问题，而是关切地询问我父亲的病情，在了解到我父亲每周需要透析三次后，他问我钱是否够用，告诉我不够用的话，他有钱，可以帮助我。我的心头一热，想到华老师自己还躺在床上，可心里还惦记着另外一位与他未曾谋面的老人，眼泪又差点儿掉下来。于是我赶快把话题引开，询问华老师的情况。他向我讲述了自己两个月前摔倒的情景以及那段时间去医院的艰难经历，我的心疼了又疼，不忍听到他和他的家人在疫情尚未转好的情况下在医院经历的种种不易。华老师在平静地讲述完这一切后，似乎是代表着他们这代老人，真诚地感谢自己的儿子、儿媳，感谢我对自己父亲的照顾，说我们都是孝顺的孩子，夸奖我们用心，并指着他的床告诉我说这是儿子儿媳特意买来的类似医院的可升降的床，床上铺着高级的气垫，以防他久卧床榻之后起褥疮。我看着他讲到此处时眼里泛着光，从他眼神中我看到老年人在得到儿女孝养之后内心的欣慰与满足。

说到这里，华老师的话锋突然一转，表情很凄苦地对我说："我也没教你们啥本事，如果教你们半导体、人工智能，你们的日子还能过得好些！"说到此处他忍不住落下泪来，我于是再也控制不住自己，泪流满面……我一边安慰华老师，一边抚摸着他的胳膊，让他尽量平静下来。他努力地调整了自己的情绪，继续说道："我们这茬人算是完了！今天你来，正好跟你谈谈学术问题。虽说觉得没用，但干了一辈子了，割舍不下。"于是我找来笔和本，华老师估计是怕我记不全，问我能不能录音，我说可以，华老师于是放心地讲起来。

他告诉我说语言学前后经历了三个阶段，并讲述了每个阶段的特点，最后着重说明第三个阶段的研究趋势以及未来我们重点要做的几个重要问题（具体内容我将另撰文详述）。他讲了足足有 20 分钟，思路依旧清晰，例证依旧脱口而出。我边听边记，同时观察着华老师的状态，他一点都没有疲态，就仿佛当年站在讲台上那般。

讲完了上述重点，华老师还是意犹未尽，话题在不知不觉中转移到了他的大家庭。他向我讲述了自己父亲和兄弟姐妹，也谈了自己如何来到哈尔滨，投身俄语学习……过去的事情华老师记得那么清晰，讲得那么投入，他的情绪随着所讲事件起起伏伏，我的眼前随之想象出一幕又一幕，我努力体会着他在所有经历中的情感，希望自己能理解这位耄耋老人此刻的心情。最后他又聊到自己的几个孩子，嘱咐我对孩子不要有过高的要求，提醒我健康的身体和健全的人格才是孩子最大的财富……当时我特别想和他合影，但华老师躺着，实在是不方便。他右手扶着头，眼睛看着我，于是我为华老师留下了这个瞬间的照片。

8. 最后的告别

2020年11月4日，星期三，下午两点多，我正在透析中心陪爸爸透析，忽然接到孙淑芳老师的电话，说华老师这几天不太好，想约我一起去看华老师。得知我在陪爸爸透析，孙老师约我周四上午去。不知怎的，放下电话，我隐隐有一种不安的感觉，于是又打电话给孙老师提议马上就去。

我急匆匆赶到华老师所在的医院，看到病床上的他吸着氧气，脸色发白，比我上次见到他时更瘦了。他虽然有意识，但已经不再说话。我们走过去，围在他的床边轻声问候他，希望他知道我们来看他了。华老师的儿子和外孙跟我们介绍了华老师的病情，10月份查出胃癌，情况不太乐观。

那一晚我的心情好复杂，想起与华老师交往的很多个瞬间，想起他讲课时神采飞扬的样子，他的眼神，他的表情，他的动作，他时不时掏出来的小手绢……想到他摔倒的那一刻，想到他躺在床上的心情，上次去看他，他还担心躺太久肌肉会萎缩，希望三个月后可以下地溜达，他那时的声音还很洪亮，三个小时的交流气息还很足……我怎么就没多去看他几次，陪他聊聊天，我答应他会再去看他，怎知再见时竟已无法与他聊天。

11月5日一大早我就与华老师的外孙小俞老师微信，询问华老师的情况，当时小俞老师说华老师还好。我想着早一点儿过去再看看华老师。早上八点多我来到医院，还没进病房，迎面遇到了小俞老师，他低沉着声音告诉我："姥爷走了！"我感到头皮发麻，整个人懵了……走进病房，我跪下去给华老师磕了三个头，站起身来泪流满面。我看到，华老师安详地躺在床上，表情一如平常，嘴没有完全合拢，仿佛还有话没有说完。我无比崇敬的华老师走了，我多么希望今早来能和他再说说话啊！我特别想放声大哭，但我不可以，我提醒自己要用最庄重的方式送别华老师，让他安心上路。我和华老师的家人一起为华老师擦拭身体，穿好衣服，直到殡仪馆的车把他接走。

我的心情是灰色的，但想到当天下午我有博士生的语法学课，我努力地调整好自己。开课前我带着同学们一起面朝黑板，向华老师三鞠躬致敬，感谢华老师为俄语事业献出毕生的心血。因为之前的课程中我们多次讲到俄语学界几位老先生的故事，此刻整个教室庄严肃穆，学生们对华老师满怀恭敬与思念。

11月6日晚，我和吴丽坤老师相约去西华苑看华老师最后一眼。华老师安静地躺在鲜花围绕的棺木里，两个大大的耳垂映衬着他慈祥安定的表情。他真的就像睡了一样，没有了病苦，没有了烦忧。我们向他鞠躬叩首，为他燃起一炷香，陪伴他在这世上的最后一段时光。明天华老师就要驾鹤仙游了，回到他的快乐老家，回到爸爸妈妈身旁！我们敬爱的华老师，衷心祝福您老人家在彼岸世界一切安好！衷心感恩您老人家为我们所做的一切！您来过我们的生命中，您照亮了我们的世界！敬爱的华老师，我们永远永远怀念您！

作者简介：靳铭吉，黑龙江大学俄语语言文学博士（2000—2003年），导师张家骅教授。教育部人文社会科学重点研究基地黑龙江大学俄罗斯语言文学与文化研究中心研究员、博士生导师。主要研究方向：语言文化比较研究。

前人栽树　后人乘凉

——追忆敬爱的华劭教授

黑龙江大学　张春新

　　作为一名俄语工作者，案头总是少不了几本常常翻阅的书籍，它们就像默默无言的老师，时时刻刻为你答疑解惑。我的书桌上，就有这样的几本书，其中一本蓝色封皮、32开本的《俄语语法》，已经陪伴了我20多年的时间，伴我度过了本、硕、博阶段的学习和教学、科研工作的各个阶段。因为经常查阅厚厚的书册，页边角都已经有了很多磨损。我敬爱的华劭老师就是这本书的作者之一，在硕士、博士阶段都给我们亲自上过课，还参加了我的博士学位论文答辩。

　　我于1993年考入黑龙江大学，在本科就读期间，虽然没有机会听到先生讲课，但他的名字却早已如雷贯耳。给我们上课的老师们常常满怀自豪骄傲，又无比尊敬地提起我们黑大俄语系包括华劭老师在内的几位大名鼎鼎、蜚声国内外的学者，因此，对先生的景仰之情从很早之前就已经深深地烙印在我的心底。幸运的是，在硕士研究生期间，先生给我们讲授了"句法学"这门课程，这是俄语语言学专业研究生最为重要的必修课之一。当时使用的教材就是先生与信德麟、张会森共同编写的《俄语语法》，这本书是苏联科学院1980年出版的《俄语语法》精选压缩版。虽然我们从本科阶段起就一直在不间断地学习语法，但那只是较为浅显的实践语法，与艰深的语法理论相比，简直是小巫见大巫。先生这位语法学大家能亲自授课讲解，对我们这些刚刚考上研究生，对语言学理论知之甚少的小白来说，不啻是天大的福音。在博士阶段，先生又给我们上了"普通语言学"这门课，系统地讲解了语言学研究史、语言学理论、语言学研究方法等。一个学期结束，布置课程考试作业时，先生鼓励我们结合自己的研究方向，运用所学的普通语言学知识写一篇结业论文，我于是选取了聚合关系与组合关系为切入点，结合自己的词典学方向写了一篇小论文，先生鼓励地给我打了"优"，这对我来说是莫大的鼓舞与激励。这篇小文章里的内容以及先生讲述的其他很多相关的语言学知识，后来都被我用到了自己的博士学位论文之中。

先生的课堂，总是充实又紧张。我们当时基本上都是连上三到四个小时的课，先生从不坐着讲课，因为要不停地写板书。他的板书极其工整，从不潦草敷衍，写满了一黑板，就手持板擦，干净利落潇洒擦去，再写新的内容，也不计较自己吃了多少粉笔灰。他的声音非常洪亮，语速稍稍有点儿快，充满活力和激情，常常讲得满头大汗，然后从衣兜里掏出一条手帕，毫不在意地胡乱擦几下。他常常讲解到忘我的地步，总是忘了课间休息，三四个小时一刻不停歇地讲下来。这种讲课强度一般年轻人都受不了，但是他却从来没有过疲倦的神色，似乎讲课对他来说就是一种享受，他迫切想要将自己头脑里的知识倾囊传授给自己的学生。当我们提出问题的时候，他会微微侧过头，极其认真地倾听，然后给出翔实的解答。虽然理论很艰涩抽象，但他总是能用浅显易懂的语言和丰富恰当的例子帮我们理解并吃透所学的内容。

在先生的课堂上，我们不仅学到了书本上的知识，还学到了科学研究的方法，更重要的是，学到了要成为一名优秀的教师，应该怎样精心准备课程，怎样有效组织课堂，怎样与学生进行积极的交流与互动，怎样调动学生学习的主观能动性，这些都令我们终身受益。在后来我自己成为老师之后，我也给硕士研究生讲过《俄语语法》这门课程，我由衷地感激当年先生在黑板上写下的满满当当的板书，庆幸当年听讲的时候，我非常认真地记了厚厚一大本笔记，这让我在给学生讲课的时候，有了重要的参考。能够将先生传授给我的知识继续传授给我的学生，我感到非常荣幸与自豪，因为这是一种传承，受益的不仅仅是我们这些有幸接受过他亲自教导的学生，还有一批又一批俄语事业的继承者。

　　先生让人敬仰的不仅仅是他渊博的学识，还有他高尚的人格。他是我国俄语界当之无愧的"大咖"，在学术上达到了常人难以企及的高度，曾荣获普希金奖章，是"中国俄语教育终身成就奖"得主，享受国务院政府特殊津贴，也是我国俄语学科最早的博士生导师、国家级重点学科带头人，还担任黑龙江省政协常委，可他似乎从来没有感觉到自己头上有如此耀眼夺目的"光环"，为人极其谦虚、低调，淡泊名利，对待年轻学者和学生和蔼可亲，无论什么时候见到他，他总是笑呵呵地和我们打招呼，关心我们的成长，鼓励我们踏踏实实地做好科研工作。他从来不以自己学术大家的身份，对我们提出的想法横加批评，哪怕我们的观点不是很成熟或者与他的想法相左，他也会以商讨的态度提出建设性的意见或建议，每当这时，他都会用一句他所独有的华氏口头禅"顶好……"来引出自己的看法。我们那一批毕业的博士研究生，很多人的学位论文答辩他都曾参加，每一本论文他都仔仔细细地阅读，不放过任何细节。我清楚地记得自己答辩的时候，先生认为我论文中提到的"词典效率"这一概念与他理解的不同，在我进行了解释之后，他当场肯定了我的想法，给了我极大的信心和支持。现在距我博士毕业已经过去了近二十年，然而这些点点滴滴的小事，如今回忆起来，一幕幕如走马灯一样在脑海中闪回，似乎就发生在昨天。

　　当我一边信马由缰在回忆里漫步，一边放任思绪纷纷乱乱写下这段文字的时候，先生的音容笑貌又清晰地浮现在我的眼前，他个子不高，鼻梁上架着一副眼镜，跟人说话的时候，总是笑眯眯的，神情有些可爱的"萌"，让人如沐春风。如今，先生仙去已有大半年的时间，天人永隔。每每思及，都令人悲痛难抑！当年能如此近距离地亲耳聆听这位德高望重、泰山北斗级学者的教诲，于我而言是多么大的幸运啊！

　　学为人师，行为世范，这是中国知识分子人格修养的标准和精神追求。敬爱的华劭教授以自己一生的治学修身，为这句话做了最贴切的注解。先生以其单薄羸弱之躯，用一生的钻研与进取，撑起了国内俄语语言学研究的一方广阔天地。正因为有了先生以及他们那一代学人坚持不懈的努力，有了他们为俄语事业打下的牢固基础，后辈们才能站在这些巨人的肩膀上不断前行，这就是所谓的"前人栽树，后人乘凉"吧！

作者简介： 张春新，黑龙江大学俄语语言文学博士（2000—2003 年），导师郑述谱教授。教育部人文社会科学重点研究基地黑龙江大学俄罗斯语言文学与文化研究中心副研究员、硕士生导师。主要研究方向：词典学。

走近华劭老师

黑龙江大学　关秀娟

虽然华老师离开我们至今已有半年,但我对华老师的怀念却丝毫没有减退。回想起来,由初闻到有幸结识的过程仍历历在目,记忆犹新。

久闻华老师

"80 语法"(苏联科学院 1980 年出版的《俄语语法》的简称)在俄语学界可以说是无人不知,无人不晓。但不是所有人都知道,这本书的中文版不是全译,而是编译作品。更不是所有人都了解这本书的编者是何人。而我正是通过这本书初闻华劭老师的。那还是 20 世纪 90 年代读本科的时候,我买了一本厚重的俄语语法书,封皮上写着"信德麟　张会森　华劭　编"。我对其中最后那位作者的名字产生了好奇心,因为对"劭"的读音和字义还很生疏。于是我查阅字典,特别记住了这个有点特别的字的读音为"shào",含义是"劝勉""美好"。然而对于当时的我来说,这些大学者只是遥不可及的名字而已,自己与黑大尚无交集,只有黑大出身的谢云才和张杰老师经常讲些华老师的学术故事。从这两位黑大毕业生的讲述中,我对华劭老师产生了浓厚的兴趣,幻想有朝一日能一睹先生尊容。

偶见华老师

2002 年硕士研究生毕业后,我有幸到黑龙江大学工作,来到了梦寐以求的地方——"俄语人才培养的摇篮""中国俄语圣地"。黑大俄语系的教育体系完善，本硕博一条龙培养。李锡胤、张会森、华劭等学术泰斗当时仍经常出席各种学术活动。华先生的身影我终于得见，在学术会议上、在答辩会上、在讲台上……虽然有时听不太懂先生的学问，但愿意聆听先生洪亮的声音、深入的点评、点睛的建议。每次先生的发言都很精当，言简意赅，用词考究，启发性强，让我受益匪浅，不仅拓展了学术视野，而且启发了研究方法。答辩会上华老师的名字经常被一些答辩委员强调，总会有学生因误把"劭"字写为"邵"而鞠躬道歉。

细听华老师

2010年攻读博士期间，有幸听到了华劭老师的"俄语语法"课程，上了整整一个学期。当时，俄语学院为珍惜优秀的教师资源，特意邀请李锡胤、华劭等大师为博士生上课，让我们赶上了华先生最后的课堂讲解，真是弥足珍贵，让人喜出望外！很多其他年级和专业的硕士生和博士生都慕名而来蹭课，教室挤得水泄不通，甚至每次都有同学要自己从隔壁教室借椅子过来。

先生讲授的正是其代表作之一"80语法"的句法部分。此书既为编译，就是带有先生自己思路的研究成果，明显是嚼碎、消化吸收后形成的新思路、新思想。此书译文流畅、内容凝练、利于理解，堪称学术翻译的典范。书中例子丰富多样，内容涉及诸多领域，译起来并不容易。但先生的译文却是句句精准。先生讲课深入浅出，逻辑非常清晰，又会时刻根据学生的反应微调内容，每个学生都听得明明白白，笔记记得满满当当。借上课之便，我偶尔也向先生请教翻译的奥义，其中的点滴思想和经典例子日后便成为我教学实践和学术研究的丰富营养。

先生讲课声音洪亮给大家留下了深刻的印象。这也正是黑大俄语教师热情洋溢的传统教学风格的传承。80多岁的先生一讲就是一上午，特别投入，不觉疲倦，有时兴奋起来中间还忘记下课。这一点充分体现先生对三尺讲台之爱，对学生之爱，对学术之爱。

亲访华老师

由于身体原因，2010 年以后先生便很少参加学术活动，我见到先生的机会也少了。后来我家搬到华老师所住的小区，才又时常看到他。华老师经常挽着老伴儿在小区广场散步，去小食店购物。二老手牵手相依相伴、平凡朴素的样子着实是一道羡人的风景线。

2020 年疫情来袭，大家都被迫待在家中。4 月的一天，学院得知华老师入院、出院的消息，前去看望，我也跟随前往。这时先生已经躺在床上，无法坐起，但声音依旧洪亮，思路依然清晰。据先生讲，他摔倒过两次，脊柱骨折了，由于怕麻烦亲友，加之疫情不便，没有及时就医。此次入院本来已签手术同意书，但由于年岁大、身体弱，医生最终还是建议回家静养。谈话中先生一直惦记着老同志的身体健康和学院的发展情况。

9 月 10 日教师节，学院又来拜访先生。先生有些消瘦，但精神状态依然很好。先生逐一问询老先生们的情况，对学院的事情也是关心备至。

10 月的一天，学院突然接到华老师病情加重的消息。学院再次前去探望。这次却没能听到先生的声音，甚至没有看到先生的脸庞（似乎有意用胳膊捂住了），真是遗憾！可能先生很难受，不想让人看见自己的憔悴。

11 月 4 日，得知先生病危的消息，我赶紧联系所知的先生的几个学生，告知先生的危急情况，建议他们抓紧时间探望。正是那一天，李洪儒、孙淑芳、吴丽坤、靳铭吉等老师得以长时间陪伴华老师，据说当时先生状态比较平稳。现在想来也可能是最后的回光返照。

11 月 5 日，课堂上手机突然振动不停，本想按惯例不去接听。突然想起先生病重的情况，于是跟同学说声抱歉赶紧查看手机，最近的未接来电是靳铭吉老师打来的，一种凝重的感觉压上心头。再查微信，看到了华老师去世的消息。我心里为之一颤，缓了缓神，闪过一个念头，该给学生们讲讲老先生的故事，说一说老一辈教师的家国情怀，介绍一下黑大的老传统，点一点黑大精神！于是我暂停授课，哽咽着告知大家先生离世的消息，又用了大约五分钟的时间简单讲述了先生的学术贡献和高尚精神，同学们听得很入神，表情凝重，感动至深，有些同学眼泪在眼中打转。上午九点半学院前往华老师家中拜谒，床还在，人已驾鹤西去，先生走得好急啊！但令人欣慰的是，他没有遭受太长时间的苦痛!

哀思如潮!我计划中对先生的访谈还没有做,先生的故事,先生生命中俄语的故事、黑大的故事,没能听到他亲口讲述。

其后这半年,作为《华劭先生纪念文集》的工作人员,我在组织、整理稿件的过程中,感受到来自全国各地学者们对先生深深的思念,引发了心底的共鸣,更被先生的学术影响力、学术凝聚力、学术亲和力所震撼,大家自觉自愿地站到了一起,用感激、尊崇、怀念、哀思向先生致敬。

作者简介:关秀娟,黑龙江大学俄语语言文学博士(2009—2012年),导师黄忠廉教授。黑龙江大学俄语学院教授,博士生导师。主要研究方向:翻译学、外语教育。

华劭先生二三事

黑龙江大学　刘柏威

"半亩方塘一鉴开，天光云影共徘徊。"在儒家看来，人生活在纷繁复杂的世界中，要面对种种诱惑与干扰，而君子的道德修养就是要不被外界所惑，清晰明了地把握生命的方向，也就是孔子所说的"知者不惑"。而这种境界就仿佛一面明镜，它能够照见人间的各种事物，却不落一丝一毫的灰尘。而这也正是华劭先生一生淡泊名利、勤奋治学、以身垂范、嘉惠学林的真实写照。

1. 华劭先生：黑龙江省教学名师

2000 年，我考上黑龙江大学俄语系硕士研究生。那时候只是久闻华劭先生之名，却并未有机缘交流。有一天，我路过主楼门前，恰巧碰到宣传部正在组织黑龙江省教学名师照相。只见华劭先生穿着白灰相间的竖条 T 恤，深灰色的裤子，戴着眼镜，花白的头发，手里捧着一束鲜花。一边调整姿势，一边谦逊地说："其实也没做什么，学校的仪式这么隆重。"脸上流露出不好意思的表情。

"问渠那得清如许，为有源头活水来。"我想一个人要有澄明脱俗的心灵，就必须认真读书学习，时时汲取新知识，达到更高境界。而华劭先生之所以成为名师，其学问与成就也应与其长期的学习积累有关。这也应该是先生活跃的思想、开阔的胸襟、兼容并蓄的知识以及独辟蹊径的才思之源泉。

2. 华劭先生与《语言经纬》

《语言经纬》（商务印书馆，2003 年）这本书，是先生在多年教学实践的讲课稿基础上撰写的。他说："受工作性质和知识水平限制，难于广泛论述各家学说，只能以语言研究和言语研究为经纬，把语言学研究的一些重要问题编织在一起，不敢奢望构筑科学体系，只是试图摸索出探讨课题的路数。"

"十年磨一剑，霜刃未曾试。" 自从华劭先生 1951 年于哈尔滨外国语专门学校毕业并在黑大俄语系执教，直至 2001 年《语言经纬》完稿交予商务印书馆，先生从事的俄语教学与研究工作，整整走过了 50 年的艰辛历程。华劭先生自力更生，励精图治，潜心钻研，却总是如此谦虚，坦言对语言学认识不够，有待更深入地研究。《语言经纬》是我国第一部以俄语为材料的普通语言学著作，现已被教育部研究生工作办公室推荐为研究生教学用书。

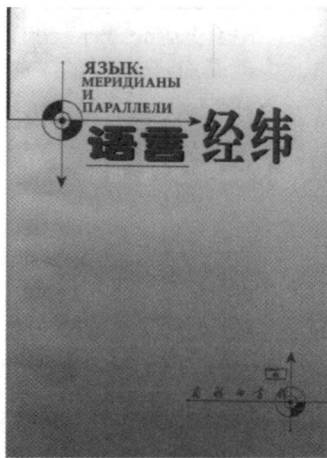

3. 华劭先生与"普通语言学"课程

2003 年我考入黑龙江大学俄语系博士研究生，有幸听到华劭先生的课。他为语言学方向博士生开设"普通语言学"课程，授课内容即是先生的传世经典之作《语言经纬》。华劭先生生于 1930 年，为我们讲授"普通语言学"课程时已经是 73 岁高龄。他总是说："我们这一代人已经尽力了，你们也要努力啊。"

"悠悠征程，薪火相传路。"先生声音洪亮、思路清晰、旁征博引、循循善诱，分析了语言的符号性质、语言符号的系统性、语言单位之间的相互关系、语言发展的规律性和语言的社会属性。并在言语研究的基础上，论述了语言的超符号层次单位、语用学和篇章语言学，澄清了当代语言学中的大量重要概念，阐明了语言的根本属性。先生在从事俄语教学与研究的半个多世纪里，不断开拓进取、辛勤耕耘、潜精研思，其广博的学术思想和丰硕的研究成果陪伴着一代又一代的俄语研究者。

4. 华劭先生病逝

2020 年 11 月 4 日，我在学院每周三的例会上，得知华劭先生病危的消息。震惊之余，第一件想到的事情，就是联系我们 2003 级俄语语言文学的博士研究生同学们，想去探望先生。可没想到的是，第二天就听到了先生去世的消息。

"悲歌可以当泣，远望可以当归。"2020 年 11 月 7 日，华劭先生的遗体告别仪式在哈尔滨西华苑举行。告别厅布置得庄严肃穆，摆满了各个部门、各界人士敬献的花圈，告别厅正前方最高处悬挂横幅"沉痛悼念我国俄语教育事业和语言学先驱华劭教授"。"先驱"道尽了华劭先生一生的功绩和格局，也书写出他坦荡的为人品质与傲岸的身影。横幅下面居中悬挂黑边框的先生遗像。先生躺在鲜花与翠柏之间，是那样安详。91 道年轮，91 道台阶，先生，您辛苦了！

"以梦为马，不负韶华。"我为自己在黑龙江大学求学的十年时光里，遇到了华劭先生和许多像先生一样的恩师而感到幸运；我为自己在黑龙江大学工作的十五年时光里，能够奋斗坚守在华劭先生曾倾洒汗水的岗位而感到光荣。

华劭先生是我国俄语学界前辈学者的杰出代表，是俄语教育界的宝贵财富，其学养、成就和品德高山仰止，堪称学界楷模。我们俄语学界的全体后辈学人定会以他为榜样，学习他的风骨和风范，为人师表，为国家繁荣培养优秀的俄语人才；潜心科研，为国家发展创造优秀的学术成果。在新的历史时期，帮助中国了解俄罗斯，帮助俄罗斯了解中国，发出中国俄语人的最强音。

作者简介：刘柏威，黑龙江大学俄语语言文学博士（2003—2006 年），导师陈国亭教授。黑龙江大学俄语学院教授，硕士生导师。主要研究方向：俄汉语对比、语言哲学、翻译学。

追忆华劭老师

大连外国语大学　王　钢

在我的书柜里，凌乱地摆放着很多书，有一本书最特殊，包上了书皮。一般来说，为了查阅方便，我的藏书很少包书皮。这本书之所以被如此"保护"起来，是因为需要时常翻阅，怕被损坏了。在语言学教学和研究过程中，每当遇到什么问题和困惑，我都会翻开它，到相应的章节读一读，每次我都能得到启示和思路。这本书的书名别人看不见，但早已印记在我的心中，它就是《语言经纬》。每当拿起这本书，就会想到它的作者——我在博士研究生学习期间"普通语言学"课程的授课教师——敬爱的华劭老师。

2010 年 9 月我考入黑龙江大学俄语学院攻读博士学位，成为 2010 级博士研究生中的一员，那年我们语言学方向一共 4 名同学，除了我还有李海斌、秦立东和陈雪。从上届学姐那里得知李锡胤先生、华劭先生还都在给博士生上课，李老师讲 80 年语法，在博二上学期开课，华老师讲普通语言学，在博二下学期开课。能倾听学术大家的教诲是多么幸福、多么令人向往的事情啊！博一上学期很快过去了，正当我们期盼博二早日来临的时候，学院传来消息，由于身体原因，两位先生给 2009 级博士授课结束后不再给下届博士授课。我们得到这个消息后，马上和学院商量，希望在博一下学期的时候能和博二的同学一起听华老师的课，学院同意了，就这样，在遗憾错失了李老师的课后，终于赶上了华老师的课。现在回想起来，我们这届学生多么幸运，得到了聆听华老师讲课的最后机会。在 2011 年 3 月到 7 月这个学期之后，华老师就再也没有给博士开过课。在我们的记忆中，华老师和蔼可亲，同时又是一个严肃、严谨和严格的人。

对待授课，华老师是一个严肃的人。每次上课，华老师总是早早地来到教室。那时黑龙江大学主楼还没有安装电梯，华老师需要从家属区走到学校，再爬4层楼的楼梯，对于一个80多岁的老人，这有多么不容易。我们几个男生提出要接送华老师，却被他谢绝了，他不愿意耽误别人的时间。看到学生到齐后，华老师便开始讲课。平时华老师不怎么说话，一旦开始讲课，仿佛换了一个人，声音洪亮，思维敏捷。两小节课之间本来有几分钟休息时间，可是华老师从来不休息，一讲就是一个半小时。我们怕华老师过于劳累，只能骗他说我们学生想休息，华老师才同意。华老师每次上课都带着几页纸的教案，这是他多年的积累，最后几段崭新的笔迹说明华老师每次上课之前都精心准备，将学界最新的研究成果补充进来。

对待学术，华老师是一个严谨的人。对待任何一个细小的问题，他都极其严谨。《语言经纬》中138页有个俄语单词重音标注错了，华老师会提醒我们改正过来；152页表示"高程度"的词汇函数打印成了MARG，华老师也会提醒我们及时修改为MAGN。给我印象最深的一件事是华老师在一次课上讲解一个例句"Я вам не кухарка у плиты стоять."，当时我突然对这个句子感起兴趣来，怎么想也想不明白，这里为什么用三格 вам，я вам не кухарка 与 я не ваша кухарка 有什么区别呢？课后我向华老师请教了这个问题，华老师并没有因为问题幼稚有任何的不满或嘲笑，他从各个方面详细地讲解了二者的区别，直到我听懂为止。现在我的学生有时也会问起类似句子的区别，我都可以从容对答，就是得益于当时华老师的教诲。

对待学位，华老师是一个严格的人。读博的时候，经常旁听博士学位毕业论文答辩，语言学方向的答辩委员会主席一直由华老师担任。他的评阅意见总是那样中肯，那样客观，那样深刻。达不到毕业的标准，华老师绝不会予以通过。记得华老师给我们讲过一件事情，有一位博士研究生，已经参加工作了，向华老师讲述工作如何如何繁忙，没有时间修改毕业论文，请求华老师的理解，并希望能高抬贵手。华老师说他非常理解，但是能否毕业唯一的标准是论文质量，而不考虑其他因素。如果工作非常繁忙，可以放弃博士学位。可以看得出，华老师在这方面是非常讲原则的人，对学位"注水"现象深恶痛绝，也正是因为有华老师这样严格、正直、有担当、讲原则的人，黑龙江大学俄语学科的博士人才培养才一直保持着较高的质量。

斯人已逝，幽思长存。每当翻开《语言经纬》，华老师的音容笑貌便出现在我的脑海中。华老师说："对年轻的后继者，我们寄予厚望。"我想，缅怀华老师最好的方式，就是继承他的遗志，将他的精神传承下去：对待授课，认真负责，一丝不苟；对待学术，踏踏实实，心存敬畏。

作者简介：王钢，黑龙江大学俄语语言文学博士（2010—2015年），导师孙淑芳教授。大连外国语大学俄语学院副教授，硕士生导师。主要研究方向：俄语语言学。

忆华劭先生

黑龙江大学 信 娜

2020 年 11 月 5 日，我和往常一样，来到办公室，刚打开电脑，就收到办公室薛静老师发来的微信："你知道华老师早上走了吗？""怎么可能？"我有些慌乱地问道。"昨天营养液就输不进去了。"薛老师发回信息说。我不知道如何用语言来形容当时的心情，有些麻木，不知所措，呆望着电脑屏幕，悲伤瞬间涌上心头。

我第一次见到"华劭"这个名字，是在 2002 年。那时我刚读大二，周末逛书店，突然发现一本《俄语语法》，我当时毫不犹豫地决定买下它，原因就在于"信德麟"这个名字。自小学开始，除家族同姓人外，我还从未碰到过姓"信"的同学或老师。没想到，学习俄语后，竟然能碰到同姓之人。买回去之后才发现，刚刚学习俄语一年多的我，根本无法看懂这本《俄语语法》，只好放在一边，但记住了这几个名字：信德麟、张会森、华劭。

转眼到了 2004 年，我报考了黑龙江大学的硕士研究生。成绩公布后，自以为进入复试的可能性较大，便开始准备复试和面试。有一天，杨老师突然喊我去办公室，告诉我教研室收到一个包裹，显示是黑龙江大学寄来的，不知道是不是跟我有关，让我去邮局取一下。我满怀疑惑地取回包裹，拆开一看，是一本书，书名为《语言经纬》，作者为华劭。我突然想起，这不是《俄语语法》的编者之一吗？原来这位老师是黑龙江大学的，等我考上硕士研究生，我估计能见到他，心里着实高兴了一下。这是我第二次见到"华劭"这个名字。

复试后，我如愿以偿地进入了黑龙江大学俄语学院继续深造，攻读硕士学位。起初，陌生的环境让我稍稍有些紧张，但同学的友善和老师的亲切让我很快适应了新生活。渐渐地，我对学习环境熟悉起来，"华劭"这个名字更是常常听老师和学长提及，但仍未有机缘谋面。当时正在攻读博士学位的王晓阳学长告诉我们，每天下午两三点钟，学校联通广场上会有两位长者散步，有时边散步边讨论语言学问题，其中一位是华老师，另一位是李锡胤老师，两位都是俄语界的泰斗，如果碰到难题，可以向他们请教。以后，每次路过联通广场，我都会习惯性地张望，希望能见到两位先生，如果迎面碰上，打声招呼也觉得很幸运。

时间来到了 2008 年，我考入黑龙江大学俄语学院攻读博士学位。何其有幸，学院为我们安排了华老师的两门课："普通语言学"和"俄语语法"。当时已年近 80 岁的华老师，一讲就是三个小时，声如洪钟，学生每次为他准备水，他总是婉拒，说自己备好了。深奥的语言学理论附之丰富的俄语实例，让我们渐渐明白了何为语言学。震撼、崇敬，这也许是所有听过华老师课的学生的共同心声。时至今日，我还时不时地听听当时的录音，在华老师的讲课声中再次深入理解语言学理论。

2010 年 4 月，我如期进行博士学位论文的开题答辩，极其幸运的是，俄语学院的前辈们也参加了答辩，包括华老师。能够当面聆听俄语界大师的教诲，可能是我一生最难忘的经历。时过多年，当时答辩的细节无法一一回忆，但华老师等俄语前辈对我们即将开始撰写的博士学位论文提出的诸多建设性意见，无一不为后来论文的顺利完成发挥着至关重要的作用。永远记得同门王洪明说过的一句话："当你拿到华老师批阅的论文时，你会发现，字里行间会有指甲印，那是华老师一字一句阅读你论文的证据。"每每想起，脑海中总会浮现一位老者，杖朝之年，仍伏案而坐，以手为尺，一寸一寸丈量着眼前的文字，生怕遗漏什么，又或者，思考着该如何完善。遗憾的是，待我博士论文答辩时，华老师已经退休，未能有幸让华老师批阅我的博士论文。

之后，华老师全面退出一切教学活动，与华老师见面的机会越来越少，只是偶尔会在联通广场上看到散步的他。上前打招呼，华老师总是用他洪亮的声音回答"你好"。2012 年，我顺利通过博士论文答辩，留校工作。虽然我与华老师同在一所学校，但极难见面，只是在与同事的闲聊中偶尔会听到华老师的消息。

2013 年，我所在单位主任孙淑芳教授邀请华老师做客语言·文学·文化讲坛，华老师仍保持良好的精神状态，在两个小时的讲座中，华老师以自己的专著《语言经纬》为切入点，从语义、语法、语用三个角度分析现代语言学中的一些问题，如语言与言语的关系、组合关系和聚合关系，以及语用学中的交际主体人的因素等。看着精神矍铄的华老师，也许当时听讲座的老师和同学都与我一样，心里很高兴，也很欣慰，同时期盼，能再有机会多听几次华老师的讲座该有多好！

没想到，这是最后一次见到华老师。时光匆匆飞逝，每每碰到难懂的语言学理论，我就会想起华老师，想起华老师上课的情形。有时和同事聊天，偶尔提及华老师，总是听说华老师挺好的，老当益壮。直至 2020 年 10 月，偶然的一次机会，我和华老师的外孙俞抱宽一起参加评卷工作，间隙问起了华老师的身体状况，本以为还是与以往一样得到的回答是"华老师挺好的"，可万万没想到，华老师病了，而且很严重。我心里很难过，想着有时间约同事去看看他老人家。

没想到，没过几天，收到了华老师病逝的消息。他走得如此突然，犹如晴天霹雳，我恍惚间觉得不是真的。直到送别华老师时，我才强迫自己相信，华老师走了。

人已到中年，面对生老病死，早已接受，但对于死亡，为了躲避恐惧，我总是自我暗示，他们去了一个很遥远的地方，我只是看不到他们而已，无论是亲人，还是老师。也许这样，伤心能少一些。其实自己何尝不明白，这是自欺欺人而已。

华老师走了，为学生奉献了一生，累了，终于可以在天堂安息了。唯有恩师当年的谆谆教诲仍留在每个学生心中。现在，我也是一名俄语工作者，正在俄语的世界里孜孜以求。在华老师等老一辈学者的精神指导下，我会努力探索，将毕生所知教给学生。

谨以此文纪念远在天堂的华劭先生。

作者简介：信娜，黑龙江大学俄语语言文学博士（2008—2012），导师为黄忠廉教授。黑龙江大学俄罗斯语言文学与文化研究中心副研究员，硕士生导师。主要研究方向：翻译学、术语学。

为师为学　仁者匠心　笃行至善

——追忆、致敬华老师

广东外语外贸大学　孙敏庆

2009 年，我有幸考入中国的俄语殿堂——黑龙江大学攻读博士学位，师从孙淑芳老师，也顺理成章成了华老师的"徒孙"。自以为资质平平、唯有一颗还算上进的心的我，却能有机会受教于这座殿堂中的诸多名家学者，聆听到当时已年逾八旬的泰斗级前辈——华老师的授课，得其教导和点拨，深感幸运、幸福与荣耀。黑龙江大学俄语学院学术氛围浓厚，求学期间，我真切感受到了何为"造诣深厚"，何为"大师风范"，何为"高山仰止"，也更深刻地理解了"学术精神""学术品格""学术传承"的内涵实质！这是学术殿堂所能给予的不同凡响的感受，是有形的，也是无形的。即使有一天，我们身在各方，但我们的心是相通的，我们有着许多共同的记忆，精神的纽带始终都在。

2020 年 11 月 5 日，惊闻可亲可敬的华老师驾鹤西去，悲痛哀伤之时，曾经的时光一幕幕地浮现。华老师的音容笑貌依然那么清晰，那么和蔼，那么感人……

师者仁心

追忆华老师，我脑海中浮现最多的还是课堂。华老师先后给我们讲授了"普通语言学"和"语法学专题"，使用的教材分别是他独著的《语言经纬》和他参与编译的《俄语语法》[即苏联科学院 1980 年版 «Русская грамматика»（惯称为《80 年语法》）的简编本]。我们的教室在主楼四楼，面积不大，有一椭圆形会议桌，大家围桌而坐，我们像小迷妹（弟）一样期待着可敬可爱的老先生开讲。华老师对于要讲授的内容早已烂熟于心，通常双手摁着打开的书本，目视前方，目光炯炯，声如洪钟，娓娓道来，我们仰视、聆听，沉浸其中。上华老师的课是一种享受，可以轻松又专注，老师的学问深厚自不必说，他还特别谦和、慈爱。不解之处我们也从不羞于提问，老师总是循循善诱，耐心解答。喜欢看着华老师的眼睛，和善真诚；喜欢华老师的声音，温和坚定；喜欢华老师的笑容，又暖又萌！

每次课有两大节，近三个小时，课间休息十分钟。有段时间，华老师会在课间服用一种中药，气味弥漫，我们紧张关切地询问，华老师却不多言语，淡然处之，下半节课正常开讲，我们疼惜、感激！说实话，我也曾有过走神、打盹的时候，但随后都是深深的自责、愧疚。华老师常会举一些精当又鲜活的语例，我印象最深的是，讲到名词的指称时，他举了当时刚走红网络的"犀利哥"的例子，我们都很惊讶，赞叹老师的"与时俱进"，对新事物、新现象的捕捉能力。

"普通语言学"课的最后一节，我们 2009 级博士研究生，作为华老师教授的最后一届，恳请华老师签名留念。华老师有些欣喜，又有些难为情，提笔自嘲道："就写几个字吧，我的字不好看，李锡胤写得好。"李老师年长华老师几岁，也是学界德高望重的泰斗级前辈，同一学期，给我们开设的是"西方语言学流派"课程，而后开设了"逻辑学"，是另一位我们可敬又可爱的爷爷。其实，对于我们这些晚辈而言，只要是老先生们的亲笔签名就会视若珍宝，怎会关注字体呢。"给孙敏庆同志 华劭 2010.6.29"，简单、质朴的签名寄语，书写在我案头的《语言经纬》衬页上，而今，这一页总会勾起那最美好的回忆。

华老师给我们讲授"语法学专题"时使用的教材是简编本《俄语语法》，该书由华老师（执笔句法学部分）和信德麟老师（执笔语音学等部分）、张会森老师（执笔词法学等部分）共同编译。记得第一节课上华老师就说道："我只能给大家讲讲句法部分，前两部分信德麟和张会森是专家，他们讲会更好。"我们觉得华老师是谦逊、低调，但于先生本人而言，这可能更是一种对学术敬畏、对学人负责的态度吧。

特别感恩华老师对我博士论文开题时给予的肯定和点拨。尽管开题报告在孙老师的指导下已做了很多修改和完善，但开题答辩时，得知华老师担任主席，还是又期待、又紧张。而今已记不太清具体的细节了，但当时的感受却是刻骨铭心的，专家老师们的肯定、建议和鼓励，让我只记得答辩通过那一刻是满满的开心和深深的感动！能感受到华老师特别用心地看了我的开题报告，非常平和、恳切地针对关键部分和薄弱处提出了许多具体建议，有种想我所想、急我所急的共鸣之感，叹服之时，几乎感激涕零，也暗下决心好好研究，不枉费老师们的心血。正是得益于老师们的悉心指导和点拨，我后来围绕博士论文先后产出了系列小论文，分别刊发在《外语学刊》《解放军外国语学院学报》《语言学研究》《俄罗斯语言文学与文化研究》等刊物上，虽然距离恩师们的期待还很远，但也算先交上了一份答卷吧。

华老师投身俄语教育事业 60 载，做出了卓越的贡献，荣获了"中国俄语教育终身成就奖"。在我看来，这样的荣誉源自华老师一生对学生、对教育事业的真正热爱，源自华老师心底的至真至纯，是师者的厚德仁心使然！很庆幸自己成为华老师浇灌、栽培过的一颗小苗，也希望自己能不负师恩，有所成长。

学者匠心

华老师在学术上孜孜以求、精益求精，匠心著作部部经典。我的案头有四部：《现代俄语语法新编·下册》——我国俄语句法学研究的重要标志；《俄语语法》——我国俄语语言学引进国外先进学术思想和研究方法的巅峰之作；《语言经纬》——俄语人的"普通语言学教程"，堪称华老师的"传世之作"；《华劭集》——收录了华老师的部分论文，是对上述著作的一种补缺、拾遗，反映了华老师半个多世纪的学术历程。

就我个人而言，对其中的《俄语语法》和《语言经纬》感触最深，一是因为华老师亲自教授过，二是我研读过数遍。我曾在课堂上先后学过三次《俄语语法》，在哈尔滨师范大学攻读硕士学位期间，杨家胜老师和徐永毅老师有所侧重地讲解过。虽然我当时还不曾想过继续深造，但深知学好当下总归是对的。认真听讲后，看似枯燥、繁杂的内容也变得蛮有意思，这为我后来的深入研读奠定了良好基础。

　　由于我近来较多关注翻译研究，所以在回看华老师的简编本《俄语语法》时，突然萌生了看原文的想法（说来惭愧，读博期间也曾翻看过俄文原版，厚厚两大卷，密密麻麻的字，很头疼，粗看几眼便合上了，显然，还是中文简编本看着舒服很多，当然因撰写论文所需，也曾引用过原文的个别语段，但从不过多停留）。而今，刚好手头有电子版的俄文原版、全译本（由胡孟浩先生担任主译，华劭、张会森、赵云中、陈楚祥等参译），以及这部简编本，我静心地对照看了起来，尤其是前言、目录，以及华老师参与翻译编写的部分。可以说，无论是全译本，还是简编本，都是我国俄语学界顶尖学者集体智慧的结晶，两版译本的并存更是在学界意义非凡，各有优长。

　　这里，我很想从翻译的角度来谈谈我对这本简编本的感悟。比对可知，简编本涉及的内容并非单纯的语码转换，而是需要融入很多创造性的思考。《80年语法》不仅部头大，而且内容新，是由苏联科学院的一大批语言学家共同编著而成的，在很大程度上冲破了传统框框，反映了苏联俄语研究的新成果和新趋势（《俄语语法》前言 xiii）。能理解透原作本身就难度很大了，老先生们还要考虑国内受众，以及如何更精准、清晰地翻译出来，这需要入乎其内、出乎其外，只有站在更高处，才能产出好的译品，达到更好的学术传播效果。如《俄语语法》前言所说："原作是一部皇皇巨著（16 开本，1400 页，约合 160 万字），很难为我国广大读者利用的。简编本则对原书内容加以精选，压缩为 60 多万字，同时保留其观点、体系和术语，以便使读者能用较少的时间得其精髓。"（《俄语语法》前言 xv）然而，究竟是如何"精选、压缩"的，如何才能"得其精髓"，这个问题此前我从未深究过。但毋庸置疑，这是一个超高难度的工作，需要编译者有非常深厚的专业功底、超强的双语表达能力，相较于全译，还要有进行变通翻译的勇气和智慧，非大师级学者所不能。

　　从某种意义上说，简编本就是超越了原作的上乘译作的典范。简编本真正做到了得其精髓，不仅"保留其观点、体系和术语"，而且相较于原作，无论是在结构编排上，还是在语言表述上，都更简、更明。这也许是简编本拥有更多受众的一个原因吧。感兴趣的学人，单比照目录便可一目了然，如再深究，可详细比照具体章节。限于篇幅，我们不做过多展开，将专文探讨。此处仅列举两例简要说明，以管窥华老师的翻译策略和技巧。例一：见原文本的 §1706~1719（*Русская грамматика. Том.* Ⅱ 第 5~12 页）、全译本的 §1706~1719

（《俄语语法·下卷》第 1~8 页）和简编本的 §750~756（第 461~466 页）。该部分为句法学的引论，全译本采用了直译法，保留了原文的体例、结构、内容，虽全但有眼花缭乱之感，许多表述烦琐、冗余，而简编本则采用了变通的翻译策略，通过对各节进行提炼增列出小标题，合并部分小节内容，删繁就简，条理更加清晰，尤其是译者所概括的"句法"这一术语的三重意义，以及句法系统的五种单位等，便可见一斑。例二：见原文本的 §2423~2434（*Русская грамматика. Том.* Ⅱ 第 320~325 页）、全译本的 §2423~2434（《俄语语法·下卷》第 421~428 页）、简编本的 §903（第 631~633 页）。这部分涉及句子的结构模式。如在简编本前言中所说明的：现代俄语中的非疑问性单句归纳为 47 个结构模式。在书中，华老师分别将每个句子模式进行了序号标注，并在保证核心观点和体系不变的情况下，对内容做了精简和重新编排、布局，如 31 个自由组合结构模式，统一按聚合体及相关说明、语义结构、正规体现与扩展、词序的顺序进行了压缩述要，所涉语例或随内容移位，或删略。由此生成的译文可谓化繁为简，层次更分明，精华更凸显，且表达更为凝练、简明。真的很想当面请教华老师是下了怎样的功夫才能做到这一点，然而这已成为一大遗憾！而今的我只能通过对原作和译作的比较与梳理，探寻华老师的翻译之道，去感受老师的匠心才思！

《语言经纬》是华老师的集大成之作，被我国教育部推荐为研究生教学用书，是我国以俄语为研究对象的第一部普通语言学著作，徐翁宇、杜桂枝、王铭玉、金华老师等曾撰文评介此书。"《语言经纬》是一部有个性的书、一部有思想的书。之所以这样说，不仅是因为作者构建了具有自己特色的理论框架（它不同于一般的语言学教程），而且在全书的论述上有个性、有思想。华教授根据自己的体会阐明了当代语言学中许多重要的概念（如语言与言语、能指与所指、单位与层次、组合与聚合、单位与结构、共时与历时等等），在阐述过程中不乏自己的观点、 见解以及自己的研究成果。"（徐翁宇 2005）"作者的独到观点的形成及精辟阐述是建立在对所述问题的深刻理解和准确把握基础之上的。然而，敢于对学术界某些有争议的或界定欠妥的重要概念提出质疑，甚至对某些似乎已有定论的观点和概念，直言不讳地表明自己独立的观点和看法，是需要一定的勇气，确切地说，需要相当的'骨气'的。"（杜桂枝 2005）"全书恢宏大度、思想深邃、严谨求实，充分显示了一位老一辈语言学家深刻的语言功底和毕生的追求。"（王铭玉，金华 2005）总之，我深表认同，不读此书，便不是合格的俄语语言学研究者。而前辈们所给予的评价"不乏自己的观点""严谨求实""勇气""骨气"，是体现在华老师整个治学过程中的。

回忆着课堂上华老师的音容笑貌，凝视着偶然间同学拍下的华老师给我答疑时的照片，品读着先生给我们留下的经典之作，并未感觉华老师离我们远去，因为他的精神一直都在，精神不朽，风范长存！华老师是老一辈俄语人的代表，他们仁心育人、匠心治学的精神品格始终感染着、指引着一代代的俄语人。这种精神品格，我在很多师长身上都能够感受到，作为晚辈，我是受益者，也希望成为传承者，以不负前辈师长们的教导和栽培！

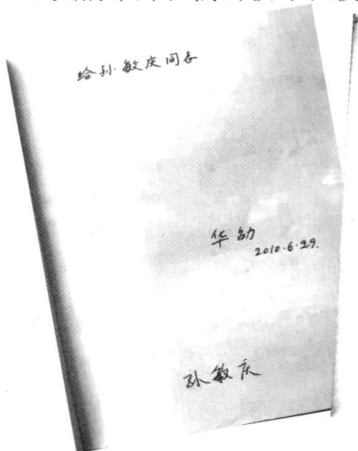

2010 年华老师在"语法学专题"课后为博士研究生答疑

华老师在《语言经纬》一书衬页的
亲笔签名（2010 年 6 月 29 日）

华老师在《俄语语法》一书扉页的
亲笔签名（2010 年 8 月 27 日）

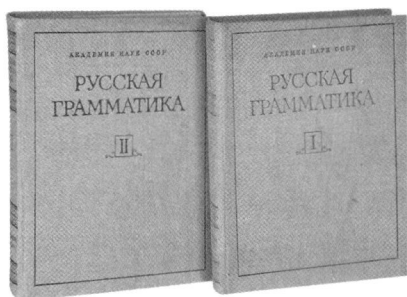

Шведова Н Ю.Академия наук СССР
институт русского языка. Русская
грамматика（В 2-х т.）.Москва: 1980.

胡孟浩 . 俄语语法 . 上海：上海外语
教育出版社 ,1991.

信德麟 , 张会森 , 华劭 . 俄语语法 . 北京：
外语教学与研究出版社 ,1990.

作者简介： 孙敏庆，黑龙江大学俄语语言文学博士（2009—2014），导师
为孙淑芳教授。广东外语外贸大学翻译学研究中心博士后，助理研究员。主要
研究方向：俄语语言学、俄汉翻译、语料库语言学。

我立志用一生为《语言经纬》加一章

黑龙江大学　句云生

2007 年，我考入黑龙江大学（简称"黑大"），本科、硕士研究生、博士研究生、博士后时期均在黑龙江大学度过，毕业后留在俄语学院任教，后又转至俄罗斯语言文学与文化研究中心专门从事语言学研究工作，所以"黑大俄语"对我来说是骨子里的荣耀。黑大俄语的理论是华劭教授、李锡胤研究员、张会森教授、张家骅教授、郑述谱教授、俞约法研究员以及许多前辈共同打造的。他们的研究涵盖了国情学、文学、语言哲学、语义学、语法学、修辞学、术语学、心理语言学、俄语教学论等学科。这些前辈都培养了很多学生来继承自己的事业。所以，作为黑大俄语的"嫡系"，我内心充满荣耀。

一、我与华老师结缘

我在本科时就听过华老师的课程和讲座。2011 年起，我在黑龙江大学攻读硕士学位，开始研究心理语言学，其中缘由也与华老师有关。记得先生在2003 年版《语言经纬》序言中曾经提道："在行将退下讲坛之际，在领导、同事和学生的鼓励与敦促下，作者花了一年多的时间，重新编写。其中删掉了两章'话语的实际切分——主位与述位''言语活动的心理活动过程——话语的产生与理解'。"华老师谦虚地说："对俄罗斯心理语言学研究不够深入，所以《语言经纬》中删去了此章。"年少轻狂的我当时心里萌生了研究该学科的想法，心想一个连华老师都称"研究不够深入"的学科一定值得探索。因此，

2012 年我选定心理语言学作为研究方向。同年某日傍晚，我在学校联通广场偶遇华老师，他鼓励我要好好学习"言语活动论"（俄罗斯心理语言学、苏俄心理语言学的别称），"一定要深入研究苏俄心理语言学"。

我在攻读硕士学位期间读了列昂季耶夫（Леонтьев А. А.）、乌沙科夫（Ушаков Т. Е.）、扎列夫斯卡娅（Залевская А. А.）、塔拉索夫（Тарасов Е. Ф.）等人的理论。即将毕业之时，我又在联通广场偶遇华先生。先生告诉我"任何一门科学研究都有意义，要深入了解俄罗斯语言学的精髓，将其用于科研和教学工作中"。先生于我而言就是科学研究的灯塔，是教书育人的楷模。攻读博士学位期间，我师从吴丽坤教授做术语学研究，选定的研究方向是俄罗斯心理语言学家、认知语言学家斯杰尔宁的核心术语体系。在黑龙江大学攻读博士学位期间，《语言经纬》是必修课的教材，由孙淑芳老师教授。这本书是集华劭教授语言学思想大成的旷世之作，全书 429 页，共 12 章。我细致研习了书中的现代语言学理论问题。可以说，此书是我语言学学习的最重要的教材之一。书中思想深邃，因此我尚有很多问题理解得不够通透。但我与语言学要打一辈子的交道，一定要读透也能读透这本书。这是华老师及其《语言经纬》对我的鞭策与重要影响。

二、探讨独树一帜的俄罗斯心理语言学

在俄语学院攻读博士学位期间，我曾多次撰文论证俄罗斯心理语言学的话语体系建构问题。从字面来看，心理语言学是心理学和语言学互动产生的交叉学科，研究交际者认知过程中言语信息的传输和感知，主要探讨言语生成和言语理解机制的信息传递过程、言语活动在社会中的功能、交际信息和交际承载者间关系、个体发展与语言演化间关系等问题。俄罗斯心理语言学兴起于 20 世纪 60 年代中期，因其主要研究言语活动而获得"言语活动论"的别名。"言语活动论"由列昂季耶夫率先提出，旨在说明言语活动是人认知现实的积极、特殊形式。"言语活动论"的学科使命是"论"言语活动。言语活动是人类活动的核心要素，具有客观性、理据性、动态性、层级性、调节性、目的性和启智性等特点。"言语活动论"自诞生之日起就有独特的理论基础、研究方法、术语体系和研究对象。

1. "三"分天下——俄罗斯心理语言学的主要流派

俄罗斯心理语言学流派林立，主要可分为以下三派。

莫斯科心理语言学派由列昂季耶夫亲自创立，是俄罗斯历史最悠久、影响最大的心理语言学派，在世界心理语言学界被视为俄罗斯心理语言学的代名词。该学派的主要成员有：阿胡京娜（Ахутина Т. В.）、济姆尼娅（Зимняя И. А.）、弗鲁姆金娜（Фрумкина Р. М.）、沙赫纳罗维奇（Шахнарович А. М.）、塔拉索夫、乌菲姆采娃（Уфимцева Н. В.）、索罗金（Сорокин Ю. А.）、克拉斯内赫（Красных В. В.）等。其研究方向囊括了普通心理语言学、发展心理语言学、应用心理语言学、文化心理语言学、交际心理语言学、民族心理语言学、语篇心理语言学等多个学科领域。该学派主要探讨了"言语活动论"的术语体系和研究对象、言语活动的结构要素及其关系、"言语活动论"的方法论原则、言语活动与语言符号的关系、言语生成理论及模式、言语感知研究、语言的民族心理等问题。

圣彼得堡心理语言学派以圣彼得堡大学语文系普通语言学教研室为阵地，主要由该教研室的教师及研究生构成。该学派的代表人物有：维尔比茨卡娅（Вербицкая Л. А.）、萨哈尔内（Сахарный Л. В.）、切尔尼戈夫斯卡娅（Черниговская Т. В.）等。20世纪90年代初，维尔比茨卡娅在该校提出新的理论语言学方向——心理语言学，其研究是不基于心理学的心理语言学，而是语言学的心理语言学。该学派在语义、语篇和人脑机制的心理语言学领域成果丰硕，其对语篇的分析尤为独到，是对莫斯科心理语言学派言语活动理论的有力补充。

特维尔心理语言学派由俄罗斯著名心理语言学家、俄罗斯功勋科学活动家、国际心理科学院名誉院士、特维尔国立大学教授扎列夫斯卡娅教授领军。该学派的科研成果颇丰，扎列夫斯卡娅本人的著述就达350多部（篇）。该学派的主要成员众多。该学派主要探讨词和语篇的心理语言学研究，核心内容是认知心理语言学和民族心理语言学交互机制下的心理词汇研究，开创了俄罗斯心理语言学界从词的视角研究人语言能力的新模式。学界将特维尔心理语言学派称为"词的心理语言学学派"。它科学地回答了：1）心智如何对世界做出主观能动反应；2）语言能力如何形成；3）语言如何习得；4）心理词汇如何构建起世界模型和语言个性等问题。

2. "两全"其美——俄罗斯心理语言学的理论和实践探索

俄罗斯心理语言学在多个领域影响深远,这缘于其理论和实践的不断完善。"理论全"和"实践全"是俄罗斯心理语言学的最大优势,阐释了其独有之"美"。科学理论是描写、预测现实的宏观、稳定的认知系统。在心理语言学框架下,理论被视为"抽象客体的完整体系""探寻新知的认知类型""验证模式的现实产物"等。俄罗斯心理语言学先后提出了言语活动理论、言语生成理论、言语理解理论、言语互动理论、言语程式理论、世界映像理论、语言意识理论、心理语义理论、心理词汇理论、民族文化空缺理论、社会文化定型理论、语言个性理论、语言世界图景理论、先例情景理论、文化伴随理论、文化空间理论、文化观念理论等诸多理论,从心理、认知、语言、文化、社会、民族等多个视角完善了它的学理形态。

除了理论建构,俄罗斯心理语言学兼取俄罗斯心理学维果茨基、列昂季耶夫、鲁里亚学派和欧美心理学的研究方法,进行了全方位的实验研究。自然条件观察法、启动法、区分交际法、自我调节阅读速度法、眼神移动记录法、联想实验法、语义微分法、词义直接阐释法、分类法、神经生理法等多法并行。该学科的研究方法在发展过程中经过许多研究者的不断探索、创新、实践、遴选和检验,逐渐得到学术共同体内部的广泛认可。方法的成熟是学科成熟的标志,方法的多元化是一个学科走向成熟的必然选择。这些研究方法为心理语言学研究者提供学科背景、操作步骤、范畴特征等方面的参照,为该领域研究者展示完整的方法论体系。总之,俄罗斯心理语言学不仅"理论全",而且"实践全",在世界心理语言学中独树一帜。

3. 一"心"一"意"——俄罗斯心理语言学的语言意识探讨及其路径

当今俄罗斯心理语言学最重大、最突出的成就是对语言意识的理论和实证研究。意识是人内部感觉和经验的认知状态。语言意识可揭示言语中人的心理功用的重要性、内部心理状态的重要性以及主体意识等,强调言语活动中心理和语言因素的融合。俄罗斯学者维果茨基(Выготский Л. С.)、列昂季耶夫、加里别林(Гальперин П. Я.)、德里泽(Дридзе Т. М.)、克拉斯内赫、塔拉索夫都论证了语言意识理论。然其术语地位是心理语言学家塔拉索夫正式赋予的。语言意识是语言符号系统的认知应用,由形象、概念和思维构成。语言意识是常规意识的一种,是语符产生、储存和加工,语符组合及使用规则,以及交际者对语符所持态度的表达手段。该学派始终坚持意识的语言属性和其对掌握语言的重要性。在"言语活动论"框架下，语言意识是活动中精神和语言结构的对立与统一。它的术语名称是从语言、交际、认知、文化等多个层面考虑的，具有多维性和跨学科性。研究它的主要目的是揭示其反映功能、评价功能、遴选功能、阐释功能、调节功能和支配功能。

俄罗斯心理语言学界主要通过联想实验来探讨语言意识。联想是人意识中感觉、知觉、思维之间的联系，刺激其中一方可以作用于意识的其他要素。联想实验推动了对个体意识内容的分析，而这些内容一般是观察者无法直接获取的。这种实验客观、科学，是对符号映像的主观呈现。语言意识研究在俄罗斯硕果累累，多部大型联想词典先后问世，对展现人心理的意识单位内容意义较大。联想实验可以展现人语言意识的功能特点，判断言语表达的方法，揭示交际者语义场中的心理等值信息等，对认知科学意识的研究有较大推动作用。透过联想实验研究语言意识已经成为俄罗斯心理语言学界的核心课题。

三、深切缅怀华劭教授

俄罗斯心理语言学是世界公认的三大学派之一，受到东、西方学界的高度关注和积极评价。在全世界都受转换生成语言学影响时，俄罗斯的"言语活动论"和"词汇语义学"交相呼应，延续了其独有的巨大优势和特色。俄罗斯心理语言学的范式对语言符号学、跨文化交际学、语言文化学、民族语言学、语篇语言学、神经语言学、认知语言学、词汇学、词典学、术语学、语义学等学科产生了深远影响。我国学界对俄罗斯心理语言学的研究一直不充分，对其系统阐介对我国相关学科和外语教学向前发展益处颇多。此处，我对俄罗斯"言语活动论"做了简要阐述，这离不开华老师的支持与鼓励。俄罗斯心理语言学在国内的研究并不丰富，我会用毕生精力来研究它，以回馈华老师的教诲。希望若干年后，在《语言经纬》再版时，在介绍俄罗斯语言学理论时，能加上"俄罗斯心理语言学"这一章，这是我的"美好愿景"。

2020 年 11 月 5 日，华劭先生与世长辞。当时我受全国人大常委会办公厅选派正在中国驻俄罗斯联邦大使馆工作，加之新型冠状病毒疫情肆虐，我无缘与华老师见最后一面。那天莫斯科阴雨连绵，似乎是在为人间失去华老师这样的俄语泰斗而哭泣。华老师一生留下了宝贵的俄语财富，默默耕耘，为中国俄语教学事业做出了巨大贡献。我永远不会忘记华老师上课时从不坐着讲课、声音洪亮、一讲就是一节课的情景。斯人已逝，后辈黑大俄语人会继承华老先生的黑大情结，扎根龙江，为黑大俄语倾注一生心力。

作者简介：句云生，黑龙江大学外国语言文学学科博士后（2021—），合作导师为于文秀教授。黑龙江大学俄罗斯语言文学与文化研究中心讲师、中国语言文学流动站在站博士后。主要研究方向：心理语言学、术语学和中国当代文学传播。

华劭先生家人的追忆：

往事并不如烟

七律 《祭父》

侧身地宇九旬年，陌隐清居幽径攀。
风啸云腾心淡淡，春荣秋落意娴娴。
驰怀求索词条里，劳作攻关语码间。
桃李成荫书济世，敢依牛斗笑尘寰。

愿父亲在天之灵安息
大女儿华放敬上　2020 年 12 月 6 日

20 世纪 90 年代在家中

追忆父亲的专业选择与学养

　　2020 年 11 月 5 日北京时间清晨 7 时 40 分，在被确诊为胃癌不到一个月之时，爸爸突然撒手归西了。前一天晚上和他通电话，我问爸爸："您感觉怎么样啊？"爸爸似乎有点神志恍惚，说："我还好，华放你回来了？"这便成了爸爸和我的永别。之前一直和家人嘀咕，我老爸都快 90 岁了，有一天他要是生病了，我就义无反顾地回到国内，回到爸爸身边。梦想中爸爸的最后时光是这样度过的：每天我守在病榻前，伺候他，给他读书，陪他聊天，听他天南海北地讲自己的故事、家族的故事。谁料今年的新型冠状病毒疫情，让我这简单的梦想碎了一地。

　　这几天，我心里满是肝肠寸断的悔恨、撕心裂肺的疼痛。往事纷纷浮现在脑海中，往事并不如烟。总觉得应该写点什么怀念爸爸，却一时无从下笔。想着爸爸一生学习俄语、研究俄语、教授俄语，就让女儿这个绝对的外行，从他的专业选择说起吧。

　　爸爸一生在俄语学界的建树有口皆碑，但大概很少有人知道，他选择这个专业是被动的。爸爸出身于封建大家庭，在北京胡同里的老宅长大，从小各科学业优异。抗日战争时被迫随家人迁往成都，高中就读于成都树德中学。爸爸生前对自己的中学念念不忘。据他讲，树德中学是当时成都最著名的中学，治学严谨，名师满门。同窗之中后来也是名人济济。2016 年，我们带着爸爸重访了他的母校，那时候的他精神矍铄，谈笑风生。爸爸像他那一代的学子一样，文学功底深厚，但却崇尚科学救国，立志学理工科。1948 年，他高中毕业，已经被几所名牌大学的理工科录取，却和当年的众多热血青年一样，选择投笔从戎，参加革命。当时中华人民共和国即将成立，他们这一批年轻学子在 1949 年直接被送入华北大学学习。一年后，爸爸服从分配，奉调到哈尔滨外国语专科学校［简称"哈外专"，后更名为哈尔滨外国语学院（简称"哈外院"），又更名为黑龙江大学（简称"黑大"）］学习俄语，开始了与俄语的不解之缘。应该说，爸爸没能学理工科，心里是充满遗憾的，所以他一直希望我能完成他的心愿。他说学理工科毕业若建个工厂，生产些高端产品，能给国家做更大贡献。尽管理由很天真，但我终究还是从了父愿。

2016年重访成都树德中学

爸爸的数学很好，我初中参加区里和市里的数学竞赛，他热情比我还高。我们总是一起切磋解题方法。每当我做题做得实在黔驴技穷时，就扔给爸爸去做。由于他学数学的年代久远，有些数学定理记不太清楚了，于是他会喊着问我都有哪些相关的定理，先温习一遍，然后他再去做。我放弃的题，他总能鼓捣出来。他最喜欢做几何题，尤其喜欢添加辅助线，用他的话讲是"你需要在这'帮'一条线"。记得当年有一道著名的平面几何难题，是三个并列的正方形，从左下角顶点向右上方的三个顶点各连一条线，证明以这三条线连成的角之和是 180°。起初我们俩找不到答案，爸爸就在班车上请教数学系的教授，得到的答复是，这道题若用三角做很简单，但用平面几何做无解。爸爸并不相信这个结论，从此开始了他所谓的"长考"，用每一点零星时间来思考这道题的解题方法。终于在几个星期后，他兴奋地宣布："我找到这个题的几何解法啦！"如此这般给我讲解一遍，而我都快把这道题忘干净了。现在回想起这陈年旧事，我懂得了正是这种孜孜以求的精神，让爸爸登上了他的学术巅峰。

爸爸的文学修养深厚，经常随口背出几句他在树德中学时背诵的古文，有时候还会顽皮地用成都话来诵读，故意等着我那成都籍妈妈的点评和调侃，然后哈哈大笑，自我解嘲说："我这半吊子的成都话是不敢在成都人面前献丑的。"当初我们家和中文系的刘叔叔家合住两屋一厨，厨房很小，两家共用。家人午休的时候，爸爸会一个人躲进小厨房，坐在一个小板凳上，以膝为桌，在小本上抄抄写写，字迹密密麻麻一片。有一次我忍不住问爸爸："您在抄什么呢？"爸爸说："陆游的诗"，并顺口吟道，"关河梦断何处，尘暗旧貂裘。"20 世纪 70 年代末、80 年代初，中国犹如掀起了一场"文艺复兴运动"，各种流派的文学纷至沓来，被压抑了几十年的思想与文字像井喷一样爆发出来，让人目不暇接。当初《人民文学》《收获》《小说月报》这些纯文学刊物都有百万销量。记得那时爸爸订了《人民文学》和《小说月报》两本杂志，但要求我不能因为读小说耽误了学习。我每个月盼星星盼月亮般等着杂志到来，来了之后就偷偷藏在书本下，废寝忘食地读着。有一天晚上爸爸推门进来，抓了我个现行。本以为一定会受责备了，不想爸爸却说："你在看哪篇小说呢，想和我讨论一下吗？"从此以后，与爸爸谈文学，便成了我们俩的一件乐事。我不知深浅，迫不及待地推荐我喜爱的作家——陈少功、张承志、张贤亮、高晓声、卢新宇。爸爸似乎更推崇陆文夫、冯骥才、刘心武、汪曾祺、刘绍棠、刘宾雁。至于作品，记得爸爸非常赞赏刘宾雁的《人妖之间》，而我则沉迷于张承志的《北方的河》。虽然爸爸喜欢和我探讨文学，但不主张我学文，说别去摆弄文字，搞不好就会犯错误。爸爸还总是对我说，知道吗，其实想了解文史没必要当专业去学，感兴趣的话，自己找几本书看看就明白了。

在我小的时候，各家的书都被抄光了，我们家也未幸免，没剩下几本书可读。我上初中的时候，有一天爸爸像变戏法似的从抽屉里翻出了一张发黄的旧报纸说："华放，给你看篇文章。"我翻开一看，标题是《漫谈刘三姐的表现手法》，作者是闻捷。这篇散文写得腾蛟起凤，文采飞扬，读得我心头一亮，爱不释手。我一口气问爸爸："闻捷是谁，怎么这么有文采？报纸哪来的？文章如何能写得如此洒脱飘逸？"爸爸回答说："闻捷是个诗人，被打成右派，他的文章实在写得太漂亮了，我怎么也舍不得扔，就偷偷保存了下来，想以后留给孩子们看。"爸爸不曾料到，闻捷的文章给我的心灵带来何等震撼。文学的诱惑之于我，由于《漫谈刘三姐的表现手法》一文而变得无可抵御。1984年，我考入哈尔滨工业大学读研究生，又可以回家和爸爸分享读书心得了。那一年印象最深的是和爸爸探讨最多的两本书：戴厚英的《人啊人》与《诗人之死》。想不到第二次走近我心仪的作家闻捷，竟是从书中读到他命运多舛的一生和悲惨的结局，扼腕叹息之余，催人醒省，发人深思。

爸爸常喜欢聊起中国近代和当代的作家名流。当代作家中，爸爸最欣赏老舍、曹禺和沈丛文。爸爸说，写老北京，没有人比老舍写得更地道了，更说曹禺的话剧《日出》和《雷雨》是近代中国戏剧的巅峰。《雷雨》这出剧的轰动效应，促成了包括他在内的一代进步青年走出封建大家庭，投身于革命。他尤其推崇沈丛文，说他没念过什么书，小说却写得一流，把湘西的风土人情描绘得活灵活现，后迫于时局，改辙研究古代服饰学，竟然也搞出了大名堂。提起翻译家傅雷，爸爸最是骄傲，昂首挺胸地说："华放我告诉你，傅雷绝对是世界级的大翻译家，与世界上任何一个国家的同业翘楚都可以比肩。你一定要去看看他的翻译作品，尤其是《约翰·克里斯多夫》。知道吗，因为这本译著，他还和罗曼·罗兰成了灵魂挚友呢。"爸爸说起这些大才子，有时黯然神伤，感叹他们的命运，惋惜他们没有留下更多的作品。当时，我对这几位文豪还勉强略晓一二，可对爸爸提起的近代文化名流，如梁启超、蔡元培、王国维、赵元任、陈寅恪等则一无所知。类似谈话总是这样开始的："华放，你知道陈寅恪吗？"看我一脸茫然地摇着头，就非常失望地长叹道："唉，你怎么连陈寅恪都没听说过呀。有评价说，陈先生的学问近三百年来一人而已，是教授中的教授。他通晓梵文、波斯语、突厥语等二十多种语言呢，可居然没有学历，奇人啊，你怎么连他都不知道？"我让爸爸说得汗颜，也很委屈。出于对自己无知的惭愧，我开始关注这些文化名人，初知了梁启超、蔡元培的启世思想，也了解过赵元任无人项背的语言学成就，也膜拜着陈寅恪秉持的"独立之精神，自由之思想"。尤其对王国维（字静安），我一直充满兴趣，从初阅静安先生的《人间词话》，到欣赏静安先生的诗词。我好奇地买过他的《宋元戏曲史》，这是开创中国戏曲史研究的第一部著作，也翻阅过有关先生的几本传记。曾有人和我啰唆王国维的辫子，嘲讽他因愚忠才愤然弃世。我底气十足地对他说："你能不能再深入了解一下静安先生，之后再来与我理论。"静安的诗词虽不比唐宋大家，却时常独辟蹊径，浅叙哲理，更有对天地、时空、宇宙与人关系的深省与探究。"试上高峰窥皓月，偶开天眼觑红尘，可怜身是眼中人。"每每诵读这几句我钟爱的静安词，便有一点偷窥先生心灵的小窃喜。总之，爸爸的学养引领着我去追寻并走近百年来中华民族最深邃、最睿智的灵魂。

爸爸非常关注我的英语学习。得知我的高中英语老师龚老师不但课讲得好，还极其认真负责，每天早晨都会搬着沉重的录音机为学生放英语磁带，他就特别高兴。他总是强调学外语要不害羞，要开口大声朗读。爸爸也时常会帮助我弄清语法关系，可具体情节模糊了，能记住的只有这件好玩的事儿———说学英语，爸爸就爱提起在树德中学读书时，学生淘气编排英语，用四川话读顺口溜：father mother 敬禀者，儿在校中读 book，门门功课都 good，只有 English 不懂得，teacher 罚我 stand，我说 teacher 是 dog……说起这事，他就口吐蜀腔，满脸顽皮，眺视前方，目空无物，仿佛回到了快乐的中学时代。

爸爸酷爱历史，中国各个朝代的历史故事与典故他往往信手拈来，娓娓道出。我曾问过爸爸他从哪里学到这么多历史知识，他说大多是在中学学的，接着又不免把树德中学夸赞一番。不知道为什么，爸爸好像和弟弟交流历史更多些。弟弟小我十岁，小时候记忆力极佳。弟弟五六岁时总是捧着爸爸的一本本大辞典考爸爸这本辞典多少页，那本辞典多少页。爸爸总是哭笑不得地说："我研究了一辈子辞典，也从来不知道哪本辞典多少页。"爸爸对弟弟的超强记忆力暗暗窃喜，便引导他去学历史。我上大学时，弟弟只有 8 岁。当时出版的历史书籍有限，在我上大学期间，爸爸给弟弟买了一套姚雪垠的《李自成》（当然这书在严格意义上算不得历史书），等我大三回家时，弟弟早已痴迷于其中，用爸爸的话说，华汉已经把《李自成》读了十几遍了，哪一页有"战马一声嘶鸣"，哪一处有个顿号或惊叹号都记得清清楚楚。弟弟从此热衷读史，涉猎的史书越来越多，讨论历史也成了我们家饭桌上的常驻话题。弟弟年轻气盛，经常侃侃而谈，自以为是。我的先生也号称熟谙历史，他若在场，也常常帮弟弟溜溜缝。爸爸通常都是笑眯眯地看着弟弟，极有风度地耐心听弟弟讲完，然后说："华汉，你讲完了？现在我给你讲讲吧。你讲的这些都是野史，我现在给你讲点正史吧。"大家相视哄堂大笑。于是，正史讲座开始啦。爸爸那惯于讲大课的大嗓门在屋里回荡。

华劭（左一）与赵洵（左二）在
莫斯科大学门前广场合影

1957 年在莫斯科大学

刑书纲（左）、佟柯（中）、华劭（右）在莫斯科大学校园内合影

521

再回头讲讲爸爸执教的学校——黑龙江大学。黑大俄语学院在全国俄语学院中首屈一指，久负盛名。我国俄语学界流传着几十年的美谈："天下俄语半是哈外院"，哈外院是"国家俄语最高学府"。黑大是培养、造就国家语言和外交人才的重要学府，为国家做出了重大贡献，享有"红色外交官的摇篮"之美誉。20世纪50年代从国家送派到苏联的留学生都先被送到这里学习一年俄语后才能出国。他们之中的大多数人，后来都成为国家的一代栋梁之材。据爸爸讲，当时的哈外专全部由苏联专家授课。小时候我们家旁边的大教堂正是他们当年上大课的地方。在这样极其优渥的语言环境中学习了一年半之后，爸爸毕业并留校执教，那一年是1951年，他年方21岁。1957年至1959年，爸爸被选派至莫斯科大学学习。2015年，他以85岁的高龄挂鞭退休。爸爸在黑龙江大学执教65年，一生全身心地投入到祖国的俄语教学事业中，学著甚丰，桃李满天下。

叹于爸爸的学养，有时我会情不自禁地说："爸爸，你怎么这么有学问啊？"他每次听后都是一种表情——满脸不屑，并自嘲地说："呵呵，我这算啥有学问。"上一次类似的对话是在去年七月份，爸爸脸上的表情永远地定格在了我的心里。

愿父亲在天之灵安息

大女儿华放敬上

2020年11月7日完稿

语言学语法书与红色年代的陈年旧事

只要静静地凝视着照片中爸爸的眼睛，我就能穿越时光隧道，回到那些有爸爸的日子。

小时候，常有小伙伴问我爸爸是干啥的，我总是随口一答，教俄语的。紧接着被追问的通常是："那你爸爸为什么不教你？"是的，爸爸从来无意让我子承父业。稍大一点后，我又慢慢发现，爸爸不是普通的俄语教师，是研究语言学理论的学者。"语言学"这个词，不时会夹带在爸爸的谈吐中。但语言学究竟是什么，他从来没对我认真解释过，或许是对小牛弹琴太费劲吧。我年幼好奇，曾经悄悄查过字典，说语言学是研究语言的结构、功能、本质及历史发展，探索人类语言共同规律的学问。看完更是稀里糊涂，不知所云，却记得家里的场景往往是，当英语教授的妈妈有什么有关问题，都会毕恭毕敬地请教爸爸，爸爸也会像讲大课一样侃侃而谈，妈妈则一脸崇拜地仰视着他，并不住地点头称是。我曾不解地问："爸，您不是教俄语的吗，怎么也能把英语分析得头头是道？"爸爸谦逊地说："我多少也懂点英语。再说其实所有的语言，本质上都是相通的。"

记忆中，虽然爸爸一向喜欢和我山南海北地聊天，却闭口不谈他有关语言学的文章和专著。我居然是直到最近才知道《语言经纬》这本被誉为传世经典之作的存在。爸爸倒是常提起商务印书馆为黑大俄语学院出版的《现代俄语语法》和《大俄汉词典》。也许他认为，比起语法书或词典，语言学论著更难与我这俗人说清楚。总之，语言学之于我，终究是云里雾里的学问。几年前有一次探亲回家，我不经意翻到一本《华劭集》，看后大吃一惊。只见书页里印着各式逻辑学符号，让我这学理工的也看得晕头转向。我立刻冲去书房问爸爸："爸，您这写的是什么呀，我怎么一点都看不懂呢？"爸爸笑而不答，却言左右而及它，说其实写文章比写书更难，写文章一定要有新意，不能胡拼乱凑，笑说那叫天下文章一大抄。他又提起商务印书馆还在与他约稿，说："我对他们说，这样吧，我慢慢写，你们也不要催我，写出来我自己觉得还行，就寄给你们，如果我自己不满意，也就算了。"可见爸爸做学问认真谨慎，发表论文绝不敷衍。说起语言学，又想起另一件事。高中时学英语，学校都用《许国璋英语》教程，许先生在英语界的权威地位，也是才子学人皆有所知。有一天，我偶然在家里翻出两张贺年卡，是许先生寄来的。我甚是惊诧，去问爸爸："许先生居然还给您亲自贺年，你们认识？老先生不是英语教授吗？"爸爸淡然一笑："我们都是搞语言学的，几年前开会时认识的。许先生寄贺卡给我，大概认同我学问做得还过得去吧。"

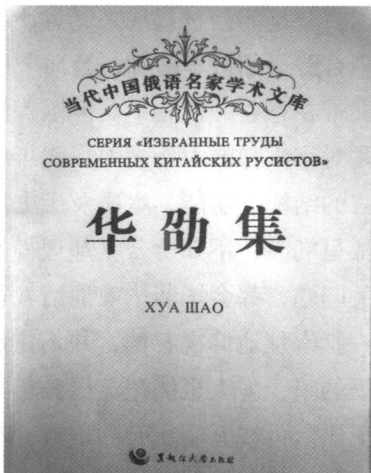

父亲的论著选编《华劭集》封面　　初版的《现代俄语语法新编》（下册）封面

　　《现代俄语语法新编》是当时的黑龙江大学外语系（现俄语学院）撰写的重要学术专著，初版于1979年。该书分词法与句法两册，其中下册句法由爸爸主编，是他的呕心沥血之作。虽然我不懂俄语，更不懂俄语语法，但自儿童成长为少年，在我生命中最重要的这一段时间里，"语法"，应该是我听到的频率最多的一个词。成书的那些背景和往事，我也还依稀记得。

　　回溯20世纪70年代初的某一天，爸爸回家后高兴地宣布，系里正式成立了科研组，开始编写《现代俄语语法》了。已经年逾四十的爸爸，终于有机会安心做学问了，欣喜之情溢于言表。他那种摩拳擦掌般的兴奋，也深深感染着我。爸爸为人低调和善，处世不卑不亢，身处那个年代，下乡开荒种地、挖战壕、修水库、挑煤炭、烧锅炉，这些人生历练，他一样不少。爸爸曾和我聊起他下乡的故事，感叹有些人的思想仍旧愚昧和落后。他说他们年轻时的理想是，以自己的知识使祖国富强起来。他说他们这一代人的理想，还需要我们这代人继续努力才能完成，教导我好好读书。

印象最深的是，当初我们住的家属院里有一座大煤山，是全院人一冬的供暖物资储备。爸爸的任务就是每天从煤山边挖些煤，挑回锅炉房，之后把煤扔进炉膛，点火让锅炉烧起来。煤燃尽后，还要把炉渣铲出来，再堆放回院子里。我们的大院分里、外两院，里院是两栋三层红楼，外院还有几栋灰楼。如果没记错的话，整个院子全靠这一个锅炉房供暖。所以爸爸每天要挑上多少煤，倒出多少炉渣，劳动量可想而知。直到现在，我一闭上眼睛，仿佛还能看到爸爸在炉火前，被汗水与煤灰涂得黑一道白一道的脸，以及被扁担上挂着的两桶煤压得摇摇晃晃的背影，也不知道每一担煤有没有二百斤。届时年幼的我，对爸爸的辛苦一无所知。长大过后，也从没想起找机会问问他，在烧锅炉的时候都在想些什么。那时我小脑袋想的都是，院儿里的大煤堆真的太好玩了，怎么能溜出去玩呢？和爸爸一起烧锅炉的还有一位俄语系的夏叔叔。二人都是典型的清秀文弱的知识分子形象，鼻梁上也都架着白边眼镜。当他们俩在煤堆边上一起吃力地挖煤的时候，我们这群野孩子则在煤堆上乱跑，或在煤堆里钻洞捉迷藏，玩得昏天黑地。那时的晚上，若院里哪个父母发现孩子没回家，多半是可以把孩子从昏黑的煤堆深处揪出来的。现在回想起来，不禁倒吸一口凉气——万一煤堆塌方了怎么办？这种安全隐患，当时从没听说哪一位家长质疑过。想必大人们都在忙于生计，无暇也无力顾及孩子。

编写语法书的工作正式启动之后，爸爸便全身心地投入其中。那一阵子他经常挂在嘴边上的都是组里叔叔阿姨的名字，以及和编书有关的趣闻轶事。学校不必天天坐班，爸爸可以时常在家里工作。当年我们的家，住在城里西大直街上的一部校区，城外学府路上的主校区则称为二部，两个校区之间靠班车通勤。旧家的门牌号是红楼2门302室，房子是一套两屋一厨，每个屋大约12平方米左右。我们家住在外间，中文系的刘叔叔家住在里间。房间与厨房由一个狭长的走廊相连，走廊高处挂着一条绳子，供两家人晾衣服所用。家里的布局是：靠窗的右侧，最里面是一张双人床，上面叠放着一张单人床，紧挨着床的是一张书桌，然后是个大衣柜；靠窗的左侧，堵头是另一张桌子，桌子与双人床之间的空间凑合刚能坐个孩子，那便是我写作业的地方，紧挨着桌子是个小缝纫机，然后是两个大书架。家里还有几把椅子，一张折叠床。据说桌子、椅子都是从学校借用的。弟弟没出生之前，爸妈住大床，我住在上铺。半夜里还发生过一次事故。大概白天玩得太疯，晚上我睡得横七竖八，一下子从上铺掉了下来，多亏妈妈非常警醒，一下子就坐了起来，没有被砸到，我只砸在了爸爸身上，所幸没有大碍。妹妹睡在每天收放的折叠床上。晚上，家里从门口到窗口就只剩下一条刚刚可以过人的窄缝。1972年弟弟出生后实在无法安顿，妈妈便将两把椅子并在一起，铺上褥子，做成他的小床。因此妈妈总是调侃说："咱们家华汉是在椅子上长大的。"爸爸向来幽默风趣，他的说辞更好玩儿。他说华汉的出生，堵塞了我们家唯一的一条交通要道。白天折叠床收起后，靠右墙的书桌便是爸爸在家著书立说的"圣地"。一张桌子自然是不够用的。爸爸工作尽兴之时，整个屋子都成了他的书桌，床上、地上铺天盖地都放着他的稿纸，纸上圈圈点点，红红蓝蓝，满是批注。时至今日，只要我一闭上眼睛，当年爸爸伏案疾书的背影和情景都还历历在目。爸爸写书是不分白天黑夜的，更鲜有周末和假日。他工作的时候，我的任务就是把弟弟妹妹领出去玩，而且必须在指定的时间之后才能带他们回家。

1974年，电影《向阳院的故事》轰动一时，相信那时长大的孩子都会对这个电影有印象。随着影片的上映，全国各地的"向阳院"也如雨后春笋一般地出现了。我们大院岂甘落后，立马儿积极地成立了向阳院。孩子们不再爬煤堆了，也拿起红缨枪，站岗，放哨，查路条，比照着电影，一个情节都不少。一时间，红缨枪变成了最时髦的标配。大人们都被孩子缠着做红缨枪，万般无奈地忙着挑选合适的木料，还互相切磋攀比着木工技艺。我也骄傲地拥有了一杆红缨枪，想不起哪来的，但肯定不是出自爸爸之手。动手干活绝对是爸爸的短板，让他用木块削出红缨枪头，大概比让他码字著书更难。每天下午放学之后，孩子们都拿着红缨枪列队操练，威风凛凛。我也加入了这个行列，昂首挺胸地光荣了一把，还偷偷盘算着，什么时候能站在队列前发号施令。

但是，我很快就被迫出列了，原因是，在向阳院活动的时候，我必须带着弟弟妹妹出去玩，不能打扰爸爸工作。我委屈至极，却又不知道如何反抗，只好在一旁守着弟弟妹妹，眼巴巴地瞅着其他孩子神气活现地操练，还要装出一副不屑于伍的样子。小时候，我最羡慕在家里排行最小的小朋友，上有哥哥姐姐呵护，下无弟弟妹妹纠缠。幻想自己也能托生如此，成了我童年小小的秘密。在我的孩提时代，大孩子带小孩子的育儿方式很普遍。大人不认为这有什么不妥，孩子也没想着去维权。但发生的两件相关之事，还是在我少儿的心里产生了极大阴影，久难挥去。其一，在妹妹只有四五岁的时候，一次我带她出去玩后，马上和自己的小伙伴疯去了，憨厚的妹妹乖乖地坐在一边。不料她身边一个两岁的孩子顺手从地上捡起一个碎玻璃片，往她脸上划了一下。妹妹白白胖胖的小脸上顿时被划出一条一寸多长的口子，鲜血直流。好在被及时送到医院，小脸上儿没有落下明显的伤疤，但还是留下了个淡淡的痕迹。我没有挨骂，但自知过在自己，一直被惊吓得心有余悸。其二，在弟弟两岁多的时候，一次妈妈让我他带出去玩，要求晚上 8 点之后才能回家。弟弟小时候非常淘气，精力充沛，一会儿想往外跑，一会儿又想往家跑，我使尽浑身解数也拉不住他。一不留神，他就挣开我，跑到二楼与三楼的转角处大哭，非要闹着回家。这地方离家只有一步之遥。哭声把爸爸吸引了出来。他开门查看了一下，确定没什么意外，便无视我乞求的目光，毫无表情地转身关上门，又去工作了，只剩下我一个人继续手足无措地和弟弟对峙着，无奈还得把他拖回院里。此事让我对父母心生怨艾，长大后很久很久才慢慢释怀。之后我便尘封了这个记忆，不再与任何人提起。当这段往事偶尔浮出脑海之际，我便会一个人自嘲地想，这好歹也应算是我对丝毫不懂的俄语语言学的贡献吧，军功章里也有我一半，不是吗？

1978 年，学校盖了新房子。刘叔叔家搬进了前院的新居，我们家还留在红楼 2 门 302 室，但独享了两屋一厨。同年，哈尔滨市重点高中第一次在全市范围内统招，我顺利地考入了著名的哈尔滨第三中学，并且考进了重点班：高一（一）班。一如既往，爸爸没有当面表扬我，但我知道，那一年他的内心充满了喜悦与欣慰。斗转星移，流年飞逝。当年我的三中同窗，那位经常被数学老师挂在嘴边的付宏刚同学，已经成为黑龙江大学校长。全心祈愿我的老同学能带领父亲为之效力一生的学校走向新的巅峰，这一定也是父亲的在天之灵想看到的。

准备搁笔之时，忽然想起来另外两件轶事，一并写下。前面记述了妈妈对爸爸的崇拜，其实这崇拜只限于学术层面。生活中她更乐此不疲的却是抓住爸爸的几个弱项，时不时戏谑一番。其中之一便是爸爸的字。爸爸的字很独特，总是写得工工整整，一丝不苟，分开看每个字都说不上难看，可堆在一起毫无观赏价值。他的字还有点儿圆圆胖胖的，不像他清癯的体态，却像他宽厚的性格。相比之下，妈妈和我的字都偏于清秀且暗蓄笔锋。尤其是我的字，乍一看非常柔弱，仔细端详锋芒毕露。长时间地听着妈妈和我一唱一和地侃贬，爸爸好像对自己的字也失去了自信。在我上小学三年级的某一天，爸爸突然郑重地宣布，他的字已经在家里屈居第三。我暗自得意，却不依不饶地问爸爸谁是第一。爸爸笑而不答，说反正他已经承认自己排第三了。我年少轻狂，笃信在爸爸的心里，我的字应是第一。几天后，爸爸拉着我说和我说点事。我看他一脸严肃，就准备好了接受父训。不想他认真地说："我现在的确认为你的字是咱家第一，"紧接着又叮嘱一句，"可千万别跟你妈学我说的啊，我可不想得罪她。"还有一次，爸爸妈妈在家一起备课。妈妈学累了，忽然吹起牛来，又拿爸爸的短板说事。她朝着爸爸半开玩笑、半挑衅地说："我在哈工大上课时，往往衣着得体，谈吐沉稳，板书清丽，学生们都爱听我讲课。华同志您呢？"（"华同志"是妈妈对爸爸的一贯戏称。）爸爸毫不打哆儿地接招说："我在黑大上课，从不在意衣着，总是扯着大嗓门，板书也不好看，讲到激昂之处，下意识地擦一下汗，常被粉笔灰抹得灰头土脸。就是这种狼狈形象，上大课时，阶梯教室也会爆满。"我旁观父母笑闹，脑袋一转，说："对了爸爸，人家都说您课讲得好，可我从来没听过。能不能批准我听您上一次大课啊？"爸爸不假思索地回道："你去听什么，凑啥热闹，又听不懂。"我调笑着说："亲爸爸，我不是开玩笑，是真想去听您上课，领略一下大牌教授的风范。您能给我一个机会吗？再说了，我要真给您做学生，也不会是最差的那一个吧？"爸爸憋住坏笑，机敏又得意地回答："最差的倒可能不至于，但我敢打包票，绝对不是最好的。"我带着哭腔嗔笑道："爸……"

　　如今，这些热闹、温馨的场面早已化作云烟。就连我想听听爸爸上大课这么简单愿望，也只有等到在天堂里实现了。

　　一别生死两茫茫。日日思量，生生难忘。

愿父亲在天之灵安息

大女儿华放敬上

2020 年 12 月 5 日清晨 7 时 40 分第一稿完

后记

爸爸，您已经走了整整一个月了。九十一年太短，一个月太长。爸爸，您还在等我回家吗？您在天堂里还好吗？您还会记起自己年轻时的理想吗？您的一生真的无怨无悔吗？

爸爸，您的血液正在我的血管里流淌，您的心脏正在我的心脏里跳动。承恩在世，高山仰止。多想亲口对您说一声，有您为父，是我一生的骄傲。

一弦一柱思华年

一

　　丧父之痛，犹若压在心头的一大坨沉甸甸的雪块。而回忆，则有如冬夜里一个人的围炉煮雪。晚钟嘀嗒，只影落寞。彻骨的寒意，在文火的煎熬中，慢慢地融化着，不经意中漾起浅浅的暖意。白色的蒸汽缭绕着，于我的周身袅袅地升腾，氤氲为一个大大的气泡。朦胧中，爸爸被卷裹进气泡中，他那睿智又温和的样子，一点点地变得真切起来。围坐在爸爸身边的是我，以及我们曾经的五口之家。模糊了的岁月，迷失了的日子，也渐渐地浮荡在这真幻莫辨的容积里，清晰，生动，鲜活……

五岁时的我与父亲在哈尔滨

　　最先浮出记忆深处的，是我被时空截成两半的童年。一半在北京察院胡同的奶奶家，另一半在哈尔滨黑龙江大学（简称"黑大"）的爸妈家。传送我往返穿梭的，有爸爸，还有他的两位同事和好朋友——王叔叔和信叔叔。这样的日子，一直到1970年我上小学才结束。

　　我在哈尔滨的这一半童年，多与爸爸任职的学校黑大有关。当时黑大分为一部和二部，主校区在二部，我们则住在一部的家属大院。我还清晰地记得，这个家里有两个宝贝玩具，一个是小鸭子送蛋糕，一个是玩单杠的运动员，都是爸爸送给我的礼物。小鸭子模样俊俏，戴着白帽子，穿着白围裙，标准的大厨装扮。他手推着一个蛋糕车，车上堆放着一个圆圆的、装饰成五彩色的大蛋糕，还插着一把小阳伞。一上满弦，小阳伞就开始旋转，小鸭子也随之勤快地推着蛋糕车，四处乱跑送蛋糕。而那个单杠运动员体格健硕，上肢发达。他手握单杠，上满弦后就会不停地绕着单杠上下翻飞。在当初那个年代，这些都是极稀罕的玩具。不但我爱不释手，爸爸也很喜欢，甚至有点得意自己的礼物选择。每次有小客人来访，爸爸会叫着我的乳名说："小咪，你把那两个玩具拿出来和小朋友一起玩玩呗。"那时候家里的书还很多，我的儿童读物都放在床底下的箱子里。小客人来了，爸爸也让我把书拿出来分享。久而久之，小朋友到我家都会先爬进床底下翻翻有没有新的宝藏。

记忆中与爸爸在一起最幸福的时光是在我五岁左右的时候。有一段时间，家里只剩下我和爸爸。他就索性不做饭了，下班改道从秋林附近下班车，直接带我去吃炸饺子。有时爸爸高兴，吃完饺子之后还奖赏我冰淇淋。当年秋林的冷饮厅是露天的，就设在秋林百货公司大门前面不远处。冷饮厅所有的摆设就是几把大白阳伞，每把伞下有一张桌子、几个凳子。从前冰淇淋是论勺卖的。看着头扎白色三角巾的漂亮女服务员一勺一勺地把奶黄色的冰淇淋攉出来，放在我面前的盘子里，我的心怦怦直跳，口水也快流出来了。夕阳西下，吃饱喝足之后，我就拉着爸爸的手，蹦蹦跳跳地往家走。路上爸爸会慈爱地低头看着我说："小咪，给爸爸背首儿歌吧。"

曾经，我每天和爸爸一起坐班车通勤，去二部校区上幼儿园。幼儿园里的阿姨非常亲切、和蔼，小朋友也很友善。阿姨多用叠字称呼小朋友的名字，如梅梅、丹丹、牧牧、青青、晶晶，等等，亲切又温暖。直到晚年，爸爸还记着这些孩子，并能准确地描述出其儿时可爱的样子。爸爸常提起幼儿园里的旧事，还会告诉我其中一些孩子长大后的发展及去向。除了幼儿园之外，我对校区印象较深的是主楼的后楼，大操场，还有校园。当年黑大的主楼只有四层，爸爸上班的俄语系好像在后楼的二楼。二楼有个长方形的大阳台，由几个石柱支撑，与一楼的大平台相连。平台的最前端是个宽大的楼梯。平台与楼梯的四周都是白色大理石做成的护栏。楼梯面向校区内部，里面有很多丁香花，还有芦苇丛。芦苇是可以玩的，孩子们截下一段芦苇，将一端削尖，做成口哨吹。校园内有片空旷的野地，长着很多狗尾巴草，小时候我们叫它毛毛狗。毛毛狗呈月牙状，中间部分由鼓鼓的颗粒相衔接，表面长着毛茸茸的须子，有点扎手。一阵风吹来，毛毛狗就会弯着腰，随风摇曳，逗人怜爱。小朋友们每次见到毛毛狗都会欢呼雀跃，疯跑过去，抢着摘下一大把，编成各式玩意儿，还会比比谁编得更好看。

爸爸也常常带我去学校里的大操场玩，在那里可以跑步，还可以拉单杠和双杠。学校每次开运动会，爸爸也都领我去操场上看比赛，凑热闹。在我五岁多的时候，有一次操场上有人被打得头破血流，爸爸赶紧捂住我的眼睛，拉着我跑了出去。这件事是两年前和爸爸在操场上散步时，他告诉我的。爸爸问我还记不记得这场景。他很惊诧当时备受惊吓的我，对此事已经全无印象。

再说说学校的班车。当年下班之后，住在校区外的职工都会在校门口等班车回家。大人、孩子排成长长的几队，由不同的班车送往不同的目的地。印象中，学校好像有差不多十个班车呢。车站旁有几个告示牌，会张贴一些信息，便于通勤的人看见。等班车是最幸福悠闲的时光，大人们可以尽情地聊天，孩子们跑前跑后地玩耍。我们乘坐的那一路班车每次开进一部大院时，总有孩子翘首以待，拉着自己的爸爸或妈妈，说说笑笑地往家走。院子深处的角落有个大车库，班车就停在那里，好像可以存放两三辆车。

与班车有关的事，我还能记起两件，都发生在 20 世纪 70 年代。其一，学校放映外国电影《瓦尔特保卫萨拉热窝》，这在当年可是轰动一时。看厌了那八个样板戏的大人和孩子们，都争先恐后地登上班车，渴望一饱眼福。于是班车上挤满了人，严重超载。好不容易把人都硬塞进去，关上车门开了出去，不久就传来了坏消息，车子爆胎，半路抛锚了。最后电影有没有看成却不知晓了。其二，我上高中后不久的某一天，爸爸坐班车回家，进屋后兴冲冲地对我说："华放，给你看一首新诗。"我看完惊讶地问爸爸："这么动人的诗句哪来的？"他说等班车时在告示牌抄的。作者是中文系 77 级学生，中文系的老师也都在抄这首诗。爸爸又感慨道，由于名牌大学招生有年龄限制，黑大才有幸捞着如此才华横溢的学生。这位学生的水平之高，老师是根本没法教的。我一口气又读了好几遍这首诗，也从此记住了作者的名字。说起老师与学生，想起了爸爸的一个理论。他说："华放，告诉你吧，我教了一辈子书，见过各种天资过人的学生。我得出的结论是，学生有出息，都是学生自己聪明有本事，跟老师没啥关系。"爸爸不止一次地重提他这个理论。有一次我听后，忍不住调侃说："爸，您这不是自我否定，变相说自己没用吗？"爸爸有点尴尬地笑应道："我是认真的，不是开玩笑。"

闲暇时，爸爸常以阅读俄文小说或俄文科幻小说来消遣，这大概是他温习语言的一种方式吧。我上小学后，听爸爸讲过许多稀奇古怪的故事，多半来源于这些读物。岁月磨损了许多记忆，我能想起的，只剩下两个惊悚的片段。其一，说的是苏联有个顶级的科学机构，正在试验培育独立的人体器官。秘密实验室里，放着高低不同、大小各异的玻璃容器。容器内都装满福尔马林液体，浸泡着可握放的手、可屈伸的手臂，甚至会说话的头颅，等等。头颅从颈处断开，下面与各种管路相衔，再连接到各类监测仪器上。每天早晨，科学家一走进实验室，都先和那颗头颅道一声早安。然后边和他对话，边走到每个容器前面，查看其他肢体的存活状态。这颗头颅左右转动自如，目光追随着科学家的脚步，口中对答如流。小时候，我们住的楼道里是没有灯的，晚间人人都是摸索着上楼。在听完这个故事后，好长一段时间里，每次走进黑漆漆的楼道，我眼前就会出现那个会说话的头颅，被吓得魂飞魄散，赶紧三步并做两步，踉踉跄跄地跑回家。其二，说的是有两个长着两只眼睛的人，听说在一个遥远的孤岛上，生活着一个奇特的部落。部落里所有的人都只长着一只眼睛，这只眼睛长在鼻子的正上方。二人之一心生一计，对另一个人说，我们这里都是长着两只眼睛的人，要是能捉回一个长一只眼睛的人，然后卖票展览，岂不是可以发一笔大财？听者连连点头称妙。于是二人潜入该岛中。不料刚刚爬上岛，便被几个长着一只眼睛的人活捉了。他们说："你们看呀，这两个人好奇怪，居然长着两只眼睛。从明天起，我们就把他俩关进笼子里，环岛展出，这次我们可真要发大财了。"爸爸讲这个故事的用意大概是教育我，人不可过于算计、贪婪，否则偷鸡不成蚀把米。可我那时尚小，听完只觉得害怕，感觉这些长着一只眼睛的人要和我过不去了。黑暗的夜晚，总觉得有一只眼睛在天花板上晃。梦里也常有一群一只眼睛的人来抓我，我跑着跑着就被吓醒了。爸爸喜爱的另一部科幻小说是法国作家儒勒·凡尔纳的《八十天环游地球》。他最初读的是俄文译本，高兴就会给我讲一段。爸爸极力推崇这本书，后来还淘来一套中文版的送给我，再次与我一起追逐书中的探险历程和异域风情。

南岗区铁岭小学是我的小学。刚上学的时候，学校因危楼重建，暂时借用区教师进修学院的部分房间作校舍。这个学院紧挨着我们的家属院，我上课时，爸爸会推着妹妹，偷偷地透过玻璃窗看看我在课堂上的表现。有一次被我发现了，觉得在同学面前很丢人，赶紧挥挥手，示意他快走。爸爸也不生气，笑眯眯地走开。过几天忍不住，又会再来看看。我的成绩一向很好，爸爸最开心给我开家长会。每次回家都喜气洋洋，好像老师表扬他了一样。那时候流行学习小组，总有同学到我家一起做作业。孩子去别人家，通常对家长都有些发怵，但没有人害怕我爸爸，都说华叔叔和蔼可亲。爸爸也喜欢和我的同学搭讪，还一直记着一长串我同学名字，大侠、小英、伟力、卿玫、敬华、淑梅、梁迪、洪斌，等等，说起他们的故事如数家珍。

上小学三年级以后，老师闲来无事，开始对我的字感兴趣，经常在课下品头论足，还让同学照着练，慢慢地又发展到研究我的名字。记得有一次，班主任专门把我叫到办公室，问我："华放，你的姓和名都太特别了，到底是什么意思呢？"还刨根问底地追问我弟弟妹妹的名字。我只好如实招来，妹妹叫华夏，弟弟叫华汉。回家后我对爸爸说："我们老师问咱们家仨孩子名字的含义，能给我说说吗？"爸爸灵机一动，随口编排道，没什么意思，连在一起就是"下（夏）放的庄稼汉"。说完自己也忍不住大笑。我娇嗔道："爸，您能认真点吗，我们老师等着答案呢。"爸爸说，好吧。古汉语"华"和"花"是通的，所以"华放"可作"花放"，又可解为"才华横溢"。妹妹是夏天生的，所以叫"华夏"，华夏的另一个意思是"中国"。"华汉"和"华夏"的意思有点重复，都有"中国"的意思。华汉可解为"中华一汉子"。原来我们的名字里，还藏着父亲的家国情怀。

我的童年，应该在八岁时就画上了句号。因为爸爸妈妈都上班，我首先要学会热中午饭。妈妈给我搓了很多尺把长的纸捻子，放在灶台边的一个杯子里。中午，我把蒸锅里放上水和饭菜，然后踩着小板凳，把锅放在煤气炉上。先用火柴点着纸捻子，再用纸捻子点燃煤气热饭，这样避免烫着手。虽然没出过什么大事，但忘了放水，或水放得不够烧干锅的事也时有发生。在我九岁多的时候，已经可以做简单的晚饭了。收拾屋子、擦地板、买东西更是不在话下。每隔一段时间，我的任务还有给地板打蜡。步骤是，先要把地板擦干净，之后双膝跪地，一点点地把蜡涂满地板，并用抹布一寸寸地蹭匀。上了蜡的地板色泽鲜亮，光着脚在上面走来走去，也算是一种享受。

爸爸对汉语情有所钟。他喜欢抄古诗词，也时而作律诗。爸爸告诉我，真正的大家都是文理贯通的。他还找来大数学家华罗庚的诗给我读，以佐证其观点。我清楚地记得，爸爸陪姜叔叔住院，做胃的部分切除手术。他震惊于壮年的朋友所经历的病痛折磨，术后也常情不自禁地哀叹。爸爸还特意作了首七律，记述那个艰难的时刻，并读给我听。爸爸也曾为我们仨各自写过一首逗趣的打油诗。给我的那一首，活脱脱地勾勒出当初的我：

《小咪》

钥匙绕颈挂，拖布尤横拿。
屈指打油醋，踮足烧饭茶。
迎宾权代父，抚妹屡充妈。
莫道八龄女，俨然一管家。

爸爸，您在天堂里，还能听到我背诗吗？

锦瑟无端五十弦，一弦一柱思华年。
庄生晓梦迷蝴蝶，望帝春心托杜鹃。
沧海月明珠有泪，蓝田日暖玉生烟。
此情可待成追忆，只是当时已惘然。

愿父亲在天之灵安息

大女儿华放敬上

2021 年 1 月 5 日清晨 7 时 40 分一稿完

后记

爸爸，您驾鹤西去已经整整两个月了。未能见您最后一面，也无法为您送行，这是我心中永远抹不去的痛。

爸爸，思念您的时候，我会一个人望着星星发呆，也会缩在无人的角落，不停地涂涂写写。我梦到您的背影，在星空中慢慢地转过身，笑吟吟地向我走来。我也窥见您的生命，在我凄然垒起的文字间闪烁，通达笃定，波澜不惊。

二

时光摇晃着岁月的沙漏。往事飘落坠如沉沙。凡俗的庸碌把人抛入黑洞，在陀螺般劳作中眩晕着，无暇回首过往。唯有彻骨的思念，犹如来自天宇的一道光，照亮着记忆深处的沙滩。我用心拾起那些尘封的沙粒，对着阳光一一仔细端详。原来，每一粒都那么棱角分明，每一个切面都光滑如鉴。岁月如梭，年华暗换，而手中的细沙却如铜镜，留住亲人们昔日真切的模样。

我彻底地告别京城，是 1969 年初。因为转年要上小学，爸爸把我从奶奶家接回哈尔滨。一进家门，见床上坐着个胖娃娃，一见爸爸就笑嘻嘻、颤巍巍地扑了过来。爸爸指着她兴奋地说："小咪快来看看，这是你妹妹，名叫夏夏。"于是我第一次知道自己有了个妹妹。那时，妹妹已经 8 个多月了。妹妹出生于 1968 年。听爸爸讲，那年国家的经济从 "三年自然灾害" 开始恢复，物资不再那么匮乏。妈妈坐月子时，可以买到母鸡了，因此奶水很充足。妹妹长得白胖白胖的，小胳膊小腿都圆圆的如小猪肘一般，十分逗人喜爱。严格讲来，妹妹是父母亲自抚养的第一个孩子，因此非常用心，也很辛苦。写到这，眼前浮现出妈妈用背兜把妹妹绑在身后，骑着自行车出门的画面。

爸爸经常推着妹妹，带着我，去对面的医大卫生系玩儿。卫生系的楼原来属于哈外专（黑龙江大学前身），旧称老外专白楼。楼前是个长方形的平整的大门厅，高度大约与二楼相当。门厅左右是两个斜坡，逐渐与地面衔接。每次我都把妹妹的小车拉到门厅处，然后向下轻轻一推，小车会顺着斜坡加速下滑。在坡下等着的爸爸哈哈大笑着，接住小车和妹妹。这个游戏一次次地重复着，我们一阵阵欢笑着。小小的斜坡，是否还隐约可见当年那些快乐的车辙？

爸爸也时常招呼我："走，小咪，我们推夏夏看火车去。"跨过家门前的大直街，穿过医大卫生系的院子，就是鞍山街。顺着鞍山街很快会走到一曼街。一曼街的尽处是个上坡，那里是个制高点。节日时站在坡上向远眺望，江畔防洪纪念塔燃放的礼花清晰可见。而向下俯瞰，则是两排进出的火车轨道。一听到传来震耳欲聋的轰轰声，就知道那老式的绿皮火车快来了。随着 "呜……"的一声长鸣，火车像蟒蛇般扭曲着驶来，一股黑烟摇曳着腾空而上。除了放花之外，这是我小时候见过的最壮观的场面了。每次火车一来，我们仨都很兴奋，妹妹当时还不大会说话，但会从儿童车中站起身子，撅着小屁股拍着手欢呼，还指着火车，示意她想下去。那胖乎乎的拙朴样子，十分讨人喜爱。民间有个说法，若勤给幼儿剃头，孩子长大后，头发会长得又浓又密。爸妈对此深信不疑，所以总把妹妹的头发剃得短短的。有一次，爸爸单独推妹妹出去玩，回来后神气活现地说："知道吗，今天一路上都有人问我，你家这大胖儿子是怎么养的啊？"得意之情，溢于言表。

爸爸喜欢带我们去的另一地方是家属院附近的俄罗斯人的墓地。从家属院出门左转，是一个东正教教堂，全名为圣母帡幪教堂。这个教堂曾用作哈外专的大教室，是爸求学时上大课的地方。紧挨着教堂的左侧，便是那片墓地。20世纪初，哈尔滨已经是一个颇具规模的国际大都市，光俄罗斯移民就有超过一百万人。我小时候，周围还住着一些中俄混血儿。那些残破的墓碑有点阴森、恐怖的感觉。小朋友之间提起那个地方也都神经兮兮的，语调里透出欲说还休的诡秘。那片墓地占地很大，墓碑多挤在后面，而前面靠大直街的一侧比较空旷，生着些杂草，不知何时被开辟成一个小公园，里面有几个破旧、简陋的铸铁玩具，记得有一个转椅、一个跷跷板、一些铁杠子，好像没有秋千。爸爸喜欢把妹妹放在草地上，看她姗姗学步，并与我一人在一头接着她，防止她摔倒。有时抱住妹妹坐在跷跷板一端，而让我坐在另一端。看着跷跷板上下翻飞，爸爸笑得心满意足。

妹妹从出生到长大，正是样板戏盛行的时期，妹妹也模仿着唱样板戏，跳芭蕾舞。她当时太小，吐字不清，总把"芭蕾舞"说成"芭两舞"。爸爸闲来便喜欢逗她，说："来夏夏，过来给爸爸跳个'芭两舞'。"边说边把她放在大腿上，开心地看着她一只脚踩着他，另一脚伸展在空中，手舞足蹈。邻居刘叔叔也很喜欢妹妹，他的腿是妹妹立足的另一个舞台。当年，爸爸和刘叔叔的共同娱乐之一就是一起看夏夏表演，一起开怀大笑。

爸爸曾为妹妹写过一首诗，活灵活现地描述出她儿时粉嫩娇憨、天真烂漫的样子：

《小夏》

面似粉团肘似藕，咿呀稚语蹒跚走。
耍驴猪泪腮边留，搴虎娇声耳忌喉。

舞跳芭蕾挺短足，戏学样板鼓圆口。

不解别父远行忧，憨笑频招再见手。

后来，爸妈整天忙着开会学习，越来越无力顾家了。记得有一个周末，日托的小朋友都回家了，只有妹妹和几个整托的小孩在幼儿园里。爸爸让我偷偷去看看妹妹。见她隔着栅栏眼巴巴地望着我，我只能塞给她几块糖，说："夏夏，爸妈都不在家，姐姐不能接你回家，你乖乖听阿姨的话啊。"说完赶紧转身溜走，免得看见她委屈的眼泪。

从爸爸的手稿中，我还看到爸爸作的一首诗，把自己对亲人的思念表达得淋漓尽致。

《月夜》

徘徊寻影影随身，恍惚拨灯灯不明。

望尽游云生满月，吹熄昏火忆亲人。

清辉应照两行泪，洁雪可彰一片心。

斜卧闲床抚幼女，颦眉侧耳候敲门。

爸妈曾把妹妹托送给一个姓于的人家。于阿姨没什么文化，但善良、勤劳，待妹妹也很好。于家有六个孩子。大女儿叫淑君，麻利能干，我总记着她一次飞快地擀出十个饺子皮的情景。小女儿叫淑兰，甜美乖巧，把夏夏当成自己的亲妹妹。夏夏在于家一住就是一两年。爸妈带我去看她时，大家总爱逗她说，夏夏，妈妈呢？她就指着于阿姨叫妈妈。姐姐呢？她就指指淑君、淑兰叫姐姐，引得众人哄堂大笑。妹妹俨然成了于家七闺女。不知当初，爸妈听着妹妹无忌的童言而欢笑时，内心深处是否藏满无助与心酸。多年之后，爸爸每每和我提起这番往事，总是非常自责，说错过了对妹妹早期教育的最好时机。

1971年初秋的某一天，我清楚地记得，那天我正在院里和小朋友疯玩，住3号门的薛阿姨恰巧也在院里。她见了我，便柔声细语地招呼着："咪咪，过来，告诉你一件事。"我应声跑过去。薛阿姨低下头来，慈爱地说："咪咪，你知道妈妈肚子里有什么吗？"我懵懵懂懂地摇摇头。薛阿姨说："告诉你吧，有个小弟弟，你要当大姐姐了。"我听后先是一愣，然后傻笑着，半信半疑地跑开了。第二年春天，弟弟出生了，那一年爸爸四十二岁。他老来得子，欣喜若狂，有诗为证。

> 日近临盆喜，尤添弄瓦忧。
>
> 遽行察举步，闲坐占星阄。
>
> 但冀荷锄儿，岂求挂印侯。
>
> 掩卷黄昏后，童歌伴白头。

我一直隐隐觉得，爸爸是有点传宗接代的封建思想的。"遽行察举步，闲坐占星阄"把他那种求子心切的惴惴不安暴露无遗，让我抓到了铁证。呵呵，连是"荷锄儿"还是"挂印侯"都不计较了，只要是男儿就行。弟弟乳名叫亭亭。我曾正式对爸爸提出过抗议，问他为什么给弟弟取个女孩子的名字。爸爸乐颠颠地说他起着玩儿的。"亭"谐音停止的"停"，意思是我们家的人口从此打住。可见生了弟弟，爸爸才觉得完成了传承香火的使命，从此人生圆满，得以告慰华家祖先了。也许在他心里，女儿终究会嫁外姓人，不能算数。我和妹妹长大后，没少以此为乐，一唱一和地嘲讽老爸。

弟弟小时候长得头大面圆，两腮鼓鼓，皮肤黧黑，一双大眼总在滴溜溜地乱转，一副机灵鬼的样子。用当时流行的土话形容就是，"这小孩长得球得乎乎的"。弟弟一两岁时总是爱哭，且哭起来声音洪亮，底气十足，吵得左邻右舍都不得安宁。爸爸哄孩子有两招绝活。一招是把屋里的大灯关上，用一个小灯把他摆出的动物手影造型打在墙上，还不断念叨着，亭亭快来看，大老虎来了，大灰狼来了，来吃小白兔了。弟弟望着墙上的手影发呆，哭声会戛然而止。爸爸的另一招更绝，他称之为"打打摸摸"。只见爸爸坐在椅子上，左手摊开，掌心向下，平放在左侧的大腿上。右手则握拳，放在右侧的腿上。口中念念有词，"打打摸摸，打打摸摸……"四字一句，循环往复，以至无穷。一句之内，摊开的那一只手摸着大腿前后运动，而握拳的那只手则敲打着大腿上下运动。句与句之间，左、右手的动作则要迅速切换。每次看爸爸表演，我们都眼花缭乱，弟弟也顾不上哭闹了。我睁大眼睛观察着说，这好像很简单吧。爸爸笑眯眯地说："不难，要么你来试试？"语调中暗含挑战之意。我说试就试，照猫画虎。一边比比画画，一边念念有词，不想两句下来，就方寸全乱。该"打"的手在

"摸"，该"摸"的手在"打"，两只手的动作全然失去协调，无以控制。年少时，这个戏法我尝试过许多次，屡试屡败，根本达不到爸爸的境界。我每每娇嗔道："咦，爸您怎么弄的，教教我呗。"起初爸爸还耐心地给我示范，但N次之后，见我仍不得要领，认定朽木不可雕也，便彻底放弃了。更可气的是，我若再央求他教我，他会添油加醋地调侃说，这是独门绝技，传男不传女。

弟弟小时候有很多故事，最传奇的一个发生在1977年6月1日。

当年家中的大衣柜里永远挂着爸爸的两套西装，一套藏蓝色的，一套浅米色的。西装的面料、衬里俱高档，做工亦精致、考究。夹在紧挨着的灰暗的卡叽布衣服之中，真是"鹤立鸡群"。爸爸告诉我，这两套毛料衣服是他1957年去苏联留学前定做的。我曾几次央求爸爸穿给我看看，他都不搭茬。我还说这么漂亮的衣服压箱底，不是浪费吗？

1977年六一儿童节这一天，他忽然心血来潮，居然换上了一套西装，而且是那套我更偏爱的浅米色西装。将近二十年后，衣服仍然妥帖合身，裤线依旧平整笔直。穿上西装的爸爸风流儒雅，玉树临风，真把我看呆了。爸爸就穿着这么一身"不合时宜"的西装，带着我和弟弟去逛儿童公园了。从门栋一走进院子，马上就有孩子惊叹："哟，华叔叔今天真漂亮！"走上街头，回头率更是百分之百。

那天儿童公园里人头攒动，熙熙攘攘，热闹非凡，而且出人意料地出售一些平日里稀缺的食品。小学生均是由学校组织整队前往。每个学校都表演不同的节目，有大合唱、集体舞、打腰鼓，还有用花环编队形的，八仙过海，各显其能。妹妹画着个大红脸蛋，也和一群小朋友代表铁岭小学去演出。记得当年演出是用油彩化妆的，但遇到大型活动，老师干脆直接把红粉笔碾碎，胡乱涂在孩子脸上，简单、快捷、粗暴。至于石灰做的粉笔会不会把孩子的小脸烧坏，没有家长提出质疑。妹妹演出结束后，爸爸带着我们仨一起去坐小火车，打秋千，玩各种游戏。记不清什么原因，我带妹妹提前回家了。我们进了院子并不急着进楼，而是一如既往地和小朋友玩会儿再说。不知过了多久，忽然有个小孩慌慌张张地跑过来，冲着我大嚷："不好了，你弟弟丢了。你爸爸正通过公园里的大喇叭播放寻人启事呢。"我一听就急了，赶紧跑上楼告诉妈妈这个坏消息。大家焦急地合计着接下来怎么办。这时候，弟弟忽然推门进来了，一看见我就扑进我怀里，委屈地放声大哭，说找不到爸爸了。我欣喜若狂，搂住弟弟又亲又抱又胡撸瓢，一顿表扬、鼓励、宽慰，然后急忙跑向公园，把这个好消息告诉爸爸。

一进公园，就听见大喇叭里循环播放着，"华汉小朋友请注意，听到呼叫，请到广播室来，你的爸爸正在等你"。再走一会儿，迎面正撞见脸色苍白、汗流满面、狼狈不堪的爸爸。他身上的西装也变得邋邋遢遢、皱皱巴巴。我告诉爸爸，弟弟回家了，他才长长地舒了一口气，说自己跑来跑去，在公园里找了十几趟了。我问爸爸怎么会把弟弟丢了。他说："人群乱哄哄地往前拥挤，传说是前面在卖豆腐干。我也想买点回家，给你们尝尝，又怕挤坏弟弟，就把他放在一个石狮子上，说，亭亭坐着别动哈，爸爸去看看马上就回来。可一转身的功夫，孩子就不见了……"至于当时五岁出头的弟弟是怎样从人山人海的公园里走出来，又自己找回家的，便永远成了个谜。要知道，从公园到我们家，横横竖竖地要走过许多条街，就是坐有轨电车，也有两三站呢。多年之后，弟弟在初二的一篇作文里记述了这个娃娃历险记，大致是这么写的——他坐在石狮上紧盯着爸爸，生怕丢了。可几分钟之后，人头攒动，他完全分不清哪个是爸爸了，吓得赶紧从狮子上爬下来找。下来更懵了，四面八方全是陌生人的面孔，他就哇哇哭了起来，哭了几声，想起了拍花（当地的土话把拐骗儿童叫作拍花，民间一直流传着拍花的恐怖故事，孩子们或多或少都有所闻）的故事，生怕被坏人拐走，赶紧止住，并决定自己回家。弟弟写道："我朝着太阳的方向，一直往前走啊走啊，不知道过去了多长时间，看到了熟悉的大直街，心里怦怦直跳……就这样，我竟自己就走回了家。"

从此，翻讲爸爸把儿子丢了的故事，便成了我们家的一个保留节目。成年后的我和妹妹更爱以此为乐调侃老爸。一个说："谢天谢地，华汉自己找回家了。爸，您要真把宝贝儿子丢了，怎么对妈妈交代呢？"另一个架秧子说："是呀，这儿子可是老华家的单传啊，要是弄丢了，不是愧对列祖列宗吗？"爸爸在一旁啼笑皆非，却无以反驳，只好一边毫无底气地训斥我们俩真是没大没小，一边抿嘴笑着赶快溜走。

弟弟在我心里，自此也就成了神一般地存在。我经常问爸爸："爸，咱家是不是亭亭最聪明？"爸爸总是笑而不答，大概怕留下偏向儿子的口实。但爸爸对弟弟的疼爱一目了然。爸爸教弟弟背古诗、写作文，也和他一起做几何题。当然，父子俩聊得最多的还是历史。上下五千年，都成了家里饭桌上侃大山的题材。两人总说得滔滔不绝，眉飞色舞。有时一唱一和，有时争论不休。之后我因离家去外地求学错过了许多故事，但清楚地记得，弟弟考大学的第一天，爸爸执意要和我们一起送他去考场。考场之外，妹妹悄悄把我拉到一旁，满脸坏样。她说："姐，你看哈，咱家孩子考大学，你是自己去的，我是你送去的，可华汉是咱仨一起送来的，陪考人数逐年有所增加呀。"我心领神会地接道："可不是吗。也不知道考上大学的概率是不是和送的人数成反比呢？"说完两人相视捧腹大笑。我自知失言，赶紧补充道，乌鸦嘴，可不敢乱讲。妹妹给我讲的另一个段子是，弟弟上大学去报到，爸爸全程奉陪，一边亲自领着他办各种手续，一边唉声叹气地说："现在的孩子，真是越来越不独立、越来越没用了。你大姐上大学的时候，可是一个人带着行李，只身去外地上大学的呀。"我顺势笑道："咱爸啥时候变成九斤老太了？"

小时候全家在一起最美好的时光是去松花江野游。去得最频繁的时段，应该是在 20 世纪 70 年代中期。每次出发之前，爸爸都要蒸上一大锅白馒头，再买个豆豉鲮鱼罐头带上。周六的清晨，全家会一大早起床。吃过早饭，牵着妹妹，推着弟弟，我们就出发了。看着这一队人马，院子里总有人感叹，说你们家人真有劲头。爸爸的回应是，家里太拥挤，孩子又小，反正干不成什么事，不如去江边晒晒太阳。

从我们家到松花江边，要倒两次公共汽车。先到达防洪纪念塔，然后买票乘大船过江，去太阳岛或江心岛。偶尔也会租小船自己划过江去。记得有一次，爸爸和我划小船渡江时遇到了狂风大浪。我们俩竭尽全力才控制住打旋的小船，真可谓惊心动魄。那时的江北充满迷人的自然风光，不像如今，一开过江便是宽阔的柏油马路、鳞次栉比的房屋，比江南更像城市。一眼望去，我童年的记忆顿时迷失在这些刻意的开发里。爸爸更喜欢江心岛，因为岛上没有任何建筑，也没有大树，更鲜有游人。荒秃秃的沙滩上，时而会冒出些野生小树丛。我们在其中之一的背阴处铺上一块油布，把好吃的摆在上面，便算安营扎寨完毕了。然后每个人都急不可待地换上泳衣，兴奋地呼叫着冲进水里。

爸爸属于典型的大脑过度发达而小脑发育欠缺的那类人，表现之一在于不擅长运动。传说叔叔曾在北京的旧宅外教他学自行车，车子在胡同里七扭八歪，横冲直撞，怎么也不能上路，最后只好作罢。于是爸爸一生也不会骑自行车。这在当初的中国绝无仅有，当然也就成了家人调笑的谈资。可是一到江里，爸爸便如鱼得水。他经常自嘲又骄傲地说："游泳是我唯一擅长的体育项目。"据他自己讲，这是因为他出生在汉口，长在长江边上。爸爸水性不错，曾屡次参加学校组织的横渡松花江的活动。

一下水，爸爸就变成了全家的游泳教练，教妈妈蛙泳，教我仰泳，教弟弟妹妹在水里漂。写到这，眼前浮现出妈妈穿着那件老式的蓝底白格的游泳衣，头在水中一沉一浮，紧张地学换气的样子。爸爸曾在背后窃笑着对我说："你妈学游泳，十年都在一个水平，总也游不出二百米。"还记得有一次妹妹在浅滩玩，不小心踩进江底的一个坑，跌入水中。爸爸眼疾手快，一把就把她揪了出来。妹妹虽然呛了水，受了点惊吓，但无大碍。爸爸有时把弟弟背在身上，让他的小手搂紧自己的脖子一起游，而我则经常和爸爸比谁漂的时间更长。因此仰泳一直是我在水中最擅长、最自如的姿势。

比游泳更快乐的，是野餐。虽然全部的食品就是一锅白馒头、一个豆豉鲮鱼罐头和一点水果，但在当初那个连白面都限量供应的年代完全可以称为盛宴。爸爸蒸的馒头绝对是超一流的，这是他经常和我们同单元的孙阿姨在厨房切磋的结果。那时候没听说过有发酵粉，全靠上次和面留下的一小块面发酵。爸爸告诉我这叫面肥。两家无论谁发面，都会给对方多留一块面肥。在这面肥的催发下，爸爸蒸的馒头松软白嫩，含在嘴里会像糖一样化掉。上岸后，我们全家围坐在一起，爸爸递给每人一个大白馒头，再夹上一块鲮鱼，那个香啊，现在想起来都让我直咽口水。吃完饭，爸爸通常会说："你们都在岸上晒会太阳，我自己去游一会儿。"写到这，我眼前清楚地浮现出这样熟悉的画面——爸爸向我们挥挥手，以极漂亮的自由泳姿势，一边奋力挥臂，一边侧头吐水，只身向深水游去，转眼就没影了。但过一个小时左右，他总会游回来，手里还时常举着贝壳、蛤蜊或别的什么宝贝，得意地对我们炫耀着："看看爸爸找着什么了？"

可如今，爸爸游去了彼岸，再也不会回头了，正应了那两句诗词："世事一场大梦"，"自是人生长恨水长东"。

愿父亲在天之灵安息

大女儿华放敬上

2021 年 3 月 5 日清晨 7 时 40 分一稿完

后记

爸爸，今天是清明节。您走 4 个多月之后，老叔也去找您了。家族连失两位长者，如果上苍有灵，也会泪飞顿作倾盆雨吧。

爸爸，您不断地走进我的梦里。昨天晚上，我又梦见您了。我看见您穿着藏蓝色的西装，满脸慈爱地坐在饭桌旁。我站在您的身后，双手搭在您的肩上，一如既往地和您说笑着，并顺手帮您掸了掸肩上的灰尘……可醒来时，天上空荡荡的，只有一朵孤云。

爸爸，还记得我上高中时，您给我讲黑洞吗？最近，我又开始读关于时空的书了。我想弄明白，时间是否只是人脑的臆想，平行宇宙是否存在，生命的本质究竟是什么。多年前，初读斯蒂芬·威廉·霍金（Stephen William Hawking）的《大设计》（*Grand design*）之时，我想知道的是，人类从哪里来，又向哪里去。最近再次翻开他的书，我只想知道，我爸向哪里去了。

上穷碧落下黄泉，天上人间会相见。

2018 年携父亲回北京与其兄弟姐妹团聚

父亲手迹

1997 年与外孙宽宽在一起

2007 年与孙女娜娜在一起

2001 年密歇根州万圣节与孙女悠悠、
外孙然然在一起

2001 年佛罗里达州迪士尼乐园

2001 年 6 月 27 日罗切斯特市和外孙女
悠悠在一起

唁函、唁电

学为人师　行为世范

——沉痛悼念我国俄语教育事业和语言学先驱华劭教授

各位领导、各位嘉宾、各位亲朋好友：

白山低头，黑水垂泪，苍松垂肃，翠柏含悲。今天，我们怀着沉痛的心情和无比的哀思，在此深切悼念我国著名俄语教育家、语言学家、黑龙江省原政协常委、中国俄语教学研究会原副会长、国家级重点学科带头人、黑龙江大学博士生导师华劭教授，先生于 2020 年 11 月 5 日 7 时 40 分因病医治无效，在哈尔滨与世长辞，享年 91 岁。

华劭先生 1930 年 6 月 13 日出生于湖北汉口，是新中国培养的第一代俄语语言学工作者。1949 年考入华北大学参加革命，1949 年 4 月奉调进入东北联军哈尔滨外国语专门学校学习，1951 年毕业后留校任教，1957 年至 1959 年留学莫斯科大学语文系，1982 年晋升为教授，成为我国俄语学科最早的博士生导师，1990 年荣获俄罗斯政府颁发的普希金奖章，1991 年受国际俄语教师联合学邀请，赴莫斯科国立大学访问，1992 年享受国务院特殊津贴，2016 年荣获"中国俄语教育终身成就奖"。历任黑龙江大学俄语系主任、俄语研究所所长、国家级重点学科带头人、教育部人文社会科学重点研究基地俄语语言文学研究中心学术委员会主任、黑龙江省政协常委等职。

先生学为人师，行为世范，长期从事俄语教学与研究工作，毕生心血都奉献给了我国俄语教育事业，为俄语学科建设、人才培养、科学研究、文化传承等做出了卓越贡献。在共和国诞生之初，没有教材，他自己编写；没有老师，他自己求索。先生作为主要编者的《现代俄语通论》问世于 20 世纪 50 年代末，是我国第一部现代俄语理论教材，开启了我国俄语人才培养和学术研究的新时代，在随后的半个多世纪里，先生不断开拓进取，在语言学理论方面辛勤耕耘、潜精研思，其丰硕的研究成果和广博的学术思想滋养和陪伴着我国一代又一代俄语学者的成长和发展，引领着他们一步步迈向自己事业的巅峰。

在 1966 年至 1976 年那个特殊的年代，先生自力更生、艰苦奋斗，潜心学术研究。十年磨剑，亮剑益世，1979 年他主编的《现代俄语语法新编》（句法）成为我国俄语句法学研究的重要标志，是我国俄语学者有史以来首次赶超世界前沿的壮举，可歌可泣！

1990 年，先生领衔翻译了苏联科学院 1980 年《俄语语法》，成为国内俄语学者的案头书和全国俄语院系研究生必备参考书，是我国俄语语言学科学引进国外先进学术思想和研究方法的巅峰之作，至今无人超越。

2003 年，先生的传世经典之作《语言经纬》问世，是我国首部以俄语为语料的普通语言学著作，成为我国普通语言学研究赶超世界语言学前沿、获取相应话语权道路上的重要里程碑。

一滴滴汗水，一座座丰碑，部部是杰作和精品。

先生一生德高望重，泽被后学，为新中国建设和龙江经济社会发展培养了大批优秀人才，为俄语学科不断发展壮大输送了人才中坚力量，用自己的心血和汗水培养了蒋国辉、邓军、孙淑芳、张中华、彭玉海、郝斌、李洪儒等七位博士和王永、蔡晖两位博士后，以及如今奋战在各行各业的众多本科生和硕士研究生。先生从来就没有门户之见，即使已经年逾 80，依然认认真真阅读其他老师指导学生的学位论文，启发、点拨他们开展学术研究。甚至临终前躺在病榻上，克服常人难以忍受的病痛，还把自己对普通语言学、俄语语言学等学科的珍贵思想毫无保留地传授给年轻一代学者。先生累了，先生走了，但他没有忘记生他、养他、培养他的国家、民族和自己的母校——黑龙江大学，他给我们留下了自己宝贵的学术思想，为我们培养了学科的后继人和科研的传承者。

无论是民族还是学术，都需要脊梁，同样也需要传承者。先生一生淡泊名利，以行为世范，既是中国语言学和俄语教育的开拓者、建设者，也是中俄文化交流的传承者、先行者。华劭先生的逝世不仅是黑龙江大学的巨大损失，也是中国俄语学界和教育界的巨大损失。他的离去使子女失去了慈祥的父亲，妻子失去了挚爱的丈夫，学生失去了敬仰的老师。他虽离我们而去，但他终生勤奋治学、用心育人、勇于创新的精神和以身垂范、嘉惠学林的高贵品格将光照后世，永远铭刻于我们的心中。先生，请放心，您的学术思想，我们将继承；您开辟的学术道路，我们将沿着它阔步前行；您学习、工作的母校，将一定会蒸蒸日上，蓬勃发展！

91 道年轮，91 级台阶。先生虽逝，文章留世功千古；桃李芬芳，教诲铭心传百载。先生，您辛苦了！音容宛在，馨香不散，德范长存，流洒人间。愿天堂无病痛，愿您在天堂里长眠安息、一路走好！

华劭先生治丧委员会

2020 年 11 月 7 日

发来唁电和敬献花圈的单位有：教育部高等学校外语类专业教学指导委员会俄语专业教学指导分委员会、中国俄语教学研究会、商务印书馆有限公司、北京大学、北京外国语大学、北京师范大学、上海外国语大学、解放军信息工程大学、南京大学、山东大学、首都师范大学、四川外国语大学、东北师范大学、哈尔滨师范大学、哈尔滨理工大学等 19 家单位。

敬献花圈的单位和个人还有：中西语言哲学研究会、韩礼德语言学国际研究会、中国语用学研究会、黑龙江省俄语学会、黑龙江大学研究生院、俄语学院、俄罗斯语言文学与文化研究中心和黑龙江大学出版社等，以及中国驻俄罗斯原大使李风林、黑龙江大学校友吴国华、天津外国语大学原副校长王铭玉、浙江大学资深教授王仰正、黑龙江大学资深教授郑述谱、金亚娜、邓军，以及先生培养的博士和博士后等人（蒋国辉、孙淑芳、郝斌、彭玉海、李洪儒、王永、蔡晖、陈雪清、黄忠廉、刘丽芬、黄东晶、孙敏庆）。

唁　电

黑龙江大学俄语学院：

惊悉华劭先生溘然仙逝，俄语学界同仁不胜哀痛，深致哀悼。华劭先生是我国著名俄语教育家、俄语理论语言学泰斗，尤以俄罗斯理论语言学、语法学、语义学成就最为卓著。华劭先生终生勤奋治学，道德文章，堪称楷模，学为人师，桃李芬芳，行为世范，嘉惠学林。俄语学界同仁受教先生者众多，受益先生著作者更是不知凡几，对华劭先生恬淡冲和的人生态度、敬业奉献的专业精神、关爱他人的仁者情怀、雍容谦和的大师风范万分景仰。华劭先生的逝世是我国俄语学界和教育界的重大损失。

教育部外指委俄语分委会谨对华劭先生的逝世表示深切哀悼，并向家属表示亲切慰问！华劭先生永垂千古！

教育部高等学校外语类专业教学指导委员会

俄语专业教学指导分委员会

2020 年 11 月 5 日

中国俄语教学研究会
Китайская ассоциация преподавателей русского языка и литературы
地址：北京市海淀区北京大学王克桢楼405室　邮编：100080
电　话：010-62760696　　传真：010-62760696
E-mail: office@kaprial.org.cn
КАПРЯЛ

唁　电

华劭先生治丧委员会：

惊悉华劭先生不幸辞世，特致唁电表示沉痛哀悼。

华劭先生一生致力于中国俄语教育事业，对学术孜孜以求，为俄语教育事业的发展做出了杰出贡献。他品德高尚，言传身教，提携后学，堪称楷模，赢得了俄语学界的尊重与爱戴。

华劭先生的逝世是我国俄语学界的重大损失！

中国俄语教学研究会及所有成员单位沉痛悼念华劭先生，并向华劭先生亲属表示诚挚的慰问。

华劭先生永垂不朽！

中国俄语教学研究会
2020 年 11 月 5 日

商务印书馆有限公司

唁 电

华劭教授治丧委员会：

惊悉黑龙江大学俄语学院原俄语系主任、俄语研究所所长华劭教授因病不幸辞世，深感悲痛并致以沉痛哀悼！

华劭教授终身致力于俄语和语言学的教学与研究，在长期的学术交往中与我馆建立了深厚的友谊。他编写了《现代俄语语法新编》《语言经纬》等多部享誉国内的俄语语义、语用、语法和语言学专著，参与编写了我国使用面最广、影响最大、权威性最强的一部大型综合性俄汉双语词典——《大俄汉词典》，促进了国内俄语学科的发展，其治学精神和学术成就将永远嘉惠学林，激励后学。

华劭教授仙逝，使我们失去了一位可亲可敬的作者，一位德高望重的学者，是国内俄语学界的重大损失。

商务印书馆对华劭教授的逝世致以深切的哀悼，并向华教授的家属表示衷心的慰问，尚祈节哀顺变。

商务印书馆

2020 年 月 5 日

北京大学外国语学院

School of Foreign Languages, Peking University

唁电

华劭先生治丧委员会：

惊悉华劭先生仙逝，深感悲痛。

华劭先生是我国俄语学界著名语言学家，他将毕生的精力献给了中国俄语教育事业，为俄语学科的建设与发展以及人才培养作出了卓越的贡献，他的《语言经纬》《现代俄语语法新编》《俄语语法》等经典著作为一代代俄语学人提供了无尽的学术滋养，是后辈学人永远敬仰和学习的典范。

华劭先生的逝世是我国俄语学界的重大损失！

北京大学外国语学院及俄罗斯语言文学系全体师生沉痛悼念华劭先生，并向华劭先生亲属表示诚挚的慰问。

华劭先生千古！

北京大学外国语学院

北京大学外国语学院俄罗斯语言文学系

2020 年 11 月 5 日

中国北京市海淀区颐和园路5号 100871
No.5 Yiheyuan Road, Haidian District, Beijing 100871, P.R.China

唁　电

华劭教授治丧委员会：

　　惊悉华劭教授仙逝，甚为悲痛！华劭教授是我国俄语界著名学者，长期从事俄语、普通语言学的教学与研究工作，为中国俄语教学做出卓越的贡献。

　　忆往事，历历在目，悼故人，倍觉思念。华劭教授终生勤奋治学，老而弥笃；诲人不倦，桃李芬芳。今先生遽然西归，是我国俄语界和教育界的一大损失。兹特致唁电，表示沉痛的哀悼，并向其家属表示深切的慰问！

北京外国语大学俄语学院

2020 年

北京师范大学
BEIJING NORMAL UNIVERSITY
外国语言文学学院

SCHOOL OF FOREIGN LANGUAGES AND LITERATURE
BEIJING NORMAL UNIVERSITY
Add: No.19 Xinjiekouwai St. Beijing 100875, P. R. China
Tel: 86-10-58807678
Fax: 86-10-58809393
http://www.sfll.bnu.edu.cn

唁电

惊悉俄语学界一代名师华劭先生驾鹤西去，我们深感悲恸，先生有如枝繁叶茂的苍松，用他深厚的学养，几十年来为我国俄语学科培养了一代又一代英才。今日先生离去，作为俄语学人，顿觉失去了一直在守护我们的清凉。也请贵单位节哀顺变。

先生之名，光耀千古，师德儒风，永垂世范！

北京师范大学俄文系
北京师范大学俄罗斯研究中心

地址：北京市海淀区新街口外大街19号 邮编：100875
电话：010-58807678 传真：010-58809393
http://www.sfll.bnu.edu.cn

唁 电

华劭先生治丧委员会：

惊闻中国俄语界著名学者、普希金奖章获得者、语言学家华劭先生逝世，深感悲痛！上海外国语大学俄罗斯东欧中亚学院对华劭先生的逝世表示沉痛哀悼，并向华劭先生的家人致以深切慰问。

华劭先生曾任黑龙江大学俄语系主任、俄语研究所所长、中国俄语教师联合会副会长，毕生致力于俄语教学与研究工作，著述编译，硕果累累。为黑龙江大学俄语国家重点学科、乃至全国俄语事业的建设和发展，做出了不可磨灭的重要贡献。华劭先生的《语言经纬》一书被教育部推荐为研究生教学用书，先生参与编译的《俄语语法》，已成为国内俄语学者的案头书和大多数俄语院系研究生的必修教材。

华劭先生的逝世，是中国俄语界的巨大损失，先生创造的学术和科研成就将永远镌刻在我们心中。

华劭先生千古！

上海外国语大学
俄罗斯东欧中亚学院
2020 年 11 月 5 日

唁 函

黑龙江大学俄语学院：

　　惊悉华劭老师仙逝，我们深感哀恸。华劭老师为我国俄语教育事业奉献了毕生心血，在俄语教育领域成就卓著。华劭老师治学严谨，成果丰硕，泽被后学，桃李天下，堪称学界楷模。华劭老师的离世，是我们俄语界的一大损失。我们失去了一位可钦可敬的前辈、一位高山仰止的榜样。我们对华劭老师的逝世表示深切哀悼，并将永远铭记华劭老师的高尚品格，发扬他的治学精神，光大俄语事业。

　　华劭老师风范永存！

　　请向华劭老师家属转达我们的诚挚慰问！谨致

敬礼！

南京大学 俄语系

2020 年 11 月 5 日

唁　函

黑龙江大学俄语学院、华劭教授治丧委员会：

　　惊悉黑龙江大学俄语学院离休教授、原黑龙江大学俄语系主任、俄语研究所所长华劭先生因病不幸辞世的噩耗，我们倍感震惊、深感悲痛。

　　华劭先生是我国俄语教学与研究界著名学者，一生致力于俄语教学与研究工作，把毕生心血奉献给了我国俄语教育事业，为俄语学科建设、人才培养、科学研究、文化传承做出了卓越贡献。华先生编著的《现代俄语语法新编》（句法）成为我国俄语句法学研究的重要标志；领衔翻译的《俄语语法》是我国俄语后学者案头必备的参考书。华先生在我国俄语学界享有崇高声誉，深受同行敬仰。他宽厚仁爱的长者风范、严谨谦逊的工作作风、勤奋进取的敬业精神永远是我们学习的榜样。他的去世，是当代中国俄语学界的重大损失。我们为失去这样一位优秀前辈学者深感悲痛。

　　我们谨通过华劭教授治丧委员会表示哀悼，并向华劭先生家属表示慰问。

　　肃此函达！

山东大学外国语学院俄语系

2020 年 11 月 6 日

唁 电

黑龙江大学：

惊悉华劭先生溘然仙逝，信息工程大学洛阳校区俄语同仁不胜悲痛。华先生是中国俄语学界德高望重的前辈，毕生致力于俄语教学与研究事业，师表天下，桃李满园，学贯中西，成就斐然！信息工程大学洛阳校区俄语专业教师或沐浴先生师恩，或聆听先生教诲，或习读先生大作，或感佩先生精神，对先生终生向学的治学态度、独到深邃的学术思想、淡泊名利的高尚人格、雍容谦和的大师风范万分景仰。我们为失去这样一位严师典范、良师表率、人师楷模感到无比痛心！

谨向华劭先生的辞世表示深切哀悼，并向家属表示亲切慰问！华劭先生永垂千古！

信息工程大学洛阳校区
2020 年 11 月 5 日

唁电

华劭同志治丧办：

惊悉华劭同志不幸逝世，我院全体教师万分悲痛。谨向华劭同志表示沉痛哀悼，向其亲属表示亲切慰问！华劭同志一生为党的俄语教育事业奋斗不息，以他高尚的师德、渊博的学识，为国家培养了大量俄语人才，他的无私奉献、严于律已、为人师表的风范将永远铭记在我们心中。我们将化悲痛为力量，努力做好教书育人工作，以告慰华劭同志的在天之灵！

华劭同志千古！

哈尔滨师范大学斯拉夫语学院

2020 年 11 月 5 日

华劭先生科研成果

目录

［1］华劭.论俄语句子次要成分及其教学［J］.俄语教学与研究,1957（1）.

［2］华劭.试论俄语动词"体"及其语法意义［J］.俄语教学与研究,1958
    （3,4）.

［3］华劭.试论俄语名词数的范畴［J］.外语教学与研究,1962（3）.

［4］华劭.俄语中的数量句型［J］.外语教学与研究,1963（3）.

［5］华劭.试谈句子的实际切分［J］.当代语言学,1965（Z1）.

［6］古莉加,申杰利斯.语言意义单位的成素分析［J］.华劭,译.当代语言
    学,1979（4）.

［7］华劭.《现代俄语语法新编》句法浅释［J］.外语学刊,1980（1）.

［8］华劭.句法分析与交际分析［J］.南外学报,1986（3）.

［9］华劭.关于语言单位及其聚合关系和组合关系问题——苏联科学院
    《俄语语法》（1980）理论研究之一［J］.外语学刊,1987（1）.

［10］Славкин.苏联篇章语言学发展概况［J］.华劭,译.当代语言学,1988
    （1）.

［11］华劭.说话人与受话人:从语用角度分析言语行为［J］.外语教学与研
    究,1989（3）.

［12］华劭.俄语教学改革的我见［J］.外语学刊,1990（6）.

［13］华劭.用于句子转换的词汇手段［J］.外语学刊,1991（2）.

［14］华劭.用于句子转换的词汇手段（续）［J］.外语学刊,1991（3）.

［15］华劭.对几种功能主义的简介和浅评［J］.外语研究,1991（2）.

［16］华劭.语言的功能与功能研究［J］.外语学刊,1994（1）.

［17］华劭.名词的指称、词义和句法功能［J］.外语学刊,1995（1）.

［18］华劭.指称与逻辑［J］.外语学刊,1995（2）.

[19] 华劭.指称与逻辑（续）[J].外语学刊,1995（3）.

[20] 华劭.名词的指称和语用[J].外语学刊,1995（4）.

[21] 华劭.从语用学的角度看回答[J].外语与外语教学,1996（3）

[22] 华劭.从语用学角度看回答（续）[J].外语与外语教学,1996（4）.

[23] 华劭.从符号学角度看转喻[J].外语学刊,1996（4）.

[24] 华劭.我对语言研究的管见与琐为[J].外语研究,1998（1）.

[25] 华劭.关于语句意思的组成模块[J].外语学刊,1998（4）.

[26] 华劭.隐性范畴的探索[J].俄语语言文学研究,2003（3）.

[27] 华劭.从新的角度看隐喻[J].俄语语言文学研究,2007（1）.

[28] 华劭.词的搭配限制[J].俄语语言文学研究,2008（4）.

[29] 华劭.概念还是观念？概念化还是观念化？概念分析还是观念分析？
[J].中国俄语教学,2010,29（2）.

[30] 华劭.概念还是观念？概念化还是观念化？概念分析还是观念分析？
（续）[J].中国俄语教学,2010,29（4）.

[31] 华劭.论词的搭配限制[J].中国俄语教学,2012,31（2）.

[32] 华劭.《词汇语义的动态模式》研究补遗[J].中国俄语教学,2014,33（1）.

[33] 华劭.写给俄语教学与研究的后继者[J].欧亚人文研究,2021（2）.

[34] 华劭.俄语中的数量句型[C]//《外语教学与研究》编辑部.俄语句法
论文集.北京：商务印书馆,1980.

[35] 华劭.有关俄语句子实际切分的一些问题[C]//中国俄语教学研究会.中
国俄语教学与研究论文集1983.上海：上海外语教育出版社,1985.

[36] 华劭.关于语言单位及其聚合关系和组合关系问题[C]//张会森.俄语
语法学论丛.哈尔滨：黑龙江大学俄语研究所,1987.

[37] 华劭.几种功能主义剖视[C]//黑龙江大学俄语系学术委员会.俄语教
学与研究论丛：第8辑.哈尔滨：黑龙江大学俄语系学术委员会,1990.

[38] 华劭.语言·语言能力·语言人格[C]//黑龙江大学俄语系学术委员会.俄
语教学与研究论丛：第9辑.哈尔滨：黑龙江大学俄语系学术委员会,1992.

[39] 华劭.Некоторые теоретические проблемы в функциональной лингвистике
[C]//黑龙江大学俄语系学术委员会.俄语教学与研究论丛：第10辑.哈
尔滨：黑龙江大学俄语系学术委员会,1993.

［40］华劭 . 论名词的指称［C］// 黑龙江大学俄语系学术委员会 . 俄语教学与
　　研究论丛 : 第 11 辑 . 哈尔滨 : 黑龙江大学俄语系学术委员会 ,1994.

［41］华劭 . 语义模块理论与词典［C］// 黑龙江大学俄语系学术委员会 . 俄语
　　教学与研究论丛 : 第 12 辑 . 哈尔滨 : 黑龙江大学俄语系学术委员会 ,1995.

［42］王超尘 , 黄树南 , 信德麟 , 等 . 现代俄语通论［M］. 北京 : 商务印书
　　馆 ,1964.

［43］华劭 . 现代俄语语法新编 : 下册［M］. 北京 : 商务印书馆 ,1979.

［44］黑龙江大学俄语系词典编辑室 . 大俄汉词典［M］. 北京 : 商务印书
　　馆 ,1985.

［45］信德麟 , 张会森 , 华劭 . 俄语语法［M］. 北京 : 外语教学与研究出版
　　社 ,1990.

［46］华劭 . 华劭论文选［M］. 哈尔滨 : 黑龙江人民出版社 ,1991.

［47］华劭 . 语言经纬［M］. 北京 : 商务印书馆 ,2003.

［48］华劭 . 华劭集［M］. 哈尔滨 : 黑龙江大学出版社 ,2007.